津市年鉴

（2021）

津市市地方志编纂室　编

方志出版社

图书在版编目(CIP)数据

津市年鉴. 2021 / 津市市地方志编纂室编. — 北京：方志出版社，2021.11
ISBN 978-7-5144-4995-2

Ⅰ. ①津… Ⅱ. ①津… Ⅲ. ①津市市—2021—年鉴
Ⅳ. ①Z526.44

中国版本图书馆CIP数据核字(2021)第258779号

津市年鉴(2021)

编　　者:津市市地方志编纂室
责任编辑:罗　滔

出 版 者:方志出版社
地址　北京市朝阳区潘家园东里 9 号(国家方志馆 4 层)
邮编　100021
网址　http://www.zgfzcb.cn
发　　行:方志出版社图书经销中心
电话(010)67110500
经　　销:各地新华书店
印　　刷:石门县宏锦印务有限公司

开　　本:889×1194　1/16
印　　张:21.75
字　　数:782千字
版　　次:2021年11月第1版　　2021年11月第1次印刷
印　　数:0001~1500册
ISBN 978-7-5144-4995-2　　定价:228.00元

《津市年鉴(2021)》编纂委员会

名誉主任：黄旭峰

主　　任：彭子晟

副 主 任：何朝辉

　　　　　徐兴宇

委　　员：汤　兵　　曾海涛

　　　　　刘俊芳　　聂　宇

　　　　　罗　斌　　刘　敏

　　　　　高家礼　　钟　轲

　　　　　李本亚　　袁超伦

　　　　　唐海平　　雷忠武

《津市年鉴》编辑部

总　　编：何朝辉

主　　编：雷忠武　　向满华（执笔）

编　　辑：吴　琛　　谈凤翔

编辑说明

一、《津市年鉴》是由中共津市市委、津市市人民政府主办，津市市地方志编纂室编纂的综合性地方年鉴。《津市年鉴(2021)》(以下简称本年鉴)收载2020年津市市经济和社会发展基本情况和基本资料。

二、本年鉴以马克思列宁主义、毛泽东思想、邓小平理论、“三个代表”重要思想、科学发展观、习近平新时代中国特色社会主义思想为指导，坚持辩证唯物主义和历史唯物主义的立场、观点和方法，全面、系统、翔实地记载津市市自然、经济、政治、文化和社会发展等方面的情况，为各级党政领导科学决策提供可靠依据和最新信息，为国内外广大读者了解津市、研究津市提供基本资料；为编纂《津市市志》积累保存史料。

三、本年鉴采用分类编辑法，以部类为单元，部类由分目和条目组成，条目为收录资料信息的基本单元。本年鉴所有资料，均由市直各部门，各乡镇、街道及驻津市各单位负责撰写，并经撰稿单位领导审核，资料具有权威性。

四、本年鉴凡涉及津市市国民经济发展的全面性数据概以津市市统计局提供的数据为准。因统计口径等原因，有关部门所用的个别数据可能与“统计资料”中的数据不尽一致，采用时请酌选。市级领导名录、市直单位及乡镇、街道领导名录由中共津市市委组织部提供，各驻津市单位领导名录由相关单位提供，任职时间截止于2020年12月31日。

五、本年鉴的标点符号、计量单位均采用规范用法。考虑到社会使用习惯，在有关农业农村及土地征收等记述中，保留计量单位“亩”，不作统一换算。该年鉴所用照片，均由各单位提供，不再一一署名。

津市名片：

全国卫生城市
全国平安建设先进县市区
全国平安畅通县市
全国道路交通管理优秀城市
全国科技进步先进县市
全国法制宣传教育先进县市
全国乡村治理示范体系建设示范县市
国家慢性病综合防控示范区
中国营商环境质量十佳县（市区）——区域竞争力
国家新型城镇化综合试点县市
全国中小城市综合改革试点城市
全国农村生活垃圾分类和资源化利用示范县市
全国养老服务社会化示范县市
全国智慧城市建设试点县市
湖南省文明城市
湖南省园林城市
全省美丽乡村整域推进示范县市
全省海绵城市建设试点城市
湖南省生态文明建设示范市
湖南省知识产权建设强县
全省节水型社会建设达标县市区
湖南省农村人居环境整治示范县市
湖南省全域旅游示范区

2020

辖区面积：558平方公里

建成区面积：17.21平方公里

户籍人口：230017人

城市化率：65.8%

地区生产总值：181.6亿元

三次产业结构：15.7∶42.0∶42.3

全社会固定资产投资：109.59亿元

社会消费品零售总额：68.3亿元

进出口贸易总额：12297万美元

财政总收入：8.15亿元

规模以上工业总产值：326.3亿元

数　字　津　市

规模以上工业企业：144家

高新技术企业：22家

省级工程技术研究中心：9个

院士工作站：1个

专利申请：524件，授权专利：140件

城镇登记失业率：3.2%

森林覆盖率：24.5%

空气质量优良：355天

金融机构年末存款余额：157.8亿元

城镇居民人均可支配收入：37589元

农村居民人均可支配收入：18415元

2020中国·津市首届体外诊断产业发展大会召开

11月18日，2020中国·津市首届体外诊断产业发展大会召开。常德市人民政府副市长杨成英、湖南省药品监督管理局副局长彭旭明、津市市委书记傅勇分别为活动致辞，市委副书记、市长黄旭峰主持活动。

常德市人民政府副市长杨成英致辞

湖南省药品监督管理局副局长彭旭明致辞

津市市委书记傅勇致辞

津市市委副书记、市长黄旭峰主持活动

在2020中国·津市首届体外诊断产业发展大会上，来自体外诊断行业领域的五位专家分别以《体外诊断产业发展趋势及挑战》《从二级市场看体外诊断行业》《呼气有谱，闻香识疾》《微流控技术在体外诊断产业中的应用展望》《从全产业链管理看肠道微生态临床实践》为题进行演讲，给与会人员带来一场体外诊断产业的“智慧盛宴”。

湖南唯公生物科技有限公司董事长 李为公

国金证券医药健康研究中心医疗组组长 袁维

常德市普施康生物科技有限公司执行董事 余波

湖南步锐生物技术有限公司董事长 王东鉴

湖南海路生物科技有限公司首席科学家 王欣

大会现场举行集中签约仪式，此次项目签约包括体外诊断产业大数据发展合作项目、介入类医疗器械项目、医用消毒医疗器械项目等12个项目。

市委书记傅勇指出，近年来，津市市深入贯彻创新发展理念，牢牢把握创新引领开放崛起主旋律，倡导开放强市产业立市，把生物医药产业作为津市市“工业立市”的发展引擎，重点培育“生物酶制剂、甾体原料药及医药制剂、植物提取物、医疗器械”四大特色产业链，致力振兴实体经济，推动高质量发展。

常德市人民政府副市长杨成英强调，希望各级各部门以此次大会为契机，抢抓体外诊断产业发展机遇，用好用活注册人试点政策，为常德和津市的发展注入更加强劲的动力。同时也希望津市着力打造优良的营商环境，以更加开放的姿态、更加完善的平台、更加优质的服务，加快推进生物医药健康产业发展，为常德“开放强市产业立市”和经济产业发展做出更大贡献。

全体在家市级领导参加活动。

大会前，与会人员先后来到湖南科益新生物医药有限公司、湖南微生态健康产业园、湖南鸿鹰生物科技有限公司、津市港等地，实地考察津市生物医药产业发展、微生态健康产业园区建设、航运交通布局等工作。

考察现场 ▶

湖南微生态健康产业园 ▶

津市“十三五”建设成就回眸

活力之城

津市依澧水而生，傍津设市而名。在“十三五”时期，坚持“工业立市　产业兴城”战略部署，以科技创新为引擎，全面高质量发展，一幅活力之城新画卷正徐徐展开。

相互成就，互利共赢，为发展插上腾飞的翅膀。与全国生物酶制剂行业首家上市企业溢多利合作，建成生物医药产业园。

与食品科学学科实力全国第一、全球领先的江南大学合作，建立科技成果转移转化中心。

举办“智汇洞庭·科创常德”津市专场活动。29个科研成果转移转化项目签约，与13家院校签订26项技术合作协议，进行学研合作。

与世界航运领军企业盐田港合作，建设津市港。津市港是澧水流域枢纽港和湖南省重要区域性港口之一，自与深圳盐田港集团合作运营正式开港以来发展态势良好。

引进高技术人才，对接国内外行业领军人才。引进美国“绿色化学总统挑战奖”获得者谢新开博士、海南省“高层次创新创业人才”胡碧煌教授等。

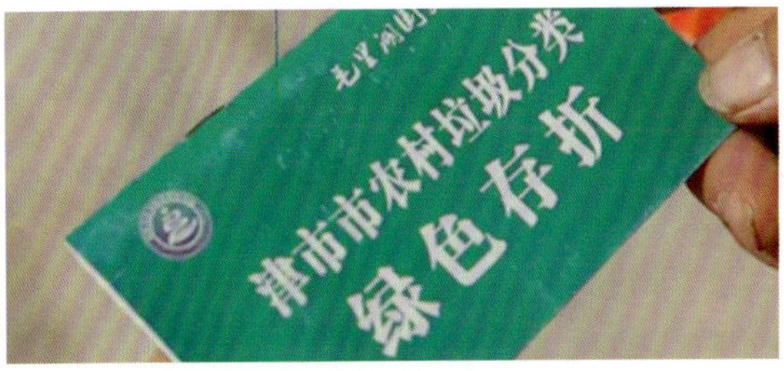

开拓思路，创新驱动发展，扎实走出新路子，“绿色存折”获全省管理创新奖第一名。

“一件事一次办”及政务下沉工作被新华社、中央广播电视台重点推介，吸引13个市州、62个区县市现场考察学习。

对标“全省领先、全国一流”推进“一件事一次办”改革成功获批“湖南省优化营商环境创新试点县市”。

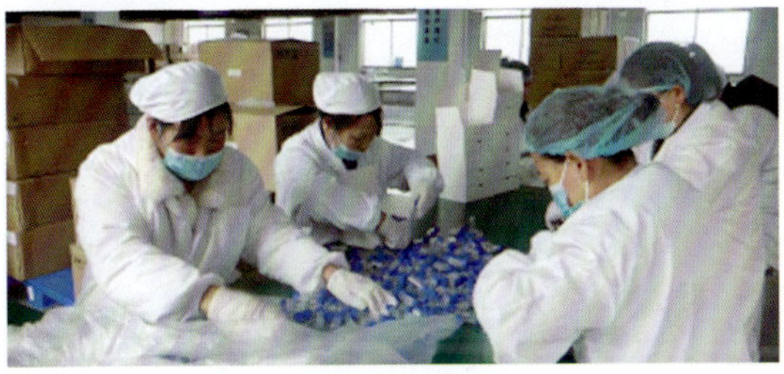

Ⅰ、Ⅱ类医疗器械注册增速排名全国区县第一。

紧跟战略部署，推进产业链发展，产业集聚效应逐渐显现。“十三五”期间，津市高新区紧紧围绕“工业立市、产业兴城”战略部署，着力打造工业经济高质量发展高地，通过持续优化营商环境，大力推进产业链建设，全市规上企业144家完成产值326.3亿元，高新技术企业18家，园区内生物医药、装备制造、健康食品，三大产业集群成型，产业集聚效应显现。

“两湖”生物医药园聚集溢多利、夏盛生物、海路生物等17家规模企业，重点发展生物酶制剂、甾体类药物、植物提取、医疗器械四大领域。成为中国最大的酶制剂、甾体类药物出口基地。

以中联工程桥和社会商用桥两大生产基地为龙头，致力于建设全国最大的社会化车桥生产基地。

以津市牛肉米粉为龙头，充分发挥津市藠果、津市茶油等地标品牌效应，打造中部健康食品之都。

优化营商环境，深化“一件事一次办”改革和政务下沉。

津市锚定奋斗目标，集聚前进动能，创新突破，真抓实干，坚定不移走好高质量发展之路。加快中心港建设，启动津市港二期建设，规划津市港三期，将津市港打造成为湘西北水域核心枢纽港和全国内河运营的标杆。

深化产教融合，与职业院校合作，订单式培养技术人才。

加强创新合作，用活用好优质资源、科创平台、科创政策。

建成全国知名的生物医药产业基地。

健康之城

江南明珠，九澧门户。津市在“十三五”时期，以人的健康为根本，细心守护健康民生实事，精心打造健康服务体系，着力建设“健康之城”。

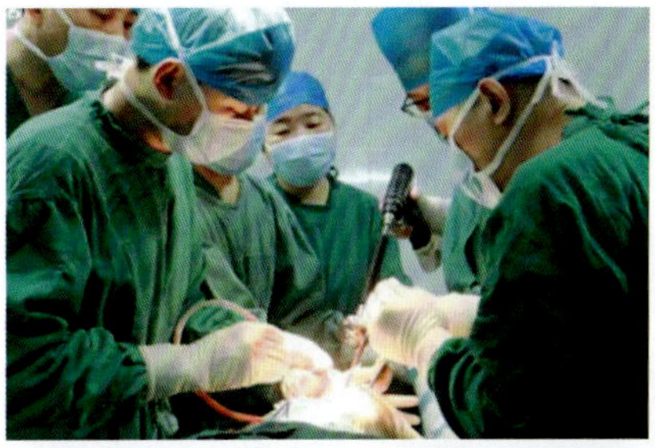

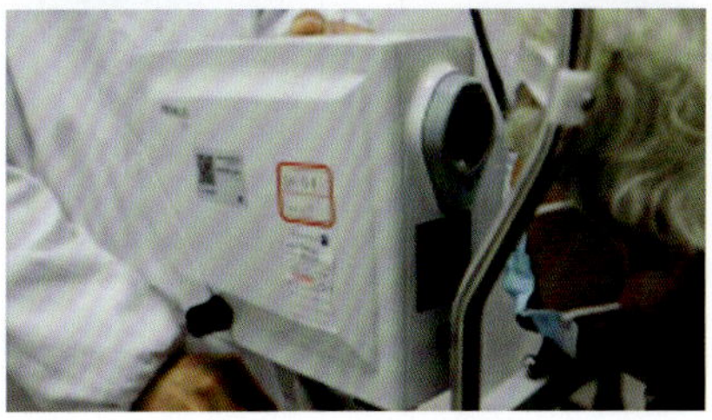

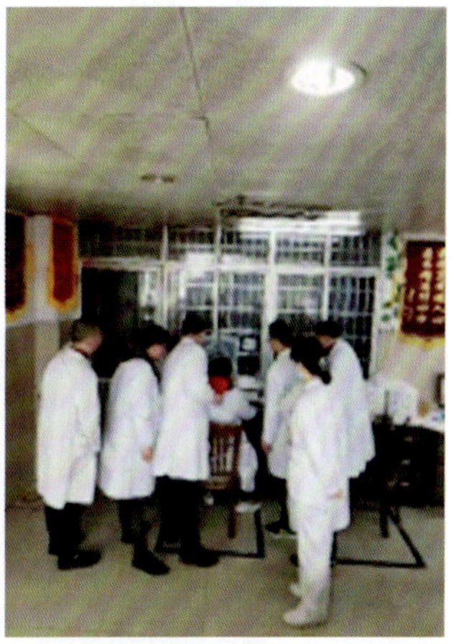

细心守护健康民生实事，健康是最基本的民生。

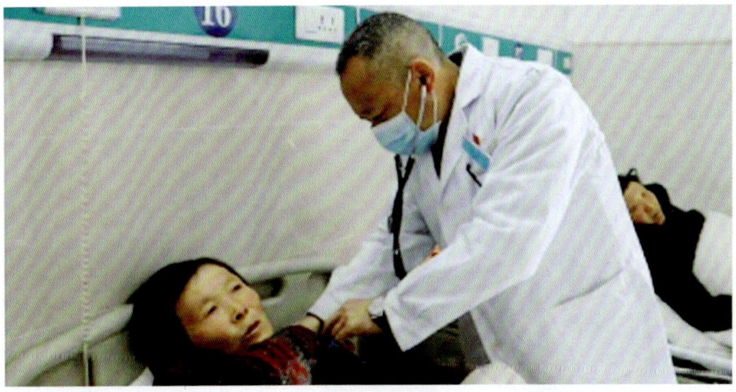

津市市从群众所急所忧的具体事做起，以落实卫生健康重点工作任务、深化医药卫生体制改革、优化医疗资源配置等各项工作任务为抓手，统筹推进卫生健康工作，着力提升公共医疗服务水平，让改革成果真正惠及群众。

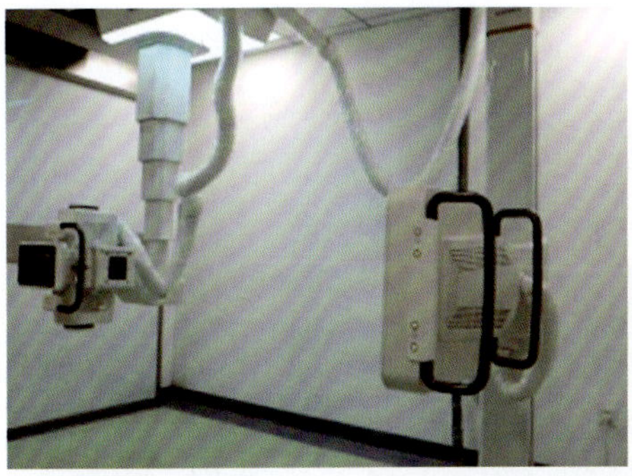

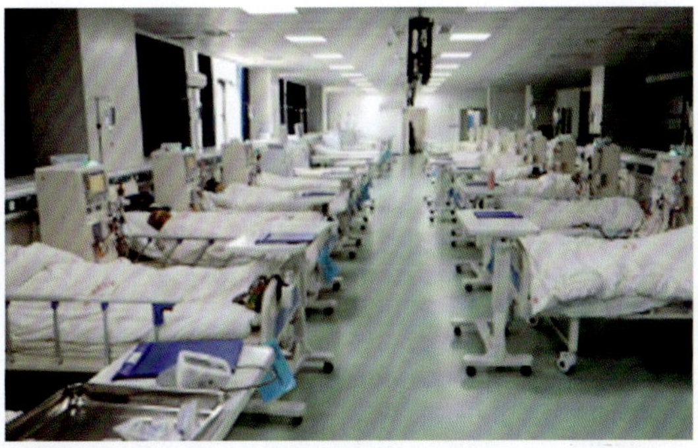

在提升医疗水平的同时，津市不少村卫生室还立足，辖区老年人多的实际情况，为高龄或失能老年人康复期患者等行动不便的人群提供上门服务，精准对接广大群众的健康需求。

“十三五”期间，津市不断健全医疗卫生服务体系，先后启动市中医医院整体搬迁、人民医院改扩建，深入推进基层医疗卫生机构标准化建设，乡镇街道基本形成“15分钟医疗卫生服务圈”，公共卫生保障能力进一步增强。加强全科医生培养、引进和招聘高水平医疗卫生人才，2020年津市市正在加强介入科、骨科、儿科、针灸推拿、眼科、儿童保健科等省、市级重点专科建设力度，目前就诊率和患者满意率大幅提高。同时成功创建国家级示范社区卫生服务中心1家、省级示范社区卫生服务中心1家、省级群众满意的乡镇卫生院2家，所有基层医疗单位都达到国家“优质服务基层行”合格标准。

免费测量血压、血糖

骨科专家为患者进行功能恢复锻炼指导

市人民医院下乡义诊5次，医务人员参与60人次，服务群众3120人次。

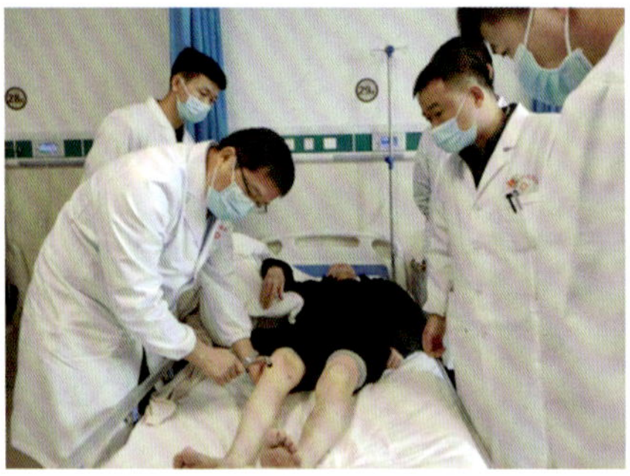

邀请“湘中医”联盟专家团到院义诊

市中医医院陆续为全市近两万名中小学生开展视力筛查

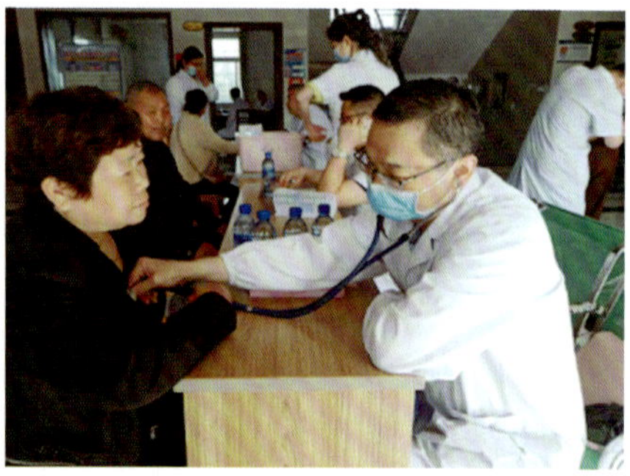

市中医医院在白衣镇卫生院进行免费义诊活动

津市正把健康理念播撒到各个角落，把健康行为覆盖到方方面面，把健康服务惠及所有群众。开始“两癌”免费检查工作，对35—64岁农村女性、城镇低保女性人群进行“两癌”免费检查。

“复明 10 号”中国复明扶贫流动眼科手术车

“复明10号”流动眼科手术车4次驶入津市，为津市近400名贫困白内障患者免费实施复明手术。

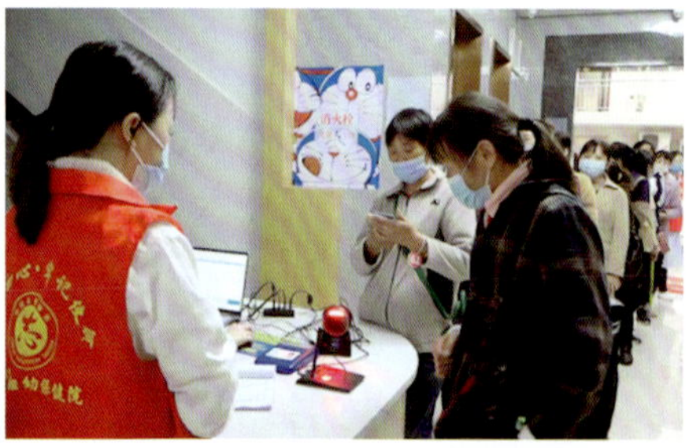

指导孕妇填写资料卡

津市市妇幼保健院开展知识讲座

孕妇学校办到乡镇和社区，培训辖区孕妇，妇幼健康教育活动覆盖率达85%，入户面访孕妇达100%。

精心打造健康服务体系

夯实健康津市的基础。全市已经形成以健康镇所（社区）为支撑，以健康促进医院为龙头，全力打造的三级公共卫生服务体系。

津市市人民医院改扩建项目

津市市人民医院是一所集医疗、科研、教学于一体的二级甲等综合性医院。

医院开放床位500余张，设病室17个、临床科室20个、医技科室12个、职能科室15个，拥有2个大型门诊部和 1 所社区卫生服务中心，津市市“120”紧急救援指挥中心挂靠医院。

在建的17层现代化外科大楼，建筑面积近5万平方米，投入使用后医院开放床位将达1000余张，手术间14个，建筑面积将达近10万平方米。医疗设备齐全，拥有西门子64排128层螺旋CT、飞利浦1.5T高场磁共振仪、GE血管造影机、飞利浦四维彩超、神外显微镜、关节镜、腹腔镜、宫腔镜、胆道镜、膀胱输尿管镜、鼻窦内窥镜、眼底照相机、白内障超乳仪及电子胃结肠镜、胶囊胃镜、支纤镜等高精尖设备200多台（件）。

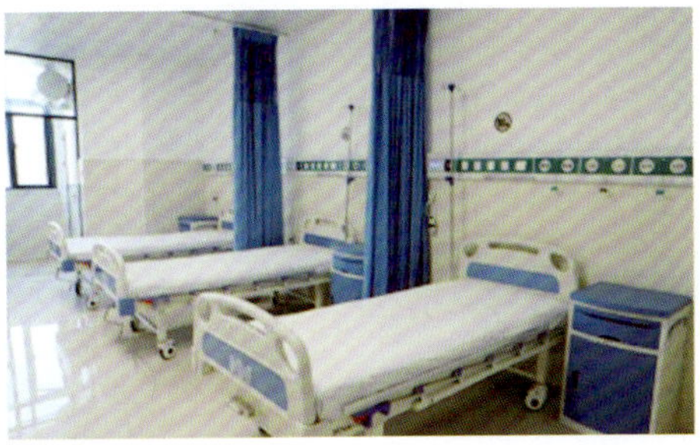

津市市中医医院病房

津市市中医医院新址

津市市中医医院是一所集医疗、科研、预防、保健于一体，以中医中药为主的二级甲等中医医院。

新医院总用地面积30783平方米，总建筑面积3万平方米，编制床位300张，实际开放床位500张，职工240人。

有省级名老中医1名，常德市级名老中医2名，正高级职称1名、副高级职称12名。开设有中医内科、西医内科、普外科、泌尿外科、骨伤科、脉管炎科、急诊科、肛肠病专科、糖尿病专科、针灸推拿科、康复科、耳鼻喉科、口腔科、眼科、皮肤性病科、中医儿科、治未病科、血液净化科、ICU、胃镜肠镜科、体检中心、麻醉科、手术室、消毒供应中心等科室。设有放射、检验、彩色超声、心电图等医技科室和药剂科、制剂室、供应室等辅助科室。

津市市
妇幼保健院

津市市妇幼保健院发展成集妇幼保健、临床医疗、血吸虫病特色专科治疗为一体的二级妇幼保健专科医院和血吸虫病专科医院。

医院内设病床 100 张，设有妇科、产科、内科、儿科、新生儿科、儿童保健科及妇女保健科等特色科室，拥有进口四维彩超、乳腺钼靶机（数字）等多台（件）检测设备。还设有婚前医学检查，优生优育咨询，检测艾滋病、梅毒、乙肝母婴传播项目，宫颈癌、乳腺癌检查等免费检查项目。

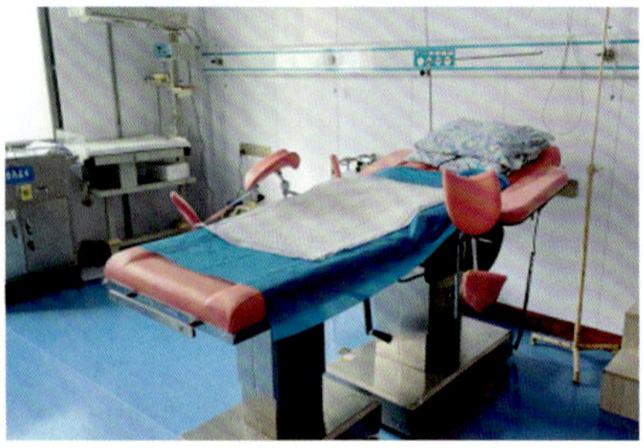
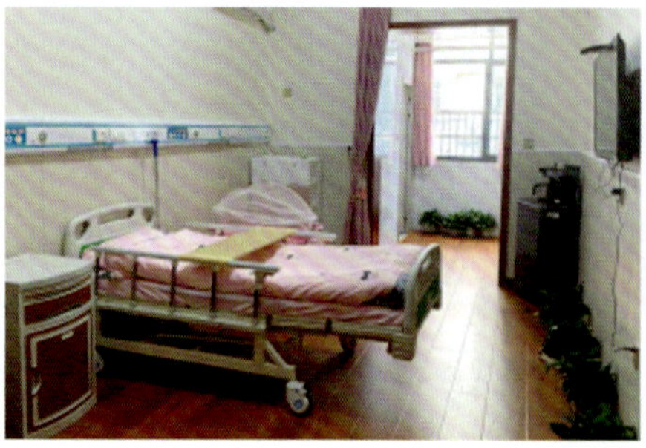
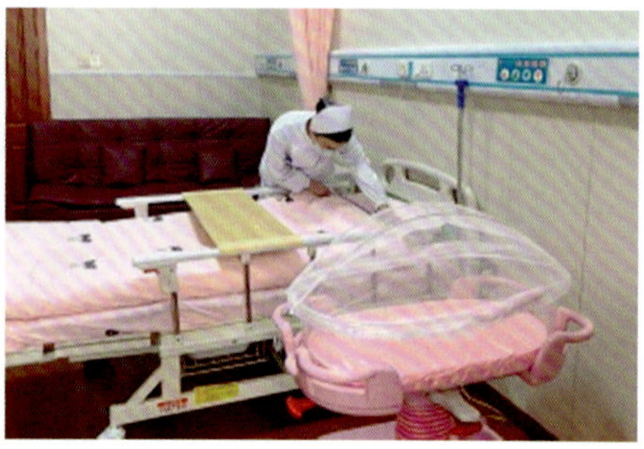

津市市妇幼保健院门诊一楼

津市市妇幼保健院与常德市妇幼保健院，在津市妇幼保健院签订医联体指导单位协议。还有多名三级医院权威专家到津市坐诊。

津市市白衣镇卫生院

津市市新洲镇长岭村卫生室

津市市镇（街）级卫生院共有卫生院7家，其中建制卫生院4家、非建制3家，社区卫生服务中心5家。津市市村级卫生室，其中，村（社区）卫生室101家，行政村卫生室39家。

传承发展中医药事业。

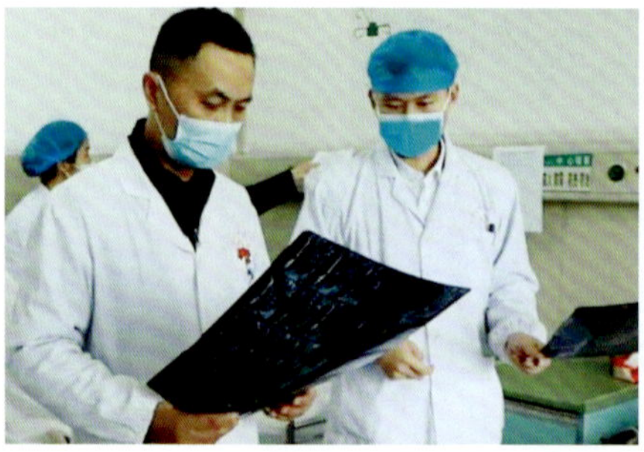

加强重点专科建设，引进医疗卫生专业人才。

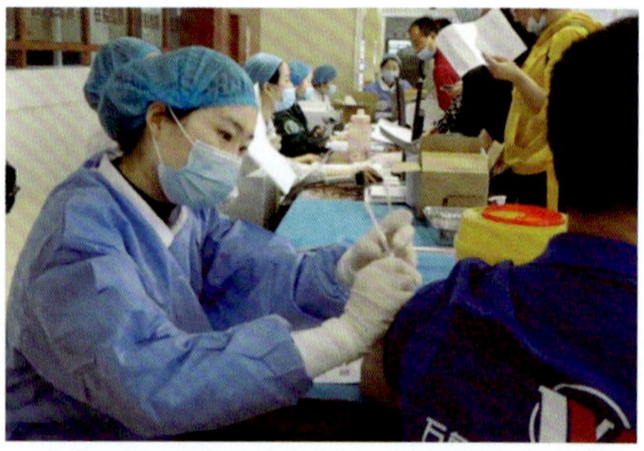

完善疾病防控体系，增强突发公共卫生事件应急能力，抓实基本公共卫生服务。

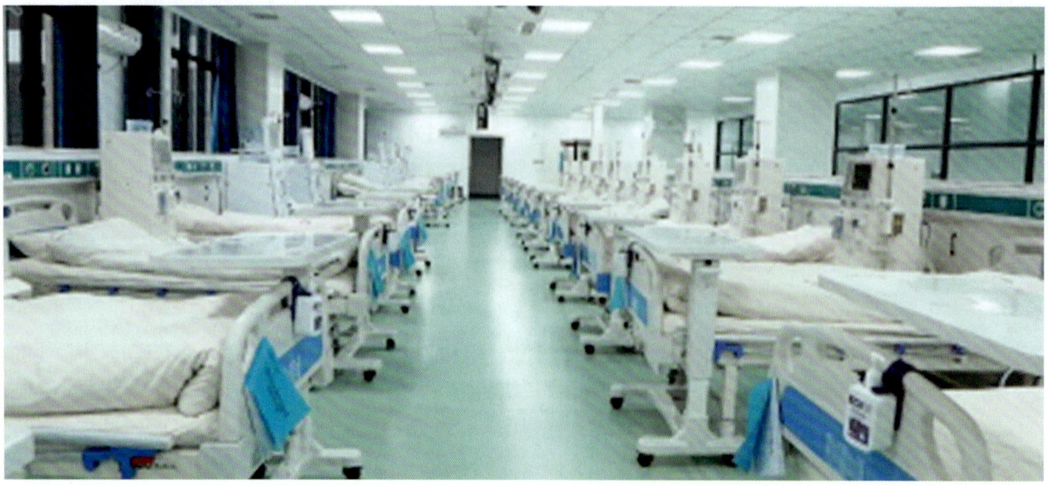

深化医药卫生综合体制改革。

智慧之城

2020年，城市治理的智慧在津市城市建设中落地生根。

津市智慧城市建设是全国中小城市改革试点和新型城镇化建设试点的主要内容之一。津市智慧城市建设于2014年正式启动。“十三五”以来，津市市智慧城市建设围绕市政府提出的智慧城市建设整体架构“一库两平台”为目标，融入区块链、物联网、人工智能（AI）、5G等技术，通过高效汇聚海量数据，整合不同行业割裂的数据和能力，展示出数据汇聚和融合的价值，并展示跨部门协调指挥的作用，达到“可看，可用，会思考”的目标。

津市市人民政府应急指挥中心

建立应急指挥中心平台。建成智慧城市总机房、智慧城市中心平台、应急指挥大厅。它既是公安、交警、城管的视频信息资源整合、管理、指挥调度中心平台，又是全市电子政务信息化管理、综治维稳、防灾应急和智慧城市大数据云计算中心，能对接智慧教育、智慧社区、电子政务等智慧城市各子项目应用端口，并对接常德市应急指挥中心平台，发挥应急处突最高指挥中心作用。

农村应急广播

搭建智慧乡村平台。在全市农村启动安防监控、电商平台、应急广播等建设项目，完成农村电视户户通和城乡一体化管网工程，实现农村宽带、无线WiFi全覆盖，加速推进农村集镇化进程。

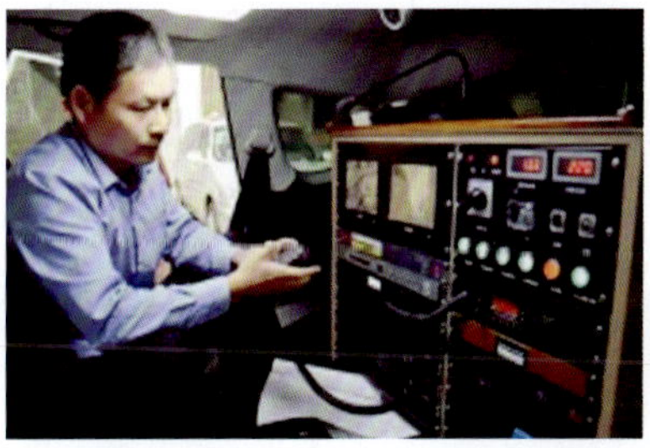

津市市公安局情报指挥中心

完成一批智慧项目。“十三五”期间，先后完成天网工程1—3期、智慧教育、智慧党建、雪亮工程、智能交通、“12345”便民服务平台、政府OA办公系统、地理空间信息系统、政务中心智能化升级改造等34个项目，通过智慧城市建设，整合部分信息资源，减少重复建设，不断提高津市市城市管理水平和服务效率。

天网工程是为满足城市治安防控和城市管理需要，利用图像采集、传输、控制、显示和控制软件等设备组成，对固定区域进行实时监控和信息记录的视频监控系统。

津市市便民服务中心

搭建便民服务平台。建设集热线电话“12345”、“智慧津市”APP、“12345”微信公众号为一体的“12345”便民服务平台，只需拨打在线电话或使用APP，就能24小时满足市民政策咨询、办证办事咨询、生活缴费、违章查询、就医问诊、就业招聘、房屋租赁、投诉举报等全方位服务，实现为民办事一线呼叫、一线接通、一站服务。

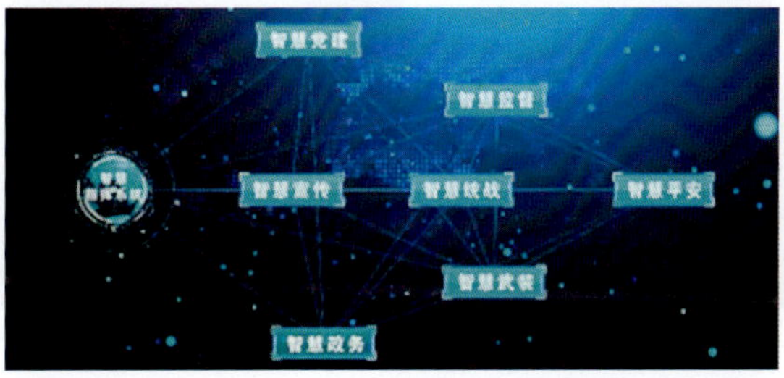

智慧党建平台。利用互联网、云计算、人工智能等现代化科学技术，建成党建管理的信息化和智能化的综合管理平台。

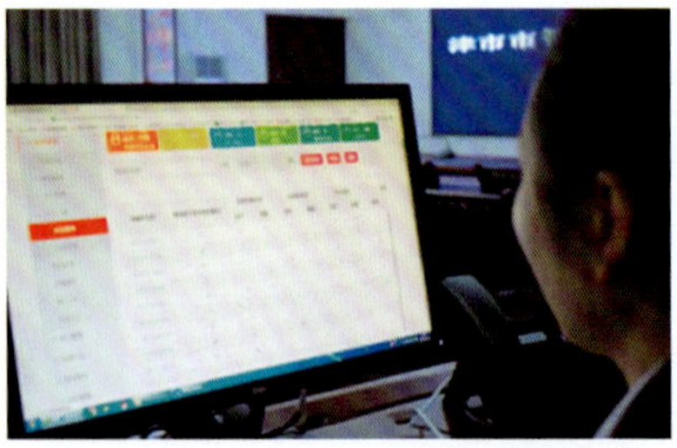

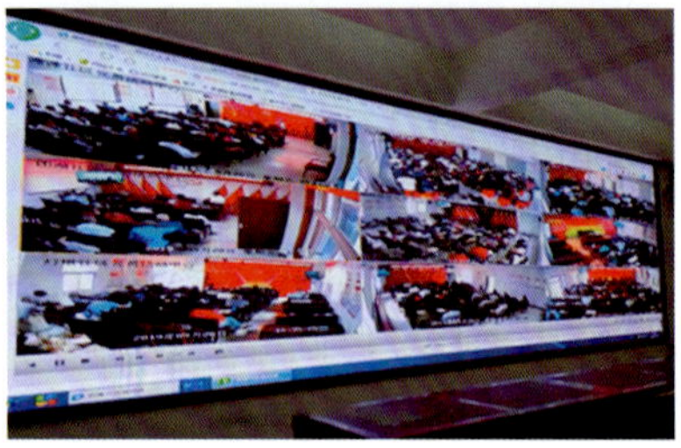

津市市智慧党建业务培训

智慧党建平台打破以往党内活动相对封闭和自循环的状态，让党员和党组织可以通过电脑、手机、触控一体机、数据大屏等终端设备，随时参与组织生活、学习交流讨论等，让党员用户能够通过多种方式来参与组织生活，实现组织生活“无处不在”。

2020地理信息产业优秀工程奖证书

津市市智慧城市地理空间信息系统项目被列为2020年地理信息产业优秀工程奖。项目建立权威、唯一、通用的津市市智慧城市地理空间信息数据，并基于此系统数据开发对接津市警用PGIS系统、津市社会治理网格化综合信息平台、津市智能交通系统、津市海绵城市项目、津市国土执法监察系统、津市“多规合一”信息化数据管理平台的工作，为促进全市“城市大脑”建设快速发展奠定坚实的基础。

主要成果。津市市智慧城市地理空间信息系统项目的建设历时 3 年多，完成津市市城市规划区 38 平方公里 0.07 米倾斜航空摄影数据，对 25 平方公里进行三维建模（单体化）；49 平方公里 1：500 地形图数据整合建库；537 平方公里 1：2000 地形地貌要素数据采集，地名地址数据采集及数据库建设；556 平方公里 18—20 级影像电子地图制作、全市域 556 平方公里数字正射影像图制作。

建成津市市教育城域网。实现“宽带网络校校通”，安装完成284个班班通设备，实现“优质资源班班通”。借助互联网+智慧教育平台，不仅能满足多样化教学需求，还可以保留一些经典的课堂视频资料，实现课前、课中、课后的有效链接。

津市市教育城域网

津市市智慧交通管理系统

津市市智慧交通管理系统包含 27 套电子警察系统、23 处信号联网控制系统、2 套机动车监测记录系统、5 套机动车超速监测记录系统、28 处微型卡口系统、41 处道路监控系统。通过智慧交通管理系统，民警可以实时监测全市路网及重要路口的路段车流，宏观把控全市交通情况，为津市城市交通管理、路网规划等提供决策依据。

智能感应红绿灯系统

实现信号控制系统及平台对新设备的兼容、多源数据接入、分析、评估和优化，对区域中各个路口进行人工或自动下发方案，做到信号控制区域的协调，实现以人为本，人、车、路、环境协同推进的发展模式，构建智慧信息交互体系，推进人、车、路、环境协同发展。

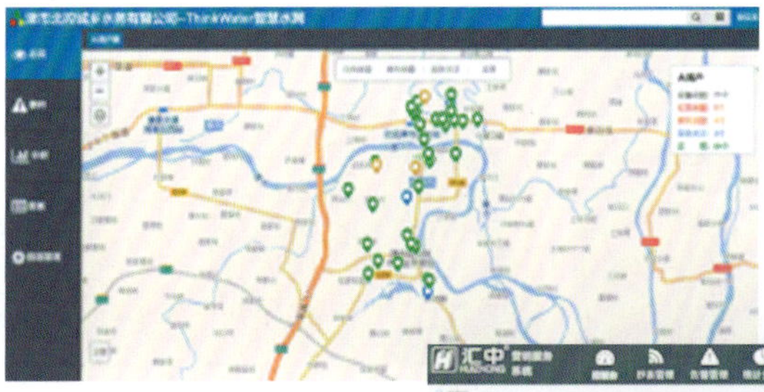

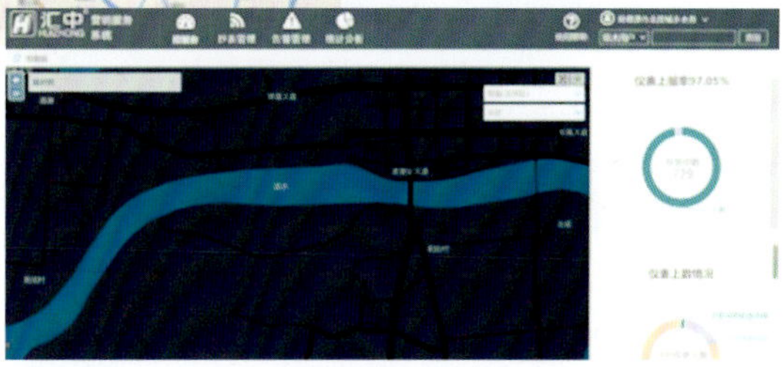

智慧水务系统

智慧水务系统的运行主要依赖云计算技术、物联网技术及传感器技术等众多的现代化技术手段。将智慧水务系统运用到城市供水系统中，有效缓解城市供水压力，完善整个城市供水系统的使用功能，保证居民的用水安全。

万寿苑街区

民安三期公租房入口

高清监控器

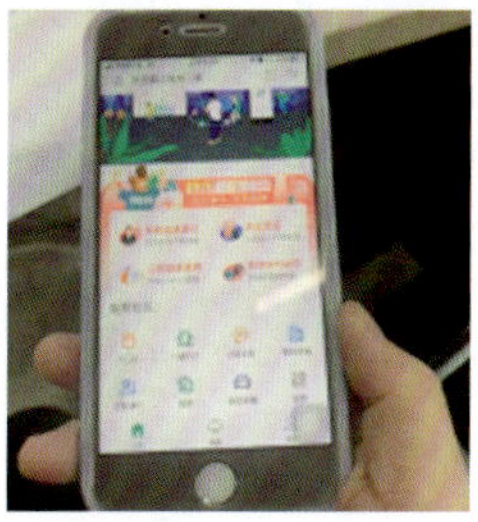

“1号社区”手机APP开门

人脸识别

刷身份证开门

津市市民安三期公租房全面进行智能化升级，在全市范围内率先推行人脸识别系统，这也是湖南省首个智慧公租房。通过建立公租房小区管理信息平台，租赁对象通过手机APP足不出户即可实现租金缴纳、维修报修、物业投诉等服务，实现“安全准入、租前审批、闭环管理、智能预警”的公租房管理方案。

人脸识别的监控探头

智慧门禁系统

在万寿苑、万寿公寓至卫生巷片区内建设全覆盖式智能安防监控，完善和强化街区治安，打造无网街区。

新型智能环保渣土运输车

整治渣土车超载、撒漏等交通顽疾，减少扬尘污染，津市市引进30辆新型智能环保渣土运输车投入运行。

电动折叠式篷布

U形结构的车厢

全密封防滴漏设计

新型智能环保渣土运输车自带电动折叠式篷布，车厢为U形结构，尾部采用全密封防滴漏设计。装填完成后，司机一键操作，篷布自动覆盖，有效防止渣土在运输过程中抛洒遗漏。

津市市人民医院微信公众号

津市市人民医院推出核心便民服务——预约挂号，通过手机直接挂号，随时随地都能使用，省时又省力。不仅方便群众就医，对提高医疗服务水平也具有重大意义，有利于患者进行就医咨询，提前安排就医计划，减少候诊时间，也有利于医院提升管理水平，提高工作效率和医疗质量。

围绕津市“一库两平台”的建设宗旨，搭建津市市大数据平台，实现全市所有数据汇总整合、综合分析、智能决策，建成城市大脑，为全市的社会治理和社会服务提供核心支撑。

建设视频监控、人脸卡口、电子围栏，与智慧街区安防结合，搭建视频网络云平台，实现全覆盖监控和AI分析及布控，在市公安局实现远程指挥建成智慧警务。

在汪家桥社区配备智慧政务机器人，通过与城市大脑大数据库对接，为社区居民提供老年人优待证的智能化申办服务和法律援助申请服务，提高社区居民群众的幸福感和满意度。

完善城市大脑，健全“一库两平台”归集职能部门数据、实时感知数据和产业发展数据，优化推广“智慧津市”APP系统。

深化“一件事一次办”改革和政务下沉，提速并联审批，实行一窗受理、一网通办和全域通办。

高新区管委会的展厅改造为5GVR展厅，对高新区整体概况和园区4个支柱产业进行宣传介绍，通过VR设备接入投影仪器主机，将第一视角共享投影，实现一屏多用。

宜居之城

风景四时皆美，栖居四处见景。漫步津市城区，满眼绿意、碧波荡漾，人民安居乐业。津市，好一座和谐宜居之城。

开展黑臭水体治理，提升城市宜居指数。“十三五”期间，津市对三湖公园、澹津公园、肖家湖等处开展黑臭水体治理，进行控源截污、清淤疏浚、生态修复等工作，极大改善了城市水环境质量。

三湖公园，湖水清澈，鱼翔浅底，景色宜人。

澹津公园，湖水清澈灵动，植被郁郁葱葱。

肖家湖，一湖碧水灵动蜿蜒，青灰色的石板游道沿湖伸展，白墙黛瓦、翘角飞檐的徽派民居，绕湖而立，环境十分宜人。

实施精致街区建设，提升城市居住环境。居住环境的改善，不仅关乎城市形象，更关乎社会发展和民生福祉。津市启动汪家桥精致街区建设，城市居住环境不断提升。津市以保障和改善民生为宗旨，先后对59个老旧小区实施改造，惠及居民6643户，真正把民生工程做成民心工程。

汪家桥街道万寿苑街区，路面干净整洁，车辆停放有序，水电管网规整到位，居民生活便捷，幸福指数节节攀升。

推进全域旅游建设，领略津市生态之美，津市大力推动全域旅游工作，旅游业发展迅速，津市人走出家门便是风景。

澧水风光带建设，成为集游乐、观赏、健身、休憩于一体的地方。

晚饭后在澧水风光带散步消食，是津市人最喜欢的消遣方式。

毛里湖为湖南省最大的溪水湖，是常德市首家获批的国家级湿地公园。

毛里湖植物园位于湖南津市市毛里湖镇花桥村，毛里湖国家湿地公园核心位置。总面积1058亩，建有17个专类园区。

植物园主要包括动植物观赏、房车露营、亲子游乐、水上游乐、花海梯田、户外运动等项目。园内有植物10万株以上。

金鱼岭街道大关山村是全国美丽宜居示范村、湖南省美丽乡村建设示范村、湖南省五星级乡村旅游景区。这里有关山大草原、许愿湖、十二生肖广场等景点。

“洞庭天下水，嘉山天下秀”，正是对嘉山美景的写照。

药山村历史距今近1400年。其境内药山寺，是国家重点寺院，中国禅宗曹洞宗发源地。

竹林禅院位于津市市药山镇药山村的东冲湖畔，依山傍水而建。

争创省级精品村、美丽乡村示范村各1个，市级美丽乡村示范村2个，建设本级示范屋场10个；争创国家生态文明示范县市。

推进大气污染防治、黑臭水体治理、城镇污水治理等工程，提升“一湖一水”综合治理成效。

西毛里湖水环境保护，巩固“两拆两退”成果。

持续推进河湖长制、林长制；抓好长江经济带生态环境保护修复。津市已不仅仅是人们劳作生息的一方天地，更承载着津市人诗意生活的梦想。

（图片由津市融媒中心提供）

专 题

特 载

大 事 记

综 述

中共津市市委员会

津市市人民代表大会

津市市人民政府

中国人民政治协商会议津市市委员会

民主党派

群众团体

军　事

法　治

交通·邮政·通信

城市建设与管理

商　贸

金 融

财 政 · 税 务

生态保护·经济监管

教　育

卫生健康·医疗保障

文化·旅游·体育·融媒体

镇·街道·开发区

人　物

地方文献

津市市 2020 年 新型冠状病毒防控

1 月 23 日，市委副书记、市长黄旭峰召开专题会议，传达常德市新型冠状病毒感染的肺炎防控工作调度会精神，部署津市落实措施和防控跟进工作。

突如其来的新型冠状病毒感染的肺炎疫情发生后，市委、市政府迅速成立“津市市新型冠状病毒感染肺炎疫情防控工作领导小组”，密集调度部署疫情防控工作。在听取防控指挥部及各部门单位工作情况汇报后，黄旭峰提出决心要大、宣传要全、态度要好、措施要硬、检查要严、记录要实、联动要快、保障要足、报送要准、思考要深等 10 项工作要求，明确进出城口设卡到位、联合执法到位等 13 项具体工作。黄旭峰指出，要提高政治站位，增强应急能力，真正站在保障人民群众生命健康的高度，坚决打赢这场冠状病毒感染肺炎防控战役。市政府副市长徐兴宇主持会议，市防控工作领导小组相关单位参加会议。

黄旭峰强调，各级各部门要高度重视，充分认识疫情防控的重要性、严肃性，高度警觉，不可麻痹大意；要实行摸底筛查，规范开展对可疑病例的鉴别、筛查、诊断治疗处置工作，配齐相关设备，全力以赴做好新型冠状病毒感染肺炎疫情防控工作；要完善应急预案，按预案做好疫情防范、处置等相关工作，牢牢掌握疫情防控工作主动权；要严格值班值守，加强春节期间在岗值守工作，确保一旦发现疑似疫情，能够及时应对、妥善处理。黄旭峰要求，各级各部门及相关工作人员要严格按照规章制度做好疫情防控工作，对网吧、娱乐场所等人员密集处做好消毒、预防措施，并在春节期间关停歇业；对入住酒店的所有人员进行体温检测，发放免费口罩并严格进行登记；在津市各菜市场进行清理消毒工作，禁止售卖生禽生鲜；在津市各进出城路口设立固定岗哨，对全市进出车辆及人员进行排查；公共场所相关工作人员必须佩带口罩上岗，确保新型冠状病毒感染的肺炎疫情防控工作扎实有效开展，切实保障人民群众身体健康和生命安全，让全市人民群众度过一个健康、平安、祥和的春节。

1 月 24 日，市委副书记、市长黄旭峰督导检查津市新型冠状病毒疫情防控工作。市政府副市长、公安局局长戴志刚，市政府副市长徐兴宇参加检查。黄旭峰一行先后到高新区高速公路入口、津市人民医院、益丰大药房、和平市场、兰苑宾馆、维也纳酒店、宝悦网咖、步步高超市、临津桥等地，详细听取相关部门负责人对新型冠状病毒疫情防控工作的情况汇报，实地督导检查各重点行业、区域和部门单位的新型冠状病毒疫情防控工作推进情况。

1 月 24 日，津市市新型冠状病毒感染肺炎疫情防控工作指挥部发出：

致津市党员干部职工的一封信

当前，新型冠状病毒感染的肺炎疫情严峻，根据上级有关部门要求，我市已启动重大公共卫生事件一级响应。为确保人民群众生命健康安全，请广大党员干部职工讲政治、顾大局，以高度的责任感和强烈的事业心，带头做到：

一、切实落实防控举措，倡导健康

1 月 24 日，市委常委扩大会议，部署新冠病毒防控工作

的生活方式,积极宣传普及新型冠状病毒感染的肺炎知识,教育引导身边人,不断提高公众自我保护意识。

二、积极配合做好相关排查工作,迅速动员外地来津市亲戚朋友,特别是近期从湖北、武汉及其他有确诊病例返津人员自觉接受相关排查、登记、检测、观察等工作,并主动报告相关信息。

三、如自身或身边人有发热、乏力等症状,第一时间上报市新型冠状病毒感染肺炎防控指挥部(24小时值班号码:0736-4238329),并迅速前往津市市人民医院发热门诊就诊。

四、为了家人的健康安全,希望大家尽可能减少出门频次、避免人员聚集,出门戴好口罩,同时对准备来津市和已在来津市路上的亲戚朋友做好劝返工作,一同尽最大努力防止疫情扩散。

五、自觉引导社会舆论,做到不造谣、不信谣、不传谣,共同维护社会和谐稳定,众志成城,打好打赢疫情防控攻坚战!

最后,祝各位党员干部职工新年愉快,阖家健康幸福!

请牢记:

这个春节少聚会,好友见面不握手。
人人做到早防范,讲究卫生好习惯。
多消毒来勤洗手,杀死病毒没后患。
出门就把口罩戴,切莫随意乱吐痰。
发热症状及早看,自行隔离不传染。
心态务必保持好,莫听谣言不传谣。
党员干部走在前,坚决打赢防疫战。

1月26日,津市召开定点救治医院隔离区建设工作会议。会上,市人民医院、中医医院主要负责人汇报隔离区建设相关工作;市财政局、住建局、电信公司、北控水务有限公司等相关单位主要负责人汇报隔离区水电气供应、电信网络安装调试,污水排放、医疗垃圾处理、救治设施设备建设等工作进展情况。

根据津市现有医疗资源布局,按照规划原则,津市将新建的中医医院作为津市新型冠状病毒感染的肺炎疑似和确诊患者集中救治和隔离地点。

市政府副市长徐兴宇指出,各相关成员单位及与会人员要提高警惕,做好定点救治医院隔离区建设工作,实行诊断医疗区域分离,积极做好医务人员、隔离区、治疗药品、诊疗设备、防护用品管理等应对准备工作;在工作落实方面,要排除万难、日夜不停,明确责任,强化制度管理,严格考核问责,每天上报工作情况;各部门要主动作为,为人民医院、中医医院隔离区建设工作搞好服务,不讲价钱,确保各个隔离点按时正常运行。

1月26日,市政府副市长徐兴勇检查新型冠状病毒感染的肺炎疫情防控工作开展情况。徐兴勇一行先后到市区各大超市、酒店、农贸市场以及各小餐饮门店检查在新型冠状病毒感染的肺炎疫情防控工作中的各项措施,并要求各大酒店对入驻客人进行体温检测,并建立起完善的登记台账。徐兴勇指出,各级各部门要各负其责,相互联动,切实做好新型冠状病毒感染的肺炎疫情防控工作;要在各大酒店及超市积极开展好人体体温检测工作;要对全市餐饮行业实施暂停营业措施,有效避免人员过度聚集;要严格监管各大农贸市场,做好市场内日常消毒工作。同日,市委常委、政法委书记李景峰对全市各国道、省道、县道以及高速出入路口等重点路段的新型冠状病毒感染的肺炎疫情防控工作进行督导检查。李景峰先后前往全市各镇街国道、省道、县道以及高速出入路口等重点路段,实地查看各部门联防联控工作推进落实情况,现场督导检查各疫情防控站点在人员配备、值班值守、工作台账建立、设施设备保障等方面的情况。李景峰要求,各有关部门要加强联防联控,形成防控合力,加强对重点环节、领域、人群、车辆的监管和检测,坚决做到不漏掉一人;要建立好相关工作台账,对有发热症状的人员,要做到密切关注,坚决做到"早发现、早报告、早隔离、早治疗";各部门要加强物资、药品、检验试剂、防护物资等储备供应,以高度负责的态度,全力以赴做好疫情防控工作。

市委领导慰问防疫医护人员

急救车待命出发

1月26日下午，津市市新型冠状病毒感染的肺炎疫情防控指挥部召开第四次会议，专题部署常德市疫情防控“十条措施”。会上，市委书记傅勇就津市新型冠状病毒感染的肺炎疫情防控工作进行再安排、再部署。傅勇强调，全市上下要进一步提高政治站位，严格按照中央、省、常德市关于新型冠状病毒感染的肺炎疫情防控工作要求，不折不扣落实落细各项工作任务。会议由津市人民政府副市长徐兴宇主持。会上，综合协调、医疗救治、防控处置、后勤保障、卡口监测、舆论宣传等11个重点专业组就各组工作开展情况进行汇报。市委副书记、市长黄旭峰要求：各级各部门要主动作为，主动想事，切实做好打大仗、打恶仗、打持久仗的准备，要层层落实责任，对照常德市疫情防控“十条措施”，不折不扣地完成各项防控工作任务。要超前储备口罩、消毒液、防护服等防控物资，为一线工作人员提供安全保障；要储备好蔬菜、面粉等各类生活物资，引导群众科学有序应对疫情；要充分利用大数据分析比对，加强津市外来人员排查工作，明确各卡口责任人；各基层工作人员要进一步严肃工作纪律，迅速到岗到位，认真做好外来人员摸排和居家隔离工作；针对企业开复工及学校开学时间，要主动对接上级部门，尽快研究制定相关规定。傅勇强调，各相关部门要严格按照中央疫情防控工作总体要求，提高政治站位，增强责任意识，充分认识疫情防控工作的复杂性、严峻性、长期性；要严格按照省、常德市要求，完善指挥调度机制，坚决落实各级的指令和措施，完成上级交办的各项工作任务；要抓紧制定完善应急预案和工作方案，充分储备各类防控、生活物资；要强化舆论引导，及时审慎发布政策信息，动员全社会力量，以决战决胜的姿态打好打赢疫情防控攻坚战。津市市委常委、政法委书记李景峰，津市市人民政府副市长、公安局局长戴志刚，津市市人民政府副市长徐兴勇参加会议并就相关工作提出意见建议。

讨论救治方案

津市市人民医院作为新型冠状病毒感染的肺炎的定点救治医院，院党委周密部署，积极备战疫情防控工作，发热门诊医护人员认真接诊每一位群众，组织工作人员昼夜安装、调试隔离区设备，组建医疗队进驻隔离区收治病人。津市公安局，津市交警大队，津市交通局，津市金鱼岭街道社区卫生服务中心联合行动，在津市工业园区高速出入口设置监测点，开展新型冠状病毒感染的肺炎，疫情防控工作，对进出津市的车辆人员，进行逐一登记排查。津市公安局针对新型冠状病毒感染的肺炎疫情防控工作，迅速展开周密部署，全面防控新型冠状病毒感染的肺炎疫情。与医务人员一道对过往车辆、人员进行登记、检查、检测。派出所对宾馆旅店入住人员逐一开展清查，协同文化部门、林业部门，做好网吧、KTV等重点场所的断网停业工作。网安大队24小时网上巡查恶意散布谣言的行为，对散布谣言者予以依法打击。各镇街和村(社区)采取入户宣传、赠送口罩等方式，全面防控新型冠状病毒感染的肺炎疫情，全面宣传，提高群众的防控意识。津市市市场监督管理局严格把控市场流通关，对超市和农贸市场进行排查，禁止经营户销售、宰杀野生动物，严厉打击野生动物违法违规交易，对超市进行督促，要求市场管理责任人加强卫生管理，做好消杀防疫工作。加强对餐饮服务单位的

发放防疫宣传资料

设卡检测

监管,严查违法违规行为。对各大药店的抗病毒药物、器械库存情况开展清查,规范各大药店、超市经营行为,严禁哄抬物价,严查货源。入户摸排并发放宣传单页。

1月26日晚,市委副书记、市长黄旭峰督导检查各卡点新型冠状病毒感染的肺炎疫情防控工作。黄旭峰一行先后到临津桥、市高新区高速出入口、涔水大桥等卡口,详细询问过往车辆和人员检查情况,细致了解当前疫情动态和防控工作情况,并向奋战在一线的疫情防控工作人员表示慰问。黄旭峰强调,疫情防控工作人员要在做好自身防护的基础上,以高度负责的态度落实检查任务。卡口要24小时在岗在位,配齐检测设备,完整登记车辆及人员信息;要建立科学有效的工作预案,快速应对突发情况;相关责任部门要为卡口工作提供全面保障,对防护设备不足、休息保暖条件不佳等问题必须千方百计整改到位。

1月26日晚,市委书记傅勇督导调度全市卫健系统新型冠状病毒感染的肺炎疫情防控工作。傅勇要求卫健系统要进一步完善疫情防控机制,充分储备和全面保障一线工作人员防护物资,整合全市力量,统筹医疗救助工作,加强专业防控指导,确保全市新型冠状病毒感染的肺炎疫情防控工作有力开展。会上,市卫健局、疾控中心、人民医院、中医医院主要负责人详细汇报全市卫健系统关于新型冠状病毒感染的肺炎疫情防控工作的进展情况,并对相关应急机制、医疗物资储备等情况进行汇报。傅勇强调,全市卫健系统要进一步完善疫情防控机制,预判疫情形势,细化方案措施,全面整合医疗技术人员、场地设施、医疗物资等资源,做好打大仗、持久仗准备,各医疗机构要在摸排阶段给予相关部门技术指导,在诊疗阶段给予有力的技术支撑,确保全市新型冠状病毒感染的肺炎疫情防控工作有力开展。要强化物资保障,合理进行调配、使用,全力保障一线医护及相关工作人员的防护物资,在确保自身健康安全的同时,为全市打赢防控战役提供专业、高效、科学的保障。市人民政府副市长徐兴宇参加会议。

1月27日,市委书记傅勇,市委副书记、市长黄旭峰一行督导检查全市新型冠状病毒感染的肺炎疫情防控工作。傅勇强调:全市上下要坚决防控疫情,确保人民群众生命健康安全。傅勇、黄旭峰一行先到新洲镇疫情防控储备室、新洲镇万寿宫社区、高新区高速公路卡口监控点、汪家桥街道新村社区、临津桥卡口监控点等地督导检查疫情防控工作。在新洲镇疫情防控储备室,傅勇听取该镇疫情防控工作汇报,现场检查防疫准备物资,查看疫情排查台账。傅勇要求:地方党委政府要全力做好新型冠状病毒感染的肺炎疫情防控工作,要加大对回津市人员的追踪管理和信息收集,进一步做好防控人员和物资的调度筹划。在新洲镇万寿宫社区、汪家桥街道新村社区,傅勇强调:各社区要全面深入查准查实辖区人员流动情况,重点落实回津人员及其家庭成员的居家隔离保护工作;卫健部门要对全市涉及居家隔离的相关安排提出指导性意见。在高新区高速公路卡口监控点、临津桥卡口监控点,傅勇强调指出:相关部门要在加强值班值守的同时,根据车流通行情况进行科学调度;要进一步强化体温检测和排查防控工作,通过一手抓防控、一手抓畅通,全力做好疫情防控的交通服务保障工作。

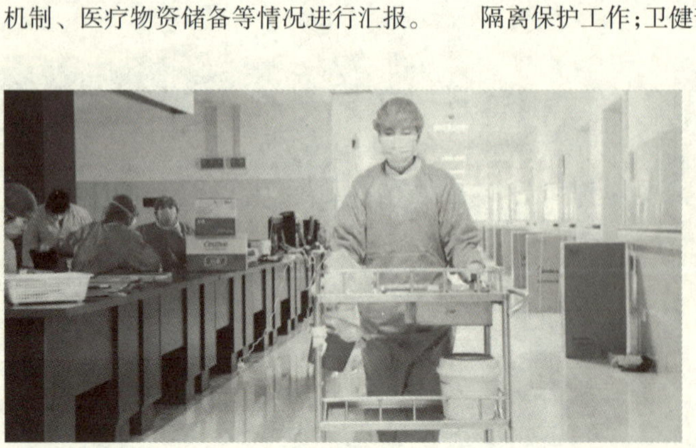

隔离病区内

督导中,黄旭峰对全市新型冠状病毒感染的肺炎疫情防控工作提出要求。市委常委、宣传部部长张海卿,市委常委、政法委书记李景峰、市政府副市长徐兴宇参加督导检查。

1月27日,津市市委书记傅勇主持召开新型冠状病毒感染的肺炎疫情防控工作视频会议。全市各镇(街)、村(居)、部门单位通过远程视频系统收看收听会议。会议的主会场设在市委办一楼会议室。会上,津市市委副书记、市长黄旭峰通报当前全市新型冠状病毒感染的肺炎疫情防控工作开展情况,对下一步疫情防控工作进行具体安排部署。

连日来,津市认真贯彻落实中央、省、常德市疫情防控工作部署,深刻认识做好新型冠状病毒感染的肺炎疫情防控的重要性和紧迫性。津市市委市政府高度重视疫情防控工作,始终把群众的健康安全放在第一位,务实抓好各项疫情防控工作。目前,津市疫情防控工作正"内防扩散、外防输入",全力以赴,严防死守;全部公开,加强宣传,切实营造全民参与的浓厚氛围;全员发动,群防群控,加大排查管控力度;全面准备,防患未然,确保物资储备充足;全员续战,不怕牺牲,始终战斗在平安第一线;全神贯注,披荆斩棘,为人民的健康不顾一切。全市上下正众志成城,坚决全力打赢疫情防控攻坚战。

黄旭峰要求:要在津市打造一堵防控疫情密不透风的墙;各级各部门必须坚定必胜的决心,始终把疫情防控工作作为当前最重要的工作来抓;按照科学、规范、精准施治和坚决、科学、精准防范两项总要求,全市各镇街及村居要做好宣传全方位、精准摸排、居家隔离到位三件事;疫情防控成员单位要做好严格落实指挥部指令、严格落实联防联控责任、严格落实值班值守责任、严格落实精准隔离治疗责任、严格落实信息精准发布责任、严格落实卡口检查责任、严格落实后勤保障和物资准备责任七件事；普通党员要做好三件事，就是要做到带头做好宣传、带头遵守禁令、带头做好防控工作"三个带头"；要在市委的坚强领导和指挥部的统一指挥下，团结一致，令行禁止，用群众的幸福感、安全感换取我们的获得感，坚决守护好全市人民的健康安全。

傅勇强调：全市上下要高度重视、坚决提高政治站位，始终把人民群众生命安全和身体健康放在第一位，把疫情防控工作作为当前最重要的工作来抓，切实增强新型冠状病毒感染的肺炎疫情防控工作的责任感和紧迫感；要立即行动，坚决做到全民动员，充分发挥基层党组织凝聚人心、鼓舞斗志、组织群众、宣传政策方面的战斗堡垒作用；要群防群控，坚决落实重点工作，建立健全市级、镇（街道）、村（社区）、网络四级防护网，开展地毯式摸排，切实堵塞新型冠状病毒感染的肺炎疫情传播渠道；要认真较真，认真强化纪律，各级各部门务必做到思路清晰、措施明确、工作到位，确保事事有回应、件件抓落脚；要强化责任，坚决严明纪律要求；全市上下要认真落实中央、省、常德市各项工作要求，在市疫情防控工作领导小组的统一指挥下，以更坚决的态度、更有力的举措，全力以赴打赢疫情防控阻击战。

市领导覃歇民、张海卿、何朝辉、李景峰、戴志刚、徐兴勇、徐兴宇、易榕参加会议。

1月28日上午，市委常委、常务副市长何朝辉调度全市新型冠状病毒感染的肺炎疫情防控后勤保障工作。调度会上，市财政局、发改局、市监局、商务局、农业局等相关部门全面汇报全市疫情防控后勤保障工作情况。会议对疫情防控应急物资需求动态和生产、流通、库存及资源保障情况进行分析研究，对相关具体问题进行精细调度。

何朝辉要求，各相关部门要加强疫情防控工作的资金保障，确保一线人员的药物、器械、耗材等物资有保障；要统筹协调好蔬菜、面粉等生活必需品供应；要保障好网络、水电气等基础设施正常运行，确保群众生活所需；要处理好相关人员的安置问题，全面提供疫情处置的健康指导；要严厉打击恶意哄抬物价等不正当行为，并严格按照法律规定予以从重处罚。

1月28日，市委副书记、市长黄旭峰前往各镇督导检查新型冠状病毒感染的肺炎疫情防控工作。黄旭峰先后前往市新洲镇、白衣镇、药山镇入津道路体温监测点，查看工作人员疫情防控工作检测台账及后勤保障情况，并对疫情防控一线工作人员表示慰问。督导中，黄旭峰向周边群众详细了解镇、村工作人员开展疫情防控宣传工作情况。在白衣镇红光村村部，黄旭峰仔细检查对外来回津市人员摸排工作进展及台账登记情况，并现场对镇、村物资发放等情况进行电话抽查。

在白衣镇敬老院，黄旭峰叮嘱相关负责人要切实按照工作方案，做好疫情防控工作。

黄旭峰强调：相关部门要切实保障好一线医护人员及相关工作人员的防护物资储备，保障工作设备、物资充足，让他们在确保自身健康安全的同时，有力开展疫情防控工作；各镇随访摸排工作要再细致，对所有外来回津市人员分类别进行摸排登记，确保不漏一人；要进一步加强宣传引导，通过多种形式开展宣传教育，强化群众防范意识；要加强防护物资调配，加大对外沟通，多渠道联系相关供货厂商，充分做好全市防护物资保障。

1月28日，市委常委、政法委书记李景峰深入嘉山街道督导新型冠状病毒感染的肺炎疫情防控工作。李景峰先后深入嘉山街道杉堰村、戚关村、高新区高速公路卡口等地，实地检查各疫情防控站点车辆人员检测台账、工作保障等方面工作落实情况；详细了解、督查疫情摸排工作情况。同时叮嘱居民，要注意做好个人防护措施，配合社区工作人员做好疫情防控工作。李景峰要求：嘉山街道要进一步细致、精准地做好疫情防控工作；要落实摸排登记，确保不漏一人；要切实保障相关人员的生活物资；要进一步加强宣传引导，全方位、无死角的通过多种形式开展宣传教育，不断强化干部、群众的自我防范意识。确保打赢疫情防控阻击战，保障人民群众生命健康安全。

1月29日，市政府副市长徐兴勇检查各镇疫情防控工作开展情况。检查

市委书记傅勇（左一）检查居民小区防控工作

市长黄旭峰（前排左一）检查农贸市场防控工作

中，徐兴勇一行到药山镇政府、三新垸村、八宝湖村、白云山村、药山村等地体温检测、防控劝导卡口，详细检查检测台账，对各检测点工作情况进行实地检查。徐兴勇对药山镇疫情防控工作给予充分肯定。徐兴勇要求，药山镇各检测点工作人员要到岗到位，设置醒目的标识标牌，疫情防控宣传要落实到各村组，营造宣传氛围，并通过广播会的形式，广泛动员群众，发动群众主动科学协助进行疫情防控摸排工作，鼓励主动上报情况，严禁知情不报、赈酒请客、聚会扎堆等行为，切实做好疫情防控工作。

1月28日晚，市人大常委会副主任、工商联主席胡湘萍与3位民营企业家一起，在科学规范防控疫情的前提下，来到疫情防控一线，对日夜奋战在疫情防控最前沿的工作人员进行慰问。晚上10点，胡湘萍一行到市疫情防控指挥部、涔水大桥检测点、临津桥检测点、高新区高速公路出入口检测点等处，为坚守疫情防控一线的工作人员送上姜汤、白水鸡蛋，并向他们表达最诚挚的问候和感谢。为了这次慰问，市湘源弘农林牧发展有限公司负责人陈萍、陈丹在家静心熬制姜汤，准备白水鸡蛋。陈丹告诉记者，这几天通过官方媒体了解到疫情发展情况后，全家人对一线工作人员的辛勤付出充满敬意。特别是一天前，林业部门还专门为自家的养殖场送来防疫消毒物资，让全家人倍感亲切与温暖。津市市湘源弘农林牧发展有限公司负责人陈丹对记者说：没有他们（疫情防控一线工作者）这种努力的付出，就没有大家平安团圆。因此和家人一起商量后，想为他们送一点热乎的暖心鸡蛋和姜糖水，暖暖身子，也希望他们身体健康。

向防控一线工作人员捐赠物资

1月29日，市委常委、政法委书记李景峰督导全市各疫情防控检测点工作情况。

李景峰先后前往涔水桥检测点、临津桥检测点、高速入口检测点等处，现场督导检查疫情防控工作情况。在督导检查过程中，李景峰仔细询问各检测点一线工作人员的工作情况，并叮嘱他们一定要确保自身安全，做好防护措施。李景峰要求：要坚决做到逢车必查、逢车必登、逢人必检，全方位、无死角地做好检测工作，确保不漏一车、不漏一人。据了解，截至1月28日下午4点，全市各检测点累计检测车辆3967台次，累计检测人数7361人次。

1月29日，市委常委、纪委书记、监委主任佘斌督导检查全市新型冠状病毒感染的肺炎疫情防控工作。佘斌先后前往高新区高速公路出入口检测点、白衣镇、襄阳街街道等地，督导检查疫情防控工作。每到一处，佘斌都认真听取情况汇报，查看工作台账，并详细了解疫情防控工作安排、人员防护等情况。佘斌要求，各部门要严明政治纪律，认识到疫情防控是攻坚战，也是政治任务，事关全局，要把这项工作作为当前最紧迫、最重大的工作来抓；要严守工作岗位，党员干部必须按时到岗，严格执行考勤打卡制度；要认真履职尽责，将责任分解到个人，根据上级政策、工作动态不断完善工作机制，落实工作举措；要严肃追责问责，针对主体责任落实不到位的部门单位，要严肃追究单位“一把手”责任，严肃查处疫情防控中不作为、慢作为等现象，齐心协力，为打赢疫情防控攻坚战作出贡献。

1月29日，市委书记傅勇督导检查全市新型冠状病毒感染的肺炎疫情防控工作。傅勇强调：全市各镇村要进一步强化回津市人员居家隔离观察工作，严格落实村组责任分工体系，全力做好交通关口疫情检测防控。在督导检查中，傅勇一行先后到毛里湖镇石龟山大桥检测点、新洲镇黄林堰村村委会、新洲镇孟姜女社区、新洲镇政府等地，详细了解各地排查、登记、处置等相关情况在毛里湖镇石龟山大桥检测点，傅勇详细查看检测登记台账，询问检测点值班值守工作情况。傅勇要求：相关部门要结合大数据分析和春运出行规律，全力做好交通关口疫情检测防控工作。要在密切注意过境车辆的同时，密切关注全市辖区内流动的社会车辆，竭尽全力从交通源头上阻断病毒传播。在新洲镇黄林堰村村委会、新洲镇孟姜女社区、新洲镇政府，傅勇对社区疫情排查工作进行电话抽查，并检查居家隔离情况。傅勇强调：全市各镇村要进一步强化回津人员居家隔离观察工作，进一步核实排查信息的精准性、实效性；要严格落实村组责任分工体系，确保疫情防控责任清晰、分工明确、防控有力。

市领导察看市场物资供应情况

1月28日，常德市人民政府副市长

杨成英到津市调研督导疫情防控工作。杨成英一行先后到高新区高速入口检测点、西苑小区、养老服务中心、临津桥检测点、步步高超市、兰苑宾馆、中医院新址隔离区、市疫情防控指挥部进行现场督导检查，杨成英对津市的疫情防控工作给予充分肯定，并提出相关要求。杨成英强调，要对涉及疫情防控工作的重点人员提供人性化服务，细致掌握他们的生活情况和身体状况，街道方面也要认真严格规范消毒；各镇街要将疫情防护知识宣传教育到位，引导群众正确认识当前的疫情形势，增强自我防护意识；各超市、宾馆等公共场所要坚持每日消毒，确保物价在正常水平，要加强公共场所管理，引导提醒消费者佩戴口罩，并做好体温测量和登记；新址中医院隔离区要按照科学化、规范化、合理化的要求加快内部建设，医务人员要加强自我防护，绝不让疫情再扩散。

在随后召开的市新型冠状病毒感染的肺炎疫情防控工作汇报会上，市委书记傅勇，市委副书记、市长黄旭峰就全市疫情防控工作情况及亟待常德市关心支持的问题进行汇报。杨成英指出，津市市委、市政府在疫情防控工作中领导有力、工作扎实，领导干部职责分工明确；防控工作组织严密，措施精密，标准高、要求严、成效好；宣传工作深入广泛，群众防护意识强。对下一步工作，杨成英要求，津市市委、市政府要提高思想认识，始终紧绷安全弦，切实做好打硬仗、持久战准备；要进一步加强组织领导，充分发挥组织优势；要广泛动员群众，紧紧依靠群众，查漏补缺，与人民群众一道筑起防控新型冠状病毒感染的肺炎疫情的铜墙铁壁；防控措施要规范精准，落实、落小、落细；要保障好人民群众的生活需求，切实加强市场供应和管理，维护物价稳定和社会稳定。市领导覃歇民、何朝辉、徐兴勇、徐兴宇、易榕分别参加相关现场的督导检查。

1月29日，市委书记傅勇召开市委新型冠状病毒感染的肺炎疫情防控工作领导小组扩大会议，传达常德市委常委扩大会议精神。会议指出，各级领导干部要把爱党、爱国、爱民体现到具体工作和实践中来，充分发挥共产党员先锋模范作用，责任上肩，狠抓落实，联防联控无死角，群防群治全覆盖。市委副书记、市长黄旭峰要求，各级各部门对疫情防控工作要真正重视，不能以完成任务的心态对待这项工作，要说真话、做真事，一定要对自己负责，对津市负责，坚决不能假报数据；要全力以赴，把疫情防控工作作为当前最重要的工作来抓，把全市人民的生命安全放在首位。傅勇强调，面对疫情，各级领导干部、各相关部门要认识再加深，充分认识到疫情防控的严峻性，认真细致开展工作；工作再加力，进一步完善防控工作责任体系，市领导包镇（街），镇（街）包村（居），村（居）包片组，实行三包责任制，要包保到位；效果再加强，结合大数据，自下而上精准摸排，注重居家隔离人员及同居人员的防护，相关物资、医疗器材要优先用到疫情防控及诊治工作一线上。市领导覃歇民、张海卿、何朝辉、李景峰、戴志刚、徐兴勇、徐兴宇、易榕参加会议。

企业捐赠防疫物资

1月30日，常德市委常委、组织部部长梁仲到津市督导新型冠状病毒感染的肺炎疫情防控工作。梁仲强调：要充分发挥全市基层党组织的战斗堡垒作用，充分发挥全市共产党员的先锋模范作用，坚决打赢这场疫情防控阻击战。在督导检查中，梁仲一行先后到津市高速路口检测点、外地来常德人员定点接待酒店、集中隔离和救治医院等地。详细了解检测点防疫筛查、外地来常德人员定点接待酒店防疫隔离、集中隔离和救治医院筹备建设等相关情况。在随后召开的工作会议上，梁仲听取市委书记傅勇有关疫情防控工作的情况汇报。梁仲对津市疫情防控工作予以高度肯定。他强调：津市要强化高点站位，全面落实习近平总书记的指示精神和中央、省、市委的安排部署，严格防控疫情输入性风险，全力降低疫情区域性风险；要充分发挥全市基层党组织的战斗堡垒作用，充分发挥全市共产党员的先锋模范作用，齐心协力、认真履职，为打赢疫情防控阻击战提供坚强有力的组织保障；要科学应对疫情防控发展，把疫情防控工作作为当前头等大事来抓，既要做到高度重视，又要确保防控措施适中、适合、适度，避免引起社会恐慌。针对精准到位做好下阶段疫情防控工作，梁仲要求：要做到宣传发动到位、摸排登记到位、居家隔离到位、真情关爱到位、应急处置到位、物资保障到位，要以对人民群众生命健康高度负责的态度，坚决打赢这场疫情防控阻击战。市委副书记、市长黄旭峰，市委副书记覃歇民，市委常委、宣传部部长张海卿，市委常委、常务副市长何朝辉，市委常委、政法委书记李景峰，市委常委、组织部部长胡杰，市人民政府副市长、公安局局长戴志刚，市人民政府副市长徐兴勇、徐兴宇、易榕参加会议。

1月30日，津市召开小区管理、流动人员管理调度会。会议由市人民政府副市长徐兴宇主持。会上，市住保服务中心、各街道负责人、小区物业公司代表、社区代表分别汇报疫情防控小区管理工作情况、流动人员管理工作情况。会上对疫情防控小区管理工作、流动人员管理工作进行深入研究讨论。市委副书记、市长黄旭峰在会上要求：全市各级各部门要杜绝麻痹大意思想，切实提高认识,齐心协力打赢这场疫情防控阻击战,事关人民群众的生命健康,要把疫情防控工作做到百分之百,不能有丝毫松懈;要保证每天的防疫物资有序供应,工作中优先保障防控一线;检测点要科学调度,增强力量;要通过各种形式的专栏、专题宣传让疫情防控信息深入人心;要不折不扣执行疫情指挥部的各项指令;要对上班、复工等因素给疫情防控工作带来的影响进行提早预判;要合理调度,通过有效手段关心防疫一线工作人员的身心健康。市委书记傅勇在会上强调:根据目前全市疫情防控形势,全市各居民小区要建立完善的疫情防控制度,劝导市民尽量少出门;各镇街要立足实际,不等不靠,主动投入这场人民战争,要对防控工作进行合理科学调度,探索值班轮班机制,切实加强对重点人员的管理;宣传部门要深入研究,以通俗易懂的方式把宣传工作做到实处;要一切以疫情防控为中心,在严格遵守法律法规的前提下,加强公共场所、工作场所的疫情管控,同时强力解决市场配送问题;要科学谋划小区管理,废弃医疗垃圾要通过专业渠道进行处理;督导检查一律采取“四不两直”的方式,一切从实际出发,制定切实可行的措施,以必胜的决心,打赢这场疫情阻击战。市领导覃歇民、张海卿、何朝辉、李景峰、胡杰、吴拥华、戴志刚、徐兴勇、易榕参加会议。

1月30日,召开疫情检测点防控工作调度会。市委书记傅勇在会上强调:疫情检测点防控要密不透风。会议由市人民政府副市长徐兴宇主持。会上,市交警大队、市交通运输局负责人汇报疫情检测点防控工作情况,检测点值守一线干部对完善疫情检测点防控工作提出建议。市委副书记、市长黄旭峰要求:疫情的检测点防控很有必要,只能加强,不能减弱;能不能打赢这场疫情防控战役关键看态度、看决心,广大一线疫情防控工作人员要克服困难,坚决打赢;要根据疫情变化情况,科学布局检测点设置,增强值守力量,严防死守,不能有丝毫松懈;相关部门要为防控一线提供必要的物资、防护保障。市委书记傅勇在会上指出:连日来,全市的疫情防控检测点设置科学,管理到位,管控有力,为全市疫情防控工作起到重要作用。在检测点上值班值守的卫健、公安、交警、交通等部门工作人员很辛苦,为防控疫情做出很大贡献。

傅勇强调:未来十天,是全市防控疫情的关键时期,检测点防控职能要加强,不能松懈;要把握安全第一的总原则,根据实际情况,合理调整、科学设置疫情防控检测点,确保疫情防控密不透风;要充分考虑这场疫情防控战役的长期性、艰巨性,不断完善检测点设施配备;要时刻保持高度警惕,强化检测点的自身防护,加强工作人员的防护培训,拿出科学规范的防疫操作规程,确保严密无缝守住津市。市领导覃歇民、何朝辉、李景峰、戴志刚参加会议。

1月30日,市委书记傅勇调度全市各镇新型冠状病毒感染的肺炎疫情防控工作,对下阶段疫情防控工作重点进行再强调、再部署。会议由市政府副市长徐兴宇主持。会上,市新洲镇、毛里湖镇、药山镇、白衣镇和市疫情防控指挥部督查指导组、重点人员摸排组、大数据分析组分别汇报当前疫情防控相关工作情况。会议对全市各镇人员组织、车辆管控、信息登记、监测点设置等重点工作进行研究讨论。市委副书记、市长黄旭峰要求:全体参战人员要坚定打赢疫情阻击战的信心和决心,始终把人民群众的生命健康安全放在第一位;要做好长期战斗的思想准备,时刻保持头脑清醒,严格贯彻执行上级有关精神;要加强对特殊群体的管控和处置,及时做好心理疏导和宣传教育;要把握方式方法,为外地来津市人员提供暖心照顾。市委书记傅勇强调:全市各级领导干部要进一步提高政治站位,切实加强组织领导,市级领导要包保到镇,镇级领导要包保到村、村级领导要包保到片、到组、到户,确保责任层层落实;镇党委政府要统一思想、提高认识,通过视频会议、广播通知等方式,进一步严肃疫情防控工作氛围;广大党员要充分发挥先锋模范作用,带头冲锋,做好检测和宣传引导,传递疫情防控的正能量;基层一线工作者要迎难而上,既做好自我防护,又要加强科学防控;疫情防控工作要严厉杜绝形式主义,不要层层加码给基层干部增加负担。市领导覃歇民、何朝辉、徐兴勇参加会议。

1月30日,市疫情防控指挥部召开各专业组工作调度会。市委书记傅勇在会上强调:当前疫情防控工作形势严峻、复杂。市疫情防控指挥部全体市级领导、各专业工作组要压实责任,确保疫情防控各项指令落实。市委副书记、市长黄旭峰参加会议并讲话。会议再次明确市疫情防控指挥部职责分工,对各专业工作组工作进行调度部署。市委副书记、市长黄旭峰在会上分析当前疫情防控形势,要求全市各级各部门要采取有效措施,科学、果断阻断一切疫情传播渠道,同时要多听取基层一线的意见

市长黄旭峰(左三)督察医疗单位防控工作

建议，不断完善防控工作体系。市委书记傅勇在会上指出：当前疫情防控工作形势严峻、复杂，市疫情防控指挥部全体市级领导、各专业工作组要压实责任，确保疫情防控各项指令落实。会上，傅勇对市级领导联点和各专业工作组工作进行一一部署。傅勇强调：全市上下要严格按疫情防控属地管理原则，密切关注疫情动态，对疫情防控工作开展情况要做到清清楚楚；要规范小区、流动人口管理，严格执行防疫工作规程，采取有效措施，解决管理好全市的人员、车辆流动问题；疫情防控工作中要完善一线工作人员的自我防护措施，提高自我防护意识，确保全市从上到下严格自我防护；要加强市级领导、专业工作组、镇街三级的沟通协调，坚定信心，齐心协力，坚决打赢这场疫情阻击战。市领导覃歇民、张海卿、余斌、何朝辉、李景峰、胡杰、吴拥华、杜登全、杜强、戴志刚、徐兴勇、徐兴宇、易榕参加会议。

2月1日，市爱心志愿者协会慰问疫情防控一线工作人员。志愿者们先后到市后湖社区、三洲街社区等7个社区，为坚守在疫情防控一线的社区工作人员送去慰问金，并对他们的辛勤付出表示感谢，同时嘱咐他们保护好自己，共同努力打赢疫情防控阻击战。志愿者们还利用宣传车，在市区的各个街道循环播放疫情防控相关措施，并为市民发放疫情防控科普宣传单，告诫市民戴口罩、勤洗手、少出门、不聚集、不扎堆，科学有效防控疫情。市人大常委会副主任胡湘萍参加宣传活动。

2月2日下午，市委副书记、市长黄旭峰先后到湖南欣龙非织造、湘澧盐化公司的生产车间，看望慰问生产一线工人，现场督导疫情防控工作。黄旭峰要求：企业在保证正常生产的情况下，要加大疫情的防控力度。一是要严格按照“五看”的要求，进一步做好员工及员工家属的排查工作。二是对车间、配送、后勤人员要严格登记，每天进行体温监测，出入车辆要严格消毒。三是生产车间及公共空间要定时消毒并认真记录，一线工人要严格做好防护措施，实行分区管理。四是食堂卫生管理要高标准，配齐消毒物资，员工就餐实行分餐制。黄旭峰还特别强调要加强宣传教育，让每一个员工知晓防控知识，自觉养成习惯。市领导何朝辉、易榕及高新区、市政府办、市工信局负责人参加督导。

2月2日，市委书记傅勇调度全市疫情防控医疗救治和防控处置工作。傅勇强调：当前疫情防控形势严峻，要杜绝麻痹大意思想，把医疗救治和防控处置工作措施落实、落地，把工作做到百分之百。调度会上，市卫健局、市人民医院、市中医医院、市疫控中心等单位负责人分别汇报疫情防控医疗专业工作情况；相关镇街负责人汇报疫情防控摸排、处置工作落实情况。在详细听取汇报后，傅勇对全市疫情防控医疗救治和防控处置工作进行进一步安排部署。傅勇指出：当前疫情防控形势严峻，要杜绝麻痹大意思想，把医疗救治和防控处置工作措施落实、落地，把工作做到百分之百。傅勇强调：要进一步理顺疫情防控工作机制，严格落实疫情防控指挥部各项指令，做到情况摸排一个不漏、符合居家隔离标准的对象居家隔离一个不漏、措施落实一个不漏。卫健系统要加强形势研判，为疫情防控指挥部决策提供专业参考；要加强医疗战略资源统筹，加大全市疫情防控“一盘棋”的工作力度；要加大疫情防控措施的指导力度，确保专业人员指导基层落实到位；要严谨制定集中救治方案，全方位保证救治质量，确保打赢这场疫情防控阻击战。市人民政府副市长、市疫情防控指挥部指挥长徐兴宇参加会议并对具体工作进行部署。

2月2日，市委书记傅勇督导检查全市疫情防控工作。傅勇在督导检查中强调，全市各检测点、小区要严防死守，切实加强疫情防控管理，严格执行疫情防控指挥部各项指令不打折扣，坚决打赢这场疫情防控阻击战。傅勇先后深入临津桥、九澧大道与津澧大道交会口、涔水大桥、全市各主干道重点防控部位的检测点和检查点，详细听取相关负责人的情况汇报，实地检查各处的疫情防控工作落实情况。每到一处，傅勇都仔细查看工作台账，现场抽查车辆、人员防控管理情况，并对进一步完善落实疫情防控工作提出具体要求。傅勇还到丰华城等小区，实地督导各小区疫情防控管理责任落实情况，对小区车辆人员管理、登记台账、管理规程等工作进行具体指导。傅勇在督导检查中强调：全市各检测点、小区要严防死守，切实加强疫情防控管理，严格执行疫情防控指挥部各项指令不打折扣，坚决打赢这场疫情防控阻击战；要根据实际情况，充分对每日相关数据进行分析、比对，确保疫情防控措施行之有效；要加强一线工作人员的自我防护，合理调度，时刻保证疫情防控一线的战斗力；各部门之间要加强信息沟通协调，确保疫情防控工作科学、规范、有序开展。市领导李景峰、杜登全、徐兴勇参加督导检查。

2月3日，市委书记傅勇督导检查全市疫情防控工作。傅勇在各小区、社区、单位院落、监测点着重强调：全市上

检查超市

下要切实提高思想认识，严格落实疫情防控属地管理责任，根据疫情不断完善落实防控举措，确保打赢疫情防控阻击战。傅勇先后深入三眼桥小区、新村社区，残联、商务局等单位工作场所和院落内小区、临津桥检测点等地，细致督导检查各重点部位的疫情防控工作责任落实情况，认真听取疫情防控一线工作人员的意见和建议。在临津桥检测点等防控一线，傅勇现场检查该检测点体温检测、运转体系、登记台账等方面工作情况，并现场为过往车辆司乘人员宣讲疫情防控政策，劝导群众按照市疫情防控指挥部统一部署，“从我做起”，配合工作人员一起科学、规范防控疫情。傅勇在督导检查中强调：全市上下要切实提高思想认识，严格落实疫情防控属地管理责任，根据疫情不断完善落实防控举措，确保打赢疫情防控阻击战；全市各小区要因地制宜，科学规范管理防

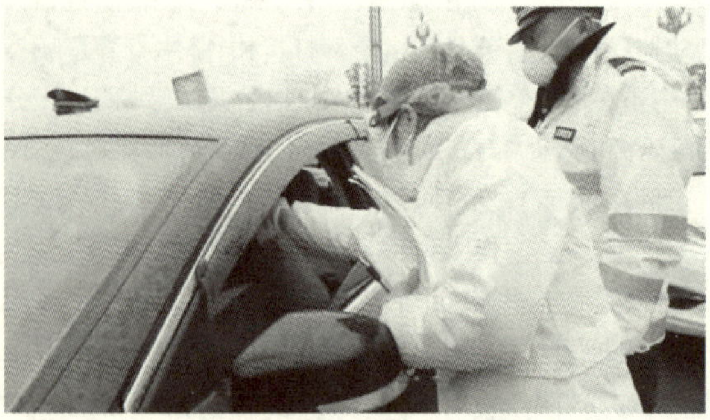

对进出津市人员测体温

控疫情，正确营造疫情防控全市“一盘棋”的工作氛围；社区工作人员要加强自我防护意识水平，严格落实、落细重点人员的情况摸排和居家隔离工作，不断完善防控举措；各镇街、部门、单位要严格落实疫情防控属地管理责任，紧紧围绕疫情防控这一中心，合理安排调度工作，按要求规范、细致做好疫情防控管理；各检测点要根据疫情动态，不断完善检测管理举措；要充分关心、信任基层干部，加强沟通协调，确保疫情防控工作科学、规范、高效运转。

督导检查中，傅勇深入了解生活物资的供需储备情况，全市生活物资供需有序，物价平稳。市领导杜登全、陈顺勇参加督导检查。

2月3日，市委书记傅勇，市委副书记、市长黄旭峰督导全市疫情检测点防控排查工作。傅勇、黄旭峰先后到临津桥、高新区高速出入口等疫情检测点，实地督导各检测点体温测量、信息排查、防控宣传、检测登记、人员车辆实时数据等方面工作情况，叮嘱现场工作人员要做好防护措施，注意个人安全。傅勇在督导中强调：全市各检测点要严密检测排查，做到逢车必检、逢人必检，不漏一车、不漏一人；要加强疫情防控宣传和信息登记工作，切实遏制疫情输入；要充实力量，严防死守，确保检测排查工作有序、高效进行。市领导李景峰、徐兴宇参加督导。

2月4日下午，市委书记傅勇主持召开市委常委会(扩大)会议，传达学习中央、省委和常德市委关于新型冠状病毒感染的肺炎疫情防控工作的最新精神。市委副书记、市长黄旭峰出席会议并讲话。市委书记傅勇传达领学中央、省委和常德市委关于新型冠状病毒感染的肺炎疫情防控工作的最新精神，对下阶段全市新型冠状病毒感染的肺炎疫情防控工作和统筹抓好疫情防控与落实好2020年经济社会发展目标任务工作进行安排部署。傅勇代表市委向奋战在全市疫情防控工作一线的广大干部职工、医疗工作者和各方面人员致以崇高的敬意，表示诚挚的慰问。傅勇指出：当前，全市上下团结一心，全力奋战，在党中央的集中统一领导下，在各方面的共同努力下，疫情防控工作正有力、有序开展。但当前疫情防控形势依然十分严峻，要查漏补缺，突出重点，完善举措，扎实做好下一步疫情防控工作。傅勇强调：全市各级党委、政府和部门、单位，要提高政治站位，增强“四个意识”，坚定“四个自信”，做到“两个维护”，根据坚定信心、同舟共济、科学防治、精准施策的要求，尽快找差距、补短板，切实做好各项防控工作。根据疫情形势，全市疫情防控工作力度不能减弱，只能加强。要根据全市实际，统筹抓好疫情防控与落实好2020年经济社会发展目标任务工作，疫情防控和经济社会发展工作“两手抓、两手都要硬”，一切工作要立足于早，立足于均衡，在坚决打赢疫情防控阻击战的同时，确保2020年经济社会发展工作开好局、起好步。市领导覃歇民、王育平、姜正才、张海卿、佘斌、何朝辉、李景峰、胡杰、吴拥华、杜登全、杜强、戴志刚、徐兴勇、徐兴宇、陈顺勇、易榕、陈克元参加会议。

2月4日，津市市慈善总会将市工商联会员企业首批捐赠的抗击新型冠状病毒感染的肺炎疫情爱心善款17.1万元转交到津市市人民医院相关负责人手中，支援疫情防控一线。

2月7日，津市市委副书记、市长黄旭峰走访全市多家企业，主动精准帮扶企业复工复产，全力推进高质量发展。在深入走访科技成果转化示范基地多家企业后，黄旭峰专门到湖南经世新材料有限责任公司座谈，详细了解企业复工复产准备情况，询问企业面临的困难，并就相关问题进行现场沟通交流。黄旭峰强调，企业正常运转是推进全市高质量发展的重中之重，各职能部门要高度重视，科学统筹，加强指导，在确保疫情防控绝对安全的情况下，尽快让企业恢复生产。要按照封闭式小区管理模式，妥善安排好企业及其员工的生产生活。要成立企业服务小组，针对企业生产困难、防控措施指导、生活物资保障等实际问题实施精准帮扶，让企业恢复产能、放心发展。全市上下要主动作为，协调联动，形成合力，与企业共渡难关。在六合城工地，黄旭峰叮嘱相关部门和工地主要负责人，只有坚决守住疫情防控和生产安全两个底线，才能实现最好最快的发展。听取全市在建工地复工准备工作情况后，黄旭峰提出7个方面的具体要求，并对16个具体问题给予明确答复。黄旭峰要求，住

建等部门要与建筑企业一道认真分析当前的疫情防控形势，切实采取有效举措，确保打赢疫情防控阻击战；要坚持一线工作法，实地踏勘重点部位，逐项检查复工条件；要切实为建筑企业提供全方位服务；要出台建筑工地复工指引，帮助企业精准制定详细预案；要全力帮助企业做好各类物资保障；各建筑企业要切实履行好主体责任，扎实抓好安全生产工作；要加强工地扬尘管理，打赢蓝天保卫战。市领导李景峰、徐兴宇、陈顺勇、雷光键、陈克元分别参加相关走访和座谈。

2月6日，常德市委副书记、市长曹立军到津市指导社区疫情防控和企业复工复产等工作。他指出：当前疫情形势依然严峻，要进一步强化措施，狠抓落实，坚决阻断疫情输入，防止疫情扩散，在确保疫情防控安全的情况下，科学安排、统筹抓好经济社会发展各项工作，有序组织和支持企业复工复产，切实做到“两手抓、两不误”。曹立军首先到三洲驿街道望江广场小区，实地检查小区疫情群防群控工作落实情况，并向坚守一线的街道和各方面工作人员表示慰问。曹立军指出：社区是疫情防控的关键部位，津市在小区等防控一线成立临时党支部，有效组织小区值守、疫情宣传、集中消毒、志愿服务等工作开展。各级党组织和广大党员要发挥战斗堡垒作用和先锋模范作用，扎实做好各项防控工作。在湖南欣龙非织造材料有限公司，曹立军走进生产车间，对企业当前防控措施落实、生产运行等情况进行现场考察，与企业负责人进行深入交流。曹立军对企业根据疫情防控工作需要，提前科学复工、全力保障生产的做法给予充分肯定。他表示：及时研究出台应对疫情支持中小微企业发展的十条措施，就是要支持企业恢复生产、稳定发展。曹立军要求：各级、各相关单位和部门要狠抓政策落实，开展针对性地对接走访，研究解决企业复工复产过程中面临的原材料保障、物流运输、流动资金、防疫指导等突出问题，确保返岗职工防护安全，尽快恢复企业生产产能和市场供应，共同打赢疫情防控阻击战。常德市人民政府副市长汤祚国、常德市人民政府秘书长李正才、津市市委书记傅勇，津市市委副书记、市长黄旭峰等参加督导检查。

2月7日，召开企业疫情防控工作座谈会。会上，湖南经世新材料有限公司主要负责人介绍自身企业疫情防控具体措施，企业帮扶小组各成员单位相关负责人宣讲疫情防控相关政策。随后，与会人员实地了解欣龙非织造企业疫情防控相关工作。市人民政府副市长易榕要求，各企业思想认识要统一，要高度重视疫情防控相关工作，因疫情防控工作提前复工生产的企业要做到生产、防控工作“两手抓”；还未复工的企业要做好现阶段的疫情防控工作，储备疫情防控物资，做好生产准备；各相关单位要为企业提供必要的支持，帮助企业做好防疫相关工作。

2月7日，娃哈哈集团、君实商贸有限公司联合慰问津市疫情防控一线工作者。活动中，工作人员先后到新村社区、柏枝林社区、市人民医院、疫情防控检测点为全市疫情防控一线工作者送去八宝粥、矿泉水等生活物资，并详细询问工作人员的工作、生活情况，叮嘱他们在做好疫情防控工作的同时一定要保护好自身安全。此次娃哈哈集团、君实商贸有限公司共捐赠300件八宝粥、矿泉水等生活物资，价值1.8万多元。市人大常委会副主任胡湘萍参加慰问。

元宵节上午，市委常委、政法委书记李景峰慰问疫情防控一线执勤民警、医护人员和志愿者。李景峰前往各执勤检测点，向持续奋战在一线的民警、医护人员和志愿者们表达节日的问候，并送上元宵、牛奶和方便面等生活物资。李景峰嘱咐他们要坚守岗位，切勿麻痹大意，防控期间要做好个人防护工作，确保疫情防控期间全市道路交通安全有序，守住疫情输入的第一道防线，做到每人必查、每车必检，打赢这场疫情防控阻击战。在全市新型冠状病毒感染的肺炎疫情防控工作关键时期，2月7日，市委常委、宣传部部长张海卿检查指导宣传战线疫情防控工作。张海卿一行先后到市文旅广体局、市融媒体中心等单位，详细了解各单位在落实疫情防控工作上的具体举措。张海卿首先代表市委、市政府向全体奋战在疫情防控一线的工作人员表示感谢。他表示，疫情发生以来，大家充分发挥能战斗、能吃苦精神，昼夜奋战、始终坚守一线，为做好疫情防控宣传工作付出大量的努力。同时，张海卿叮嘱大家，在做好自我防护、保证自身安全的同时，要认真贯彻落实习近平总书记关于做好疫情防控期间舆论宣传工作的重要指示精神，加大宣传力度、创新宣传手段，多挖掘疫情防控一线涌现出来的先进人物、典型事迹和好的经验做法，传播好疫情防控工作的正能量。

2月10日，津市市委书记傅勇督导全市疫情防控及企业复工复产工作。傅勇先后深入药山镇和平村、白衣镇石板

人民医院医护人员赴隔离医院工作誓师出征

滩社区、新合新生物医药有限公司、襄阳街街道盐矿社区实地督导检查。每到一个村居，傅勇都要详细查看信息排查登记台账，并向基层负责人了解目前居民生活状况，要求各村居严格按照上级防控工作要求，逢车必查、逢人必检，对重点车辆和人员实行严格摸排登记和体温检测。新合新生物医药有限公司是津市生物医药产业的龙头企业，厂区疫情防控和复工部署细致有序。傅勇现场查看企业疫情防控和复工复产情况，叮嘱企业疫情防控措施要进一步抓细抓实，确保管理到位、防范到位，有力有效保障正常的生产经营秩序。傅勇在督导中强调，各级各部门要坚决克服麻痹大意和松懈情绪，强化思想认识，做到疫情防控要求不松、力度不减。坚持疫情防控和推动高质量发展“两手抓、两不误”。全市在严格做好疫情防控工作的同时，要科学部署、统筹安排好经济社会发展各项工作，努力方便群众生活，有力支持企业复产。津市市委常委、市委办主任杜登全参加督导。

2月11日，市残联组织慰问小组到市康复医院，慰问住院病人及医务工作者。当天，市政协副主席、残联理事长董新满一行，到市康复医院，为这里的住院病人及医务工作者，送去食用油、大米、肉类等必备生活物资。慰问中，慰问小组听取医院防控新冠肺炎相关工作和易肇事肇祸精神病人的收治工作等情况，并叮嘱医院负责人要严格落实每天测量体温和消毒等工作，严格管理人员进出，加强对医护人员的相关防护措施。要保障住院病人和医护人员生活物资的储备，确保食品安全和营养均衡。

2月12日下午，市政府副市长、市疫情防控指挥部指挥长徐兴宇主持召开指挥部工作会议，分析当前疫情防控工作形势，安排部署指挥部近期重点工作。徐兴宇要求，越是在疫情防控的关键时期，各工作组越要克服松懈情绪，千万不能盲目大意，对于重大问题要请示汇报，重大风险要及时报告；要进一步强化防控举措，并要做到稳妥适度、依法依规；要进一步把各项工作谋划得更深更细，确保好操作、无漏洞；要积极协作，主动担当，执行坚决有力，确保取得疫情防控的最后胜利。指挥部14个工作组组长，高新区、工信局、卫健局、市监局等部门参加会议。

2月11日下午，常德市组织召开决战脱贫攻坚动员大会暨防控新冠肺炎阻击战推进会视频会议，津市作为分会场参加会议，并在会后，继续召开全市2020年决战脱贫攻坚动员大会暨防控新冠肺炎阻击战推进会视频会议，迅速贯彻落实上级会议精神，进一步深化细化脱贫攻坚和疫情防控工作。常德市决战脱贫攻坚动员大会暨防控新冠肺炎阻击战推进会集中传达学习习近平总书记在北京市调研指导新冠肺炎疫情防控工作时的重要讲话精神、《国务院应对新冠肺炎疫情联防联控机制关于切实加强疫情科学防控、有序做好企业复工复产工作的通知》，以及省委相关会议、调研和讲话精神。会议动员全市上下鼓舞斗志、振奋精神，集中精力、攻坚克难，全力打好疫情防控阻击战，向脱贫攻坚最后堡垒发起全面总攻，确保全市社会大局安全稳定，确保全面建成小康社会目标顺利实现。常德市委书记、市人大常委会主任周德睿，常德市委副书记、市长曹立军出席会议并讲话，常德市委副书记朱水平主持会议。

会议结束后，津市继续召开全市2020年决战脱贫攻坚动员大会暨防控新冠肺炎阻击战推进会视频会议，市委书记傅勇参加会议并讲话，市委副书记、市长黄旭峰主持会议。会上，市人民政府副市长、市疫情防控指挥部指挥长徐兴宇就全市下阶段疫情防控工作进行安排部署。就全市2020年决战脱贫攻坚工作，市委书记傅勇要求：全市上下要进一步坚定决战脱贫攻坚工作的决心，坚决做到不漏一户、不漏一人，精准实现全面脱贫，有脱贫攻坚任务的单位、干部，要真正把工作紧起来，把措施抓落实，一项一项把具体工作落到实处；各级领导干部，特别是主要负责人要进一步牢记责任，把脱贫攻坚工作牢牢地抓在手里，领导好、组织好、动员好，有脱贫攻坚政策落实、行业扶贫的责任部门和扶贫干部，一定要把工作沉下去，把责任担上来，亲力亲为、直接参与、具体指导；要迅速补齐工作短板，紧盯政策落实、发展动力不足、群众满意度不高等问题的整改责任落实；要进一步精准梳理脱贫攻坚的路径，充分动员社会的力量，形成长期有效的社会帮扶机制，狠抓脱贫政策、产业扶贫等方面工作的全面落实；要进一步严肃脱贫攻坚纪律要求，严管扶贫资金的使用，严明扶贫领域的工作作风。就下阶段疫情防控工作，傅勇强调：全市上下要充分认清当前严峻的防控形势，充分做好打持久战的准备，各级各部门要聚精会神，不折不扣完成好疫情防控指挥部交办的各项防控任务；要精准防控，把握工作重点，主动管住人、管住车、消好毒，特别是企业、学校下一步复工复学工作上，要坚持依法依规，采取适度的

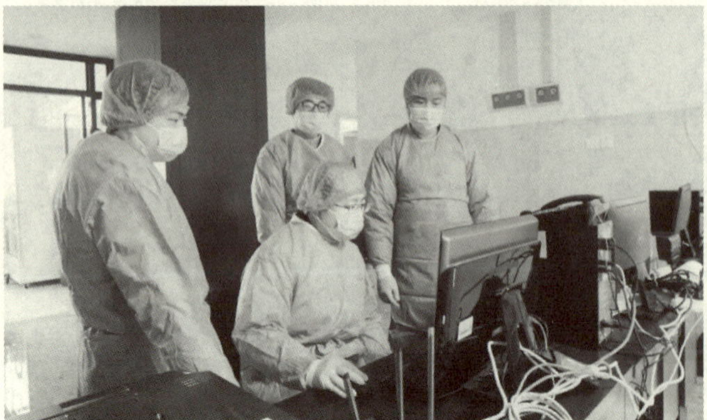

医技人员查看检测情况

措施，精准防控；要始终坚持问题导向，真正解决问题，根据发现的问题找准对策，以网格化打好阵地战；要进一步强化保障，各级领导干部要确保领导有力、发挥好组织力量，组织好各级党员，充分动员群众，做到守土有责、守土担责、守土尽责，真正守好一方平安，要对防疫一线的队伍及时给予关心、关爱，一线人员在自我防护措施、轮班轮休、后勤保障上要到位，时刻保持队伍战斗力，要充分做好相关物资保障，提前做好物资准备、物资使用等方面的谋划，确保防控工作万无一失。市委副书记、市长黄旭峰强调：当前工作重点就是疫情防控工作和高质量发展，全市上下必须“两手抓、两手硬、两促进、两决胜”；疫情防控工作要一鼓作气，坚持坚持再坚持，始终不能松动、不能放弃，坚决把群众的健康和生命放在第一位；高质量发展工作要全力以赴，精准施策，各级各部门要主动服务，变被动为主动，将疫情对经济社会发展的影响降低到最低程度，特别是脱贫攻坚、全面小康必须全面完成任务。市领导覃歇民、王育平、姜正才、张海卿、佘斌、何朝辉、李景峰、胡杰、吴拥华、杜登全、杜强、徐兴勇、陈顺勇、易榕、石勇、彭云森、陈克元参加会议。

2月12日，市委常委、政法委书记李景峰调研企业复工复产情况。李景峰一行先后到湖南湘澧盐化有限责任公司、湖南中联重科车桥有限公司、湖南宏力纺织有限公司、湖南娄星纺织有限公司实地调研各企业复工复产情况，详细听取各企业人员排查、饮食住宿、消毒防控等方面的情况汇报。李景峰要求：各企业必须要把疫情防控工作放在第一位，疫情防控和企业发展要两手抓，两手都要抓好；要落实企业主体责任，严格落实疫情防控措施。确保企业复工复产工作有序推进。市领导易榕、陈克元参加调研。

2月13日，津市召开工业企业复工、疫情防控工作调度会及园区2020年工作思路会商会，三会合一安排部署当前重点工作。市委书记傅勇强调：在园区（企业）这一当前疫情防控和全市经济发展的主战场，全市上下要以结果为导向，强化担当，狠抓落实，统筹做好疫情防控和经济社会发展工作。市委副书记、市长黄旭峰参加会议并讲话。会议由市委常委、政法委书记李景峰主持。会议研究工业企业复工复产、疫情防控工作方案，园区2020年工作思路；通报当前工业企业复工及疫情防控工作情况；各参会部门负责人围绕会议主题进行表态发言。傅勇指出：全市各级各部门要统一思想，充分认识到抓好企业复产复工的极端重要性，要在立足做好疫情防控的基础上，坚决支持和帮助企业尽早正常运转。要进一步明确岗位职责，在工作中狠抓部门总体责任、企业主体责任、联络员监管责任、专业单位指导责任及相关属地管理责任，严防死守，防范输入性风险。要突出工作重点，建立工作台账，持续强化对相关人员、车辆、场所的动态管理。要立即对企业复工的共性问题展开研究分析，对个性问题坚持“一厂一策”，以最有效的工作举措帮助企业解决复产复工的燃眉之急。傅勇强调：园区要明确进位目标，紧盯企业产值、税收、本地人员新增就业、在建项目投资、竣工项目产能等关键指标。要严格把控工作进度，严格实行清单化管理，把具体工作落实到一线。发改部门要结合当前的疫情和国家政策，牵头对产业发展、增资增项工作做出分析研究，加强全市经济建设工作的针对性和实效性。黄旭峰要求：在疫情防控期间，针对企业复工问题要坚持“一厂一策”原则，不搞“一刀切”。各相关部门及联企负责人要深入企业，了解企业实际困难，有针对性地解决好复工难题。要根据企业性质和用工特点，充分引导企业有秩序、有先后地梯次复工。要周密部署做好生活物资、防疫物资的保障工作，全力以赴，保障物流渠道畅通。要全面部署对返岗员工的健康监测，持续强化驻企服务和指导、监管力度，严防聚集性传染发生。现阶段园区要逐条逐项抓好工作落实，进一步支持和帮助企业解决融资难问题。市领导何朝辉、杜登全、胡湘萍、易榕、石勇、陈克元、杨波参加会议。

2月14日，市疫情防控指挥部召开视频会议，各镇街相关负责人在各自分会场参加会议。会上，市政府副市长、市疫情防控指挥部指挥长徐兴宇分析当前疫情防控形势，针对外地返津来津人员管控、重点对象摸排、小区防控、复工企业员工管理等重点，部署下段疫情防控工作。市委副书记、市长黄旭峰指出，在全市上下的共同努力下，疫情防控工作取得阶段性成效，但疫情拐点没有到来，最后的胜利时刻还未到，一定不能放松、一定不能大意。下步，各级各部门要更加坚定信心，消除内部病源，阻断外来病毒；要灵活机动，鼓励基层创新，发挥群众的智慧和力量，持续打好疫情防控人民战争；要调动每个村、每个社区、每个机关、每个小区、每个企业的防控积极性和主动性，发扬人人有责、个个为战的精神，引导全市上下共同参与疫情防控阻击战。黄旭峰强调，各级各部门要众志成城、更加严格、再接再厉，进一步抓好疫情防控工作，努力用群众的安全感、幸福感换取干部的成就感；

市领导检查施工工地防控情况

要坚持坚持再坚持，仔细仔细再仔细，严格严格更严格，坚决夺取疫情防控阻击战的最后胜利。视频会议还对干部周末参与社区联防联控等具体工作进行安排部署。市委组织部、应急管理局、市监局、交通局、卫健局、商务局、工信局、交警大队、疾控中心等部门负责人在主会场参加会议。

2月15日上午，市委副书记、市长黄旭峰督查全市小区疫情防控值班值守工作落实情况。黄旭峰一行先后前往万寿苑、疾控中心宿舍、三眼桥、麓景豪庭、丰华城、味精公寓、金城银座等居民小区值班值守点，督查疫情防控值班值守情况，亲切慰问一线工作人员。针对发现的疾控中心宿舍小区封闭式管理盲区问题，黄旭峰立即要求市疾控中心及毛里湖湿地公园管理处迅速整改落实，补齐人员值班值守力量。黄旭峰要求，全市各责任单位要真正抓实、抓细小区疫情防控值班值守工作举措，充分发挥基层党组织战斗堡垒作用和党员先锋模范作用，广泛发动群众及志愿者，参与联防联控，守好居民小区阵地。要加快完善敞开式小区管理举措，补齐工作短板，坚决打好疫情防控阻击战。市政府副市长徐兴勇，市政府副市长、市疫情防控指挥部指挥长徐兴宇参加督查。

市委召开复产复工疫情防控调度会

2月16日上午，市委副书记、市长黄旭峰到高新区检查企业复工复产及疫情防控工作。黄旭峰一行先后到湖南宏力纺织有限公司、湖南娄星纺织有限公司、湖南中沃汽车零部件制造有限公司、津市市金湘猪鬃实业有限公司、湖南新合新生物医药有限公司等企业，实地察看生产车间、员工食堂等重点区域，详细询问企业生产及疫情防控工作情况。随后，黄旭峰还检查高新区疫情防控安置观察点建设工作。黄旭峰要求，各企业要切实履行好主体责任，坚持一手抓疫情防控、一手抓复工复产，做到“两手抓、两手硬”；要科学制定疫情防控工作方案，严格落实各项防控措施，做好复工人员尤其是外地返津市员工的排查登记、体温监测、隔离观察等工作；要加强宣传教育，增进员工防疫知识和防护意识，有力保障员工健康安全和企业生产秩序。企业联络员要主动发挥作用，上门对接，靠前指导，主动帮助企业解决具体困难和问题，切实为企业复工复产创优环境、创优服务。市领导李景峰、易榕、陈克元、杨波参加检查。

为增强做好疫情防控工作的信心和力量，全力支持打赢这场疫情防控阻击战，市总工会班子召开新型冠状病毒疫情防控工作会议。会上，市人大常委会副主任、总工会主席李亚林部署为疫情防控一线职工送温暖活动，并要求与会人员要主动关心、慰问防控战线的职工，特别是一线医务人员，努力帮助他们解决实际困难。随后，李亚林一行到疫情排查的一线，现场慰问医务人员和公安交警，并嘱咐他们要注意自身防护，搞好统筹调度，做好打持久战的准备。市总工会先后拨付送温暖慰问金23万元，下拨给人民医院、中医院、妇保院、疾控中心、卫健、公安、交警、交通以及各镇、街道基层工会，慰问金将由各单位工会确定一线工作的慰问对象并及时发放到位。

2月16日晚，市委常委、常务副市长何朝辉督查全市疫情防控值班值守情况。何朝辉一行先后到高速出口检测点、国际名苑小区等地。每到一处，何朝辉都仔细督查工作人员值班值守情况，查看人员、车辆检测台账。何朝辉要求：值班值守工作人员要做好自身的防护工作，确保个人安全；对于人员、车辆的管理要严格规范，要落实各项疫情防控检测工作，不能松懈，打好疫情防控阻击战。市政府副市长、疫情防控指挥部指挥长徐兴宇参加督查。

2月17日，市委书记傅勇前往高新区调研企业复工复产及疫情防控工作。傅勇一行先后到湖南娄星纺织有限公司、湖南津市市定升实业有限公司、湖南省嘉品嘉味生物科技有限公司、湖南经世新材料有限责任公司、湖南康捷生物科技有限公司，实地查看企业生产车间、员工食堂等重点区域，并详细询问企业复产复工和疫情防控工作开展情况。傅勇强调：要增强员工疫情防控和自我防护意识，合理制定员工日常就餐、住宿等举措，为企业生产运营创造安全可靠的内部环境。要细致做好外来返工人员的情况摸排、体检以及必要的隔离观察等措施。各级各部门要全力支持企业做好复工复产各项工作，及时解决企业遇到的实际困难和问题。市领导李景峰、杜登全、胡湘萍、易榕、陈克元、杨波参加调研。

2月17日，中国人寿财险常德市中心支公司向津市高新区复工复产企业员工捐赠新冠疫情人身保险。捐助仪式上，中国人寿财险常德市公司负责人介绍此次捐赠的情况。据悉，此次中国人寿财险向津市高新区复工复产企业，捐赠2000份新冠疫情人身保险，总计保额1.2亿元。市领导易榕、杨波参加捐赠仪式。

2月18日，常德市委常委、组织部部长梁仲，常德市人民政府副市长杨成英到津市督导疫情防控工作。梁仲一行先后到湖南欣龙非织材料有限公司、湖南湘澧盐化有限责任公司实地检查企业复工复产及疫情防控工作开展情况。每到一处，梁仲都认真听取相关负责人关于企业复工复产和疫情防控工作的情况汇报。梁仲一行还到三洲驿街道望江广场小区，实地查看小区疫情联防联控等工作开展情况。督导检查中，梁仲对津市企业复工复产、疫情防控及智慧党建等工作给予充分肯定。梁仲强调：津市各级各部门要切实履行好主体责任，周密制定应对方案，压紧压实各方责任，严防严控，联防联控，坚决把各项疫情防控措施落到实处；在企业复工复产工作上，要严格按照标准实施，加强对企业的指导监督，帮助企业把疫情防控工作做得更实更细，确保打赢这场疫情防控阻击战、总体战。市委书记傅勇，市委副书记、市长黄旭峰等参加督导检查。连日来，新冠肺炎疫情牵动着社会各界人士的心，全市各爱心企业纷纷行动起来，众志成城为防控疫情出力。2月20日，中意房地产开发有限公司向市三洲驿街道柏枝林社区的疫情防控一线工作人员捐款2万元，用实际行动助力社区打赢疫情防控阻击战。市人大常委会副主任胡湘萍参加捐赠仪式。

2月23日，市委副书记、市长黄旭峰调研指导特殊场所疫情防控工作。黄旭峰一行先后前往津市监狱、九九老年公寓、市看守所、市康复医院进行现场调研指导疫情防控工作。每到一处，黄旭峰都详细了解各处关于人员排查、物资保障、隔离备勤、封闭管理等情况，并认真听取疫情防控工作汇报。黄旭峰指出：监狱、养老院、看守所、康复医院都是人员密集的特殊场所，疫情防控工作责任重大，事关社会大局和谐稳定，决不能有丝毫懈怠。黄旭峰强调：各场所要严格落实各项防控措施，加强内部管理，把好各道关口，严防疫情输入，严防聚集感染。要全力保障防疫物资供给，关心一线工作人员的安全防护和身体健康，帮助他们解决实际困难、消除后顾之忧，以饱满的精神状态投入到工作中去。市政府副市长杜强，市政府副市长、市疫情防控指挥部指挥长徐兴宇全程参与督导，市领导胡湘萍、徐兴勇、董新满参加相关场所调研。

2月23日，市委副书记、市长黄旭峰主持召开专题会议，研究强化聚集性疫情防控工作。会上，相关部门主要负责人针对相关行业、场所防控聚集性感染工作进行汇报。市委副书记、市长黄旭峰指出：要坚定战胜疫情的信心决心，聚焦重点关键问题，及时采取有力措施，有效防范聚集性疫情的发生。黄旭峰强调：要坚决贯彻落实中央、省关于统筹疫情防控和经济社会发展工作精神，坚持依法科学有序防控的要求，深入研究疫情防控新阶段的各项工作；要准确研判当前疫情防控形势，千万不要松懈大意，要更加强化措施的精准性，针对超市、农贸市场、公共交通、养老院、康复医院、看守所、村组、社区、厂区、办公区、企业门店等，制定相应的防控措施，加强督促指导，确保实际效果，做到严防死守；要进一步加强宣传引导，让群众充分了解疫情防控形势和疫情防控知识，提高自我防护意识，特别是尽量减少外出或避免去聚集场所，防止引起交叉感染。市政府副市长杜强、徐兴勇、徐兴宇参加会议。

2月22日，市委书记傅勇督导园区复工复产及疫情防控工作。傅勇一行先后前往湖南中沃汽车零部件制造有限公司、湖南新合新生物医药有限公司等地进行实地督导。督导检查中，傅勇详细询问防疫消杀流程，医护人员防护措施、就餐以及生活垃圾处理等工作。傅勇指出：做好外来务工人员的疫情防控工作，既是对社会负责也是为外来务工人员生命安全提供保障，相关部门要严格按照工作要求和操作流程，对重点部位进行严密防控和管理。要进一步加强人员和物资保障。要建立健全完善的管理机制，确保企业防控措施有力有效。要做好心理疏导，尽最大努力争取企业员工的支持与配合。在湖南中沃汽车零部件制造有限公司、湖南新合新生物医药有限公司的生产车间，傅勇详细了解企业疫情防控措施落实和复工复产情况。傅勇强调：各企业要充分认识到做好疫情防控工作的重要性，切实做好疫情防控各项措施和员工健康防护。要进一步做好员工办公场所、宿舍、食堂等重点部位的消毒工作。要加强对车辆进出和人员的管理，严格落实好员工体温检测、自我防护等工作。相关单位要全力帮助企业复工复产和疫情防控工作开展，同心协力、众志成城，坚决打赢这场疫情防控阻击战、攻坚战。傅勇还听取生物医药产业相关项目的方案汇报，并与相关人员研讨园区在建项目、园区发展等事项。

2月23日，市委书记傅勇前往市高新区督导调度在建项目建设。傅勇先后前往南北特食品、台龙食品、海路生物、宁能热电、经世新材料、湘澧盐化等在建项目建设现场，详细了解项目复工时间安排、建设进度及疫情防控人员管理排查等工作情况，现场协调解决项目在复工中遇到的实际困难。傅勇强调：全市各部门和企业要提高认识，克服麻痹大意思想，坚决按照疫情防控期间复工

2月17日，市委书记傅勇（左二）查看企业复产复工情况

复产工作要求，严格落实好各项防控措施，确保项目建设安全有序。企业要坚定信心，科学谋划，在全面抓好项目建设安全生产工作的同时，加快项目建设，为企业尽早投产运营夯实基础。相关部门要加强协调联动，围绕返岗复工人员排查、体检等重点环节，制订科学的工作方案，帮助企业解决外来人员返岗复工的疫情防控等问题，为稳步推进项目建设提供全方位服务保障。

2月24日，津市市委副书记、市长黄旭峰主持召开镇街疫情防控工作调度会。会上，市人民政府副市长、市疫情防控指挥部指挥长徐兴宇对各镇街疫情防控工作进行安排部署。与会各镇街相关负责人对辖区近期疫情防控工作情况进行汇报并作表态发言。市委副书记、市长黄旭峰在会上强调：各部门各单位要坚决贯彻落实习近平总书记在统筹推进新冠肺炎疫情防控和经济社会发展工作部署会议上的讲话精神，进一步提高政治站位，端正防控态度，克服松懈心理。要精准施策，进一步优化调整管控方案，切实加强对村、社区的管理，坚决以村、社区的严管为高质量发展提供更加坚实的保障。要深刻认识防控形势和理解防控要求，改变工作思维，不断提升疫情防控治理能力。要始终坚持问题导向，真正以实事求是的工作态度解决问题。

2月24日，全市召开金融系统政府工作报告征求意见座谈会暨银行机构支持企业复工复产调度会。市委副书记、市长黄旭峰参加会议并讲话，市委常委、常务副市长何朝辉主持会议。会上，市政府副市长易榕安排部署金融系统疫情防控及支持企业复工复产工作；政府工作报告起草组汇报政府工作报告完成情况；金融系统各相关单位对疫情防控及支持企业复工复产、推动经济发展等工作依次汇报发言，并针对政府工作报告各抒己见，提出相关意见建议。在认真听取与会人员的发言后，黄旭峰对全市金融系统过去一年的工作给予高度肯定，并对金融系统坚决落实市委、市政府决策部署，全力支持企业发展，积极参与经济建设所做的贡献表示感谢，并就相关具体工作进行调度安排。黄旭峰强调，地方经济的发展与金融机构的壮大密不可分，两者唇齿相依。当前，津市产业发展思路清晰，优质资源持续扩大，营商环境不断优化，呈现良好的发展态势。全市各金融机构要坚定信心，紧跟市委、市政府决策部署，全力支持和参与经济建设。特别是在疫情防控的紧要关头，金融机构要在确保自身防控安全的基础上，积极主动，制定一企一策措施，帮扶企业尽快复工复产，助力各类经济主体加速发展。要加强政银企互动，努力为全市经济发展多提金点子。金融行业主管部门要按要求兑现政府的奖励，并指导和帮助金融机构加强风险管控，及时消化呆账，着力构建诚信体系，着力打造省级金融安全区。其他相关部门要相互配合，支持金融机构开展工作，共同推进澧水流域金融服务中心建设。

测体温进厂上班

2月24日，津市市委书记傅勇实地调研津市春耕备耕、企业复工复产和疫情防控工作开展情况。傅勇一行先后到毛里湖镇中心村葡萄园、菜薹基地，白衣镇红光村藠果基地、湖南台龙食品科技有限公司、湖南创奇食品有限责任公司进行实地调研。在各个果蔬基地，傅勇详细了解田间管理、预计收益、农产品供应及疫情防控落实等情况。傅勇指出：目前正是春季农业生产的关键期，疫情防控要外防输入。各级各部门要科学引导农户进行春耕备耕，加强对农户的专业技术指导，保护好农户种植积极性，实现防疫、春耕备耕"两手抓、两手硬"。在湖南台龙食品科技有限公司、湖南创奇食品有限责任公司，傅勇实地察看企业员工食堂和生产车间，全面了解企业生产运行、疫情防控、人员复工等情况。傅勇强调：各企业要继续做好进出车辆人员、生产车间、厂区食堂、宿舍等重点部位的管理，做到一手抓防疫、一手抓生产，努力把时间抢回来，最大限度减少疫情对产能带来的影响。各有关部门要继续加大对企业的帮扶力度，切实帮助企业解决防疫、生产和转型发展中面临的问题，为企业营造良好的发展环境。

2月24日，常德市林业局党组书记、局长关建锋到津市开展疫情防控督导和野生动植物保护与繁育转型工作调研。市政府副市长徐兴勇参加调研。关建锋先后前往高振养殖基地、毛里湖镇灯塔原生态养殖基地，每到一处都认真查看野生动物繁育基地消毒和"一封控四严禁"落实情况。

调研会上，徐兴勇汇报前阶段全市疫情防控和贯彻落实"一封控四严禁"加强野生动物保护工作开展情况，并对野生动物保护法的修改工作提出相关建议。与会人员就野生动物保护法修改和养殖转型发表意见、建议。

关建锋强调：津市林业部门要进一步压紧压实责任，严防严控，强化部门联动，加强野生动物管控；要逐步建立长效的野生动物管控机制，认真落实野生动物保护的相关法律法规和政策，以政府引导企业为主，稳步推进野生动物养殖产业转型。

徐兴勇要求：林业主管部门要大力开展野生动物养殖技术培训；对可养殖的野生动物要明确市场准入条件；要建立完善

退养补偿机制，保护群众合法利益。

2月26日晚，市委副书记、市长黄旭峰召开市疫情防控指挥部工作调度会。会议研究当前疫情防控指挥部工作重点，并强调要针对当前疫情防控工作形势和重点变化，适当优化完善指挥部职责分工，规范运行机制。市政府副市长、市疫情防控指挥部指挥长徐兴宇对指挥部近期重点任务及职责分工进行安排。黄旭峰在会上强调：指挥部要认真学习领会和贯彻落实中央和省市要求，坚持依法科学有序精准要求抓实抓细防控工作。全体同志要一切行动听指挥，全力以赴，集中精力，把疫情防控作为当前压倒一切的工作来抓。要压实干群责任，采取有效有力举措，坚决打赢疫情防控人民战争、总体战、阻击战。

2月27日，市委书记傅勇督导检查全市城区重点场所疫情防控工作。傅勇先后到市一中、长寿养老院、肯德基餐厅、好润佳超市、汪家桥社区等地，实地查看各场所疫情防控各项工作措施落实情况，听取相关负责人工作汇报。傅勇强调，市教育部门要科学制定线上教学方案，及时总结经验方法，完善线上教学模式，有序开展教育教学工作；市场监管部门要及时监测市场动态，进一步加强市场供应和价格监管等工作；各街道社区要持续深入做好防疫排查、登记、检测等工作；福利机构要加强封闭式管理，做好生活必需品供应、食品安全保障等工作。市委常委、市委办主任杜登全，市政府副市长徐兴勇，市政府副市长、市疫情防控指挥部指挥长徐兴宇参加督导检查。

2月28日，市委常委、政法委书记李景峰深入企业督导疫情防控和复工复产工作。李景峰先后前往友联纺织、致远车桥、仁和盛包装等企业，详细了解驻企联络员到班到岗、人员进出登记、员工返岗上班情况和企业复工复产进度。李景峰叮嘱企业负责人要把疫情防控工作放在首位，引导员工有序返岗、安全上岗，严防疫情输入性蔓延、流动性扩散，在确保防疫工作万无一失的前提下，有序推动企业复工复产。为响应习近平总书记和党中央对广大党员的号召，3月2日，市委办党支部举行支持新冠肺炎疫情防控工作募捐活动。募捐现场，市委书记傅勇、市委副书记覃歇民，市委常委、市委办主任杜登全带头募捐，市委办党支部全体党员参加募捐。自疫情发生以来，全市各级党组织和广大党员始终站在抗击疫情最前沿，充分发挥战斗堡垒作用和先锋模范作用。参加捐款的党员干部纷纷表示，要更好发挥模范带头作用，坚守工作岗位，全面履职尽责，积极奉献爱心，为夺取疫情防控和经济社会发展双胜利做出应有贡献。

据悉，此次所捐款项将统一上缴中央组织部，用于慰问战斗在疫情防控斗争第一线的医务人员、基层干部群众、公安民警和社区工作者等，资助因患新冠肺炎而遇到生活困难的群众和因患新冠肺炎去世的群众家属，慰问在疫情防控斗争中牺牲的干部群众家属等。

3月2日，为积极响应党中央、省、市对广大党员的号召，津市市委政法委党员干部带头，举行支持新冠肺炎疫情防控工作捐款活动。活动中，市委常委、政法委书记李景峰带头捐款，全委党员干部踊跃参与，为抗击疫情奉献爱心。在此之前，已有部分党员通过各种渠道自觉自愿捐款、捐献物资。此次捐款尊重党员意愿，坚持自觉自愿、量力而行，不提硬性要求，不搞强迫命令。所有捐款将参照现行党费上缴途径，全额上缴市委组织部党费账户，由市委组织部按规定全额逐级上缴。捐款主要用于慰问战斗在疫情防控斗争第一线的医务人员、基层干部群众、公安民警和社区工作者等，资助因患新冠肺炎而遇到生活困难的群众和因患新冠肺炎去世的群众家属，慰问在疫情防控斗争中牺牲的干部群众家属等。

3月3日，召开全市机关事业单位驻社区防疫联络组工作调度会，全市5个街道党工委专职副书记和25个驻社区防疫联络组组长参加会议。会上，市委组织部相关负责人传达上级有关要求并组织学习《津市市关于抽调党政机关和事业单位党员干部充实社区疫情防控一线工作力量的工作方案》；街道党工委专职副书记和驻社区联络组组长代表分别表态发言。市委常委、组织部部长胡杰就如何做好下阶段机关事业单位驻社区防疫联络组工作提出明确要求：要在思想认识上体现“高站位”，要从上级精神的要求、本地防控的形势、干部心态的变化等层面来分析看待当前的防控工作；要在落实任务上体现“高标准”，重点要协助落实好人员摸排、体温检测、重点管控、舆论宣传等工作任务；要在保障措施上体现“高水平”，街道社区要强化管理，选派单位要全力支持，相关部门要强力调度，为打赢疫情防控人民战争、阻击战、总体战提供有力支持。

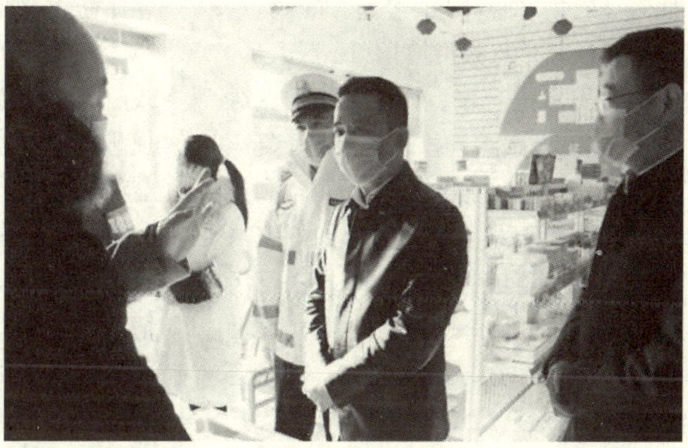
市长黄旭峰（右二）考察药店防疫工作

3月4日，津市市委书记傅勇，市委副书记、市长黄旭峰调研指导津市疫情防控工作，看望慰问奋战在疫情防控一线的广大医务工作者。傅勇、黄旭峰一行先后前往市疾控中心、市定点隔离救治医院，调研指导全市疫情防控工作，看望慰问奋战在疫情防控一线的广大医务工作者。傅勇指出：疫情发生以来，津市广大医务工作者不怕困难,冲锋在前,舍小家为大家,义无反顾地投入阻击疫情的最前线,用实际行动为全市人民筑起一道健康安全防线,充分展现出白衣战士的使命与担当。

傅勇强调:全市各级医疗机构和广大医务工作者要充分发挥疫情防控主力军作用,继续守护好群众生命安全和身体健康。广大医护人员要增强自我保护意识,强化自我防护。要严格落实好医务人员防护措施,确保他们的安全健康,让津市疫情防控医疗队伍保持充足的战斗力,坚决打赢这场疫情防控阻击战。市领导杜登全、徐兴宇参加调研慰问。3月4日,市委常委、人武部政委姜超,市政府副市长陈顺勇前往汪家桥街道,深入社区、小区、经营门店,实地督导汪家桥街道疫情防控和复产复工工作落实情况,并召开座谈会听取街道全盘工作情况汇报。在汪家桥街道油榨坊社区和君之林府小区,姜超、陈顺勇重点查看社区重点人员摸排和小区人员、车辆进出登记台账,详细询问重点对象、重点区域跟踪管控和支持企业复产复工等工作落实情况,并提醒街道和社区工作人员要根据上级要求做好疫情管控工作。姜超、陈顺勇要求相关部门和街道办事处做好服务指导工作,帮助辖区经营门店按要求有序复工。座谈会上,汪家桥街道就疫情防控及相关工作进行汇报。听取汇报后,姜超、陈顺勇指出,疫情防控工作仍是当前工作的重中之重,来不得半点松劲和懈怠。街道社区要进一步创新创优、务实扎实,守好底线红线,统筹推进好复产复工、蓝天保卫战等各项重点工作。

3月5日,津市市召开企业复工复产工作调研座谈会,市委书记傅勇参加会议并讲话。市委常委、政法委书记李景峰主持会议。会议听取目前津市企业复工复产工作相关情况汇报,进一步解读相关政策,对企业现阶段在复工复产中遇到的问题进行研究会商。傅勇对企业复工复产具体工作进行调度。傅勇强调:全市各相关部门、企业要坚持问题导向,把企业全面复工复产,全面恢复产能作为工作的重中之重。企业要坚定信心决心,根据疫情防控形势,对今后的发展策略进行优化调整,要严把疫情防控关口,认真排查,外防输入,确保复工复产科学有序。各相关部门要认真将企业复工复产的相关政策落实落地,统筹推进新冠肺炎疫情防控和经济社会发展工作奋力完成2020年经济社会发展目标。市领导杜登全、陈克元参加会议。

3月5日,市政府副市长易榕在市政府会议室召开应对疫情惠企政策兑现落实座谈会,各相关部门负责人参加会议。会上,各相关部门对疫情期间惠企政策兑现落实等情况进行汇报。易榕要求,要提高认识抓落实,各部门要将疫情期间惠企政策兑现作为一项政治任务抓实抓好,切实将党和政府的温暖送到基层、送到企业;要协调配合抓落实,各地各部门要注重各项政策措施的统筹衔接,形成工作合力;要营造氛围抓落实,切实做好政策措施的解读、宣传工作,迅速印发政策明白手册、明白卡,做到"全覆盖"。能够兑现的要及时兑现,暂时不能兑现的要做好宣传解释,为企业发展加油鼓劲,提供助力。

3月8日,市政府副市长、市疫情防控指挥部指挥长徐兴宇督导检查定点隔离场所安全管理工作,并看望慰问防疫一线女性工作者。在定点隔离场所德诚宾馆、碧连天宾馆内,徐兴宇一边听取定点隔离场所疫情防控工作汇报,一边仔细查阅相关工作台账,以及重点区域的监控视频。对坚守岗位的女性工作者,徐兴宇还向她们致以节日的问候,并对她们在疫情防控工作中所作出的贡献表示感谢。徐兴宇要求:要把握工作主动权,坚持未雨绸缪、有备无患,严格按照工作要求和操作流程,对隔离场所进行防疫和管控。要加强定点隔离场所的安全管理工作,特别是保持安全通道的畅通,以及用电设备、电气线路等方面的安全巡查巡护。要统筹安排好定点隔离场所工作人员的生活保障和安全防护措施落实,确保定点隔离场所安全平稳运行。市疫情防控指挥部办公室、市卫健局、应急管理局等单位负责人参加督导检查。

3月10日,市政府副市长、市疫情防控指挥部指挥长徐兴宇慰问防疫一线医务工作者。徐兴宇先后前往市中医院、三洲驿街道社区卫生服务中心、毛里湖镇中心卫生院,看望慰问连日来奋战在防疫一线的医务工作者,向坚守岗位的他们表示慰问和感谢。并叮嘱他们要在疫情防控期间做好安全防护措施,保障自身安全健康。徐兴宇还实地调研

市领导检查外地进津人员隔离定点宾馆

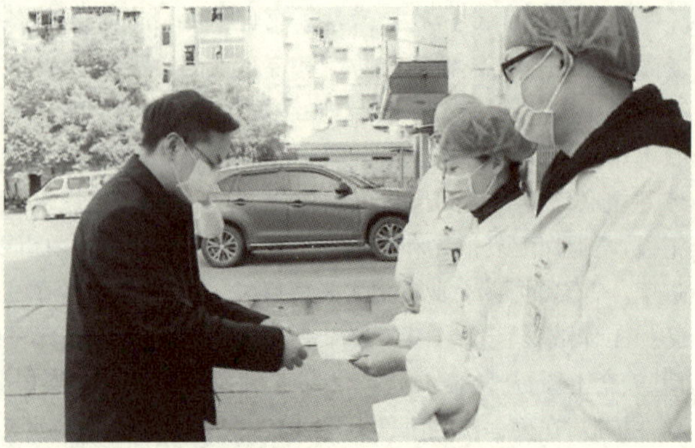

慰问隔离病区的医护人员

乡镇医疗卫生机构基础设施、人员配置等情况。3月10日，津市市委书记傅勇，市委副书记、市长黄旭峰调研津市部分在建项目工地复工复产情况。调研中，傅勇、黄旭峰一行先后前往市人民医院扩建、人才公寓、六合城等项目建设现场进行实地调研。每到一处，傅勇、黄旭峰都深入工地，详细了解施工方关于工地复工和疫情防控的工作情况，现场调度项目相关工作。傅勇强调：各施工方要切实增强责任意识和安全意识，积极开展疫情防控工作，制订详细的复工疫情防控应急预案，做好对工地进出人员的检查登记、体温测量及重点人员的防控管理等工作，切实把各项疫情防控措施落实落细，确保项目如期、按质完工。市领导吴拥华、杜登全、陈顺勇、雷光键参加调研。

3月10日，市人大常委会主任王育平前往市高新区湖南台龙食品科技有限公司建设项目现场，督导企业复工复产和疫情防控工作。王育平实地察看台龙食品有限公司在建车间、办公楼，了解复工复产和疫情防控工作相关情况，并与企业负责人聊发展、问困难、商对策。王育平指出，企业要始终坚持疫情防控工作和抢进度高质量发展两手抓，要结合自身实际，制定科学有效的防控工作机制，在确保安全的情况下有序建设生产。同时，他要求市人大办要全力支持企业抗疫情、保生产、稳发展，积极帮助企业协调解决面临的各种困难，全力保障企业的正常建设、有序生产，真正做到疫情防控和复工生产建设“两手抓、两不误”。

3月15日，国家调研组到津市调研重点项目复工情况。调研组一行到安慈高速津市段澧水特大桥施工现场，实地了解项目复工进度和疫情防控工作落实情况，详细询问项目施工组织、人员物资保障及项目复工建设中存在的困难和建议。据了解，全长121千米的安乡至慈利高速是湖南省规划“七纵九横三环”高速公路的重要组成部分。跨越津市、澧县、安乡三地的津市段澧水特大桥是安慈高速的关键节点工程。项目自2月10日复工，参与大桥的167名员工已全部到岗。调研组要求：企业要加快建设进度，严格落实安全生产主体责任，各级部门要继续加强疫情防控和复工复产的支持与指导，切实做到“两手抓、两不误”。省政府副秘书长张志军，常德市人民政府副市长汤祚国，市委书记傅勇，市委常委、常务副市长何朝辉参加调研。

3月24日，津市召开疫情防控工作调度会。会上，津市市人民政府副市长、市疫情防控指挥部指挥长徐兴宇传达近期中央、省委及常德市疫情防控工作重要会议和文件精神，深入分析当前疫情防控工作面临的新形势新任务新要求，对下一阶段津市疫情防控工作作部署安排。会议强调，要进一步做深做细做实境外疫情输入风险防控工作。要优化调整湖北入津人员健康管理措施。要加强集中隔离点管理及落地管控工作人员防护。要有序全面恢复生产生活秩序。

3月16日，津市召开疫情防控工作调度会，市委书记傅勇参加会议并讲话，市委副书记、市长黄旭峰主持会议。会议分析研判现阶段全市疫情防控形势，安排部署下一阶段疫情防控工作重点，与会各部门单位还就落实好疫情防控相关工作举措提出意见、建议。傅勇强调：全市各级各部门要科学、精准判断当前疫情防控形势，切实强化工作责任，有针对性地做好疫情防控各项工作。要在前期工作的基础上，更加准确、全面地做好信息摸排工作，并同步建立、完善电子信息数据库。要进一步增强人员分类管理服务，做到精准施策，确保全市疫情防控工作有力有序推进。黄旭峰要求：各相关单位要始终保持清醒的头脑，坚决做到疫情防控工作不放松、不麻痹。要在疫情防控工作措施的落实上，做到不推诿、不失误。要严格执行疫情防控各项政策，逐层逐级压实责任。市领导戴志刚、徐兴宇参加会议。

脱贫攻坚

【概况】津市市是全省59个非贫困县之一，2016—2019年连续4年被评为全省脱贫攻坚工作先进县市。脱贫攻坚以来，津市始终坚持以人民为中心，把脱贫攻坚作为最大政治任务、头等大事和第一民生工程来抓，精准施策，靶向发力，圆满完成脱贫攻坚任务，全市1801户5371名建档立卡贫困人口全部脱贫，11个贫困村全部退出。唐海平获得“全国脱贫攻坚先进个人”，刘波等8名同志获得“常德市2020年最美扶贫人物”，黄尚美等10名同志获得“常德市2020年自立自强示范户”。（马珊珊）

【责任落实】坚持尽锐出战，把最强的领导力量、最优秀的干部选派到脱贫攻坚主战场。全市46名县处级领导都参与联村指导，63名优秀驻村干部，派往全市11个贫困村和15个贫困人口100人以上的非贫困村，全面落实“一村一队”。119家后盾单位、镇村两级1100余名干部结对帮扶1801户贫困户，其中，市派干部比例占全市帮扶干部的80%以上。2020年，全市共投入扶贫专项资金3185.76万元，其中，本市级1174万元。按照上级“四个不摘”的有关要求，市级投入比2019年增加122万元，占到省级安排资金总额的114.79%。各行业部门特别是住建、医疗、教育、民政、人社等部门在政策落实所需资金上不打折扣，确保问题整改动态清零。各后盾单位也积极筹资，大力支持结对点村各类建设。（马珊珊）

【产业扶贫】按照因地制宜、突出特色的原则，实现村村有集体经济、户户有产业联结、人人有收益分红。采取直接帮扶模式，在贫困户、边缘户的屋前屋后种植“一亩经济林”，经济林种、管、销实行“三统一”，即：镇里统一购买苗木、统一技术指导、统一产品销售，预计受益后，每户每年可增收3000元以上。脱贫攻坚以来，鼓励各村大力实施产业项目，逐步形成白衣庵水密柚、和平冬桃、箭楼柑橘等一批“叫得响”的村级品牌，既夯实村集体经济，又帮扶带动村内所有贫困户。2019年，选取蔬果、食用菌两大特色主导产业，在4个镇大力推进产业扶贫，由村集体经济合作社领办，采取委托帮扶模式，每个镇创建2—3个产业基地，利益联结镇内所有贫困户。目前，产业已开始分红。2020年，引进山东寿光顺金农业科技有限公司，投入扶贫资金1400万元，实施大棚蔬菜种植扶贫项目，全市所有贫困人口人均分红200元。（马珊珊）

【金融扶贫】按照贫困户自贷自用、应贷尽贷相关要求，全年共发放扶贫小额贷款140笔696万元，超额完成省扶贫办下达的560万元的测算计划，发放小额扶贫贷款占比124%。2020年全年未发生逾期还款情况。（罗毅）

【就业扶贫】为应对疫情灾情影响，建立健全稳岗拓岗联动机制，通过线上常态化提供就业岗位、线下专场招聘、加强务工状况监测、开发公益岗位等途径，全市2365名贫困人口外出务工，121名返乡回流劳动力除因照顾家人等原因无就业意愿的外，全部实现再就业。建立新合新、新中意、娄星纺织、和平生物4家扶贫基地，丹帝农业、金虎果蔬、台龙食品、惠农油牡丹种植4家扶贫车间，吸纳78名贫困劳动力就近就业。全市开发扶贫公益性岗位220个，其中，安置贫困人口217名、边缘户等特殊困难人群3名，每个公益岗位的月工资在500元左右。（马珊珊）

【消费扶贫】全市设立消费扶贫专馆2个、专区1个，安装专柜80个，发动党员干部和工会会员在“三专”消费，有力促进扶贫产品消费。全市认定扶贫产品22个，上架帮销1100万元。向社会发出《关于主动参与消费扶贫、助力决胜脱贫攻坚的倡议书》，全市非公有制企业、后盾单位以“以购代销”“以买代帮”方式购买贫困户农产品，部分企业、单位还与贫困户签订持续采购的后续协议。（马珊珊）

【健全防返贫致贫机制】出台《关于建立防止返贫致贫监测和帮扶机制的实施意见》，建立起市、镇、村三级监测体系。通过行业部门筛查预警、数据定期交换比对、镇村干部和帮扶责任人走访摸排，对贫困户、边缘户、低保户、五保户、重残户、重病户等“六类”重点人群做到周监测、月调整。2020年来，全市没有出现一户返贫致贫。（马珊珊）

【行业扶贫】在教育扶贫上，对3—23岁贫困人口全面摸底找去向，全力防范因贫失学辍学风险，确保资助无遗漏。在住房安全上，所有贫困户危房实现应改尽改。同时，还对住房漏风漏雨、功能不全的，进行修缮改造。在健康扶贫上，开展动态比对，确保贫困人口参保率达100%。全面落实先诊疗后付费和“一站式”结算。4类慢病对象全部纳入慢病管理。在安全饮水上，已实现城乡供水一体化，贫困户都喝上自来水。在兜底保障上，确保符合纳入条件的应纳尽纳、不漏一人。及时足额调整保障标准，全市月人均救助水平达到294元。在残疾人办证上，分批次开展集中免费评残，邀请医生上门评残，解决残疾人评残难、评残贵的疑难问题。在交通补贴上，严格按照补贴标准，做到应补尽补。（马珊珊）

坚定信心 担当作为
奋力创造澧水流域现代化中心城市新业绩

——在2020年市委经济工作会议上的讲话

（2020年1月7日）

市委书记 傅 勇

一、充分肯定2019年工作，坚定砥砺前行的信心决心

刚刚过去的2019年，全市上下坚持以习近平新时代中国特色社会主义思想为指导，认真贯彻省、市决策部署，深入推进工业立市产业兴城战略，全市经济运行保持稳中有进、稳中向好的良好态势。预计全年完成地区生产总值173亿元，增长8.0%；规模工业增加值60亿元，增长10.0%；社会固定资产投资93亿元，增长8.0%；财政总收入8.36亿元，增长6.0%；社会消费品零售总额81.6亿元，增长10.7%；城乡居民人均可支配收入分别达到35865元、16910元，分别增长8.5%、9.3%。我们主要抓了以下五个方面工作：

1.坚持新发展理念，着力推动经济高质量发展。以供给侧结构性改革为主线，加快产业转型升级，推动新旧动能转换，经济发展的质量效益明显提升。工业经济提档升级。大力推进生物医药产业发展，康捷生物、科益新生物等溢多利系列项目建成投产，引航生物、鸿健黄酮类药物、海路微生态健康产业园等项目相继引进，生物医药产业正向百亿产业集群迈进。加快建设牛肉米粉产业园，举办首届津市牛肉米粉美食文化节，荣获“中国牛肉米粉之乡”称号。打造工程桥和商用桥“升级版”，中联重科车桥产业园扩建项目成功落地，装备制造产业迎来新一轮规模扩张。加快湘澧盐化技改项目建设，精细化工循环经济

市委书记傅勇作报告

产业链更加完善。现代农业提质增效。大力发展白衣意果、新洲食用菌、药山中草药等特色产业，“一镇一特”产业布局更加完善。加快实施“三品工程”，推动“津市品牌”走向全国，完成“两品一标”认证12个，“津市茶油”成为全市第3个国家地理证明商标，“创奇”村菇鱼荣获第21届中部农博会金奖。现代服务业蓬勃发展。加快金融、商贸、物流等要素聚集，持续壮大互联网产业园，新中意、南北特、创奇等食品企业借助电商平台实现业

绩大增,年网络销售额突破3亿元,同比增长107%。加速文旅康养产业发展,药山、毛里湖景区建设步伐加快,青苗社区荣获全省乡村旅游示范村称号。

2.坚持创新开放,着力增强发展动能。紧跟省委创新引领开放崛起、常德市委开放强市产业立市战略部署,以更加务实的举措推动创新,以更加宽广的胸怀扩大开放。招商质效更加明显。坚持以招商论英雄、以项目论业绩,主动对接发达地区、行业协会、专业园区,组织开展生物医药产业深圳专场推介会、微生态健康调控与益生制品创新论坛,广州越秀产投、深圳海路集团、深圳宝能科技园等一批战略投资者落户津市。全年签约引进项目25个,协议引资额突破55亿元。科技创新持续升温。积极推动"智汇洞庭·科创常德"签约项目落地,大力实施"三名工程",新申报高新技术企业4家、院士工作站1家、省级工程技术研究中心2家,高新技术产业增加值占GDP比重达22%。开放通道不断拓宽。澧水航道疏浚全面完成,津市港开港运营,津市水运加速复兴。澧水二桥通车在即,S238棠华—药山公路顺利完工,安慈高速有序推进水陆交通更加通畅。

3.坚持对标对表,着力打好三大攻坚战。紧盯三大攻坚战,保持定力、精准施策,为决战决胜全面小康奠定坚实基础。精准脱贫成效显著。聚焦解决"两不愁三保障"突出问题,推动扶贫政策落实落细,所有问题全面"清零",超额完成年度减贫任务。产业扶贫持续加力,贫困群众内生动力有效激发,实现高质量脱贫的路径更加清晰。污染防治态度坚决。扎实推进中央、省生态环保督察"回头看"反馈问题整改,统筹抓好水土气综合治理,"蓝天保卫战"扎实有效,西毛里湖退养转产基本完成,园区工业污水处理实现全覆盖,县级集中式饮用水水源全面达标,成功创建省级生态文明建设示范县市。重大风险防控有力。严格控制政府债务增量、积极化解债务存量、不断做大综合财力,综合债务率持续下降,政府债务风险整体可控。平台公司加速转型,融资平台管理和民间融资行为进一步规范。

4.坚持项目引领,着力发展民生事业。围绕民生需求,加大民生投入,实施民生项目,人民群众获得感、幸福感进一步增强。城市品质不断提升。西河街、生产街和城东片区开发全面发力,棚户区改造、老旧小区改造等项目有序推进,澧水沿江风光带正式开放,五环时代全民健身中心、维也纳国际酒店投入运营,海绵城市通过省级预验收,城市功能更加完善,环境更加宜居。乡村振兴有力推进。高标准完成"1+1+7"乡村振兴规划,重点打造"一环两片"示范区,全域推进"绿色存折"制度、农村"厕所革命"和村庄清洁行动,大力开展"空心房"整治,农村人居环境整治工作经国务院督查组推荐,被中央电视台《新闻联播》报道。加快完善基层治理体系,成功获批全国乡村治理体系建设试点县市和全国新时代文明实践中心建设试点县市。民生保障全面加强。全年累计民生支出23.59亿元,占财政一般公共预算支出的81.3%。农村学校建设三年行动计划深入推进,三中美丽校园一期建设顺利完工,华龙幼稚园正式开园,全市中考成绩稳居常德第一方阵,一中高考重本上线率达34.2%,同比增长9%。持续深化医药卫生体制改革,人民医院正式成为湘雅医院医疗联合体双向转诊、定点指导医院,中医院易址新建项目基本完工,国家慢性病防控示范区通过验收。虎爪山遗址保护工程推进迅速,津市苏维埃政府旧址入选全国重点文物保护单位,圆满承办全省第七届"公仆杯"乒乓球赛、省文明办"我们的节日·中秋"主题活动。强力推进安全稳定,获评全国"七五"普法中期先进市、全省综治工作先进县市区、全省信访工作"三无"县市区,连续16年保持全省平安县市区称号。

5.坚持简政放权,着力优化营商环境。以企业需求为导向,以放管服改革为抓手,加快打造"全省领先、全国一流"的营商环境。服务企业精准高效。不折不扣落实减税降费政策,累计减税降费超过1亿元;工业贷款累计投放达8.03亿元,同比增长23.1%;着力降低物流成本,电商单件快递价格实现常德最低。组织十佳企业家评选,开展"新津市人"系列宣传,营造了重工亲商的浓厚氛围。便民服务不断优化。大力开展"一件事一次办"改革,搭建办事服务平台,推动政务服务下沉,在常德首推"容缺受理""兜底办"和"一表制"办理模式,首批100项"一件事一次办"事项落地实施,工作经验在中央电视台推介。工作作风更加务实。以"不忘初心、牢记使命"主题教育为统揽,强力推进省委巡视整改、扫黑除恶专项斗争,大力整治形式主义官僚主义,始终保持惩治腐败的高压态势,政治生态更加清朗。

经过这一年的努力奋斗,我们办成了不少大事,取得了来之不易的成绩。这些成绩的取得,凝结着全市广大干部群众的心血和汗水,饱含着各位企业家、社会各界人士的关心与支持。特别令人难忘的是,我们隆重庆祝新中国成立70周年,为共和国70年的辉煌成就喝彩,极大激发了全市人民的爱国热情,凝聚了砥砺奋进的磅礴力量;尤其值得肯定的是,我们在主题教育、机构改革、巡视整改、三大攻坚战等大事要事中,锻炼了一支思想更加解放、干事更有激情的党员干部队伍,这是推动我市跨越发展的根本保证。

在肯定成绩的同时,也要清醒地看到,我市发展中还存在的一些矛盾和问题。一是推动发展的能力有待进一步提升。部分干部对新发展理念学习不深,自身素质和工作状态与高质量发展要求还不相适应。二是推动发展的动能有待进一步增强。产业转型升级压力较大,有效投资接续动力不足,新产业新动能培育发展缓慢,支柱产业的龙头企业引领作用发挥得不够等问题依然存在。三是推动发展的环境有待进一步优化。一些部门的本位主义难以打破,重管理、轻服务的现象仍有反映,门好进、事难办的顽疾依然存在,融资难、融资贵的问题比较突出。四是推动发展的作风有待进一步改善。部分干部贪图安逸,缺乏争创一流的信心;少数干部遇见困难就退缩,缺乏攻坚克难的斗志;有的干部冷热毛病严重,缺乏持之以恒的韧劲。这些问题,我们必须认真对待、全力改进。

二、科学分析经济发展形势,保持坚如磐石的战略定力

做好今年经济工作,要善于观大势、识大局,深刻认识国内外形势多方面、深层次的联动关系,做到因势而谋、顺势而为。立足国际看,世界经济仍处于危机调整期。国际金融危机后,长期矛盾和短期问题相互交织,结构性因素和周期性因素相互作用,经济问题和政治问题相互关联,国际贸易摩擦愈演愈烈,绝大多数地区经济增长持续放缓。面对国际经济环境,我们要保持战略定力、坚定发展信心,善于危中识机,变不利为有利,扎扎实实办好自己的事。立足国内看,我国经济仍处于战略机遇期。尽管当前结构性、体制性、周期性问题相互交织,"三期叠加"影响持续深化,面临有效需求趋弱、区域发展分化、企业经营困难等诸多挑战,但这些都是前进中的问题,我国经济稳中向好、长期向好的基本趋势没有改变。特别是近几年,随着"一带一路"、中部崛起、长江经济带等战略的深入实施,我省的经济总量、固定资产投资、规模工业增加值、进出口总额等指标的增速均位居全国前列,呈现一种良好发展势头,经济发展质量和效益显著增强。我们要主动抢抓国家战略叠加机遇,切实把政策变成一种现实的生产力,变成一种实实在在的投入,变成一种老百姓的获得感。立足本地看,县域经济仍处于转型发展期。随着供给侧结构性改革不断深入,东部沿海发达地区进行产业结构性调整,加速向中西部地区特别是向县域进行产业梯度转移,县域经济迎来了新一轮的历史机遇。我们要审时度势、超前谋划,牢牢掌握经济工作主动权,在思想上聚共识、行动上出实招,把现有优势发挥出来、把发展潜力激发出来,实现经济社会持续健康发展。做好2020年工作,必须牢牢把握好以下基本原则:

1.把握战略方向,坚定不移走高质量发展之路。推动经济高质量发展,是习近平新时代中国特色社会主义经济思想的重要内容。要以习近平新时代中国特色社会主义思想为指导,把思想和认识统一到中央、省委、常德市委对发展形势的判断上来,坚定不移抓好发展第一要务,坚定不移走改革开放之路,坚定不移推动工业立市产业兴城战略,坚定不移打好三大攻坚战,着力推动经济社会高质量发展。

2.突出精准发力,牢牢把握稳中求进工作总基调。要坚决贯彻落实中央、省委、常德市委决策部署,结合津市实际精准施策,在经济增长、社会大局上求"稳",在结构调整、质量效益上求"进",确保经济持续稳定向好。要突出"稳"的重点,扎实做好"六稳"工作,抓好简政放权、减税降费政策落实,加大企业帮扶力度,保持经济总体平稳势头。要把握"进"的方向,坚持质量第一、效益优先,大力推动工业经济抓重点、补短板、强弱项。

3.强化系统思维,正确处理改革发展中的辩证关系。要正确处理好合理增长速度和提高质量效益的关系,既确保经济运行在合理区间,又要注重质量和效益的提升。要正确处理好巩固提升传统产业和培育新兴产业的关系,做大做强"三主一特"产业,扶持壮大新兴产业,构建多点支撑的现代产业体系。要正确处理好招商引资与扶持本土企业的关系,大力引进龙头企业,积极扶持成长型企业。要正确处理好经济发展与生态环境保护的关系,始终坚持生态优先、绿色发展,严把项目环保准入关,不断提升招商质量。要正确处理好经济建设与社会建设的关系,通盘考虑、协同推进,让发展成果更加惠民。

4.坚决守住底线,不断提高风险防控应对能力。增强忧患意识,树牢底线思维,坚决守住各条底线红线,牢牢把握住工作的主动权,确保风险可控、底线不破、大局稳定。在抓生产的同时严守安全的底线,在稳投资的同时严守债务的底线,在加快项目建设的同时严守环保的底线,在抓经济发展的同时严守社会稳定的底线,全面防范化解自然灾害、金融等领域重大风险,为高质量发展构筑坚实基础。

三、牢牢把握今年经济工作的主要任务,确保全面小康圆满收官

2020年,是全面建成小康社会和"十三五"规划收官之年,做好经济工作意义重大。总体要求是:以习近平新时代中国特色社会主义思想为指导,全面贯彻党的十九大和十九届二中、三中、四中全会精神,以及中央、省委、常德市委经济工作会议精神,坚持稳中求进工作总基调,坚持新发展理念,坚持以改革开放为动力,坚持以"全面小康决胜年"为抓手,大力实施创新引领开放崛起、开放强市产业立市战略,深入推进工业立市产业兴城,着力推动高质量发展,坚决打赢三大攻坚战,全面做好"六稳"工作,统筹推进稳增长、促改革、调结构、惠民生、防风险、保稳定,确保全面建成小康社会和"十三五"规划圆满收官。主要预期目标是:地区生产总值增长8%以上,规模工业增加值增长10%以上,固定资产投资增长10%以上,财政总收入增长10%以上,全体居民人均可支配收入增长8.5%以上;全社会研发经费支出占地区生产总值3.0%以上,产业投资增长20%以上;社会消费品零售总额增长10%以上;脱贫质量进一步提高,生态环境进一步改善,金融财政风险有效防控;万元GDP能耗降低3.0%。按照上述总体要求,重点抓好以下七个方面的工作。

1.深入学习贯彻新发展理念。要准确领会新发展理念的深刻含义,真正把新发展理念作为经济工作的根本要求,作为增强"四个意识"、坚定"四个自信"、做到"两个维护"的重要标尺。

对标对表抓学习。理念是行动的先导,发展理念是否对头,从根本上决定着发展成效乃至成败。新时代抓发展,不是要不要发展的问题,而是怎么发展、发展为谁的问题。全市各级要把新发展理念作为理论学习中心组学习的主要内容,结合中央、省委、常德市委重要会议精神、重要文件学习研讨,让新发展理念成为全市上下的思想自觉和行动指南。要准确把握新发展理念既有各自内涵、更是一个整体,树立全局观念,克服单打一思想,把新发展理念落实到工业立市产业兴城战略上来,落实到决策、执行各项工作中去,坚持从实际出发,按规律办事。

科学系统抓谋划。强化战略导向,紧盯国家战略部署,牢牢抓住重大改革、重大政策、重大项目,高质量编制"十四五"发展规划,精心策划一批事关全局、影响深远的基础设施、公共服务、生态环保、产业发展和民生改善的重大项目。保持战略定力。围绕建设澧水流域现代化的中心城市目标,将"十三五"的标志性、导向性核心指标继续纳入“十四五”规划指标体系,及时完善、持续推进“十三五”的重点工作任务。做好战略协同。注重战略执行,强化上下衔接、左右配合、社会协同,牢牢把住规划的指导性、操作性。

找准重点抓突破。要坚持创新发展,重点抓好装备制造、健康食品、盐化工等传统产业转型升级,加快生物医药等新兴产业提质增效,以技术创新和产品创新助推产业发展。要坚持开放发展,积极主动融入国家战略,重点做好主导产业上下游的补链强链文章,不断提升对外开放水平。要坚持绿色发展,坚定不移走绿色发展之路,重点抓好企业节能减排和城市黑臭水体治理,加速实现环境保护和经济发展的深度融合。要推动经济社会协调发展,实现发展成果全民共享。

2.全力以赴打好三大攻坚战。三大攻坚战是全面小康必须跨越的关口,战战难打,战战必胜。

打好精准脱贫攻坚战。聚焦“两不愁三保障”,加大兜底保障力度,强化基本政策落实,做好国家脱贫攻坚普查各项准备工作,确保剩余136户353人贫困人口如期脱贫。聚焦脱贫质量,大力实施扶业增收、政策保障、扶志扶智、基础设施、基础工作、党建促脱贫等六大提升工程,注重激发群众内生动力,建立解决相对贫困的长效机制,全面巩固脱贫成效。聚焦产业就业,加大扶贫产业投入,促进扶贫产业持续增效;精准对接贫困户就业意愿和园区企业用工需求,确保更多贫困户就地就业。聚焦防止返贫,开展脱贫攻坚“回头看”问题排查整改,建立健全返贫监测预警和动态帮扶机制,防止脱贫人口返贫、边缘人口致贫。

打好污染防治攻坚战。以迎接第二轮中央环保督察和省级环保督察“回头看”为契机,加强窑坡渡国控断面水质管控,巩固西毛里湖“两拆两退”成果,稳步推进工业废气治理、鸭公嘴珍珠养殖退养等生态环境突出问题整改销号。紧扣污染防治攻坚战三年行动计划“收官”目标,坚决打好“蓝天碧水净土”保卫战,大力开展大气污染防治,全面加强水环境保护,持续推进污染地块治理。坚决抓好生态环境保护修复,统筹山水林田湖草系统治理,突出抓好澧水及涔澹水流域水环境整治,严格落实河湖长制,启动国家生态文明建设示范县市创建工作,让津市天更蓝、地更绿、水更清、环境更优美。

打好防范化解重大风险攻坚战。强化底线思维,加强对政治安全、意识形态安全、网络安全等重点领域风险防控,做到早识别、早预警、早处置。强化政府债务风险防控,坚决落实“一债一策”化债举措,严控违规举债,加大收入征管和向上争资力度,增强地方综合财力,确保债务率稳步下降。大力支持平台公司走“三化四资”转型之路,严格项目融资审批,积极开展经营性项目贷款和发行公司债,依法合规注入特许经营权,增强平台公司造血功能。强化金融领域风险防控,规范融资平台管理和民间融资行为,严厉打击和处置非法集资,不断夯实省级金融生态安全区创建基础。

3.坚定不移推进产业建设。坚持以招商引资为抓手,以产业项目建设为重点,加快构建具有津市特色的现代产业体系。

精准谋划抓招商。聚焦延链强链补链,一手抓谋划、一手抓引进,持续扩大有效投资,拉动经济增长。突出产业谋划。以“三主一特”产业为重点,进一步延伸产业链、保障要素链,着力打造生物医药与健康食品、装备制造“双百亿”产业集群,大力实施精细化工产业“倍增工程”,加快建设全省领先的生物医药与医疗器械特色产业基地、全省一流的重要汽车零部件生产基地和中部健康食品之都。瞄准主攻方向。紧盯京津冀、长三角、粤港澳大湾区等重点区域,力争全年引进产业项目30个以上,其中工业项目20个以上,亿元以上工业项目10个以上,协议引资额突破60亿元。强化招商实效。建立完善客商信息库、项目信息库、产业布局库、跟踪服务图,探索更具实效的招商方式,打造更加专业的招商队伍,提升招商引资精细化水平。

全面提速抓推进。树立“抢项目、拼速度”的理念,以项目实效稳投资、增后劲。压实项目责任。构建园区、企业、服务单位“三位一体”的责任体系,市级领导带头调度推进,责任单位全力配合服务,做到一个重点项目、一名市级领导、一个工作班子、一套实施方案,确保签约、开工、竣工一体推进。加快项目进度。加快科益新生物二期、夏盛生物、中联车桥产业园改扩建、牛肉米粉产业园等项目建设,力促鸿健生物黄酮类药物、引航生物、海路微生态健康产业园、湘澧盐化技改等项目年内投产达效。强化项目保障。围绕土地供给抓好征拆进度、向上报批速度,确保满足项目用地需求;积极争取上级政策资金,有效整合本级各类资金,支持园区产业发展;发挥劳务派遣公司和职教实训基地作用,保障企业用工需求。

聚力园区抓配套。把园区作为产业发展的主战场、主阵地,加快推动园区建设提质提效,力争园区规模工业总产值增长12%,综合税收增长25%。提升园区品质。聚焦国家级园区创建目标,大力推动园区集约化、专业化、特色化发展,确保实现进入全省园区综合评价前50位、高新区评价前16位的进位目标,争创湖南省特色产业园、新型工业化产业示范基地和十大“平安园区”。完善功能配套。加快宁能热电、双回路供电体系、固废处理中心、工业污水处理厂二期项目建设进度,加大专业园区标准化厂房建设力度,探索为企业代建定制化厂房,大力引进冷链物流项目,不断增强园区承载能力。加快产城融合。围绕中设新城重点改善企业职工居住环境,引导餐饮娱乐、信息创意、金融物流等生产生活要素向园区聚集,带动园区人气、推动职住平衡。

4.统筹协调加快城乡发展。树立城乡一体、融合发展理念,统筹推进乡村振兴和新型城镇化。

扎实推动乡村振兴。坚持把乡村振兴作为“三农”工作的总抓手,促进农业全面升级、农村全面进步、农民全面发展。要促进产业发展。深入实施“三品”工程,持续壮大津市牛肉米粉、意果、食用菌、中草药等特色产业,加快培育区域公用品牌,新增“两品一标”认证4个以上。要狠抓环境改善。以全省美丽乡村建设整域推进试点县为抓手,全面完成农村人居环境整治三年行动任务，统筹抓好“厕所革命”、“三面五清”、美丽屋场建设、绿色庭院打造、“空心房”整治，全面提升村容村貌。要创新基层治理。推进全国乡村治理体系建设试点和全国新时代文明实践中心建设试点工作，打造共建共治共享的乡村治理新格局。

全面提升城市品质。扎实开展“城市品质提升年”行动，不断优化城市生产、生活、生态空间，让城市生活更美好。强化规划引领。推进多规合一，完善国土空间总体规划编制，充分考虑城市功能布局，有序开发西河街片区、城东片区、津港新城，打造江南江北协调发展新格局。注重建设品质。加快六合城、丰华城二期、兆源贤庄商业综合体等项目建设，打造一批地标性商住精品。扎实推进老旧小区改造，加快农贸市场、幼儿园、停车场等公共设施配套建设。完成虎爪山遗址保护项目建设，加快工人文化宫建设、津市苏维埃政府旧址保护修复，积极申报《囊萤照读》国家非物质文化遗产，整理出版《城市基因》系列丛书，让城市留住记忆，让市民记住乡愁。注重精细管理。继续推进国家园林城市、国家交通管理模范城市创建工作，积极迎接国家卫生城市复检，大力加强“智慧城市”成果运用。加大市容市貌、控违拆违、渣土运输等管控力度，抓好三湖公园、沿江风光带维护管理，让城市管理更加精细、更有温度。

加快促进城乡融合。加强基础建设。适时启动 S238 新洲—棠华公路提质改造项目，力争湘北干线公路、S306 窑坡—灵泉汉泗公路提质改造项目进入国省“十四五”规划，争创全省第二批城乡客运一体化示范县，以交通条件改善推动城乡融合发展。完善公共服务。加快启动城乡供水“五线”管网提质改造工程，扎实推进城乡供气一体化，加大农村电网升级改造力度。推动产业融合。以特色种植基地为基础，以乡村旅游为纽带，以园区农产品加工为支撑，形成三产融合发展新格局。加快毛里湖植物园和法开署项目建设进度，推动药山村、大关山村、青苗社区等乡村旅游示范区建设，争创乡村小微湿地先行试点县，初步形成乡村旅游景区联动发展新格局。

5.持之以恒深化改革开放。坚持用改革破解难题，以开放激发活力，为工业立市产业兴城注入源源不断的发展动能。

坚持改革推动。扩大“一件事一次办”改革成效，持续精简压缩办事流程，健全联合勘验、并联审批等工作机制，探索“一网通办”“全城通办”，加快打造“无证明城市”，做到公开透明、高效便民。深入推进“互联网 + 政务服务”，全面实行在线受理、网上审批、专人送达；推行园区“全程代办”，实现一窗受理、限期办理、限时办结；建立园区企业申报资料“负面清单”，大胆探索“不见面审批”。扎实推进农业农村、群团组织、园区体制、综合执法等改革，推动各项改革举 措走深走实。

坚持创新驱动。搭建创新平台，继续深化与江南大学、浙江工业大学、华东理工大学等高等院校产学研合作，再建一批“企业 + 科技 + 政府”创新平台、工程技术中心和智造中心。加快科技成果转化，发挥科技成果转移转化中心、科技孵化器、互联网产业园等平台作用，为企业提供技术引进、金融支持、人才招聘等服务，落实研发经费奖补、所得税减免、专利申请补助等扶持政策，推动一批高科技、成长型项目落地转化。培育高新企业，深入实施“三名工程”，建立高新技术企业后备培育库，扶持一批具有创新能力和自主知识产权的科技型企业。

坚持开放带动。做实开放平台，围绕津港新城打造，全面完成澧水二桥、津港大道建设，谋划“公铁水”多式联运，加快津市港二期和临港物流园建设，积极申报海关监管场所，引进一批外贸物流龙头企业和临港产业，全力打造内河港口运营标杆。打通开放通道，争取马颈口至青龙窖航道整治尽快实施，早日打通对接长江的第二出口；积极呼吁荆常高铁过境津澧，争取尽早迈入“高铁时代”。扩大开放经济，充分利用津市港和保税仓，加大出口型企业引进和培育力度，推动更多“津品出境”“津企出海”，力争实现开放型经济三年倍增。

坚持环境促动。优化营商环境，继续开展“惠企暖企”行动，完善领导联产业、部门服务企业制度，实行全省最低的行政收费标准、最快的在建项目审批流程，帮助企业解决发展中最关注、最急切的问题。优化政策环境，继续推进减税降费，严格兑现优惠政策，规范清理涉企收费，让政策红利转化为企业发展红利。深化行长结对服务企业专项行动，加大工业企业信贷投放，不断降低企业融资成本。优化法治环境，运用法治方式，坚决查处影响发展环境的人和事。

6.倾情倾力增进民生福祉。树牢以人民为中心的发展思想，既尽力而为、又量力而行，在发展中保障和改善民生。

办好人民满意教育。坚持教育优先发展，深入实施农村学校建设三年行动计划，完成双济学校、火花幼儿园扩容提质，规划新建 1—2 所公办幼儿园，巩固“大班额”化解成效。完成职业中专和一完小整体搬迁，进一步优化教育布局。深化职业教育综合改革，推进义务教育优质均衡发展，打造津市火花幼儿园、华龙幼稚园学前教育品牌。加强教师队伍建设，继续实施名师、名校、名校长“三名工程”，培育良好师德师风，提升教育教学水平。持续深化新高考改革，增强津市一中综合实力，力争高考成绩再创新高。

加快建设健康津市。加快推动以治病为中心向以人民健康为中心转变，不断提升全民健康水平。深化综合医改，发展完善县域医共体和医联体，加快乡镇卫生院、村卫生室标准化建设。深化人民医院与湘雅医院、中医院与省人民医院合作，加快人民医院改扩建、中医院整体搬迁工程，加强临床重点专科建设。探索推进医养结合，创新发展中医药事业，加强计生优生服务。

提升社会保障水平。把“稳就业”摆在突出位置，落实就业优先政策，加大创业支持力度，突出抓好高校毕业生、退役军人、农民工、贫困劳动力等重点群体就业。开展农民工工资专项治理行动，完善农民工工资保障机制，构建和谐劳动关系。完善社会保障体系，积极做好征缴扩面，努力实现全民参保。规范低保对象认定和发放管理，稳步提高城乡低保标准和救助水平。加强退役军人和优抚对象服务管理。

全力维护安全稳定。筑牢公共安全“防火墙”，深入开展烟花爆竹、道路交通、危险化学品、食品药品等重点行业领域专项整治,强化重大安全风险隐患管控治理,坚决防范遏制重特大安全生产事故发生。织密社会治理"防护网",深入开展全国乡村治理体系建设试点工作,创新发展新时代"枫桥经验",全面推广"三二一"工作法,力争信访积案化解清零,推进"无上访村(社区)"建设,巩固"三无"区县市创建基础。打好扫黑除恶"主动仗",持续推进中央扫黑除恶督导问题整改,加快线索核查,加速案件侦办,加强专项治理,依法严厉打击涉毒、涉众经济犯罪等各类违法犯罪行为,进一步提高群众安全感。

驰而不息改进工作作风。作风的好坏直接关系事业的成败。要以驰而不息的精神、锲而不舍的状态抓好作风改进,以工作作风转变推动发展环境改善。

要倡导勇争一流的作风。复兴津市,绝不是轻轻松松、敲锣打鼓就能实现的。当前,津市经济总量不大、城市人气不足、交通区位不优的问题还没有根本改变,这与津市的辉煌过去比,与周边区县比,与28万津市人民的期待比,依然还有很大差距,远远没有到歇歇脚、停停步的时候。我们必须坚持更高的标准,付出更为艰巨的努力,与强者比、快者跑,推动各项工作在常德争一流、在全省争一流、在全国争一流,加快津市跨越赶超、实现质的飞跃。

要倡导久久为功的作风。骐骥一跃,不能十步;驽马十驾,功在不舍。前进的路上,没有一蹴而就的跨越,也没有一劳永逸的进步,必须一任接着一任干,一锤接着一锤敲。要着眼打基础、利长远,主动谋划、引进一批重大产业项目,不断壮大主导产业,增强发展后劲。要把握规律,持续发力,统筹推进乡村振兴和各项民生事业发展。要深刻认识环境治理的艰巨性、反复性和长期性,持续抓好西毛里湖生态环境保护,不能稍有进步就沾沾自喜、自我陶醉。

要倡导敢于担当的作风。一代人有一代人的历史责任,一代人有一代人的使命担当。要有勇于担当的定力。牢记有职必有责、有责必担当,摒弃"为官不易"的抱怨,远离"为官不为"的懈怠,积极履行好自己的职责职权。要有善于担当的能力。不断提升政治能力、专业能力、实践能力,把担当转化为力量,把担当转化为业绩。要有敢于担当的魄力。越是艰险越向前,勇挑重担、勇克难关、勇斗风险,即便一时受挫,也要挺直腰杆,继续向前。

要倡导清正廉洁的作风。严格贯彻执行中央八项规定及其实施细则精神,持续深化纠"四风",力戒形式主义官僚主义。各级领导干部要树立过"紧日子"思想,带头反对铺张浪费和大手大脚,带头抵制享乐主义和奢靡之风,真正把有限的资金和资源用在刀刃上。要扎紧约束权力的制度笼子,坚决整治群众身边的不正之风,营造风清气正的政治生态。

2020年政府工作报告

——在津市市第十七届人民代表大会第五次会议上

（2020年4月25日）

市长 黄旭峰

2019年，我们用汗水浇灌收获，以实干笃定前行

过去一年，我们坚持以习近平新时代中国特色社会主义思想为指引，在市委高瞻远瞩、运筹帷幄的强力领导下，在市人大以法为纲、为民代言的有力监督下，在市政协群策群力、和衷共济的鼎力支持下，深入推进工业立市产业兴城战略，较好地完成了第四次会议确定的目标任务。全年完成地区生产总值171.5亿元，增长8.0%；规模工业增加值61.3亿元，增长9.8%；全社会固定资产投资91.3亿元，增长6.2%；财政总收入8.3亿元，增长4.9%；城乡居民人均可支配收入分别达到35799元、16848元，增长8.3%和8.9%；社会消费品零售总额81.6亿元，增长10.6%。在对真抓实干成效明显地区表彰奖励中，落实创新引领战略、脱贫攻坚、农村人居环境整治、信访“三无”创建、养老服务体系发展等5项工作获得省政府表彰，奖励项数全省第三、常德第一；推进园区建设、“常德品牌·中国品质”行动、脱贫攻坚、农村人居环境整治、河湖长制、防范化解债务风险、“一件事一次办”改革、申报和落实上级投资、推进新型城镇化、民生实事办理、安全生产、信访维稳、创造典型经验等13项工作获得常德市政府表彰，奖励项数和奖金额度均为常德第一。

各位代表，一年来我们始终坚持“精准、规范、关键”，做到了“六个真抓实干”：

1.围绕产业发展真抓实干。成功举办首届津市牛肉米粉美食文化节，获评中国牛肉米粉之乡。津市港顺利开港。规模工业总产值首次突破300亿元。新增规模工业企业15家。用工保持百人及以上企业28家。缴税过百万企业65家。企业家刘喜荣缴纳个税1493万元。主导产业势头强劲，生物医药产业实现产值40.3亿元，增长24.8%；装备制造产业实现产值90亿元，增长14.8%；健康食品产业实现产值67.2亿元，增长13.8%。园区完成基础设施投入9亿元，建成标准化厂房15.6万平方米，规划面积扩大到10.9平方千米，综合税收突破4亿元。要素保障不断增强，10亿元产业发展基金投入运行；工业贷款累计投放10.6亿元；为企业减税降费超亿元；新增建设用地指标3520亩。

2.围绕项目建设真抓实干。中联重科车桥产业园项目正式签约。科益新、湘澧盐化技改等项目建成投产。成立常德首家县级农产品及食品国规检验检测平台。新引进鸿健生物、超安光伏等投资项目25个，协议引资55亿元。拓展龙海集团、五环集团等优质资源78个，与全球食品安全倡议组织、中通集团等达成战略合作。经世新材料、台龙食品、军粮配送中心、团湖公园等63个重点项目启动建设。S238棠华至药山段公路、暖夕高档社区养老中心等35个项目顺利竣工。宁能热电、引航生物、安慈高速、鸿鹰星都、谢家堰水厂提质改造等28个项目有序推进。向上争资23.9亿元。

市长黄旭峰作报告

3.围绕开放创新真抓实干。“一件事一次办”及政务下沉工作被新华社、中央人民广播电台及省深改办重点推介。获评全省知识产权强市。大力推进“三名工程”，与海路生物合作，搭建微生态健康产业平台，60天内完成医疗器械注册申报245个；与江南大学合作，共建科技成果转移转化中心；与硬创空间合作，建立其首个省会城市以外的科技成果转化和服务承接平台；与华东理工大学合作，建成协同创新中心；与海南大学合作，搭建医疗器械孵化平台；与环丁联盟合作，建设园区水气土在线监测平台。新增省级创新研发平台3家、省级星创天地1家，在津工作博士达到65人。电商产业加快发展，南北特、创奇等企业网上销售额翻番，园区电商快递成本常德最低。海关工作站和保税仓作用凸显，进出仓货值6300万美元，增长2.4倍。打造“无证明城市”，38项下沉事项、110项行政审批事项实现刷脸办、掌上办,所有行政审批事项申报资料、办理流程、办结时限均压减60%以上。

4.围绕三大攻坚战真抓实干。脱贫攻坚工作考核连续三年名列全省非贫困县第一。获评全省首批生态文明建设示范县市。政府性债务净减9亿元。全年脱贫817人,所有贫困户喝上了自来水、住上了“安全房”,“一亩经济林”走出产业脱贫新路子。19项污染防治“夏季攻势”任务完成,51个环境突出问题销号。精准摸排出555处大气污染源,采取“19+1”措施,强力管控扬尘、露天烧烤等问题,空气质量综合指数逐月好转。扎实推进毛里湖“两拆两退”三年行动,退养转产1.27万亩,转产率86.2%。全面落实河湖长制,深入实施水环境综合治理工程,国省控断面水质持续稳定达标。津市农商行成功脱离风险区。

5.围绕城乡一体真抓实干。获评全国村庄清洁行动先进县市、全省环卫行业先进单位。农村人居环境整治工作排名全省第一。成为全国乡村治理体系建设试点县市、全国新时代文明实践中心试点县市、全省美丽乡村建设整域推进试点县市。成功争取到全国水系连通及农村水系综合整治试点县市,国家投资2亿元。澧水沿江风光带竣工开放。维也纳国际酒店投入运营。西河街片区成功牵手六合置业。新增城区停车位621个。棚改货币化征收1019户,改扩翻建986户。编制村庄规划22个。改厕1万户,建成美丽屋场44个。新建自然村通水泥路78.4千米。“绿色存折”制度整域推进。深入开展“大棚房”、违建别墅专项治理和“空心房”整治,新增耕地面积2250亩。津市茶油荣获国家地理证明商标。新洲镇获评省级卫生镇。青苗社区、大关山村被评为省五星级乡村旅游区。

6.围绕民本民生真抓实干。全年民生支出23.6亿元,占一般公共预算支出的81.3%。获评全国“七五”普法中期先进县市,安全生产、综合治理、平安校园建设荣获省级先进,连续16年保持全省平安县市称号,连续12年被评为全国平安畅通县市。分别完成省、常德及本级重点民生实事10件、12件、10件。教师待遇足额保障到位。消除大班额任务全面完成。新建和改扩建学生食堂2500平方米,建成教师周转房30套、塑胶运动场3个。华龙幼儿园顺利开园。津市一中一本升学率超省平均水平23个百分点。获评全国紧密型县域医共体建设试点县市,国家慢性病综合示范区建设通过验收。中医院主体工程完工。人民医院与湘雅医院实现双向转诊定点合作。湘鄂川黔苏维埃政府旧址入选第八批全国重点文物保护单位。襄阳街街道志愿者协会会长朱德文获评省级优秀志愿者。养老机构消防安全整改全面启动。圆满完成新中国成立70周年大庆安保维稳任务。推进扫黑除恶专项斗争和禁毒人民战争,破获涉黑涉恶案件108起,刑事拘留201人。开展交通问题顽瘴痼疾集中整治行动,农用车、摩托车治理成效显著。狠抓“双安双创”,在常德率先推行城区农贸市场农残检测。完成第四次全国经济普查工作。

此外,国防教育动员、人民防空和民兵预备役工作持续加强。民族宗教、老龄、方志、档案等工作取得新进步,各民主党派、工商联、工会、共青团、妇联、文联、残联、科协、侨联,以及志愿者和慈善组织等发挥了重要作用。

一年来,我们自觉坚持党的领导、依法行政、直面问题、执行高效、学习提升、清正廉洁,政府自身建设全面加强。深入开展“不忘初心、牢记使命”主题教育活动,以巡视整改为契机,狠抓政府系统党风廉政建设,43个巡视交办问题,33个整改到位,10个有序推进。坚持科学决策,出台《津市市人民政府重大事项行政决策暂行制度》。依法办理人大代表建议、政协委员提案145件,办理回复率100%。压减各类文件、会议30%以上。

一年来,我们始终坚持以人为本、民生优先的根本宗旨不动摇,坚持招商引资、项目建设的发展路径不动摇,坚持问题导向、奋勇争先的工作方法不动摇。通过平台引进、以商招商,我们深度挖掘优质资源,有效带动了高质量发展;通过推进“一件事一次办”和政务下沉,我们大胆突破思维定式,有效带动了思想解放;通过举办牛肉米粉美食文化节,我们着力叫响津市品牌,有效带动了创新开放;通过打好蓝天保卫战、强力推进毛里湖退养转产,我们突出问题导向,有效带动了绿色发展。

一年来,市委统揽全局、科学决策,市人大、市政协有效监督、全力支持,汇聚了津市奋勇前行的强大力量;全市干部群众同心协力、同舟共济,在外乡贤回报家乡、鼎力相助,谱写了津市奋勇赶超的激昂旋律。在此,我代表市人民政府,向各位人大代表和政协委员,向各民主党派、各人民团体和各界人士,向为津市经济社会发展付出辛劳的广大干部群众,向所有关心支持津市发展的同志们、朋友们,表示衷心的感谢!

审视过去一年,政府工作仍有不足。2019年《政府工作报告》明确的142项工作任务,还有6项未完成。规模工业增加值低于预期目标0.2个百分点;全社会固定资产投资低于预期目标3.8个百分点;财政总收入低于预期目标5.1个百分点;城镇居民人均可支配收入低于预期目标0.2个百分点;人民医院改扩建工程、城东农贸市场进度滞后。对此,我们一定坚持问题导向、结果导向,不遮掩、不回避;一定变压力为动力,立说立行、立行立改;一定坚持以人民为中心,敢闯敢干、真抓实干!

2020年,我们要万众一心加油干,越是艰险越向前

春节前夕,新冠肺炎疫情突如其来,我们坚决贯彻习近平总书记重要指示精神,在市委的坚强领导下,一手抓疫情防控、一手抓复工复产,演绎了一场感动津城的“最美春晚”。面对这场艰险的战役,我们科学预判、超前动员,第一时间宣传部署,果断决策,以最快速度编织了一张坚不可破的“硬核防护网”。面对这场艰辛的战役,我们精准施策、真心帮扶,按下“快进键”,打出“组合拳”,以最实举措掀起了一轮达产增效的抢干热潮。面对这场艰难的战役,我们群策群力、重点攻坚,在战争中学会战争,在游泳中学会游泳,以最强力度赢得了一个持续向好的主动态势。这一战,充分展现了我们干群同心、守望相助、风雨同舟的津市温度。这一战,充分展现了我们善打大仗、敢打硬仗、能打胜仗的津市能力。这一战,充分展现了我们特别能吃苦、特别能坚持、特别能担当的津市精神。许许多多逆行者,以英勇无畏,让我们热泪盈眶;许许多多守护者,以尽职尽责,让我们斗志昂扬;许许多多志愿者,以人间大爱,让我们激情澎湃;许许多多劳动者,以敬业担当,让我们逆流勇进。他们是真正的英雄,正是他们的无私奉献,我们的城市迅速恢复了精气神和烟火气!

“大战”尚未结束,“大考”刚刚开始。重大的历史进步都是在一些重大的灾难之后,每一次破坏的结果,都意味着一次重生。后疫情时代,谁敢抢占先机,谁就能生存,谁敢创新突破,谁就能发展。与其被冲击,不如去冲浪,我们要精准分析政策,灵活机动应对,千方百计争投资、促消费、帮出口,确保疫情不反弹,稳住经济基本盘,兜住民生底线。

今年政府工作的总体要求是:以习近平新时代中国特色社会主义思想为指导,认真贯彻落实党的十九大及系列全会精神和中央、省委、常德市委、津市市委经济工作会议精神,坚持稳中求进工作总基调,坚持新发展理念,全面做好“六稳”“六保”工作,弘扬敢于斗争、敢于胜利的精神,大力推进工业立市产业兴城战略,紧扣“规范、公开、高效”,坚决打好三大攻坚战,确保全面建成小康社会和“十三五”规划圆满收官,奋力创造澧水流域现代化中心城市新业绩。

今年经济社会发展要努力把疫情影响降到最低,主要预期目标是:地区生产总值增长8%以上,规模工业增加值增长10%以上,全社会固定资产投资增长10%以上,财政总收入增长10%以上,城乡居民人均可支配收入增长8.5%以上,社会消费品零售总额增长10%以上。完成节能减排目标任务。

实现上述目标,必须做好“六个创新突破”:

1.致力兴园强链,在产业发展上创新突破。紧扣“三主一特”产业定位,坚持强链延链补链,大力推动产业集聚与升级,打造镇园之宝。

做好精准帮扶。全面开展帮扶企业“六大行动”。开展政策落实行动。严格落实“领导联系产业、部门服务企业”制度,坚持一厂一策,兑现惠企政策,帮助企业减负达产增效。开展用工服务行动。搭建域内劳动力资源数据库和就业服务平台,建立企业用工周转池,促进劳动力与用工企业精准对接;落实招工抵扣招商任务机制,对镇街给予招工补贴,力争为企业招工1000人以上;继续评选“百优员工”。开展人才护航行动。探索实施“市长助理”高端产业人才引入计划,成立技术经理人专委会,全面落实工作生活补贴;点对点引进研发人才和高级技工,支持企业与院校联合开展定向培养和技能培训;常态化开展企业家培训,培养中生代、新生代企业家。开展科技支撑行动。完善和落实研发经费奖补、高新技术企业所得税减免、专利申请补助等优惠政策;探索实行中小微企业研发检测补助;鼓励企业建设国家级检验检测中心,申报国家级研发平台。开展金融服务行动。加强政银企对接,争取上级金融机构支持;发挥财政资金杠杆作用,通过以存引贷、竞争分配鼓励银行扩大信贷投放;推进科创金融与普惠金融试点,为企业量身定做信贷产品,推广政银贷、无还本续贷业务,确保企业信用贷款、无还本续贷总量较上年提高20%以上,小微企业融资成本下降0.5个百分点。开展“津市人用津市造”行动。组织专场展销会,在不违背政策和市场原则前提下,财政性资金优先采购本地产品。

各位代表、各位企业家,后疫情时代,“活着”就是最大胜利。政府一定以企业为重、以服务为上,一定与大家干在一起、拼在一起,一定以最大诚心、最强力度,和大家一道把时间抢回来,把损失赶回来!

做强主导产业。以优势产业为重点,以龙头企业为核心,加快绘制产业全景图、链条延伸图、发展路径图。生物医药产业紧盯全省领先的特色产业基地目标,以溢多利为龙头,加快进军成品药等领域;以海路微生态健康产业园为支撑,引进企业50家,完成医疗器械备案500个。装备制造产业紧盯全国最大的社会化车桥生产基地目标,以中联车桥为龙头,引进战略投资者,形成工程桥与商用桥“两桥”并进格局;建好配套产业园,引进汽车零部件生产企业和检测中心,健全产业基础体系。健康食品产业紧盯中部健康食品之都目标,以牛肉米粉产业为龙头,突破保鲜、安全溯源等关键技术,推动向标准化、工业化升级,壮大健康休闲食品和农产品精深加工。盐化工及纺织等产业紧盯专业化特色化目标,以湘澧盐化、娄星纺织为龙头,加快转型升级和智能改造。

做优园区配套。争创省特色园区、绿色园区、平安园区,确保综合评价进入全省前50位。新建标准化厂房15.2万平方米。加快固废处理中心建设。确保水气土在线监测平台6月投入运行,宁能热电一期11月投产,力争工业污水处理厂二期12月建成。筹建防化消防站。探索推广新市民公寓,持续完善影院、健身、餐饮、零售等生活配套,让新生代员工愿意来、留得住。坚持企业化管理、市场化运营,持续深化干部人事、财税体制、行政审批等改革。

做实项目建设。新开工亿元以上产业项目15个以上,新投产亿元以上产业项目6个以上。紧盯“新基建”、专项债券以及省“五个100”等重点方向,围绕优势产业、公共卫生服务、应急物资保障、城镇基础建设等领域,精准策划一批重大项目,确保100个以上。保障项目前期经费,重奖非普惠性争资,全年争资30亿元以上。实行“一站式终身服务”,力争龙海集团、鸿健生物、惠瑞生物及商用桥生产、智能纺纱、医药用盐等项目落地,力促车桥产业园、醇健制剂、慕恩生物、嘉一技改等项目加速推进,确保经世新材料、夏盛生物、引航生物、台龙食品等项目建成投产。

2.致力培育动能,在开放引进上创新突破。坚持让开放占据发展C位,让创新成为发展支点,要么成为第一,要么打败第一,要么与第一合作。

多主体推动科技创新。坚持以市场为导向,企业和院校为主体,继续实施“三名工程”。深化与江南大学、华东理工大学等院校协同合作,共建科研平台、共享科研成果,合作项目20个以上,新增专利80个以上。发挥硬创空间科技成果转化和服务承接平台等平台作用,打通科研端、产业端、市场端,新转化科技成果10个以上。探索引进工业互联网平台、工业设计中心。

鼓励企业开展“机器换人”等智能化升级改造。培育“隐形冠军”“单打冠军”,新认定高新技术企业10家以上。完成科创基金投放1亿元,开展专利知识产权质押贷款业务。

全方位推进开放合作。继续“拉圈建群”,新引进优质资源50个以上。依托中联重科对接长株潭,依托津市港对接长江经济带,依托盐田港、溢多利、越秀金控对接粤港澳大湾区,依托宁波热电、经世新材料、江南大学对接长三角,依托中关村智造大街、环丁联盟对接京津冀,深化区域合作、产业协作,把视野放到开放最前沿,让发展融入最发达地区。锁定澧水流域中心港目标,深化与盐田港合作,力争津市港二期、锚地服务区早日建成运营,推进临港物流园建设;确保澧水二桥、津港大道投入使用;清除澧水航道枯水季节堵点,推动松虎航道疏浚尽快实施,争取津市港至茅草街航道升级;谋划津市港三期和“公铁水”多式联运。启动三湘和达公路港建设,申报海关监管场所,打造澧水流域首个开放口岸。继续争取荆常高铁。

高质量开展招商引进。新引进产业项目30个以上,亿元以上产业项目20个以上。坚持产业链招商,成立9个专项小组,围绕优势产业和龙头企业抓招商。坚持以商招商,设立区域招商组,聘请企业家担任联络处主任。坚持重资产招商,建设高标准订制厂房,让企业“拎包入住”。坚持基金招商、协会招商,在重点区域举办专场推介会。坚持精准招商,敢于找最优秀的龙头企业,敢于找最优秀的产业集群,敢于找最优秀的专家团队,建立客商信息库、项目信息库、产业布局图、跟踪服务图。

深层次优化营商环境。紧盯“全省领先、全国一流”目标,持续发力“一件事一次办”和政务下沉工作,搭建全事项、全流程、全场景服务平台,所有行政审批事项刷脸办,80%以上掌上办。建立涉企处罚备案制度,严厉打击破坏发展环境的人和事。推进诚信津市建设,健全守信激励和失信惩戒机制。政府将以更加包容开放的心态,更加优质高效的服务,打造投资宝地、创业福地!

3.致力决战决胜,在三大攻坚战上创新突破。用非常之力、下非常之功、尽非常之责,如期实现全面小康。

打赢精准脱贫攻坚战。落实“八大行动”,确保136户、353人如期脱贫,夺取脱贫攻坚战的全面胜利。推进住房、教育、医疗等问题常态化清零,健全返贫致贫监测预警机制。继续发展“一亩经济林”,整合产业扶贫资金入股农业产业项目。开发公益性岗位,带动贫困户就近就业。开展消费扶贫,集体福利支出的30%用于购买贫困村、贫困户农副产品。坚持干部走村入户机制,严肃查处扶贫领域作风和腐败问题。

打准污染防治攻坚战。健全联防联控机制,打好蓝天保卫战。抓好秸秆综合利用,继续实施“煤改气”,深度治理挥发性有机物和移动污染源。建立12个大气监测小微站,确保空气质量综合指数进入全省前50位。落实河湖长制,继续推进城区水环境综合治理,落实澧水流域全面禁捕,确保国省控考核断面水质稳定达标。深入实施毛里湖退养转产三年行动,10月完成集镇生活污水处理管网扩改工程。狠抓土壤污染治理。全力争创国家级生态文明建设示范县市,努力让蓝天白云、绿水青山成为永恒!

打好防范化解重大风险攻坚战。严控债务增量,化解债务存量。用活用足当前金融政策,平滑债务风险。注入有效资产和多元资质,支持做大现金流,推动国有企业转型升级。规范实施PPP项目,全力争取地方专项债券资金。清理盘活国有资产。树牢“过紧日子”思想,落实零基预算,规范部门结余结转资金管理,压缩一般性支出20%以上。打击和处置非法集资,依法清收不良贷款,争创省级金融生态安全区。

4.致力融合共享,在城乡一体上创新突破。聚焦规划、建设、管理三大环节,优化生产、生活、生态三大空间,实现城乡共荣。

建设宜居城市。以迎接国家卫生城市复审为契机,扎实开展“城市品质提升年”行动。推进国土空间总规、城市控规编制。开展重点街区、关键节点城市设计。编制城市亮化等专项规划。抓好市政道路、公共交通、绿化亮化、环卫设施改造等城建项目33个。实施城市公厕改造三年行动计划。启动三洲驿、汪家桥街道现代街区有机更新试点。改造老旧小区39个、棚户区1677户。完成城乡建筑垃圾消纳场建设。加强三湖公园、澧水沿江风光带维护管理。实现停车管理智慧化。保持控违拆违高压态势。实行渣土运输市场化改革。深化“以克论净”清洁行动。引导无物业小区建立自治管理长效机制,探索物业服务“按质论价”改革。规范房地产市场,鼓励开发精装房。

推进乡村振兴。落实粮食安全市长责任制,确保种植面积36万亩以上,产量14万吨以上。抓好生猪稳产保供。推进全国水系连通及农村水系综合整治试点建设,争创乡村小微湿地先行试点县市。以全省农村人居环境整治、美丽乡村整域推进试点为抓手,大力开展“十项全面行动”“十项试点示范行动”。改厕7800口,建设绿色庭院3000户,整治黑臭水体12处。全面运行“绿色存折”制度。投入1500万元提质农村电网。有序推进农村土地管理改革,搭建农村产权交易体系,基本完成农村宅基地房地一体确权颁证。

促进城乡融合。以特色种植为基础,以休闲旅游为纽带,以农产品加工为支撑,形成三产融合发展新局面。统筹城乡基础建设和文旅资源开发,争创全省全域旅游示范县市。着力打造“南北双环”旅游格局,以毛里湖、药山为南环,建设高端休闲康养度假基地,以关山、嘉山、中武当、古大同为北环,打造定向越野、订婚庆婚、体育特训基地。支持新洲镇和金鱼岭街道打造特色产业镇街。启动毛里湖AAAA级景区创建,加快法开署、山河集团田园综合体等项目建设,力争12月毛里湖植物园开园。鼓励社会资本对接闲置农房农地,导入洞庭民居、精品民宿、亲子研学、生态种养等业态,继续办好农村节会。分批出台消费激励政策,拉动本地消费。引进三产品牌企业,繁荣活跃“夜经济”。培育壮大本地电商平台,支持品牌连锁服务企业向乡村延伸。

5.致力补齐短板,在民生改善上创新突破。高质量的发展就是为了高质量的生活。政府将持续补短板、强弱项,让群众的烦心事越来越少，暖心事越来越多，让咱们老百姓生活一年更比一年好！

办好重点民生实事。在全面完成省、常德重点民生实事基础上，突出抓好本级10项重点民生实事。前期，我们广泛征求意见，收集整理了12件备选事项，提请本次会议票决。分别是：1.万寿苑小区老旧小区改造；2.护市农贸市场建设；3.长山桥危桥安全改造；4.城镇污水处理设施建设项目；5.湘鄂川黔苏维埃政府旧址展示利用工程；6.二小双济校区扩建工程；7.西毛里湖生态环境保护项目大溪河水生态拦截工程（三期）；8.S516新洲至棠华集镇公路项目（原S238公路S2标段）前期；9.城乡餐厨垃圾收运及无害化处理体系建设项目；10.新能源汽车充电桩；11.农村厕所革命；12.农村摩托车无牌无证及城市电动车的整治。

提高教育发展质量。教育寄托着千万个家庭对幸福美好生活的期盼，关系一个地方发展的潜力和未来。我们要进一步加大财政投入，优化资源布局，让家门口的好学校、好老师多起来。大力发展学前教育，公办和普惠性幼儿园覆盖率提高到80%；着力办好义务教育，全面加强教育教学质量管理；持续提升高中教育质量和水平，支持办好一中和三中；积极推进产教融合，打造更有特色、更富活力的职业教育。提升办学条件，加快推进职教集团、一完小、新洲镇中学、火花幼儿园等学校搬迁和扩容。继续推进学校运动场、食堂、教师周转房建设，改善教师办公条件。持续加强教师队伍建设，引进优秀人才到津市从教。

推进健康津市建设。深化综合医改，加强医共体、医联体、重点专科和基层医疗机构标准化建设。提升医疗服务能力，确保新中医院6月投入运行，加快人民医院改扩建工程进度，切实加强医疗检测、健康管理等群众急需的医疗卫生服务供给能力，逐步解决制约医疗卫生事业发展的瓶颈性问题。强化公共卫生服务，从工作体系、设施设备、人才队伍等方面加强疾病预防控制工作，全面提升应对突发性重大传染病能力。推进人口优生服务，传承发展中医药事业。深入开展爱国卫生运动和全民健身行动，建设完善一批健身设施，打造群众身边的“15分钟健身圈”。

统筹发展社会事业。完善就业服务体系，保障重点群体就业，城镇新增就业4300人。加快博物馆、文化馆、图书馆工程建设，完成公共文化服务体系全覆盖。力争《车胤囊萤照读的故事》入选国家第五批非物质文化遗产。办好“百团大赛”“快闪”等群众性文艺活动。支持文化产业创新发展，追忆城市发展脉络，开发利用一批历史文化资源，留住“老津市”记忆。鼓励文艺精品创作，开展文学评选活动。扩大社会保险覆盖面，提高医保基金统筹层次。完善低保兜底和社会救助机制，关爱空巢老人和留守儿童，发展残疾人事业。推进多元化养老服务，抓好暖夕高档社区养老中心运营管理。开展第七次全国人口普查。抓好革命老区建设。加强退役军人和优抚对象服务管理。做好国防教育动员、人民防空等工作。

6.致力共建共治，在社会治理上创新突破。加快构建社会协同、公众参与、人人共享的社会治理共同体，确保社会安定有序、群众安居乐业。

深化基层治理。依托全国新时代文明实践中心试点、全国乡村治理体系试点建设，发挥基层社会组织作用，拓展民主自治形式，引导形成民事民议、民事民办、民事民管新格局。打造“城市大脑”，借助云计算、物联网等新技术，完善大数据系统，推动智慧警务、智慧社区、智慧政务等应用取得突破。落实关心关爱基层各项政策措施，开展村、社区干部能力提升行动，村、社区低限运转保障经费平均增加5万元、8万元，建立重点工作以奖代补机制。

维护社会稳定。深入推进扫黑除恶专项斗争和禁毒人民战争，严厉打击“盗抢骗”等犯罪活动，严防危害公共安全突发事件，建设更高水平的平安津市。开展“信访积案攻坚年”行动，探索实行信访代理服务，持续深化“无上访村（社区）”创建，把矛盾纠纷化解在基层。整合优化法律服务资源，健全人民调解、行政调解、司法调解联动体系，打造一批信得过、叫得响的个人调解工作室。全面完成“七五”普法，争创全国先进。

加强安全管理。毫不松懈抓好疫情防控。压实安全生产主体责任，深入开展事故隐患大排查大整治，强力推进交通问题顽瘴痼疾集中整治行动，有效防范和遏制较大以上安全事故，争创省级安全生产先进县市。建立统一高效的应急管理和救援体系，提升突发公共事件应急处置及防灾减灾救灾能力。做好防汛抗旱、森林防火、公路治超等工作。继续推进“双安双创”，严防严控食品药品和农产品质量安全风险。

再创佳绩，我们要只争朝夕，不负韶华

各位代表，起跑就是冲刺，开局就是决战。新的一年，我们将坚持做到零推诿，第一责任在我；真落实，勇夺第一有我。

坚持解放思想。政府工作一定要敢于吃螃蟹，勇于破藩篱。必须破除故步自封、因循守旧的僵化思想，敢于尝试第一次，勇于跨出第一步。必须多外出考察，多自我提升，敢于直面本领恐慌，保持终身学习。必须走出过往成功的沉浸，跳出旧有观念的束缚，敢于从胜利走向胜利。让干部不仅守土有责，更能守土有方。

坚持实事求是。政府工作一定要求真务实，真抓实干。必须制止不讲实际成本、实际速度、实际质量、实际效率、实际效果的形式主义。必须遏制说空话、说大话、说假话的恶习。必须摒弃差不多、过得去的粗放思维，用较真促认真，以碰硬求过硬。让干部争做求是人，争当实干派。

坚持长短结合。政府工作一定要干好今天，谋好明天。必须杜绝拖延症、严防等一等，实行清单管理，日清月结、有条不紊。必须避免头痛医头、脚痛医脚，立足当下兢兢业业，着眼长远未雨绸缪。必须祛除浮躁心态、防止追求轰动效应，一张蓝图干到底，一任接着一任干。让干部既能脚踏实地，又能仰望星空。

坚持担当作为。政府工作一定要敢作敢当，善作善成。必须坚持领导干部带头，以担当带动担当，以作为带动作为，用领导力提升执行力。必须坚持功成不必在我、成功必定有我,瞄准第一,争创第一。必须坚持勇于攻坚克难就是津市气质,任何时候都敢于冲锋亮剑、迎难而上。让干部争做“李云龙”,争当逆行者。

坚持公开透明。政府工作一定要摆在阳光下,放在台面上。必须以公开促监督,以监督促公信。必须敢于亮家丑,勇于说真话,坚决晒出作风、晒出效果。必须坚持重大事项决策向人大报告、向政协通报,自觉接受各方监督。让干部习惯在“玻璃房”中工作,在“聚光灯”下成长。

坚持规范规矩。政府工作一定要不碰红线,守住底线。必须对党绝对忠诚,继续推进组长负责制,确保令行禁止、政令畅通。必须提高法治思维和法治能力,切实推进政府工作科学化民主化。必须全面从严治党,驰而不息纠“四风”。让干部始终心中有党,心中有戒。

编制“十四五”规划是今年的一项重大任务。务必围绕中央、省、常德和津市市委战略部署,立足实际,精准定位,打造特色,科学提出发展目标、工作思路、重点任务,谋划对接一批重大项目,使规划更加适应时代要求、符合发展规律、满足群众期盼。

津市市人大常委会工作报告

——在津市市第十七届人民代表大会第五次会议上

（2020 年 4 月 25 日）

市人大常委会主任　王育平

2019 年工作回顾

2019 年，是新中国成立 70 周年，是地方人大设立常委会 40 周年，也是新一轮机构改革后各项工作的开局之年。一年来，市人大常委会以习近平新时代中国特色社会主义思想为指引，在中共津市市委的坚强领导下，牢记初心使命，依法履行职责，扎实完成了市十七届人大四次会议确定的各项工作任务，为谱写澧水流域现代化中心城市新篇章做出了积极贡献。

一、以贯彻落实习近平新时代中国特色社会主义思想为统领，深学笃行，思想政治根基进一步筑牢

从严从实加强政治建设。深入贯彻习近平总书记关于坚持和完善人民代表大会制度重要思想，第一时间传达学习党的十九届四中全会精神，“四个意识”更加牢固，“四个自信”更加坚定，“两个维护”更加坚决。按照中央、省委和市委“不忘初心、牢记使命”主题教育安排部署，对照“守初心、担使命，找差距、抓落实”总要求，把学习教育、调查研究、检视问题、整改落实贯穿始终，党员干部践行初心使命的自觉意识进一步增强。主动配合省委巡视组巡视工作，开展“政治体检”，营造了国家权力机关正气充盈的政治生态。

毫不动摇坚持党的领导。自觉把坚持党的领导贯穿人大工作全过程，严格执行重大事项请示报告制度，先后 21 次就人大重要事项、重点工作及时向市委请示报告、备案。聚焦市委工作重点，行使重大事项决定权，批准《津市市国家生态文明建设示范市规划》，及时把市委主张通过法定程序转化为人民共同意志。坚持党管干部和人大依法任免干部有机统一，全力保障机构改革，顺利实现组织意图。

坚定不移维护法律权威。丰富宪法实施实践。坚持宪法宣誓制度，组织开展“宪法宣传进乡村”活动，敦促部门学习宣传宪法，增强宪法意识，弘扬宪法精神。发挥“法律巡视”作用。开展《中华人民共和国水污染防治法》执法检查，暗访调查突出问题，制作专题片曝光，出台审议意见，交办问题 33 个，后续跟踪督办，票决整改情况，护市机埠排水沟水体污染、汪家桥电排氧化塘治理等 28 个问题有效解决。视察《农药管理条例》执法检查审议意见落实情况，督促政府及相关部门强化监管、严格执法，维护农药市场良好秩序。规范开展备案审查。首次听取和

市人大常委会主任王育平作报告

审议规范性文件备案审查工作情况报告，坚持“有件必备、有备必审、有错必纠”，全年依法审查政府报送备案的规范性文件 14 份，出具审查意见书 4 份，提出建议修改意见 7 条，交由部门处理，有力维护了法制统一。

各位代表，一年来，我们始终坚持正确政治方向，自觉接受党的领导，围绕市委工作重点开展人大工作，全年共召开常委会会议 7 次、主任会议 14 次，听取和审议专项工作报告 37 个，作出决议、决定 3 个，组织视察、调研 31 次，选举、任免国家机关工作人员 138 人（次），实现了人大工作与市委同向、与政府同力、与法律同轨，充分发挥了地方国家权力机关的作用。

二、以推动经济社会高质量发展为己任，积极作为，实干担当精神进一步凸显

助力发展提质增效。关注工业发展。听取和审议工业经济发展情况报告，视察高新区项目建设，调研金融服务实体经济现状，建议政府突出目标导向，抓重点、破难点、育新能，促进工业经济提档升级。主任会议成员带队赴江苏、浙江、深圳等地考察招商，促成港区项目落地。围绕产业发力。紧盯健康食品产业建言献策，推动台龙葛果深加工、南北特二期、嘉一罐头生产等项目落地，新中意、嘉品嘉味被省科技厅批准为省级工程技术中心，食品产业发展后劲更足。倾力服务企业。关注、关心外地在津市创业发展的企业负责人，推出“新津市人”栏目，大力宣传典型事迹；走访闲置低效企业、联点帮扶企业，协调解决热力

管网入企、优惠政策落实、项目资金申报等问题18个,为企业发展注入了动力。聚焦精准脱贫。全面落实帮扶要求,主任会议成员带头示范,机关干部积极参与,人大代表主动出力,帮助困难群众脱贫致富,以实际行动书写了扶贫路上的责任与担当。

推动经济稳健运行。加强国有资产管理监督。听取和审议国有资产管理情况报告,支持政府出台文件强化监管,推进国有资产人大监督制度化,国有资产管理更加公开透明、规范有效。加强财政预算绩效监督。听取和审议税收征管、预算执行、财政收支审计等情况报告,审查批准财政决算、预算调整方案,监督政府强化预算管理、提高资金绩效、化解存量债务,切实发挥财政的基础和重要支柱作用。加强审计问题整改监督。建立人大牵头、政府主导、审计配合、部门联动的督导机制,常委会会议审议、票决市财政局、市住建局等7个单位整改情况,19个问题得到整改落实。

促进环境持续优化。继续开展优化经济发展环境工作评议。瞄准企业和群众的操心事、揪心事、烦心事,优化评议内容,将部门服务项目建设、整治形式主义官僚主义、扫黑除恶等工作纳入评议范围,广泛走访调查,收集问题线索119个,及时反馈。人大代表、优化环境监督员、企业负责人同步测评,纪检监察机关同志全程参与,评议的针对性、公正性、实效性提升。市司法局、市教育局等10个被评议部门对照问题清单,逐条制定措施,迅速整改到位,我市营商环境持续优化。助力推进行政审批服务改革。人大常委会专题听取工作报告、开展暗访调查、组织视察点评,人大代表4次集体现场体验、建言献策,从完善信息、就近办理、保密安全等方面提出建议20多条,支持推动"一件事一次办",打通服务群众"最后一公里",老百姓切身感受到了改革红利,办事越来越方便。

各位代表,一年来,我们深入贯彻习近平总书记对地方人大及其常委会工作的指示精神,认真落实全国人大关于加强预算监督的部署,高标准建设预算联网监督中心,提前完成人大与财政的数据同步,建立起数据分析、智能监控、比对纠错等22项审查功能,初步形成"大数据+预算监督"格局,监督逐步由结果性审查转变为过程性审查、由时点监督转变为实时监督、由发现问题监督转变为预防问题监督,助力打造阳光财政、绩效财政。

三、以人民美好生活向往为追求,聚焦民盼,为民履职初心进一步展现

积极关注生态建设。聚焦打好污染防治攻坚战,听取和审议环境状况和环境保护目标完成情况报告,关注大气污染状况,全程跟踪餐饮油烟、工地扬尘、道路扬尘污染治理,空气环境质量稳步回升。视察农村人居环境整治工作,监督工业污水处理厂、集镇生活污水处理厂规范运行,督促黑臭水体治理,开展环保世纪行主题活动,生态环境持续改善,城乡宜居水平不断提升。

积极保障民生福祉。聚焦教育卫生。关注产教融合、教育布局调整,助推人民医院、中医院、妇幼保健院创建特色专科,促进教育卫生事业稳步发展。聚焦安全保障。听取扫黑除恶工作情况报告,支持司法机关依法严厉打击涉黑恶犯罪;紧盯"双安双创"工作,督促部门落实农产品检验检测、创建食品安全示范店,保障老百姓"舌尖上的安全";视察项目工程质量、企业消防安全,减少事故隐患;调研养老服务,建议政府完善服务体系,打造高端、基本、托底三种不同层次的养老服务发展格局,全方位提升群众的获得感、幸福感、安全感。聚焦医保基金管理。人大常委会成立联合调查组,借助财政、审计、卫健专业力量,查阅资料、入户走访、实地核查,全面调查基金运行情况,提出整改意见,确保基金安全。

积极维护公平正义。以"服务民营企业,助推经济发展环境优化"为主题,深入推进司法公正常德行活动,引导司法机关提供精准化法律服务、便捷化政务服务,营造更加公平公正的法治环境。开展"两官"履职评议,评查涉企案件,引入询问程序,监督问题整改,评议效果更为凸显。对重点涉企部门开展行政执法检查,对重要经济部门开展执法案件评查,监督部门规范执法。加强信访督办,全年接待群众来信来访121人(次),及时转办、督办涉法涉诉信访案件12件,有力维护了群众的合法权益。

各位代表,一年来,我们始终坚守以人民为中心的根本立场,聚焦民生领域,创新监督方式。市十七届人大四次会议首次组织专题询问,4个代表团围绕市政府当年工作完成情况、围绕新一年工作目标任务、围绕人民群众关注的乡村振兴、产业发展、城市管理、环境保护等热点问题,展开询问:安排的工作如何落地见效?民生问题解决举措有哪些……30多名代表直询直问、深度追问,"问"出了老百姓对经济民生的关切,22个单位负责人现场回答、郑重承诺,"答"出了政府为民办实事的决心,澧水沿江风光带建设、谢家垭水厂改造等民生实事落到实处。

四、以发挥代表主体作用为主线,务实开拓,代表履职活力进一步激发

服务保障更加有力。继续实施代表轮训。组织32名代表分批赴人大培训基地、浙江大学、厦门大学等地学习,提升代表履职能力。加强与代表、选民的联系。落实常委会组成人员联系代表、代表联系选民"双联"制度,听取基层代表和选民心声,广泛收集社情民意,全年走访选民、慰问困难群众186人(次)。新建9个村(社区)"人大代表联系群众工作点",统一标准,规范运行,代表联系选民触角进一步延伸。用好代表履职网络平台。推进"代表履职"APP、代表建议办理系统全覆盖,代表们在平台上浏览政务信息、参与业务学习、发布履职记录、了解建议办理情况,履职便捷、高效。

履职活动更加丰富。精心安排集体履职。邀请推荐代表列席人大常委会、政府常务会等重要会议83人(次),参与执法检查、调研视察、旁听庭审、评议评查等活动337人(次),代表们立足自身优势参政议政,主人翁意识进一步增强。抓实代表小组活动。围绕交通项目建设,组织省、常德市、津市市三级人大代表联组视察；紧扣老旧小区改造、社区卫生服务等热点，9个代表小组定期开展调研、视察，提出意见、建议70余条，代表履职热情进一步激发。开展代表履职评议。5名常德市人大代表、68名津市市人大代表、52名镇人大代表向原选举单位、原选区选民述职，接受满意度测评。常委会组成人员带头述职，形成示范效应，代表履职氛围进一步浓厚。

督办议案建议更加扎实。力促议案办理提速提质。督办《关于加大西毛里湖饮用水水源环境保护力度的议案》，组织沿湖三镇人大代表视察西毛里湖“两拆两退”现场，主任会议成员约见部门负责人督促整改问题、加快工作进度，上半年就基本完成转产任务。持续跟踪《关于切实缓解我市城区停车难，推动城市交通健康发展的议案》落实，当年新增停车位621个，31家单位实行错峰停车，缓解了停车压力。增强代表建议办理实效。采取主任会议听、专门委员会督、人大常委会审议票决等方式，确保建议办理出实效，有效解决了一批代表关注、群众关心的具体问题。关于规范住宅小区供电配套设施建设的建议，先后4次现场督办，政府牵头协调，部门通力协作，完成了海晨国际小区居民用电设施改造；关于城区大件垃圾清运处理的建议，通过政府购买服务、市场化运作，实现了城区大件垃圾免费清运处理；关于城北区以东新建农贸市场的建议，主任会议成员持续协调，解决了规划选址、房屋征拆等问题，落实了建设用地。

各位代表，一年来，我们主动适应新时代人大工作新要求，丰富代表工作实践，在常德市率先试行民生实事项目人大代表票决制，推动政府决策从“为民作主”向“由民作主”转变。为实施好这一制度，我们积极探索，借鉴外地经验，结合我市实际，提请市委研究出台了《关于实施民生实事项目人大代表票决制的意见(试行)》，市政府向社会公开“海选”，征集到2020年民生实事项目线索47个，经政府研究、市委审定、人大常委会审议，其中12个候选项目将提请本次代表大会投票表决。新洲镇在镇一级率先开展此项工作，经过征集、初定、审议、票决，确定了5件2019年新洲镇民生实事项目，正紧锣密鼓组织实施。

五、以加强自身建设为保障，稳扎稳打，工作整体实效进一步提升

党的建设不断加强。强化思想政治建设。开展政治理论、革命传统、先进典型、警示等教育活动，推进谈心谈话常态化，筑牢思想防线，提升政治素养。抓实机关党建工作。规范党内组织生活，认真召开民主生活会、组织生活会，努力提升“三会一课”质量，严格执行民主评议党员、主题党日等制度，过好党员“政治生日”，党建工作更加务实。加强意识形态工作。提质升级门户网站、微信公众号等，守好意识形态“主阵地”；围绕地方人大设立常委会40周年，在《常德人大》专栏推介津市市人大特色工作，在《常德日报》专版刊发代表工作四十年纪实，弘扬主旋律，传播正能量。

协调发展不断巩固。落实机构改革部署。新设立6个专门委员会，任命专门委员会委员，厘清职能职责，开展基础调研，工作运行有序。推进基层人大工作。对镇(街)人大实行“菜单式”业务指导，不定期提示重要工作安排，定期召开镇(街)联系会；结合镇(街)人大工作实际，开展业务培训，组织观摩体验，保证了基层人大履职有方向、工作更扎实。注重加强对口联系。主动对接上级人大，配合开展了西洞庭湿地保护条例立法调研、耕地保护与利用专题调研，以及国防动员法、归侨侨眷权益保护法、渔业法等执法检查，工作得到上级充分肯定。

机关质效不断提升。增强履职能力。坚持集中学法，开展专题学习，组织干部赴人大基地培训、到兄弟区县交流，丰富干部学识，打牢履职基础。强化内部管理。修订议事规则，规范议事程序；压实工作责任，推动创先争优；设立信息中心，服务办公办会，工作水平进一步提升。树立良好形象。加强宣传调研，7篇研讨文章获省、常德市人大系统优秀论文，300多篇信息、调研文章在常德市级以上媒体发表，人大工作影响力扩大。成功创建常德市文明标兵单位，激发了团队活力，展现了文明形象。

各位代表，一年来，我们坚持紧跟时代步伐，夯实履职基础，加强自身建设，推动人大工作稳步发展。人大常委会财经监督、司法监督等7项工作被常德市人大评为先进，镇(街)人大各项工作推进有力、落实有效。三洲驿街道积极探索代表联系小区制度，推进小区居民自治，有力促进了社会和谐稳定。嘉山街道围绕园区高质量发展，组织代表共议园区规划、共商服务业发展，贡献了智慧和力量。新洲镇着力激发代表活力，镇人大代表在民生实事项目票决、环境综合整治等履职实践中竞展风采。毛里湖镇引导代表参与乡村振兴示范点村建设，收到良好效果，获得了群众点赞。

回首过去一年，我们坚定初心、勇担使命、干得扎实。我们深知，这些成绩的取得，根本在于习近平新时代中国特色社会主义思想的科学指引，在于市委的坚强领导，是全体人大代表、常委会组成人员、专门委员会组成人员以及人大工作者辛勤工作的结果，是“一府一委两院”积极配合的结果，也是市政协、市人武部和社会各界、广大人民群众充分信任、支持参与的结果。在此，我代表市人大及其常委会表示衷心的感谢和崇高的敬意！

过去一年，我们的工作也还存在差距和不足，主要是：监督工作机制和方式有待进一步健全完善，密切联系群众、代表的制度有待进一步落实落细，自身建设有待进一步加强。我们将高度重视这些问题，虚心听取各方面的意见、建议，不断改进工作。

2020年工作安排

各位代表，2020年是全面建成小康社会和“十三五”规划收官之年。常委会将高举习近平新时代中国特色社会主义思想伟大旗帜，深入学习贯彻党的十九大和十九届二中、三中、四中全会精神，始终坚持党的领导、人民当家做主和依法治国有机统一，坚持稳中求进工作总基调，坚持新发展理念，在中共津市市委的坚强领导下，依法履职，守正创新，担当作为，努力推动人大工作再上新台阶。

一、提高政治站位,在坚定正确政治方向上再强认识

增强政治自觉。深入学习贯彻习近平新时代中国特色社会主义思想和党的十九届四中全会精神,在树牢“四个意识”、坚定“四个自信”、做到“两个维护”的重大政治原则中把准人大工作方向。学习好、贯彻好习近平总书记关于坚持和完善人民代表大会制度的重要思想,扎实做好监督工作、代表工作,全面担负起宪法法律赋予的各项职责。

维护党委权威。在市委的集中统一领导下履职尽责,及时向市委请示报告重要事项、重点工作,把党的领导贯穿人大工作始终。坚持围绕大局谋划推动工作,把贯彻落实党中央和省委、市委决策部署作为人大第一任务,紧扣经济社会发展和民主法治建设中的重大问题,依法讨论决定重大事项。紧跟市委部署,投身发展实践,抓实中心工作。

落实组织意图。坚持党管干部和人大依法任免有机统一,充分发扬民主,严格任免程序,实现市委人事安排意图。坚持任前法律知识考试、宪法宣誓等制度,增强国家机关工作人员依法行政、公正司法的使命感、责任感,为我市经济社会发展提供坚强的组织保障。

二、依法履职行权,在服务大局改善民生上再鼓干劲

加强经济工作监督,把着力点放在推动决策部署落实上。围绕中央、省委、常德市委、津市市委经济工作会议精神,适时听取和审议专项工作报告。围绕打好“三大攻坚战”,监督国有资产管理、脱贫攻坚工作、环境状况和目标完成情况。围绕推动经济高质量发展,听取和审议“十三五”规划纲要实施、“十四五”规划编制、工业经济发展、税收征管、预算执行、财政收支审计及查出问题整改等情况报告,开展金融服务实体经济、开放型经济发展、科技创新工作调研,组织重点交通项目建设视察,推动全市经济发展提质增效。

加强民生工作监督,把着力点放在回应人民群众关切上。着眼普惠利民,继续关注教育布局调整、医院特色专科建设,调研养老服务情况、计划生育特殊困难家庭综合保障状况、群众文化体育工作,夯实民生基础。着眼民生热点,开展安全生产法执法检查、专题调研野生动物保护法贯彻实施情况,继续督促水污染防治法执法检查审议意见落实,大力监督公共卫生服务、食品安全、城建计划实施等,回应好群众关切。着眼民心民愿,深入开展司法公正常德行、农产品质量安全行、环保世纪行、农民健康行、民族团结进步行动,促进民生持续改善。

加强行政执法监督,把着力点放在营造良好发展环境上。继续开展优化经济发展环境工作评议,严督问题整改,提升评议实效。助力全面深化“一件事一次办”改革,推进行政审批效能再提速,让老百姓办事更省心、省力。监督行政执法公示制度、全过程记录制度、执法决定法制审核制度、说明理由制度落实,加强规范性文件备案审查,夯实工作基础,强化审查举措,扩大公众参与,促进依法行政。

加强司法工作监督,把着力点放在促进司法公平公正上。听取和审议扫黑除恶情况报告,开展案件评议,推动扫黑除恶专项斗争取得压倒性胜利。启动修订《常委会监督司法工作若干规定》,组织司法案件备案审查、执法案件评析评查、“两官”履职评议等活动,关注检察公益诉讼工作开展,加大检察建议督办力度,助推法治津市建设,全力维护社会公平正义。

三、注重服务管理,在推动代表工作提质上再求突破

扎实推进“两个联系”。落实常委会组成人员联系代表、代表联系选民“双联”制度,密切同代表、群众的联系。认真指导、组织代表小组开展活动,落实每名代表每年“开展一次以上专题调研、提出一件以上优质建议、参与一次以上群众接待、进行一次以上联系走访、参加一次以上重要活动”的“五个一”活动机制。用活代表联系群众工作室(点)、“代表履职”APP、代表建议办理系统等平台,宣传市委决策,了解社情民意,反映群众诉求。

保障代表依法履职。加强代表思想政治建设,继续实施代表轮训计划,进一步提升代表履职能力。邀请代表列席常委会会议,参加各类视察、调研、检查等活动,持续扩大代表参与常委会工作、专门委员会工作的广度和深度。加强代表履职监督管理,落实代表履职登记、履职情况公开等制度,深入开展代表述职活动,规范代表履职行为,推动代表积极履职。

完善代表活动载体。进一步完善民生实事项目人大代表票决制,建立人大代表联系民生实事项目机制,深入开展视察、调研,组织项目实施情况评估,实行满意度测评,支持、保障代表全程参与民生实事项目的征集、确定和实施情况监督,让代表工作迸发新活力。

认真督办议案建议。发挥代表监督作用,全力督办《关于加大西毛里湖饮用水水源环境保护力度的议案》《关于切实缓解我市城区停车难,推动城市交通健康发展的议案》,确保议案按时办结、完美收官。坚持源头入手,加强代表建议撰写指导,把好代表建议质量关。以提高解决率为重点,落实主任会议成员牵头督办、专门委员会归口督办、联工委协调督办等工作机制,听取和审议建议办理工作情况报告,实行重点督办建议满意度票决,切实提升建议办理实效。

四、坚持与时俱进,在推进人大创新发展上再上台阶

政治统领,抓实党的建设。按照推进国家治理体系和治理能力现代化的总体要求,健全人大监督制度,出台人大常委会讨论决定重大事项规定,建立专门委员会议事规则,确保决策科学、监督有力。加强思想政治建设,规范党内组织生活,抓细党建日常工作,压实压紧意识形态工作责任,严格执行党风廉政建设规定,全面提升机关党的建设质量和水平。

面向基层,加强工作指导。完善主任会议成员联系基层人大工作制度,定期召开联系会,加强镇(街)人大工作分类指导,深入开展人大系统工作经验交流,支持镇(街)人大在提升述职评议实效、推进民生实事项目人大代表票决制等方面积极探索创新,促进基层人大工作提质。

注重实效,改进监督方式。把握依法监督的规律和特点,创新开展监督工作。用好用活预算联网监督平台,开展预算执行分析，定期召开预算监督情况通报会，使人大预算监督更加透明、规范、有效。着力督促审议意见落实，加强满意度测评结果运用，依法适时启动刚性监督程序，增强监督的权威性和实效性。

夯实基础，树立良好形象。落实人大常委会学习制度，支持专门委员会有针对性地开展业务学习，提升履职能力和服务水平。修订人大常委会机关管理制度，深化文明机关创建，争创省级文明单位。坚持正确舆论导向，强化理论研讨、调查研究、新闻舆论等工作，宣传人大制度，讲好人大故事。

4 月 25 日，津市市第十七届人民代表大会第五次会议第一次全体大会

中国人民政治协商会议
津市市第十二届委员会常务委员会工作报告

——在政协津市市第十二届委员会第五次会议上

（2020 年 4 月 24 日）

市政协主席　姜正才

2019 年工作回顾

2019 年，是中华人民共和国成立 70 周年，也是中国人民政治协商会议成立 70 周年，更是我市深入推进“工业立市、产业兴城”战略的关键之年。市政协坚持聚焦产业发展、聚焦民本民生、聚焦凝心聚力，忠实履职、奉献津市，为加快建设澧水流域现代化中心城市贡献了政协智慧和力量。

一年来，我们工作的经验值不断突破。2019 年 12 月 18 日，津市政协作为县级政协组织唯一代表，在中共常德市委政协工作会议上作了典型发言，推介了津市经验，展现了政协风采。

一年来，我们履职的影响力不断扩大。《人民政协报》《湘声报》先后对“美丽津市·健康津城”政协委员论坛和基层民主协商的小区论坛等履职活动进行了深入报道，推介了津市经验，展现了政协魅力。

一年来，我们协商的参与度不断加深。2019 年 8 月，津市作为省政协“农村人居环境整治”网络议政远程协商会议的 4 个现场点之一，毛里湖镇政协联络处主任曾楚汉作了专题发言，推介了津市经验，展现了津市形象。

一、政治建设成果丰硕

1.不断坚定理论武装。2019 年，我们以高度的理论清醒筑牢信仰之基，组织政协委员、机关干部“读原著、学原文、悟原理”，重点学习了党的十九届四中全会精神，习近平关于加强和改进人民政协工作的重要思想，中央、省委、常德市委政协工作会议精神，不断用习近平新时代中国特色社会主义思想推进政协工作。

2.扎实开展主题教育。根据上级统一部署，我们进行了“不忘初心、牢记使命”主题教育。组织机关干部到王新法党性教育基地接受革命传统教育和先进典型教育，机关党员、干部对《习近平关于“不忘初心、牢记使命”论述摘编》《习近平新时代中国特色社会主义思想学习纲要》等进行原原本本地学习，准确掌握主题教育应知应会知识。党组成员带头深入联系点全面走访调研、撰写高质量调研报告，带头对照党章党规找差距，带头讲党课，真正实现了理论学习有收获、思想政治受洗礼、干事创业敢担当、为民服务解难题、清正廉洁作表率的教育目标。

市政协主席姜正才作报告

3.切实加强党的建设。我们建立了政协党组政治理论学习制度，严格制定了年度学习计划，将每个月最后一周的周四作为政协党组理论学习中心组专题学习时间，对各级各类重要文件精神进行集中学习，将党组理论中心组学习常态化、规范化。深化作风建设，严格落实民主生活会、组织生活会、“三会一课”、谈心谈话、民主评议党员等党建工作制度。把党风廉政建设抓在日常、严在经常，切实履行党风廉政建设主体责任和“一岗双责”，始终把纪律和规矩挺在前面，树立“为民、务实、清廉”的良好形象，构筑起政协系统风清气正的政治生态。

4.自觉接受省委巡视。2019 年上半年，我们将本届省委第五轮巡视作为检验政治建设成效的契机，积极响应、主动配合，较好地经受住了考验，政治体检合格。对巡视指出的问题不回避、不推诿，进行了认真整改，确保了巡视成果的转化落实。

二、协商议政助力显著

1.全体会议协商助力服务大局。2019 年，我们围绕争创省级特色园区、调整北城区小学布局、抢救古老建筑、推进老旧小区提质改造与管理、重振中医雄风、加强“津市和”工作室建设等课题进行大会协商，市委市政府主要领导会上逐一签批，交相关部门办理，切实将政协协商成果转化成经济社会发展的治理效能。

2.议政性协商助力社会发展。2019年，我们围绕“绿色存折”制度长效机制建设等课题进行议政性常委会议协商，形成常委会议第1号建议案《关于农村垃圾分类“绿色存折”制度长效机制建设的建议》，为进一步提升我市农村生活垃圾分类工作实效建真言。围绕食品加工安全监管、国有资产监管、自来水公司改制等课题进行议政性主席会议协商，形成《关于我市食品加工安全监管工作的建议案》《关于进一步加强津市国有资产监督管理工作的建议》两件主席会议建议案，市委、市政府主要领导高度重视，对建议案进行签批，并召开会议专题研究，制定方案专项办理，抓好工作推进落实，为维护人民群众舌尖上的安全，为进一步加强我市国资监管，贡献了政协力量。

3.政协委员论坛助力城市提质。为贯彻落实中央健康中国行动，2019年，我们组织了“美丽津市·健康津城”政协委员论坛，从健康创建、健康医疗、健康养老、健康环境、健康食品和健康文体等6个方面作了专题发言，形成常委会议第2号建议案《关于适时启动我市“国家健康城市”创建工作的建议》，同时开展“携手新时代，共享大健康”网络论坛，共收到6大类132条建议。“美丽津市·健康津城”政协委员论坛助推了健康津市建设，为提高全民健康水平、培育健康文化、创建健康环境，提升居民幸福指数发挥了政协作用。知名教授黄雷、常德市政协领导、津市全体在家市级领导、副科级以上单位“一把手”、全体政协委员参加论坛。

4.对口协商和界别协商助力纾解民困。2019年，我们以专委会为主体，围绕加快发展民营企业、改善东线农村安全饮水、农村集体经济发展、万寿宫修缮保护等课题开展10次对口协商和界别协商，解决了一批社会民生的热点、难点、堵点问题，得到社会各界的广泛认可。

三、民主监督重点突出

1.重点事项监督突出政策落实。2019年，我们抽调了30多名委员，组成了6个监督小组，开展“助推民营企业发展政策落实”重点事项监督工作。通过统一委派，对科技局、工信局、人社局、商务局、税务局、市监局等单位进行民主监督。在集中学习政策的基础上，对全市100多家企业全面走访，深入调研，发放问卷，收集情况。11月召开评议会议，提出21条建设性意见，助推了民营企业健康持续发展。

2.视察监督突出工作增效。我们准确把握“协商式”监督要义，坚持问题导向、目标导向、结果导向，在监督中支持，在支持中监督，围绕“最多跑一次”改革情况、农村人居环境整治提升等课题开展了主席会议视察，助力了工作落实，方便了人民群众生活。

3.社情民意监督突出问题解决。我们每两个月召开一次社情民意课题线索收集调度会，召集主要职能部门办公室分管同志进行座谈，将收集到的有价值的课题线索分类整理交给各个委室，进行有针对性的调研。2019年，我们上报的社情民意信息《森林公安机关办理涉林刑事案件鉴定难的问题亟待解决》被省政协采用。有7篇社情民意信息被常德市政协采编，其中《常德市长途汽车总站存在三大问题亟待解决》的社情民意信息得到常德市委书记周德睿的高度关注，签批并交办相关部门，基本解决了常德市长途汽车总站长期存在的突出问题，方便了人民群众乘车出行。市本级编发了《车胤中学门前汤家湖路烂尾工程造成的交通安全隐患亟待消除》等6篇社情民意信息，递交市委、市政府主要领导和分管领导签批交办，有效解决了一批事关民生的问题。

4.提案监督突出办理实效。市政协十二届四次会议共收到提案140件，经提案审查委员会审查后合并为100件，书记、市长共签批15件，形成重要提案，交由有关副市长领衔办理；政协主席会议从重要提案中遴选出6件作为重点提案，由各副主席牵头，开展办理协商和评议工作；余下的提案，根据职责划分，打捆交办给相关单位，分管提案工作的副主席牵头，提案委和市委、市政府督查室联合开展督办，促进提案办理工作的落实落地。2019年，提案的办复率、委员满意与基本满意率均达100%。

四、团结联合生动活泼

1.拓展交流学习强联系。组织政协委员协助常德市政协开展构建洞庭湖和谐人水关系等5项课题调研；组织部分委员到溆浦、乾州、花垣等地学习老建筑保护和利用先进经验，为津市新洲万寿宫抢救性保护提供参考；到临安、桐庐、淳安等地进行健康城市调研，为健康津城建设拓宽视野。同时，不断扩大对外联谊交流，参与了武陵山片区政协主席联席会澧水流域生态保护课题组工作、常德市政协津市活动组异地视察活动；与湘乡、桃源、安乡等政协组织就健康养老服务等工作开展交流。组织政协委员和政协工作者参加湖南省和常德市两级政协举办的系列征文、书画摄影、演讲比赛等活动。

2.主动凝心聚力助发展。2019年，我们组织各民主党派、工商联召开调研成果交流协商会和工作座谈会，邀请他们参加政协各项重要履职活动，积极寻找全社会意愿和要求的最大公约数。各民主党派积极开展“不忘合作初心，继续携手前行”主题教育，进一步深化了团结民主内涵。针对津市“五教俱全”的宗教工作特点，积极组织宗教界委员开展政治学习和业务培训，引导宗教界人士爱党爱国爱教，弘扬社会主义核心价值观，汇集助推发展的正能量。注重发挥旅外委员优势，引导旅外委员高质量写好“五个一”委员作业，召开旅外委员招商引资恳谈会，专程赴旅外委员地区联系走访，引导旅外委员为津市发展献计出力。

3.探索协商民主向基层延伸。2019年，我们尝试用政协协商民主为基层协商民主搭建平台，指导基层开展协商民主工作。在三洲驿街道党工委的领导下，政协联络处牵头组织、社区居委会具体承办的“小区论坛”活动，围绕社区内居民最关注的具体事情开展协商，既充分宣传政策，又高度发扬民主，探索实践了政协协商民主向基层延伸的新路径、新模式。

4.做好文史征编汇聚正能量。为了更好地打捞城市记忆、挖掘城市文化、传承城市基因、树立城市自信，在市委、市政府的大力支持下,市政协牵头组织了《津市城市基因》系列丛书征编工作,走访了大量的市民、调查了大量的史实、动员了方方面面的力量。2019 年,我们还参与了《常德非物质文化遗产》征编工作,配合完成了人民政协成立 70 周年纪念实物和史料的征集工作,广泛征集津市古建筑文史资料。政协文史征编工作为繁荣津市城市文化、扩大津市城市影响贡献了积极力量。

五、服务中心有为有位

1.通过参与脱贫攻坚服务中心。2019 年,我们作为脱贫攻坚后盾单位在毛里湖镇花桥村结对帮扶了 6 户 19 人,通过政策宣传、走访慰问、送物资上门等一系列措施,做到了帮扶工作不出错不添乱有成效,目前已全部脱贫摘帽。同时,继续落实省市县三级政协委员联动助力脱贫攻坚“三个一”活动,共结对帮扶 160 户 476 人。此外,我们还组织经济界委员扶贫助学、医疗界委员医疗义诊、教育界委员教育助学等等,助力脱贫攻坚工作。

2.通过助力产业立市服务中心。聚焦产业立市三年行动,积极谋划文旅康养产业发展,助推各项重点任务全面铺开。落实“双联”工作要求,为联点企业做好服务。坚持高质量推进招商引资工作,2019 年,市政协领导班子成员带队外出招商引资 6 批次,已经促成药山镇优质中药材种子种苗繁育基地的合作项目,合作双方正式签订了协议,药山的自然资源优势将进一步转化为经济发展动能。

3.通过完成交办工作服务中心。市政协主席会议成员按照市委统一安排,参与毛里湖湿地公园建设、药山乡村振兴、西河街旧城改造、城市创建、项目建设、盘活低效闲置企业等大跨度分工。同时,我们还在做大做强津市牛肉米粉产业、建设新时代文明实践中心站等活动中服从市委大局,助推中心工作。

4.通过强化监督职责服务中心。遴选 30 名政协委员组成监督员队伍,担任市委工作监督员、优化经济环境监督员、纪委工作监督员、人民陪审员、征兵监督员等,参与优化经济环境测评、征兵监督、法官检察官履职评议监督、人事考试监督、中考特长生招考监督、政风行风评议、环境保护等民主监督工作,积极发扬民主,广泛增进团结,在强化监督职责中体现政协担当。

六、自身建设成效明显

1.加强机构队伍建设。2019 年,我们成立了政协云服务中心,新增了委员学习联络委员会、农业农村和人口资源环境委员会,编制和人员的配备充实,为政协履职提供了坚实的组织机构、干部队伍保障。按照新时代政协工作新要求,我们修订完善了政协工作制度、委员管理制度、机关内部制度等 27 项规章制度,政协工作制度化、规范化、程序化持续推进。深入开展文明单位建设,积极参加市委“创建学习型机关,争做学习型干部”活动,开办“政协讲堂”,拓展了知情明政渠道,增强了履职尽责能力。

2.加强委员能力建设。通过集中培训、委托培养等方式着重培养能力型骨干委员队伍和事业型界别召集人队伍。选派部分委员,参加常德市组织的第九期党外中青班学习和清华大学委员履职能力提升高级研修班,参加由市委组织的农村三产融合暨农村人居环境整治苏州培训班;7 月底 8 月初,我们还组织了 50 名优秀政协委员到厦门大学进行为期一周的培训。丰富多样的履职培训,提升了政协委员队伍整体素质。各工作组、活动组也通过开展丰富多彩的小组活动,不断提升界别委员队伍凝聚力。

3.加强信息化建设。“每天积满分·履职云时代”,政协委员的一天从政协云开始。我们组织委员积极参加省政协组织的“云宝晒技能”“云宝爱政协”活动。运用云平台发布活动资讯等 6 大类 200 多条信息。通过“微建议”等履职新方式,打开委员“掌上履职”新大门。积极推行“互联网 + 政协”,走好“网上群众路线”,我们将全会开幕式、闭幕式全程现场直播,扩大了协商议政的影响力和公众参与度,真正让政协云成为了政协工作的“五彩祥云”。

4.加强委员工作室建设。我们鼓励委员依托社区、村镇、学校、园区开办政协委员工作室,高质量零距离服务群众,把协商民主的平台搭在了党政需要时、群众关切处。薛君委员工作室的亲子阅读、女童保护,朱德文委员工作室的志愿服务、关爱帮扶,等等,坚持立足本职、服务群众,让群众感到委员同自己很亲,政协就在身边,打通了政协委员服务群众的“最后一公里”。

各位委员、同志们,过去一年的成绩得之不易、成之惟艰,是中共津市市委高度重视、坚强领导的结果,是市人大、市政府、市人武部大力支持、鼎力相助的结果,是全市各部门单位、社会各界人士充分理解、团结协作的结果,是市政协各参加单位和广大政协委员认真履职、倾情奉献的结果。在此,我代表市政协常委会,向各位委员,向所有关心支持政协事业发展的各级领导、各界人士、各位朋友,表示衷心的感谢!

在肯定成绩的同时,对照新时代新形势新要求,我们还存在一些不足,主要是发挥委员主体作用有待进一步加力,履职成果转化有待进一步加强,创新履职的能力有待进一步提升,信息化建设水平有待进一步提高,这些问题,我们将在今后的工作中高度重视,切实改进。

2020 年主要工作任务

2020 年,是实现第一个百年奋斗目标、全面建成小康社会的决胜之年,是实施“十三五”规划的收官之年,也是全面贯彻落实中央政协工作会议精神的开局之年。市政协工作的指导思想是:高举中国特色社会主义思想伟大旗帜,以习近平新时代中国特色社会主义思想为统揽,深入贯彻党的十九大和十九届二中、三中、四中全会精神,贯彻落实中央、省委、常德市委政协工作会议精神和津市市委经济工作会议精神,把加强思想政治引领、广泛凝聚共识作为履职中心环节,坚持团结、民主两大主题,以服务“工业立市、产业兴城”为主线,聚焦主责主业,广泛凝心聚力,强化委员担当,不断探索创新,忠实履职、奉献津市,为奋力谱写澧水流域现代化中心城市新篇章持续贡献政协智慧和力量。

一、围绕党的建设抓好学习教育

1.以贯彻党的十九届四中全会精神为主线开展政治学习。

进一步巩固“不忘初心、牢记使命”主题教育成果，努力在“学懂弄通做实”习近平新时代中国特色社会主义思想上下功夫，引导各族各界人士，树立正确的历史观、大局观，切实增进对中国共产党和中国特色社会主义的政治认同、思想认同、理论认同、情感认同，增强“四个意识”，坚定“四个自信”，做到“两个维护”。

2.以落实中央政协工作会议精神为重点开展业务学习。把2020年作为“政协理论知识学习年”，组织各党派团体、政协各参加单位、全体政协委员和政协工作者深入学习政协《章程》，中央、省委、常德市委政协工作会议精神，习近平总书记关于加强和改进人民政协工作重要思想以及统一战线理论等政协知识，熟知人民政协发展历程，增进人民政协使命感和认同感，准确把握政协履职方式方法，全面增强履职本领。

3.以政协党的建设两个全覆盖为目标开展系统学习。毫不动摇地坚持党对政协工作的全面领导，更好地发挥政协党组的领导作用、机关党支部的战斗堡垒作用、中共党员的先锋模范作用，实现党的组织在党员委员中全覆盖，党的工作在政协工作中全覆盖。开展系统学习，通过有效工作，努力使政协成为坚持和加强党对各项工作领导的重要阵地、用党的创新理论团结教育引导各族各界代表人士的重要平台、在共同思想政治基础上化解矛盾和凝聚共识的重要渠道。

二、围绕党政中心抓好协商议政

1.精心选准年度协商课题。坚持“党委政府的中心工作推进到哪里，政协的履职就跟进到哪里”，把政协工作放到全市经济社会发展大局中去谋划和推进，紧紧围绕大局，聚焦大事，关注民生。进一步完善全会协商课题审查遴选机制，切实把好统筹关、审查关、质量关。继续坚持完善会同党委政府共同研究、共同制定年度协商计划制度。重点围绕房地产业健康发展、乡村特色产业发展开展2次议政性常委会议协商，围绕青少年心理健康发展、涉改部门职能整合后运行情况、城乡养老院运管情况开展3次议政性主席会议协商，由专委会牵头，发挥界别优势，围绕关爱计生特扶家庭、城东农贸市场建设、建设朱务善红色教育基地、高层楼盘问题监管等开展10次对口协商和界别协商。

2.细心完善协商工作机制。进一步规范协商的参加范围、讨论原则、基本程序和交流方式，坚持调研在协商之前，集中调研和分散调研相结合，深入基层群众、了解实际情况。把协商互动列为必要环节，预约发言与自由发言相互补充、现场回应与会后答复相互衔接，遵循规则，体谅包容，营造既畅所欲言、各抒己见，又合理有度、合法依章的协商氛围。

3.用心关注协商成果转化。密切与党政有关部门的沟通联系，推动完善协商成果采纳、落实的反馈机制，让政协的协商活动更好起到在决策前提供参考、决策中促进完善、决策后推动落实的重要作用。积极研究提高协商议政质量的具体办法，探索建立建言资政评价办法，做好协商成果转化工作，进一步激发政协委员履职活力。

三、围绕履职成果转化抓好民主监督

1.开展重点事项监督。紧紧围绕大气污染防治工作目标，把“打好打赢蓝天保卫战”作为政协年度重点事项监督主题，统一选派监督小组，重点围绕依法行政、政策宣传、工作作风、工作效能等方面，对高新区管委会、津市环境分局、住建局、城管执法局、交警大队、农业农村局等单位进行“一对一”监督。年底将组织监督评议，进行满意度测评，将结果报送市委、市政府，并在一定范围内公开。

2.组织视察监督。围绕澧水二桥、津市港、文化宫等重大工程项目建设，围绕人民医院改扩建、中医院易地搬迁等重大民生项目建设，围绕公交车规范化运营管理、宗教场所管理、农村屋场建设等进行主席会议专项视察监督，注重发现问题，坦诚提出批评、意见和建议，助力各项工作顺利推进。

3.强化回访监督。针对本届前三年的常委会议建议案、主席会议建议案以及书记、市长签批过的重点提案等重要履职成果，开展回访监督。全年由主席会议成员带队，专委会牵头，组织委员对毛里湖“两拆两退”、新洲万寿宫保护修缮、食品加工安全监管、城北区教育布局调整、东线安全饮水、农村公路管养等履职成果转化情况进行跟踪回访，进一步督促有关工作的落实，提升人民群众获得感、幸福感和安全感。

四、围绕凝聚共识抓好团结联合

1.促进党派团体合作。进一步密切与党派团体的联系，注重发挥党外代表人士的作用，努力为他们更好发挥作用创造条件。由主席会议成员带队，主动走访各民主党派、工商联、无党派人士，充分征求、认真听取、积极采纳各方意见建议，实现政协工作与各党派团体工作良性互动、互促互进，引导社会各界关心津市发展、支持津市建设。

2.做好民族宗教工作。发挥人民政协在团结民族宗教界人士中的独特作用，引导界别委员学习新思想、领会新精神、紧跟新时代。向民宗界人士广泛宣传市委、市政府重大决策部署，在界别群众中多做雪中送炭、扶贫济困的工作，多做春风化雨、解疑释惑的工作，多做理顺情绪、化解矛盾的工作，协助党委政府把各方面思想和认识统一起来，努力画出团结民主“最大同心圆”。

3.加强内引外联力度。由市政协各专委牵头，根据委员职业特点和专业特长，分门别类建立津市政协专家库。支持跨专委吸纳具有相关专长的委员参与课题调研、专题协商等活动。加强与各政协组织的横向交流，切实提升工作水平。加强旅外委员工作，发挥旅外委员的特色优势，助推市委市政府“引老乡、回故乡、建家乡”活动，为经济社会发展注入新的活力。

五、围绕委员主体抓好素质提升

1.注重激发委员队伍活力。分层次分类别抓好政协干部和政协委员的教育培训，定期开展政协履职能力提升专题学习和理论宣讲，继续组织委员到全国政协干部培训中心、省政协理论培训基地、知名高校进行学习培训。选派委员参加省市政协举办的各类履职能力提升培训班。深入开展“委员走访月”活动，为委员高质量履职创造良好的环境和条件。认真落实委员管理办法,完善委员履职档案,加强委员规范化管理,建设一支懂政协、会协商、善议政,守纪律、讲规矩、重品行的政协委员队伍。

2.注重做好社情民意工作和提案工作。充分发挥政协委员工作室"社情民意收集站"优势,广泛收集民情,反映民意,真正做活、做实、做新委员工作室。动员委员、引导委员深入基层,把不断满足人民对美好生活的需要、促进民生改善作为重要着力点,真心倾听群众呼声、反映群众诉求。"把委员工作室搬到云上去",探索建设线上委员工作室。在提案工作中,切实落实好"提质量、调结构、重办理"等要求,确保领导签批件和重点提案的督查督办,完善提案办理机制,组织好提案办理协商和民主评议提案工作,将提案办理落实落地。

3.注重发挥党员委员模范作用。"市委想什么,政协就议什么;政府干什么,政协就帮什么",把加强思想政治引领、广泛凝聚共识作为履职中心环节,注重在政协机关党支部的主题党日、志愿服务等组织生活中吸收党员委员参加。每名党员委员结对联系2名以上的党外委员,树好党员旗帜,广泛凝聚共识。

六、围绕提质增效抓好自身建设

1.进一步探索"互联网+政协"履职模式。坚持与省、市同步,三级政协共商共建共享,探索创新政协工作的网上模式。"线上受理、线下处理",运用移动互联网手段,使用政协云,让委员更加便捷地提出微建议、开展微协商、实施微监督。提请市委、市政府出台"微建议直通车"实施办法,加强与市长热线和智慧城市的深度融合,推动微建议办理工作制度化、规范化,扩大群众有序政治参与。

2.进一步提升政协机关工作效能。深入贯彻全国政协系统党的建设座谈会精神,推进政协党的全面建设工作,以党的建设引领政协机关建设,推动各项履职工作。加强政协机关作风建设,大兴学习之风、调研之风、创新之风,继续开办"政协讲堂",邀请各部门单位负责人向政协通报单位工作情况,进行其他专项业务指导,增强机关干部看问题的眼力、谋事情的脑力、察民情的听力、走基层的脚力,为政协工作建睿智之言,做务实之事。在巩固创建常德市文明标兵单位成果的基础上,深入开展创建省级文明单位工作。

3.进一步加强对外宣传工作力度。酒香也怕巷子深,我们要利用好融媒体、网站、微信公众号,特别是政协云平台,切实将津市政协的各项工作广泛宣传到社会各个阶层群体。同时注重做好联系沟通,利用报纸、刊物等传统媒体,将我们工作的经验进一步传播,扩大津市政协影响力,栽好梧桐树。切实做好文史资料工作,年内完成《城市基因》津市文史丛书的征编工作。

4月24日,政协津市市第十二届委员会第五次会议现场

1月

6日　召开2020年一季度财税收入工作调度会。

7日　2020年中共津市市委经济工作会议召开。会议由市委副书记、市长黄旭峰主持。市委书记傅勇作报告，市领导杨文惠、王育平、姜正才、张海卿、佘斌、姜超、何朝辉、李景峰、胡杰、杜登全等全体在家市级领导参加会议。

8日　常德市委常委、组织部部长梁仲到津市开展安全生产检查及春节前走访慰问活动。市委书记傅勇，市委常委、组织部部长胡杰参加检查和慰问。

9日　召开2020年第一次大气污染防治研讨会。

同日　市委副书记、市长黄旭峰专题调研2020年全市财政工作情况。

13日　召开"不忘初心、牢记使命"主题教育总结会暨县处级领导班子和领导干部年度考核述职测评会。常德市委主题教育第五巡回指导组组长徐东远到会指导，市委书记傅勇主持会议并讲话。常德市委主题教育第五巡回指导组全体成员，覃歇民、张海卿、佘斌、何朝辉、胡杰、吴拥华、杜登全等全体在家市领导参加会议。

同日　召开2020年老干部春节团拜会暨全市老干部政情通报会。市委书记傅勇主持会议，市委副书记、市长黄旭峰通报情况。

14日　召开企业家座谈会。市委书记傅勇参加座谈并讲话。

15日　召开党委(党组)书记抓基层党建暨落实意识形态工作责任制述职评议会。会议由市委副书记、市长黄旭峰主持，市委书记傅勇进行现场点评，市委副书记覃歇民、王育平、姜正才、张海卿、佘斌、姜超、胡杰、吴拥华、王朝阳参加会议。

同日　黄旭峰开展春节走访慰问。

同日　召开2020年第一次文明委全会。

17日　傅勇赴长沙与中通快递集团对接洽谈，市领导覃歇民、何朝辉、易榕参加活动。

20日　津市市第十七届人民代表大会常务委员会举行第二十四次会议。

同日　市委书记傅勇，市委副书记、市长黄旭峰，市委副书记覃歇民、市人大常委会主任王育平、市政协主席姜正才一行考察节前城区亮化工作。

同日　举办2020年"春风行动"现场招聘会。

21日　2020年度市政府第1次常务会议召开。市委副书记、市长黄旭峰发表讲话，市委常委、常务副市长何朝辉，市人大常委会副主任黄费武，市政府副市长杜强、徐兴勇、徐兴宇、陈顺勇、易榕，市政协副主席石勇，市领导王文军参加会议。

同日　举行电动汽车充电基础设施建设项目签约仪式，签约仪式由市政府副市长易榕主持，市委副书记、市长黄旭峰参加签约仪式并致辞，市委常委、常务副市长何朝辉代表市政府上台签约。

22日　市委书记傅勇、市长黄旭峰慰问一线干部职工并开展节前安全生产检查。

26日　津市市新型冠状病毒感染的肺炎疫情防控指挥部召开第四次会议。副市长徐兴宇主持，市委书记傅勇，市委副书记、市长黄旭峰，市领导李景峰、戴志刚、徐兴勇参加会议。

27日　市委书记傅勇、市长黄旭峰督导全市疫情防控工作。市领导张海卿、李景峰、徐兴宇参加督导检查。

同日　市委书记傅勇主持召开新型冠状病毒感染的肺炎疫情防控工作视频会议。市委副书记、市长黄旭峰，市领导覃歇民、张海卿、何朝辉、李景峰、戴志刚、徐兴勇、徐兴宇、易榕参加会议。

28日　市长黄旭峰督导检查各镇疫情防控工作。市领导李景峰参加督导检查。

同日　常德市人民政府副市长杨成英到津市调研督导疫情防控工作。市委书记傅勇，市委副书记、市长黄旭峰汇报市疫情防控工作，市领导覃歇民、何朝辉、徐兴勇、徐兴宇、易榕分别参加相关现场的督导检查。

29日　市委书记傅勇督导全市疫情防控工作。市委副书记覃歇民，市委常委、政法委书记李景峰参加督导检查。

同日　市委召开新型冠状病毒感染的肺炎疫情防控工作领导小组扩大会议。市委书记傅勇,市委副书记、市长黄旭峰,市领导覃歇民、张海卿、何朝辉、李景峰、戴志刚、徐兴勇、徐兴宇、易榕参加会议。

30日　常德市委常委、组织部部长梁仲到津市督导新型冠状病毒感染的肺炎疫情防控工作。在随后召开的工作会议上,梁仲听取市委书记傅勇有关疫情防控工作的情况汇报。

同日　召开小区管理、流动人员管理调度会。

同日　召开疫情检测点防控工作调度会。徐兴宇主持会议,市委书记傅勇,市委副书记、市长黄旭峰,市领导覃歇民、何朝辉、李景峰、戴志刚参加会议。

同日　市委书记傅勇、市长黄旭峰调度各镇疫情防控工作。徐兴宇主持会议,市领导覃歇民、何朝辉、徐兴勇参加会议。

同日　市疫情防控指挥部召开各专业组工作调度会。市委书记傅勇,市委副书记、市长黄旭峰,市领导覃歇民、张海卿、佘斌、何朝辉、李景峰、胡杰、吴拥华、杜登全、杜强、戴志刚、徐兴勇、徐兴宇、易榕参加会议。

2月

2日　市长黄旭峰现场督导欣龙非织造、湘澧盐化企业疫情防控工作。

同日　市委书记傅勇督导检查全市疫情防控工作。

3日　市委书记傅勇督导检查全市疫情防控工作。

同日　市委书记傅勇、市长黄旭峰督导全市疫情检测点防控排查工作。

4日　市委书记傅勇主持召开市委常委会(扩大)会议,研究部署疫情防控工作。市委副书记、市长黄旭峰出席会议并讲话。市领导覃歇民、王育平、姜正才、张海卿、佘斌、何朝辉、李景峰、胡杰、吴拥华、杜登全、杜强、戴志刚、徐兴勇、徐兴宇、陈顺勇、易榕、陈克元参加会议。

5日　市委书记傅勇督导调度疫情防控和经济社会发展工作。

6日　市长黄旭峰调度高质量发展工作。

同日　常德市人民政府市长曹立军到津市指导疫情防控和复工复产工作。常德市人民政府副市长汤祚国、常德市人民政府秘书长李正才、津市市委书记傅勇,津市市委副书记、市长黄旭峰等参加督导检查。

7日　市长黄旭峰走访相关企业,主动精准帮扶,全力推动高质量发展。

8日　市长黄旭峰深入镇村检查指导疫情防控工作。

9日　市委副书记、市长黄旭峰走访高新区多家企业,检查指导疫情防控和复工复产工作,全力推动高质量发展。

10日　市委书记傅勇督导全市疫情防控及企业复工复产工作。

同日　召开应对疫情稳定发展政策研讨座谈会。

同日　召开新时代文明实践工作调研座谈会。

11日　常德市及津市2020年决战脱贫攻坚动员大会暨防控新冠肺炎阻击战推进会视频会议召开。市委书记傅勇参加会议并讲话,市委副书记、市长黄旭峰主持会议。市领导覃歇民、王育平、姜正才、张海卿、佘斌、何朝辉、李景峰、胡杰、吴拥华、杜登全、杜强、徐兴勇、徐兴宇、陈顺勇、易榕、石勇、彭云森、陈克元参加会议。

12日　市委副书记、市长黄旭峰调研城市建设工作。

13日　市长黄旭峰调研行政审批服务工作。

同日　市长黄旭峰督导老旧小区改造工作。

同日　津市召开工业企业复工、疫情防控工作调度会及园区2020年工作思路会商会,三会合一安排部署当前重点工作。市委书记傅勇,市委副书记、市长黄旭峰,市领导何朝辉、杜登全、胡湘萍、易榕、石勇、陈克元、杨波参加会议。

14日　召开招商引资工作调度会。市委副书记、市长黄旭峰,市领导李景峰、黄费武、易榕、石勇、陈克元、杨波参加会议。

16日　市委副书记、市长黄旭峰到高新区检查企业复工复产及疫情防控工作。

17日　全市召开安全生产、生态环境工作系列会议。会议由何朝辉主持,市委副书记、市长黄旭峰,市领导杜强、陈顺勇、戴志刚、徐兴勇、徐兴宇、易榕参加会议。

同日　市委书记傅勇调研企业复工复产及疫情防控工作。

18日　召开全域推进乡村治理体系建设暨新时代文明实践中心全国试点工作实施方案座谈会。

同日　市长黄旭峰调度市人大二号议案及停车场建设工作。

同日　常德市委常委、组织部部长梁仲到津市督导复工复产和疫情防控工作。市委书记傅勇,市委副书记、市长黄旭峰等参加督导检查。

19日　召开城建棚改工作汇报会。津市市委书记傅勇,市委副书记、市长黄旭峰讲话。

同日　市长黄旭峰调度2019年度政协常委会1号建议案相关工作。

21日　召开产业立市、争资争项、招商引资工作会商会。市委书记傅勇,市委副书记、市长黄旭峰参加会议并讲话。市领导何朝辉、杜登全、易榕、陈克元参加会议。

22日　市委书记傅勇督导检查园区复工复产及疫情防控工作。

23日　市政府召开2020年度第3次专题常务会议。市委副书记、市长黄旭峰发表讲话,市领导何朝辉、杜强、戴志刚、徐兴勇、徐兴宇、陈顺勇、易榕参加会议。

同日　市委书记傅勇前往市高新区督导调度在建项目建设。

24日　召开金融系统政府工作报告征求意见座谈会暨银行机构支持企业复工复产调度会。

同日　市委书记傅勇调研津市春耕备耕、企业复工复产和疫情防控工作。

25日　2020年市装备制造专项小组调度会召开。

26日　召开疫情防控工作调度会。市委书记傅勇参加会议并讲话，市委副书记、市长黄旭峰主持会议。

同日　召开地方政府专项债申报工作汇报会。

27日　市委书记傅勇督导检查市城区重点场所疫情防控工作。

同日　常德市人民政府副市长杨成英到津市调研督导重点外贸企业复工复产工作。

28日　市委书记傅勇调研新洲镇整体发展情况。

3月

2日　召开污染防治攻坚战暨蓝天保卫战工作推进会。

同日　市委办党支部为支持新冠肺炎疫情防控工作募捐。市委书记傅勇、市委副书记覃歇民，市委常委、市委办主任杜登全带头募捐，市委办党支部全体党员参加募捐。

3日　市委副书记、市长黄旭峰调研市人大1号议案落实情况暨“两拆两退”工作。

4日　市委书记傅勇、市长黄旭峰看望慰问疫情防控一线医务工作者。

5日　市委副书记、市长黄旭峰主持召开市政府2020年第4次常务会议。市领导何朝辉、胡湘萍、杜强、戴志刚、徐兴勇、陈顺勇、易榕、雷光键、杨波参加会议。

同日　召开企业复工复产工作调研座谈会，市委书记傅勇参加会议并讲话。

9日　中国共产党津市市第十二届纪律检查委员会召开第六次全体会议。市委书记傅勇参加会议并讲话，市委副书记、市长黄旭峰主持会议。市领导覃歇民、王育平、姜正才、张海卿、姜超、何朝辉、李景峰、胡杰、吴拥华、杜登全等参加会议。

10日　津市市2020年一季度重点建设项目集中开工仪式。市领导傅勇、黄旭峰、覃歇民、王育平、姜正才、何朝辉、李景峰、杜登全、易榕参加。

同日　市委书记傅勇、市长黄旭峰调研津市部分在建项目工地复工复产情况。

11日　召开2020年财税工作座谈会。

12日　开展植树节活动。市领导姜正才、吴拥华、邓惠荣、胡湘萍、邓开泉、董新满、阿毅、梁文利参加活动。

同日　全市党委系统工作会议召开。会议由覃歇民主持，市委书记傅勇发表讲话，市委常委张海卿，李景峰，胡杰，吴拥华，杜登全分别作党委宣传思想、政法、组织、统战、办公室工作报告。

13日　常德市召开开放强市产业立市大会，津市设分会场。市委书记傅勇代表津市市委在会上进行典型发言。

15日　国家调研组到津市调研重点项目复工情况。市委书记傅勇，市委常委、常务副市长何朝辉参加调研。

16日　召开疫情防控工作调度会。市委书记傅勇参加会议并讲话，市委副书记、市长黄旭峰主持会议。

同日　市扶贫开发领导小组2020年第一次全体会议暨全市脱贫攻坚工作推进会召开。市委书记傅勇，市委副书记、市长黄旭峰分别主持会议并讲话。

17日　2020年度市政府第五次常务会议召开。市委副书记、市长黄旭峰主持会议。

同日　市委召开会议，部署农业农村、新时代文明实践中心国家试点建设等重点工作。市委书记傅勇参加会议并讲话，市委副书记、市长黄旭峰主持会议。徐兴勇作市委农村工作、乡村治理体系试点工作主题报告，张海卿作新时代文明实践中心国家试点工作主题报告，覃歇民宣读《津市市农村工作领导小组关于对2019年度全市农业农村工作进行表彰的通报》《关于表彰津市市新时代文明实践中心优秀实践所、优秀实践站、优秀志愿服务单位、先进个人的通报》。

18日　湖南醇健制药甾体激素制剂项目签约落户津市。签约仪式上，市委书记傅勇讲话。

同日　市长黄旭峰调度2019年度政协常委会2号建议案工作。

19日　津市召开开放强市产业立市、项目建设、向上争资、招商引资及部门服务企业工作会议。市委书记傅勇参加会议并讲话。市委副书记覃歇民主持会议。常务副市长何朝辉作产业立市、项目建设、向上争资及部门服务企业工作报告，副市长易榕作招商引资和部门服务企业工作报告，市委副书记覃歇民宣读《中共津市市市委、津市市人民政府关于表彰2019年度全市工业经济发展等11项工作先进单位和先进个人的通报》。

23日　常德市农发行到津市调研项目融资工作。

24日　常德军分区司令员李兴刚到津市调研人民武装工作。市委书记傅勇参加调研，姜超汇报近年来津市人民武装工作开展情况。

26日　市长黄旭峰主持召开2020年度市政府第六次常务会议。

同日　常德市委书记、市人大常委会主任周德睿到津市开展脱贫攻坚“三走访三签字”调研，检查指导企业复工复产及智慧党建工作。常德市委常委、组织部部长梁仲，常德市委常委、市委秘书长罗先东，津市市委书记傅勇，津市市委副书记、市长黄旭峰参加调研。

27日　中湖达废钢铁收购加工暨钢材物流仓储销售中心项目在津市高新区签约。市委书记傅勇，市委副书记、市长黄旭峰参加签约仪式。市人民政府副市长易榕主持签约仪式。

30日　市政府传达常德市政府七届八次全体会议暨常德市政府系统工作会议精神。市委副书记、市长黄旭峰主持召开，市委常委、常务副市长何朝辉传达会议精神。会议还研究部署市政府2020年相关重点工作，市人民政府副市长杜强、徐兴勇、徐兴宇、陈顺勇、易榕分别发言汇报。

31日　中共津市市委召开第八次常委(扩大)会议，市委理论学习中心组集中学习中共中央党校副教育长韩庆祥理论课《习近平新时代中国特色社会主义思想基本内容》。会议由市委书记傅勇主持。市领导杜登全传达学习省委十一届十次全会精神。市领导黄旭峰、覃歇民、王育平、姜正才、张海卿、余斌、姜超、何朝辉、李景峰、胡杰、吴拥华、戴志刚、徐兴宇、陈顺勇、易榕、陈克元参加会议。

同日　津市市委全面依法治市委员会第二次会议召开。市委书记傅勇发表讲话，市领导黄旭峰、覃歇民、王育平、姜正才、张海卿、佘斌、姜超、何朝辉、李景峰、胡杰、吴拥华、李亚林、戴志刚参加会议。

同日　津市举行中联重科工程车桥生产基地建设项目签约仪式。市委书记傅勇对项目签约表示热烈祝贺并讲话，市委副书记、市长黄旭峰代表市人民政府签约，签约仪式由市领导李景峰主持。

同日　召开一季度经济形势分析及主要经济指标调度会。市委副书记、市长黄旭峰主持会议并讲话。

同日　津市市委财经委员会召开2020年第一次会议。市委书记、市委财经委主任傅勇主持会议并讲话，市委副书记、市长、市委财经委副主任黄旭峰参加会议。

4月

1日　常德市委副书记朱水平到津市调研农业农村工作。常德市委副秘书长石玉林、市委书记傅勇、市委副书记覃歇民、市领导杨波参加调研。

2日　市长黄旭峰考察社区平台建设选址情况。

同日　市长黄旭峰调研国有资产监督管理工作。

3日　市委书记傅勇、市长黄旭峰督导复学复课、清明期间疫情防控、森林防火工作。

7日　市长黄旭峰主持召开市政府重点工作研讨会。市领导徐兴宇、陈顺勇、易榕分别进行发言。

同日　市委书记傅勇调度生物医药专项小组2020年工作。

8日　市委书记傅勇赴白衣镇、药山镇开展“三走访三签字”调研暨药山村脱贫攻坚工作调度。

9日　市委书记傅勇调研人力资源和社会保障工作。

同日　市委书记傅勇，市委副书记、市长黄旭峰率市党政代表团赴常德高新区考察学习。

10日　市委副书记、市长黄旭峰主持召开市政府重点工作第二次研讨会。

13日　市委副书记、市长黄旭峰调研中联重科车桥产业园项目建设。

14日　市委书记傅勇，市委副书记、市长黄旭峰考察全市防汛抗旱工作。

同日　常德市人大常委会副主任戴君耀一行到津市调研医保基金监督管理工作。座谈会上，津市市政府副市长徐兴宇就津市医保工作基本情况和存在的问题进行汇报。津市市委副书记、市长黄旭峰，市人大常委会主任王育平，市人大常委会副主任黄费武参加调研。

15日　市委副书记、市长黄旭峰主持召开2020年第三次大气污染防治研讨会。

16日　省人大代表津市小组视察调研澧水水运发展情况。市委书记傅勇参加调研，市委副书记、市长黄旭峰汇报市水运发展情况，省人大代表、常德市人大常委会副主任杨新辉、常德市人大常委会秘书长李绍霞、市人大常委会主任王育平、市人民政府副市长陈顺勇参加调研。

同日　常德市人大常委会到津市调研疾控体系建设工作。市委书记傅勇参加调研，市委副书记、市长黄旭峰汇报市疾控体系建设情况。常德市领导余怀民、杨新辉、李绍霞，津市市领导王育平、胡湘萍、徐兴宇参加调研。

17日　召开2020年度武装工作会议。市委书记傅勇参加会议并讲话，市委副书记、市长黄旭峰主持会议。市领导覃歇民、张海卿、姜超、徐兴宇参加会议

20日　津市市第十七届人民代表大会常务委员会举行第二十六次会议。

同日　市委书记傅勇到市人大常委会调研市十七届人大五次会议筹备工作情况。

21日　省药监局到津市调研生物医药产业发展情况。

22日　市委副书记、市长黄旭峰主持召开项目投资专题研讨会。

同日　省委老干部局到津市调研老党员志愿服务工作。市委书记傅勇参加调研，常德市委组织部副部长、老干部局局长、离退休干部工委书记杨文惠，津市市委常委、组织部部长胡杰参加调研。

24日　政协津市市第十二届委员会第五次会议举行开幕式暨第一次全体会议。市领导傅勇、黄旭峰、姜正才、覃歇民、王育平、雷光键、董新满、阿毅、梁文利、石勇等参加会议。

25日　政协津市市第十二届委员会第五次会议举行第一次联组协商。市领导傅勇、黄旭峰、覃歇民、佘斌、姜超、李景峰、吴拥华、杜登全、张明、杜强、戴志刚、徐兴勇、徐兴宇、陈顺勇、易榕，市政协副主席雷光键、董新满、阿毅、梁文利、石勇，市政协秘书长皮怀忠，市人民法院院长覃业辉、市人民检察院检察长王朝阳参加联组协商讨论。

同日　津市市第十七届人民代表大会第五次会议开展人大代表视察活动。市领导王育平、何朝辉，市人大常委会副主任李亚林、胡湘萍、邓开泉，市人大常委会党组成员、副主任提名人选蒋勇林、雷志华，市领导陈克元、杨波参加视察。

同日　津市市第十七届人民代表大会第五次会议开幕。市领导傅勇、黄旭峰、覃歇民、王育平、姜正才、张海卿、佘斌、姜超、李景峰、胡杰、吴拥华、杜登全、李亚林、胡湘萍、邓开泉、蒋勇林、雷志华、唐超虎等参加会议。

26日　政协津市市第十二届委员会第五次会议召开第三次全体会议并举行闭幕式。市领导傅勇、黄旭峰、姜正才、王育平、雷光键、董新满、阿毅、梁文利、石勇等参加会议。

同日　津市市第十七届人民代表大会第五次会议举行各代表团分团活动。市领导傅勇、黄旭峰、覃歇民、王育平、佘斌、姜超、何朝辉、吴拥华、杜登全、张明、李亚林、胡湘萍、邓开泉、蒋勇林、雷志华、杜强、徐兴勇、徐兴宇、陈顺勇、易榕、覃业辉、

王朝阳、陈克元、杨波、邓惠荣、黄费武等参加分团活动。

27日　津市市第十七届人民代表大会第五次会议召开第二次全体会议并举行闭幕会。市领导傅勇、黄旭峰、覃歇民、王育平、姜正才、张海卿、佘斌、姜超、何朝辉、李景峰、胡杰、吴拥华、杜登全、李亚林、胡湘萍、邓开泉、蒋勇林、雷志华、唐超虎、张明等参加会议。

同日　微生物产业化基地项目签约入园。市领导黄旭峰、杜登全、易榕参加签约仪式。

28日　举行2020年二季度重点建设项目集中开工仪式。市领导傅勇、黄旭峰、何朝辉、李景峰、易榕参加开工仪式。

同日　常德市推动智慧党建暨基层公共服务全覆盖工作会议在津市召开。常德市委书记、市人大常委会主任周德睿出席会议并讲话。常德市委副书记、市长曹立军主持。常德市市委副书记朱水平，常德市委常委、市委组织部部长梁仲，常德市人大常委会副主任、石门县委书记谭本仲，常德市副市长龚德汉，常德经开区党工委书记李育智等参加会议。当日上午，与会人员实地观摩津市智慧党建指挥中心。津市市委副书记、市长黄旭峰，津市市委常委、组织部部长胡杰，津市市人民政府副市长杜强参加考察。

29日　召开产业立市、项目建设、招商引资和向上争资工作推进会。市领导傅勇、黄旭峰、覃歇民、王育平、姜正才、佘斌、何朝辉、胡杰、吴拥华、李亚林、胡湘萍、邓开泉、蒋勇林、易榕、杜强、戴志刚、徐兴勇、陈顺勇、雷光键、董新满、阿毅、梁文利、石勇、陈克元、杨波参加会议。

同日　召开防汛抗旱、河长制工作暨全国水系连通及农村水系综合整治试点县建设动员会。市领导傅勇、黄旭峰、覃歇民、王育平、姜正才、张海卿、佘斌、何朝辉、胡杰、吴拥华、李亚林、胡湘萍、邓开泉、蒋勇林、杜强、戴志刚、徐兴勇、陈顺勇、易榕、雷光键、董新满、阿毅、石勇、陈克元、杨波参加会议。

同日　市委副书记、市长黄旭峰主持召开金融机构对接落实情况工作汇报会。

30日　召开庆“五一”国际劳动节暨表彰劳动模范和先进工作者大会。

5月

6日　市委书记傅勇调研房地产市场工作，并召开工作会议。

7日　市长黄旭峰主持召开全市政府系统工作部署会议。市领导何朝辉、杜强、戴志刚、徐兴勇、徐兴宇、陈顺勇、易榕、勇林、雷志华参加会议。

8日　市委书记傅勇调度园区项目建设及招商引资工作。

9日　市长黄旭峰主持召开2020年度市政府第8次常务会议。市领导何朝辉、杜强、戴志刚、徐兴勇、徐兴宇、陈顺勇、易榕、杨波、邓开泉、雷光键列席会议。

同日　市政府组织召开津市市休闲农业和乡村旅游培训会暨市政府5月“头脑风暴”活动。培训会由市人民政府副市长徐兴勇主持。市委副书记、市长黄旭峰，市委常委、常务副市长何朝辉，市人民政府副市长徐兴宇、陈顺勇、易榕参加会议。

11日　市委书记傅勇调研市退役军人事务局工作。

11—17日　市长黄旭峰赴长三角、深圳等地考察开展产业招商。

13日　市委书记傅勇赴毛里湖镇开展脱贫攻坚“三走访三签字”调研工作。

同日　津市市新的社会阶层人士联谊会第一届理事会第一次会议暨成立大会召开。

14日　津市市委理论学习中心组（扩大）集中学习会议召开。会议由市委书记傅勇主持，全体在家市领导参加会议。

同日　常德市委常委、组织部部长梁仲，常德市人大常委会副主任戴君耀到津市督导检查防汛备汛及安全生产工作。津市市委书记傅勇，津市市委常委、常务副市长何朝辉，津市市委常委、组织部部长胡杰，津市市人大常委会副主任蒋勇林参加督导检查。

18日　常德市人大常委会副主任佘怀民、王先蒙到津市视察民生实事代表票决制工作。市委书记傅勇，市委副书记、市长黄旭峰，市人大常委会主任王育平，市人大常委会副主任雷志华参加视察。

19日　市长黄旭峰调研全市水系连通及农村水系综合整治试点县建设工作。

22日　宁乡市委常委、组织部部长李佑明一行到津市调研考察智慧党建政务下沉工作，常德市委常委、组织部部长梁仲，市委副书记、市长黄旭峰参加调研考察。津市市委副书记覃歇民，市委常委、组织部部长胡杰，市人民政府副市长、公安局局长戴志刚参加调研考察。

25日　省发改委党组成员、副主任周震虹一行到津市调研重点项目建设工作，常德市人民政府副市长汤祚国，津市市委书记傅勇参加调研。

26日　市委书记傅勇调研全市交通运输工作。

同日　召开十二届津市市委第七轮巡察工作动员部署会。

27日　市政协主席姜正才视察交通、文化重点工程建设工作。

同日　召开迎接国家卫生城市周期复审工作推进会，市委书记傅勇参加会议并讲话。会议由市委副书记、市长黄旭峰主持。常德市卫健委副主任陈卫平，市人大常委会主任王育平，市委常委、宣传部部长张海卿，市人民政府副市长杜强、徐兴勇，市领导王文军参加会议。

28日　津市市第十七届人大常委会举行第二十七次会议。

6月

2日　市委书记傅勇调研汪家桥街道相关工作。

3日　市长黄旭峰主持召开2020年度市政府第9次常务会议。市领导何朝辉、戴志刚、陈顺勇、易榕、杨波参加会议。

同日　市委书记傅勇主持召开传达学习全国两会精神专

题会议。市委副书记、市长黄旭峰参加会议。市领导覃歇民、王育平、姜正才、张海卿、佘斌、何朝辉、胡杰、吴拥华、杜登全、徐兴宇、陈顺勇,市高新区党工委书记陈克元参加会议。

4日　市委书记傅勇调研全市工业和信息化局工作。

5日　举行肉类产品加工及冷链物流项目签约仪式。

6日　湖南省人民政府副省长陈文浩到津市督导检查防汛抗旱工作。湖南省人民政府副秘书长黎咸兴,常德市人民政府副市长龚德汉,市委书记傅勇,市委常委、常务副市长何朝辉参加督导检查。

10日　市长黄旭峰主持召开市政府党组会暨作风整训扩大会议。

11日　召开推动基层公共服务(一门式)全覆盖工作动员部署会。

同日　临澧县到津市调研考察智慧党建政务下沉工作。市委书记傅勇,市委副书记、市长黄旭峰参加调研考察。市领导胡杰、杜登全、戴志刚参加调研考察。

12日　市委书记傅勇考察迎接国家卫生城市周期复审工作。

同日　召开扶贫领域巩固拓展"一季一专题"集中治理工作调度会。市领导覃歇民、佘斌、徐兴勇、董新满参加会议。

16日　市领导考察全市迎"国卫"周期复审工作。

同日　召开迎接国家卫生城市周期复审工作第三次调度会。

同日　召开第七次全国人口普查工作调度会。

17日　召开传达学习省脱贫攻坚培训班精神暨常德市委常委(扩大)会议精神专题会议。会议由市委书记傅勇主持召开,市领导黄旭峰、王育平、姜正才、张海卿、佘斌、何朝辉、胡杰、吴拥华、杜登全、杜强、戴志刚、徐兴勇、徐兴宇、陈顺勇、易榕、陈克元、杨波参加会议。

同日　召开国有资产管理工作委员会第二次会议。

18日　召开智慧党建政务下沉工作调度会。

同日　市委书记傅勇调研白衣镇发展工作。

23日　召开高新区标准化厂房建设调度会。

同日　市高新区举行"粽叶飘香过端午　共建和美园企情"包粽子大赛。

24日　市委书记傅勇调度沿江风光带清淤工作。

同日　市委书记傅勇开展节前安全生产检查。

28日　市委书记傅勇参加市委办机关支部党员大会。市委副书记覃歇民,市委常委、市委办主任杜登全以普通党员身份参加会议。

30日　市长黄旭峰主持召开2020年度市政府第10次常务会议。市领导何朝辉、杜强、戴志刚、徐兴宇、陈顺勇、易榕、杨波、温南军、张伟莉、蒋勇林、石勇参加会议。

同日　举行2020年"我心永向党　奋进新时代"主题演讲比赛。市委书记傅勇,市委副书记覃歇民,市人大常委会主任王育平,市政协主席姜正才,市委常委、宣传部部长张海卿,市委常委、市人武部政委姜超,市委常委、市委办主任杜登全参加活动并为获奖选手颁奖。

7月

1日　组织收看常德市庆祝中国共产党成立99周年座谈会。市委书记傅勇,市委副书记、市长黄旭峰,市领导王育平、姜正才、佘斌、何朝辉、胡杰、吴拥华收看会议。

同日　市委书记傅勇调研药山镇脱贫攻坚、人居环境整治等工作。

2日　召开注资、融资工作调度会。

3日　市委书记傅勇督导检查防汛工作。

同日　市委书记傅勇调研襄阳街街道相关工作。

5日　市长黄旭峰督导检查全市防汛工作。

同日　市委书记傅勇督导检查重点堤垸防汛工作。

同日　全市防汛工作会议召开。会议由黄旭峰主持,徐兴勇对防汛相关工作进行安排部署。市领导傅勇、覃歇民、张海卿、杜登全、胡湘萍、杜强、徐兴宇、陈顺勇、易榕、董新满、石勇参加会议。

6日　市长黄旭峰督导检查津市一线堤垸防汛工作。

同日　市委书记傅勇、市长黄旭峰督导检查市高考考务工作。

同日　市委书记傅勇督导检查市防汛工作。

7日　湖南醇健制药科技有限公司举行开工仪式并召开项目推介会。市委书记傅勇、市长黄旭峰参加开工仪式,由市委常委、市委办主任杜登全主持。

同日　常德市委常委、组织部部长梁仲到津市调研督导防汛工作。津市市委书记傅勇参加调研督导。市领导胡杰、杜登全、蒋勇林、陈顺勇、雷光键分段参加调研督导。

同日　市委书记傅勇调度津市防汛工作。市领导覃歇民、徐兴勇、严东平参加会议。

8日　常德市人大常委会副主任戴君耀到津市检查防汛工作。津市市委书记傅勇,市委常委、市委办主任杜登全,市人大常委会副主任邓开泉参加检查。

同日　津市举行9.6万锭差别化纤维全自动智能纺纱项目签约仪式。市委书记傅勇、市长黄旭峰参加签约仪式,签约仪式由副市长易榕主持。

同日　常德市人民政府市长邹文辉到津市督导检查防汛工作。常德市人民政府副市长龚德汉,津市市委书记傅勇,市委副书记、市长黄旭峰参加督导检查。

同日　津市参加常德全市防汛抗灾视频调度会并立即贯彻落实会议精神。津市市委书记傅勇,市委副书记、市长黄旭峰在津市分会场参加会议。

9日　市长黄旭峰督导调度毛里湖渍堤防汛工作。

同日　市委书记傅勇督导检查津市防汛工作。

同日　全省防汛视频调度会议召开,津市设分会场。津市市委书记傅勇,市委副书记、市长黄旭峰,市人武部部长张明,副市长杜强、徐兴勇参加会议。

10日 市政协主席姜正才督导调度涔水、澹水防汛工作。

同日 省发改委到津市调研防汛工作。津市市委副书记、市长、市防汛抗旱指挥部指挥长黄旭峰,市政协主席、市防汛抗旱指挥部副政委姜正才参加调研。

同日 市委书记傅勇督导检查津市防汛抗旱指挥部工作。

同日 市委书记傅勇检查毛里湖镇、药山镇防汛工作。

11日 市委书记傅勇检查指导澧水沿江风光带清淤工作。

同日 召开城乡规划管理委员会2020年第一次专题工作会议。市委书记傅勇,市委副书记、市长黄旭峰参加会议并讲话。市政府副市长陈顺勇主持会议。市领导王育平、姜正才、何朝辉、徐兴勇、陈克元参加会议。

12日 召开澧水风光带汛后清洗工作调度会。

同日 市委书记傅勇主持召开津市监狱防汛工作会商会。

13日 市长黄旭峰督导检查新洲下垸防汛工作。

同日 市领导督导调度毛里湖防汛工作。

14日 召开第一期5G建设应用座谈会。

同日 市长黄旭峰调度津市高新区在建项目。

同日 市委书记傅勇督导检查澧水风光带集中清洗工作。

同日 市委书记傅勇督导检查毛里湖排涝通道拓宽工程。

15日 召开全市绩效评估暨全面小康工作调度会,市委书记傅勇参加会议并讲话。会议由市委副书记、市长黄旭峰主持。

同日 召开生态环境保护委员会2020年第二次全体会议暨澧水禁捕退捕工作推进会。市委书记傅勇参加会议并讲话。会议由市委副书记、市长、市环委主任黄旭峰主持。

16日 津市召开2020年第十次防汛会商会。市委副书记、市长、市防汛抗旱指挥部指挥长黄旭峰参加会议并讲话。

17日 市委书记傅勇调研市澧水流域禁捕退捕工作。

20日 市领导"八一"走访慰问部分重点优抚对象。

同日 市委书记傅勇慰问"7·18"专案组办案人员,并召开专题调度会。

21日 中联重科股份有限公司到津市考察中联重科工程车桥产业基地项目。

23日 市委书记傅勇开展"八一"走访慰问活动。

24日 市政协举行委员微建议"直通车"工作启动仪式。

同日 召开农口片"十四五"规划编制工作调度会。

同日 市长黄旭峰开展"八一"走访慰问活动。

27日 中共津市市委理论学习中心组7月集中学习会议召开,市委书记傅勇参加会议并讲话。

28日 市中医医院新院举行落成搬迁仪式,市委书记傅勇参加仪式并揭牌。

同日 召开庆祝中国人民解放军建军93周年座谈会。会议由市人武部部长张明主持,市领导覃歇民、李景峰、蒋勇林参加会议。

29日 市政协围绕"机构改革后涉改单位运行情况"开展主席会议协商。

同日 津市市政府传达学习常德市人民政府七届九次全体会议精神。市委副书记、市长黄旭峰主持会议并讲话,全体市政府领导及政府办班子成员参加会议。

30日 津市市政府传达学习常德市人民政府七届九次全体会议精神。市委副书记、市长黄旭峰主持会议并讲话,全体市政府领导及政府办班子成员参加会议。

同日 津市市第十七届人大常委会举行第二十九次会议。会议由市人大常委会副主任胡湘萍主持。市人大常委会主任王育平,副主任李亚林、邓开泉、蒋勇林、雷志华参加会议。市委常委、常务副市长何朝辉,市人民政府副市长杜强,市人民法院、市人民检察院、市政府办等议题相关单位负责人列席会议。

31日 召开大关山文旅项目汇报会。市委书记傅勇,市委副书记、市长黄旭峰参加会议并讲话,会议由市政府副市长徐兴勇主持,市人大常委会主任王育平参加会议。

8月

4日 常德军分区司令员李兴刚到津市调研人武工作,市委副书记、市长黄旭峰参加调研。市委常委、常务副市长何朝辉,市高新区党工委书记陈克元参加调研。

5日 常德市委副书记、代市长邹文辉一行到津市调研。市委书记傅勇,市委副书记、市长黄旭峰参加调研。常德市政府秘书长李正才,市领导覃歇民、王育平、姜正才、佘斌、何朝辉、李景峰、胡杰、吴拥华、杜登全、徐兴宇、戴志刚、陈顺勇、易榕、高力参加调研。

6日 举行湘雪冷链物流项目签约仪式。市委副书记、市长黄旭峰参加仪式并致辞。

11日 市委书记傅勇调研市公安局交警大队相关工作。

12日 市委书记傅勇走访调研园区企业发展情况。

16日 常德市2020年第三次安委会全体(扩大)视频会议召开,津市设分会场参加会议。市委副书记、市长黄旭峰,市委常委、常务副市长何朝辉参加会议。

17日 市长黄旭峰主持召开市政府安全生产专题常务会议暨安全生产委员会全体(扩大)会议。

同日 津市市第十七届人大常委会举行第三十次会议。会议由市人大常委会副主任胡湘萍主持。市人大常委会主任王育平,市人大常委会副主任邓开泉、蒋勇林、雷志华参加会议。市委常委、纪委书记、市监察委员会主任佘斌,市人民法院、市人民检察院、市政府办等议题相关单位负责人列席会议。

18日 市委书记傅勇调研市城管局工作。

19日 市委书记傅勇调研全市脱贫攻坚工作。调研座谈会由市政府副市长徐兴勇主持,市委副书记覃歇民参加会议。

同日 市长黄旭峰考察毛里湖大野康养项目选址工作。

21日 市委书记傅勇、市长黄旭峰调研市交通运输安全生产工作。

24日 召开万寿苑街区制改造工作汇报会。市委书记傅勇,市委副书记、市长黄旭峰参加会议并讲话,会议由市委常委、统战部部长吴拥华主持。

同日 津市市代表团赴常德参加常德市七届人大五次会议。代表团临时党支部书记、市委书记傅勇参加会议。市委副书记、市长、代表团副团长黄旭峰，代表团团长王育平，副团长雷志华等代表参加会议。

同日 召开水系连通及农村水系综合整治试点县建设工作汇报会，市委书记傅勇，市委副书记、市长黄旭峰参加会议并讲话。

27日 津市市委巡察工作领导小组召开会议听取第七轮巡察工作情况汇报。市委常委、市纪委书记、市监委主任、市委巡察工作领导小组组长佘斌，市委常委、组织部部长胡杰出席会议。

同日 全省坚决克服疫情灾情影响确保脱贫攻坚如期圆满收官电视电话会议召开。市委副书记、市长黄旭峰在津市分会场参加会议。

30日 在深圳举办大湾区招商联络处授牌仪式暨企业家代表座谈会。市委书记傅勇，市领导杜登全、易榕，市高新区、招商中心、嘉山实业负责人等参加座谈会。

同日 举办2020年津市市艺术节暨“欢乐津城 百团大赛”群众文艺演出。

9月

1日 湖南省人大到津市调研民生实事项目人大代表票决制工作。市委书记傅勇，市人大常委会主任王育平，市人大常委会副主任雷志华，市政府副市长徐兴勇参加调研。

2日 市长黄旭峰主持召开当前重点信访问题调度会。

同日 市长黄旭峰主持召开2020年度市政府第12次常务会。市委常委、常务副市长何朝辉，市人武部部长张明，市政府副市长、公安局局长戴志刚，市政府副市长徐兴勇、陈顺勇、易榕，市政府副市长提名人选高力参加会议。市人大常委会副主任李亚林、市政协副主席石勇列席会议。

3日 市委书记傅勇调度生态环境突出问题整改工作。

同日 湖南如虹制药高端原料药及制剂生产基地建设项目落户津市。

8日 市委书记傅勇调度园区项目建设招商引资工作。

同日 召开绩效评估工作专题调度会。

同日 召开万寿苑街区制改造阶段性问题第二轮市长研讨会。

9日 举行第36个教师节庆祝表彰大会。市委书记傅勇，市委副书记、市长黄旭峰参加表彰大会并现场颁奖。

15日 省药监局调研组一行到津市调研微生态健康产业园项目，市委书记傅勇参加调研。市委常委、市委办主任杜登全，市人大常委会副主任蒋勇林参加调研。

17日 市委理论学习中心组9月(扩大)集中学习会议召开，市委书记傅勇主持会议并讲话。

18日 市长黄旭峰主持召开2020年度市政府安全稳定工作专题常务会议。

同日 新吉奥控股集团到津市考察年产5000辆智能房车生产基地项目，市委副书记、市长黄旭峰参加考察。

21日 市委书记傅勇主持召开市委常委(扩大)会议，学习习近平总书记在湖南考察调研时的重要讲话精神。

22日 召开禁捕退捕工作调度会，会议由市政府副市长徐兴勇主持。市委书记傅勇，市委副书记、市长黄旭峰，市领导覃歇民、王育平、姜正才、何朝辉、杜登全、戴志刚、李力参加会议。

23日 “常德品牌·中国品质”——沅澧共庆 2020“中国农民丰收节”暨消费扶贫优质农产品产销对接活动隆重举行，津市设分会场参加，主题为“鱼味无穷庆丰收”，市委书记傅勇参加活动。

24日 市委党建工作领导小组2020年第一次全体会议召开，会议由市委副书记覃歇民主持。市委书记傅勇参加会议。

同日 常德市委副书记朱水平到津市调研禁捕退捕和村民建房工作。市委书记傅勇、市委副书记覃歇民参加调研。

25日 市委书记傅勇赴省文化和旅游厅专题汇报津市创建省级全域旅游示范区工作，市委常委、宣传部部长徐兴宇参加汇报会。

27日 第三届津市市企业家协会召开会员大会。

28日 召开万寿苑街区制改造阶段性问题第三轮市长研讨会。

29日 举行澧水二桥通车暨津市三季度重点建设项目集中开竣工仪式。仪式由市委副书记、市长黄旭峰主持。市委书记傅勇宣布项目开工。市委副书记覃歇民，市人大常委会主任王育平，市政协主席姜正才，市委常委、常务副市长何朝辉，市委常委、政法委书记李景峰，市委常委、市委办主任杜登全，市政府副市长易榕、高力参加开竣工仪式。

同日 召开2020年河(湖)长制全会召开。市委副书记、市长黄旭峰参加会议并讲话。

同日 召开市人民医院改扩建项目建设工作调度会。会议由市委常委、宣传部部长徐兴宇主持。市委书记傅勇，市委副书记、市长黄旭峰，市人大常委会主任王育平，市政协主席姜正才，市委常委、常务副市长何朝辉，市政府副市长高力参加会议。

同日 市委书记傅勇调研新洲镇禁捕退捕工作。

30日 在烈士陵园纪念碑广场举行烈士公祭活动，市委书记傅勇，市委副书记、市长黄旭峰，市领导覃歇民、王育平、姜正才、何朝辉、李景峰、胡杰、吴拥华、杜登全、徐兴宇、李亚林、高力、石勇参加公祭活动。

10月

9日 召开禁捕退捕工作调度会，市委书记傅勇，市委副书记、市长黄旭峰参加会议并讲话。

10日 召开国家卫生城市复审省级技术评估迎检工作动员会。

12日 市委书记傅勇主持召开津市市禁捕退捕工作专题

常委会。

13日　市委书记傅勇主持召开禁捕退捕工作专项调度会。

14日　常德市委常委、组织部部长梁仲到津市参加人大代表小组活动。市委书记傅勇，市人大常委会主任王育平，常德市委组织部副部长姚敦科，市委常委、组织部部长胡杰，市委常委、市委办主任杜登全参加小组活动。

同日　常德市委组织部常务副部长鲁晓凤到津市调研智慧党建政务下沉工作并开展警示教育活动。

15日　市委副书记、市长黄旭峰主持召开禁捕退捕工作调度会。

16日　举行朱务善铜像揭幕仪式。

17日　召开迎接国家卫生城市周期复审工作第八次调度会。

19日　市委书记傅勇考察国家卫生城市复审省级技术评估迎检工作。

同日　省委宣讲团到津市宣讲习近平总书记考察湖南重要讲话精神，市委书记傅勇主持报告会。常德市委常委、宣传部部长康重文，市领导覃歇民、王育平、姜正才、何朝辉、李景峰、胡杰、吴拥华、徐兴宇等参加报告会。

21日　市委书记傅勇督导全市禁捕退捕工作。

同日　市老干局组织离退休干部开展重阳节参观活动。

21—23日　国家卫生城市复审省级技术评估组到津市开展国卫复审技术评估，津市顺利通过国家卫生城市复审省级技术评估。

23日　省第四生态环境保护督察组督察常德市“回头看”工作动员会召开津市设分会场，工作动员视频会议召开后，津市立即召开专题会议，由市委副书记、市长黄旭峰主持，市委书记傅勇，市领导覃歇民、王育平、姜正才、何朝辉、胡杰、杜登全、戴志刚、徐兴勇、易榕、高力参加会议。

24日　武汉生物办及生物技术研究合作高校考察团到津考察。

26日　2020年常德市“全民终身学习活动周”总开幕式暨津市市“全民终身学习活动周”启动仪式在津市举行。启动仪式上，市委书记傅勇为活动致辞。

27日　市人大常委会主任王育平一行视察市老旧小区改造工作情况。

28日　市政协在兰苑宾馆会议中心召开2020年民主评议提案办理工作会议。

29日　召开绩效评估工作专题调度会。

同日　津市市委书记傅勇主持召开市委理论学习中心组10月第2次集中学习会议。

30日　市委副书记、市长黄旭峰主持召开2020年度市政府第15次常务会议。

同日　中共津市市委十二届九次全体(扩大)会议召开，市委书记傅勇代表市委常委会作工作报告。市委副书记、市长黄旭峰主持会议。市领导王育平、姜正才、佘斌、何朝辉、李景峰、胡杰、吴拥华、杜登全、徐兴宇及全体在家市领导参加会议。

11月

1日　市委书记傅勇，市委副书记、市长黄旭峰，分别以普通公民身份，主动接受普查正式登记，以实际行动支持第七次全国人口普查工作。市委常委、常务副市长何朝辉深入襄阳街道汤家湖社区第十小区考察普查登记现场，看望慰问一线普查人员。

2日　常德市巡察业务培训会在津市召开。市委常委、纪委书记、市监委主任佘斌，市委常委、组织部部长胡杰参加会议。

4日　省委理论学习中心组(扩大)举行第三十五次集体学习，市领导傅勇、覃歇民、王育平、姜正才、佘斌、何朝辉、李景峰、杜登全、徐兴宇、高力及各相关部门负责人在市委办一楼会议室收听收看会议。

同日　召开绩效评估工作专题调度会。

11日　津市召开迎接省政府大督查、省营商环境评估、常德市绩效评估自评、真抓实干督查激励争取、“十四五”规划编制工作调度会。

同日　市委书记傅勇主持召开市委理论学习中心组11月集中学习会议。

12日　市委书记傅勇，市委副书记、市长黄旭峰考察园区现场会筹备及环保整治工作。

16日　市委副书记、市长黄旭峰主持召开2020年度市政府第16次常务会议。

18日　2020中国·津市首届体外诊断产业发展大会召开。常德市人民政府副市长杨成英、湖南省药品监督管理局副局长彭旭明、津市市委书记傅勇分别为活动致辞，市委副书记、市长黄旭峰主持活动。

同日　召开十二届津市市委第九轮巡察工作动员部署会，市委常委、组织部部长、市委巡察工作领导小组副组长胡杰宣布十二届津市市委第九轮巡察对各巡察组的授权决定。市委常委、纪委书记、市监委主任、市委巡察工作领导小组组长佘斌要求，与会人员要提高思想认识，坚定不移深化政治监督。

20日　全市经济形势分析会召开，会议由市委常委、市人民政府常务副市长何朝辉主持。市委副书记，市人民政府市长黄旭峰参加会议。

同日　市委书记傅勇督导全市农村人居环境整治三年行动目标任务完成情况，市委副书记覃歇民参加督导。

23日　市政协召开2020年度重点事项监督工作评议大会，市政协主席姜正才、市委副书记、市长黄旭峰、市政协副主席雷光键、董新满、阿毅、石勇参加会议。

24日　常德市委常委、常务副市长罗毅君一行到津市调研。市委书记傅勇，市委副书记、市长黄旭峰，市委常委、常务副市长何朝辉参加调研。

26日　市人大常委会对市人民政府优化经济发展环境评议工作会议召开。市人大常委会主任王育平，市委常委、纪委书记、市监委主任佘斌列席会议。

同日　由雪天盐业集团股份有限公司主办的全国首条井矿盐零添加独立生产线竣工暨生态食用盐发布仪式在津市举行。市委副书记、市长黄旭峰,市委常委、政法委书记李景峰,市人民政府副市长易榕参加发布仪式。

同日　市委书记傅勇主持召开市委常委(扩大)会议。

30日　常德市老摄影家协会现场经验交流会在津市举行。

12月

2日　召开交通"十四五"编制规划工作调度会。

3日　市委书记傅勇,市委副书记、市长黄旭峰调度生态环保综合整治工作。

同日　市委书记傅勇主持召开市委理论学习中心组12月(扩大)集中学习会议。

4日　组织收听收看全省村(社区)"两委"换届工作电视电话会议。市委书记傅勇,市委常委、组织部部长胡杰,市人民政府副市长高力及相关部门负责人在津市分会场收看收听会议。

7日　2020常德市开放强市产业立市流动现场会走进津市,市委书记傅勇,市委副书记、市长黄旭峰,市委常委、市委办主任杜登全参加现场会。

同日　市人大常委会主任王育平、部分市人大代表视察津市2020年民生实事项目建设情况。

同日　湖南省知识产权综合服务(津市)分中心举行揭牌仪式。

9日　省政府副秘书长,省信访局党组书记、局长张银桥一行到津市调研信访工作。

11日　常德市政府市长邹文辉到津市督导生态环境问题整改销号工作。市委书记傅勇,市委副书记、市长黄旭峰,市委常委、常务副市长何朝辉参加督导。

12日　市委书记傅勇主持召开市委常委会(扩大)会议,集中学习推动长江经济带发展领导小组会议及有关会议精神。

17日　津市市第十七届人大常委会第三十三次会议召开。市人大常委会主任王育平,市人大常委会副主任胡湘萍、邓开泉、雷志华参加会议。市委常委、纪委书记、市监委主任佘斌列席会议。

18日　常德市政府就《政府工作报告》及《"十四五"规划纲要》到津市征求意见。市委书记傅勇,市委副书记、市长黄旭峰,市人大常委会主任王育平,市政协主席姜正才参加座谈会。

21日　市委副书记、市长黄旭峰调研万寿苑大街区改造进展情况。

同日　市委书记傅勇主持召开城建交通及"十四五"规划调研座谈会。

同日　市委副书记、市长黄旭峰主持召开2020年度市政府第17次常务会议,研究生态环保、禁捕退捕等相关工作。

23日　召开工业、财税工作及"十四五"规划调研座谈会。市委书记傅勇主持会议并讲话,市委副书记、市长黄旭峰参加会议。

27日　市委书记傅勇,市委副书记、市长黄旭峰一行调度园区生态环保整改工作。

29日　市委书记傅勇主持召开农口工作及"十四五"规划调研座谈会。

同日　市委副书记、市长黄旭峰主持召开2020年度市政府第18次常务会议。

同日　市委书记傅勇主持召开党委工作部门调研座谈会。市委常委、纪委书记、市监委主任佘斌,市委常委、统战部部长吴拥华,市委常委、组织部部长叶春华,市委常委、宣传部部长徐兴宇就相关工作部署提出意见建议。

30日　市委书记傅勇主持召开民生工作及"十四五"规划调研座谈会。

31日　召开2020—2021年蓝天保卫战特护期工作调度会。

同日　中共津市市第十二届委员会第十次全体(扩大)会议召开。全会由市委常委会主持。市委书记傅勇,市委副书记、市长黄旭峰,市领导覃歇民、王育平、姜正才、佘斌、何朝辉、李景峰、吴拥华、叶春华、杜登全、徐兴宇及全体在家市领导参加会议。

综　述

基本市情

【位置　面积】津市市位于常德市北部(常德市位于湖南省北部),地处澧水尾闾,洞庭湖西缘。地理坐标为北纬 29° 16′ 30″ —29° 39′ 46″ ,东经 111° 45′ 59″ —112° 1′ 40″ 。境南接常德鼎城区,界长 28.8 千米;西北、东北与澧县澧阳区、红湖区、梦溪区抵界,界长 80 千米,境东与安乡珊湖毗邻,界长 9.6 千米,境西与临澧烽火、柏枝乡接壤,界长 41.6 千米。全市面积 550.79 平方千米,其中澧水北 45.22 平方千米、澧水南 505.57 平方千米。在常德市 9 个县(市、区)中,辖区面积居第 8 位。

【行政区划】2020 年,津市辖 5 个街道(三洲驿、汪家桥、襄阳街、金鱼岭、嘉山)和 4 个镇(新洲、毛里湖、药山、白衣)。

新洲镇辖长岭、黄林堰、车胤、青山峪、麓山、虞家峪、毛家岗 7 个行政村,五泉、孟姜女、嘉山、万寿宫 4 个社区居委会,总面积 84.04 平方千米。镇人民政府驻万寿宫社区(原新洲镇人民政府驻地)。

毛里湖镇辖青苗、荣台、大山、灯塔 4 个社区及花桥、田家山、中南、中心、七星、樟树、箭楼、双坪、万家、同乐堡、清泉 11 个行政村,总面积 118.6 平方千米。镇人民政府驻河口社区(原保河堤镇人民政府驻地)。

药山镇辖新湖、民康、三新垸、八宝湖、杨坝垱、天鹅、西湖、白云山、临东、药山、和平 11 个行政村,文昌阁、棠华铺 2 个社区居委会,总面积 142.8 平方千米。镇人民政府驻文昌阁社区(原渡口镇人民政府驻地)。

白衣镇辖钟灵、柏林、清化驿、金和、金坪、建国、红光 7 个行政村及白衣庵、石板滩 2 个社区居委会。总面积 92 平方千米。

三洲驿街道辖三洲街、蔡家河、城隍庙、后湖、桥北、柏枝林、护市 7 个社区居委会。

汪家桥街道辖新村、汪家桥、油榨坊、城东、澹津 5 个社区居委会。

襄阳街街道辖襄阳街、汤家湖、古大同、荷花、澧阳、阳由、盐矿 7 个社区居民委员会。

金鱼岭街道辖燕子窝、文家湾、湖桥、丝绸、大关山 5 个社区居委会。

嘉山街道辖杉堰、戚关、团湖、明道 4 个社区居委会,总面积 21 平方千米。办事处驻明道社区(津市市龙岗路 1 号)。

【人口】全市年末居民总户数 9.43 万户,总户籍人口 23.0 万人。其中,城镇人口 12.64 万人,乡村人口 10.36 万人。按性别分,男性人口 11.69 万人,女性人口 11.31 万人。按年龄分,0—17 岁 3.12 万人,18—34 岁 4.18 万人,35—59 岁 9.66 万人,60 岁及以上 6.04 万人。全年出生人口 0.14 万人,死亡人口 0.15 万人。

水　文

【概况】津市市位于洞庭湖水系澧水中下游和西洞庭湖区,境内河网密布,水资源充沛。全市境内澧水干流长约 30 千米,沿岸有数条溪河汇入。境内有省内第一大溪水湖、第二大天然优质淡水湖——西毛里湖,面积 53.67 平方千米,流域面积 387.63 平方千米。

【主要河流】澧水又称九澧,位于湖南西北部。干流及主要支流皆自西北流向东南。澧水源头在桑植县南岔以上,分北、中、南三源。北源出自湖南省桑植县八大公山杉木界;中源为主源,出自湘鄂边界的八大公山东麓,名绿河;南源出自湖南省永顺县万袺山,名上峒河。三源在南岔汇合后往南经桑植、永顺,再向东流,在永定境内纳茅溪,经慈利纳溇水,至石门纳渫水,经临澧至澧县纳道水、涔水,流至津市小渡口注入洞庭湖。澧水干流全长 390 千米,流域面积 18496 平方千米(湖南境内 15505 平方千米),多年平均径流量 131.2 亿立方米。流域内共有一级支流 74 条,上游的主要支流有南岔河、郁水、茅溪、狮头溪、九渡溪(又名九都溪)、溇水(又名后江)、零溪河,中下游主要有渫水、道水、澹水、涔水等。

松滋河源于长江松滋口,主干分东西两支。其中西支在湖南境内歧出一支,称中支。松滋西支经毛家汊至濠口注入七里湖与澧水交汇,西支全长113千米(青龙窖至濠口又称官垸河,长27千米)。松滋中支从三汊脑起,至小望角与松滋东支汇合,中支全长38千米。松滋东支全长162千米,其中湖南境内长80千米,从甘家厂至小望角长44千米,又名大湖口河;小望角至小河口长17千米,又称安乡河;小河口以下19千米称松虎洪道。

虎渡河源于长江太平口,全长110.7千米,流经安乡境内42.7千米。

藕池河源于长江藕池口,共分3支,东支全长106千米,不流经津市市。中支自东支黄金岔岐出,经南鼎垸的陆家岭分成东西两河入南县境内,至下柴市与西支汇合,长54.2千米,安乡境内42.7千米。藕池河西支以称官当河,自康家岗分流,在下柴市与中支汇合,从茅草街注入西洞庭湖,全长86.6千米,安乡境内36.4千米。

渫水河位于湖南省常德市石门县,上游支流众多。百溪河、高桥河、金家河、上延河、黄连河、干沟河等,一路蜿蜒东南流,沿途又纳入狮子溪、发人溪、黄虎港河、石家河、黄福溪、麻纳溪、竹溪河、商溪河、小河、黄水、仙阳河、南溪等大小支流146条(含渫水),历经壶瓶山镇、所街乡、雁池乡、磨市镇、维新镇、皂市镇,在新关镇的喻家河口注入澧水,全长163千米,流域面积3125.5平方千米。

涔水属澧水支流,发源于石门县黑天坑,流经刘家湾、莲花堰、王家厂、大堰垱、梦溪、涔南、永丰,在小渡口注入澧水。河流长度114千米,流域面积1525.75平方千米。

道水系澧水一级支流,属九澧之一。道水有南北两支,南支发源于慈利五雷山麓,北源多系溪涧组合,发源于慈利苗市桃树垭东麓,全长102千米,集水面积1362.8平方千米。

【雨情】2020年津市市累计平均降雨1914.6毫米,较历年同期均值1216.9毫米偏多57.3%;其中汛期4月至9月累计平均降雨1353.5毫米,较历年同期均值994.1毫米偏多36.2%。

2020年汛期降雨量总体偏多,时间分布前少后多。汛期全市累计平均降雨1353.5毫米,较历年同期均值994.1毫米偏多36.2%。2020年汛期4月、5月降雨偏少,8月降雨基本持平,6月、7月、9月降雨偏多。其中,7月累计平均降雨359.8毫米,占整个汛期降雨的26.6%;9月降雨较历年同期均值偏多191.8%,在历史上同期排名靠前。全年降雨最小为4月的71.9毫米,占汛期降雨量的5.3%。

暴雨覆盖范围较大,空间分布不均。2020年汛期暴雨覆盖范围较大,面平均雨量均在1000毫米以上,澧水流域最大为石门县,面平均雨量达1586.1毫米。2020年汛期,澧水流域累计平均面雨量较沅江流域偏多12.4%,较西洞庭湖区偏多43.7%。

暴雨强度较大,持续时间较长。2020年,1小时最大降雨为石门县三圣乡陈家榜站1小时最大降雨96.5毫米(8月9日15时至16时),3小时最大降雨为津市市石龟山站150.5毫米(6月14日5时至8时)。6月中旬至7月中旬,主雨带长达一个月稳定位于湘西北。6月28日8时至7月8日8时,津市市发生2020年最强降雨过程,暴雨中心位于澧水流域,使得津市市出现2020年第一次澧水超警、湖区持续超警的洪水过程。9月,受副热带高压南撤影响,津市再次频繁出现明显降雨过程,至9月雨日多达24日。

【水情】2020年汛期,津市市境内澧水及西毛里湖区均出现超过警戒水位的洪水过程。

澧水。2020年7月5日至9日,受西洞庭湖底水顶托、江垭、皂市水库加大下泄及区间内强降雨影响,澧水石门站及以下发生超警戒水位的洪水过程。江垭水库自7月6日1时起涨,至10日10时出现最高库水位223.34米,拦蓄洪水2.21亿立方米,最大入库为6日7时3290立方米/秒,最大出库为4日19时1710立方米/秒,削峰率48%。自4日13时起,江垭水库出库持续按1700立方米/秒控制下泄,6日23时,出库流量加大至2400立方米/秒。皂市水库自7月6日2时起涨,至9日7时出现最高库水位132.07米,拦蓄洪水2.26亿立方米,最大入库为6日11时4470立方米/秒,最大出库为7日4时

表1　2020年津市市汛期各控制站最高水位统计表

河名	站名	最高水位(米)	发生时间(月、日)	相应流量(立方米/秒)	警戒水位(米)	超警戒水位(米)	历年最高(米)	发生时间(年、月、日)
渫水	雁池	141.01	7月6日	3340			143.88	2011-6-18
	皂市	79.6	7月7日	1630			81.59	2012-6-27
澧水	石门	58.93	7月7日	10700	58.50		62.66	1998-7-23
	合口	48.58	7月7日		48.50		49.03	2010-7-11
	澧县	44.06	7月7日		43.50		44.06	2020-7-7
	津市	42.97	7月7日		41.00		45.02	2003-7-11
道水	临澧	46.21	7月3日	429	47.30		47.87	2012-7-18
湖区	石龟山	40.22	7月8日	7930	38.50		41.89	1998-7-24

表 2　2020 年津市市最高水位统计表

站名	河名	最高水位（米）	发生时间（月、日）	历年最高（米）	发生时间（年、月、日）
新洲	澧水洪道	41.68	7 月 7 日	40.35	2016-6-29
白洋湖	道水	60.21	6 月 22 日	61.46	2016-7-2
青岩	涔水	84.89	7 月 6 日	84.89	2020-7-6

2020 立方米 / 秒，削峰率 54.8%。自 4 日 16 时起，皂市水库出库持续按 1400 立方米 / 秒控制，7 日 4 时，出库流量加大至 2000 立方米 / 秒。7 月 7 日 4 时 45 分，澧水控制站石门站出现洪峰水位 58.93 米，超警戒水位 0.43 米，相应流量 10700 立方米 / 秒。7 日 16 时 44 分，澧水干流澧县站出现洪峰水位 44.06 米，超警戒水位 0.56 米，为 2008 年建站以来最高水位。

【旱情】2020 年，受长江梅雨锋南移、弱冷空气南下遇副高边缘暖湿气流，加上中低层低涡切变线共同影响，7 月中旬津市市频繁出现强降雨过程。8 月中下旬降雨集中期结束，但 9 月受副热带高压南撤影响，津市市再度持续遭遇雨水天气，及时遏制 8 月底即将出现的旱情。全年津市降雨量较历年同期偏多，没有出现明显旱情。

【水资源】降水及分布。2020 年全市年平均降水量 1922.4 毫米，折合水量 349.6 亿立方米，较上年增长 50.6%，比多年平均偏多 40%以上，属丰水年。2020 年行政分区年降水深与上年、多年平均比较，主要河流降水分布：澧水区年降水量 126.7 亿立方米，与多年平均比较偏多 44.9%；洞庭湖环湖区年降水量 119.24 亿立方米，与多年平均比较偏多 28.8%。

2020 年降水的主要特点。高值区：渫水上游的以南镇、南坪为中心高值区，因武陵山脉北支影响，年降水量在 2300 毫米以上；低值区：四口水系中的松滋河入湖区间，年降水量在 1800 毫米以下。全年降水主要集中在汛期，澧水流域 4—5 月降水偏少，较历年同期偏少 30%以上，1 月、9 月较历年同期偏多 200%以上。地表水资源量。2020 年全市地表水资源（天然河川径流）量 183.25 亿立方米，比上年偏多 50.7%，较多年平均偏多 39.7%，折合径流深 1007.6 毫米，径流系数 0.53。地表水资

表 3　2020 年津市市分区年降水量与上年、多年平均比较情况表

分区名称	计算面积（平方千米）	年降水量		上年降水量（亿立方米）	与上年比较（%）	多年平均降水量（亿立方米）	与多年平均比较（%）
		（毫米）	（亿立方米）				
津市	558	1888.4	10.537	5.847	80.2	6.902	52.7
澧水	6235	2032.2	126.71	68.45	85.1	87.45	44.9
洞庭湖环湖区	6824	1747.3	119.24	82.39	44.7	92.54	28.8

表 4　2020 年津市市地表水资源量与上年、多年平均比较情况表

分区名称	计算面积（平方千米）	当年地表水资源量（亿立方米）	上年地表水资源量（亿立方米）	与上年比较（%）	多年平均地表水资源量（亿立方米）	与多年平均比较（%）
津市	558	5.908	2.512	135.2	2.594	127.7
澧水	6235	80.26	31.88	151.8	48.82	64.4
洞庭湖环湖区	6824	66.79	34.37	94.3	38.52	73.4

表 5　2020 年津市市水资源总量一览表

分区名称	计算面积（平方千米）	年降水量（亿立方米）	地表水资源量（亿立方米）	地下水资源量（亿立方米）	重复计算量（亿立方米）	水资源总量（亿立方米）	产水系数
津市	558	10.537	5.908	1.2086	0.9906	6.126	0.58
澧水	6235	126.71	80.26	13.454	13.454	80.26	0.63
洞庭湖环湖区	6824	119.24	66.79	14.57	11.693	69.67	0.58

源量与多年平均比较:津市127.7%。水系与多年平均比较,按流域分区统计澧水区偏多64.6%、洞庭湖环湖区偏多73.4%。年径流深分布与降水不同,澧水中上游区石门以上,年径流深在1300—1600毫米。澧水流域连续最大4个月径流量集中在6—9月。

气　　象

【概况】2020年,津市市年平均气温正常,年降水量偏多,年日照时数偏少。入春入夏时间明显提前,冬季偏短,春夏秋三季偏长。

【气温】2020年,津市市年平均气温17.4℃,较常年偏高0.3℃,属正常范畴。与上年相比,偏低0.1℃。

与常年同期比,除7月、9月、10月和12月偏低外,其余各月均偏高,冬春偏高明显。其中2月、3月和8月分别偏高2.7℃、2.7℃和2.0℃,分别居1961年以来第八、第二和第五高值,7月气温偏低2.4℃,居1961年以来第一低值。冬季气温位居1961年以来第三高值。

年内无严寒期,全年日极端最低气温-2.5℃(12月31日),日极端最高气温38.8℃(8月5日),全市平均高温日数20.0天,全市大部地区出现两段高温天气,分别在8月1—9日以及12—18日,达轻度高温热害标准。

【降水】2020年,全市年平均降水量1909.3毫米,较常年(1344.5毫米)偏多42.0%,属偏多范畴,与上年(1237.9毫米)相比偏多54.2%,为1961年来第二高值。汛期(4—9月)降水量1345.2毫米,较常年偏高49.8%,最大日降水量156.6毫米(9月9日)。

总降水量在1554.9毫米,与常年相比,偏多13.8%。与上年相比,偏多8.5%。

1月、6月和9月降水偏多明显,分别居1961年以来同期第二、第三和第三高值;4月偏少明显,位居1961年以来同期第五低值;其他月份偏差相对较小。全市夏秋季降水量,分别居1961年以来第四和第二高值。

全年降水日数164.0天,较常年同期偏多21.8天,较上年同期偏多24.4天。

【日照】2020年,全市年平均日照时数1324.1小时,较常年偏少16.7%,属偏少范畴,与上年比偏少6.5%,居1961年来历史第二低值(最低值1295.2小时,1989年)。

与常年同期比,除2月、3月、4月和8月偏多外,其余各月份均偏少,其中7月、9月和10月偏少明显(7月、9月均创1961年以来历史同期新低,10月居1961年以来第三低值),全年日照时数居1961年来历史第二低值,尤其秋季全市平均日照时数创1961年以来历史新低。

气候事件

【概况】2020年,津市市气候表现:冬季暖湿特征明显;冬春季2次寒潮降温幅度大;强对流天气早发频发;暴雨频发,夏秋汛情严重;盛夏高温热浪;秋季湿冷型寒露风和连阴雨天气。总体来看,2020年津市市气象灾害多发频发,因灾损失较重,为较差气候年景。

【冬季暖湿特征明显】根据全市平均冬季降水量和气温排序资料,对冬季冷暖干湿特征进行分类定义,共分为4类:冷湿、冷干、暖湿和暖干。2019/2020年冬季,全市平均气温显著偏高,为1961年以来历史同期第三高值;降水量较常年同期偏多,为1961年以来历史同期第十一高值,暖湿特征明显,与2001/2002、2003/2004及2006/2007年冬季相类似。

【寒潮两度来袭】2020年度冬春季,全市共出现2次区域性寒潮过程,分别出现在2月14—15日、3月26—28日。其中3月寒潮正值清明前夕,对明前茶产量的影响较大。

2月14日下午开始出现降温降雨天气,并伴有大风、冰雹等强对流天气,48小时内降温幅度剧烈,最高气温下降14℃左右,平均气温下降10℃左右,最低气温在0℃以下,伴随出现6级偏北大风持续近24小时。3月26—28日,72小时内降温幅度接近13℃,并伴随出现6级偏北大风,持续近24小时。

【倒春寒时间长】3月27日至4月5日,受持续冷空气影响,全市平均气温10.5℃,较常年同期偏低3.7℃,前10天平均气温17.8℃,全市均达到倒春寒标准(连续10天平均气温较常年同期偏低2℃以上,并低于前10天平均气温)。4月17日至26日连续10天,平均气温16.4℃,较常年同期偏低2.3℃,前10天平均气温17.1℃,再度发生倒春寒。倒春寒天气对全市市农业生产造成一定影响。

【夏秋暴雨洪涝汛情重】2020年,全市迎来16轮暴雨天气过程。日最大降水量152.9毫米(6月13日)。时间分布上,暴雨日在6—7月最多,共出现11天、27站次暴雨。

夏季,津市先后出现12次暴雨过程,分别在6月2—4日、7—9日、12—14日、21—23日和27—29日,7月1—4日、5—11日、17—19日和26—27日,8月9—10日、19—21日和24—25日。数次暴雨过程叠加影响,导致全市大部地方达到重度气象洪涝标准。

表6　2020年津市市暴雨天气过程一览表

序号	暴雨过程	主要影响区域	暴雨站次	大暴雨站次	最大日降水(毫米)	过程平均降水(毫米)	过程最大降水(毫米)
1	6月21日至23日	澧水流域	1	0	88.2	60.2	108.4
2	7月1日至4日	澧水流域	2	2	126.0	70.4	146.9
3	9月9日	澧水流域	2	1	156.6	42.9	156.6

津市出现2次暴雨过程。9月9日和13—17日，其中9月中旬的过程造成秋汛的发生。9月13—17日，全市普降大到暴雨，部分大暴雨，全市累计降雨量130.4毫米。本次降水主要集中在澧水流域以及洞庭湖区，降雨量分别为101.9毫米、123毫米和114.6毫米。受上游降雨和本地强降雨叠加影响，出现渍涝。

【强对流早发频发】5月4日21时，出现雷暴大风等灾害天气，共造成津市镇村不同程度受灾。

【夏季轻度高温热浪】2020年8月津市平均气温29.8℃，较常年同期偏高2.0℃，与上年同期持平，居1961年以来第二高值。全市大部地区在8月1—9日和12—18日出现两段高温天气，两个阶段全市均达轻度高温热害标准(高温日数连续5—10天)。

【湿冷寒露风】9月14—29日全市大部分日平均气温在18℃—20℃，达到中度以上寒露风标准。其间平均气温较历年同期偏低2.8℃，平均雨日达11.6天，累积平均雨量171毫米，较历年同期偏多4倍，为典型湿冷寒露风。

【秋季连阴雨】2020年秋季多连阴雨，主要出现在10月中旬和11月中下旬。10月13—20日，受冷空气与南海低压外围云系和高空槽共同影响，全市大部地区出现连阴雨天气，雨日在7—9天，达轻度连阴雨标准。10月气温偏低，阴雨寡照持续时间长，对双季晚稻灌浆成熟和油菜育苗造成明显影响。

11月16—26日，受冷空气和高空槽共同影响，全市大部地区出现阴雨寡照天气。津市雨日在11天左右，达中度连阴雨标准。

【空气质量明显改善】2020年，津市年平均累计降水量1909.3毫米，地面平均风速1.8米/秒，平均混合层高度1186.6米，分别较2019年偏多54.2%、偏大4.0%、偏低9.2%。全市降水清除条件都较好，降水偏多明显，均比上年偏多60%以上，水平扩散条件较2019年明显偏好；垂直扩散条件比2019年偏差。2020年，4—10月平均累计日照时数884.3小时，较2019年偏少17.8%，有利于臭氧形成的太阳辐射条件有所减弱。

【气候与防汛抗旱】2020年汛期(4—9月)全市平均降水量1345.2毫米，较常年同期偏多49.8%，较上年同期多13.6%。空间分布上，4—9月各地降水量1010.9—1822.2毫米，为1961年以来历史同期第三。6月和9月降水偏多明显。

2020年最强降雨过程发生在6月28日8时—7月8日8时，全市平均降雨量227.0毫米，暴雨中心位于石门县北部，受强降雨影响及上游来水影响，涔水袁家港站、西洞庭湖区安乡站于7月3日先后出现超警戒水位的洪水过程，澧水流域石门站及以下于7日出现超警戒水位的洪水过程。澧水与长江来水碰头，洞庭湖区整体水位偏高，使得湖区持续超警30天。2020年度津市降雨量较历年同期偏多，没有出现明显旱情。

【气候与人体健康】以市城区为例，研究分析2020年气候条件对人体舒适感指数影响发现人体感觉舒适日数81天，较上年增加2天，较舒适日数129天，较上年增加5天，人体感觉舒适、较舒适日数占全年总日数的57.4%。不舒适日数98天，较上年减少5天，很不舒适日数58天，较上年减少1天，总体上不舒适、很不舒适日数较上年减少6天。

从市城区人体舒适度日数逐月分布分析发现：人体感觉舒适的时段主要分布在5月、9月，其中5月舒适日数达26天，较舒适日数主要分布在3—4月、6月以及10—11月，不舒适日数主要分布在2月(寒潮风雹)、8月(高温热浪)、12月(天气寒冷，风力较大)，很不舒适日数出现在1月(低温雨雪)以及12月(天气寒冷，风力较大)。

夏秋季节在高温高湿或强辐射热的气象条件下，人们长时间在户外活动，很容易导致体温调节功能障碍，进而发生中暑。中暑不仅与气温有关还与空气湿度、风等有关。利用日最高气温、日平均相对湿度及日平均风速来计算常德市城区2020年5—9月的逐日中暑指数。分析本市城区中暑指数逐日变化发现，容易或极易中暑(中暑指数M≥65)时段主要分布在8月，与本市高温日出现时段较为吻合。

【气候与环境】2020年全市大雾平均日数46.7天，较常年偏多26.5天；全年平均霾日34.4天，较常年偏多21.3天，大雾和霾日数均呈现增多的趋势。全市年平均降水日数164天，较常年偏多21.8天。全年各污染物平均值为：SO_2(7微克/立方米)，NO_2(19微克/立方米)，O_3-8H(127微克/立方米)，CO(1.1毫克/立方米)，PM10(50微克/立方米)，PM2.5(41微克/立方米)。2020年与2019年同期相比，1—12月，六项主要污染物平均浓度有不同程度下降，其中CO的下降幅度最大。首要污染物频率最高的是PM2.5，其次是O_3，贡献率最低的是SO_2。

环境质量

【地表水环境质量状况】津市区域内国控监测断面1个，为窑坡渡断面，由中国环境监测总站组织监测。2020年国控监测断面水质保持在Ⅲ类及以上，达标率为100%。省控监测断面2个，分别是白龙潭、石龟山水文站断面，由湖南省生态环境监测中心组织监测。2020年两个省控监测断面水质保持在Ⅲ类及以上，达标率为100%。县(市)控断面2个，分别是小渡口、车家溪(澹水)，断面属性为了解水质状况(不参与考核)。小渡口断面水质在Ⅲ类以上，车家溪断面水质在Ⅵ类以上。

【城乡集中饮用水水源地水质】湖南省常德生态环境监测中心按要求对白龙潭、毛里湖饮用水水源地水质开展月度监测(29项)、季度监测(61项)及每两年一次的地表水全分析监测(109项)。各项监测结果表明，白龙潭、毛里湖水质分别达到国家《地表水环境质量标准》(GB 3838—2002)Ⅱ类标准，达标率为100%。

【大气环境质量】2020年，津市市设有1个环境空气自动监测点位,位于城北区德雅中学,全天候对市区空气质量进行监测。监测因子有PM10、PM2.5、二氧化硫、二氧化氮、一氧化碳、臭氧等6项。2020年考核天数为366天,其中优良天数355天、轻度污染天数11天、中度污染天数0天、重度污染天数0天、严重污染天数0天,空气环境质量优良率为97%。津市城区主要污染因子为PM2.5和PM10,年均浓度分为30ug/m³、49ug/m³。比上年分别下降11ug/m³、17ug/m³。

【声环境质量状况】因城市发展,2020年根据对城市建成区环境噪声监测:主要交通干线的道路交通噪声昼间等效声级平均值为64.3分贝,低于《声环境质量标准》3类区噪声限值。城区区域环境噪声昼夜等效声级平均值为50.3分贝,低于3类区噪声限值。城区声环境质量总体良好。

市、市直机关,镇、街道机关及驻津市单位领导名录

市委

傅　勇　书记　二级巡视员
黄旭峰　副书记　市长
覃歇民　副书记
佘　斌　常委　纪委书记
　　　　监察委主任
何朝辉　常委　常务副市长
李景峰　常委　政法委书记
吴拥华　常委　统战部部长
叶春华　常委　组织部部长
杜登全　常委　办公室主任
徐兴宇　常委　宣传部部长

市人大常委会(党组)

王育平　主任　书记
李亚林　副主任　副书记
胡湘萍　副主任
邓开泉　副主任　成员
蒋勇林　副主任　成员
雷志华　副主任　成员
齐绍进　成员

市人民政府(党组)

黄旭峰　市长　书记
何朝辉　常务副市长　副书记
戴志刚　副市长　成员
徐兴勇　副市长　成员
陈顺勇　副市长　成员
戴宏凯　副市长　成员
易　榕　副市长　成员
高　力　副市长　成员
彭进华　成员

市政协(党组)

姜正才　主席　书记
雷光键　副主席　副书记
董新满　副主席　二级调研员
阿　毅　副主席
梁文利　副主席
石　勇　副主席　成员
皮怀忠　成员

其他处级领导

覃业辉　市法院院长
王朝阳　市检察院检察长
彭云森　市公安局政委
　　　　(高配为副处级)
曹　魏　市一中党委书记、校长
陈克元　市高新区党工委书记
彭发利　市高新区管委会主任
　　　　党工委副书记
邓惠荣　市人大原副主任、二级调研员
黄费武　市人大原副主任、二级调研员
张伟莉　市政府原副市长、二级调研员
曹后新　市政协原副主席、二级调研员
黄大喜　市一中原校长
　　　　市教育局三级调研员
温南军　市电大原校长
　　　　市人大办四级调研员
李　力　市电大原校长
　　　　市政协办四级调研员
张宏平　市委党校原校长
　　　　市委办三级调研员
唐熙刚　市委党校原校长
　　　　市委办三级调研员

纪委监委(1正3副7其他,内设机构:11正)

佘　斌　书记　监委主任
葛　胜　常务副书记　监委副主任
李本亚　副书记　监委副主任
宁　宇　副书记　监委副主任
钟　智　常委　监委委员
杨　威　常委　监委委员
周　鹏　常委
郭　勇　常委　监委委员
吴　婕　常委
黎谏昭　监委委员
匡纯华　监委委员
何　奔　干部监督室主任
杨　琦　组织部部长
李　赛　党风政风室主任
邬林翰　第一纪检监察室主任
高　建　第二纪检监察室主任
刘思思　第三纪检监察室主任
陈雷夫　第四纪检监察室主任
文厚霖　第五纪检监察室主任
周　宏　审理室主任
曾诚鹏　信访室主任

纪委监委派驻纪检监察组组长(10正)

严　丹　纪委监委派驻
　　　　市委办纪检监察组组长
刘　榕　委员　纪委监委派驻
　　　　市教育局纪检监察组组长
李德华　委员　纪委监委派驻
　　　　市住建局纪检监察组组长

庹登继 成员 纪委监委派驻
市发改局纪检监察组组长
李志昊 成员 纪委监委派驻
市财政局纪检监察组组长
杨 菲 成员 纪委监委派驻
市农业农村局纪检监察组组长
朱传锟 委员 纪委监委派驻
市卫健局纪检监察组组长
刘 武 委员 纪委监委派驻
市公安局纪检监察组组长
沈 艳 成员 纪委监委派驻
市人社局纪检监察组组长

市委办(1正5副4其他)
杜登全 主任
郑宇辰 常务副主任
徐 伟 副主任 机要局局长
(国家密码管理局局长)(兼)
谭 静 副主任 档案局局长(兼)
钱正彬 保密委员会专职副主任
朱樟杰 副主任
邹明君 督查专员
姚茜群 督查专员

○机关事务服务中心(1正)

组织部(1正3副3其他)
叶春华 部长 市直机关工委书记
甘雪林 常务副部长
李子牙 副部长(兼)
刘俊芳 副部长 老干局局长(兼)
市委离退休干部工委书记(兼)
刘迪波 副部长
王 俊 副部长 市委非公有制经济
组织和社会组织工委书记
公务员局局长(兼)
王跃云 委员
市直机关工委专职副书记
严 凯 市直机关工委纪工委书记
高腊梅 市委非公有制经济组织和
社会组织专职副书记

老干局
刘俊芳 局长(兼)
鲁祖英 市委离退休干部工委副书记(兼)

党员教育中心(1正)

宣传部(1正3副)
徐兴宇 部长
佘威威 常务副部长
新闻出版局局长(兼)
互联网信息办主任(兼)
张方军 副部长
杨 淳 副部长

○网络安全和信息化事务中心(1正)
胡文杰 主任

统战部(1正3副)
吴拥华 部长
鲁智勇 常务副部长
周润清 副部长
民族宗教事务局局长(兼)
卢基燕 副部长 工商联党组书记

政法委(1正3副1其他)
李景峰 书记
黄大庆 常务副书记
李 凯 副书记
杜 君 副书记
朱曦琴 政工室主任
向 阳 委员
沈浩然 委员

○社会治理指挥中心(1正)
周 上 主任

编办(1正2副)
聂和旗 主任
黎帮慧 副主任
江彬霞 副主任

机构编制事务中心(1正)
杨 柳 主任

巡察办(1正2副)
钟 智 主任
黄少勇 副主任
钟晓婷 副主任

第一巡察组(1正1副)
彭元宏 组长
余 慧 副组长

第二巡察组(1正1副)
龚 勇 组长
何 进 副组长

人大各委办(9正13副)
齐绍进 常委会办公室主任
温南军 常委会办公室副主任
黄雅珣 常委会办公室副主任
刘 芳 常委会选举任免联络工作
委员会主任
任有为 常委会选举任免联络工作
委员会副主任
刘 丹 民族华侨外事委员会
主任委员
陈群华 监察和司法委员会
(法制委员会)主任委员
张 微 监察和司法委员会
(法制委员会)副主任委员
李 立 财政经济委员会主任委员
李 勋 教育科学文化卫生委员会
主任委员
陈宏华 教育科学文化卫生委员会
副主任委员
周新华 环境与资源保护委员会
主任委员
马大平 环境与资源保护委员会
副主任委员
刘仕彬 农业与农村委员会主任委员
张先平 农业与农村委员会副主任委员
肖廷知 社会建设委员会主任委员
陈晓兰 社会建设委员会副主任委员

○人大预算联网监督事务中心(1正)
余海涛 主任

政府办(1正9副2其他)
彭进华 书记 主任
陈俊纲 副书记 副主任
梁先菊 副主任(兼)
陶元生 成员 副主任
杨 志 成员 副主任
刘士林 成员 副主任
郑媛媛 成员 副主任
谭翼云 成员 副主任

鲁　文　　成员　副主任
游运璇　　成员　副主任
熊哲庆　　督查专员　督查室主任(兼)
龙　丹　　督查专员

○金融发展服务中心(1正)
傅　坚　　主任

发展和改革局(党组)(1正3副)
罗　斌　　书记　局长
　　　　　粮食和物资储备局局长(兼)
贺　庆　　成员
万　君　　成员　副局长
熊　文　　成员　副局长

○产业发展事务中心(1正)
周振清　　主任

○重点建设项目事务中心(1正)

教育局(党委)(1正3副1其他)
韩宝诚　　书记　局长
刘明华　　委员　副局长
刘学斌　　委员　副局长
王忠明　　委员　副局长
关　平　　委员　主任督学

科学技术局(党组)(1正2副)
赵　宇　　书记
全林平　　局长
刘宇丹　　成员　副局长

工业和信息化局(党组)(1正3副1其他)
曾海涛　　书记　局长
袁　峰　　副书记　副局长
张振兴　　成员　副局长
汪　宇　　副局长
于春艳　　总经济师

○中小企业服务中心(1正)
陈　林　　主任

公安局(党委)(2正3副1其他,内设机构:14正)
戴志刚　　局长　书记
彭云森　　政委　副书记
卜合明　　副书记　副局长
王　田　　委员
尹昌建　　委员　副局长
石　勇　　委员　政工室主任
张　杰　　法制室主任
罗　茜　　警务保障室主任
辛　锐　　指挥中心主任
汤　俊　　指挥中心教导员
尹　顺　　国内安全保卫大队大队长
罗　涛　　国内安全保卫大队教导员
胡　月　　刑事侦查大队大队长
毛煜幕　　刑事侦查大队教导员
李志奇　　治安管理大队大队长
张世群　　治安管理大队教导员
周志刚　　经济犯罪侦查大队大队长
聂　勇　　经济犯罪侦查大队教导员
冯　蓓　　人口与出入境管理大队大队长
杨　倩　　人口与出入境管理大队教导员

三洲驿派出所(2正)
贺　虎　　所长
张　成　　教导员

汪家桥派出所(2正)
王　翔　　所长
姜思杰　　教导员

襄阳街派出所(2正)
宋　伟　　所长
倪同军　　教导员

金鱼岭派出所(2正)
张少龙　　所长
王大湘　　教导员

嘉山派出所(2正)
陈　俊　　所长
罗成念　　教导员

新洲派出所(2正)
王　维　　所长
曾　严　　教导员

毛里湖派出所(2正)
杨通福　　所长
朱　鹏　　教导员

药山派出所(2正)
徐　坤　　所长
梁翰文　　教导员

白衣派出所(2正)
周用志　　所长
施　阳　　教导员

西湖派出所(2正)
沈能雄　　所长
杨学军　　教导员

水上派出所(2正)
夏　微　　所长
王　山　　教导员

看守所(2正)
水加斌　　所长
韩虎臣　　教导员

拘留所(2正)
谭　斌　　所长
刘　勇　　教导员

民政局(党组)(1正2副)
刘　敏　　书记　局长
贺　蔚　　副书记　副局长
黄益群　　成员
徐兴弟　　成员　副局长
　　　　　市委非公有制经济组织和社会组织工委副书记(兼)

○社会救助事务中心(1正)
刘　伟　　主任

司法局(党组)(1正2副1其他)
龚　龙　　书记　局长
杨启文　　副书记　副局长
李克斌　　成员　政工室主任
杨重遥　　成员
颜甲丙　　副局长

社区矫正工作局(1正)
王德华　　局长

○依法行政指导服务中心(1正)
刘　烽　主任

财政局(党组)(1正3副1其他)
颜　述　书记　局长
高家礼　成员　副局长
周震秒　成员　副局长
王　鹏　成员　总会计师
文　莉　成员　副局长
江海峰　成员　副局长

财政事务中心(1正)
曾　涛　主任

乡镇财政服务中心(1正)
黄长城　主任

国库集中支付核算中心(1正)
齐志坚　主任

○财政局高新技术产业开发区分局(1正)
潘小平　局长

○国有资产经营管理中心(1正)
成德志　主任

人社局(党组)(1正3副1其他)
李子牙　书记　局长
刘　敏　副书记　副局长
张世菊　成员　副局长
杨柳青　副局长
李建华　成员　总经济师

就业服务中心(1正)
文　军　主任

劳动人事争议仲裁院(1正)
张　峰　院长

工伤保险服务中心(1正)
李海斌　主任

社会保险服务中心(1正)
贺进华　主任

○人力资源开发交流服务中心(1正)
毕　俊　主任

自然资源局(党组)(1正3副1其他)
吴正清　书记　局长
胡振基　副书记　副局长
高　翔　原国土资源局成员　副局长
胡庭岸　原国土资源局成员　副局长
胡圣华　原国土资源局成员
朱文君　原国土资源局成员　总工程师

自然资源局执法监察大队(1正)

○自然资源事务中心(1正)
鲁秋实　主任

○国土资源储备中心(1正)
胡　铭　主任

○土地开发整理中心(1正)
谭　欣　主任

○自然资源局高新技术产业开发区分局(1正)
陈真云　局长

○不动产登记中心(1正)
张传峰　主任

住建局(党委)(1正2副2其他)
黄毅明　书记
陈本方　局长　人防办主任(兼)
汪国进　副书记　副局长
李碧军　委员
谢韶辉　委员　副局长
李　艳　委员　副局长
毛世梧　委员　人防办副主任
李银安　总工程师

○海绵城市建设服务中心(1正)
邵　峰　主任

交通运输局(党组)(1正3副1其他)
谭文斌　书记　局长
辜建格　成员　副局长
肖耀军　成员　副局长
吴先明　成员
孟祥云　成员　副局长
黄泽清　总工程师

水运事务中心(1正)
葛　明　主任

○交通建设质量安全监督站(1正)
刘先利　站长

○道路运输服务中心(1正)
沈恒勇　主任

水利局(党组)(1正2副1其他)
聂　宇　书记　局长
陈克明　副书记　副局长
李召全　成员　副局长
周新河　成员　副局长
邹永祥　成员　总工程师
朱方丽　成员

水旱灾害防御事务中心(1正)
曲建华　主任

○库区移民事务中心(1正)
李　琨　主任

○水利建设管理中心(1正)
石启武　主任

农业农村局(党组)(1正3副1其他)
郭久平　书记　局长
李永才　副书记　副局长
刘　阳　成员　副局长
郭克艳　成员　副局长
卜明华　总农艺师

农村能源服务中心(1正)
郑凌云　主任

○农民教育办公室(党支部)(1正)
刘　浪　主任

商务局(党组)(1正2副)
程耀华　书记
周　欢　局长
蔡学文　成员　副局长

苏广军　成员　副局长

文化旅游广电体育局(党组)(1正2副)

钟　轲　书记
易　旭　局长
龚德军　副书记　副局长
余甫国　成员　副局长
彭　佳　成员　副局长

文化市场综合执法大队(1正)

杨　力　大队长

○全民健身服务中心(1正)

彭金刚　主任

卫生健康局(党委)(1正3副)

郭天明　书记　局长
甘邦祺　副书记　副局长
胡芬芳　副局长
彭　逆　委员　副局长

卫生计生综合执法监督局(1正)

○妇幼保健计划生育服务中心(1正)

印　华　主任

审计局(党组)(1正2副2其他)

吴承武　副书记　副局长
邹　斌　成员　经责办专职副主任
洪振高　成员　副局长
欧阳莉　成员
危　鸿　成员　总审计师

退役军人事务局(党组)(1正2副)

陈克兵　书记　局长
郑小华　成员　副局长
王伟林　成员　副局长

应急管理局(党委)(1正3副1其他)

刘康新　书记　局长
雷湘炬　副书记　副局长
龚启君　委员　副局长
王友华　委员　副局长
王　波　委员　政工室主任
胡丕波　委员

地震局(1正)

王涣军　局长

市场监督管理局(党组)(1正3副1其他)

罗勇刚　书记　局长
张子荣　副书记　副局长
苏红岩　成员　副局长
朱巨泽　成员　总工程师
陈　宏　成员　副局长
黄建良　成员

价格监督检查局(党支部)(1正)

鲁　瑞　局长

统计局(党组)(1正2副)

龚德全　书记　局长
李光日　成员　副局长
黄　淳　成员

城市管理和综合执法局(党组)(1正2副)

彭　军　书记　局长
张志刚　副书记　副局长
李超群　成员　副局长

○澧水大桥管理所(1正)

袁　彪　所长

行政审批服务局(党组)(1正2副)

张　云　书记　局长
李庆惠　成员　副局长
王　华　成员　副局长

○政府政务服务中心(1正)

雷　斌　主任

信访局(党组)(1正2副)

梁先菊　书记　局长
许凌翔　成员　副局长
王　毅　成员　副局长

扶贫开发办(党组)(1正2副)

唐海平　书记　主任
施光华　成员　副主任
马　利　成员　副主任

林业局(党组)(1正2副1其他)

高　毅　书记　局长
朱建新　成员　副局长
贺修武　成员　副局长
龚佑元　成员　总经济师

○国有林场(湖南嘉山国家森林公园管理处)(1正)

○林权管理服务中心(1正)

医疗保障局(党组)(1正2副)

施华翼　书记　局长
聂本贵　成员　副局长
沈善喜　成员　副局长

○医疗保障事务中心(1正)

裴莉林　主任

常德市生态环境局津市分局(党组)

卜茂平　书记　局长
蔡小玲　副书记　副局长
彭思绪　成员　副局长
葛　雷　成员　副局长
鲁祖元　成员
王　威　成员　总工程师

政协各委办(7正9副)

皮怀忠　办公室主任
李　力　办公室副主任
郭春节　办公室副主任
贺秀毓　办公室副主任
曾　鹏　委员学习联络委员会主任
尹茂桂　提案委员会主任
姜　波　提案委员会副主任
高曙光　经济科技和外事委员会主任
田　华　经济科技和外事委员会副主任
汪晓庆　农业农村和人口资源环境委员会主任
卜四平　农业农村和人口资源环境委员会副主任
刘清华　文教卫体和文史委员会主任
宋　奕　文教卫体和文史委员会副主任
毛　娟　社会法制和民族宗教委员会主任

蒋丹萍　社会法制和民族宗教委员会副主任

○政协云服务中心(1正)

毕　华　主任

法　院(党组)(1正3副3其他)

覃业辉　院长　书记
胡志勇　副书记　副院长
周　炜　成员　副院长
杨孟安　成员
庞延文　成员　政治部主任
宋立军　副院长
罗业才　审委会专委
姜业涛　审委会专委
田　凌　执行局局长
杨　敏　司法警察大队大队长

新洲法庭(1正)

江海兵　庭长

南区法庭(1正)

保河堤法庭(1正)

检察院(党组)(1正2副2其他)

王朝阳　检察长　书记
王海龙　副书记　副检察长
龚　平　成员　检委会专委
辛　桓　成员　政工室主任
熊玉芳　副检察长
向阳葵　检委会专委

公安局交警大队(党组)(2正4副)

庹进文　书记　大队长
黄文勇　副书记　教导员
卢祖华　成员　副大队长
潘格林　成员　副大队长
鲁文全　成员　副大队长
李任斌　成员　副大队长
路　杰　成员
赵　勇　事故处理中队中队长(高配)
戴述雄　城南中队中队长(高配)
陈　钧　城南中队指导员(高配)
李　哲　城北中队中队长(高配)
杨　立　城北中队指导员(高配)
许宏炎　巡逻中队中队长(高配)
王德勇　秩序管理中队中队长(高配)
杨雁凌　秩序管理中队指导员(高配)
张　华　低管中队指导员(高配)
刘先华　毛里湖中队中队长(高配)

森林公安局(2正1副)

李东方　局长
曾荣辉　政委
李慧君　副局长

总工会(党组)(1正3副)

李亚林　主席(兼)
袁　静　党组书记　副主席
高蓉月　副主席
向　巍　成员　副主席
田晓红　成员

共青团市委(1正2副)

肖　丹　书记
谭　橙　副书记
辜红韵　副书记
彭　敏　副书记(挂)

妇　联(党组)(1正2副)

李志华　书记　主席
邓超峰　副主席
王　方　成员　副主席
杨　芹　成员　副主席(挂)

科　协(党组)(1正2副)

屈　良　书记　主席
万　菲　成员　副主席
宋　昭　副主席

归国华侨联合会(1正1副)

朱方军　主席
李志兵　副主席

工商联(党组)(1正2副)

胡湘萍　主席
卢基燕　党组书记
郑家春　成员　副主席
赖丽容　副主席

文　联(党组)(1正1副)

周恩清　书记　主席
林小琼　成员　副主席

残　联(党组)(1正2副)

董新满　理事长
张浩瀚　书记
朱春年　成员　副理事长
郭玉璟　成员　副理事长

红十字会(1正1副)

戴宏凯　会长
卜中华　副会长
魏　来　副会长

计划生育协会(1正1副)

姚跃进　会长
张　妮　副会长
胡　杰　副会长

民盟津市市委(1正)

周　欢　主委(兼)
吴　涛　副主委
贺爱华　副主委(兼)
曾红胜　副主委(兼)

民建津市市委(1正)

易　旭　主委(兼)
刘　莉　副主委
汪晓庆　副主委(兼)

农工党津市市委(1正)

全林平　主委(兼)
杨建国　副主委
毕　华　副主委(兼)
齐平香　副主委(兼)

党　校(党委)(行政干部管理学校)(1正3副1其他)

覃歇民　校长
曹建华　常务副校长
曾祥云　副书记　副校长
傅智慧　委员　副校长
马雪娇　教育长

党史研究室(地方志办)(1正2副)

雷忠武　　主任
雷　虹　　副主任
吴　琛　　副主任

接待服务中心(党支部)(1正2副)

谭静波　　书记　主任
汤　惠　　委员　副主任
马　漓　　副主任

○融媒体中心(党总支)(1正3副)

汪东雷　　书记　主任
黄　鲲　　副书记　副主任
杨　玲　　副主任
王倡丹　　副主任
贺勇涛　　委员　副主任
钟　欣　　委员　副主任
黄叶蓉　　委员　副主任

○招商促进事务中心(党支部)(1正2副)

李晓明　　主任
曾　嵘　　副主任
张　翔　　副主任

供销社(党组)(2正2副)

梁　勇　　书记　理事会主任
李　强　　成员　监事会主任
雷明军　　成员　副主任

○嘉山管理处(党支部)(1正2副)

傅关杰　　书记　主任
田湘云　　委员　副主任
杨　劲　　委员　副主任

档案馆(1正2副)

谢　波　　馆长
邹平华　　副馆长
金义军　　副馆长

○第一中学(党委)(1正3副1其他,内设机构:4正)

曹　魏　　校长　书记
谭启荣　　委员　副校长
徐元清　　委员　副校长
陈　耘　　委员　纪委书记
伍红帅　　委员　副校长
肖建军　　教务科科长
易建华　　学生科科长
杨　斌　　后勤科科长
赵立华　　办公室主任

○湖南广播电视大学津市分校(党总支)(1正4副1其他,内设机构:6正)

路典清　　委员　副校长
马　鸣　　委员　纪检员
马　霞　　副校长
卢　鹰　　委员　副校长
李　健　　委员　副校长
罗宗斌　　学生科科长
沈　维　　招生就业办主任
唐智勇　　办公室主任
吴　惠　　师训科科长
傅　丽　　教务科科长
陈　勇　　总务科科长

○职业中专学校(党总支)(2正2副)

周志波　　书记　校长
周宏坤　　委员　副校长
徐海翔　　委员　副校长

○教师进修学校(党支部)(1正2副)

刘　炀　　副校长
王仲林　　委员　副校长
杨　军　　委员　副校长

○第三中学(党支部)(1正2副)

汤协林　　书记　校长
孙功清　　委员　副校长
李　华　　委员　副校长

○车胤中学(党支部)(1正2副)

申　建　　校长
郭祖安　　委员　副校长

○翊武中学(党支部)(1正2副)

毕怀忠　　书记　校长
曾红胜　　副校长
严　威　　委员　副校长

○住房保障服务中心(党总支)(1正3副)

李合林　　书记　主任
罗　斌　　委员　副主任
胡黎明　　委员　副主任

○国有土地上房屋征收与补偿工作办公室(1正)

雷海珍　　主任

公路建设养护中心(党支部)(1正3副)

金　鑫　　书记　主任
常　军　　委员　副主任
张　芸　　委员　副主任
陈建平　　委员
蒋建国　　委员　副主任

畜牧水产事务中心(党支部)(1正3副)

马成明　　书记　主任
陈娇兰　　副书记　副主任
何金明　　委员　副主任
赵昌琦　　副主任

农机事务中心(党支部)(1正2副)

刘德斌　　书记　主任
戴红桃　　委员　副主任
李建安　　委员　副主任

农村经营服务站(党支部)(1正1副1其他)

陈　革　　书记　站长
齐志红　　委员　副站长
刘　芳　　委员　纪检员

○湖南津市毛里湖国家湿地公园管理处(1正3副)

彭　敏　　主任
杨　毅　　副主任
周业平　　副主任
赵　斌　　副主任

○市场服务中心(党组)(1正3副)

朱方勇　　书记　主任
易继军　　副主任
任　涛　　成员　副主任
蒋　安　　成员　副主任

○疾病预防控制中心(党支部)(1正2副1其他)

文　杰　　书记　主任

孟　成　　委员　副主任
曾　薇　　委员　纪检员

○人民医院(党委)(2正4副1其他)

陈明辉　　书记
贺国华　　委员　副院长
胡振彬　　委员　副院长
马俊彬　　委员　副院长
汤泽峰　　委员　副院长
田继登　　委员　纪委书记

高新区(党工委)(2正3副1其他，内设机构:5正)

陈克元　　书记
彭发利　　副书记　主任
燕文韬　　副书记　纪工委书记
　　　　　企业党委书记(兼)
宋秉忠　　委员　副主任
周　庆　　委员　副主任
易松柏　　办公室主任
孔令平　　规划建设局局长
郭小毛　　招商合作局局长
李　震　　产业发展局局长
孟祥华　　社会事务局局长

三洲驿街道(党工委)(2正9副)

肖　婵　　书记　人大工委主任
王俊阳　　副书记　主任
庹　锋　　副书记
滕　达　　委员　政协联络处主任
谢　淳　　委员　纪工委书记
　　　　　市监察委员会派出三洲驿街道监察办公室主任
蔡　婷　　委员　组织委员
彭　敏　　委员　武装部部长
许　静　　副主任

汪家桥街道(党工委)(2正9副)

胡　汉　　书记
童俊凯　　副书记　主任
唐　奎　　副书记
向　涛　　委员　人大工委主任
孟　军　　委员　政协联络处主任
尤凌汝　　委员　纪工委书记
　　　　　市监察委员会派出汪家桥街道监察办公室主任
周也茹　　委员　组织委员
何　江　　委员　武装部部长
刘晓庆　　副主任

襄阳街街道(党工委)(2正9副)

施海英　　书记
陈　荣　　副书记　主任
青　陵　　副书记
钟　俊　　委员　武装部部长
刘安春　　政协联络处主任　副主任
管宏波　　委员　人大工委主任
谢智淳　　委员　纪工委书记
　　　　　市监察委员会派出襄阳街街道监察办公室主任
向芬芬　　委员　组织委员
刘　利　　副主任

金鱼岭街道(党工委)(2正9副)

汤　兵　　书记
黄朵朵　　副书记　主任
黄　磊　　副书记
王笔毕　　委员　人大工委主任
　　　　　武装部部长
廖金华　　委员　政协联络处主任
周勤超　　委员　纪工委书记
　　　　　市监察委员会派出金鱼岭街道监察办公室主任
唐　艳　　委员　副主任
黄春霞　　委员　组织委员
洪　群　　副主任

嘉山街道(党工委)(2正9副)

黄　超　　书记
张　丽　　副书记　主任
钟克孜　　副书记
邹　勇　　委员　政协联络处主任
　　　　　武装部部长
石瑞玲　　委员　人大工委主任
刘　姣　　委员　纪工委书记
　　　　　市监察委员会派出嘉山街道监察办公室主任
杨　芹　　委员　组织委员
何旭东　　副主任
刘　林　　副主任

新洲镇(党委)(2正9副)

王成勇　　书记
汪师儒　　副书记　镇长
覃　宇　　副书记
王怀满　　委员　人大主席
周先福　　委员　政协联络处主任
田祥杰　　委员　武装部部长
齐　荣　　委员　副镇长
欧阳含奕　委员　纪委书记
　　　　　市监察委员会派出新洲镇监察办公室主任
郭存华　　委员　组织委员
张　密　　副镇长
邓　政　　副镇长
熊雅丽　　副镇长

毛里湖镇(党委)(2正9副)

袁超伦　　书记
孙鹏骑　　副书记　镇长
周　强　　副书记
齐义芝　　委员　副镇长
鲁秉勰　　委员　人大主席
曾楚汉　　委员　政协联络处主任
杨金堂　　委员　副镇长
唐　伟　　委员　纪委书记
　　　　　市监察委员会派出毛里湖镇监察办公室主任
陈　攀　　委员　组织委员
胡　唯　　副镇长
马浩然　　副镇长
彭欣翌　　副镇长

药山镇(党委)(2正9副)

胡永乐　　书记
杨　军　　副书记　镇长
肖　何　　副书记
裴洪志　　委员　人大主席
王先明　　委员　政协联络处主任
龙峥奇　　委员　组织委员
李曼妮　　委员　副镇长
龚　敏　　委员　武装部部长
宋凌鹰　　委员　纪委书记
　　　　　市监察委员会派出药山镇监察办公室主任
雷　敏　　副镇长
吴　瑕　　副镇长

徐　甸　　副镇长

白衣镇(党委)(2正9副)
刘　波　　书记
李　睿　　副书记
刘嘉妮　　副书记
蔡昌明　　政协联络处主任
叶小军　　委员　人大主席
郭守明　　委员　纪委书记
　　　　　市监察委员会派出白衣镇
　　　　　监察办公室主任
吴红平　　委员　副镇长
文　政　　委员　武装部部长
陈文静　　委员　组织委员

湖南津城投资发展建设集团有限公司(党总支部)
王　波　　书记　董事长
周　敏　　书记　总经理

城建投公司(国资公司)(党支部)
王　波　　书记　董事长
成　军　　委员　总经理

嘉山实业公司(党支部)
周　敏　　书记　董事长
周　临　　总经理

国家税务总局津市市税务局(党委)
李太东　　局长　书记
向宇宏　　副局长　副书记
庹朝双　　副局长　委员
黄　勇　　副局长　委员
石　全　　副局长　委员
廖　峻　　副局长　委员
杨福海　　副局长　委员
王国荣　　副局长　委员
刘连杰　　副局长　委员
许杰峰　　副局长　委员
毕　垒　　纪检组组长　委员

供电公司(党委)
邹立平　　总经理　副书记
夏晓吉　　副总经理　书记
张业锋　　副总经理
熊　伟　　副总经理

邮政分公司(党委)
李　斌　　总经理　书记
刘华清　　副总经理　纪检书记
石　彬　　委员
陈　然　　督导员

烟草局(党组)
柳凡杰　　局长　经理
谭　胜　　副局长
潘志远　　副经理
侯惠平　　副局长
向多武　　纪检组组长

新华书店(党支部)
陈粤湘　　经理　书记
於　娟　　副经理　委员
周　哲　　综合部部长　委员

公积金管理部(党支部)
庹登满　　部长
江洪波　　副部长
龙玲玲　　副部长

消防大队
杨　帆　　教导员
熊卫芳　　大队长

石油公司(党支部)
黄德成　　经理　书记
张　敏　　副经理　委员

电信公司(党委)
彭　波　　总经理　书记
滕　勇　　副总经理
杨　勇　　副总经理

移动公司(党支部)
陈　骏　　经理　书记
陈　颢　　副经理　委员
郭兰英　　副经理　委员

联通公司
王　俊　　总经理

有线网络公司(党支部)
胡　锋　　总经理

唐汉春　　常务副总经理
王智勇　　财务总监
李　峰　　副总经理
付松林　　副总经理

常德日报津市记者站
单家庆　　站长

水文局(常德水文局澧水流域支部)
邓继辉　　局长
杨红英　　副局长

航道管理处
甘文华　　处长
黄辉跃　　副处长

武警中队
卢漯影　　中队长
邵光帅　　指导员

中国人寿保险公司(党支部)
杨　建　　经理
付建波　　副经理
陈　兵　　副经理

方正证券
杨政兴　　总经理

住保投公司
王　谦　　总经理

人民银行(党支部)
杜英宏　　行长　书记
张　斌　　副书记　纪检组组长
唐　琴　　组织委员
孙红缨　　股长　纪检委员
傅智松　　股长　宣传委员

工商银行(党总支)
姚锡勤　　行长
李建军　　副行长

农业银行(党总支)
张　雄　　副行长　委员
徐　达　　副行长　委员
杨孚平　　纪检委员　委员

张　仟　　副行长　委员

中国银行(党支部)

马　健　　行长

成　芳　　副行长

孟小玲　　副行长

建设银行(党支部)

刘迪安　　行长　书记

张　峰　　副行长　纪检委员

农业发展银行(党支部)

洪　军　　行长　书记

向　上　　副行长　委员

樊腊明　　副行长

农村商业银行(党委)

欧阳俊军　董事长　书记

唐　国　　副董事长　行长　副书记

郭懿锋　　监事长　纪委书记

闫　涛　　副行长　委员

李向阳　　副行长　委员

邮政储蓄银行(党支部)

龙　智　　行长　书记

涂　端　　副行长　纪检委员

华融湘江银行

毛文华　　行长

张　龙　　副行长

何　虹　　行长助理

长沙银行

高　超　　主管行长

张博涵　　副行长

蔡　兵　　行长助理

湘淮村镇银行

袁先佚　　行长

唐　剑　　副行长

陈　健　　副行长

人保财险公司(党支部)

欧阳召胜　经理

金　莹　　副经理

刘凌云　　副经理

胡圣梅　　经理助理

津鑫公司

王　剑　　董事长

津市监狱

尹利民　　党委书记　监狱长

龙志刚　　党委副书记　政委

罗孝远　　党委委员　副监狱长

侯祖强　　党委委员　副监狱长

谭传新　　党委委员　副监狱长

曹　捷　　党委委员　副监狱长

付　敏　　党委委员　政治处主任

李　剑　　党委委员　副监狱长

周玉山　　党委委员　纪委书记

(市、市直机关、镇、街道机关领导名录由市委组织部提供,驻津市单位领导名录由各单位提供,此名录截至2020年12月)

中共津市市委员会

概　述

【概况】2020年，中共津市市委团结带领全市人民，深入贯彻习近平新时代中国特色社会主义思想，坚定不移落实省、市决策部署，全力推进工业立市产业兴城战略，坚决打好“三大攻坚战”，加快产业培育，加速开放创新，加强城乡统筹，着力推动经济高质量发展，经济社会发展呈现总体平稳、稳中有进的良好态势。全年完成地区生产总值181.6亿元，同比增长4.5%；规模以上工业增加值63.7亿元，同比增长6.7%；全社会固定资产投资109.7亿元，同比增长20.1%；财政总收入8.15亿元，同比下降1.2%；城乡居民人均可支配收入分别达到37589元、18415元，同比分别增长5.0%和9.3%；社会消费品零售总额68.3亿元，同比下降1.9%。（胡家铭）

【产业发展】2020年，工业引擎强劲有力。引航生物、科益新生物等项目建成投产，醇健制药、津东云纺等项目顺利开工，均排名常德第一。微生态健康产业园已注册企业103家，取得医疗器械注册证376件，增速全国第一。装备制造产值突破百亿元大关，工程桥、商用桥“双桥并进”格局初步形成，牛肉米粉产业园建设有序推进，全国首条井矿盐零添加独立生产线正式投产。现代农业提质增效。“一镇一特”产业布局更加完善，新增“两品一标”认证4个，省级农业产业化龙头企业6家，完成农产品加工业产值72.8亿元，同比增长12.5%。现代服务业企稳回升。各项存贷款余额增速常德第一，出台刺激消费政策21条，完成商品房销售1867套，同比增长106.8%；成功创建省级全域旅游示范区，青苗社区荣获全国乡村旅游重点村称号，大关山村创建为国家AAA级旅游景区。（胡家铭）

【服务保障】2020年，招商质效更加明显。圆满举办首届体外诊断产业发展大会，中联产业园、湘雪冷链物流等项目相继引进，成功引进亿元以上项目28个，协议引资75亿元，其中5亿元以上项目6个、10亿元以上项目3个。开放平台更加广阔。津市港年内累计吞吐量达到5066标箱、310万吨，一期项目实现年内建设、年内盈利，二期前期工作基本完成，澧水二桥、津港大道建成通车，水陆交通更加通畅。科技创新力度加强。全社会研发投入增速常德第一，全市高新技术企业达到22家，新增高新技术企业4家，申请发明专利340件，完成科研合作及成果转化项目20个。湖南省知识产权综合服务分中心落户津市，引航生物荣获全省创新创业大赛二等奖。营商环境持续优化。“一件事一次办”及政务下沉工作被新华社、中央广播电视台重点推介，吸引13个市州、62个区县市现场考察学习，荣获全国优化营商环境十佳县(市、区)。（胡家铭）

【城乡发展】2020年，城市品质不断提升。西河街、生产街、城东等片区加快建设，棚户区、老旧小区改造和街区有机更新有序推进，小街小巷提质升级、黑臭水体治理、公共停车位建设、渣土运输市场管理成效明显，兰津广场投入使用，国家卫生城市复审通过省级技术评估。乡村治理更加有效。全域创建美丽乡村通过省级验收，被评为全省农村人居环境整治先进县市、全国村庄清洁行动先进县市，全国水系连通及农村水系综合整治试点全面启动，“绿色存折”入选“湖南基层改革探索100例”，“三折融合”模式入选第二批全国乡村治理典型案例。（胡家铭）

【三大攻坚】2020年，精准脱贫成效显著。脱贫攻坚战取得决定性成就，1801户5371名建档立卡贫困人口全部脱贫，11个贫困村全部退出，全面建成小康社会胜利在望。污染防治态度坚决。圆满完成中央、省环保督察交办突出问题整改，全市空气质量优良率达97.7%，改善幅度全省第一，严格落实河湖长制，毛里湖“两拆两退”成效明显，国家、省控断面水质达标率100%，长江流域禁捕退捕稳步推进，渔民转产就业实现动态清零。重大风险防控有力。控制政府债务增量、化解债务存量、不断做大综合财力，综合债务率持续下降，政府债务风险整体可控。政府性债务风

险等级连续2年下降，牢牢守住不发生系统性金融风险底线。（胡家铭）

【民本民生】2020年，教育卫生不断提质。城乡美丽校园高标准建成，二完小双济学校改扩建、新洲镇中学新建、职业中专整体搬迁稳步推进，全市高考一本、二本上线率达到85.8%，同比增长23.7%；人民医院改扩建主体封顶，新中医院投入运营，获批国家慢性病综合防控示范区。文化事业持续繁荣。虎爪山遗址公园初步建成，津市博物馆主体完工，获批全国第二批革命文物保护利用片区重点县，"津市融媒"微信公众号连续4年位列全国县级广电新媒体百强，第七次全国人口普查工作顺利推进。社会大局安定有序。扫黑除恶专项斗争纵深推进，无上访村（社区）建设被评为常德先进，综治民调稳居常德第一，信访工作连续2年被评为全省"三无"县市区，平安建设获评全省先进，连续17年保持全省平安县市区称号。（胡家铭）

【党的建设】2020年，坚持做到思想引领。全面贯彻习近平总书记考察湖南重要讲话精神和中共十九届五中全会精神，认真抓好《习近平谈治国理政》第三卷学习宣传，全面落实意识形态责任制，推动津市各项工作落地落实。全面夯实基层基础。认真落实省委"1+5"系列文件，支部"五化"考核位居常德市前列，基层运转保障经费、村（社区）干部待遇稳步提高。持之以恒正风肃纪。清单化落实从严治党主体责任，深化政治"画像"监督，持续整治形式主义官僚主义，省委巡视整改成效不断巩固，党风政风和干部作风持续好转构建大统战工作格局。爱国统一战线得到巩固、发展和壮大，新洲万寿宫社区成功创建全省同心社区；党对人大、政协工作的领导全面加强；党管武装工作开创新局面。（胡家铭）

表7　　2020年中共津市市委常委会议一览表

会议次数、时间	主要内容
第1次 1月2日	1. 审议2020年市委经济工作会议报告（讨论稿） 2. 听取关于2020年度民生实事建议项目情况汇报 3. 听取关于评选表彰2020年津市市劳动模范和先进工作者情况汇报 4. 听取市政协相关工作情况汇报 5. 听取年度安全生产绩效考核工作情况汇报 6. 听取2019年度绩效评估考核情况汇报 7. 听取关于2019年度全市平安建设、维护稳定、"无上访村（社区）"建设工作考核情况汇报 8. 听取关于2020年财政预算编制工作情况汇报 9. 听取关于党组设置调整有关情况汇报
第2次 1月9日	1. 传达省委十一届九次全会及省委经济工作会议精神 2. 听取全市党组（党委）2019年度工作报告 3. 听取关于2019年污染防治攻坚战任务完成暨蓝天保卫战"百日攻坚"情况汇报 4. 听取2019年退役士兵安置工作情况汇报 5. 听取组织开展春节系列活动的情况汇报 6. 研究有关人事
第3次 1月20日	1. 传达学习"两征两退"改革暨征兵工作会议精神 2. 听取2020年春节值班安排 3. 部署春节期间有关工作 4. 听取关于2019年度公务员（参管人员）和党群系统事业单位工作人员年度考核情况汇报 5. 听取关于2019年全市机关事业单位工作人员年度绩效考核情况汇报 6. 听取2019年产业立市工作情况汇报 7. 听取低效企业盘活和困难企业帮扶工作情况汇报
第4次 2月4日	1. 传达上级有关精神 2. 部署安排当前重点工作
第5次 2月20日	1. 传达常德市产业项目推进暨疫情防控工作调度会精神 2. 听取关于创建湖南省"全域旅游示范区"工作情况汇报 3. 听取关于开展党政机关安全可靠应用替代工作的情况汇报 4. 听取关于推进党政协同办公平台建设的情况汇报 5. 传达学习《纪检监察机关处理检举控告工作规则》 6. 研究有关人事

续表 7

会议次数、时间	主要内容
第 6 次 3 月 6 日	1. 听取产业立市、项目建设、向上争资工作情况汇报 2. 听取关于全域推进美丽乡村、乡村治理体系建设情况汇报 3. 听取中央、省、常德市脱贫攻坚工作会议精神及津市贯彻落实意见汇报 4. 听取全市建设新时代文明实践中心国家试点工作情况汇报 5. 听取常德市党委系统工作会议精神及全市贯彻落实意见汇报(审议 2020 年党办、组织、宣传、统战、政法工作思路及县委书记基层党建述职反馈问题整改方案) 6. 取中央、省、常德市纪委全会精神及全市贯彻落实意见汇报 7. 审议市人大常委会 2020 年工作要点 8. 传达省、常德市对台工作会议精神
第 7 次 3 月 18 日	1. 听取关于整治形式主义官僚主义为基层减负工作的情况汇报 2. 听取 2020 年全市招商引资工作情况汇报 3. 听取 2019 年度工业经济等 11 项工作表彰奖励情况汇报 4. 审议 2020 年政府工作报告
第 8 次 3 月 31 日	1. 中心组学习(观看习近平新时代中国特色社会主义思想基本内容专题片) 2. 传达省委十一届十次全会精神 3. 财经委员会议(审议决胜全面小康工作方案) 4. 听取关于省委巡视反馈意见整改工作的情况汇报 5. 听取关于信访工作的情况汇报 6. 全面依法治市委员会议(审议有关文件方案) 7. 听取津市市 2020 年污染防治攻坚战工作方案暨“夏季攻势”任务清单情况汇报 8. 听取关于 2020 年领导干部报告个人有关事项文件主要精神及全市贯彻落实意见情况汇报 9. 听取全省财政工作会议精神及全市贯彻落实意见汇报 10. 研究有关人事
第 9 次 4 月 15 日	1. 传达学习中共中央《关于在全党开展“不忘初心、牢记使命”主题教育总结报告》的文件精神 2. 听取关于市委常委会 2020 年工作要点及五项清单起草情况汇报 3. 听取关于落实履行管党治党责任清单的情况汇报 4. 听取关于迎接 2020 年国家卫生城市周期复审工作的情况汇报 5. 听取关于基层公共服务(一门式)全覆盖工作的情况汇报 6. 听取关于全市成立新的社会阶层人士联谊会有关事项的情况汇报 7. 研究有关人事
第 10 次 5 月 12 日	研究有关人事
第 11 次 5 月 18 日	1. 听取关于全市全面深化改革工作的情况汇报 2. 听取关于全市 2020 年项目投资工作情况汇报 3. 听取关于组建集团公司的情况汇报 4. 听取关于常德市委巡察工作精神暨全市贯彻落实情况汇报 5. 听取 2020 年人才系列活动计划汇报 6. 听取 2020 年干部教育培训计划汇报 7. 研究有关人事

续表 7

会议次数、时间	主要内容
第 12 次 6 月 3 日	1. 听取关于国有企业退休人员社会化管理工作的情况汇报 2. 听取司法行政工作情况汇报 3. 听取关于开展农贸市场、批发市场、小商品市场、专业市场领域涉黑涉恶和违法违规问题专项整治工作情况汇报 4. 听取关于民政领域脱贫攻坚工作的情况汇报 5. 听取关于贯彻落实上级党委政协工作会议精神的情况汇报
第 13 次 6 月 17 日	研究有关人事
第 14 次 6 月 30 日	1. 听取全市革命老区工作情况汇报 2. 听取关于全市 2020 年上半年生态环保工作暨蓝天保卫战相关工作的情况汇报 3. 听取关于全市校园安全工作的情况汇报 4. 听取关于国家安全相关工作的情况汇报 5. 听取关于全市禁毒工作的情况汇报 6. 听取关于县域警务工作的情况汇报 7. 听取 2020 年津市市庆“八一”拥军优属拥政爱民活动方案的情况汇报 8. 听取关于紧密型县域医共体建设国家试点工作情况汇报 9. 研究有关人事
第 16 次 7 月 27 日	1. 传达学习全省产业项目建设推进现场观摩会议精神 2. 传达学习《习近平关于力戒形式主义官僚主义重要论述选编》 3. 传达学习习近平总书记在中央政治局第二十次集体学习时的讲话精神(切实实施民法典) 4. 听取关于深化派驻机构改革和向镇(街道)派出监察办公室等工作情况汇报 5. 听取关于《津市市人民代表大会常务委员会讨论、决定重大事项的规定》起草情况说明 6. 研究有关人事
第 17 次 8 月 31 日	1. 传达学习中央、省委、常德市委关于制止餐饮浪费和长江流域禁捕退捕工作重要指示精神 2. 研究有关案件 3. 研究有关人事
第 18 次 9 月 14 日	1. 听取关于学习贯彻习近平总书记重要训词精神和“开展坚持政治建警全面从严治警”教育整顿工作的情况汇报 2. 听取全市脱贫攻坚工作情况汇报 3. 听取全市水系连通及农村水系综合整治试点县建设情况汇报 4. 听取全市自然保护地优化整合工作情况汇报 5. 听取关于突出生态环境问题整改及污染防治攻坚战“夏季攻势”完成情况汇报 6. 听取津市市 2020 年征兵工作情况汇报 7. 听取在全市开展基层人民武装部全面建设星级达标活动情况汇报 8. 听取关于实施政府过“紧日子”十条举措进一步深化财政管理改革情况汇报 9. 听取全市 2020 年部门预算公用经费和专项经费压减方案情况汇报 10. 传达学习常德信访稳定工作会议精神 11. 听取常德市委党建工作领导小组第一次会议有关情况汇报 12. 书面听取津市市委“不忘初心、牢记使命”主题教育总结报告
第 19 次 9 月 21 日	傅勇传达学习习近平总书记到湖南调研重要指示精神及省委领导干部大会精神、习近平总书记在全国抗击新冠肺炎疫情表彰大会上的重要讲话精神

续表 7

会议次数、时间	主要内容
第 20 次 9 月 29 日	1. 听取关于贯彻落实《中国共产党政法工作条例》的情况汇报 2. 听取开展 2020 年“激扬文体奋进津城”大赛季活动工作情况汇报 3. 听取全市老科协工作情况汇报 4. 研究有关人事
第 21 次 10 月 12 日	畜牧水产事务中心马成明汇报
第 22 次 10 月 16 日	研究有关人事
第 23 次 10 月 29 日	1. 研究有关人事 2. 传达学习习近平在湖南考察工作结束时的讲话精神 3. 传达学习省委十一届十一次全体会议精神 4. 听取中共津市市委十二届九次全体(扩大)会议筹备工作情况汇报 5. 听取关于持续推进河长制工作情况汇报 6. 听取关于贯彻落实中央、省委一号文件和《中国共产党农村工作条例》电视电话会议精神情况汇报 7. 听取全市砂石土矿专项规划工作情况汇报 8. 听取融媒体中心工作情况汇报 9. 听取全市残疾人联合会改革方案(草案)情况汇报
第 25 次 11 月 11 日	1. 听取《2020 年津市市绩效评估实施方案》情况 2. 听取农村乱占耕地建房专项摸底工作情况汇报 3. 听取全市农村“厕所革命”工作情况汇报 4. 传达学习中央、省、常德市委党校工作会议精神及全市贯彻落实情况汇报 5. 听取《关于提高乡镇机关事业单位工作人员工资的意见》 6. 研究有关人事
第 26 次 11 月 26 日	1. 高力汇报安全生产相关工作情况; 2. 陈顺勇汇报生态环保相关工作情况; 3. 黄旭峰传达学习中央、省交办突出环境问题整改销号工作调度会会议精神; 4. 傅勇传达学习习近平总书记在全面推动长江经济带发展座谈会上的重要讲话、省委书记许达哲到常德调研及有关座谈会、常德市委常委会议精神。
第 27 次 12 月 10 日	1. 会前学法:学习中华人民共和国民法典、中华人民共和国农村土地承包法、中华人民共和国药品管理法、中华人民共和国生物安全法 2. 传达学习习近平总书记关于统计工作的指示及统计法律法规文件有关精神 3. 传达学习省委统战工作领导小组文件精神暨全市贯彻落实意见情况汇报 4. 听取关于 2021 年市委经济工作会议筹备工作情况汇报 5. 听取政协津市市第十二届委员会第六次会议筹备情况汇报 6. 听取关于津市市十七届人大六次会议筹备工作情况汇报 7. 传达学习省、常德市乡镇人大工作和建设推进会精神 8. 听取关于遏制公职人员涉毒吸毒问题工作情况汇报 9. 听取关于贯彻落实上级信访工作会议精神的情况汇报 10. 听取关于 2021 年度民生实事建设项目情况汇报 11. 听取关于村(社区)“两委”换届工作精神及贯彻落实建议情况汇报 12. 研究有关案件 13. 研究有关人事 14. 听取关于《津市市竞争性选拔调任副科级领导干部工作实施方案》的情况汇报

续表 7

会议次数、时间	主要内容
第 28 次 12 月 12 日	1. 观看 2020 年长江经济带生态环境警示片 2. 黄旭峰传达推动长江经济带发展领导小组会议及有关会议精神
第 29 次 12 月 30 日	1. 传达中央、省委、常德市委经济工作会议精神 2. 传达省委十一届十二次全体会议、常德市委七届九次全体会议精神 3. 听取全市国土空间规划编制工作情况汇报 4. 听取关于村(社区)“两委”换届的情况汇报 5. 审议《市委关于制定“十四五”规划和 2035 远景目标的建议》和《中共津市市委十二届十次全体扩大会议方案》 6. 传达关于公务员平时考核工作上级有关精神及全市贯彻落实建议情况汇报 7. 听取关于党组织设置的情况汇报 8. 听取 2020 年政府工作要点调减情况汇报 9. 听取 2021 年春节走访慰问情况汇报 10. 听取长江经济带生态环保问题整改工作情况汇报 11. 研究有关人事 12. 研究有关案件 13. 书面听取关于对受处分人开展回访教育工作的情况汇报 14. 书面听取津市市红十字会改革方案 15. 书面听取津市 2021 年节假日领导带班安排

表 8　　2020 年中共津市市委重要文件一览表

序号	发文日期	文号	发文机关	文件标题
1	2020-3-13	津发〔2020〕1 号	市委	关于印发《津市市建设新时代文明实践中心国家试点工作实施方案》的通知
2	2020-4-16	津发〔2020〕2 号	市委	关于印发《中共津市市委常委会 2020 年工作要点》的通知
3	2020-1-6	津委〔2020〕1 号	市委、市政府	关于表彰2019年度全市绩效评估先进单位的通报
4	2020-1-8	津委〔2020〕2 号	市委	关于同意党组设置调整的批复
5	2020-1-29	津发〔2020〕3 号	市委	关于成立市委新型冠状病毒感染的肺炎疫情防控工作领导小组的通知
6	2020-2-7	津发〔2020〕4 号	市委、市政府	关于表彰 2019 年度全市机关事业单位科级及以下工作人员年度考核先进个人的通报
7	2020-3-18	津发〔2020〕5 号	市委、市政府	关于表彰 2019 年度全市工业经济发展等 11 项工作先进单位和先进个人的通报
8	2020-4-22	津发〔2020〕6 号	市委、市政府	关于表彰劳动模范和先进工作者的通报
9	2020-5-26	津发〔2020〕7 号	市委	关于转发《政协津市市委员会常务委员会 2020 年工作要点》的通知

办公室工作

【办文办会】从机制入手,制定《关于进一步规范办文办会、请假外出和督查检查考核有关事项的通知》,对办文办会等工作内容、责任、要求进行明确,规范审批程序。公文办理方面,全年办理来文700余份,印发文件54份,同比减少24%;会议活动方面,建立主要领导周工作预安排,统筹抓好“四大家”重要会议、活动安排,全年协助或承办大型会议13次、大型活动4次,接待省市领导5批次,开放强市产业立市流动现场会、首届体外诊断产业发展大会等充分展现津市风采,深受各界好评。同时,加速公文流转、请示报告、会议通知等工作网上办理,推动数据多“跑路”、干部少“跑腿”,确保公文3天内签阅完成,压缩时间成本300%以上,压缩印发资料行政成本50%以上。

(鲁力、任鸿雁)

【督促检查】严格落实《湖南省深化整治形式主义官僚主义10条措施》,持续为基层松绑减负。继续实行督查检查考核事项计划清单和审批报备制度,制定《2020年度津市市督查检查考核计划清单》共18项,同比减少10%。紧盯市委经济工作会议、市政府工作报告任务、市委常委会议议定事项及市委领导批示和交办事项等工作,开展园区建设、防汛抗灾、河湖长制等专项督查23次,仅鸭公嘴珍珠退养工作开展明察暗访10次,编发《督查通报》8期、《督查专报》5期,办理脱贫攻坚、禁捕退捕等领导批示件20件。同时,牵头督办人大代表建议、政协委员提案11份,办复率100%。

(姚茜群)

【绩效考核】发挥绩效考核“指挥棒”作用,一方面,积极与常德市绩效办衔接,做好短板指标问题分析和任务交办,全年调度督导各级各部门落实上级绩效评估指标任务工作5次;另一方面,科学调整绩效评估指标内容和分值比重,及时收集指标任务完成情况,推动工作有序开展。

(文铖)

【综合调查】围绕工业立市产业兴城战略及重点工作,形成《关于加快澧水流域港口发展的调研报告》《坚持高水平开放,助推高水平发展》等10多篇调研报告和经验文章,相关调研成果为领导科学决策提供参考。正确把握中央方针政策和上级决策意图,全年累计撰写各类综合材料260多篇100多万字。始终保持政治敏锐性,定期整理中央、省、常德市重要会议及领导讲话精神,形成20多期160余篇资料汇编。

(胡家铭)

【党委信息】充分发挥党委信息“耳目”作用,全年编发《信息专报》2期,报送信息280篇,其中,《津市市储备蔬菜千余吨并确保“菜篮子”货足价稳》《津市市拉紧农贸生鲜市场“安全绳”保障群众食品安全》等100余篇稿件被采用,未出现一起重大紧急信息迟报、漏报、瞒报事件,排名由2019年全省第71名上升至第14名,常德市第7名上升至第2名。

(尹毅)

【机要保密】严格规范明密件管理,落实规范性文件备案审查制度,全年办理涉密电报418份、明传电报448份,清退涉密文件资料1700余份。抓好保密宣传教育和监督管理,全年发现涉密隐患、问题15处,核查5批次69条上级交办的敏感信息预警记录,并有序完成市委办、市政府办“安可替代”工程。

(邹明君)

纪检监察

【概况】中共津市市纪律检查委员会与津市市监察委员会合署办公。2020年,共设立12个内设机构、10个派驻机构,下设股级公益一类事业单位津市市党风廉政教育中心。内设机构分别是办公室、组织部、党风政风监督室、信访室、第一纪检监察室、第二纪检监察室、第三纪检监察室、第四纪检监察室、第五纪检监察室、案件监督管理室、案件审理室、纪检监察干部监督室;派驻机构分别是市纪委监委驻市委办纪检监察组、市纪委监委驻市政府办纪检监察组、市纪委监委驻市发改局纪检监察组、市纪委监委驻市教育局纪检监察组、市纪委监委驻市公安局纪检监察组、市纪委监委驻市财政局纪检监察组、市纪委监委驻市人社局纪检监察组、市纪委监委驻市住建局纪检监察组、市纪委监委驻市农业农村局纪检监察组、市纪委监委驻市卫健局纪检监察组。

2020年,津市市纪委监委忠诚履职,发挥监督保障执行、促进完善发展作用,全面从严治党取得新成效,全年党纪政务立案46人,给予党纪政务处分51人,组织处理48人,纪检监察工作在高质量发展上取得新成绩。在全省扶贫领域腐败和作风问题专项治理工作(市县)考核中,津市继续保持非贫困县一类单位;在常德市纪检监察工作考核中,津市纪委监委继续位列先进行列。

【召开第十二届纪律检查委员会第六次全体会议】2020年3月9日至10日,中国共产党津市市第十二届纪律检查委员会第六次全体会议在津市召开,会议以视频会议形式举行,出席这次全会的有市纪委委员18人,列席134人。会议议程有:传达贯彻十九届中纪委四次全会、十一届省纪委五次全会和七届常德市纪委五次全会精神,回顾2019年全市纪检监察工作,部署2020年工作任务:以党的政治建设为统领,持续压实全面从严治党政治责任;以人民群众满意为目标,持续整治群众身边腐败和作风问题;以抓常抓细抓长为基础,持续强化日常监督长期监督;以削存量、遏增量为重点,持续构建“三不一体”同向发力的有效机制;以政治巡察为根本,持续推动巡察全覆盖“有形”和“有效”相统一;以提升治理效能为导向,持续深化纪检监察改革创新;以打铁还须自身硬为标尺,持续打造让党放心人民满意的纪检监察干部队伍。市委书记傅勇出席全会并发表讲话,市委常委、市纪委书记、市监委主任佘斌代表市纪委常委会作《凝聚监督合力，增强监督实效，为坚决夺取全面建成小康社会伟大胜利保驾护航》工作报告，会议表决通过中国共产党津市市第十二届纪委常委会提请第六次全体会议审议的工作报告和津市市第十二届纪律检查委员会第六次全体会议公报(草案)。

【政治监督】2020年，津市纪委监委坚持重大决策部署到哪里，监督检查就跟进到哪里，确保上级各项决策部署落实处、见实效。统筹开展常态化疫情防控及“六稳”(稳就业、稳金融、稳外贸、稳外资、稳投资、稳预期)“六保”(保居民就业、保基本民生、保市场主体、保粮食能源安全、保产业链供应链稳定、保基层运转)监督，严明疫情防控“七个严格”(严格坚守岗位、严格履行职责、严格统一指挥、严格下情上报、严格舆情监控、严格后勤保障、严格落实见效)及“三个一律”(对疫情防控期间失职渎职造成严重影响和损害的，一律从快从严从重依规依纪依法追究纪律和法律责任、对落实工作责任不力的一律“一案双查”、对典型案例一律点名道姓通报曝光)政治纪律，开展疫情防控专门提醒谈话400余人次，问责疫情防控工作不力人员2人，组织处理5人。坚持节奏不变、力度不减纠“四风”(形式主义、官僚主义、享乐主义、奢靡之风)，查处形式主义官僚主义问题9件17人，组织处理11人，党纪政务处分6人。持续发力落实中央八项规定及其实施细则精神，“五个一”(一张函、一间房、一张卡、一张表、一份回复)专项治理发现问题线索60余条，发出《函询通知书》6份、《督促整改函》3份。聚焦“一件事一次办”改革，基层公共服务全覆盖“津市模式”受到肯定和推介。稳步推进“洞庭清波”专项行动，强化“禁捕退捕”专项监督，全市共开展提醒谈话11次16人，组织处理1人。围绕城市社区、人防系统、工程建设项目招投标等重点领域开展专项监督，发现线索数114条，处置问题线索数96条，立案3件3人，组织处理6人、追缴资金451.16万元。

【重点领域整治】2020年，深化扶贫领域腐败和作风问题专项治理，严肃查处基层干部贪污侵占、虚报冒领、截留挪用等行为。开展“一季一专题”监督检查401批次，查处扶贫领域腐败和作风问题9个，立案15件15人，退还群众资金8.97万元，强化震慑。开展纪检监察干部进村入户实地督查及“回头看”，共发现问题28个，移送扶贫领域问题线索4条。紧盯困难群众生活保障、居民就业等四大类15项监督重点开展监督，发现问题线索160余条，立案21件21人，党纪政务处分20人，组织处理20人，一批群众“急难愁盼”问题得到有效解决。实行领导包案督办，加大积案化解力度，扶贫领域信访线索实现动态“清零”。检举举报平台建设如期完成，实现信访举报件全流程闭环管理，确保人民群众依法有序参与监督，合理诉求得到有效回应和解决。

【审查调查】2020年，紧盯“一把手”和“关键少数”，聚焦政策支持力度大、投资密集、资源集中的领域和环节，深入推进正风反腐。全市党纪政务立案46人，其中立案科级干部7人(包含科级单位主要负责人1人)，给予党纪政务处分51人，组织处理48人，新增留置4人，移送检察机关审查起诉2人，收缴违纪资金826.45万元。扫黑除恶破网打伞纵深推进，全年立案审查调查7人(正科级2人、副科级3人)，其中留置1人，重点查办朱某贵、李某等严重违纪违法案，大案要案查办取得重大突破。持续深化党风廉政建设宣传教育，做深做实做细“后半篇文章”，组织开展“不忘初心·传廉声”经典诗词美文品读会、受处分人员回访教育、全市领导干部警示教育等活动，全力营造崇廉、奉廉、赞廉的清廉文化氛围，持续涵养风清气正的政治生态。

【日常监督】2020年，纵深推进主体责任清单化管理，启动全市主体责任落实情况监督检查，对5家市直单位下发问题清单，督促整改落实，促进常态化推进。政治“画像”监督持续深化，对“四大办”开展政治“画像”，开列问题清单100余个，市委书记和纪委书记对主要负责人开展“二对一”提醒谈话，警示效果明显。同时，围绕贯彻落实习近平总书记考察湖南重要讲话精神、禁捕退捕等重点内容，对2个街道、2个市直单位开展第四轮政治“画像”监督，深层次查找问题。严格“党内监督报告”制度落实，强化同级监督。动态更新近两年廉政档案，“互联网＋监督”平台深化运用，“清风连心桥”微信监督群稳定运行，“监督哨”和“预警器”作用持续发挥。构建“零报告”核查机制，对自清自查“零报告”单位重点关注、重点核查，共约谈8家单位主要负责人，对30余家扶贫领域、“五个一”等专项治理“零报告”单位进行核查，发现并处理问题40余个，移送问题线索4条，有效传导压力。

【改革创新】2020年，出台派驻机构改革实施办法和方案，深化派驻机构职能改革；增设案件监督管理室，进一步健全工作机构；完成9个镇(街)派出监察办公室设立工作，打通监察监督“最后一公里”。探索建立“1+3”联合监督机制，构建由1名纪委监委班子成员加所联系内设机构、派驻机构、镇街区纪(工)委组成的“1+3”联合监督片组5个，有效解决监督力量不足、熟人社会监督难的问题。联合监督片组确立57家市直单位主体责任监督重点114个，开展各类监督近百次，发现扶贫、城市社区腐败、中央八项规定精神、民生、人防、工程项目等领域问题400余个，监督质效明显提升。

【队伍建设】2020年，“三比三亮”(比忠诚、亮担当，比奉献、亮成绩，比作风、亮形象)纪检监察铁军建设巩固深化，全年开展集中培训20余场次，开通“津市纪检干部e课堂”APP，在扫黑除恶、信访处置方面实战开展“传帮带”，以案代训、以训促案成为常态，干部履职能力不断提升。严格贯彻执行“一法三规”(《中华人民共和国监察法》《中国共产党纪律检查机关监督执纪工作规则》《监察机关监督执法工作规定》《纪检监察机关处理检举控告工作规则》)，开展纪检监察系统典型案例警示教育，聘请10名特约监察员并开展集中培训，切实加强自身监督，持续落实“打铁必须自身硬”要求。文明创建成果持续巩固深化，获评常德市文明标兵单位。坚持严管和厚爱结合，激励和约束并重，关心关爱纪检监察干部成长成才，全年提拔重用纪检监察干部9人，职级晋升29人。镇街纪(工)委“六化”(主体责任清单化、队伍建设专职化、阵地建设标准化、工作程序规范化、重点任务特色化、督导指导常态化)建设纵深推进，基层基础持续夯实，机关业务大楼维修改造全面完成，高标准改建信访接待室、谈话室、干部之家，纪检监察业务保障能力稳步增强。

巡察工作

【概况】2020年，津市市委巡察办巡察全覆盖稳步推进。高标准完成配合省委巡视组指导督导工作，根据省委巡视办指导督导组反馈的5个方面31个问题，研究制定《关于省委巡视指导督导组反馈意见的整改方案》，高质量推进整改工作。开展3轮常规巡察工作，发现各类问题457个，涉及党员干部违纪线索52条，到2020年年底，已经先后对10个镇、街、高新区党(工)委，75个单位党组织开展九轮常规巡察，覆盖率93%，脱贫攻坚、“两拆两退”专项巡察24个村(居)，“巡乡带村”52个村(居)，完成村级巡察全覆盖的任务目标，推进全面从严治党向基层延伸。（张珏）

【巡察】2020年6月至8月，市委授权4个巡察组，按照“一托二”的模式，对新洲镇、药山镇、嘉山街道、高新区、市住建局、市民政局、是自然资源局、市住房保障服务中心8家单位党组织开展第七轮常规巡察工作，同时对新洲镇的黄林堰村、毛家岗村、青山峪村3个村开展巡镇带村脱贫攻坚专项巡察，共计发现线索问题192条，其中移送市纪委监委23条，交办立行立改问题16个，交办给被巡察单位153条，发现问题主要集中贯彻落实上级决策部署不到位，理论学习不深入，落实意识形态工作不到位，财经纪律执行不严，工程项目监管不力等问题。交办给被巡察单位问题已完成整改147条。

2020年9月至10月，市委授权4个巡察组，采取“一托二”的模式，对市接待服务中心、市编办、市档案馆、市总工会、市委党校、市委党史研究室、市科协、市森林公安局8家单位党组织开展第八轮常规巡察。共计发现问题线索110条，其中移送市纪委监委9条，交办立行立改问题2个，交办给被巡察单位99条。发现问题主要集中廉政风险防控不力，脱贫攻坚战贫困户帮扶措施不实，国有资产管理不到位，临聘人员管理不规范，民主集中制落实不到位，主题教育开展不扎实等问题。对8家被巡察单位移交问题正在验收中，移送市纪委线索正在办理中。

2020年11月至2021年1月，市委授权4个巡察组，按照“一托二”的模式，对市公安局、市招商促进事务中心、市人民法院、市嘉山风景名胜区管理处、市公安局交通警察大队、市行政审批服务局、市城市建设投资开发有限责任公司、市退役军人事务局8家单位党组织开展了第九轮常规巡察。共计发现问题线索147条，其中移送市纪委监委18条，交办立行立改问题13个，交办给被巡察单位116条。发现问题主要集中落实中央八项规定精神有差距，执行“三重一大”事项集体决策制度欠规范，差旅费报销不规范，违规发放津补贴，选人用人工作不严格等问题。对8家被巡察单位移交问题正在验收中，移送市纪委线索正在办理中。（张珏）

【队伍建设】授权、抽调人员实行常态化管理。由巡察办进行日常集中管理、年终统一考核、绩效到办发放，消除后顾之忧，提升工作热情。集中巡察期间，巡察办联合市纪委监委干部监督室开展5次明察暗访，强化对巡察干部下组的日常纪律管理。丰富学习方式。坚持集体学习和个人学习同步进行、线上学习和线下学习同步开展。全年开展知识讲堂5期，邀请专人专题辅导党建、选人用人等知识5次；推广“津市纪检干部e课堂”APP，借助新媒体手段营造“比学赶超”学习氛围。组建“写作队”。在巡察机构年轻干部中组建“写作争先小分队”，并对信息写作情况进行“周通报、月讲评、季度约谈”。巡察机构年轻干部全年累计在省级媒体上稿23篇，在常德市媒体上稿38篇，津市巡察工作成果得到较好的宣传推介。（张珏）

组织工作

【概况】2020年，市委组织部为推动全市经济社会发展选优配强班子，抓基层打基础、建队伍聚人才，全面抓好组织工作各项任务的落实。做好“新冠疫情”防控，高分通过“闭卷大考”。坚持好干部标准，树立重品行、重实绩、重基层的用人导向，调优配强领导班子。全面推进公务员职务职级并行制度，突出基层一线、工作实绩，率先在镇街启动职级晋升，对符合条件的干部晋升职级557人次。打造智慧党建政务下沉的“津市模式”，在全省率先推出“六个一”智慧党建政务下沉机制，69项审批服务事项一次下沉到镇街、村(社区)。常德市推动智慧党建暨基层公共服务（一门式）全覆盖工作现场会议在津市召开，《人民日报》、新华社、中央人民广播电台及省深改办先后重点推介津市经验，省内外13个市州、62个区县市纷纷组团到津市考察学习。探索开展党小组与村民小组合并试点工作，持续深化“红色存折”“红色驿站”“红色治理”等党建工作品牌，为6930名村(社区)党员过“政治生日”。开展“三表率一模范”政治机关创建活动，启动“12131示范引领”计划创建工作，创建28个示范点。探索推行“双提升”活动，2020年，共举办6期“组工悦读”，编发5期“组工悦报”，开展“集中学习月”活动，推进常德市文明单位创建工作，组织义务献血等志愿服务活动5次，开展“道德讲堂”、“不忘初心传廉声”、登山比赛、工间操学习、健步走等活动。督促带动部机关年轻干部撰写调研报告、经验材料、真言评论等150余篇，在人民网、共产党员网、《湖南日报》、湘组信息、常德组织工作、常德智慧党建网等内刊、报刊、媒体平台发表70余篇。

【开展疫情防控】开展疫情防控摸排。发动万余名党员参与疫情排查，在疫情防控一线建立临时党组织163个，成立52支党员志愿服务队，179名驻企和驻社区防疫联络员、3000名机关事业单位干部参与疫情防控值班值守，向全市各级党组织发出自愿捐款的号召，14272名党员踊跃捐款146.6万元，支持防疫工作。围绕重点地区入津、返津人员，逐一进行跟踪随访，逐人建立随访档案，全市共梳理摸排重点人员2500余人、重点车辆2000余辆。落实激励关爱措施。下拨30万元专项党费，为集中隔离区定点救治医院、各镇街、全市8卡口提供经费支持。落实上级关于疫情防控一线工作人员关心关爱政策，为621名村社区干部、党建联络员等疫情防控一线工作人员发放补助184.765万元。宣传推介先进典型。为鼓舞全市党员干部齐心协力战胜疫情，津市组工微信公众号开设“疫情防控”专栏，宣传典型先进党组织6个，党员、干部典型69人。刊发先进基层党组织、优秀党员事迹信息500余篇，向中央、省级、常德市级媒体推介上稿100余篇。

【推进基层公共服务(一门式)全覆盖】2020年，办好“三场会议”。承办常德市推动智慧党建暨基层公共服务(一门式)全覆盖工作会议，召开津市市推动基层公共服务(一门式)全覆盖工作动员部署会，安排部署下段任务；召开津市市智慧党建政务下沉工作调度，就需优化的关键点进行现场交办。开展业务培训。组织部和行政审批服务局联合举办智慧党建政务下沉业务培训班，邀请民政、人社、卫计等18家部门业务骨干，就第一批、第二批政务下沉的69个事项进行集中授课。强化工作保障。新建毛里湖镇大山社区、药山镇民康村、汪家桥街道城东社区综合服务平台；为村(社区)全面配备电脑、人脸识别仪、照片打印机、针式打印机等设备；按照AB岗要求选聘党建联络员和政务代办员，实现政务一城通办。全年平台办理事项24.7万多件，做法被新华社等国家级媒体推介，接待省内外13个市州、62个区县市到津市考察学习。

【领导班子和干部队伍建设】2020年共向常德市委推荐4名处级领导干部晋升职级，2名科长、局长被提拔到市人大常委会副主任岗位；研究调整干部203人次，其中提拔重用干部67人次、交流19人次、免职31人次、其他83人次、调任干部3人次。优化队伍结构，合理使用各年龄段干部，加大年轻干部使用力度，注重女干部、少数民族干部和党外干部的发现储备、培养选拔工作。优先选派优秀的“70后”“80后”干部担任市直单位党政正职，大力使用一批政治坚定可靠、综合素质较高、培养潜力较大的“85后”“90后”年轻干部，2020年共提拔重用“85后”“90后”年轻干部39名，其中2名担任镇(街)党政正职，领导班子形成梯次配备；提拔重用女干部28人次。严守选任规矩，对省委巡视反馈事业单位违规提拔问题进行自清自查，纠正不规范任职5人；对县以下机关职务职级并行副科级情况进行“回头看”，纠正不符合原职务职级并行资格条件50人；全面完成2019年任职的试用期满科级领导干部考核工作；规范事业单位管理，对新组建的市融媒体中心领导班子任期进行规定。强化干部教育培训。出台《津市市2020年干部教育培训计划》，共举办3期主体班12期部门专题班。2020年5月、8月，分别举办2期科级干部进修班，共120人参训，均为近五年来没有轮训过或新提拔重用的科级干部。完成上级调训任务，省调训3名领导干部，常德市调训17名领导干部。完成网络培训任务对干部在线学习实行动态跟踪管理，定期全面统计、分析干部在线学习情况，对学习不达标、账户异常等情况及时进行提醒。完成疫情防控与应急管理能力提升专题班，学习贯彻党的十九届四中、五中全会精神培训班，推进应急管理体系和能力现代化培训班，习近平总书记在中央政治局第二十一次集体学习时的重要讲话精神5期网络专题培训班学习任务。专题班和年度学时通过率均为100%。严格干部监督管理。完成41名副处级以上领导干部个人事项报告填报。结合市委第九轮巡察开展了选人用人专项检查。全年对587名拟提拔重用干部、交流任职干部和职级晋升干部，在任职前征求纪委意见，严格执行档案任前审核，任前公示等程序，核实处理1起在干部职级晋升过程中的信访举报案件。收集到有具体线索的干部监督信息17条。开展因私出国(境)证件和备案信息清理，更新管理台账(新备案21人，解除或变更备案20人)。共287名市管干部因私出国(境)证件由市委组织部集中保管。严格科级干部退休审批，全年17名科级干部到龄退休。在常德市各区县率先完成非综合管理类公务员职级套转并启动职级晋升工作。对符合晋升条件的557人次干部进行职级晋升，其中镇街干部107人次。对在疫情防控和脱贫攻坚领域中表现突出的干部，优先晋升职级，完成52名一线干部的职级晋升。落实省委组织部《关于进一步关心关爱广大干部的若干措施》文件精神，细化责任分工。加大公务员、选调生招录及人才引进力度，2020年全市共招录公务员83人，选调生4人；从市外调入9人，其中公开选调1人；人才引进98人。落实《中共常德市委组织部关于加强选调生在乡镇(街道)期间培养管理工作的通知》文件要求，4名2020年定向选调生均按要求到村任职，组织选调生列席市委常委会、市政府常务会以及参加市委理论学习中心组集中学习。加强实践锻炼。2020年共选派40余名年轻干部参与驻社区、驻企业防疫工作，30余名年轻干部参与巡视巡察、驻点招商、脱贫攻坚等中心工作。结合2020年度全市科级领导班子、科级领导干部年度考察工作，持续开展政治建设考察工作。全市从70家党政机关和事业单位共计抽调77人组成驻社区防疫联络组充实到25个社区一线。

【基层党建】全面落实省委“1+5”文件精神，出台《2020年全市基层党建工作要点》。提高基层待遇保障，2020年村运转经费达30万元，社区运转经费达38万元，比上年分别提高5万元、8万元。建立村(社区)干部待遇逐年增长机制，村(社区)党组织书记工作报酬达到4.5万元、6.8万元，全面落实基层干部年休假、健康体检制度。定向培养基层干部，4名村(社区)干部招录为镇街机关公务员；持续实施村(社区)“123”后备人才培养机制，在村(社区)“两委”换届试点中，新进的“两委”班子成员都是从储备的后备干部中选举产生，含1名新进的35岁以下女性党组织书记；推荐10名年轻干部报读村(社区)干部定向培养计划；举办2020年基层党建业务培训班，培训对象为各单位党建分管负责人、党建专干、党建联络员共210名。全面推行党员领导干部基层党支部联系点制度，市委常委班子联系党支部9个，镇街党(工)委班子联系党支部76个，全市共建立18个基层党建工作示范点，覆盖村居、机关企事业单位、“两新”组织等各领域。在农村探索开展党小组与村民小组合并试点工作，推行党小组长与村民小组长“一肩挑”工作。持续深化“红色存折”“红色驿站”“红色治理”等党建工作品牌，为党员过“政治生日”，以庆祝中国共产党成立99周年为契机，通过召开一次组织生活会、开展一次主题党日活动、组织各级党组织书记、党员专家学者、先进模范人物、优秀党校教师等人员讲一次党课、开展一次党员志愿者活动、慰问一批生活特别困难的基层党员干部、推荐一批先进典型、开展一次党代表下基层活动、开展“我为组织献一策”等“八个一”的活动为党庆生。稳步推进村(社区)“两委”换届。全市76个村(社区)完成财务清查和组织成员任期经济责任审计工作，出具审计报告并向群众公示；组织党员和村居民代表对“两委”班子及成员进行民主测评；组织精干力量进村入户开展调查摸底，分析研判换届情况，建立选情工作档案。试点金鱼岭街道制定试点工作方案，成立换届试点工作领导小组，下设业务指导组、舆情管控组、宣传动员组、后勤保障组等5个具体工作小组；以换届试点为契机，举办全市村(社区)“两委”换届选举业务培训。组织纪委监委、政法委等15个部门对候选人初步人选进行资格联审，联审单位签订《村(社区)“两委”换届有关人选资格审核部门承诺书》；会同民政局、金鱼岭街道对村(社区)党组织委员会候选人进行考察，市委组织部部务会专题听取书记候选人考察情况汇报。基本实现试点街道每个村(社区)配备1名32岁以下年轻干部，1名女性主职，新进“两委”班子成员均能够干满一届，“一肩挑”100%的工作目标。建立市直单位党组织定期换届提醒机制，提前3个月提醒督促90家市直单位及所属的144个党组织按照换届程序进行换届选举；坚持机关工委联席会议制度，每半年组织市直单位九大片区牵头单位对机关单位党建工作集体议事、集体决策；选派8名优秀干部参加“我心向党·奋进新时代”演讲比赛活动，其中4人斩获三等奖、优胜奖；开展“三表率一模范”创建活动，着力推动机关党建走在前、作表率。推进两新党建工作提质增效。全市非公有制经济组织144家，建立党组织69个，社会组织122家，建立党组织54个。更新调整105名兼职党建指导员队伍，招聘4名两新专职党建指导员，启动“12131示范引领”计划创建工作，创建28个示范点，培养一批典型党组织和党建工作领军人才；共计发放2019年度两新党组织书记、党务工作者津补贴及智慧党建操作员补助60多万元。稳妥接收移动公司、烟草局、供电公司、盐业公司、湘澧盐化等11家国有企业454名退休党员组织关系；按照先办结组织关系，再领取经济补助的工作程序，落实退役军人的党员组织关系转接工作；圆满完成2020年党员发展工作，在原有130人计划数上，向上争取20个额外计划，共发展党员160人，其中，产业工人20人，农牧渔民51人，“两新”组织3人，高知识群体2人，35岁以下发展比例达到80%，未出现连续两年未发展党员的贫困村；落实中小学校、公立医院党建工作，将党组织关系全部调整到市级党委主管工作部门进行管理，实行党组织书记领导下的校长、院长负责制，健全议事决策制度，配强党建工作力量。

【人才工作】2020年共引进176人，其中公务员78人、事业人员54人、教育系统25人、卫健系统19人。兑现人才工作补贴，每月及时打卡发放2018年来新引进人才工作补贴。为新引进的47名“一本”以上人才发放工作补贴110.1万元。加强服务和管理，对现有的93套人才公寓进行集中年审，严格人才公寓管理。新建的344套人才公寓，已完成主体建设，正在进行室内、外装修和配套设施建设。印发《津市市2020年人才活动计划》，举办“团聚嘉园　缘来是你”七夕联谊、科技专家服务团“村播带货”科技服务等活动，为青年人才搭建素质能力提升和交流沟通的服务平台。实行市级领导联系服务专家活动。修改市级领导联系服务专家安排，12名市级领导联系24名专家人才，共发放48份《领导干部联系服务专家情况反馈卡》，及时了解掌握联系专家人才的基本情况，帮助解决困难、发展项目、落实政策和改善环境。　(组织部办公室)

宣传工作

【概况】2020年，市委宣传部制定下发《关于印发〈2020年全市党委(党组)中心组专题学习重点内容安排〉的通知》。邀请省委宣传部常务副部长蒋祖烜、中南大学医学博士陈晋东教授等专家领导到津市，举办高质量市委中心组(扩大)学习12次，配送《习近平谈治国理政》第三卷、《读有所得》、《习近平关于力戒形式主义官僚主义重要选编》等学习书目1.2万余册。健全“学习强国”比学赶超机制，表彰优秀学习组织10

个、优秀学员43人，全年平台上稿37条。开展习近平新时代中国特色社会主义思想微宣讲300余场，覆盖群众3.7万人。举办市委第九届年轻干部读书班暨习近平新时代中国特色社会主义思想学习班，开展"我心永向党·奋进新时代"主题演讲，"习近平谈治国理政""党的十九届五中全会精神"等大型主题学习征文活动，全市理论学习氛围进一步浓厚。

做好重大主题报道，生物医药产业被《湖南日报》头版报道，津市港建设被新华社重点推介，新时代文明实践中心建设、智慧政务工作等特色亮点被多家媒体报道，防疫防汛系列报道累计点击量超6000万人次。全年在中央级主流媒体上稿180篇，同比增长260%。在省级主流媒体上稿超284篇，同比增长86%，其中头版13条，同比增长160%。做实"相融"，加快线上线下、新旧媒体融合，实现同频共振、一体发声；做好"相加"，依托省级融媒体平台"新湖南"，打造"智慧津市"APP，整合25家部门550余万条数据，率先建成"+政务、+服务、+文明实践"的信息枢纽；做到"造血"，出台市场激励、考评和薪酬分配的各项制度，提供新闻人才支撑。坚持24小时舆情值班制度，全年共监测处置涉津舆情171条，打击关于疫情的网络谣言案件1起，发布辟谣信息1期。编发《舆情专报》21期，全年完成蓝信政治类有害信息、网络年报信息、舆情信息上报5.32万余条。

深入推进新时代文明实践中心国家试点建设，将实践阵地从农村延伸到城区，按照"为民、惠民、利民"导向，培育"微爸微妈""红管家"等13个志愿服务品牌，开展"疫情防控""防汛抗灾""关爱留守儿童"等主题性志愿服务1300场次，影响、带动6万多名志愿者帮群众实现微心愿1.1万个。5项文明实践举措在中宣部《每日要情》《时事报告》及《湖南宣传》刊载推介。以培育和践行社会主义核心价值观为主线，精选"奋斗精神""雷锋精神"等，编发《新时代公民读本》1万册。在各行各业开展"道德模范""身边好人"选树，孝老爱亲模范刘仕万获评"湖南好人"，吴思雨等7名学生获评常德市"新时代好少年"。结合常态化疫情防控要求，新增和更换"文明出行""文明用餐"等内容的户外公益广告350余处，凝聚创文合力，创建国家文明单位1家。在传统节日、重要节点，依托实践中心、所、站，联合职能部门执法，疏堵结合，开展移风易俗专项整治，大操大办抬头之风被有效遏制。

举办津市市首届艺术节暨"欢乐津城·百团大赛"活动，选送作品分获一等奖1名、二等奖1名、三等奖4名。创作抗疫文艺作品共166件，分获湖南省"艺童抗疫书法美术作品"比赛一等奖2名、二等奖4名、三等奖9名。全面推进"扫黄打非"进基层建设，汪家桥社区成功申报省级"扫黄打非"进基层示范点。开展"正道、新风"等专项整治行动，组织联合执法检查10次，查处非法出版物案1起，办理"扫黄打非"重大案件1起。为全市39家农家书屋配送各类图书近万册。推进文化旅游深度融合，狠抓"品牌创建"，形成"旅游牵头、产业融合、共同发展"的产业共兴格局，培育青苗腊八节、白衣起鱼节、新洲年货节、药山鱼王节等为代表的"一镇一品"。

（胡文杰）

【理论教育】2020年，制定下发《关于印发〈2020年全市党委（党组）中心组专题学习重点内容安排〉的通知》。对标对表湖南省委、常德市委开展市委理论学习中心组学习活动，邀请省委宣传部常务副部长蒋祖烜、中南大学湘雅二医院医学博士、一级主任医师陈晋东教授等专家领导到津，举办高质量市委中心组（扩大）学习11次，发行《习近平谈治国理政》第三卷11510册及《中国制度面对面》《读有所得》《习近平关于力戒形式主义官僚主义重要选编》等学习书目500余册。开展习近平新时代中国特色社会主义思想微宣讲230余场次，覆盖群众3.7万人，《社会主义为什么行》《中国共产党的初心和使命》等一批理论宣讲课程深入人心；开展"我心永向党·奋进新时代"主题演讲、"《习近平谈治国理政》第三卷学习"、"党的十九届五中全会约稿"等活动，进一步强化基层理论武装。

召开全市"学习强国"平台学习管理员调度会、"学习强国"平台供稿工作推进会，每月不定期抽查全市"学习强国"学习情况，进一步强化"学习"学用督导。全年湖南学习平台总上稿数为32条（图文类8条、视频类21条、图集类3条），全年津市市"学习强国"学习平台

12月16日，中共津市市委理论学习中心组集中学习

7月18日，新时代文明实践理论志愿者宣讲进基层

党员参学率达到100%，日人均积分达12分以上，总体学情良好。

举办第九届市委年轻干部读书班暨习近平新时代中国特色社会主义思想学习班，组织学员集中学习20余课次，开展红色教育、户外拓展训练、社会调研等团队活动6次；组织学员前往市委办、高新区等单位进行跟班学习，前往津市市福利院开展志愿者活动，前往长沙和郴州开展为期4天的体验式教学红色外训活动，参观湖南省党史陈列馆、湖南省雷锋纪念馆、湘南起义纪念馆、湖南起义汝城会议旧址等红色展馆。年轻干部政治思想水平和学习、工作能力再上新高度。　（陈雨）

10月20日，市委年轻干部读书班赴桂东红色外训

【新闻外宣】2020年在《人民日报》《光明日报》、新华社、中央电视台4家中央级主流媒体及其新媒体平台上稿94篇(条)，在《湖南日报》、湖南卫视2家省级主流媒体上稿148篇(条)。新时代文明实践中心建设、智慧政务工作等特色亮点连续2天在《湖南日报》重要版面显著位置推出长达2500字报道，在湖南卫视《新闻联播》黄金时间播出150秒视频新闻，推介津市亮点工作，为津市高质量发展营造良好氛围。霸屏刷屏、领跑全省。服务大局，着眼津市高质量发展，生物医药产业作为常德唯一上湖南头版，津市港建设成为湖南首次被新华社重点推介。聚焦一线，策划防疫防汛系列报道，累计点击量超6000万人次，其中《一群“红马甲”　温暖“一座城”》点击量超近170万人次；新华社两批记者先后在津市进行专题报道4次，7篇主题稿多次登上新华每日电讯、《光明日报》等重要版面，特别是《总书记关切事丨战汛情 勇担当——党员干部奋战抗洪一线故事》登上新华每日电讯和《光明日报》头版头条。

央视10套科教频道《中国影像方志》栏目组到津市专题拍摄经济社会发展亮点等，播出反响巨大；组织本市10余名记者深入挖掘平凡小人物，5名骨干记者进行蹲点调研，推出大型人物故事短视频栏目《津城百姓》；津市药山镇三新垸村作为湖南省留存《扶贫印记》常德市唯一选点，湖南日报记者特地到津市踩点，连续2天推出图片报道推介津市脱贫攻坚成果；组织“‘开放强市产业立市’三年成就巡礼——权威访谈”，营造“决胜全面小康、决战脱贫攻坚”浓厚氛围；推举优秀选手参加全市新闻战线“好记者讲好故事”演讲比赛，荣获三等奖。

做实“相融”，做好“相加”，做到“造血”，着力打造融媒体中心发展“津市路径”。依托“新湖南”省级融媒体平台，建设建成“智慧津市”APP，整合津市25家部门550多万条数据，采用市场激励机制引进人才，出台相应考评和薪酬分配制度，率先建成“+政务、+服务、+文明实践”的信息生态枢纽。　（杨金蕾）

【属地网络安全管理】2020年，对全市46家网站、APP、公众号新媒体进行台账式管理，针对多年来微信群管控难的问题，制发《津市市微信群文明守法倡议书》，先后举办11期微信群群主法治教育培训会，受训微信群主及镇街业务管理人员320余名，增强微信群主的网络安全意识，做到“谁建群谁负责”，共同构建文明有序的网络群体空间。联合市公安局网监大队等部门，组织全市各网站、各政务媒体及自媒体平台全面开展自查自纠等网络专项整治等行动25次。全面推进网络安全等级保护制度实施，开展打击新冠肺炎疫情网络谣言案件1起，编发《舆情专报》21期，发布辟谣信息 1 期。　（朱威）

【涉津市舆情处置回复】落实《中共津市市委宣传部关于印发〈津市市网络舆情处置网民诉求回复工作实施意见〉的通知》精神，规范舆情监测与处置、舆论引导、网络安全管理和考核追责等方面的具体流程和工作要求。24小时监测网络论坛、微信微博及各大媒体网站，及时关注网上热点事件，迅速处置涉津市网络有害信息和舆情。全年受理回复人民网地方领导留言、红网百姓呼声、问政湖南、华声在线投诉直通车等网络诉求件171条，回复率90%以上。

（朱威）

【新闻出版发行】组织文旅广体局、公安局、市监局、城管局等各职能部门开展联合执法检查6次；文化执法部门共检查经营单位143家次，立案查处1家，收缴非法违禁出版物110余本。严肃行政许可，一次性内部资料出版物准印证13个，审批新开影院1家。完成2020年出版发行单位年度核验、印刷企业年度报告和国家印刷复制企业年度考核工作，对全市5家印刷企业、7家发行企业进行年度年检工作。　（易宗林）

【扫黄打非】2020年累计查办案件4起，其中重大案件1起，入选湖南省挂牌督办案件，居常德市前列，出版物案件1起，其他类2起。警告处罚网吧14家，责令1家停业整顿；推进进基层建设。全市4镇5街76个行政自然村覆盖率达100%。2020年汪家桥街道汪家桥社区批准为省级示范点（常德市仅2个点）。　（易宗林）

【新时代文明实践中心国家试点建设】2020年，津市开展新时代文明实践中心国家试点工作，建成市级新时代文明实践中心1个，镇(街)新时代文明实践所9个，村(社区)新时代文明实践站76个，打造翊武中学省级爱国主义教育基地、白衣镇五德礼堂、李家铺柑橘生产基地、金坪村茶油种植基地等各类文明实践示范点 33 个，实现文明实践阵地全域覆盖。完善文明实践“六大平台”，拓展线上百姓服务云平台，依托“智慧津市”APP“文明实践”专栏，发布法律政策、日常需求等 8 大类 99 小项实践服务清单，群众“线上”点单，志愿者“线下”服务，文明实践活动质效提升。“三折”等工作经验在中宣部《每日要情》、《人民日报》、新华社、《湖南日报》、中国文明网等主流媒体推介，“微爸微妈”“红管家”“玉芳姐姐工作室”志愿服务项目在 2020 年全国志愿者培训工作会上推介，津市市新洲镇五泉社区荣获 2020 年度湖南省“最美文明实践志愿服务社区”。（江慧）

8 月 20 日，市民参观津市新时代文明实践中心

【深化志愿服务】拓宽志愿服务领域，新建应急救援、环境保护等志愿服务队 4 支，专业志愿服务队伍壮大到 13 支，业余志愿服务队 162 支，注册志愿者达 6.5 万人。培育了“微爸微妈”“红管家”等 13 个志愿服务品牌，开展“疫情防控”“防汛抗灾”“关爱留守儿童”等主题性志愿服务 1100 场次，1.88 万名“红马甲”守护一座城的感人实践，影响、带动 6 万多名志愿者帮群众实现微心愿 1.1 万个。（江慧）

【农村精神文明建设】2020 年，以培育和践行社会主义核心价值观为主线，组织大学生、党校教师等开展理论“微宣讲”300 多场；精选“奋斗精神”“雷锋精神”等 30 多条习语金句和国学名言，编发《新时代公民读本》2 万册。结合常态化疫情防控要求，在传统节日、重要节点，依托新时代文明实践中心、所、站，联合职能部门执法，疏堵结合，开展移风易俗专项整治，有效遏制大操大办抬头之风。48 个行政村重新拟定村规民约，“五德礼堂”红喜事集中操办点相关经验在农村全面推广。（江慧）

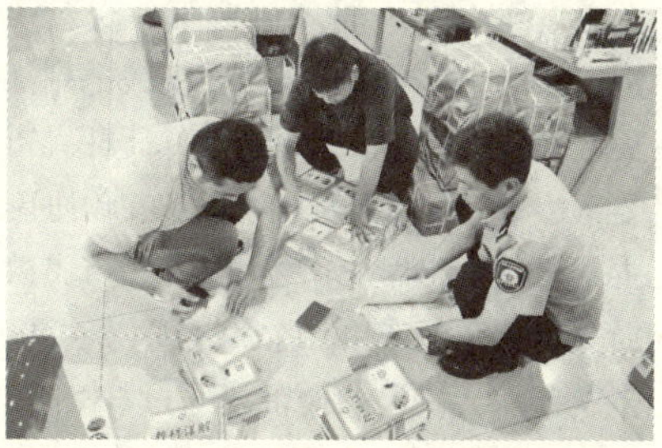

8 月 26 日，秋季教材教辅专项检查现场

【文明单位创建】2020 年，建立完善文明单位常态化管理，强化文明单位日常督导和动态管理，创建质量明显提升。市国家税务局创建为国家文明单位，市交警大队创建为省级文明标兵单位。省级文明单位 2 家（市检察院、市人大机关），省级文明村镇 2 家（新洲镇、新洲镇麓山村），常德市级标兵单位 3 家（市委办、市委宣传部、市纪委监委），常德市级文明单位 7 家（市三洲驿街道、市政府办、市农业农村局、市文旅广体局、市高新区管委会、市畜牧水产事务中心、市发改局），常德市级文明村（社区）11 家（新洲镇黄林堰村、新洲镇庹家峪村、药山镇八宝湖村、城东社区、三洲街社区、护市社区、蔡家河社区、古大同社区、汤家湖社区、澧阳社区、盐矿社区），常德市级文明校园 1 家（德雅中学），常德市级文明家庭 2 户（姜波、熊玉芳家庭），常德市级文明窗口 1 家（三洲驿街道便民服务中心），“湖南好人”孝老爱亲模范 1 名（刘仕万）。（江慧）

【文化惠民】2020 年，疫情防控主题快板、书法、朗诵、短视频等防疫宣传作品 166 件，《众志成城抗疫情》《无硝烟的战场》《最美的逆行者》等诗歌数十篇，其中鼓书《团年饭》《大爱无疆》入选湖南省“抗击疫情·云游湖南”主题活动。创作《兰江渡》《板油岗》《津市牛肉粉》等艺术作品，并在常德市艺术节暨百团大赛中分获一、二、三等奖。在 2020 年常德艺术节美术书法摄影作品展评选中，《争分夺秒抓复产》《龙吸水奇观》《口占一绝》等 7 件津市本土作品脱颖而出，分别荣获各自领域前三名的好成绩。扶持文化产业发展，全年共为新鲁包装、仁和盛五金包装、潇湘影院、华耀影院申请疫情补贴资金共计 15 万元。（颜睿）

欢乐津城·百团大赛 丝弦《津市牛肉粉》

欢乐津城·百团大赛 舞蹈《奋斗者》

欢乐津城·百团大赛 舞蹈《风雨同舟》

统战工作

【概况】2020年，市委统战部深入学习贯彻习近平新时代中国特色社会主义思想为指导，认真贯彻落实统一战线重大决策部署。积极推动构建大统战工作格局，出台《市委统一战线工作领导小组成员和成员单位职责》。成立“津市市新的社会阶层人士联谊会”，为统一战线增添新生力量。积极组织引导统战成员助力乡村振兴战略实施，成功创建万寿宫社区为省级“同心社区”、后湖社区为常德市级“同心社区”、大关山村为常德市级“同心美丽乡村”。凝心聚力抗击新冠疫情，先进事迹被民主党派中央《团结报》报道。党外干部工作经验被《湖南统一战线》推介。统战部被评为常德市统战信息宣传工作单项先进。

（唐洋）

【统一战线抗击疫情】面对新冠肺炎疫情，津市统战系统迅速行动，凝聚起众志成城、共克时艰的强大正能量。民盟、民建、农工党组织成员为抗疫捐款21万元，98名民主党派医护人员参加一线防控值守和救治。120家非公企业代表和商协会捐赠爱心善款45万元和价值87万元的防控物资。津市籍华人华侨捐献防护服485套、医用口罩1.5万只。湖南卫视报道津市非公有制企业欣龙非织造公司紧急复工驰援疫情防护，以及民盟盟员、新阶层人士程治元组织个体医生协会开展捐助情况。中央级刊物《团结报》以《同心聚合力、众志抗疫情》为题报道津市统一战线抗击疫情的整体情况。民盟市委主委、市商务局局长周欢反映的社情民意《新冠疫情对企业外贸订单影响及应对》被省政协采纳。无党派人士、市人民医院感染科主治医师肖伟荣获湖南省抗击新冠肺炎疫情先进个人；农工党党员、市人民医院医生李贤契荣获湖南省先进工作者；民建市委主委、市文旅广体局局长易旭被评为民建省委抗击新冠肺炎疫情先进个人。

【成立津市市新的社会阶层人士联谊会】5月13日，津市市新的社会阶层人士联谊会第一届理事会第一次会议暨成立大会召开。常德市委统战部副部长余仁辉，津市市委副书记覃歇民，市委常委、统战部部长吴拥华，市政协副主席梁文利出席。市委统战部、市民政局等单位负责人和市新联会理事共90多人参加会议。大会审议通过《津市市新的社会阶层人士联谊会章程》和《选举办法》，选举产生了第一届理事会领导班子，并为他们颁发证书，为新阶联授牌。津市市秦明律师事务所主任张铁军当选会长。津市市新阶联是由全市民营企业和外商投资企业管理技术人员、中介组织和社会组织从业人员、自由职业人员、新媒体从业人员等组成的具有统战性、联谊性、非营利性的社会团体。新阶联实行理事制，共有理事58名。

（唐洋）

【民主党派和党外代表人士工作】坚持以习近平新时代中国特色社会主义思想引领统一战线成员，传达学习《中国共产党统一战线工作条例》、《中共中央关于加强中国特色社会主义参政党建设的意见》、习近平总书记考察湖南时的重要讲话精神、中共十九届五中全会精神。重视党外干部培养教育，推荐全林平、蔡昌明、吴涛参加常德市党外年轻干部培训班，推荐曾红胜参加省委统战部组织的民主党派基层组织负责人培训班。支持民主党派自身建设，民盟、民建、农工党市委会工作经费由5万元调增至10万元，办公场所搬迁至市委机关。各民主党派、工商联发挥优势建言献策，服务社会，农工市委被农工党省委授予“社会服务先进县级组织”称号，民建市委被评为省民建脱贫攻坚先进集体。

（唐洋）

【非公有制经济服务工作】持续开展“领导联产业、部门服务企业”活动。傅勇书记主持召开全市企业家座谈会，倾听意见建议。开展“万企大走访、同心促发展”活动，市委统战部联合市工商联走访商协会、民企100多家，协调解决相关问题。对接金融机构开展银企合作助力复工复产，为嘉品嘉味、欣龙非织造等12家企业贷款7080万元。与市工商联、市检察院联合开展“检企携手、共克时艰”活动，联点30多家企业，围绕维护企业合法权益开展活动。贯彻落实习近平总书记关于节约粮食重要指示精神，与市工商联共同发起“节约粮食、杜绝浪费”专题行动，走访企业50余家，发放宣传标语、倡议书1000多份。

（唐洋）

【同心工程创建工作】组织引导统战成员开展同心创建，展现统战作为。积极培育万寿宫社区打造幸福屋场、绿色生态、古城文化三大品牌，成功创建为“省级同心社区”。后湖社区获评常德市级“同心社区”、大关山村获评常德市级“同心美丽乡村”。开展全市“最美乡贤”表彰推介，“万企帮万村”、光彩事业、“户帮户亲帮亲 互助脱贫奔小康”活动等。以同心创建为载体，促进统战工作与乡村振兴战略有机融合。省委统战部副部长邓焕生，常德市委常委、统战

5月13日，召开新阶联成立大会

部部长陈华莅临津市，对同心创建工作给予了高度肯定。（唐洋）

【民族宗教工作】津市宗教活动场所共20处，其中佛教场所12处、道教场所4处、天主教场所1处、基督教场所2处、伊斯兰教场所1处。疫情期间严格落实宗教场所暂停接待游客。做好各宗教场所政策传达解读工作，张贴相关告示通告，掌握各场所防疫物资储备情况，及时走访慰问生活困难人员。常态化疫情防控时期严格按照文件精神，指导宗教场所有序开放。严格落实宗教工作“三级网络两级责任制”，规范管理宗教事务。在重要宗教活动的时间节点，走访相关宗教场所，做好活动指导工作。联合财政局、应急管理局、消防大队对各宗教场所进行财务、安全、消防技术指导，协调推进财务管理平台上线工作。落实民族优惠政策，对全市28名享受民族优惠政策考生进行资格审查。（唐洋）

【联络工作】2020年，津市市共有华人华侨182人、留学生156人、涉外婚姻104人、归侨4人（新归1人、老归3人）、港澳15人。深入贯彻实施“一法两办法”，发放宣传手册2万份，协调处理归侨侨眷困难问题，全力保护归侨侨眷合法权益。利用传统节日走访慰问港澳台、华人华侨、海外等人士及其亲属50余人，增强联络联谊，凝聚海内外爱国之心。（唐洋）

机构 编制

【概况】2020年，市委编办深入学习宣传《中国共产党机构编制工作条例》，规范办事流程，完善配套制度；巩固机构改革成果，理顺体制机制；持续推进综合行政执法改革；深化事业单位改革；大力推动基层公共服务（一门式）全覆盖工作；加强机构编制管理和监督检查工作；创新开展统一社会信用代码和事业单位登记管理；编纂《津市市机构编制史（1988—2018）》；全力服务中心工作。为全市经济社会发展提供体制机制保障。（甘文欣）

【政策学习贯彻】2020年，加大《中国共产党机构编制工作条例》学习宣传力度，在市委编委会议和市委理论中心组学习会议上进行集中学习。遵循机构编制工作原则和基本程序，在受理机构编制事项时，把握“动议、论证、审议决定、组织实施”等关键环节抓落实，规范办事流程规范。（甘文欣）

【巩固机构改革成果】2020年，以市政协主席协商会议形式对机构改革后涉改单位运行情况进行调研，对18家涉改部门提出的23项涉及机构编制的问题进行梳理，形成整改问题建议，市委统战部、市住建局、市城管执法局等单位反映的领导职数、职责划转、机构编制等问题已得到解决。调整森林公安机关管理体制，划归公安机关直接领导管理，业务上接受林业部门领导，机构编制进行相应调整，理顺其体制机制。（甘文欣）

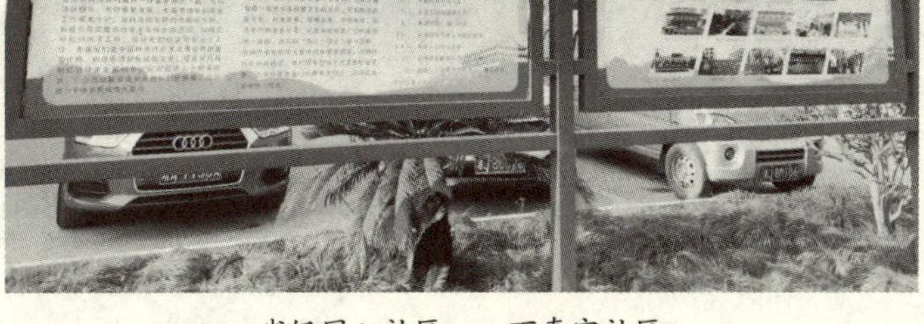

省级同心社区——万寿宫社区

【综合行政执法改革】2020年，制定《津市市五大领域综合行政执法改革实施方案》，按上级要求对改革工作进行部署调度，完成文化市场、市场监管、交通运输、农业农村、城市管理综合行政执法机构挂牌及“三定”规定。（甘文欣）

【事业单位改革】2020年，完成20家涉改科级事业单位“三定”规定；完成经营类事业单位改革任务；理顺医疗卫生机构体制问题，明确7个乡镇卫生院和4个社区卫生服务中心为公益一类事业单位，市中医医院、市妇幼保健院为公益二类事业单位，明确医疗机构编制由市医共体统筹使用，对市人民医院实行编制控制数管理。市委编办、市人社局和市卫健局共同出台《规范津市市医疗卫生单位机构编制人事管理实施细则》，规范医疗卫生单位管理。（甘文欣）

【基层公共服务（一门式）全覆盖】2020年，根据省委编委优化基层机构编制资源配置精神和常德市关于推动基层公共服务（一门式）全覆盖工作的要求，各镇街统一设置政务服务中心（加挂行政审批服务办公室牌子），实行“一枚印章管审批（服务）”。整合镇街事业站所职责，将原来的5个事业站整合成2个中心，并相应调整编制职数，为全力推动基层公共服务（一门式）全覆盖工作提供体制机制保障。（甘文欣）

【机构编制管理】2020年，全市共有行政事业机构375个（副处级机构3个、正科级机构93个、副科级机构49个、股级机构215个、未定级机构15个），行政事业编制5703名（行政编制1130名、工勤编制65名、事业编制4508名），在编人员4370人。对全市403名未通过校验的人员身份证号码进行核对修改，并对全市436家行政事业单位的统一社会信用代码证号、联系人等基本信息进行更新;办理229人的入编手续、215人的出编手续，人员划转205人。对全市21所中小学的1280名教职工编制进行动态调整,将上级下达的29名公办幼儿园教师编制分配至7所公办幼儿园。全年核准用编计划256名,其中公务员考录用编计划81名,选调生用编计划3名,公开选拔用编计划3名,事业单位招聘用编计划103名,农技特岗定向培养计划8名,水利特岗定向培养计划3名,本科医学生定向培养计划3名, 卫生系统用编计划25名,教育系统用编计划27名。建立“人才编制池”,调剂78名事业编制用于“人才编制池”，为全市引进各类急需人才提供编制保障。（甘文欣）

【机构编制监督检查】2020年,对市司法局等单位执行“三定”规定有差距的问题,督促其认真整改到位。对未依法办理设立登记、变更登记等违反登记管理条例、细则的行为,及时向其他成员单位通报,督促落实。（甘文欣）

【统一社会信用代码和事业单位登记管理】2020年，登记业务在疫情期间实行“不见面”办理和延期办理,全市243家事业单位在规定时间内完成事业单位年度报告网上提交工作。全年办理事业单位设立登记8家、注销登记62家、变更登记85家、证书补领5家;统一社会信用代码初领2家、撤销1家、变更10家、补领1家;首次为利用国有资产举办的天才幼儿园、娃哈哈幼儿园颁发了事业单位法人证书。2020年,政务和公益域名续费320个,党政机关事业单位网站完成挂标。（甘文欣）

【编印《津市市机构编制史(1988—2018)》】2020年,编印出版《津市市机构编制史(1988—2018)》300份,全书记述副科级以上机构227个，共计60余万字。（甘文欣）

【服务中心工作】建立疫情防控台账,参与社区疫情防控,协助做好小区疫情防控值守、劝导宣传、入户排查等工作;积极推动复工复产,开展“津市人游津市”活动,助力本地经济复苏;为贫困村提供资金支持，通过开展消费扶贫,购买贫困户农副产品,提供产业发展支持等措施，得到贫困户的认可;做好禁捕退捕渔民安抚工作,实地走访渔民户,密切关注渔民需求;参与防汛工作,提供防洪物资储备,做好隐患排查;落实部门联系学校工作，发挥牵头作用,帮助市毛里湖镇保河堤中学解决实际问题和困难;落实部门服务企业相关工作。（甘文欣）

老干部工作

【概况】2020年,全市老干部工作立足管理、强化服务,以落实离退休干部政治、生活待遇为重点,扎实推进离退休干部党建工作和正能量活动深入开展,发挥离退休干部作用,推动全市老干部工作高质量发展,全面完成各项工作任务。

全市共有副科级以上离退休干部1191人。其中,离休干部25人(抗战时期1人、解放战争时期24人)。处级实职退休干部50人，享受处级待遇的退休干部29人，副科级以上退休干部1087人。全市组建38个老干部党支部,老年社团党支部3个[津市市老科学技术工作者协会和老年保健协会联合支部、津市市摄影家协会和老摄影家协会联合支部、津市市老年(老干部)书画诗影党支部]。

【老干部党建工作】市委组织部将离退休干部党建工作与组织工作同部署、同推进、同考核,推进全市离退休干部党建工作体系建设。谋划离退休干部党工委力量配备,明确工委职责,主动协调解决工作中热、难点问题。2020年1月成立中共津市市离退休干部工作委员会,明确工委职能职责、机构设置及人员配备到位。6月29日,召开市离退休干部工委成立大会和第一次工委全体会议。市离退休干部工委机构设置及人员组成,市委离退休干部工委设委员7名。市委组织部副部长刘俊芳任市委老干部局局长兼离退休干部工委书记,鲁祖英兼任离退休干部工委副书记。其他委员5名，分别由市直机关工委、市委宣传部相关负责人,市民政局、市财政局、市人社局等市直相关单位党组织负责人兼任。加强对全市离退休干部党组织的指导,将离退休干部党建与城市基层党建融合，形成离退休干部工委、街道党工委、社区和老干党组织共同参与的组织体系,转发省委组织部、省委离退休干部工委等部门《〈关于进一步加强离退休干部党支部建设工作的意见〉的通知》(湘老干〔2020〕24号)和(湘老干〔2020〕22号)文件,明确基层离退休干部党建工作内容和责任要求,有力推动离退休干部就近服务管理和党建工作的深度结合。宣传贯彻中共十九大和全省离退休干部“双先”表彰大会精神,落实老干部阅文、通报情况、参观考

4月22日,省委组织部副部长、老干部局局长、离退休干部工委书记龚健(前排中)一行到津市调研老党员志愿服务工作

察等制度。全年组织政情通报和集中学习3次、专题讲座1场、参观考察1次，引导离退休干部党员紧跟新时代，为深化改革凝心聚识。加强离退休干部党员教育管理，巩固离退休干部“不忘初心、牢记使命”主题教育成果，举办老干部党支部书记党建业务培训，建立离退休干部工委微信群，推送理论学习内容，老干党支部开展多形式主题党日和志愿服务活动，增强党组织凝聚力，激发党建活力。以点带面，示范带动，推进离退休干部党支部“五化”建设，提升离退休干部党建工作水平。指导离退休干部党建工作和老党员之家建设，先后在市老干部活动中心、三洲驿街道、襄阳街街道等3个街道、1个市直单位、1个社区建成“美在金秋—老党员之家”，初步形成城区两岸布局合理、富有活力的金秋志愿服务组织体系。2020年，津市三洲驿街道老干党支部获省第五批示范党支部，襄阳街街道老干党支部获全省离退休干部先进集体。市三洲驿街道、襄阳街道积极探索社区“党建＋服务管理”模式，创新开展志愿服务活动，让“主题党日”实起来、活起来、严起来，彰显“老党员、新先锋”形象，激励老干部党支部发挥作用，激励老干部模范带头，形成学、赶、做的良好态势。

（夏建军）

【落实老干部政治待遇】2020年，市委老干部局举办专题辅导、座谈讨论、送学上门，引导离退休干部学习习近平总书记系列讲话精神、学党章党规和先进典型事迹，2020年共举办政情通报会1场，组织集中政治学习2次、专题讲座2场、辅导报告会3场，中共十九大精神宣讲会1次，组织就近参观考察活动1次。举办全市离退休干部党支部书记培训班，组织老党员轮流上讲台，讲心得、谈体会。在全市开展“示范党支部”创建活动，创建工作纳入年终基层党建工作考核的重要内容，完善党组织和党员台账。督促各老干支部按时换届，进一步健全规章制度，配齐配强党支部班子。指导全市老干党支部围绕市委、市政府中心工作，通过支部书记讲党课、党员座谈讨论等多种形式，组织老党员积极参加组织活动，鼓励在党组织内部开展互助关爱、传递温暖活动，党支部凝聚力增强，老党员党性意识进一步增强。向上推荐“五好”示范党支部和先进离退休党员，津市市汪家桥街道、市人民法院2个老干部党支部被常德市评为离退休干部“五好”党支部。三洲驿街道老干部党支部通过全省示范党支部考核验收，被省委离退休干部工委授予第五批全省示范离退休干部党支部。襄阳街街道老干部党支部获全省离退休干部工作先进集体。鼓励老干部参政议政，建言献策。市委、市政府重视并尊重老干部，津市重大问题和重大事项，请老干部参与讨论，老干部们提出很多真知灼见。市老科协会员通过调研完成的多篇调研文章，受到相关领导和部门的高度认可，调动老干部政治激情。以聘任的方式，将老干部“拉回”各条工作战线，全市近200多名老干部党员担任党风、政风、行风监督员，在展示老干部的精气神、发挥正能量的同时，助推市委市政府工作，参与城市建设，为建设澧水流域现代化的中心城市发挥作用。

（夏建军）

【落实老干部生活待遇】2020年来，市委把老干部工作纳入全市党建工作盘子，完善老干部生活待遇保障机制，优先落实老干部生活待遇，让全市离退休干部共享地方改革发展成果。推进网络信息化建设，更新离退休人员信息数据，完善全市离退休干部服务管理信息平台功能。指导离退休干部党员掌握“我的常德”APP，关注中组部“离退休干部工作”、三湘老干部e家、常德老干部公众号，鼓励离退休干部党员通过网络加强学习交流和素质提升。疫情期间，通过线上交流与线下服务的相互融合，为离退休干部开展学习教育、丰富文化生活、参加组织活动提供高效便捷服务。认真落实离休干部离休费保障机制、医药费保障机制和财政支持机制，密切关注离休干部医疗就诊情况，及时协调医保部门和定点医院研究解决就诊问题。疫情期间，对瘫痪在床不能就医的离休干部，联系人民医院派医生上门就诊服务。组织全市离退休干部健康检查。落实离退休干部两项待遇，完善离休干部“一人一策”精准服务措施，做好结对联络、生病看望、生日祝寿、节日慰问等服务工作，一年来，为离退休干部生日祝寿40人，生病探望59人次，对特困老干部及离休干部遗孀帮扶10人，调解离休干部家庭矛盾纠纷3次。疫情期间，发放倡议书和联系卡，采取电话、网络等方式主动联系老干部263人次，帮助解决实际困难13件。

（夏建军）

【活动开展】2020年，加大资金投入，完善老年大学内部设施，添置办公教学设备，改善老干部学习活动条件。因疫情影响，市老年大学（老干部活动中心）暂停办学和活动。加强老年社团

市老年大学二胡班学员在练习

规范管理,严格落实有关老年社团组织管理的文件精神,对各涉老组织的活动做到提前介入、全程服务,依托老年社团,广泛开展各种文体活动。先后举办广场舞、合唱、太极拳(剑)、工业摄影大赛、书画展等文艺系列活动。夯实网宣平台,建立老干部网宣QQ群、微信群,动态宣传老干部们的活动和工作。开展“人人争当网宣员”活动,发起网络签名承诺活动。采取上门邀请、开班培训、经验交流、发帖评比等形式,对老干部上网发帖进行周评月比,提高网宣平台的活跃度。市“正扬网”注册会员和网宣员200多人。利用社区网格平台,探索“互联网+老干部工作”,鼓励老干部融入社区网格,在社区网格中认岗领责,发挥正能量作用。市三洲驿街道柏枝林社区根据老干部党员活动情况,探索推行“党建+正能量+社区服务”,挖掘社区资源优势,搭建“四个平台”为老干部提供“四就近”个性化服务。100多名老干部党员在社区争当党建联络员、政策宣传员、矛盾调解员等,为社区建设尽心出力。市襄阳街道老年人活动中心和志愿者服务中心,对离退休干部在社区发挥作用创造条件,老干部参加社会公益协会,开展志愿服务,促进公益事业发展。老干部党员志愿开展送学、送医、送文化、送物资等活动。(夏建军)

【老年人体育协会】市老体协带领会员健身强体,抗战疫情。组织在家太极、舞蹈、广场舞抗疫分享视频,让老同志足不出户也能活动不断,健康快乐。先后组织“全民健身老体协,乐享津城新生活”展演活动,组队参加在郴州、衡阳举办的“全省老体协网络舞蹈大赛”。11月2日,选派钓鱼选手参加在株洲的全省钓鱼比赛,获优胜奖。组队代表常德市赴衡阳参加全省飞镖赛,获得湖南省第十届老年人运动会首届飞镖比赛团体第4名、女单第2名及男单第6名、第9名的好成绩。

【市老年(老干部)书画诗影协会】2020年,开展多种形式的书画诗影宣传活动,用手中的笔为党的事业播出好声音。协会通过书法、绘画、诗词和摄影创作作品的形式,以互联网为基地,以手机网宣为平台,宣传中央、省委、常德市委、津市市委关于抗击新冠肺炎的有关精神和指示,宣传在抗击新冠肺炎战役中涌现出来的英雄模范人物,奋力拼搏的伟大抗疫精神。在手机网宣平台上开辟“津市市老年(老干部)书画诗影协会会员助力抗疫在行动”专栏,共编辑12期,其中书画作品10期,创作编辑865幅作品,诗词作品2期,创作编辑47幅作品。摄影作品2期,拍摄和编辑56幅作品。14期专辑在手机网宣平台发出后,有近万人参与互动。先后承办市总工会“劳动托起中国梦,奋斗建功新时代”为主题的大型牌展街头宣传活动。承办市环保局为纪念第49个世界环保日举办的大型牌展街头宣传活动。展出以书画、诗词、摄影图片的形式,推出“美丽津市,我是环保志愿者”为主要内容的专题宣传。展出30块展牌近100幅作品,通过宣传,激发了全市人民爱护自然、爱护环境、爱护津市的热情。9月18日,配合市科协举办津市第二届“全国科普日”广场科普知识展览,此次展览共分6个部分,涵盖前沿科技、科学辟谣、食品医药、卫生防疫、身心健康、公共安全等方面的科学知识。10月1日,市委组织部、市老干局、市离退休干部工委主办,协会和市老摄影家协会、市老干部网络宣传协会协办,主题为“庆国庆、贺重阳、展金秋风采”大型牌展街头宣传活动。展出内容充分反映全市离退休干部不忘初心、牢记使命,积极宣传中共十九大精神,积极践行社会主义核心价值观,唱响主旋律,传播正能量优秀品德。协会共组织参加常德市3次大型活动。参加常德市老干部(老年)书画诗词协会组织的纪念常德市老干部(老年)书画诗词协会成立三十周年庆典活动。组织会员创作书画作品60多幅,选送常德的优秀作品30幅。紧紧围绕常德市老干部(老年)书画诗词协会每年组织编辑的《武陵红叶》,组织老同志创作书画诗词作品。有60多人参加,创作书画诗词作品86幅,选送常德市的优秀作品20幅。与市书法家协会联合,参加常德市首届文化节书画摄影展出活动。协会有20多人参加,共创作书法作品20多幅,其中有3人获奖。联合市网络宣传协会和市工信局开展“工业立市,产业兴城”为主要内容的现场笔会和摄影采风活动,现场创作书画作品30多幅,采风摄影作品60多幅。协助市扶贫办和市书法家协会,举行津市市全面决胜脱贫攻坚,精准扶贫书画展。共创作60多幅书画作品。开展书画进校园活动,为学生们传授书画写作知识。6月,把书画送到市李家铺中小学校学生们的手中。并请书法老师给学生们上课,老师和学生现场互动,手把手地教学生们写字,激发学生们对书法的兴趣,近200名学生参加书法活动。通过书画进校园活动,使学生深深感受到中华书画艺术的博大精深和中华书

市老年大学国画班学员在上课

画艺术的巨大魅力，激发同学们对中国书画艺术的热爱和兴趣。

【兰津诗社】2020年6月，协会诗词组（下里巴人）组织30多人，到全国著名作家周立波的故乡，进行诗词创作采风活动。编辑一期出访故居专刊，共创作诗词28首。诗词组还积极组织会员为常德市正扬网创作诗词并投稿，有30多首诗词被常德市正扬网采用，并获得精华和优秀的美誉。另外在本市国庆、重阳、展金秋风采大型展牌宣传活动中，创作的20多首诗词在展牌中刊登。诗词组围绕党的中心工作开展诗词的创作和宣传活动，在微信平台上出微刊8期，其中为抗击新冠肺炎战役和抗洪抢险各出1期专版，共创作诗词作品120首，有300多首诗词先后被《澧浦诗词》《常德诗词》《武陵红叶》《湖南诗词》《扬子江诗刊》采用。其中唐炎珍、邹红兵两位同志的作品被《中华诗词》采用。

【老摄影家协会】组织会员员奔赴抗疫一线，利用手中的相机进行创作。会员危振卫拍摄大量群众防疫抗疫的镜头，并被常德市正扬网采用。在《人民日报》《湖南日报》及常德正扬网上发表的疫情防控、复工复产作品共30多幅。组织会员捐款共计1.2万元，其中仅离休干部夏万年捐款2000元。在这次常德老摄协组织的第九届会员优秀作品展中，有7幅防疫抗疫的作品获得展出和奖励，其中协会常务副会长周献坤的《争分夺秒抓复产》获得常德市艺术节的金奖。参加常德市老摄影家协会“生态文明建设成果摄影大赛”，20多人投稿100多幅，其中有10幅作品获得优秀奖和入选奖。拍摄大量反映乡村振兴的作品近300幅，其中有25幅进行展出。有7幅作品获得优秀奖奖励，有2幅作品获得三等奖。有4幅作品获得扶贫攻坚、精准扶贫奖励，有7幅作品获得《众志成城抗疫情》奖励。参加常德市委宣传部、常德市文联等单位举办的2020年艺术节活动，全市共报送摄影作品150多幅，有50幅作品被市文联选为优秀稿件。另外选送10幅作品到常德市参展，获得一等奖2幅、二等奖1幅、优秀奖8幅的骄人成绩。一年来，协会组织采风40多次，共300多人次参加。本市采风有春节的白衣茶场采风报告、青苗村的腊八节采风、夏季岳山竹林禅院采风。市外采风有川西、山西、湖北、福建霞浦、桑植、西藏、青海、内蒙古等地。组织31名会员赴桑植革命老区采风活动，在贺龙故居前和红军第二方面军出发地进行了党旗宣誓活动，使党员受到一次良好的党性教育。全市70多名会员中，就有中摄会员2名，省级以上会员20多名，有2名会员加入湖南省摄协。11月30日，常德市老摄影家协会现场经验交流会在津市举行，来自常德市老摄影家协会以及各区县市老摄影家协会的48名代表一行参观毛里湖湿地公园科普宣教基地，并以游船采风、观看摄影展的方式详细了解毛里湖国家湿地公园生态环境保护工作成效，感受毛里湖的风景和环境之美。市老摄影家协会负责人介绍活动经验。

（夏建军）

【关心下一代工作】2020年，市关心下一代工作委员会贯彻落实上级关于进一步加强和改进新时期关心下一代工作的意见精神，聚焦立德树人和关爱工程重点工作，发挥“五老”作用，在加强青少年思想道德建设与加大困境青少年帮扶力度上主动作为，优化青少年成长成才环境，推进关心下一代工作有序开展。通过线上关注老干部工作网络公众号、“学习强国”平台及线下开展集中学习传达两会精神等，深刻领会习近平新时代中国特色社会主义思想精神实质，增强“五老”的使命感，提升全社会支持关心下一代工作的思想认识，营造全社会关心关爱下一代的良好氛围。改善农村留守儿童的生活环境，全市农村留守儿童之家建设实现全覆盖，大关山儿童之家成功申报省级示范儿童之家；“玉芳姐姐”工作室联动公安、司法，把工作室搬进社区，开展法律宣传、知识抢答、学生观摩庭审等活动，2020年投入30余万元对其硬件予以升级改造；探索建设二小家校共育工作坊，开展家庭教育及隔代教育课题调研，组织家庭教育讲座、家教沙龙、家庭教育免费咨询活动15场次；打造“红管家”治理模式，三洲驿街道后湖社区以“五老”为骨干，吸纳优秀青年、专技人员等组成300余人的党员志愿服务团队，组建治安调解、宣传教育等8支爱心服务队，开展志愿巡逻、扶贫帮困等活动200余次，其中开展青少年讲座10余次，爱国主义教育20余场次。组织参加新时代好少年“美好生活，劳动创造”主题教

老年大学国画课

市老年大学摄影班迎春联欢会

育读书活动，津市市教育局关工委获全国先进集体荣誉称号，雷红波获先进个人荣誉称号；举办“呵护心灵·关爱成长”津市市第二届心理剧展演活动，聚焦后疫情时代的学生心理，增强学生心理调适能力和环境适应能力，津市各中小学师生代表近300人观看表演。利用“互联网+”与德雅中学青少年法治教育基地，开展线上线下相结合的青少年法治宣传教育。9月24日至30日，全市各中小学分别开展“青少年法治宣传教育”“防邪反邪、禁毒宣传”“我身边的民法典”等活动，发挥学校法治宣传教育的主渠道作用。开展“12·4”国家宪法日、宪法宣传周进校园活动，市法院干警走进津市职教集团，进行宪法宣传和宪法知识讲解，发放宪法、民法典、未成年人保护法法律单行本1000余本；疫情防控期间，司法局编写印制《新型冠状病毒感染肺炎疫情防控法律知识简明读本》免费发放至教育局及各学校；团市委利用新媒体平台通过通告、倡议书、自制漫画等形式，引导科学防疫，宣传抗疫优秀典型事迹。推动家庭、学校、社会协同育人的有效机制建立，对家长开展各种形式的家庭教育培训。2020年全市已办家长学校19所，办校率100%，在全市城市社区(村)实现家长学校全覆盖，已建立家长学校和家庭教育指导服务点69个，占比90.8%。新洲中学积极申报创建成功常德市示范家长学校。落实儿童福利政策，做到应保尽保、应救尽救。加强孤儿生活福利保障，全年为33位孤儿发放生活费45万元，发放价格补贴1万元；启动事实无人抚养儿童的保障工作，完成71位事实无人抚养儿童的认定工作，发放生活费40万元，发放价格补贴0.67万元；推进儿童之家建设，共投入73万元，完成15个儿童之家的建设工作，全市共建有“儿童之家”54家，达到建制村全覆盖的建设目标。市教育局建立“留守生”专项档案，开展帮扶活动，落实“三帮一”劝学走访，制定《津市市控辍保学工作方案》，给55名学生建立“三帮一”台账，对部分确实因身体原因不能随班就读的21名残疾儿童，各校安排专人制定方案，进行送教上门；市民政局联合慈善总会开展民政助学公益活动，为53名学子发放助学金26.5万元，启动“福彩圆梦·孤儿助学”工程项目，为10名大学在读孤儿发放助学金10万元，保障孤儿稳定求学。团市委以“同舟共济青春偕行”为主题，为30名困难青少年资助1.5万元，捐赠口罩2000只，用于学习生活；为100余名抗疫一线青年争取专项保险，捐赠防疫和生活物资共计1万余元；“一元捐”希望工程项目汇缴资金19212元，预计资助学生15名。市妇联开展了春节慰问困境儿童家庭，共整合慰问金9800元，慰问8户特困儿童家庭；开展了“微善风”助学活动，联系爱心人士资助10名困难学生共计12900元，为白衣镇白衣庵社区贫困大学生争取“金秋助学”公益金5000元。

（夏建军）

11月18日，兰津诗社成立40周年会员合影

【老科协工作】2020年，市老科协发挥老科技工作者的优势特长，为助力“脱贫攻坚、乡村振兴”及助力企业技术创新服务等方面发挥积极作用。全市老科协组织和会员创办助力帮扶示范基地共10个。其中，有大喜农业专业合作社等涉农基地5个，工业企业示范点5个。10家基地规模年产值约1.82亿元，年上缴税收1100多万元，有力地推动地方经济发展。农林水分会助力帮扶云华食用菌基地及金鱼岭分会助力大关山村美丽乡村示范点的基础上，重点助力打造津市市大喜农业专业合作社提升为常德市老科协示范基地，明确副会长周尚新常年帮助该示范点，完善粮食产后服务体系，申报注册“澧水农夫”商标和小食品生产许可、完善提升优质米生产线等工作。该合作社成功获得全省百强合作社的荣誉称号。毛里湖镇老科协联系的朱氏螺业水产示范基地也正在助力帮扶中。老科协乡村振兴助力行动，带动基地周边的农民脱贫致富，老科协示范基地已助力贫困农户脱贫120多户共380多人。自常德市老科协把津市定为助力企业技术创新服务示范县(市)后，积极行动，专门制定《创建工作方案》呈报给市领导。津市市老科协重点挂牌帮扶的工业企业4家。4家企业通过技术引进、技术创新和科研攻关及项目投资合作，来势良好。湖南鑫铮电子科技有限公司是市襄阳街道老科协助力帮扶的企业，该企业通过科技创新和技术攻关，年产值可达3000万元，较2019年增长20%以上，新开发4—6毫米微型电机将大幅提高产品价值，企业生产订单不断，销售形势大好。工信分会助力帮扶的湖南劲龙电机有限公司是一家高新技术企业，该分会组成助力工作组与企业对接，助力企业科研项目备案立项及申请项目补助经费，帮助企业实施“5S”生产现场管理和聘请专家培训生产骨干等，提高企业管理水平和技术攻关能力。该公司可实现年产值2400多万元，实现利税近200万元。市

老科协为助力示范企业技术创新，向领导汇报申请由本级财政为企业解决科研项目补助资金20万元，4家企业各5万元。市襄阳街道老科协与金融投资担保部门联系对接，为6家企业解决贷款资金200万元，同时，与相关职能部门沟通联系，解决企业环保、地表用水和企业管理人员子女读书等问题，为企业解决一些实际困难，得到企业好评。

津市市老科协以“创五家”争“五好”的工作标准，着力推进“创建满意老科技工作者之家”建设。按照实施意见安排，各基层分会要在年底前须创建1—2家满意示范之家或老科协示范活动小组。及时启动在老科协组织中树标杆、在老科技工作者中树标兵活动。11月20日，以教育分会阵地为现场，召开全市老科协工作经验交流现场会，推广先进，使“创满”和“两树”活动整体推进。市老科协教育分会、卫健分会、农林水分会、自然资源分会等市直分会及5个街道老科协全部都达到“五有”（有办公室、有协会牌子、有配套设施、有活动规划、有经费保障）。为适应老科协助力企业技术创新服务示范县（市）工作需要，9月，相继成立老科协工信分会、生态环境分会，两部门分会的成立不断壮大老科协的队伍。同时，卫健分会、汪家桥街道老科协也成功进行换届，全市基层分会已达18个，65个村、社区成立老科协活动小组，会员达1280余名。组织会员开展各类活动达280多次。在10月开展的全国老科技工作者日“健康行”活动中，老科协教育分会、生态环境分会、卫健分会、襄阳街街道老科协等分别组织了老年门球赛、医疗义诊、参观学习红色景点和文艺慰问演出等形式多样的活动，丰富老科技工作者晚年生活，更加激发广大会员奉献余热。全市老科协组织聚焦社会热点、难点开展建言调研，会员撰写的各类调研报告（论文）28篇，提合理化建议80多条，大部分建言建议被市、镇（街道）及市直单位党政部门采纳，5篇论文推荐给上级老科协参加评选，3篇论文被市委、市政府采纳。

【老年保健协会】2020年，津市市老年保健协会参与疫情防控。疫情期间，对全市离退休人员发出《津市市老年保健协会致全市老年保健工作者倡议书》，得到全市各单位及各乡镇、街道办事处全体离退休人员的积极响应，组织相关街道、办事处发放防疫防控新冠病疫的宣传单，组织保健知识宣传员，在各分会保健群做防疫防控知识指导，分会还抽调身体健康硬朗的人员协助所在街道、社区值班，在疫情期间全体会员搞好自身防护，积极捐款、捐物。转发省常德市老年保健协会疫情防控通知，利用工作群及时转发省人民医院关于抵抗新冠状病毒有关防控、保健知识、饮食指导、关注有关微信二维码等。在防疫期间，向常德市老年保健协会共发送16篇书法、诗歌、新闻纪事等文章。2020年，全市老年保健协会组织以科普活动为载体，充分发挥自身职能优势，不断提升全民科学素养，开展了各种丰富多彩的活动。5月29日，津市老年保健协会召开各分会会长、秘书长会议，宣传健康知识，对保健知识刊物进行讲解，把书发放到各镇、街道社区、养老中心和日照中心，并且还发放到本市每一名市处级领导手里，受到全市市级领导和各乡镇、街道社区的好评。9月25日，举办全市保健知识讲座，来自全市各乡镇、街道办事处、市直各单位分会的老年保健协会会长、秘书长、保健知识宣传员、会员代表120多人到会聆听讲座，邀请常德市高职院教授王如茂作题为《顺应自然，养生保健》的演讲。这次保健知识专题讲座，王教授讲课非常精彩，养生保健、益寿省钱、普及知识反响很好，还发放老年保健知识养生手册500多份。组织全市老年保健协会、各基层会长、秘书长、宣传员、会员，全市各类医疗专家在市汪家桥街道办事处新

市老年大学舞蹈班学员在上课

霞光艺术团开展不忘初心演出活动

村社区开展医疗义诊咨询活动。同时由卫生分会组织两个小分队,一队在桥头广场进行义诊宣传咨询活动,另一队与全市百岁老人上门进行健康体检,活动期间发放宣传资料5000多份,义诊和接待咨询1500多人次。

党校工作

【概况】2020年,中共津市市委党校共举办各类培训班共19期,共培训学员2460人次,其中:党校主体班4期,培训256人(包括:科干班2期120人,年轻干部读书班1期60人,基层党组织书记培训班1期76人),围绕干部教育培训计划,承办基层党建、脱贫攻坚、公务用车信息化、军人事务、人民调解、土地管理、妇女工作等部门培训班15期,培训2204人。

优化教学体系,提升教学管理水平。坚持集体备课,新课试讲制度。根据培训需要,打造“习近平新时代中国特色社会主义思想”和“中共十九届四中全会”为主的特色精品课程。立足教学改革,强化问题为导向,进行入学摸底考试。了解学员的同时创新“授课方式、学习方式、学员帮扶、班级管理”等为主要内容的培训模式,明确讲什么、怎么讲的问题。课堂讲授与现场教学密切结合,在坚持传统课堂教学下,注重突出学员的主体地位,将案例教学、现场教学等方式应用其中,提升培训效果。严格学员管理,培训班实行流程化管理和全程考核制度,将学员在校听讲座、参与研讨等情况定期进行公示,并连同结业考试一道作为毕业考核和评选“优秀学员”的依据。培训班出勤率达90%以上,形成良好的学风校风。

强化师资力量,提升教师素质和能力。完成教师招聘1人;先后选派5人到上级党校学习;开展学习互动交流会,分别到澧县县委党校和石门县委党校交流学习;坚持理论中心组学习、集体学习等制度,组织开展领导干部上党课、学习笔记评选等活动,共组织集体学习20次。

继续完成校园环境的改造。累计投入约100万元用于更换报告厅电子显示屏,修缮围墙、增加会议室电子显示屏、建设政治教育文化墙,提质我校教学、文化及办公环境。 (郭丹)

【干部培训】立足党校党性教育平台,发挥党校宣传思想阵地作用。积极选派教师“走出去”,先后选派6名教师共组织外出宣讲20余次,受众达1000余人次;紧抓校内教育不放松,坚守意识形态阵地,开展《加强意识形态工作 坚决维护意识形态安全》《中央八项规定解读》等专题党课;积极开展“不忘初心、牢记使命”主题教育活动,做好《津市党组织创建与发展历程》《学习习近平新时代中国特色社会主义思想》《中国共产党的历史与启示》《加强党风廉政建设 营造良好作风环境》等教学专题;紧跟中央新精神,及时更新并增开《十九届五中全会精神解读》课程,并请高级讲师章定炎和常德市委副校长杨亚妮从不同的角度来对中共十九届五中全会进行解读。

4月8日,市政协主席姜正才一行到党校走访政协委员

学校于5月开始开班,5月20日,2020年上半年党员拟发展对象培训班开班,140人参训。5月25日,津市市第九届市委年轻干部读书班入学选拔考试举行,全市140名年轻干部参加。5月27日2020年上半年入党积极分子培训班开班,160人参训。5月28日,2020年第一期科级干部进修班开班,市委组织部常务副部长甘雪林、市委党校校长曹建华出席开班式并讲话。6月4日,全市脱贫攻坚政策业务培训班开班,220人参训,市委副书记覃歇民、市委组织部常务副部长甘雪林出席开班仪式并讲话。6月9日,全市公务用车信息化管理平台启用培训开班,100人参训。6月10日,2020年市委年轻干部读书班开班,市委副书记覃歇民出席开班式并讲话。6月22日,全市退役军人事务业务培训开班,120人参训。6月23日,全市党建业务知识培训开班,90人参训。7月4日,团市委公益公考培训班开班,170人参训。7月24日,全市农村宅基地管理与改革业务培训会开班,100人参训。同日,高新区党员党性教育培训开班,100人参训。9月1日,2020年第二期科级干部进修班开班,市委组织部副部长刘俊芳、市委党校校长曹建华出席开班仪式并讲话。9月3日,全市人民调解暨社区矫正工作

10月12日,常德市委党校副校长杨亚妮在科干班上课

10月8日,市委党校常务副校长曹建华在科干班上课

业务培训班开班，110 人参训。9 月 4 日，全市依法行政业务培训班开班，250 人参训。9 月 28 日，习近平总书记关于土地管理重要论述宣讲会开班，参训 240 人。9 月 29 日，全市电子政务业务培训班开班，150 人参训。11 月 5 日，全市妇女工作业务培训班开班，参训 160 人。11 月 6 日，全市政务操作业务培训会，120 人参训。12 月 29 日，全市的士司机继续教育培训班开班，300 人参训。（郭丹）

1 月，开展主题党日活动

【教研工作】2020 年坚持科研工作与市委中心工作相结合，拟定紧扣津市发展各项专题，发出党校声音。《关于津市市推进就近城镇化的调查与思考》获省理研论文二等奖，《基于 SWOT 分析的乡村特色产业发展对策探析——以津市市葛果产业为例》获得省理研论文三等奖。深入基层搞调研，积极申报调研课题，完成《津市市新型城镇化问题研究增强忧患意识，防范县城金融风险——以津市市银行业为样本》2 个省级结项，《津澧新城视野下“港产城”一体化发展对策研究》《乡村振兴战略背景下农村殡葬改革工作及其对策研究——以津市市为例》《关于在精准扶贫形势下推进农村一、二、三产业融合发展的研究——以津市市毛里湖为样本》《民俗文化视域下特色小镇发展策略研究——以津市市为例》《乡村振兴视野下的津市新作为——以白衣镇田园综合体建设为例》《农村土地承包经营权证制度的完善与创新——基于湖南津市的实证分析》6 个市级结项。申报《国家试点中的河湖水系治理模式研究——以津市为样本》《乡村振兴战略视域下建设全域美丽乡村路径——以津市市为样本》《疫情防控背景下应对县域工业经济下行的对策研究——以津市市为样本》《从疫情防控看农村村级党组织能力建设研究——以津市市为例》《乡村振兴战略背景下全域推进乡村治理体系建设工作对策研究——以津市市为例》《“十四五”时期推动文旅康养融合与高质量发展战略研究——以津市市为例》7 项以津市为样本、紧扣津市现实的课题。（郭丹）

津市市 2020 年市委年轻干部读书班选拔考试

2020 年 6 月 30 日，年轻干部读书班红色外训参观朱务善展馆

12 月 28 日，完成建党百年、光辉岁月文化墙建设

档案工作

【概况】2020 年，中共津市市委机构编制委员会下发《津市市档案馆职能配置、内设机构和人员编制规定》，市档案馆为中共津市市委办公室管理的正科级公益一类事业单位，核定综合室、接收保管利用室、编研展览信息室 3 个内设机构，核定事业编制 7 名，实际在岗 3 人。市档案馆开展档案安全管理、档案接收、档案查阅、档案数字化等业务工作，全力做好疫情防控、精准扶贫、禁捕退捕等中心工作。

【馆藏档案】2020 年，市档案馆馆藏共有案卷级档案 109349 卷，文件级档案 245502 件。其中，明清档案 42 卷，民国档案 76 卷，中华人民共和国成立后档案 109231 卷 245502 件。还保存资料 7855 册。馆藏档案主要反映津市市域内政治、经济、军事、科技、历史文化等多方面内容。2016 年启动馆藏档案数字化工作，至 2020 年年底，已完成档案全文扫描 3249769 页，录入目录 496396 条。

【档案接收】2020 年，市档案馆按照市委办、市政府办《关于认真做好档案移交进馆工作的通知》，开展 2006 年至 2010 年到期档案接收进馆工作，共接收档案 24189 件。

【档案数字化】2020 年，市档案馆继续推进馆藏档案数字化工作，对查阅利用率较高的婚姻档案进行数字化，共完成婚姻档案全文扫描 327949 页，录入目录 70196 条。

【档案查阅利用】市档案馆发挥档案服务经济社会发展、服务民生的作用，做好档案利用服务工作，为查阅者排忧解难。全年共接待社会各界档案查阅利用者 2318 人次，查阅档案 5659 卷(件)，出具证明 2037 份。

【中心工作】在疫情防控中，做好本单位干部职工的人员摸排、政策宣传、馆库消毒等工作。在职党员参加居住地社区的志愿服务队伍，全体党员自愿捐

款支持新冠肺炎疫情防控工作。一名干部抽调到三洲街社区,配合社区开展疫情防控工作。一名干部被选派到市江湾船舶修造有限公司,指导企业做好疫情防控及复工复产各项工作。扎实开展精准扶贫工作,每月下乡走访贫困户1次,为贫困户制定帮扶措施,督促帮扶措施的落实。开展为贫困户送农资、开展生产劳动、消费扶贫等活动。全年为6户贫困户送去生活、生产物资近5000元,落实后盾单位帮扶资金2万元。在迎接国家卫生城市周期复审中,对指定路段盐兴路开展路段包保,督促落实"门前三包",营造整洁有序的公共环境;在宝悦乐城红绿灯路口进行文明劝导,为津市创建国家卫生城市添砖加瓦。抽调1名干部落实渔民禁捕退捕包保责任,对新洲镇的5户渔民家庭做好情况了解、诉求反映、政策宣传及物资慰问等工作。 (邹平华)

党史方志工作

【概况】2020年党史研究室贯彻落实《关于加强和改进新形势下党史工作的意见》《地方志工作条例》,推进全市党史、方志工作开展。编纂出版《津市年鉴(2020)》《津市革命老区发展史》。举办朱务善铜像安放仪式,印刷《建党先驱朱务善》一书2000册,明确其故居为津市市重点文物保护单位并加以修缮,布局展览。

【史志编纂】《津市年鉴(2020)》编纂和公开出版。《津市年鉴(2020)》根据2019津市机构改革情况调整篇目框架,收集130余家单位的年鉴资料编纂而成,全书771千字。《津市年鉴(2020)》资料系统、真实准确,能正确反映事物发展的脉络和轨迹,具有很强资政价值和存史价值。记述内容真实,能客观反映当年津市经济社会发展中取得的成绩和存在的问题。框架、内容,年度特点鲜明,地方特色突出。开篇"津市名片""数字津市"简洁明了地反映2019年津市概貌,"市委市政府中心工作"突出2019年津市政治经济重点工作。

《津市革命老区发展史》一书由湖南人民出版社出版发行。《中国共产党津市历史》第三卷的编纂完成初稿。

【宣传教育】搭建平台载体,"一馆一室"充分发挥作用。"一馆"即津市方志馆,按《全国地方志事业发展纲要规划(2015—2020)》要求和湘政办发〔2016〕11号文件精神,启动津市方志馆建设。馆内藏书近千册。"一室"即党史陈列室,由毛泽东纪念厅和朱务善纪念厅组成。其中朱务善纪念厅是津市市主题教育唯一基地,被列为常德市、津市市两级爱国主义教育基地。

宣传党史人物朱务善,举行铜像安放仪式,印刷《建党先驱朱务善》一书2000册,明确其故居为津市市重点文物保护单位并加以修缮,布局展览。

开展党史教育活动。四级调研员向满华在市委党校的科干班、青干班上和青年干部读书班上讲党史课,课程内容为《津市党组织的创立与发展》《津市的红色故事》《抗美援朝:1950,中国必须应战》等。同时完成《津市革命遗址遗迹》画册和《革命老区·津市读本》。拍摄反映津市革命历史的老区宣传片——《红色津城》。

党史研究室四级调研员向满华在市委党校科干班讲授津市地方党史

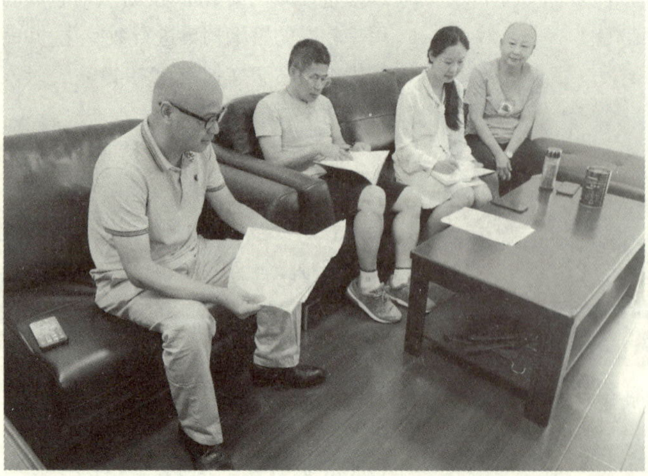

6月28日,津市市地方志编纂室编辑们商讨《津市年鉴》编纂工作

接待服务

【概况】2020年,市接待服务中心以"精细接待、优质服务、统筹高效"的服务理念,坚持热情周到、规范有序、厉行节约的工作宗旨,严格执行中央八项规定,按照《国内公务接待管理实施办法》认真履行接待服务职能,圆满完成上级交办的各项工作任务,高标准完成各项接待工作。

【重要接待】2020年,市接待服务中心共接待宾客100余批次,其中地厅级领导10余批次、重要客商90余批次,先后完成国家调研组到津市调研复工复产工作,常德市主要领导到津市调研复工复产工作,华东理工大学生物院士魏东芝一行考察生物医药项目孵化平台建设与运营座谈会,西湖管理区党政考察团一行到津市学习考察农村人居环境整治工作，梁部长到津市调研智慧党建政务下沉工作，临澧县党政班子到津市调研考察智慧党建工作，常德市开放强市产业立市流动现场会等政务接待任务。津市招商引资力度不断加大，到津市考察投资的客商越来越多，2020年先后承办广东溢多利集团、深圳盐田港集团高管、宁波热电（能源集团），中联重科股份有限公司等企业领导到津市考察投资接待任务。（杨平）

【学习交流】开设接待知识讲堂等途径去学习政务、商务接待方面的礼仪知识。7月底，接待服务中心一班人前往澧县接待服务中心，以座谈的方式向兄弟单位学习，借鉴先进工作经验，参观定点接待场所，通过相互交流努力提高自身接待服务水平。（杨平）

7月28日，接待服务中心主任谭静波一行4人，前往澧县接待服务中心学习交流

津市市人民代表大会

概　　述

2020年，津市市人大常委会共召开人民代表大会1次，人大常委会会议10次，人大常委会主任会议9次；听取和审议专项工作报告33个，作出决议、决定、审议意见6份，依法任免国家机关工作人员23人（次），组织视察、调研20次。

津市市人大常委会聚焦上级决策部署，聚焦市委目标任务，聚焦群众关心关切，牢记初心使命，依法履行职责。坚持人大工作与市委同向发力，就人大重要工作向市委报告、备案19次。落实疫情防控、防汛抗旱、禁捕退捕、水系连通及农村水系综合整治、国家卫生城市复审迎检等中心工作任务。2020年年初，面对突如其来的新冠肺炎疫情，人大常委会迅速行动、发出倡议，主任会议成员指挥小区防疫、一线督导企业复工复产，机关干部驻守社区、联防联控，省、常德市、市本级、镇人大代表闻“令”而动、勇毅逆行，助力打赢疫情防控阻击战。10月，派出监督检查组，连续半个月对禁捕退捕工作开展明察暗访，对于发现的问题：如有无地笼、丝网、拦网及迷魂阵等情况及时反馈，督促相关部门整改到位，切实保护好渔业生态环境。

2020年，出台《市人大常委会讨论、决定重大事项规定》，建立专门委员会议事规则，制定预算联网监督系统管理制度，常委会议事更加规范。营造“讲学习强素质、讲责任比绩效、讲团结创一流”的工作氛围，全年开展政治理论学习26次；组织民法典等法律知识学习；开展委室创先争优、年轻干部学研活动；积极参加乒乓球比赛、演讲比赛等，激发干部潜能。全年5项工作进入常德市人大系统第一方阵；预算联网监督、养老服务监督等工作经验被上级人大推介；《乡村振兴背景下民间规范与地方立法的融合之路》《一次集体履职的生动实践》等12篇文章获省、常德市人大系统新闻宣传奖；人大常委会被常德市人大评为先进单位。　（欧阳刘慧）

重要会议

【人民代表大会】2020年4月24日至27日召开津市市第十七届人民代表大会第五次会议，会期4天。参会代表166名，列席人员314名。

4月24日，各代表团代表报到，召开预备会议；党员代表大会；主席团第一次会议。4月25日，召开第一次全体

4月25日，视察重点项目建设

大会，听取市人民政府、市人大常委会、市人民法院、市人民检察院工作报告；表决《补选办法（草案）》《津市市2020年民生实事项目表决办法（草案）》；主席团第二次会议；代表集中视察新洲镇五泉社区、经世新材料、康捷生物、津市港、津世华龙幼儿园、澧水沿江风光带及西河街建设项目。4月26日，各代表团分团活动，讨论和审查各项工作报告、审查各项工作报告决议（草案）；提出议案和建议、批评、意见，收到代表建议、批评和意见56件，涉及城建环资交通方面23条，规划综合经济方面2条，教科文卫方面9条，农业农村水利方面12条，社会建设方面10条；继续酝酿、讨论候选人；推选监票人；审议《津市市2020年度民生实事候选项目》；代表询问。召开财政预算审查委员会会议，讨论通过财政预算审查报告。召开议案审查委员会会议，讨论通过议案审查报告。召开主席团第三次会议。4月27日，召开第二次全体会议，补选津市市人大常委会副主任、委员；表决津市市2020年民生实事项目10个；听取议案审查报告、财政预算审查报告；表决通过关于政府、财政、人大、法院、检察院工作报告的决议；表彰；市委书记傅勇讲话；大会闭幕会。（欧阳刘慧）

【人大常委会会议】2020年1月至12月，津市市人大常委会共召开常委会会议8次。

重要工作

【监督工作】2020年，人大常委会密切关注工业发展、税收征管、经济运行，及时掌握实情，适时提出建议。调研国有资产管理状况，支持资产归集，推动理顺机制，提高国有资产使用效益。视察金融服务实体经济工作，督促金融部门加大对中小企业的信贷支持力度。8月，对照中央“六稳六保”要求和市委“过紧日子”的部署，听取和审议预算执行、预算调整等情况报告，审查批准市级财政决算、预算调整方案。狠抓审计发现问题整改，开展跟踪监督，11月，常委会上听取整改情况，进行满意度测评，被审计单位整改问题17个。

聚焦群众关切，审议公共卫生服务、老旧小区改造等民生议题17个。全领域监督食品安全，推动农产品质量检

5月28日，市人大常委会集中学习安全生产法

表9　津市市人大常委会2020年审议意见、决议决定统计表

届别	常委会次数	会议时间	作出的审议意见或决议决定
十七	二十四	1月20日	无
十七	二十五	3月30日	无
十七	二十六	4月20日	无
十七	二十七	5月28日	无
十七	二十八	7月6日	关于许可津市市公安局对津市市第十七届人大代表许爱民依法采取刑事强制的决定
十七	二十九	7月30日	关于《中华人民共和国安全生产法》和《湖南省安全生产条例》贯彻实施情况报告的审议意见
十七	三十	8月17日	关于接受赵克蓉、褚敏同志辞去常德市第七届人民代表大会代表的决定
十七	三十一	9月27日	关于批准津市市2020年财政预算调研方案的决议 关于全市养老服务体系建设情况报告的审议意见
十七	三十二	11月26日	无
十七	三十三	12月17日	听取市十七届人大六次会议筹备工作情况汇报并作出相应决定

测中心提档升级。紧盯公立医院重点专科建设,督促政府理顺编制问题、加大支持力度、强化人员保障。视察全市养老服务体系建设,提出审议意见,助力拓展居家养老、促进医养结合,提升服务水平。关注扫黑除恶,统筹推进司法公正常德行、环保世纪行、农产品质量安全行、农民健康行和民族团结进步行动,尽力为民办实事,让群众得实惠。连续3年开展扫黑除恶专题调研、听取和审议扫黑除恶专项斗争工作情况报告。10月,前往各司法机关开展扫黑除恶专项斗争工作情况调研,组织人大代表旁听涉黑涉恶案件审理,开展涉黑涉恶案件评议,推动扫黑除恶专项斗争取得了压倒性胜利,社会治安形势持续向好。

6月9日,市人大常委会召开2020年评议市人民政府优化经济发展环境工作动员大会

聚焦代表建议,坚持高位推进、委室对口督办、代表集中视察,办成城东农贸市场、民安路建设等一批事关民本民生的建议。加强园区三产建设的建议,有效办理;禁止涔水河津市段防洪通道机动车辆通行的建议,落实迅速,沿线上堤路口限高设施安装到位;硬化大旗路的建议,金鱼岭街道、嘉山街道筹措资金50万元,硬化道路984米;整顿居民楼内营业性麻将馆的建议,部门推进有力,城区二楼以上15家营业性麻将馆全部关停。

2020年,人大常委会首次监督行政执法“四项制度”(行政执法公示制度、执法全过程记录制度、重大执法决定法制审核制度、执法决定说明理由制度)落实,综合运用评案件、看现场、搭平台、组织专题调研等方式,督促部门对执法办案问题边评边改、立行立改,为部门执法答疑解惑、提供指导,推动部门规范执法。6月,有关部门反映在如何执行“一事不再罚”、如何适用从轻减轻处罚等方面存有疑惑,迅速组织各司法机关和监察机关业务专家,进行面对面交流、现场答疑,为规范执法、防范执法风险提供专业指导。继续开展“两官”履职评议,评查案卷100多份,指导整改问题30多个。严格落实备案审查制度,全年依法审查政府规范性文件7件,提出意见建议21条,发出审查建议1份。扎实做好涉法涉诉信访工作,全年共接待群众来信来访50余人(次),市民陈某长达5年未执结案等一批信访问题得到妥善解决。（欧阳刘慧）

【代表工作】2020年,津市市人大常委会全面推进民生实事项目人大代表票决制,票决选出市级民生实事项目10个。主任会议成员带队督、专门委员会对口督、代表视察集中督、进度清单实时督,年终政府报告实施情况,委员投票表决,通过监督评估,确保万寿苑老旧小区改造、双济校区扩建等民生实事项目办扎实。指导各镇有序开展票决制,镇级人大票决出的21个项目均完成。5月,常德市民生实事项目人大代表票决制工作现场会在津市市召开;9月,湖南省人大到津市调研民生实事项目人大代表票决制工作;11月,常德市乡镇人大工作和建设推进会上,津市市人大常委会作典型发言,工作得到省、常德市人大高度认可。

2020年是市十七届人大三次会议两件议案办理收官之年。人大常委会持续加大督办力度,组织代表视察西毛里湖饮用水水源保护情况,针对湖边毁绿开荒、污染饮用水水源及水土流失等问题,建议检察机关启动公益诉讼,督促发出检察建议17份,向公安机关移交线索1条,合力推进毛里湖生态环境综合治理。跟踪缓解城区停车难议案的办理,督促建成城南停车场、启动建设城北公交停保站。2018—2020年,津市人大常委会监督市住建局、市交警大队等议案承办单位探索立体停车、智慧停车、错峰停车新模式,充分利用空坪隙地施划停车位、建设停车场,城区新增停车位2961个,超过目标任务1161个。

6月18日,市人大常委会视察市重大交通项目建设

升级镇(街)代表联系群众工作室,拓展村(居)代表工作点,完善“代表履职管理”APP,开展代表述职活动,全方位服务、保障代表依法履职。代表列席重要会议72人(次),参与民生实事监督、工作评议、暗访调查、旁听庭审等376人(次)。四级人大代表编组联动,开展小组活动39次,助力蓝天保卫战,监督项目工程质量,参与小区建设等。2020年,镇街人大扎实开展监督工作、代表工作,特色亮点频现。新洲镇全力推进民生实事项目人大代表票决制,成为样板工程,常德市各区县竞相学习;毛里湖镇代表关注民生项目,主动监督谢家堰水厂提质改造,获得群众点赞;三洲驿街道推进代表联小区机制,打通代表联系群众的“最后一公里”;嘉山街道瞄准代表履职发力,助力企业复工复产,推动园区服务业发展。（欧阳刘慧）

【执法检查】6月,市人大常委会组成人员分5个检查组,到企业、镇街、村居开展安全生产法执法检查,实行全域

11月4日,市人大常委会组织视察卫生健康系统特色专科建设工作

调查，曝光突出问题，交办整改事项23个，对接市应急管理局等相关责任单位多次前往现场督促进度，确保整治取得实效，常委会票决满意率为100%。对裕达卤碱、宏力纺织、渔经生物、荣迪实业等企业存在的一般性安全隐患问题，立即督办，不等不拖，迅速将隐患整改到位。对交通顽瘴痼疾问题，采取联合督办，联合市交警大队和交通运输局一道整改风险路段246处，查处货车超载超限388起，非法运营24起，客车超员25起，变更拖拉机18起，农用车、拖拉机、工程车非法载人3500多起。

11月26日，市人大常委会评议市政府优化经济发展环境工作

检查野生动物保护法实施情况，督促林业部门加大宣传普及力度，主动配合常德人大农业委开展野生动物保护法执法检查。6月组织代表到津市4个特种养殖基地、5家餐馆和1个集贸市场现场视察，用实际行动推进涉农法律法规贯彻落实。（欧阳刘慧）

【视察工作】2020年，津市市人大常委会组织湖南省、常德市和津市市人大代表，对津市经济社会发展、项目建设及群众普遍关心的环境、卫生、安全等热点工作进行视察。

表10　**津市市人大常委会2020年组织代表视察一览表**

届别	视察时间	代表层级	视 察 内 容
十七	6月18日	津市市人大代表	视察市重大交通项目建设进展情况
十七	9月22日	湖南省、常德市、津市市人大代表	视察市人民政府2020年民生实事项目
十七	10月27日	湖南省、常德市、津市市人大代表	视察老旧小区改造工作
十七	10月28日	津市市人大代表	视察全市农产品质量检验检测中心“双认证”工作
十七	11月4日	津市市人大代表	视察卫生健康系统特色专科建设工作
十七	12月7日	津市市人大代表	视察市2020年民生实事项目建设情况

（欧阳刘慧）

12月7日，市人大常委会组成人员和部分市人大代表视察市2020年民生实事项目建设情况

津市市人民政府

概　述

【概况】2020年，全市实现地区生产总值181.6亿元，同比增长4.5%。其中，第一产业增加值28.4亿元，增长4.0%；第二产业增加值76.3亿元，增长6.3%；第三产业增加值76.9亿元，增长2.8%。

全市三次产业结构调整为15.7：42.0：42.3，第一产业比重提升2.1个百分点，第二产业比重下降0.2个百分点，第三产业下降1.9个百分点。一、二、三产业对经济增长的贡献率分别为11.0%、63.9%和25.1%，分别拉动经济增长0.5个、2.9个和1.1个百分点。工业增加值占地区生产总值比重为36.9%，高新技术产业增加值占地区生产总值比重为21.4%。

全年共完成省重点民生实事任务10项。增加公办幼儿园学位478个；完成政府补贴性职业技能培训2738人次，农村转移就业劳动者培训719人次；乡镇卫生院配备全科医生19名，补助村卫生室运行经费23.4万元；孕产妇免费产前筛查802人，“两癌”免费检查3110人；开工建设城镇老旧小区27个；新建自然村通水泥路8.1千米，提质改造农村公路23.9千米；巩固和新增农村通自来水人口1.33万人；改（新）建农村户用厕所7800户，农村公用厕所8个；提高农村低保标准和救助水平达到4680元/年、299元/月；残疾人困难生活补贴和残疾人重度护理补贴标准统一提高到70元/月，对23名符合条件的残疾儿童实施了康复转介与康复训练。完成常德市重点民生实事任务15项。推进农村学校建设三年行动，新建教师周转房161套、塑胶运动场2个，新建和改扩建学生食堂900平方米。改造农村危桥4座。改造整治农村交通事故易发多发点2处。新改造老旧小区27个。完成整治规范无证小作坊5家，小餐饮“明厨亮灶”490家；新增小摊贩集中经营点1个，校园大门两侧100米范围内无食品摊贩经营，食品摊贩底数建档率100%，食品摊贩监管覆盖率100%，食品摊贩无无证经营情况。完成2个镇（乡）规划编制，31个村庄规划编制，实现镇村规划编制全覆盖。完成3处农村饮水安全提质工程建设。完成4个建制乡镇卫生院标准化建设，39个行政村卫生室标准化建设，乡镇卫生院、行政村卫生室标准化建设达标率分别达到90%、95%。完成行政村农网改造14个。义务教育阶段公办学校开展中小学生校内课后服务5所。完成2所普惠性幼儿园建设，普惠性幼儿园覆盖率达到81.66%。政务服务事项网上可办数达到805项，政务服务网上可办率达到99.6%。完成13个小区新增物业管理覆盖，住宅小区业主满意度调查率达到70%。设立城市养犬登记（免疫）点3个，设立城市养犬留检场所1处，犬伤门诊人次比上年下降15%。

人居环境日趋改善。推进农村厕所革命，改厕覆盖率达90.5%。开展村庄清洁行动，清扫、转运各类垃圾、建筑堆物2.5万多吨，全面运行“绿色存折”制度，清理美化道路494千米，清理沟渠154千米、堰塘120口。打造美丽屋场，建成市级示范屋场20个、镇级、村级屋场38个、绿色庭院3000户。

农业。全年完成农林牧渔业总产值51.4亿元，同比增长4.1%。实现农林牧渔业增加值30.7亿元，增长4.1%。

农作物播种面积67.4万亩，其中粮食作物播种面积33.95万亩，经济作物播种面积33.45万亩，同比增长0.9%。粮食产量135997吨、油料产量31298吨、棉花产量3429吨、蔬菜产量96043吨、水果产量29815吨、茶叶产量138吨。

全年完成养殖业产值18.1亿元，占农业总产值的54.7%；水产品产量2.9万吨，同比下降2.4%。出栏生猪42.91万头、牛0.45万头、羊2.44万只，出笼家禽255万羽。

年末拥有农业机械32457台，比上年增加301台；总动力20.41万千瓦，比上年增加0.22万千瓦。年末实有耕地面积33.25万亩。其中，水田20.46万亩，水浇地0.24万亩，旱地12.55万亩，常用耕地面积32.04万亩。农村用电量2699万千瓦时，同比下降0.2%。农用化肥施用量5.26万吨，同比下降2.9%。全年开工各类水利工程13处，水利工程投入资金1.29亿元，水利工程完成土石方25.3万立方米，新增和恢复农田灌溉面积1.01万亩。

工业和建筑业。全年完成工业增加值比上年增长6.4%。其中，规模以上工业增加值增长6.7%。园区规模以上工业增加值增长7.5%。全年出产精制盐74.4万吨，同比下降12.2%；水泥111.2万吨，同比下降8.9%；车桥20.8万根，增长4.8%；纱9.5万吨，同比增长1.1%；饲料31.7万标吨，同比下降2.5%，化学药品原药1624吨，同比增长37.5%。

全年完成建筑业增加值9.3亿元，增长5.6%。资质以上建筑业6家，完成建筑业产值9.5亿元，同比增长14.3%。

固定资产投资。全市完成固定资产投资比上年增长20.1%。按产业分，第一产业完成投资增长117.3%；第二产业完成投资增长34.6%；第三产业完成投资增长9.8%。按投资方向分，工业投资增长34.6%；高新技术产业投资增长0.7%；民生投资增长41.0%；生态投资增长30.1%；基础设施投资增长73.9%；房地产开发投资下降51.2%。按经济类型分，国有投资增长44.9%，非国有投资增长1.2%。

全年房屋施工面积91.1万平方米，同比增长4.1%。房屋销售面积13.9万平方米，同比增长13.0%。

国内贸易、物价。全年完成社会消费品零售总额68.3亿元，同比下降1.9%。分地域看，城镇市场实现消费品零售额47亿元，同比增长2.8%，占社会消费品零售总额比重为68.8%，乡村社会消费品零售额21.3亿元，同比下降11.0%。78家限上企业完成社会消费品零售总额27.4亿元，同比增长14.4%。分商品类别看，粮油、食品类增长40.2%，服装、鞋帽、针纺织品类下降9.4%，化妆品类下降17.8%，家用电器和音像制品类增长1.7%，汽车类增长12.4%，石油及制品类下降25.5%，文化办公用品类增长21.9%。

交通运输、邮电和旅游业。全年完成交通运输仓储业邮电增加值9.2亿元，同比增长2.5%。全社会运输单位完成货运量542万吨，货物周转量12907万吨千米。全年客运量273.5万人，同比下降20.0%，旅客周转量9149万人千米，同比下降20.0%。境内公路全程总长534.55千米。其中，高速公路12.05千米，国道4.76千米，省道106.58千米，县道27.59千米，乡道167.98千米，专用公路1.69千米，村道213.90千米。全市年末汽车保有量21498辆，同比增长5.2%。本年新注册民用汽车1058辆。

全年完成邮电业务总量2.36亿元，增长15.2%。其中，邮政业务总量0.91亿元，增长71.3%；电信业务总量1.45亿元，下降4.5%；年末移动电话用户19.9万户，下降3.5%；宽带网用户7.15万户，增长7.1%。

全年完成旅游总收入26.3亿元，同比增长26.2%。国内旅游人数301.2万人次，同比增长25.2%。境外入境人数1万人次。年末拥有国家旅游等级区(点)3家，星级宾馆1家，旅行社1家。

招商引资和对外贸易。全年内资到位资金80.4亿元，同比增长13.4%；外资到位资金14586万美元，同比增长20.0%；引进省外境内资金55.9亿元，同比增长23.1%；全年完成进出口总额12297万美元，同比增长16.5%。

财政、金融和保险。全年完成财政总收入8.15亿元，同比下降1.2%。其中地方一般公共预算收入5.33亿元，同比增长9.6%；公共财政预算支出27.3亿元，同比增长3.0%。税务局完成各项税收入库6.78亿元，同比下降4.6%。

年末金融机构各项存款余额157.8亿元，同比增长14.1%。其中，非金融企业存款余额22.2亿元，增长47.9%，住户存款余额113.3亿元，增长12.2%。金融机构各项贷款余额77.4亿元，增长44.3%。其中个人消费贷款17.7亿元，增长24.3%。全年各项保费收入1.9亿元，增长4.8%，各项赔款和给付支出0.8亿元，增长6.2%。

教育和科学技术。年末全市拥有各类学校33所，在校学生15734人，招生3780人，毕业学生3575人。其中：中等职业学校3所，在校学生662人，同比下降0.3%；普通高中2所，在校学生2326人，同比下降3.1%；初中学校9所，在校学生3856人，同比增长3.7%；普通小学18所，在校学生8629人，同比下降2.1%；特殊教育学校1所，在校学生130人，同比下降5.8%。小学适龄儿童入学率100%。幼儿园在园幼儿4910人，同比增长3.1%。各类民办教育机构56个，在校学生5902人，下降10.6%。义务教育阶段合格学校建设28所。落实义务教育保障资金1514万元，发放中职国家助学金14.8万元，中职国家助学金资助中职学生147人次。

全年高新技术产业增加值38.9亿元，同比增长19.2%。年末拥有高新技术企业22家，省级工程技术研究中心9个。专利申请524件，其中发明专利339件。授权专利140件，其中发明专利17件。全年技术合同成交金额2.6亿元，同比增长192.9%。

文化、卫生和体育。年末拥有艺术表演团体1个，群众文化馆1个，公共图书馆1个，博物馆1个，入选国家级非物质文化遗产保护名录1个、省级非物质文化遗产保护名录1个。

群众体育活动进一步普及，经常参加体育锻炼人数19.0万人，年内开展全民健身项目24项次。城乡公共体育基础设施不断完善，年末拥有体育场地101个，其中运动场20个、游泳池2个、各种训练房23个。

年末拥有医疗卫生机构总计200个。其中，医院、卫生院13家，妇幼保健院1家，专科疾病防治院1家，疾病预防控制中心(防疫站)2个，卫生监督所(中心)1个，社区卫生服务中心(站)14个，诊所、卫生所、医务室67个，村卫生室101个。全市卫生技术人员2125人。其中，执业医师和执业助理医师595人，注册护士819人，乡镇卫生院卫生技术人员207人，疾病预防控制中心(防疫站)卫生技术人员39人。医疗卫生机构共有床位1281张，其中乡镇卫生院拥有床位238张。

资源环境和安全生产。全市森林覆

盖率24.5%,比上年提高0.1个百分点,全年完成造林面积600公顷。平均年降水量1270毫米,同比增长28.8%。

全年规模以上工业企业能源消费20.4万吨标准煤,同比增长5.0%,单位规模工业增加值能耗下降率1.5%。持续开展大气污染防治,市城区空气质量达标率达97.0%。

安全生产形势稳定,全年发生各类生产经营性安全事故9起,各类生产经营性安全事故死亡9人。亿元GDP生产安全事故死亡人数0.05人。

人口、居民生活与社会保障。全市年末居民总户数9.43万户,总户籍人口23.0017万人。其中,城镇人口12.6387万人,乡村人口10.3630万人。按性别分,男性人口11.6875万人,女性人口11.3142万人。按年龄分,0—17岁3.12万人,18—34岁4.18万人,35—59岁9.66万人,60岁及以上6.04万人。全年出生人口0.14万人,死亡人口0.15万人。

2020年全体居民人均可支配收入30725元,同比增长6.0%。其中,城镇居民可支配收入37589元,增长5.0%;农村居民人均可支配收入18415元,增长9.3%。城乡居民人均消费支出24109元,增长3.9%。其中,城镇居民人均消费支出27744元,增长3.4%;农村居民人均消费支出17591元,增长5.3%。

年末参加城镇基本养老保险职工人数6.46万人,其中:参保职工3.26万人,离退休人员3.20万人。城乡居民基本养老保险登记参保人数7.94万人。全市基本医疗保险参保人数24.48万人,其中城镇职工基本医疗保险参保人数2.98万人,城乡居民基本医疗保险参保人数21.5万人。参加失业保险1.86万人。领取失业保险金职工人数0.02万人。参加生育保险1.32万人。参加工伤保险职工人数1.53万人。

获得政府最低生活保障的城镇居民4318人,发放城镇居民最低生活保障费2234万元;获得政府最低生活保障的农村居民3804人,发放农村居民最低生活保障费1488万元。各类收养性社会福利单位床位数2491张,各类收养性社会福利单位收养人员数2078人。销售社会福利彩票1804万元,筹集社会福利资金260万元,直接接收社会捐赠189万元。

【市政府2020年常务会议】1月21日,2020年度市政府第1次常务会议召开。会上,市委副书记、市长黄旭峰传达了常德市人民政府第44次常务会议精神。会议先后听取并审议了关于医疗器械产业服务平台项目建设及扶持政策情况汇报、关于创建湖南省全域旅游示范区工作情况汇报、关于迎接2020年国家卫生城市周期复审相关工作的情况汇报以及关于划定“两区”通告情况汇报。

2月5日下午,市委副书记、市长黄旭峰在市政府三楼会议室主持召开市政府第2次常务会议,学习传达中央政治局常委会及省委常委会、省政府电视电话会、常德市委常委(扩大)会、常德市政府第45、46次常务会议精神,贯彻落实津市市委常委(扩大)会议精神,通报分析当前津市疫情防控工作,部署安排下阶段疫情防控和高质量发展工作。

2月23日,市政府召开2020年度第3次专题常务会议,贯彻落实中央、省关于统筹疫情防控和经济社会发展工作会议和恢复交通秩序电视电话会议精神。会上,市政府领导针对分管线块汇报全市各领域、各行业的疫情防控和推动经济高质量发展工作情况,并充分交换意见。

3月5日,市委副书记、市长黄旭峰主持召开市政府2020年第4次常务会议。会议听取并审议了关于打击整治“黄赌毒”违法犯罪专项行动情况、市脱贫攻坚工作情况、2020年项目建设工作情况、2020年产业立市工作情况、津市市公交停保站及综合公共停车场规划建设情况、关于津市全域推进美丽乡村建设情况、关于全域推进乡村治理体系建设情况、中联重科车桥产业园项目进展情况等方面的工作汇报。

3月17日,2020年度市政府第5次常务会议召开。市委副书记、市长黄旭峰主持会议。会议先后听取并审议了关于制定《津市市项目前期工作经费管理办法》情况、关于津市市2020年粮食生产工作情况、新洲镇中学迁转工作、2020年全市招商引资情况、关于2020年部分退役军人市本级解困资金整合解决情况、关于2019年度工业经济等12项工作表彰奖励情况以及2020年政府工作报告征求意见稿。

3月26日,市委副书记、市长黄旭峰主持召开2020年度市政府第6次常务会议。会议传达学习了杜家毫、傅奎同志在省第十一届纪委第五次全会上的讲话精神,并对相关事项进行了通报。会议还传达学习全省财政工作会议精神,听取了并审议交通建设项目情况、2020年全市棚户区改造及公租房建设情况、污染防治攻坚战“夏季攻势”工作方案暨饮用水安全保障情况、关于“男性家族排查系统”建设情况、开展全市长江流域重点水域禁捕退捕工作情况的汇报,并形成相关意见。关于规范《市城区供水入户管网安装工程建设费》的情况、湖南醇健制药科技有限公司甾体激素制剂项目优惠政策情况提交了书面汇报。

4月23日,市委副书记、市长黄旭峰主持召开2020年度市政府第7次常务会议。会议传达学习了《湖南省人民政府办公厅关于进一步规范财政管理硬化预算约束的通知》。听取了制定《津市市激励消费措施十八条(第一批)》情况、村居运转经费保障情况、根治拖欠农民工工资情况,并以书面形式汇报了“十四五”水利发展规划编制工作情况。

5月9日,市委副书记、市长黄旭峰主持召开2020年度市政府第8次常务会议。会议听取了深入推进扫黑除恶专项斗争开展十大行业专项整治情况、脱贫攻坚质量“回头看”涉及住房安全保障工作情况、全市2020年项目投资工作情况、全市农村房地一体确权登记颁证工作情况、津市市2020年统计工作情况、津市市革命老区振兴发展规划前期研究工作情况,并形成相关意见。会议还以书面形式汇报了津市市投资行业、寄卖行业涉黑涉恶等违法违规问题专项整治工作情况。

6月3日，市委副书记、市长黄旭峰主持召开2020年度市政府第9次常务会议。会议听取并审议了开展农贸市场、批发市场、小商品市场、专业市场领域涉黑涉恶和违法违规问题专项整治工作、制定津市市激励消费措施（第二批）、国有企业退休人员社会化管理工作、2020年城乡建设用地增减挂钩项目资金保障、津市市优化经济发展环境工作、民政领域脱贫攻坚工作、贯彻落实常德市金融工作会议精神、司法行政工作、曹家巷一号保护修缮工程、津市市城乡餐厨垃圾收运及无害化处理体系建设项目工作情况。

6月30日，市委副书记、市长黄旭峰主持召开2020年度市政府第10次常务会议，研究讨论了全市公安建设、校园建设、“十四五”规划、农村宅基地管理改革等工作。会议听取了禁毒工作情况、全市校园安全工作情况、津市市“十四五”农业农村规划编制工作情况、全市“十四五”农业农村规划编制工作、打击整治电信网络新型违法犯罪工作情况、新时代县域警务工作情况汇报、庆“八一”拥军优属拥政爱民活动方案情况、增加公办幼儿园学位工作情况、启动全市农村宅基地管理改革情况、医共体建设情况，并形成相关意见。

8月17日，市委副书记、市长黄旭峰主持召开市政府第11次安全生产专题常务会议暨安全生产委员会全体（扩大）会议，分析研判全市当前安全生产形势，安排部署下阶段安全生产工作。会上，市应急管理局汇报全市安全生产工作，市委常委、常务副市长何朝辉通报了1—7月全市安全生产工作，市政府副市长、公安局局长戴志刚，市政府副市长徐兴勇、陈顺勇、易榕分别就如何抓好分管领域安全生产工作提出意见。

9月2日，市委副书记、市长黄旭峰主持召开2020年度市政府第12次常务会议。会议听取了津市市2020年征兵工作情况、全市脱贫攻坚工作情况、水系连通及农村水系综合整治试点县建设有关情况、开展基层人民武装部全面建设星级达标活动情况、突出生态环境问题整改及污染防治攻坚战“夏季攻势”完成情况、公安局业务技术用房附属配套工程（二期）EPC项目建设情况、持续推进河（湖）长制工作情况、渣土特许经营运输价格情况汇报，并形成相关意见。

9月9日，市委副书记、市长黄旭峰主持召开2020年度市政府第13次常务会议，安排部署全市粮食储备、自然资源、文化建设等方面工作。会议听取了2020年度粮食收购轮换及“省长责任制”粮食考核落实办法情况、自然保护地优化整合工作情况、市融媒体中心工作情况、国有林场林区道路建设项目有关情况、开展2020年“激扬文体·奋进津城”大赛季活动工作情况、砂石土矿专项规划工作情况汇报、实施政府过“紧日子”十条举措进一步深化财政管理改革情况、2020年部门预算公用经费和专项经费压减方案情况汇报，并形成意见。

9月18日，市委副书记、市长黄旭峰主持召开2020年度市政府安全稳定工作专题常务会议，分析研判全市当前安全稳定形式，安排部署下一步工作。会议先后听取了关于安全生产专项整治三年行动及乡镇（街道）应急能力建设工作情况汇报、关于全市稳定工作情况的汇报，并形成相关意见。

10月30日，市委副书记、市长黄旭峰主持召开2020年度市政府第15次常务会议，研究扫黑除恶、农村厕改、产业立市等相关工作。会议听取了扫黑除恶重点行业领域整治工作情况、农村“厕所革命”工作情况、农村乱占耕地建房专项摸底工作情况、津市市推进产业立市三年行动目标考核方案工作情况、《关于提高乡镇机关事业单位工作人员工资收入实施方案》情况、推进社会救助家庭经济状况核算评估工作有关情况、城市公厕提质改造工作情况、残联工作情况汇报，并形成意见。

11月16日，市委副书记、市长黄旭峰主持召开2020年度市政府第16次常务会议，研究审议2020年脱贫退出、深入开展长江流域非法矮围专项整治、津市市秋冬季疫情防控等方面工作。会议听取了2020年脱贫退出工作情况、深入开展长江流域非法矮围专项整治工作情况，津市市秋冬季疫情防控情况汇报，和关于教育工作情况。会议还听取了2021年度民生实事建议项目情况、遏制公职人员涉毒吸毒问题工作情况、阳由垸片区水环境综合整治工作情况、2020年下半年退役士兵安置工作情况，并形成意见。

12月22日，市委副书记、市长黄旭峰主持召开2020年度市政府第17次常务会议，传达学习省委统战工作领导小组文件精神，研究生态环保、禁捕退捕等相关工作。会议听取了长江经济带生态环保问题整改工作情况、津市市禁捕退捕工作情况、四项底板工作情况、建立健全美丽乡村建设基础设施后续管护机制的实施方案、津市市国土空间规划编制工作情况，并形成相关意见。

12月29日，市委副书记、市长黄旭峰主持召开2020年度市政府第18次常务会议，研究审议长江经济带生态环保整改、毛里湖国家湿地公园创建国家AAAA级旅游景区等方面工作，还听取了2020年政府工作要点调正情况、2021年春节走访慰问情况、津市市知识产权奖励补助办法、养老服务体系医养楼建设项目工程增补情况、津市市博物馆陈展建设情况，并形成相关意见。

【津市市4项工作获湖南省政府通报表彰】湖南省人民政府办公厅《关于对2020年度真抓实干成效明显地区予以表扬激励的通报》（湘政办发〔2021〕1号）。通报显示津市市4项年度工作获通报表彰，奖励个数和奖金额度均居常德市各区县前列。具体是：2020年，推进“一件事一次办”改革、政府职能转变和深化“放管服”改革成效明显的市、县市区之一（给予奖励50万元）；优化营商环境第三方评估排名前列的县市区之一（给予奖励100万元）；开展农村人居环境整治成效明显的县市之一（优先推荐全国农村人居环境整治激励候选县，并增加1个省级美丽乡村示范创建村指标);全省信访工作“三无”创建达标县市区之一(给予奖励100万元)。

【津市市12项工作获常德市政府通报表彰】常德市人民政府办公室下发《关于对2020年度真抓实干成效明显地区予以表扬激励的通报》(常政办发〔2021〕1号)。通报显示津市市12项年度工作获通报表彰,奖励个数和奖金额度均位居区县市第一梯队。具体是:2020年,津市市推动高质量发展成效明显的地区之一(给予奖励100万元);推进开放强市产业立市战略,“常德品牌·中国品质”行动等工作成效明显的地区之一(给予奖励100万元);加快推进文化产业发展,完成现代公共文化服务体系建设三年行动计划等工作成效明显的地区之一(给予奖励50万元);大力优化营商环境,全市优化营商环境评估排名靠前的地区之一(给予奖励50万元);推进创新型城市建设,加大全社会研发投入,新增高新技术企业、科技成果转移转化与产学研合作成效明显的地区之一(给予奖励50万元);防范化解风险措施得力,财政管理工作成效明显的地区之一(给予奖励50万元);扎实开展突发公共卫生事件应急响应和公共卫生防治体系建设,积极推进公立医院综合改革等工作成效明显的地区之一(给予奖励50万元);居家和社区养老服务改革试点任务落实到位,养老服务体系建设成效明显的地区之一(给予奖励50万元);切实加强市场监管,深化商事制度改革、落实事中事后监管措施有力,质量、食品安全、知识产权等工作成效明显的地区之一(给予奖励50万元);重视道路交通安全工作,开展交通问题顽瘴痼疾集中整治成效明显,本行政区域未发生较大及以上道路交通安全事故的地区之一(给予奖励50万元);达到全省信访工作“三无”创建标准,信访维稳工作成效明显的地区之一(给予奖励50万元);落实省重大政策举措真抓实干并受到表扬激励(湘政办发〔2021〕1号),在省政府综合大督查中创造典型经验(湘政办函〔2020〕115号)的地区之一。

【电动汽车充电基础设施建设项目签约仪式】1月22日,津市举行电动汽车充电基础设施建设项目签约仪式。市政府将与国网(湖南)电动汽车服务有限公司,重点围绕新能源交通建设、新能源汽车应用开展合作。该项目主要以绿色电动能技术为基础,建设公交、客运、旅游专用充电站和社会公用充电站等电动汽车基础配套设施,计划投资达2亿元,着力打造“山水田园绿色津市”,积极推动津市交通绿色化、智慧化。

【湖南如虹制药高端原料药及制剂生产基地建设项目落户津市】9月3日,津市举行湖南如虹制药高端原料药及制剂生产基地建设项目签约仪式。该项目总投资约5亿元,计划建设年产1吨舒更葡糖钠、5吨雷贝拉唑钠及300吨药用尿素等生物医药产品生产基地。项目建设周期为18个月,项目建成达产后,预计可形成年产值16亿元、上缴税收1亿元的效益规模。

【津市中草药良种基地和有机农业示范基地建设项目签约仪式】9月29日,津市举行中草药良种基地和有机农业示范基地建设项目签约仪式。云南天泉生物科技股份有限公司董事长张国武介绍项目情况。津市市人民政府副市长徐兴勇代表津市人民政府与云南天泉生物科技股份有限公司现场签约。此次签约标志着津市和云南天泉生物科技股份有限公司进入紧密合作、共谋发展的新阶段,将为津市中草药产业和有机农业发展注入新的活力。项目选址药山镇和毛里湖镇,占地总面积1万亩,项目总投资2.3亿元。建设内容包括药山中草药良种基地、毛里湖有机农业示范基地、中草药材料研所(国家道地药材工程技术中心津市站)等,项目全部建成达产后,预计可形成年产值8亿元的效益规模。

【2020中国·津市首届体外诊断产业发展大会顺利召开】11月18日,2020中国·津市首届体外诊断产业发展大会召开。常德市人民政府副市长杨成英、湖南省药品监督管理局副局长彭旭明、津市市委书记傅勇分别为活动致辞,市委副书记、市长黄旭峰主持活动。会上,来自体外诊断行业领域的五位专家分别以《体外诊断产业发展趋势及挑战》《从二级市场看体外诊断行业》《呼气有谱,闻香识疾》《微流控技术在体外诊断产业中的应用展望》《从全产业链管理看肠道微生态临床实践》为主题进行了演讲。体外诊断产业大数据发展合作项目、介入类医疗器械项目、医用消毒医疗器械项目等12个项目现场签约落地。

办公室工作

【概况】2020年,市政府办公室在市委、市政府的坚强领导下,围绕经济社会发展大局,坚持参与政务抓主动、管理事务抓规范、提升服务抓精细,发挥参谋助手和中枢协调作用。在2020年度全市政府系统办公室工作和研究室工作考核结果的通报中,津市市人民政府办公室督查工作荣获办公室单项工作优秀单位;文字综合工作荣获研究室工作优秀单位。

【参政设谋】文稿起草有质有量。先后完成政府工作报告、政府工作部署会系列材料、“一件事一次办”、禁捕退捕、打赢疫情防控阻击战、村庄清洁行动等系列经验材料等领导讲话100余篇。把关修改会议材料。如津市港工作情况汇报、常德主要领导调研津市相关情况汇报等重大会议材料。切合实际搞调研。由市政府领导及政府办班子分别牵头,深入开展各项调研,参与指导撰写高质量调研文章15余篇,为贯彻落实上级决策部署创新引领产业发展提供有力参考。政务信息有力有效。紧盯数量。坚持每天平均上报一条信息,累计上报信息300余条,选派1人到省政府研究二处跟班学习,提升政务信息采编水平。撰写狠抓产业发展、打造优化营商环境“3+1”闭环模式、“铁腕推进‘一件事一次办’”材料等9篇经验材料,其中打造优化营商环境“3+1”闭环模式经验材料被省优化办重点推介,获省、常德市优化营商环境真抓实干奖励表彰。刊物发行常抓不懈。坚持每天编发1期《囊萤早读》;每周编发1期《习近平重要讲话精神》;每月完成1期《政情参考》,编发12期,为领导决策提供有效参考;每两月完成1期《政府公报》,完成6期。

【政府督查】突出市政府重大决策和重要部署、阶段工作和常规工作督查。以《政府工作报告》、市政府系统工作部署会议、市政府常务会议、专题会议明确事项和四项底板工作、三级(省、常德市、本级)重点民生实事等工作落实情况为主要督查内容,对工作任务目标进行责任分解,明确责任部门,采取责任到人、定时督查、及时通报、全程跟踪的方式狠抓落实。突出领导批示和交办事项督查。及时主动办理市长批示件督查,全年共承办市长批示件238件,做到事事有落实、件件有回音,对落实不到位的开展跟踪督查。突出市委、市政府日常工作重点督查。在日常督查工作中紧盯工业立市、项目建设、城市管理、环境保护等主线,同时积极参与疫情防控、退捕禁捕、蓝天保卫战、应急救援等全市中心工作,开展系列重点督查,如实快速反馈执行情况以及潜在倾向性问题,便于领导把握决策,有力推动各项工作的落实。全年共下发《督办通知》20份,《督查通报》31期,《督查专报》18期。同时,认真做好建议提案的办理工作,办理代表、委员分团(组)讨论意见建议101条,人大代表议案2件、政协建议案6件。全年共承办人大建议54件、政协提案76件,见面率、答复率、满意率(含基本满意)均为100%。

【城市工作】加强对2020年城建计划项目建设的管理和工作协调,坚持一线调度,全程跟进督导,有效减少工程量的增补,确保重点工程项目顺利推进。规范全市建设市场管理,利用蓝天保卫战攻坚的契机,城市办牵头开展全市建筑工地扬尘治理专项行动,制定干部包保值守工作方案,明确住建局一名班子成员负责一片区域、一名干部负责一个工地,严格落实工地扬尘治理7个100%要求。实施精细管理。针对城市烧烤夜市、渣土车等城市管理中的难点问题,城市办牵头协调相关部门开展多次执法整治行动,效果明显。开展夜市烧烤专项整治,城区32家夜市烧烤店全部归店经营,全部安装油烟净化设备并正常使用和定期清洗,实现创国卫期间都没能实现的工作目标,完成了渣土车改革。2020年,城市办严格落实组室对口服务制,处理各类文件300余份,参与起草各类会议纪要3次,协助分管副市长拟定周工作安排40余次,细化安排工作280余项;完成各类讲话、汇报材料30余篇;组织安排各类会议、活动90余次;每月按时完成市长批示件的收集、整理、上报工作;组织召开城建与管理工作调度会2次,细化安排工作任务183项;组织园区突出环保问题处置会商会10余次,摸排污染源550余项,逐一交办。牵头组织和参与城市建设与管理、污染防治攻坚、信访维稳等方面工作现场调度130余次;配合生环委办开展特护期空气质量管控,2020年空气改善率全省排名第一。

【金融工作】2020年津市银行业金融机构各项存款余额157.76亿元;各项贷款余额77.41亿元,存贷比49.06%。工业贷款净投放10.67亿元,同比增长24.5%,工业贷款总额达到13.48亿元,占全市贷款总额比重17.4%。全市金融机构缴纳税收3696万元,增幅19.13%。突出高位推动,增强金融支撑能力。5月至6月,津市与人民银行常德中心支行及常德市多家金融机构达成战略合作,签订了一系列协议,有力助推了全市产业发展、乡村振兴、金融创新、金融生态等方面工作。同时,围绕做大做优微生态生物产业园,与常德财鑫金控集团合作设立医疗器械产业基金,首期基金规模1亿元。突出政策扶持,缓解对冲疫情影响。2月11日,津市出台了《津市市应对新冠肺炎疫情支持中小微企业稳定发展的涉金融政策措施实施细则》,对4月底前到期的全市12家工业企业贷款7080万元,做到了全部展期或续贷,同时下调贷款利率,企业可享受利率降息100万元左右。同时收集汇总54家有融资需求的工业企业名单,协调各银行金融机构有效精准开展“一对一”或“多对一”对接服务。截至12月末,津市金融机构支持企业复工复产及享受惠企政策合计97项次,45家中小微企业获得贷款帮助,共发放企业信用贷款1.279亿元,无还本续贷3.5011亿元,企业融资成本下降0.5个百分点。全市没有一家工业企业抽贷、断贷、压贷。突出金融创新,破解企业融资难题。为更好地调动金融机构服务意识和积极性,津市健全完善了财政性资金与金融机构支持地方经济发展考核挂钩机制,引导金融机构进一步落实“新增存款主要用于当地发放贷款”的要求。如农发行津市支行积极向总行汇报对接,将全市中联车桥智慧产业园项目纳入总行复工复产名单,首年利率优惠50BP,利率执行4.4%。建设银行津市支行通过扩面“云义贷”产品,将园区信用授信覆盖率从25%上升到60%,同时推出线上金融超市产品,并争取安慈高速项目贷款在全市投放2.5亿元。工商银行津市支行为31家小微企业信用授信4370万元,其中8家企业已提款1512万元。中国银行津市支行举办“百场千户”银企对接会,现场10家企业全部成功签约,达成意向合作金额5900万元。农业银行津市支行组织葛果种植户进行“惠农E贷”产品宣传推介专场活动。湘淮村镇银行新洲支行正式设立开业等。

【优化环境】市优化办紧盯“全省标杆、国内一流”的营商环境目标,助力企业复工复产,深化“放管服”改革,坚持帮扶与整治相结合,简政放权与服务提质同推进,政务服务水平持续提升,营商环境不断优化。疫情期间在全面落实各级各部门惠企政策的基础上,出台“惠企政策七条”明确抗疫期间不得停电、停水、断气、断网,受影响的企业免除基本电费,扩大银税互动范围,组织各类人员体检全覆盖,体检费用政府全额承担,免费体检、核酸检测2000余人;发布“激励消费措施十八条”在旅游、购物、购房、棚户区安置补贴等十八个方面进行补贴和引导。全年为企业发放各类补贴和降税减负6834.66万元，为企业输送用工989人；出台《解决涉企问题备案制度》《涉企问题严禁随意“说不”备案制度》《涉企处罚备案制度》和《政府工作责任追究办法》(“3+1”制度)规范行政执法行为；组织400余名群众、企业法人、人大代表等分片召开社会评议大会，对全市101家单位、机构进行了测评，测评结果纳入年终考核。获得环球时报“2020年中国城市营商环境发展评估报告营商环境质量十佳县(市、区)称号”，在湖南省、常德市“真抓实干”中关于优化营商环境项分别排名第三和第一，受到了省、常德市的表扬激励。

【发文办会】收规范公文办理。巡视组督查期间，根据要求，秘书室拟定并出台《津市市人民政府办公室集中整治形式主义官僚主义工作措施》，在指导全市政府系统单位办文工作及精简文件方面取得较好成效；全年共起草、审核政府及办公室文件193件，在上一年280件的基础上精简31%，符合上级对发文数量同比减少30%的要求。在公文流转方面。完成机要保密、电子公文传输、文件管理等工作。秘密级文件处理做到单独登记、单独签批、单独管理，遵照保密规定，不扩大阅读、传达范围，未经原发文机关同意，不借阅不复印，及时清理退回市委保密局。2019年共收到上级文件728件，其中常德市级文电513份、省级文电213份、国家级文电2份。保密意识得到增强。规范保密检查。年初以来，秘书室严格按照保密工作相关要求，安排专人每季度对全办办公电脑保密检查。建立办公电脑个人台账，通过及时记录电脑检查情况、张贴保密责任标签等方式，强化全办的保密意识。严格印章管理。按照规定将市政府公章和政府办公章存放在指定位置，要求申请使用印章的个人和单位按程序上报审批。

【市长热线】严格执行《市长热线工作细则》和《市长热线工作考核细则》，落实群众合理诉求，创新热线工作制度，完善诉求处理机制，牢固树立“群众利益无小事”的观念，着实解决一些群众生产、生活中的具体问题。共受理各类信访、诉求9558件，其中电话诉求7911件，微信公众号207件，市长信箱、市民留言222件，常德市市长热线1218件。各类投诉回复率、办结率均为100%，回访满意率在99.98%以上。赢得群众的信任、领导的肯定、社会的好评。严格受理。面对每天繁多复杂的市民诉求，根据诉求受理范围按规定受理，对于侮辱、诽谤、涉法涉诉等不合理的诉求坚决不予受理，保持政府工作的严肃性。严格回复。根据各相关责任部门的回复内容严格把关，对于敷衍塞责、回复不当的坚决打回重新办理，并通知相关单位分管负责人严格诉求处置回复，避免回复不当给市长热线、政府带来的网络负面影响。积极协调。坚持急群众之所急理念，对于群众急需解决的困难，第一时间协调政府相关部门，为群众办好事。提请市领导督办。针对市民反映的重点、难点、涉及多个部门解决的问题，提请市领导督办，形成强大合力集中解决市民诉求。强化考核督办。根据诉求处置实效，及时与责任部门单位每天保持联系督办，对未及时回复的部门单位采取每周政府网站通报，并把通报情况纳入全市绩效考核内容。落实省、常德市的定期检查，对已办结的市民诉求采取不定期抽查回访，向市民了解处理情况。

发展和改革工作

【概况】2020年，市发改局产业发展、项目建设、向上争资、粮食安全等多项工作成效突出。固定资产投资完成109.7亿元，同比增长20.1%；常德市12个重点建设项目全部开工，占年度计划的140%；7个重大前期项目全部开工，完成率100%；发改口争取到专项债资金3.91亿元，中央、省预算内资金2.81亿元，创历史新高。获常德市高质量发展先进县(市)、常德市产业立市开放强市先进县(市)、常德市重大项目前期特色工作奖、常德市文明单位。

【疫情防控】2020年，对应急重要防控物资进行价格监控及巡查，对口罩、84消毒液等医疗用品和粮油、蔬菜等日常必需品进行价格动态监测，保障疫情防控期间粮、油、面粉、口罩等市场重要商品供应充足，为全市人民生产生活提供强有力的民生保障。搭建联防联控防控网，帮扶企业，共度发展难关。供水企业承诺欠费不停水，不收违约金；电价优惠180.14万元；燃气优惠金额6.72元，涉及气量16.79万立方米。为疫情防控重点企业争取贴息贷款计划2.55亿元。为湖南欣龙非织造材料有限公司及湖南新合新生物医药有限公司等企业争取抗疫复产资金350万元。为低收入群体发放价格临时补贴380万元。驻点为中联车桥解决复产难题，保障运输畅通。

【项目建设】2020年，实行领导高位推动，项目挂图作战，建立重点项目、可落地项目推进图集，每月送项目的联系市级领导，掌握项目动态，全力保在建、促开工。2020年，常德市12个重点建设项目投资完成率达到140%，高于全市平均水平；重大前期项目完成率100%，前期储备项目申报38个，位于全市前列。全市190个落地实施项目(含96个重点建设项目)，至年底已开工162个，开工率为85.3%。

【向上争资】谋划抓策划。着眼津市当前实际，结合“十四五”规划，牵头指导各单位和部门策划专项债券储备库、中央预算内投资项目储备库、本级规划项目储备库等3个项目库共246个项目。储备专项债券项目69个，其中有20个纳入国家项目库。储备中央预算内投资项目81个，申报争取到位资金28个。结合上级政策，谋划“十四五”规划项目库，谋划“十四五”项目311个，总投资1498亿元。

项目投资。2020年，发改口争取专项债资金3.91亿元，中央、省预算内资金2.81亿元，比上年同期1.4亿元相比翻番，创历史新高。2020年，争取5个专项债券项目，到位专项债券3.91亿元；

分别是高新区标准厂房建设项目、城市生活污水处理厂二期工程、人民医院改扩建项目、津市港散货物流中心及澧水流域冷链物流中心。认真策划中央预算内投资项目81个，成功争取项目28个，落实保障房配套设施、“135”标准厂房建设、泗水治理新增、泵站改造、农村环境整治“五结合”、企业平台建设、高标准农田建设项目等，到位上级预算内投资2.81亿元；储备本级规划项目111个，积极争取纳入上级投资支持范围。

【产业发展】产业发展质量高。获评常德市高质量发展先进县(市)、常德市产业立市开放强市先进县(市)。全市全年新增规模以上工业企业16家，规模工业企业完成总产值326.2亿元，同比增长6.43%；规模工业增加值61.3亿元，同比增长6.7%。完成工业税收2.79亿元，同比增长43.3%，增速常德市第一。生物医药产业产值达到51.5亿元，同比增长22.8%，税收首次突破亿元，获批全省唯一生物医药特色产业园区。装备制造产业产值首次突破百亿元大关，达到102.9亿元，同比增长14.4%。健康食品产业完成产值60亿元，新增“两品一标”(绿色食品、有机农产品和农产品地理标志)4个，全国基层标杆供销社2家，省级农业产业化龙头企业6个，米粉产业园建设有序推进。盐产业完成产值19.2亿元，全国首条井矿盐零添加独立生产线正式投产。文旅融合步伐加快，成功创建全域旅游示范区，青苗社区获全国乡村旅游重点村称号，大关山村创建为国家AAA级旅游景区。

产业发展基础实。园区全省综合评价前进22位，获评省高质量发展园区。获批常德市重大项目前期特色工作奖。园区配套设施日益完善。宁能热电、工业污水处理二期建设加速推进。团湖公园、环胥家湖健身步道、电影院等三产服务设施建成。津市港完成散杂件货物吞吐量310万吨，集装箱5066标箱，实现当年投产当年盈利，二期建设、三期规划同步推进。“水铁公”多式联运积极推进，疏港铁路项目纳入省“十四五”规划。全年新引进亿元以上产业项目28个，排名常德市第三；新开工亿元以上产业项目31个，排名常德第一；新投产亿元以上产业项目20个，排名常德第四。全年策划储备项目246个；申报前期重大储备项目34个，排名常德前三。投资5000万元以上重大项目开工数达到80个，排名常德市第一。全年向上争资完成30.86亿元，同比增长29%，超额完成任务。

创新动能越来越强。2020年12月举办首届体外诊断产业发展大会。引航生物获得全国创新创业大赛优胜奖。高新技术产业增加值38.9亿元，增长18.6%。全社会研发投入增速常德市第一，新增高新技术企业4家，申请发明专利340件，完成科研合作及成果转化项目20个。湖南省医疗器械创新与临床研究基地、湖南省知识产权综合服务分中心、常德市场监管局园区服务站相继成立。园区水、土、气一体化监测系统投入使用。搭建全省率先的医疗器械行业专业化服务平台，入驻企业98家，取得医疗器械注册证325件，增速全国第一。

营商环境越来越优。2020年12月，获评中国营商环境质量十佳县(市、区)称号。推进“一件事一次办”改革、深化“放管服”改革、优化营商环境三项工作获全省真抓实干成效明显表扬激励。坚持“一手抓防疫、一手抓发展”，第一时间推进复工复产，企业复工率、工人上岗率在常德率先达到100%。制定“稳企七条”等惠企政策，出台刺激消费政策21条，为企业减免各类税费8000多万元。存贷比首次突破50%，贷款增速常德市第一。“最多跑一次”跑出改革速度、民生温度，“一件事一次办”及政务下沉工作被新华社、中央人民广播电台重点推介。

【规划改革】津市市“十四五”规划编制工作始于2019年7月，在市委、市政府的领导下，在市人大的监督支持帮助下，组织市直重点部门、各个镇街分别提出专项规划、区域规划思路，委托专业机构开展前期课题研究。征求社会各界建议。到国家和省里相关部门获取指导意见，多次召开老干部、人大代表、政协委员、民主党派、无党派人士、工商联代表及企业家代表座谈会，听取和吸纳意见建议。通过上政协常委会、市人大常委会、市委全会等会议反复讨论、研究、修改，采取多种形式发动市民建言献策，形成“十四五”规划纲要(草案)。

津市“十四五”规划的总体构想，以“一个中心、三个高地、五个津市”为发展定位，加快建设澧水流域现代化中心城市，打造全省重要先进制造业高地、区域性开放型港口高地、全省城乡融合发展高地，打造“宜居之城、活力之城、智慧之城、健康之城、低碳之城”。

谋划“十四五”项目311个，总投资1498亿元。重点谋划推进津市“六件大事”(国家级园区、津市港建设、津港新城建设、街区改造、南北双环、高铁过境设站)。

【价费管理】落实疫情期间水电气欠费不停供政策。燃气优惠金额67171元，涉及气量167929立方米；供水企业承诺欠费不停水，不收违约金；电价方面，基本电费减免51.9万元，按现行电价95%，优惠128.24万元。合计金额180.14万元。

联合财政、水利、农业部门完成2020年农业综合水价改革工作。对低收入群体发放价格临时补贴380万元。完成全市商品房销售价格备案，商品房前期物业审批等工作。完成污水处理费统计上报，开展园区工业污水调查摸底，启动园区工业污水处理收费工作。

规范市城区供水入户管网安装工程建设费，让收费有依有据。加强教育收费管理。制定2020年春季、秋季教育收费政策文件并加强宣传，教育收费公示及政策执行情况获常德发改委好评。开展全市公办、普惠性幼儿园分类定级考核验收工作。调整公办幼儿园保教费，对公办幼儿园伙食费、普惠性幼儿园保教费进行价格备案。

落实价费优惠政策。分阶段下调企业用户燃气价格，在规定时间内分别下降0.4元/立方米，0.04元/立方米，优惠金额约10万元。

【粮食调控】2020年，按照《粮食流

通管理条例》要求，结合津市实际，认真抓好粮油应急供应和市场价格监测工作，确定4家粮食加工企业、2家储存企业、6家应急供应网点。同时对全市各粮食经营企业及经营户严格按要求抓好粮食市场监测工作，经常对确定的6家粮油加工、供应企业及时、准确地采集和报送价格信息，预测分析粮食价格走势，为政府宏观调控决策提供准确依据。为落实国家粮食收购政策，保证托市和地方储备粮收购，按要求积极开展粮食销售出库，为粮食收购准备仓容4万吨，其中国有企业1万吨、非国有企业3万吨。下到各镇、村开展粮食收购政策宣传，预测粮食产购留情况及市场监测分析，同时对收购仓库及设备进行维修和添置等，在收购时改变服务方式，提高服务质量；充分发挥粮食经纪人的作用，科学合理地引导和组织经纪人开展粮食收购；制定收购工作方案，做好人员安排并与中储粮临澧直属库、农发行衔接，确保收购资金到位；完善便民服务措施，方便农户售粮，确保粮食收购工作开展。为确保储备粮质量安全，实现"两个确保"，严格遵守《粮油储藏技术规范》，加强粮食储存管理，并根据粮情变化，总结工作不足，完善保粮措施；加强药品管理，制定药品出入库管理制定，严格领用手续，确保用药安全。没有发生一起结露、发热、霉变等坏粮事故，确保粮食储粮质量良好，品质稳定，达到"一符、三专、四落实"标准，仓储工作受到各级领导的充分肯定。为强化津市地方政府保障区域内粮食安全，严格落实地方储备粮任务，按上级要求完成县级储备6200吨（其中早籼稻4000吨、中晚籼稻2200吨）和常德市级储备3000吨任务。根据湖南省发展和改革委、湖南省粮食和物资储备局文件和津市市发展和改革局文件精神，2019年在津市市军供公司窑坡渡粮库内投资760万元，完成津市窑坡粮食仓储建设项目，并于2020年4月通过市局验收交付使用。市发改局建立健全一整套粮食收购资格行政许可工作制度，包括行政审批程序规定、粮食收购许可证办理操作规程、岗位责任制度、过错追究制度、考核与奖励制度、投诉举报制度、公示公开制度、听证制度等各项制度；在粮食收购资格审定中，严格按照办理流程操作，做到资料齐全，结果公正，并在市电视台、政府网站公示办理结果，接受群众监督，对符合条件的及时办理收购许可证，做到热情为企业服务。安排专人对主要超市、农贸市场、放心粮油店等粮油库存、货源、价格情况进行实地走访调查；保障粮油供应，确保不少于7天标准成品粮库存数量；及时上报疫情防控期间粮食保障日报表；每天了解超市存货情况，主动协助超市组织粮源，并督促5家大米加工、1家油脂加工企业复工复产。执行国家军粮供应政策，按照《湖南省军粮质量管理暂行办法》精神及军供大米质量标准，建立健全质量管理等制度，坚持粮油质量从源头抓起，一批一检，严格控制非法添加物的米面油入库，对不符合国家质量标准的粮油坚决不进店、不销售；定期对部队的粮油供应质量进行意见征求，对部队官兵口感不满意的粮食及时进行调换，使满意率达到100%，确保从源头保障军粮质量。为进一步加快全市军粮区域配送中心项目建设，根据湖南省粮食和物资储备处室便函和常德市粮食和物资储备局要求，按照工作安排完成项目备案、地勘、图纸设计、预算招投标等相关工作。

【粮食监督检查】加强超标粮食的管控，守住粮食质量底线，出台《津市市重金属超标稻谷处置监管工作方案》等文件，全年共抽检样品200多份，完成粮食质量安全检验监测任务。

"双随机一公开"监管实现粮食市场全覆盖，建立健全粮食市场监管协调机制，通过部门联合检查、联合执法，确保粮食市场健康有序运行。

加大"12325"全国粮食流通监管热线宣传力度，认真办理粮食安全领域的违规行为举报，全力维护粮食流通秩序。

严格按照《粮食流通统计工作的要求》加强粮食市场监测。27家粮食企业通过"国家粮油统计信息系统"网络直报统计报表，做到数据真实、准确。

（办公室）

表 11　　2020 年津市市 96 个重点建设项目责任制表

单位：万元

序号	项目名称	建设内容	开工时间	总投资
	合计(96 个)			1637565
	续建项目(31 个)			673518
	产业(17 个)			513580
1	引航生物生物酶催化及酶发酵项目	建设占地 182 亩的生物酶催化及发酵基地	2019.8	22000
2	南北特年产 50 万件豆制品生产线技术扩建工程	总建筑面积 30390.33 平方米，建设年产 50 万件豆制品生产线，并配套相关设施设备	2019.7	5000
3	经世 OLED 材料和新型电子材料及中间体生产基地建设工程	占地 250 亩，一期用地 120 亩，建设生产车间 4 栋、研发室 1 栋，仓库 7 栋，宿舍 4 栋	2019.1	54000
4	宁能热电联产项目(一期)	建设 3 台 130t/h 的高温高压循环流化床锅炉(其中 1 台备用)，配 2 台 15 兆瓦背压式汽轮发电机组，新建生产厂房、车间、综合楼及食堂宿舍等	2019.6	55830
5	湘澧盐化食用盐提质升级技术改造二期项目	拆除原小包装厂老包装楼及仓库，新建食用盐仓储配送基地及食品加工用盐集中包装楼，总建筑面积 11330 平方米	2019.7	3650
6	顶塑 PE、PVC 管材生产加工项目	占地面积约 90 亩，购买华鑫泰资产，厂房装修，购置设备等	2019.6	10000
7	年产 12000 吨葛果深加工项目	占地 33 亩，建设三条葛果深加工生产线，年加工能力 1.2 吨；在白衣镇农产品加工园用地 20 亩，建设一条葛果初加工生产线，年加工能力 5000 吨	2019.3	10000
8	嵘鑫年产 5 万条高分子风管生产基地建设项目	占地 25 亩，新建建筑面积 12000 平方米的车间、仓库、研发楼及办公楼等，建成年产 5 万条高分子风管生产基地	2019.5	5000
9	金鼎大厦建设工程	新建 2.2 万平方米，23 层商住楼及幼儿园	2018.11	10000
10	兆源贤庄综合体建设项目	占地面积 22694 平方米(34 亩)，建筑面积 57830 平方米，新建商住一体小区	2019.9	30000
11	鸿鹰星都建设项目	新建占地面积 45718 平方米，总建筑面积 167100 平方米的商住小区	2019.4	75000
12	恒盛世家建设项目	新建 66759 平方米商住小区及配套设施	2019.3	20000
13	丰华城一期续建项目	新建丰华城一期 11#、12#、15# 栋楼及物管用房，计容建筑面积 27082 平方米，并配套相关设施设备	2019.6	8100
14	新天地建设工程	新建 26 万平方米商贸中心	2014.3	100000
15	国际名苑三期建设项目	新建占地 36 亩的商住小区及道路、停车位、绿化、亮化等配套设施	2019.12	12000
16	药山文化旅游景区建设一期工程	药山文化旅游景区基础及配套设施建设，包括大殿、竹林禅院、祖师塔等新建及改扩建	2017.5	48000
17	毛里湖植物园建设工程	新建占地 1000 亩植物观光体验园	2017.10	45000
	基础设施(3 个)			27535
18	S238 新洲至棠华药山公路建设工程	19 千米道路按Ⅱ级公路标准改造(S2 标段)	2017.9	11000
19	津港大道（澧水二桥至窑坡码头)公路建设工程	全长 3 千米，路面宽 14.5 米的双向 4 车道一级公路	2019.5	10000
20	谢家堰水厂提质改造工程	新建规模为 1.0×104m³/d 的常规水处理系统，现状加药间改造，以及厂区道路绿化、管线、强弱电、供排水、消防工程等	2019.8	6535

续表 11

序号	项目名称	建设内容	开工时间	总投资
	民生(11 个)			132403
21	工人文化宫建设工程	工人文化宫、文化馆、图书馆、会议中心建设,配套建设道路、广场、绿化、停车场等基础设施	2018.4	8200
22	黑臭水体治理工程	长山湖、汤家湖、肖家塘控源截污、淤泥清理、排水设施建设等	2017.5	29000
23	城区水环境综合整治提升工程	两岸截污管和主干网清淤、修复及探测,新建溢流污水调蓄池,实施城区雨污分流改造	2019.11	15000
24	汇湘化工污染综合治理项目	建设内容为:将厂区内遗留危险化学原料、遗留厂房及管道、约 7275 立方米受污染土壤、约 2180 立方米水塘底泥等进行合理处置,并对对厂区进行生态恢复	2019.11	1003
25	出入湖溪沟生态护坡工程	在毛里湖流域主要入湖溪沟实施生态护坡工程	2019.11	1000
26	军粮区域配送中心建设项目	仓储设施、配送设施、粮食加工设施、主食加工设施、5 吨 / 日米粉加工生产线建设,并配置相关设施设备	2019.7	6500
27	人才公寓建设工程	新建 20200 平方米公寓楼及配套设施	2019.5	6100
28	津市市毛里湖周边造林绿化项目	毛里湖沿湖周边三镇(白衣镇、药山镇、毛里湖镇)涉及的村(社区)沿湖岸线两旁第一层山脊可视范围内、平地正常水位以上 100 米范围内或湿地公园红线范围内的耕地造林绿化	2019.1	5000
29	农村学校三年行动计划建设工程	新建教师周转房 102 套 3510 平方米,建设塑胶田径运动场 8 个,新建、改建学生食堂 4120 平方米	2019.6	3000
30	人民医院改扩建工程	人民医院新建 4.8 万平方米的外科大楼、传染病房及配套设施	2017.8	20000
31	毛里湖国家湿地公园生物多样性保护与合理利用示范工程	主要包括:生物多样性和生态系统服务保护与恢复;社区可持续发展;生态旅游与环境教育;能力建设	2019.7	37600
	新建项目小计(65 个)			964047
	产业(31 个)			683950
32	夏盛生物年产 5000 吨生物酶建设项目	占地 100 亩,建设年产 5000 吨生物酶生产线	2020.2	22000
33	年产 12000 吨 PP、PE 板材深加工项目	新建生产线、生产车间及仓库、辅助用房等土建构筑物、相应的安装工程及其他室外配套工程	2020.3	10000
34	津市港散货物流聚散中心建设项目	建设 4 个千吨级泊位,配套 220 亩堆场以及生产生活配套设施	2020.2	65400
35	津市市果园垸综合治理项目	总用地面积 1137572.35 平方米(合 1706.35 亩),其中在津市市果园垸用地 1686.35 亩(含可开采区域面积 1268.00 亩),另在该区域范围外租赁土地 1020.00 亩用于砂石加工厂及临时堆场建设	2020.3	63150
36	天泰天润年处理 10 万吨废旧锂电池回收拆解及 2 万吨废铁锂粉回收综合利用项目	对现有一条磷酸铁锂生产线进行技术升级改造;对现有 5760 平方米厂房及 428 平方米锅炉房进行改建;购置相关设施设备,配套建设工程技术研发中心、产品实验与检测中心、配电给排水工程、工业污水处理系统、消防设施设备等相关工程	2020.1	4800
37	6000 吨果蔬罐头加工项目	项目选址高新区内,占地面积 18 亩(生产车间 13 亩、仓库 5 亩),主要建设果蔬罐头生产线 5 条,购置设备 200 台	2020.4	10000
38	慕恩生物微生物产品基地项目	新建微生物发酵生产基地	2020.9	10000
39	龙腾生物年产 2000 吨泛酸钙饲料添加剂及 2000 吨丙氨酸食品添加剂生产线项目	依托原年产 50 吨 17a- 羟基黄体酮中间体生产线,改建年产 2000 吨泛酸钙饲料添加剂生产线 1 条和年产 2000 吨丙氨酸食品添加剂生产线 1 条,配套相关设施设备	2020.1	1300

续表 11

序号	项目名称	建设内容	开工时间	总投资
40	六合城建设项目	总建筑面积 355913 平方米，计容面积 277451 平方米（住宅 259913 平方米、商业 14104 平方米，物业用房 1095 平方米，公共活动用房 1608 平方米，垃圾站及其他配套 731 平方米），不计容面积 78462 平方米（停车场 77502 平方米，架空层门厅 960 平方米），并套相关设施设备	2020.1	110000
41	湘澧盐化井矿盐技术研究中心建设项目	1.新建卤水净化及蒸发车间一栋，单体 2 层框架结构，建筑面积 3171.02 平方米；新建干燥脱水车间，单体 4 层框架结构，建筑面积 1687.28 平方米，总建筑面积 4858.3 平方米。新购陶瓷膜过滤系统、四效蒸发罐、加热室、育晶室等设备，建成达 12 万吨 / 年绿色生态颗粒盐中试生产线一条；2.建设实验室 2300 平方米，购置高效液相色谱仪、离子色谱仪、液相色谱质谱联用仪等实验室以及制水室、样品室等	2020.4	6200
42	津市中联重科车桥产业园扩建项目	占地 1000 亩，将工程桥与商用桥板块独立发展，引进战略投资者，将津市打造成全国重要的两“桥”生产基地	2020.10	30000
43	高新区标准化厂房建设项目	总占地面积 606.81 亩，其中：建筑基底用地面积 283.92 亩，总建筑面积为 233309.68 平方米（其中：厂房建筑面积 209652.64 平方米，配套用房面积 23657.04 平方米）	2020.3	28300
44	合健生物果蔬粉净值提取项目	新建 400 平方米的净化生产车间、1 条德国冷冻干燥生产线、1 条喷雾干燥生产线、1 间产品研发室、1 间微生物检测室	2020.1	1000
45	菲托葳年产 50 吨博落回提取物生产线建设项目	博落回连续提取生产线场地整理、平台搭建、设备采购安装	2020.1	1000
46	大关山乡村振兴规划和运营项目	总建筑面积 39960 平方米，新建研学基地、民俗文化区域、名宿文化园、生态果园等配套相关设施设备	2020.4	6000
47	醇健甾体药物制剂项目	占地面积 150 亩，建筑面积 4 万平方米，建仓库 1 栋、车间 5 个，建成年产皮质激素类小容量注射剂品种 20000 万支	2020.4	30000
48	海路生物湖南微生态健康产业园项目	一期建设 4500 平方米医疗器械研发基地，二期新建 1.5 万平方米 GMP 厂房，建成医疗器械 CDMO 基地	2020.2	50000
49	嘉隆养殖小区建设项目	总用地面积 43724.9 平方米，主要建设 5 栋配怀舍，1 栋公猪舍，6 栋栏舍，7 栋保育舍，6 栋育肥舍，8 栋分娩舍，1 栋鸡舍及相关配套设施设备等	2020.2	10000
50	超安 100MW 渔光一体光伏发电项目	哑河 3000 亩水域光伏板铺设、升压站建设、7 千米输送线路架设	2020.1	65000
51	大关山蔬菜产业开发项目	水果乐园、农产品科研展示馆、蔬菜采摘大棚、示范基地、接待中心及配套设施建设	2020.5	5000
52	津市市北极雪建筑材料有限公司机制砂、碎石加工建设项目	总占地面积 5500 平方米，拟建设生产车间罩棚面积 580 平方米，办公场所建筑面积 220 平方米，拟建机制砂、碎石加工生产线 1 条，并配套相关设施设备	2020.1	3000
53	大米制糖项目	占地 30 亩，建设大米制糖工艺生产线和大米蛋白粉工艺生产线	2020.3	10000
54	能创风电项目	项目选址于新州镇、白衣镇、药山镇及周边区域，风电项目规划容量为 5 万千瓦	2020.4	50000
55	汇海农牧年产 23 万吨膨化饲料项目	新建环保型膨化水产饲料车间 1 个，年产 13 万吨环保型膨化水产料；环保型猪配合饲料车间 1 个，年产 10 万吨猪料，总计设计年生产能力年产 23 万吨	2020.5	12000
56	电动汽车充电基础设施建设项目	建设公交、客运、旅游专用充电站和社会公用充电站等电动汽车基础配套设施	2020.3	20000
57	津市高新区文旅康养项目	胥家湖健身步道、温水游泳馆以及足球场。其中胥家湖健身步道总长度 1420 米，宽 3 米，以及临湖一侧 2 米宽的绿化隔离带；温水游泳馆总用地面积 12.5 亩，建筑面积 2239 平方米；高标准篮球场及配套设施	2020.3	10000

续表 11

序号	项目名称	建设内容	开工时间	总投资
58	新鲁瓦楞纸箱包装印刷生产线技术升级改造项目	占地 800 平方米,新购置赛欧宝——全程真空吸辅水性印刷开槽摸切机 1 台、全自动粘钉箱一体机 1 套、VOC 废气处理设备 1 套,并配套相关设施设备	2020.1	1000
59	金嘉桂花城建设项目	总建筑面积 87340 平方米商住一体开发及配套设施建设	2020.4	28000
60	嘉和苑建设项目	新建总建筑面积 32601.85 平方米的商业小区	2020.1	10800
61	白衣庵溪生态旅游建设项目	新建游船码头、1000 亩观光采摘园、生态旅游基础设施配套及生态修复工程	2020.10	5000
62	中草药种植基地建设项目	占地 3000 亩,建设中草药育种基地、中草药种植基地以及中草药生产加工线	2020.1	5000
	基础设施(18 个)			151554
63	长山桥改造工程	对长山桥桥梁进行改造	2020.3	1116
64	津市窑坡渡(中心港区)锚地工程	锚地疏浚及锚地航标配布	2020.3	10000
65	高标准农田建设项目	水利基础设施建设、土地平整等	2020.1	3000
66	公安基层派出所建设项目	新建药山、白衣镇派出所及配套设施	2020.4	1080
67	2020 高新区基础设施建设工程	高新区道路建设、绿化工程、配套设施建设等	2020.1	5000
68	津市高新技术产业开发区水气土一体化环境监测体系建设项目	新建高新区空气质量检测网络建设及职能精细化管理体系、土壤和地下水环境监测基础网络	2020.5	1000
69	孟姜女大道提质改造建设工程(长山桥至津市大道)	清远路至津市大道长 1500 米,机动车道 24 米,铺设 12 厘米厚沥青、侧石、平石安装、公交港湾、升井、标示标线,30%人行道改造,供水管网改造	2020.9	1300
70	津市市排水防涝基础设施建设项目	津港大道排水管网、沿河路排水管网、发展大道排水管网、其他路网排水管网、城北东城区排水管网、津港新城等排水管网建设	2020.3	50000
71	毛里湖人防疏散地域建设项目	1.毛里湖人防战时疏散指挥中心装修工程,装修面积 2181 平方米;2.疏散地域仓库立面改造工程,改造面积 2300 平方米;3.新建人防疏散转运中心,占地面积 1.5 万平方米	2020.7	3000
72	津市沿河路(防汛通道)改造工程	羊湖口—汪家桥电排站,道路长度 2210 米,机动车宽度 14 米,南侧人行道 2 米,北侧人行道 5 米,3 米绿化分隔带。主要建设内容为:路基换层、沥青主道、排水、路灯、人行道渗水砖等	2020.9	4000
73	2020 年城市基础设施建设工程	市政道路建设、公园广场及停车场、绿化、亮化、路灯工程	2020.3	10000
74	澧水津市市重要河段治理工程	新洲上垸:2+500—4+350 护坡;2+555—3+085、3+680—3+800、3+950—4+235 填塘固基等。	2020.2	3098
75	洞庭湖重点地区排涝能力建设工程	涝区排渠整修清淤、机电设备更新、泵房改造等	2020.2	7000
76	津市市水系连通及农村水系综合整治试点县建设项目	西毛里湖河湖水网连通、全市农村水系综合整治等	2020.4	45000
77	西毛里湖灌区(西湖片区)节水配套改造工程	对 11 座电灌站主厂房屋顶拆除重建;更新机组设备、真空泵、电气相关设施及进出水管道;翻修重建蓄水闸 5 处;重建分水闸 10 处;重建分水涵 15 处;更新机耕桥 4 处和人行桥 5 处等,并配置相关设施设备	2020.2	1060
78	湖南省北河津市市二期治理工程	北河 9.5 千米堤防进行堤坡整形、阻脚护坡	2020.9	2400

续表 11

序号	项目名称	建设内容	开工时间	总投资
79	龟山大道改建工程	龟山大道西起湘北公路,东止石龟山大桥,全长 920 米,道路给排水管道改造成双篦雨水口;全线迁转 6 盏路灯,新建 6 盏路灯等	2020.5	1500
80	新洲镇基础设施建设项目	建设内容包括万寿宫修缮、环肖家湖滨水风光带建设、天子岗棚户区(东门桥—花山寺)改扩翻建设、东门桥至花山寺道路改造	2020.1	2000
	民生(16 个)			128543
81	城乡垃圾一体化 PPP 项目	城乡生活垃圾清扫保洁及清转运、城乡环卫设施采购、垃圾转运站点建设	2020.9	10000
82	高新区 10000 吨 / 年固废处理中心	总用地面积约 26220 平方米，主要建设内容为新建焚烧车间、甲类仓库、乙类仓库、丙类仓库,联合厂房(含变电站、空压站、消防泵房、维修、车间办公室、卫生间等)、污水处理、消防水池、事故水池等	2020.9	10000
83	城东农贸市场建设项目	城东农贸市场为二层砖混框架结构，规划用地面积 3498 平方米,建筑占地 2427 平方米,总建筑面积 4854 平方米,主要建设内容包括门面、摊位、公厕、停车区等设施	2020.4	1000
84	2020 年老旧小区改造	2151 套近 2 万平方米老旧小区改造	2020.5	10000
85	2020 年公租房建设项目	新建公租房 300 套	2020.6	7500
86	2020 年全市棚改攻坚工程	1670 户棚户区改造	2020.3	35000
87	虎爪山遗址环境整治工程	对虎爪山遗址所有景观进行规范化改造、按照要求设置公共厕所、果皮箱。对局部建筑进行拆除、重新规划绿色景观、对东部、西部遗址区进行整体规划	2020.5	1354
88	工业污水处理厂二期及配套管网建设项目	在工业污水处理厂一期的基础上扩容，新建缓冲均质沉淀池、水解酸化池、生化池、二沉池、污泥泵站、污泥浓缩池及除臭系统,将污水处理能力扩容至,铺设污水管道总计 8200 米	2020.9	13189
89	原香料厂周边有机污染综合整治工程	对区域内约 5000 立方米污染土壤和底泥进行治理；对区域内历史遗留的 500 立方米废渣进行安全处置;对区域内 1.6 万平方米进行覆土还绿	2020.4	1500
90	长江经济带农业面源污染治理专项工程	主要建设内容包括畜禽养殖污染综合治理工程、农田面源污染防治工程、水产养殖污染治理工程和实施效果监测工程	2020.4	10000
91	津市市药山镇化肥农药农业废弃物污染整治示范区建设项目	主要包括地表径流面源污染拦截工程、畜禽养殖面源污染治理工程、农田面源污染防控工程、生物质资源加工利用工程、其他工程,并配套相关设施设备	2020.1	1000
92	一中美丽校园二期建设项目	征地东扩新校门,新建教学用房,学生公寓、学生食堂、教师周转房,道路及绿化配套建设等	2020.7	7900
93	职教集团迁址新建和市一小整体搬迁至原职业中专校园工程	项目建设占地面积约 100 亩，校舍建筑面积约 4—4.5 万平方米	2020.11	3000
94	城区学校及幼儿园扩容建设项目	二小双济校区征地改扩建,新建教学楼和食堂,完善配套设施;火花幼儿园征地新建及附属配套建设	2020.8	1100
95	新洲镇中心学校新建工程	占地面积约 50 亩,项目总建筑面积 24100 平方米,包括新建教学楼、综合办公楼、学生食堂、学生宿舍、教师周宿舍,配套新建田径运动场、美化绿化校园及其他附属设施,购置教育教学设施设备和生活设施等	2020.7	10000
96	津市三中美丽校园二期工程	新建建筑面积 5924.48 平方米,新建初中部教学楼 1 栋、综合楼 1 栋和学生宿舍 1 栋,添置必需的设施设备	2020.7	6000

统　计

【概况】2020年统计工作紧紧围绕市委、市政府各项决策部署和中心工作,积极履行统计职责,有序开展工业、农业、投资、商贸服务业、房地产业、城乡居民收入调查、劳动力调查等统计工作。地区生产总值、地方一般公共预算收入、城镇及农村居民人均可支配收入增速排名进入常德第一方阵。严格按照国家统计督查的要求,分别在市委第27次常委会,政府第8次、第10次常务会上开展《关于深化统计管理体制改革,提高统计数据真实性的意见》《统计违纪违法责任人处分处理建议办法》《防范和惩治统计造假、弄虚作假督查工作规定》等文件精神的学习和宣传,制定津市"五查五看"专项行动方案。

【统计服务】2020年编发《2019年津市市国民经济和社会发展统计公报》,编印《津市统计月报》11期、《决策参考》6期,发表专业分析8篇,各专业共撰写各类分析文章35篇。按月在津市市政府网站公布全市经济运行主要指标。疫情期间,为了解疫情对津市规模以上企业的影响及企业复工复产情况,从2月开始共开展12轮企业生产经营状况调查。

【统计改革】根据国家、省和常德市有关国民经济统一核算改革要求,争取市委、市政府重视支持,建立以常务副市长为总召集人,包含发改、工信、商务等27个部门的统一核算联席制度,强化行业主管部门工作责任,协调推进全市地区生产总值统一核算工作。

【统计法宣传】9月2日,党组成员、副局长李光日在第二期党校科干班开展"统计法实施条例、统计工作督查规定"为主题的宣讲,主要结合统计工作面临的环境、典型案例和现实中存在的困难与问题进行讲解与分析。12月4日,结合"宪法日"活动,在法治广场开展统计法律法规及《人口普查条例》宣传。对2家企业进行统计执法检查,依法执法能力不断提升。

【第七次全国人口普查】2020年为第七次全国人口普查年份,5月9日,市委副书记、市长黄旭峰主持召开市政府第八次常务会议,专题研究第七次全国人口普查工作,成立以副市长戴志刚为组长,22家市直相关部门为成员的第七次全国人口普查领导小组。镇街、社区迅速成立领导小组,层层落实责任。共划分普查小区908个,选聘"两员"(普查员、普查指导员)908人,其中,普查指导员159人,普查员760名。11月1日,津市市委书记傅勇,市委副书记、市长黄旭峰,分别以普通公民身份,主动接受普查正式登记,以实际行动支持第七次全国人口普查工作。市级领导的重视、部门的通力配合、镇街的共同努力,全市上下一盘棋效果明显,完成试点、建筑物标绘及普查区划分、入户摸底、长短表登记、比对复查、行职业编码等工作。代表常德市迎接省人普办的入户登记阶段质量检查未出偏差,普查数据符合质量要求。　　(张卉佳)

【第七次人口普查津市人口现状】津市市以2020年11月1日零时为标准时点开展第七次全国人口普查,经初步统计,全市常住人口为212739人,与2010年第六次全国人口普查的250898人相比,减少38159人,减少15.21%,年平均增长率为-0.98%。

全市常住人口中,男性人口为110132人,占51.77%;女性人口为102607人,占48.23%。总人口性别比(以女性为100,男性对女性的比例)为107.33,比2010年第六次全国人口的109.77普查下降2.44。

全市常住人口中,0—14岁人口为24748人,占11.64%;15—59岁人口为129708人,占60.97%;60岁及以上人口为58283人,占27.39%;65岁及以上人口为43867人,占20.60%。与2010年第六次全国人口普查相比,0—14岁人口的比重上升0.43个百分点,15—64岁人口的比重下降9.78个百分点,65岁及以上人口的比重上升9.35个百分点。

全市常住人口中,拥有大学(指大专及以上)文化程度的人口为24137人;拥有高中(含中专)文化程度的人口为47685人;拥有初中文化程度的人口为76116人;拥有小学文化程度的人口为54009人(以上各种受教育程度的人包括各类学校的毕业生、肄业生和在校生)。与2010年第六次全国人口普查相比,每10万人中拥有大学文化程度的由7950人上升为11346人;拥有高中文化程度的由19480人上升为22415人;拥有初中文化程度的由40200人下降为35779人;拥有小学文化程度的由25100人下降为25387人。全市常住人口中,15岁及以上人口的平均受教育年限为9.91年。

全市共有家庭户74963户,集体户3504户,家庭户人口为179845人,集体户人口为32894人。平均每个家庭户的人口为2.4人,比2010年第六次全国人口普查的2.81人,减少0.41人。

全市人口中,汉族人口为211704人,占99.5%;各少数民族人口为1035人,占0.5%。

全市常住人口中,居住在城镇的人口为13.79万人,占64.9%;居住在乡村的人口为7.48万人,占35.1%。与2010年第六次全国人口普查相比,城镇人口减少1.82万人,乡村人口减少2.01万人,城镇人口比重提高2.7个百分点。

(张卉佳)

【城乡居民生活】2020年,居民收入与消费平稳增长,城乡居民人均可支配收入30725元,同比增长6.0%。城镇居民人均可支配收入37589元,同比增长5.0%;农村居民人均可支配收入18415元,同比增长9.3%。全市居民人均生活消费支出24109元,同比增长3.9%。城镇居民人均生活消费支出27744元,同比增长3.4%;农村居民人均生活消费支出17591元,同比增长5.3%。

全市城镇居民人均可支配收入构成为:工资性收入18038元,占可支配收入的48.0%;经营净收入4995元,占可支配收入的13.3%;财产性收入2418元,占可支配收入的6.4%;转移性收入

12138元,占可支配收入的32.3%。

全市农村居民人均可支配收入构成为:工资性收入6493元,占可支配收入的35.3%;经营净收入6925元,占可支配收入的37.6%;转移性收入4569元,占可支配收入的24.8%;财产性收入429元,占可支配收入的2.3%。

全市居民消费结构为:食品烟酒消费7897元,占生活消费支出的32.8%;衣着消费1651元,占生活消费支出的6.8%;居住消费4483元,占生活消费支出的18.6%;生活用品及服务消费1685元,占生活消费支出的7.0%;交通通信消费2412元,占生活消费支出的10.0%;教育文化娱乐消费4187元,占生活消费支出的17.4%;医疗保健消费1191元,占生活消费支出的4.9%;其他用品及服务消费603元,占生活消费支出的2.5%。 (覃涛)

民　政

【概况】2020年,津市市民政工作树立"民政为民、民政爱民"理念,自觉践行"以人民为中心"思想,通过创新履行基本民生保障、基层社会治理、基本社会服务职责,有效推进脱贫攻坚和小康社会建设的"民政实践",使广大人民群众的获得感、幸福感和安全感得到较大提升。全年救助人群11.51万人次,发放困难群众基本生活资金5061.34万元;养老机构21家,发放高龄补贴290万元;新建儿童之家15个;志愿服务队伍27支,实名注册志愿者人数32838人。

市慈善总会累计接收社会爱心捐赠189万元;76个村(社区)全部完成村规民约修订;共有社会组织156家,其中社会团体106家,民办非企业单位49家,基金会1家;市殡仪馆共火化遗体706具;全市拥有福彩销售投注站点32个,福彩销售1804.3万元;办理结婚登记966对,离婚登记641对;救助流浪乞讨对象685人次。养老服务荣获常德真抓实干先进表彰,并在常德民政工作会议上作典型发言,福利彩票销售工作获得常德先进单位,三洲驿街道后湖社区、金鱼岭街道文家湾社区村规民约荣获常德市"十佳"村规民约,金鱼岭街道大关山村荣获全省乡村治理体系建设示范村,毛里湖镇青苗社区评为湖南省和谐社区建设示范社区、湖南省五星级乡村旅游景点、全国乡村旅游重点村,襄阳街街道志愿者协会"播撒希望 快乐成长"关爱留守儿童温情陪伴项目在常德市公益创投大赛中荣获第一名,并被评为津市市首批省级"十百千"示范社会组织。《中国民政》《乡镇论坛》《社区》杂志和《中国社会报》《中国社区报》《湖南日报》《新湖南》等媒体多次推介津市民政工作经验。

2月3日下午,省民政厅厅长唐白玉(右二)深入津市市白衣镇白衣庵社区,实地督导该市留守老人、留守妇女、留守儿童在疫情防控期间的生活保障工作

2020年,市民政局内设股室有办公室、社会工作和慈善事业促进股(志愿者管理股与其合署办公)、社会组织管理股(对外可称社会组织管理局,行政审批服务办公室与其合署办公)、最低生活保障和临时救助股、基层政权建设和区划地名股、养老服务和儿童福利股、殡葬事务中心、市婚姻登记中心和1个副科级事业单位市社会救助事务中心,核定行政编制10个,领导职数3个。 (雷明洋)

【社会救助】2020年上级转移困难群众基本生活费4234.39万元,共发放困难群众基本生活资金5061.34万元。其中:救助城市低保5.32万人次,发放2234万元;救助农村低保4.4万人次,发放1488万元;救助特困供养人员1.63万人次,发放1138万元;临时救助0.16万人次,发放201.34万元;发放困难群众物价生活补贴412.28万元。2020年,为推进低保专项治理,印发《2020年津市市社会救助专项治理工作要点》,召开相关会议,有序完成全年专项治理目标任务,全年共清退已不符合城市低保128人,纳入符合城市低保104人;清退已不符合农村低保130人,纳入符合农村低保743人;清退已不符合特困供养75人,纳入符合特困供养91人。制定出台《津市市社会救助家庭经济状况核算评估实施细则(试行)》(以下简称《实施细则》),《实施细则》对家庭人口;赡(扶、抚)养关系;家庭收入、财产认定和刚性支出等作出明确规定,更好地体现保基本生活的兜底保障原则。在脱贫攻坚帮扶上,进一步明确深化农村低保专项治理的重点任务和目标要求,重点将津市市419户建档立卡贫困户中的符合救助政策人员纳入社会救助范围;对不符合条件,但确有困难的贫困户给予临时救助。对农村低保中的老年人、残疾人、儿童进行逐一入户走访,将符合特困供养条件的纳入特困人员供养救助。 (张锋)

【养老服务】2020年,通过政策撬动、财政以奖代补、各方筹资等形式投资600多万元,对全市18家存在消防设施不达标,21家没有进行安联网改造

表 12　　2020 年津市市养老机构基本情况统计表

序号	设施名称	床位数（张）	入住人数（人）	服务人员（人）	序号	设施名称	床位数（张）	入住人数（人）	服务人员（人）
1	津市市养老服务中心	335	335	55	12	津市市残疾人托养服务中心	200	198	12
2	津市市长寿老年公寓	90	83	10	13	津市市睦邻养老中心	150	138	10
3	津市市安康老年公寓	90	78	9	14	津市市德怡老年公寓	131	118	11
4	津市市城隍庙社区九九公寓	70	70	9	15	津市市药山镇棠华敬老院	100	98	10
5	津市市烛光老年公寓	101	82	12	16	津市市新洲镇灵泉敬老院	100	90	8
6	津市市城东社区鑫鑫老年公寓	50	45	6	17	津市市新洲镇敬老院	100	90	15
7	津市市康馨苑老年公寓	60	58	8	18	津市市毛里湖康养中心	150	145	5
8	津市市法芝老年公寓	70	68	7	19	津市市药山镇文昌阁敬老院	100	93	10
9	津市市静雅养老院	50	50	6	20	津市市白衣镇敬老院	100	95	10
10	津市市襄阳街爱心幸福园	50	50	9	21	津市市社会福利院	50	50	8
11	津市市明美老年公寓	28	28	4					

的养老机构进行全面整改，是年 6 月，消防设施和安联网建设全部整改并达标。聘请消防公司对全市民政系统各单位进行一次集中消防培训演练，从根本上消除各类安全事故隐患的发生，提升养老机构安全水平，确保津市市养老机构安全稳定运营。市养老服务中心通过省市场监管局、省发改委批准立项的养老服务标准化建设体系。同年，对烛光老年公寓、安康老年公寓等 9 家食堂的违法行为进行整改处理，市民政局和市场监督管理局联合对全市养老机构从事食品安全人员进行食品安全培训和疫情防控工作讲座。新冠肺炎疫情期间，民政局及时成立养老福利机构疫情防控工作领导小组，组成疫情防控小分队，对养老机构等 22 个单位进行联防联控，保障民政集中养老服务对象未发生一起疑似病例。全年共为 3600 多名高龄老人打卡发放高龄补贴 290 万元；为 90 多名基本养老服务补贴对象打卡发放补贴 6.5 万元；为民办养老机构发放运营补贴及一次性疫情防控补助资金 58.6 万元；为特困供养对象入住民办养老机构购买服务 63 万元。将农村留守老人、高龄补贴人员、百岁老人、基本养老服务补贴人员、养老机构基本情况等所有数据录入省养老综合管理与服务平台及常德民政民生服务综合应用平台，确保信息录入数据准确。

（刘北平）

1 月 28 日，常德市市政府副市长杨成英（右二）在津市市养老服务中心调研督导疫情防控工作

【儿童福利】2020 年，全市发放孤儿生活费 46 万元。18 岁以上孤儿就读全日制教育 9 人，发放公益助学金 9 万元。孤儿基本生活费申报实行政务下沉，村级办理。将社会散居孤儿、农村留守儿童和困境儿童全面纳入关爱保护，建立关爱保护工作联席会议制度，对社会散居孤儿以及监护较差、辍学、重病重残、有流浪史的儿童实行每月走访一次，对农村留守儿童和困境儿童每季度走访一次，建立儿童走访台账记录；对全市农村留守儿童、困境儿童进行摸底排查更新，并录入全国“三留守”人员信息管理系统，留守儿童 1675 人，其中困境儿童 200 人。2020 年，按照省级“儿童之家”建设标准，投入 73 万元新建“儿童之家”15 个（8 个建制村、7 个社区），至此全市“儿童之家”已达 54 家，实现“儿童之家”建制村和农村社区全覆盖。

开展村(居)儿童主任培训工作,壮大农村留守儿童关爱保护的基层工作力量。

(严九桂)

【慈善社工】2020年,按照湖南省乡镇(街道)社会工作服务站项目实施方案,全市5街4镇9个社工站点配备社工人员27人。2020年10月,共有25人参加社会工作师考试,8人取得社会工作师证书。推进津市慈善组织登陆使用"慈善中国"平台,引导和动员慈善资源发挥自身优势,依法有序参与新冠疫情防控和脱贫攻坚,2020年,市慈善总会累计接收疫情防控专项捐款75.3791万元。组建全市志愿服务队伍27支,实名注册志愿者人数达到"十三五"要求人数32838人(占全市总人口数的13%)。2020年,完成"精准扶贫 点燃希望"民政助学对象调查核实和资金发放工作,资助贫困学子53人,发放助学金26.5万元。全年津市市慈善总会累计接收社会爱心捐赠189万元。(严九桂、王飞)

【基层政权建设】2020年,津市市76个村(社区)已全部完成村规民约修订、审核以及司法备案,村规民约修订率已达100%,择优推荐团湖社区、丝绸社区、文家湾社区、柏枝林社区、盐矿社区、阳由社区、青苗社区、白衣庵社区、花桥村、柏林村10个优秀村规民约(居民公约)参加常德"十佳"村规民约(居民公约)的评选活动。贯彻落实《津市市村务公开实施细则》,全市已经完成对"三务"公开的实时更新公布,各村(社区)严格按照村干部信息、财务、项目、保障、政策、其他、村规民约6个版块对村务公开内容进行分类公示。全市76个村社区已全部完成村(社区)换届选举工作,并推选出村(居)务监督委员会、村(居)民议事会、村(居)小组长。转发湖南省委办公厅、省人民政府下发的关于印发《基层群众性自治组织依法自治事项清单、协助政府工作事项清单和负面工作事项清单》的通知(征求意见稿),确保"三个清单"落地见效。完成"四议两公开"协商制度建设,丰富协商内容,创新协商形式,规范协商程序。

(陈聪)

【地名区划】2020年,配合省、常德市继续开展地名成果转化工作,完成提交津市关于《国家地名录》《国家标准地名志》释文内容。聘请的专家开展国家地名词典释文编撰及修改工作。联系专业技术人员对津市市国家地名数据库进行更新。2020年由安乡民政局牵头,津市市民政局配合完成行政区域界线联合检查工作,界桩完好无损,界线及其两侧地貌、地物无明显变化,同时向省、常德市上报安乡/津市联检资料。对不规范地名进行清理整顿。制定《津市市界牌、门牌、路牌管护工作实施方案》对全市路、街、巷牌进行逐一检查管护。

(陈聪)

【社会组织管理】2020年,新成立社会组织12家(其中社会团体6家、民办非企业单位6家),依法办理变更登记64家(其中社会团体55家、民办非企业单位9家),依法办理注销登记18家(其中社会团体8家、民办非企业单位10家)。全市共有社会组织156家,其中社会团体106家,民办非企业单位49家,基金会1家。3月至6月对2019年度社会组织开展年检工作,全市登记在册的社会组织共160家,需要参加年检的社会组织153家,142家已经完成年检工作,年检率为89%。开展行业协会商会脱钩工作管理,完成37家拟脱钩组织和8家"回头看"协会的网上脱钩办理和脱钩换证工作。开展"双随机一公开"抽查工作,从社会组织法人名录库中按照5%的比例随机抽取6家社会团体,3家民办非企业单位,共9家社会组

8月,津市市政协主席会议协商城乡养老院运营情况座谈会

2020年全市民政工作会议

2020年津市市民政重点工作调度会

织，对检查中存在问题的社会组织下发整改通知，并按期完成整改。完成2019年全省“十百千”示范社会组织创建活动工作，津市市襄阳街街道办事处志愿者协会被评为津市首批省级“十百千”示范社会组织。动员引导社会组织参与脱贫攻坚，先后召开社会组织参与脱贫攻坚推进会和动员大会，津市市共有15家社会组织开展脱贫攻坚活动，共投入资金约148万元，直接帮扶贫困群众近千余人。（陈聪）

5月28日，民政局“粽情端午 心系扶贫”座谈会

【殡葬事务】2020年，津市市殡仪馆共火化遗体706具，营业收入996.579万元。刘家山公墓管理处销售墓穴472座，营业收入922.33万元，公墓惠民减免53例，金额2.65万元。殡葬事务中心解决困难群众基本丧葬费补助36例，金额4.428万元。2020年年初，面对突如其来的新冠疫情，市殡葬事务中心投身疫情防控阻击战，第一时间筹措大量防疫物资，制定具体防控举措，通过实施殡仪馆暂停举办丧事活动，公墓严格控制入园祭扫人数，顺利渡过疫情高发期。在日常防控期间，市华阳殡仪馆严格控制入馆祭奠人数，入馆人员必须佩戴口罩、测量体温、实名登记、出示健康码、行程码，刘家山公墓清明祭扫实行网上预约、电话预约，严格实名登记、测量体温、出示健康码、行程码等防控措施，确保津市殡葬服务场所疫情零感染。稳步推进殡葬设施建设，通过向政府汇报，主动联系自然资源、林业等部门，及时解决农村公益性墓地用地调规工作，如期完成新洲镇石子岭公益性墓地、药山镇八宝湖公益性墓地的建设。开展违建墓地专项整治，通过联合有关部门，采取有效措施，对公墓建设运营中违规营利等情形，进行全面检查复核，逐一整治到位。重点对违建“住宅式”墓地等行为开展整治。坚决对新增违建行为予以严厉打击、严肃问责、公开曝光，形成威慑效应。对苗头问题做到源头管控，早预防、早发现、早制止，防止反弹。（陶炜）

【福利彩票发行】2020年度，全市拥有福彩销售投注站点32个（含2个户外销售亭），其中专营店23个、双机店3个、兼营店6个；城镇26个、乡镇6个（3个专、3个兼）。全年津市福彩销售1804.3万元。其中电脑票销售1041万元；即开票销售88.3万元；视频票销售675万元。1—2月，开展“福彩送福·喜迎新春”慰问活动和即开票新票“庚子鼠”上市营销活动。3—4月，成立福彩疫情防控领导小组，加强管理，有序复市，为每个投注站点张贴《关于福彩投注站点营业注意事项的通知》，配发酒精、84消毒液、洗手液、额温枪、口罩；开展即开票新票“南岳衡山”上市营销活动。5月，对全市福彩投注站点的店招进行标准化建设，更换破旧招牌13幅，统一标准更换投注站点号13套，更换走势图2套；制定中福在线复市、停销方案；做好中福在线复市的各项准备工作；双色球开展“金”喜奖上奖营销活动。6月，开展“公益视频票·端午献真情”慰问活动；为全市所有福彩投注站点印制3D、双色球、动物总动员等游戏宣传单页和各类查询表共计5000份、投注单3000本、彩票袋5000份；根据省、市福彩中心要求开展“结对帮扶培训”活动。7—8月，开展全市民政系统安全生产隐患大排查大整治工作，检查中福在线销售厅和全市福彩投注站点；电脑票3D开展“3D幸运王、中奖我最强”营销活动；开展即开票新票“福在眼前”上市营销活动。9月，新增完成2个即开票户外销售亭；开展即开票新票“超给力”营销宣传活动；开展即开票户外小卖场活动。10—11月，电脑票开展双色球12亿大派奖和双色球幸运王营销活动。12月，电脑票开展3D派奖营销活动；开展福彩新游戏快乐8上市营销宣传；迎接省、市福彩中心领导对津市全年福彩工作考评和2个即开票户外销售亭验收检查工作。（廖斌）

【社会事务】2020年，共办理结婚登记966对，离婚登记641对，补办结婚登记438对，补办离婚登记68对。2020年残疾人两项补贴标准由每人65元/月提高到70元/月，共对重度残疾人2660人、困难残疾人1716人打卡发放

民政工作调研座谈会

8月，组织志愿者参加沿江风光带清淤志愿服务活动

"两项补贴"资金383.52万元，残疾人两项补贴的申请办理程序由原来的30天办结缩短到3天办结。2020年，共救助流浪乞讨对象685人次。救治流浪对象中的危重病人17人次，精神病人14人次，有15人通过寻亲送至家中。由分管副市长牵头，民政、政法委、公安局、城管局、市场监督管理局、医保局等12个部门负责人参加，联合开展"生活无着的流浪乞讨人员救助管理服务质量大提升专项行动"，街面巡查和综合治理行动救助45人，为3名流浪乞讨人员办理入户安置手续。 （刘伟、陶炜）

9月，"提升服务质量，履行兜底职责"救助"开放日"活动

【革命老区工作】2020年，津市市革命老区工作站按照工作统一部署，完成各项工作任务。5月，按照省里有关革命老区振兴发展规划前期研究文件精神，成立津市市革命老区振兴发展规划前期研究工作领导小组，共规划振兴发展项目21个，拟总投资158亿元，编制成册后，上报省发改委和省民政厅。6月，《红色津城》宣传片录制完成，并在多个场所和学习会上进行宣传播放，收到良好效果。7月，完成红军码头广场、大巷口战争纪念碑的修建工作。《津市市革命老区发展史》由湖南人民出版社出版发行。9月，召开《常德老区·津市专辑》的组织编审工作会，至12月，《常德老区·津市专辑》样稿基本完成。2020年，革命老区工作站向全市各单位发放《津市老区读本》《津市市革命老区发展史》《贺龙在津市故事》《朱务善》画册共计近4000册，并组织开展红色书籍"六进"活动。 （刘朝忠）

退役军人事务

【概况】2020年，津市市退役军人事务工作被常德市局评为区县市综合工作第一名，津市市被常德市委、市政府表彰为"退役军人事务工作优秀单位"；津市市退役军人事务局被津市市委、市政府表彰为"维护稳定工作先进单位""平安建设先进单位""部门服务企业先进单位"，在接受市人大优化经济发展环境评议中取得第二名的好成绩。在常德市范围内建立了首个退役军人和优抚对象爱国主义教育实践基地。9月10日，《湖南日报》刊登《津市市扎牢优抚资金监管"篱笆"》。11月，编撰印发《兰津科苑·退役军人专刊》，在全省首开先河，为退役军人搭建沟通交流舞台。局党组书记、局长陈克兵被津市市委、市政府授予2020年度"招商引资""向上争资"先进个人称号。

围绕市委、市政府工作大局，开展向上争资、招商引资和项目建设工作。2020年向上争资已到位3460.8万元，完成任务（3000万元）进度115.4%；对接香港万康国际有限公司和深圳唯公生物科技有限公司，在津市注册3家公司，可完成销售收入5000万元；落实市委市政府部门服务企业制度，开展"一月一走访对接，半年一帮扶解困"和"送政策、送科技、送清凉、送解困资金、送服务"五送进企业活动，帮助所联企业荣迪实业、新天悦实业争取银行贷款350万元，制作企业宣传片，支持指导荣迪实业建成"津市市退役军人就业创业实训基地""津市市退役军人就业创业指导中心""津市市退役军人之家"。先后12次下扶贫点村三新垸村和棠华铺社区开展脱贫攻坚帮扶工作，送去价值4万元的慰问物资，并给三新垸村解决资金6万元，有效地促进脱贫攻坚工作开展。全面推进市、镇（街）、村（社区）三级服务保障体系建设，深入开展政务下沉工作，将原本由市级办结的"退役军人和其他优抚对象一般困难临时救助给付""退役军人和其他优抚对象特别临时困难救助申领"两个事项下沉到村级受理、镇级办结，精简申报材料4份，削减信息申报11项，缩短办结时间40天，只需5—7天就能办结，优化率达到了90%，群众实现刷脸办事，让政务服务突破时间、空间限制。

2020年疫情期间，全市参与疫情防控退役军人成立志愿者服务队或突击队30支，捐款捐物总价值22.6万元。开展为津市籍抗疫一线现役军人送慰问金、为驻津市部队"送防疫物资进军营"和"关爱子弟兵每一天"活动，筹措资金21万元送口罩、消毒液、酒精等防疫物资和矿泉水、粮油、牛奶、面包、水果等

6月，津市市举办2020年第一期退役军人技能培训班

生活物资。《津市:5名退役军人的坚守》上了《湖南经视焦点》,报道人民医院5名优秀退役军人集体抗击新冠肺炎疫情的事迹;《今日头条》《常德日报》等媒体报道朱德文等退役军人抗击疫情的事迹。（郭平平）

7月,津市市召开庆祝建军93周年座谈会

【退役军人服务保障体系建设】召开全市退役军人事务工作会议,出台《2020年津市市镇街、村(社区)示范型退役军人服务站建设考核奖励办法》,筹措资金180万元,支持镇街、村(社区)创建示范型退役军人服务站。至2020年年底,退役军人“有机构、有编制、有人员、有经费、有保障”保障体系建全建实,全市实现退役军人服务站全覆盖,建成36家退役军人服务站示范站。5月,退役军人服务保障体系建设工作在常德市退役军人大会上作典型经验发言;9月,新洲镇退役军人服务站服务体系建设工作在市示范型退役军人服务中心(站)创建工作调度暨业务培训会上作经验交流。（李韬）

11月,金秋招聘月为退役军人提供就业指导

【部分退役士兵社保接续补缴工作】完成以政府安排工作方式退出现役的部分退役士兵社保接续补缴工作。2020年,各项指标完成情况均跨入常德市乃至全省第一方阵,《津市市六措并举强力推进社保接续工作》的工作经验被常德市局、省厅转发推介。（李韬）

2020年,部分退役士兵社会保险接续补缴专项工作会议召开

【优待抚恤】2020年,共发放优抚对象抚恤金1895万元。完成各类退役军人临时生活解困、医疗救助、重点优抚对象临时物价补贴共计355.4万元,发放病故现役军人一次性抚恤金29.8万元。建立常态化采集退役军人基础信息机制。5月,联合市个体医师协会为全市19名86岁以上的在乡老复员军人送常用药品和慰问金折合现金2.97万元。制定出台《津市市退役军人事务局关于建立常态化联系退役军人制度的通知》,由1名局领导对口联系1名对象,退役军人服务中心联系2个镇6名对象,其他股室、局属单位各联系1个镇街3名对象,全面了解退役军人政策落地落实情况,做好联系对象的沟通联系、感情联络、思想引领、帮扶解困等工作。5月,采取“一见一验一传”(见本人、验身份、传照片)的方式,做好2020年重点优抚对象的数据核查工作,对于行动不便的优抚对象,采取逐村入户服务的方式,保证信息的准确完善。（李平）

【退伍安置】对2019年9月、12月接收的自主就业退役士兵,发放安置资

8月,津市市退役军人事务局与武警执勤二大队联合举办2020年度老兵退役仪式

金。代收代缴自主择业军转干部2020年个人缴纳的医保费,并按政策配套缴纳医保单位部分7万多元。完成事业单位企业化管理军转干部有关补助金的核算上报工作,做好转业士官的档案接收与安置前岗位实习工作。10月下旬,转业士官全部安置到位。完成2020年秋季退役士兵和复员干部的档案接收。（周小超）

【就业创业】建立实名制就业帮扶台账和本地企业名录库。制定下发《关于实施退役军人创业就业“百十一工程”的通知》。组织部分退役士兵参加2020年“春风行动”网上招聘会活动。在荣迪实业有限公司筹备成立市退役军人就业创业实训基地。组织退役士兵在荣迪实业参加为期15天的第一期焊工专业技能培训班。组织庞圣顺等退役军人参加常德市首届退役军人创业创新大赛,庞圣顺、李梓瑜2名退役军人进入决赛。在第四届“中国创翼”创业创新大赛津市分赛暨津市市2020年创业大赛活动中,津市退役军人选手徐仔俊获得三等奖。打卡发放退役士兵职业技能培训资金补助。审核通过新合新生物医药15人和龙腾生物科技4人招用退役军人就业享受扣减税收优惠政策资格认证工作。8月,津市、澧县、临澧县3个区(县、市)在津市开办澧水片退役士兵全员适应性培训班。10月,推荐津市市荣迪实业有限公司、津市市圣顺家庭农场、津市市新洲镇退役军人之家成功申报2019年度常德市退役军人创业扶持项目,共获扶持项目资金8万元。（王军）

9月,“欢迎退役士兵返乡”活动座谈会

【烈士褒扬】2020年,新冠疫情期间关闭市烈士陵园,在津市市政府网站专题设置“致敬·2020清明祭英烈”网上祭

扫活动版块，印发1000份倡议书，引导津市市烈军属、参战退役人员“足不出户”瞻仰烈士，实现网上祭扫，弘扬英烈精神，活动倡议书及活动动态在中华英烈网上宣传推介。5月，对津市市烈士纪念设施及110名烈士进行数据校对，深入排查摸底，逐一核实登记。针对烈士陵园设施破旧老化的现实情况，6月筹资近20万元对所有烈士墓及部分烈士纪念设施进行维护修缮。6月11日，津市市籍胡光樵烈士衣冠冢迁入市烈士陵园，解决家属祭扫难的问题。9月30日，在市烈士陵园举办全市“烈士公祭日”活动，市委书记傅勇带领市委常委会组成人员及社会各界人士300余人向革命烈士敬献花圈。 （李平）

9月30日，举行津市市“烈士公祭日”活动

【双拥共建】联合津市建设银行、邮储银行共同为全市部分退役士兵办理老兵卡，实行打卡发放，方便老兵领取优抚款或帮困援助金。7月，启动“情系边海防官兵”拥军优属活动，组织开展“走访慰问送关怀、爱老助老送健康、家属就业送帮扶、子女教育送关爱、保障权益送温暖、尊崇功臣送喜报”六大活动，走访慰问共130人，送出慰问金和物资共30万元；8月，与武警常德支队执勤二大队联合开展“学老兵、赞老兵、颂老兵”活动，共90人次参加；9月，与人武部军事科联合开展“迎老兵、送新兵”活动，共100人次参加。10月，联合人社局开展为9名抗美援朝老兵发放“中国人民志愿军抗美援朝出国作战70周年”纪念章活动。 （李平）

【思想政治和权益维护】制定出台《津市市退役军人和其他优抚对象临时救助管理制度》，加大帮困援助的力度。2020年发放企业军转干部、下岗再就业人员等8类群体中央和地方性解困资金。实施临时生活困难救助，发放春节、“八一”、重阳节等节日慰问金和临时救助资金。“一季度召开一次”企业军转干部座谈会，有效解决企业军转干部最后一批住房困难问题、企业军转干部退休金系数问题、企业军转干部企业工资补拖等历史遗留问题。提高企业军转干部春节走访慰问标准，并组织开展企业军转干部健康体检活动、退役军人红色教育活动、企业军转干部爱国主义教育活动和重点困难人员的帮扶援助。 （周小超）

【军休服务、光荣院建设】承办常德市军休干部“庆八一”钓鱼比赛活动。成立军休干部门球队，举办津市市首届“军休杯”门球友谊赛，组织“津城是我家”环津一日游、钓鱼比赛、走访慰问、健康体检、主题党日等活动，丰富军队离休退休老干部的晚年生活。开展先行先试，在全省范围内率先建立县级重点优抚对象（军休干部）生活能力评估站，大胆尝试重点优抚对象（军休干部）生活能力评估政府购买公共服务试点，打造“津市经验”。光荣院新建项目设计规模总投资3000万元，占地总面积11646平方米，总建筑面积8000平方米，总床位200张。 （郭平平）

10月，组织企业军转干部代表赴陕西延安市开展爱国主义教育活动

7月，津市市承办常德市军休人员迎“八一”钓鱼比赛活动

人力资源和社会保障

【概况】市人力资源和社会保障局内设办公室、政工人事股、财务基金监督股、党建办、事业单位管理股、劳动关系股和社会保险股、行政审批办8个股室。下属社会保险服务中心、市就业服务中心、市工伤保险服务中心、市劳动人事争议仲裁院、市人力资源开发交流服务中心5个副科级单位和市劳动监察大队、市人力资源考试院、市小额担保贷款信用中心和城乡居民养老保险服务中心4个股级单位。 （李佳莉）

【劳动就业】2020年，新增就业4310人，征缴社保基金25628.82万元，调处劳资纠纷70起，仲裁劳动人事争议107件，招录事业单位人员85人。全市实现城镇新增就业4310人，其中失业人员再就业2505人，就业困难人员就业906人，“零就业家庭”动态就业援助100%。城镇登记失业率控制在3.2%以内。发放创业担保贷款2590万元，直接

扶持创业 138 人，带动吸纳就业 1550 人。新增农村劳动力转移就业 1095 人。全市建档立卡贫困劳动力 2230 人，已就业 1753 人，就业率达 78.6%，稳定就业 1467 人，稳定就业率达 83.6%。开展补贴性职业技能培训总人数 3360 人。核发职业资格证书 495 人。组织招聘会 11 场，累计提供就业岗位 2365 个，与用人单位达成就业意向 1665 人。

搭建平台云服务，精准帮扶点对点。2020 年，利用“津市就业中心”微信公众号和“津市用工信息平台”小程序，启动“春风行动”线上招聘会，免费开展线上岗位发布、网上招聘、岗位匹配推送等线上求职招聘精准对接服务，后台收集求职信息 129 份，招录 69 人，实现企业和求职者的零接触。2020 年，组织“春风行动”，开展针对建档立卡、退捕渔民、大学生、退役军人的各类专场招聘会、企业用工“点对点”见面会 11 场，其中线上 3 场，累计进场企业 290 家，成功签约 1142 人，为 64 名贫困劳动力人员及退捕鱼渔民解决就业。为园区共招录员工 1030 人。2020 年，针对企业用工需求和未就业人群特点，科学合理开展就业培训和职业指导，开展职业培训 27 场次、培训 800 多人次，实现人岗精准对接 140 多人。2020 年，牢固树立“互联网 + 人社”理念，依托大数据，对全市所有参保企业先后进行两轮筛选，科学精准地确定符合稳岗返还条件的企业，主动对接、主动服务。2020 年，按照不高于失业保险金 80% 的三档标准发放失业补助金，为 41 家企业拨付稳岗补贴 330.7 万元，为 135 人次发放失业补助金 7.4 万元。2020 年，对上争资共计 2338 万元，在就业扶贫、创业培训、支持返乡农民工及退捕渔民和人力资源市场建设方面，均扩大就业资金使用规模，发放各类就业扶贫补贴 25.8 万元，为打好脱贫攻坚战提供支持。2020 年，加强培训针对性，创新培训内容。引导符合条件的企业及个体工商户开展以工代训工作。指导新成立的中联车桥、湘澧盐矿等 11 家企业职工培训中心，开展企业职工技能提升培训。（李佳莉）

【社会保障】2020 年社保基金征缴入库 25628.82 万元，争取上级专项补助资金 91202.10 万元，社保扩面 5502 人。其中，企业职工基本养老保险参保单位 337 家，参保人数 32549 人，扩面 2462 人；机关养老保险参保单位 163 家，参保人数 5533 人；城乡居民养老保险参保人数 79403 人；失业保险参保单位 318 家，参保人数 18605 人，扩面 1260 人；工伤保险参保单位 419 家，参保人数 24012 人，扩面 1780 人。2020 年社会保险费待遇支出 107580 万元。其中，企业职工基本养老保险待遇支出 85759 万元；机关事业单位养老保险待遇支出 17193 万元；城乡居民养老保险待遇支出 3537.98 万元；失业保险待遇支出 115.6 万元；工伤保险待遇支出 975 万元。落实减税降费政策，减轻企业经营负担。2020 年，为全市中小微企业减免养老保险、工伤保险、失业保险三项社会保险费 3555 万元，共有 335 家企业纳入减免范畴，减免企业养老保险费 2917 万元，为 285 家中小微企业减免工伤保险费 461 万元，因津市没有大型企业参保，疫情期间所有企业都已免征。共为 207 家参保单位减免失业保险费 177 万元。（李佳莉）

【劳动监察】2020 年，协调处理劳资纠纷 70 起，涉及劳动者 600 多人，追讨劳动者工资 652 万元。全市共有 63 个在建项目预存农民工保证金 698.957 万元，支付农民工保证金 1057.1902 万元，另有 5 个在建项目通过保险保函 277.2 万元。（李佳莉）

【劳动仲裁】2020 年，处理各类劳动人事争议案件 107 件，涉及劳动者 107 人，涉案标的 202.16 万元。其中，不予受理 6 件，案外调解处理 28 件，立案受理 73 件，立案的案件中调解 55 件、裁决 18 件。已结案案件调解率 75%，时效内结案率 100%。（李佳莉）

【事业单位招聘】2020 年，拟招 103 个事业单位岗位计划。2020 年津市市一中引进急需紧缺教师 14 名。事业单位预招 89 人计划，招录 65 人。因新冠疫情影响，2020 年事业单位分批分系统进行，教育系统 13 个，全市部分事业单位 57 人完成招聘工作，教育系统实际招聘 11 人，全市部分事业单位实际招聘 54 人。卫健系统 19 人的招聘工作完成体检。

（李佳莉）

【人才档案】2020 年，严格按省流动人员人事档案一体化平台要求，专人操

2020 年春节，组织企业招聘活动

疫情结束后，组织企业在慈利等地招聘活动

作及管理。2020年，全年共接收流动人员档案294份，办理调出97份。保管的流动人员档案共计2206份。对各单位交来的在职人员工资表、年度考核表等8000余份资料及时归档。对在职人员的“三龄两历”审核及档案整理300余本。

（李佳莉）

2020年青年创业大赛

【基金监督管理】2020年，开展基金监督自查4次。对社会保险基金的内部控制工作、业务经办服务、基金财务管理、信息系统管理、政策制度完善、基金监督检查、组织实施情况进行自查。

（李佳莉）

8月，副市长易容（左一）参加网上直播带货活动，推销津市健康食品

行政审批服务

【概况】津市市行政审批服务局下设1个副科级公益一类事业单位——津市市人民政府政务服务中心、1个股级公益一类事业单位——津市市大数据服务中心。坚持以打造“无证明城市”为主线，以群众需求为导向、群众满意为标准，务实推进改革落地见效，基本实现“群众办事不出村（社区），企业办事不出园区”。2020年，常德市推动智慧党建暨基层公共服务（一门式）全覆盖工作现场会在津市顺利召开，津市市荣获“中国营商环境质量十佳县（市、区）——区域竞争力”称号，以及全省推进“一件事一次办”改革、政府职能转变和深化“放管服”改革真抓实干奖励。

截至2020年12月底，全市实有各类市场主体总量达到13014户，其中企业3161户，同比增长18%。政务下沉办件量累计突破213038件，办结212860件，办结率99.91%。

（蒋紫涵）

2020年，津市市荣获“中国营商环境质量十佳县（市、区）——区域竞争力”称号

【“一件事一次办”改革】持续优化办事流程，200项“一件事一次办”事项申报资料精简59.73%，办理环节优化27.46%，办结时限压缩78.45%。411项依申请类事项申报资料精简44.18%，办事流程简化32.74%，审批时限压缩65.18%。整合相关窗口职能职责，优化工程建设领域审批流程，设立“工程项目建设领域专窗”，不断优化工程建设领域审批流程，有效提升审批效率。落实惠企便民措施，主动服务复工复产，梳理配置政策兑现事项29项，完成“复工复产政策兑现窗口”设置并启动运行；组织设立“六稳六保”（“六稳”指的是稳就业、稳金融、稳外贸、稳外资、稳投资、稳预期工作；“六保”指的是保居民就业、保基本民生、保市场主体、保粮食能源安全、保产业链供应链稳定、保基层运转）政策兑现综合服务窗口，梳理服务事项并编制服务指南，建立业务运行机制，助力民生政策落实落地。

提升政务服务实效。依托常德市“互联网+政务服务”一体化平台，将200个“一件事一次办”事项、411个审批事项、69个下沉事项在系统中完成配置，并做好便利化改版及数据无缝关联的梳理，为下一步平台整合奠定基础。创新事项办理模式。对“一件事一次办”套餐事项，创新推出“一表单”申请模式，将多个部门申报表的核心要素、必须内容整合到一份申报表单中，再由当事人授权提取数据库信息，签一次名予以确认即可完成申报。切实推进“好差评”工作，出台“好差评”管理办法和实施方案，实体大厅和镇街全部配置评价器，推行“一事一评”“一次一评”。2020年共收集系统评价数据10.2万条，及时向责任单位和窗口反馈评价情况，兑现奖惩措施，推动以评促改。

推进数据互联互通。优化扩容基础数据，进一步拓宽数据归集渠道和范围，推行全链条归集数据，确保“应归尽归、应享尽享”。2020年，津市市办事服务平台共累积整合25家部门数据，46类580万余条信息，共享常德交换平台数据13类4000万余条信息，实现数据互通、同步更新。整理发布信息资源目录411项，形成数据超市供各部门开展数据查询、共享和应用。执行数据安全管理办法，不断强化数据供给、质量、安全考核力度，加大数据推送的监督能力，不断提升数据的完整性、真实性、安

线下政务服务大厅窗口工作人员正在为市民办理业务

全性；推进部门自建系统与数据平台对接，截至 2020 年，已完成常德市“互联网 + 政务服务”一体化平台与本级不动产系统、非税系统、燃气系统的对接，实现相关业务在一体化平台的直接受办，为“全域通办”奠定坚实的基础。

（蒋紫涵）

村(社区)服务平台内景

【政务下沉】明确下沉事项。按照应放尽放、应减尽减、应优尽优、应快尽快原则，在第一批下沉基层受办的 38 个服务事项的基础上，继续坚持以群众需求为导向，深挖群众需求，广纳各方意见，按照“三减三优”的原则，重新梳理明确第二批与群众息息相关的民生事项 31 个。2020 年，共梳理出政务下沉事项 69 个，其中，村(社区)直接办结的事项有 42 个，镇街办结的有 20 个，部门办结的有 7 个，镇街、部门办结的 27 个政务服务审批事项均可在村(社区)一级受理代办，群众只需“跑一次”。69 个下沉事项申报资料精简率 72.9%；办理环节优化率 44.3%；办结时限压缩率 88.1%。老年优待证、失业登记证等 46 个民生事项实现“即办”或“秒批”。

升级优化办事系统。大力引进先进技术，聘请专业团队不断升级优化“津市市办事服务平台”，已升级优化至 5.0 版本，新增智能机器人自助办理、身份证照片的抓取打印和电子签字板录入等功能，变“多网查询”为“一网通办”。

强化基础保障。在已有设施设备的基础上，2020 年，为全市 85 个镇村办事平台增配人脸识别仪、寸照打印机和电子签字板等设备，开通市、镇街、村居三级联通的办事服务网络，网络带宽已从 1G 拓展升级为 3G。明确专人专岗负责综合窗口的设置与管理、统筹协调政务服务事项等工作，实行“一枚印章管审批(服务)”。至年底，各村(社区)各项工作正常运转，办公设备、网速等基本满足各单位日常使用需要。

建立工作机制。下发政务服务工作规范，在平台上建立工作机制。出台“首错免查”“举报必查”“失职严查”的容错、纠错、查处机制，明确分级录入原则，切实减轻基层负担。制定服务指南和办事目录，编制《基层公共服务审批事项下沉清单及办理指南》，将每一个下沉事项的办理流程、所需资料和办结时限等信息，以漫画图册形式展示出来。至年底，69 个政务下沉事项办理图册已发放到位。制定学习培训机制。根据业务开展需要，不定期举行政务下沉业务培训，不断提高政务代办员业务能力。（蒋紫涵）

【园区赋权】全面梳理审批事项。对高新区提出 21 项审批事项清单逐一核对，对事项名称不符、基本编码不明的事项进行修订和规范，防止新增省目录清单外的审批事项。对已确定的审批事项进行流程优化，21 项审批事项办理时限压缩 66.5%，审批步骤简化 35.8%，申报资料精简 50.4%。健全优化工作机制。明确澧水大桥以南工业项目涉及相关职能部门的第一批 21 个审批事项授权给高新区管委会，并签订授权委托书，雕刻启用 2 号公章，由高新区管委会负责审批办理并承担相应责任。对高新区暂不能承接的审批事项，由市行政审批服务局负责设立涉企事项并联审批绿色通道，安排专人全程代跑代办、限时办结。

（蒋紫涵）

【政务公开】强化网站规范化管理。按照省、市要求，对政府网站信息公开栏目以及各频道页进行规范建设与完善。对不规范、不达标和互动回应不及时的政务新媒体进行整合和关闭，纳入常德市云监管平台进行监管，打造“一县一平台”，统一建设政府信息公开模板，规范法定公开内容。全年市政府网站共发布公开信息约 1.1 万条，首页图片更新近 200 次。深化重点领域信息公开。加强政府网站和各单位政务公开栏建设，加大推进权责清单、市场准入负面清单、财政资金、重大项目建设等重点领域信息公开力度，分专题进行梳理、汇总，通过政府网站开设专栏等进行集中发布，切实提升公开质量和实效。建立健全公开制度体系。研究制订贯彻全面推进政务公开工作的实施办法，督促各部门建立健全政府信息公开工作领导和协调机制，建立健全政府信息公开办理环节工作制度，建立完善政府信息公开工作考核、工作统计制度，出台《津市市依申请公开工作制度》《津市市政府信息主动公开工作制度》等 11 项工作制度，推进政府信息公开标准化规范化建设。（蒋紫涵）

5 月 8 日，长沙市一行 11 人到津考察基层公共服务(一门式)全覆盖工作

【智慧城市建设】依托 5G 网络的全覆盖，以“一库两平台”(指大数据库；社会治理平台、政务服务平台)为中心，实现城市管理数据化、可视化、智能化、开放化，打造全域感知、全域治理、全域智慧的津市模式。通过多次对接，最终拟确定的合作伙伴为中关村科学城城市大脑股份有限公司，由该公司与城投公司，以及由城投公司选择 2 家有资质的

优质企业共同成立平台运营公司，负责投融资、建设等相关事宜。2020 年 12 月底，已启动城市大脑、智慧警务、智慧街区、智慧政务机器人、智慧交通、高新区 VR 展厅、市委大院智能停车等 7 个项目的试点建设。　　（蒋紫涵）

6 月 26 日，开展津市市 2020 年智慧党建政务下沉第一期业务培训班

【**多家新闻媒体推介经验**】津市市行政审批服务局牵头开展的“一件事一次办”及政务下沉工作被新华社、中央广播电视台重点推介，2020 年到津市学习考察基层公共服务（一门式）全覆盖工作的省内外各市州、区县（市）考察组共计 43 个批次（其中省外 2 个批次），672 人次，涉及省内 13 个市州，近 60 个区县（市）以及 8 个高新区、4 个小区。2020 年，湖南卫视《新闻联播》以“津市：政务服务‘加速度’升级城市幸福感”为题，报道津市在精简办事资料、简化办事流程、缩短办事时限等方面取得的成效。《湖南日报》以“‘智’领风骚 ‘融’出精彩”为题，报道津市依托智慧政务优化营商环境，实现政务服务事项“一次办”“园区办”“就近办”，让数据多跑路、群众少跑腿。湖南“红网”以“群众刷脸办企业帮着办！湖南津市 ‘办事儿’挺快”为题，报道津市深入推进“一件事一次办”改革，发展智慧津市，大幅提升行政审批效率的工作成效，不断提升群众幸福感、获得感和满意度。　　（蒋紫涵）

5 月 19 日，人民日报湖南分社记者 3 人到津市采访基层公共服务（一门式）全覆盖工作

信访工作

【**概况**】津市市信访局设办公室、综合股及人民来访接访中心。2020 年共接待处理信访 1199 批（件）次 2845 人（件）次。进京上访 1 批 1 人次，赴省上访 22 批 33 人次，到常上访 30 批 41 人次。信访总量同比下降了 54%；进京上访同比下降 94%；赴省上访同比下降 39%；到常德市上访同比下降 23%。实现“4 个未发生”，即未发生到常赴省进京非接待场所上访，未发生到常赴省进京集体访，未发生重大信访舆情，未发生因信访问题而产生的极端事件，信访秩序进一步好转。连续 4 年实现信访总量、越级访量、重复访量“三下降”，连续 3 年获评常德市建设“无上访村（社区）”先进区县（市），连续 2 年获评湖南省“三无”区县（市），2020 年获评全国信访工作“三无”区县（市）。　　（高文华）

【**积案化解**】2020 年开展“春风”行动、“积案清零行动”、“四重攻坚”活动、“秋季攻坚”专项活动，推动信访突出问题解决。将信访突出问题项目化，由市级领导对“信访项目”包干推进。市委市政府定期研究信访工作，发包“信访项目”。重要特护期间，市委、市政府领导坚持每日坐班接访，市政府分管副市长对分管领域内重点问题及时调度。成立以市长为组长的房地产办证难问题集中化解专项小组，形成合力开展房地产领域矛盾集中攻坚，解决金海岸二期、宝悦乐城等楼盘办证等一批问题。摸清积案底数和重点人员底数，制定矛盾排查清单和矛盾排查化解责任清单。各镇街部门通力合作，整体联动化解积案。列入“四重攻坚”的 12 件信访案件，均已办结息访。“秋季攻坚”专项行动交办 31 件，办结息访 28 件。截至 12 月，5 年以上的信访积案共化解 10 件，化解积案难案 50 余件，其中签订息访协议的 52 件。　　（高文华）

【**工作机制创新**】2020 年不断创新工作机制，深入推进信访矛盾源头预防、前端治理。创新推广矛盾化解机制。在全市范围内推广白衣镇“三二一”矛盾调解法、三洲驿街道党建引领的“红色治理”模式、襄阳街街道“志愿者 + 信访”模式导入矛盾化解之中。通过发挥基层治理能力的作用，积极带动将矛盾化解在基层的导向，全年各镇街信访总量均有所下降。学习“枫桥经验”，实施“最多访一次”，推广信访事项代办服务，专门列支 20 万元，聘请信访代办员 16 名（党员 10 名）。通过信访事项代办服务，在群众家门口解决好烦心事、揪心事，减少越级访和重复访，全市越级访同比下降 49%，重复访同比下降 38%。试行代办服务以来，代办员累计直接帮助群众解决各类问题 320 余个，信访事项代办服务经验被《湖南日报》、上级部门网站宣传报道。　　（高文华）

【**信访法治化建设**】2020 年 5 月，全市全面开展“《信访条例》修订 15 周年暨信访法治宣传月”活动，引导群众依法逐级上访，营造浓厚的信访法治建设氛围。在日常接访处访中，落实诉访分离制度，加强和其他部门的沟通协调，及时做好信访问题的会商和分流。指导各部门开展复查复核答辩，完成复查复核案件 8 件。推行信访干部网上代理制度，开展信访业务培训、办件操作指导、定期督促，不断提升信访及时受理率、办结率等指标。对在信访活动中或以信访为名实施的违法行为，构成违反治安管理行为的，由公安机关依法处置。2020 年上级拨付信访补助资金共 40 万元，救助 27 人，共使用上级拨付资金 37 万元，地方配套资金 21.795 万元。

（高文华）

概　述

2020年，共召开全体会议1次、常委会议6次、主席会议12次，其中，进行议政性常委会议协商2次，议政性主席会议协商3次，开展专题视察5次，形成常委会议建议案2篇，主席会议建议案4篇。全年市政协11个工作组（活动组）累计开展组内活动40余次。

2020年，津市境内河道水位全线超警，政协主席会议成员按照分工赴前线指挥防汛工作，机关干部在指定堤段值班轮守，政协委员在各自岗位履职尽责，与全市干群一道，打赢抗洪保卫战；在迎接长江流域全面禁捕退捕国务院大督查期间，政协机关 抽调精干力量参与禁捕退捕工作，分管领导参与联系点协调和调度，政协责任委室组建督查队伍对全市重点农贸市场、餐饮场所等开展暗访督查，选派群众工作经验丰富的机关干部对部分重点对象进行信访维稳工作。

2020年，市政协通过对贫困户的精准帮扶，完成脱贫攻坚任务。精心组织政协委员“三个一”扶贫回访，开展“湖南政协人助力巩固脱贫成果万户帮扶行动”，组织省、常德、津市三级政协委员和机关干部共197人组成50个帮扶小组，结对帮扶50户重点贫困户，涌现出鲁炎山、李凯、王毅、周润清、刘思思、黄祖金、袁静、刘喜华等一批政协委员扶贫帮困典型，其中鲁炎山被评为“全省政协扶贫行动先进个人”。

（刘清华、陈汝嫣）

重要会议

【政协津市市第十二届委员会第五次会议】政协津市市第十二届委员会第五次会议于2020年4月23日至26日在兰苑宾馆召开，165名政协委员参加会议。此次会议共召开3次全体会议、1次常委会议，进行2次联组协商讨论。会议听取和审议市政协主席姜正才作的政协津市市第十二届委员会常务委员会工作报告；听取和审议市政协副主席梁文利作的政协津市市第十二届委员会常务委员会关于提案工作情况的报告；刘迪波、覃涛、吴松霖、齐平香、雷中武、滕达、曾楚汉7名政协委员代表所属专委会、工作组、党派，围绕经济社会重要领域、民本民生热点问题，分别作题为《关于加强我市产业技能工人建设的建议》《精准施策 精准发力 大力扶持中小工业企业高质量发展》《大力发展村级集体经济促进乡村振兴》《倾力帮扶计划生育特扶家庭》《朱务善，一张亟待擦亮的红色名片》《整体联动 机制促动 让新楼盘真正成为幸福宜居新家园》《因地制宜 疏堵结合 推进农村秸秆焚烧和综合利用》的大会协商发言；列席津市市第十七届人民代表大会第五次会议，听取政府工作报告，协商政府工作报告及其他有关报告；审议通过有关人事事项；审议通过政协津市市第十二届委员会提案审查委员会关于十二届五次会议提案审查情况报告；审议通

2月14日，津市市政协举行抗击疫情捐赠仪式

过政协津市市第十二届委员会第五次会议有关决议；选举匡纯华、汪晓庆为十二届市政协常务委员；市委书记傅勇讲话。（刘清华、陈汝嫣）

【政协津市市第十二届委员会常委会会议】2020年，市政协共召开常委会会议6次，历次会议情况如下：

表13　2020年政协津市市第十二届委员会常委会会议一览表

次数	时间	会议内容
十七次	4月17日	会议审议通过中国人民政治协商会议津市市第十二届委员会常务委员会工作报告（草案）、中国人民政治协商会议津市市第十二届委员会常务委员会关于十二届四次会议以来提案工作情况的报告（草案）。审议通过中国人民政治协商会议津市市第十二届委员会常务委员会关于召开政协津市市第十二届委员会第五次会议的决定（草案）、中国人民政治协商会议津市市第十二届委员会第五次会议议程（草案）、中国人民政治协商会议津市市第十二届委员会第五次会议日程（草案）等十二届五次会议有关事项。审议通过有关人事事项、政协津市市委员会2020年工作要点（草案）、政协津市市委员会2020年度协商工作计划（草案）等相关文件
十八次	4月26日	会议协商有关人事事项；听取联组会议协商讨论情况汇报；通过政协津市市第十二届委员会第五次会议选举办法（草案）；通过政协津市市第十二届委员会第五次会议选举大会总监票人和监票人名单（草案）、总计票人和计票人名单（草案）；通过政协津市市第十二届委员会提案审查委员会关于十二届五次会议提案审查情况的报告（草案），通过政协津市市第十二届委员会第五次会议关于常务委员会工作报告的决议（草案）、政协津市市第十二届委员会第五次会议关于十二届四次会议以来提案工作情况报告的决议（草案）、政协津市市第十二届委员会第五次会议政治决议（草案）
十九次	7月30日	进行2020年度上半年政情通报；围绕“乡村特色产业发展”进行议政性协商
二十次	9月28日	围绕“我市房地产业健康发展”进行议政性协商
二十一次	10月28日	召开2020年民主评议提案办理工作会议
二十二次	12月24日	通报全市党风廉政建设和反腐败工作情况；市人民法院院长覃业辉作法院工作情况通报；市人民检察院检察长王朝阳作检察工作情况通报；市委办、政府办分别对2020年度市政协建议案办理情况进行通报；协商《津市市国民经济和社会发展第十四个五年规划和二〇三五年远景目标纲要（征求意见稿）》

重要工作

【疫情防控】2020年，面对突如其来的新冠疫情，市政协把战胜疫情、促进发展作为重大政治任务，群策群力、积极作为，动员全体政协委员和政协各参加单位积极投身抗疫一线、战疫一线。雷铁军、齐平香、胡芬芳、周芳、齐贵珍等医卫界委员逆行出征；王羽刚等旅外委员从意大利等境外地区自费购买口罩捐赠家乡、支援抗疫；欧欣、熊朝晖、王芳、毛章颖、潘小平、汪宇、陈晴、李冬莲等委员各司其职，在疫情期间始终坚守在交通、教育、企业等各条战线；朱德文委员组织志愿者团队服务在抗疫一线；程治元、周尚玉等委员通过不同渠道捐款捐物，志愿排查、宣传新冠肺炎疫情防控；肖峰等经济界委员主动助力抗疫，受到上级有关部门表彰；联合工作组委员率先捐款，全体政协委员和政协各参加单位主动跟进，形成全市政协系统踊跃捐赠、共克时艰的热潮，共收到捐资捐物224笔，总计346080元。捐赠笔数在全省政协系统位居前列。政协机关干部主动请战，全员出战，做好社区防控、应急值守等工作，形成强有力的政协战疫力量。动员职务委员立足本职助推复工复产，引导企业界委员稳妥做好复工复产工作，助力统筹推进疫情防控和经济社会发展“两手抓、两必胜”。（刘清华、陈汝嫣）

【协商议政】2020年，中共津市市委行文转发《政协津市市委员会常务委员会2020年工作要点》，对市政协2020年重要活动进行系统安排。中共津市市委办公室、津市市人民政府办公室、政协津市市委员会办公室联合印发《政协津市市委员会2020年度协商工作计划》和《津市市政协2020年重点事项监督方案》，明确本年“12310”政治协商目标任务。

全体会议协商。在4月23日至26日召开的市政协十二届五次会议上，政协委员围绕津市经济社会发展重大问题进行协商讨论。市政府对委员提出的意见建议分类梳理,逐条交办。会议集中对加强产业技能工人建设、扶持中小工业企业高质量发展、促进乡村振兴、帮扶计划生育特扶家庭、朱务善名片打造、新楼盘管理、秸秆焚烧和综合利用7个课题进行大会协商,市委、市政府主要领导会上逐一签批,交相关部门办理,将政协协商成果转化成经济社会发展治理效能。

常委会议协商。7月,市政协召开政协津市市第十二届委员会常务委员会第十九次会议,会上,市委副书记、市长黄旭峰代表市人民政府进行上半年政情通报;进行乡村特色产业发展的议政性协商,课题调研组汇报调研情况,常委代表进行协商发言,提出明确发展路径、筑牢发展基础、搭建发展平台、培育发展动能等建议,形成常委会议建议案2020年第1号《关于大力推进我市乡村特色产业发展的建议》;10月,召开政协津市市第十二届委员会常务委员会第二十次会议,进行房地产业健康发展的课题协商,提出绘好规划引领图、把好品牌质量关、走好产业带动路、打好营商环境牌等建议,形成常委会议2020年第2号《关于推进津市房地产业健康发展的建议》。12月,召开政协津市市第十二届委员会常务委员会二十二次会议,会议通报全市党风廉政建设和反腐败工作情况;市人民法院院长覃业辉作法院工作情况通报;市人民检察院检察长王朝阳作检察工作情况通报;市委办、政府办分别对2020年度市政协建议案办理情况进行通报,协商《津市市国民经济和社会发展第十四个五年规划和二〇三五年远景目标纲要(征求意见稿)》。

主席会议协商。6月,围绕"我市养老服务体系健康发展"进行议政性主席会议协商,会上,市政协城乡养老机构运营课题调研组就大力推进津市养老服务体系健康发展作中心发言,政协委员与各部门就如何推进津市养老服务体系健康发展进行交流、提出意见,形成主席会议建议案2020年第2号《关于大力推进我市养老服务体系健康发展的建议》;7月,围绕"机构改革后涉改单位运行情况"进行议政性主席会议协商,会上,编委办汇报津市机构改革后涉改部门运行情况,市政协课题调研组汇报课题调研情况,退役军人事务局、农业农村局等涉改单位负责人进行交流发言,部分政协委员提出建议和意见,形成政协主席会议建议案2020年第3号《关于做好机构改革"后半篇文章"的建议》;7月,市政协围绕"青少年心理健康发展"有关工作进行议政性主席会议协商,会上,教育局负责人汇报津市青少年心理健康教育工作情况,市政协青少年心理健康工作课题调研组采取视频连线、远程协商等方式作中心发言,政协委员与各部门就加强青少年心理健康发展工作进行交流、提出意见,形成主席会议建议案2020年第4号《关于加强我市青少年心理健康工作的建议》。

对口协商和界别协商。5月,市政协社法委会同市场服务中心就城东农贸市场建设开展对口协商;6月,市政协文史委会同文旅广体局,就建设朱务善红色教育基地进行对口协商;8月,市政协农业农村委会同住保中心等部门就高层楼盘问题监管进行对口协商;9月,市政协学联委就关爱计生特扶家庭进行对口协商。6月至9月各专委会同卫健局、宣传部、教育局、商务局、林业局以及工信局就《关于设立计生特扶家庭专项救助基金的建议》《关于擦亮红色名片朱务善的建议》《关于加强学生托管机构管理的建议》《关于加快电商产业高质量发展的建议》《关于修建皇姑山地标公园的提案》和《关于大力扶持中小企业高质量发展的建议》等6件重点提案开展提案办理协商。

(刘清华、陈汝嫣)

【提案工作】十二届五次会议以来,政协委员和政协各参加单位,在市政协常委会领导下,围绕全市工作大局,利用提案履行职能,共提交提案115件,经提案审查委员会审查,整理合并为90件,最终立案85件,对不符合立案条件的5件提案,作委员建议或来信处理,其中市委承办9件,市政府承办76件。从提案办理情况来看:提案所提问题得到解决或部分解决的A类件50件,占59%;所提问题正在解决或列入计划逐步解决的B类件30件,占35%;所提问题因政策或其他条件限制目前不能解决的C类件5件,占6%,委员满意率为100%。

十二届五次会议以来,提案围绕经济建设方面提出提案,内容涉及产业转型升级、振兴实体经济、加快电商产业发展、加强人才引进力度等,承办单位认真研究提案内容,采纳落实相关建议,推动改进工作。工商财贸组提出集体提案"关于加快电商产业高质量发展

2月19日,市委副书记、市长黄旭峰(前排左二)现场调度2019年度政协常委会议1号建议案

的建议”，商务局组织电商企业参加省商务厅举办的“春融行动”，帮助企业解决资金周转问题；引进重庆市云穰科技有限公司对园区电商企业提供“一对一”的辅导培训；鼓励4家企业申报并获得省级电子商务认定企业，20多种津市特色产品进入电商销售网络。社会群团组集体提案“关于加大我市产业人才引进力度的提案”得到工信局、人社局、高新区联合办理。制定并印发人才引进工作方案，创办创新创业园实训中心，举办现场招聘会7场，线上招聘会3场，与用人单位达成就业意向1560人。

围绕政治建设方面提出提案，内容涉及加强意识形态管理、基层组织建设、促进社会和谐稳定等方面，得到有关部门的重视和采纳。如，针对王侣丹、杨玲委员提出的“关于加强党管媒体力度，巩固主流媒体宣传阵地的建议”，宣传部大胆改革，守正创新，推动传统媒体与新媒体从“相加”到“相融”，出台《关于组建津市市融媒体中心的实施方案》，打造一流县级融媒体中心，关停100多家不规范的自媒体，规范网络自媒体平台运营。刘思思、张安华委员“关于关注基层干部心理健康问题”的提案，组织部高度重视，立即调研，初步形成相关长效机制，要求各单位开展心理健康教育，丰富精神文化生活，在市人民医院开设心理咨询门诊，下一步还将建立健全预防服务机制、教育引导机制，加大对基层干部的关心关爱。

围绕文化建设方面提出提案，内容涉及发展红色文化产业、挖掘历史文化、弘扬道德新风尚、强化学校周边管理等，承办单位吸纳提案建议。如，文艺教育组提出的“关于擦亮红色名片朱务善的建议”，宣传部组织文旅广体局、党史办、党校、教育局等单位召开专题会议研究，整合项目资金，制定建设规划。朱务善纪念厅、朱务善纪念馆、朱务善故居等建设项目推进顺利，朱务善雕塑组像设计、“朱务善研究会”筹备工作启动，《朱务善传奇人生》撰稿完成。罗茜委员提出的“关于加强学生托管机构管理的建议”提案，教育局、市监局等部门认真办理，出台《津市市校外托管机构管理办法（试行）》，明确部门职责，开展专项整治，规范托管机构，同时开展校内服务，解决小学“三点半”“四点半”放学难的问题，开展集约化供餐，解决一小和二小学生早晨、中午吃饭难的问题。

围绕社会建设方面提出提案，内容涉及卫生、医疗、城建、养老、住房等，承办单位通力协作，积极办理，切实解决相关问题。如，联合工作组提出“关于设立计生特扶家庭专项救助基金”提案，卫健局积极作为，对上争取资金，对下厘清底子，从资金帮扶、医疗帮扶、社会关怀等方面对这一特殊群体给予照顾，较好地传递党和政府温暖。黄泽清委员提出的“关于加强我市农村道路养护工作的建议”，交通局以“四好农村路”创建工作为抓手，完善农村公路三级管养机制，规范农村公路养护工作，加大农村公路的巡查和养护力度，全面提升农村公路安全通行水平。

5月13日，岳阳市湘阴县政协主席周义军（前排左二）一行10人到津市考察城乡垃圾一体化工作

围绕生态文明建设方面提出提案，内容涉及生态环境保护、大气污染防治、土地资源集约利用等，承办单位认真采纳。如，对雷明洋委员提出的“关于我市农村公益性墓地用地规划的建议”，民政局加强部门合作，分步启动殡葬基础设施建设，加强移风易俗宣传引导，开展殡葬改革综合治理。朱传勇委员提出的“关于加大执法力度打击‘电打鱼’行为的建议”，畜牧水产中心结合“禁捕退捕”工作，联合公安局、各乡镇街道开展宣传教育、专项检查、联合执法，立案处理9起，追究刑事责任12人，有效保护渔业资源和自然环境。

（尹茂桂、姜波）

【民主监督】2020年，由市政协各专委会牵头，围绕“打好打赢蓝天保卫战”进行重点事项监督，分别组建6个重点事项民主监督小组，对高新区管委会、环境分局、住建局、城管局、农业农村局、交警大队等6家单位进行“一对一”监督。各监督小组全年累计走访50余次，召开座谈会28次，发放调查问卷1000多份，共发现具体问题21个，提出监督建议20条。利用提案办理进行监督，全年从立案的提案85件中挑选6件年度重点提案进行主席会议成员领衔督办，10月，市政协召开重点提案办理工作民主评议大会，开展小组点评、民主测评和集中交办，将政协民主监督意见转化成市委、市政府工作部署和要求。此外，市政协还根据工作需要，遴选30名政协委员组成监督员队伍，担任优化经济环境监督员、人民陪审员、征兵监督员等，参与优化经济环境测评、征兵监督、法官检察官履职评议监督、人事考试监督、环保督察等民主监督工作。（刘清华、陈汝嫣）

【委员视察】2020年5月，市政协主席会议进行农村屋场建设工作专题视察，现场视察新洲镇长岭村俞家屋场、白衣镇红光村马家窑湾屋场、药山镇新湖村蓝家山屋场、毛里湖镇青苗社区青苗屋场建设工作，了解津市农村屋场建设的基本情况和具体做法，形成主席会议建议案《关于进一步推进津市农村屋场建设工作的建议》；5月，进行重大工程项目建设工作情况视察，重点对安慈高速澧水特大桥、津市港散货物流中心（二期选址）、博物馆（虎爪山遗址公园）、工人文化宫、津市澧水二桥进行现场视察，详细了解津市重点工程项目进度和开展情况，相关部门和部分委员交流发言；6月，组织政协委员对公交车规范化运营管理开展专题视察；7月，组织政协委员对重大民生项目建设情况进行视察，针对人民医院改扩建、中医院易地搬迁等工作进行调研，了解当前项目运转机制以及建设进度；9月，组织政协委员对宗教场所管理情况进行专题视察，到天主教堂、基督教福音堂、清真寺、药山寺等地，通过走现场、听汇报的形式，详细了解津市当前宗教活动场所的发展和管理情况。（刘清华、陈汝嫣）

【反映社情民意信息】2020年，市政协按照年初工作安排，每两个月召开1次社情民意课题线索收集调度会，召集主要职能部门办公室分管同志进行座谈，将收集到的有价值的课题线索分类整理交给各委室，进行有针对性的调研。2020年，市政协上报的社情民意信息《新冠肺炎疫情对企业外贸订单影响及应对》《关于扩大社会医疗保险卡个人账户使用范围的建议》2篇社情民意信息被湖南省政协采编；《建议做好疫情期间基层工作者的保障工作》《企业复工复产有“三难”需解决》《规范废弃口罩处理 防止出现二次污染》《保障粮食安全应正视四大问题》《关于开展全民健康教育普及健康保健知识的建议》《计划生育手术并发症群体困境亟须重视》《农民工回流我市的就业问题亟待重视》《关于进一步完善我市公共场所母婴室建设的建议》《关于加强公共场所中央空调定期清洗消毒的建议》《电动平衡车上路亟待规范》10篇社情民意信息被常德市政协采编；《关于给建筑工地围挡宣传“减负”的建议》《关于清理农村“蜘蛛网”的建议》《关于规范流动市场要早着力的建议 》《关于完善中医院基础设施配套建设的建议》《关于进一步提高社区财政预算和工作人员待遇的建议 》《新洲中学易址新建应该注意的几个问题》《疫情当下中小企业复产期盼整合零散物流》《关于规范处理疫情防控期间一次性废弃口罩的建议》《计划生育手术并发症群体困境亟须重视》《关于疏通农村抗旱机埠沟渠的建议》10篇社情民意信息，递交市委、市政府主要领导和分管领导签批交办，民生问题得到有效解决。

（刘清华、陈汝嫣）

【合作共事】2020年，市政协邀请党派团体参与政协重要履职活动，组织召开各民主党派、工商联工作座谈会，指导开展“不忘合作初心，继续携手前进”主题教育活动，积极为党派团体参政议政创造良好条件。积极走访民族宗教界委员，及时反映界别群众意见诉求。加强与住津省、常德市政协委员的联系服务，邀请他们列席重要会议、参加重要活动，住津常德市政协委员活动组连续3年在常德市政协全会上进行大会协商发言。注重引导旅外委员在助推津市经济社会高质量发展中主动作为。

（刘清华、陈汝嫣）

【团结联谊】2020年，省政协先后2次到津市现场调研基层政协工作，津市政协作为典型代表在省政协到常德调研座谈会、常德市政协系统党的建设座谈会上交流发言。市政协成功承办常德市2020年区县(市)政协秘书长联席会议；积极参与省、市、县三级政协联动，配合省政协和常德市政协开展“开放型经济发展”“乡村特色产业发展”调研活动；协助常德市政协开展开放型经济发展课题调研；与山东菏泽市政协、张家界市政协、岳阳湘阴县政协、永州东安县政协、娄底新化县政协分别就生态健康产业园工作、生态文明建设、城乡垃圾一体化工作、乡镇司法所建设、智能停车工作等开展交流。

（刘清华、陈汝嫣）

【文史工作】2020年，在市委、市政府支持下，市政协牵头组织《城市基因：津市文史丛书》征编工作。历时三年，深入周边县市、乡镇、企事业单位，通过走访、电话、信函等方式，征集各类照片资料1000多份，整理文字资料近200万字，形成《风物卷》《工商卷》《文存卷》《文艺卷》《影像卷》5卷7册文史资料大型巨著，已由湖南师范大学出版社出版。配合上级政协广泛征集非物质文化遗产、古镇古村古建筑、抗击新冠疫情、亲历扶贫等文史资料，发挥政协文史工作存史、资政、团结、育人作用。

（刘清华、陈汝嫣）

【委员能力建设】按照全国政协统一部署，在全市政协系统中组织“书香政协、悦读人生”委员读书活动，举办启动仪式，组建微信读书群，开设云上读书心得分享专栏，开展小组读书分享会，丰富学习形式，共建书香政协。

按照“互联网＋政协”履职模式，促

10月28日，张家界市政协主席汪业元(前排左三)一行到津市嘉山风景区考察生态文明建设工作

进委员干部使用政协云，让政协云成为全天候履职平台。市委办、政府办、政协办三办联合印发《关于政协委员微建议“直通车”工作的实施办法（暂行）》，理顺政协委员微建议办理机制，受理涉及城市管理、环保交通、民生保障、人才引进、供电用水等微建议38条，唐婷委员反映的“居民用电压力不稳，电器无法正常运转”微建议入选省政协“开展微建议工作，推动解决民生问题”典型。“线上受理、线下处理”，更加便捷委员提出微建议、开展微协商、实施微监督，打通政协履职服务群众“最后一公里”。开展“每天积满分、履职云时代”活动，利用政协云进行会议直播、协同处理提案和社情民意信息、开展委员线上值班日活动，云上履职创新出彩。

（刘清华、陈汝嫣）

【委员工作室建设】市政协着重加强四镇五街政协联络处阵地规范化建设，除正在改建办公区域的单位外，其余均已建设到位。按照政协委员工作室规范化建设标准，对原有薛君委员工作室、朱德文委员工作室等进行提质升级，朱德文委员工作室入选“湖南省百家示范性政协委员工作室”，并于12月成功上线开通云上委员工作室，进行线上值班活动。新成立汪家桥街道委员工作室、嘉山街道委员工作室、新洲镇委员工作室、熊玉芳委员工作室4个委员工作室。

（刘清华、陈汝嫣）

中国民主同盟津市市委员会

【概况】中国民主同盟津市市委员会下辖一中、德雅、三中、车胤、职教集团、文化、直属7个基层支部,2020年年底共有盟员165人，其中在职114人,退休51人,本科以上学历110人,中高级职称111人。盟员中有民盟湖南省委委员1人，民盟常德市委委员2人,湖南省人大代表1人，常德市政协委员3人,津市市人大代表7人,津市市政协委员15人。民盟市委带领全市广大盟员,深入学习贯彻习近平新时代中国特色社会主义思想和中共十九大精神,紧紧围绕全市中心工作,全面加强自身建设,履行参政党职能。在民盟常德市委组织召开的七届十一次全体（扩大)会议上，民盟津市市委荣获2020年度盟务工作考核先进集体。（陈钟）

【抗击疫情】面对新冠肺炎疫情,民盟市委积极倡议动员,带领全市盟员为打赢疫情防控阻击战助力。主委周欢率先垂范,从大年三十开始,深入各大超市、商场指导检查市场供应、安全生产及防疫工作，在商场带头宣传防疫知识,劝导群众戴好口罩。多次赴湖南欣龙非织造材料有限公司、津市市金湘猪鬃实业有限公司等外贸企业进行走访慰问,积极对接相关部门,帮助企业摆脱困境。70岁的老盟员毕家寿志愿参与小区联防联控。傅燕来、朱峰萱等医护人员参与一线防控值守和救治,机关单位干部深入社区摸排值守。2月17日，民盟市委为新中意公司赠送口罩、洗消用品、方便面等保障物资,并指导企业复工复产。4月17日,民盟市委走访慰问受疫情影响，生活困难的杨金兰老人,并送上慰问金1000元。个体医师协会会长程治元响应市政协号召,多次为社区、医院和疫情一线工作者累计捐赠防疫物资价值4万多元,先进事迹被湖南卫视报道。（陈钟）

【组织建设】4月22日,湖南省政协副秘书长、民盟湖南省委专职副主委胡颖带队调研津市民盟基层组织建设工作情况,民盟常德市委专职副主委刘丽艳陪同调研并主持调研座谈会，会上，胡颖对民盟津市市委的工作给予了充分肯定。4月30日,民盟市委组织盟员到毛里湖镇青苗社区,开展庆祝“五四”青年节主题活动,并参观社区同心阵地建设,听取社区负责人介绍相关情况。5月29日，组织盟员前往澧县游端轩烈士陵园,开展“不忘合作初心,继续携手前进”主题教育活动,缅怀革命先烈、回顾红色历史。9月11日,开展“庆国庆，迎重阳”慰问老盟员活动,主委周欢率

4月22日,民盟湖南省委专职副主委胡颖(前排左五)带队调研津市民盟基层组织建设工作情况

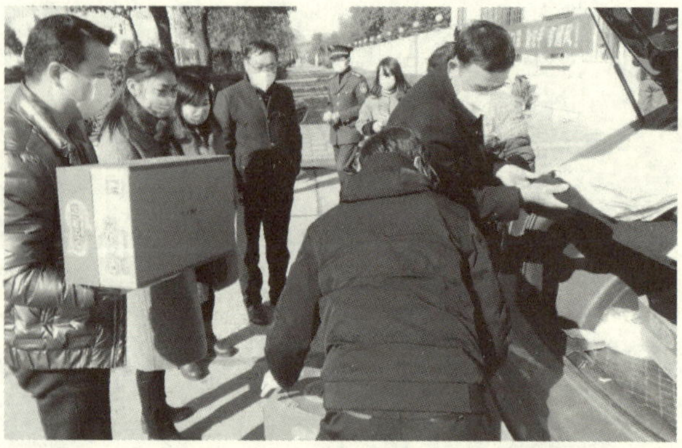
2月17日,民盟津市市委为新中意公司捐献疫情防控物资

盟员前往毕家寿、廖伦荣、宋祥兰等老盟员家中走访慰问。6月，曾红胜参加省委统战部组织的民主党派基层组织负责人培训班。11月，吴涛、蔡昌明参加常德市党外年轻人才培训。（陈钟）

【参政议政】 在湖南省十三届人大三次会议期间，民盟市委主委、省人大代表周欢向大会提交《关于加强农药包装废弃物回收处置的建议》《关于加快建设荆州—津澧—常德高铁的建议》2件建议。在民盟常德市委举办的盟员议政建言论坛上，傅燕来作题为《电子健康卡推广应用中的问题及建议》的大会协商发言。在津市十七届人五次会议和政协津市十二届五次会议期间，毕家寿、傅燕来被评为优秀人大代表；黄佩、蔡昌明、吴涛、贺爱华、程治元被评为优秀政协委员；黄佩、赖丽容被评为“政协云”使用先进个人；蔡昌明被评为委员论坛先进个人。盟员人大代表和政协委员共提交个人建议和提案19件。蔡昌明等提出的《建议为村干部统一购买工伤保险或意外伤害保险》的建议被评为优秀社情民意并被常德市政协采用；吴涛等提出的《关于对我市城市公交规范管理》被评为优秀提案。疫情期间，民盟市委积极组织力量调研，由周欢提交的社情民意《新冠疫情期间企业外贸订单影响及应对》被省政协《社情民意》采编，唐禹提出的《关于加强公共场所中央空调定期清洗消毒的建议》被常德市政协采用。吴涛撰写的《关于普及口罩使用技术的建议》被常德市委统战部《统战要情采纳》。（陈钟）

【社会服务】 民盟市委副主委、市教育局资助中心主任贺爱华走遍全市所有镇村，摸清贫困学生底数，没有让一个贫困学子掉队，被评为常德市“最美扶贫人物”。民盟市委与毛里湖镇青苗社区开展结对创建，组织盟员开展志愿服务助力乡村振兴战略实施，2020年，青苗社区被评为常德市级同心社区。在民盟常德市委组织召开的七届十一次全体(扩大)会议上，民盟津市一中支部被评为常德民盟2020年度“宣传工作先进集体”，17位盟员被评为常德市优秀盟员。9月9日，在津市市第36个教师节主题庆祝表彰大会上，多位盟员教师获得表彰，一中支部庹国安荣获常德市第四届“翦伯赞教育突出贡献奖”、三中支部包轮凡荣获常德市“乡村红烛奖”。在2019—2020学年度教师教学比武中，职教支部田娇荣获常德市一等奖。（陈钟）

中国民主建国会津市市委员会

【概况】 2020年，民建津市市委推动思想建设、会务活动、参政议政、光彩事业、舆论宣传等重点工作，取得一定成绩。共有会员134人，下设工业、商业、综合、文化和卫生5个支部。其中经济界人士83人，有中高级职称的59人，担任政府副科级以上实职的10人，担任常德和津市市两级人大代表、政协委员26人次。全年上交集体提案1件，人大代表建议7件，政协委员提案22件，社情民意15件。开展社会服务活动8次，捐款捐物累计9万元。（刘莉）

【组织建设】 2020年，进一步深入学习中共十九大精神，并按照上级部署的“不忘合作初心，继续携手前进”主题教育活动开展深入学习座谈会、红色展馆参观活动。民建市委为庆祝民建成立75周年暨在湘成立组织70周年精心编纂《慈善痴——傅绍荣》一书。会员参与各类培训：会员梁文利、易旭参加常德社会主义学院举办的培训班的学习。民建市委班子成员和支部主任参加市委统战部举办的参观学习活动。陈继攀参加民建湖南省委举办的建华课堂培训。围绕主题教育活动组织4名会员参加民建省委举办的抗疫书画展。加强对新会员和后备力量的培养，增强机构活力，向上推荐人才，发展吴昊、苏燚、黄勇3名新会员。民建津市市委荣获全省脱贫攻坚先进集体、民建常德市委先进基层组织，卫生支部荣获全省先进基层组织。毛娟、陈继攀、易旭、徐新平、傅闵鑫、傅绍荣评为民建省委优秀会员。易旭评为全省抗击新冠肺炎疫情先进个人。王先华等10人评为民建常德市委优秀会员。（刘莉）

【参政议政】 2020年津市两会期间，两级20名政协委员和3名人大代表积极履职参政议政。民建市委政协委员吴松霖代表民建市委作题为《大力发展村级集体经济促进乡村振兴》的协商发言；民建市委提交题为《关于设立我市大型休闲场所管理机构的建议》的集体提案；易旭委员撰写的《打造常德市一小时环城文化旅游圈势在必行》(被常德市政协采用、市领导涂碧波批示)、毛娟委员撰写的《我市高速公路服务器存在的三大问题亟待解决》(被常德市政协采用)、汪晓庆委员撰写的《我市长途汽车总站存在三大问题亟待解决》(被常德市政协采用，市领导周德睿、汤祚国批示)、刘清华委员撰写的《车胤中学门前汤家湖烂尾工程造成的交通安全隐患亟待消除》、余小英委员撰写的《关于建设澧水沿河风光带基础配套设施的建设》被评为优秀社情民意信息；民建市委撰写的《关于建设人力资源供需信息平台的建议》、田小娟委员撰写的《关于提高城区公共阅览室利用率的建议》、黄泽清委员撰写的《关于加快五化小区停车场建设的建议》被评为优秀提案。10月，毛娟委员《计划生育手术并发症群体困境亟须重视》社情民意被常德政协采用。易旭主委《关于扩大社会医疗保险卡个人账户使用范围的建议》的社情民意被政协湖南省委员会编印，还被评为常德政协优秀社情民意信息二等奖。7月，民建市委成立调研组开展对全市新乡贤发展开展调研，走访调研各乡镇及有关部门，完成了《浅谈如何在村居自治中更好发挥新乡贤作用》的调研文章。民建津市市委有优化经济环境监督员、纪委工作监督员、人民陪审员共9人，他们充分发挥监督员作用，为政府软环境建设履职尽责。2020年，会员中的优化经济环境监督员参加市优化办组织的研讨和测评活动，并深入40多家企业进行走访巡查，行使监督职能；会员中的人民陪审员6次到法院参加案件审理活动,并对法院的工作提出合理化意见和建议。裴莉林代表被评为优秀人大代表,王履霞委员被评为优秀政协委员,她们的优秀事迹分别在津市电视台“代表风采”“委员风采”中报道,并在两会上专题播报。覃涛委员被评为先进政协委员;毛娟、齐贵珍、吴惠委员被评为“政协云”使用先进个人;易旭被评为常德市优秀政协委员。（刘莉）

【社会服务】2020年,民建津市市委发动和调动广大会员开展各种社会服务活动,在招商引资、项目建设、美丽乡村建设和精准扶贫工作等方面做大量工作,赢得社会各界的广泛赞誉。精准扶贫工作中,多次走访慰问贫困户,鼓励其引领致富之路,深得贫困户好评。民建市委围绕结对新洲镇万寿宫社区“同心美丽社区”创建工作开展系列惠民活动:民建市委组织卫生支部10多名医疗专家为社区居民开展健康知识讲座和义诊;春节、端午、中秋节,民建市委慰问该社区20多名贫困居民捐资捐物达6000元。万寿宫社区成功创建为省级“同心社区”。老会员傅绍荣38年如一日为孤寡老人捐钱送物,他为社区的25位特困户送去粮油等过年货,还购买价值2000多元的过年物资在市社会福利院食堂办5桌团年饭,让他们过上幸福、祥和的春节。会员王先华在春节前夕为津市福利院的孤寡老人送去1500元生活物资。“六一”儿童节,民建会员8名爱心志愿者参与爱心奉献活动,为事实孤儿捐款6000元。在2020年新冠肺炎疫情的阻击战中,民建会员毫不退缩,企业家会员积极参与、支持防控工作,医卫界会员和在相关职能部门、基层工作的会员夜以继日地奋战在救治、防疫工作第一线。共计捐赠物资及现金折合7万元,为津市打赢疫情防控阻击战积极奉献爱心与力量。民建市委发挥经济界优势,对结联系会员企业为津市抗疫指挥部调拨紧缺物资口罩50万只。民建市委联系会员所在湘淮村镇银行为10家中小微企业复工复产贷授信3050万元。（刘莉）

3月,民建津市市委抗疫捐款现场

中国农工民主党津市市委员会

【概况】2020年农工党津市市委有党员97人,其中在职党员69人、退休党员28人。全部为中高级职称。有常德市人大代表1人,政协委员3人,津市人大代表1人,政协委员10人。市委下辖四个支部:津市人民医院支部、津市中医院支部、津市教育支部、市直属支部。2020年,在农工党常德市委和中共津市市委统战部的领导和支持下,农工党津市市委履行参政党职能,共计人大建议案、政协提案、社情民意件30篇。农工党津市市委被农工党湖南省委授予“社会服务先进县级组织”,被农工党常德市委授予“2020年度综合考评先进集体”“2020年度新闻宣传工作先进集体”,党员齐平香、周芳、胡芬芳被农工党湖南省委授予“优秀党员”称号,杨建国被授予“优秀党务工作者”称号。（杨建国）

【参政议政】2020年在政协津市市第十二届委员会第五次会议上农工党员齐平香代表农工党津市市委作《倾力帮扶计生特护家庭》的大会协商发言。就计生特扶家庭的现状给予呼吁,得到市领导和与会委员共鸣,反响很大。会后主席亲自督办,得到圆满解决。常德市人大代表全林平《关于推进我市临终关怀工作的建议》《关于培育现代农村生产经营主体助推我市乡村振兴的建议》,常德市政协委员毕华的《关于科技创新助推经济发展的建议》受到常德市领导的高度重视,多次被邀请到常德相关部门进行调研、协商;农工党津市市委的集体提案《关于加强群众性应急医疗救护培训的建议》《关于加强我市青少年心理健康教育的建议》等提案,得到政府各部门满意回复并落实。党员中的人大代表和政协委员积极撰写建议案和提案、社情民意件,共计30多篇。针对公众急救知识的普及现况,及降低突发事件和灾难发生时的伤残率,提高生存率。农工党津市市委联合市卫健局、市教育局、市工信局开展调研,形成《关于加强群众性应急医疗救护培训的建议》的调研报告;就乡镇卫生院在乡村振兴战略中如何继续发挥健康扶贫托底作用,更好地促进广大农村健康保障工作由“重治轻防”向“善治重防”转变。农工党市委联合市扶贫办、市卫健局、乡镇各卫生院围绕“健康扶贫”课题开展调研,形成《乡镇卫生院在乡村振兴战略中如何托住健康扶贫的底》的调研报告。参与政协提案组赴平江县、安化县开展的《津市全域旅游发展》的调研。发挥民主监督职能,组织人大代表参与执法检查,政协委员参加视察评议活动。对市城管局开展的“蓝天保卫战”、卫健局的“健康扶贫”、文体广新旅局的“全民健身”等活动进行多次不定期的视察。（杨建国）

【组织建设】继续开展“不忘合作初心,继续携手前进”主题教育活动。每月召开民主生活会组织党员集中学习，认真学习中共十九届四中、五中全会精神和中共中央总书记习近平系列重要讲话精神，加深党员们对我国大政方针的了解；4月组织党员学习传达中共湖南省统战部部长黄兰香在党外人士座谈会上的讲话。5月，组织支部主委参加省委在韶山干部学院开办的基层组织主委培训班和机关干部培训班。10月，召开市委扩大会议，传达学习贯彻习近平总书记在湖南考察时的重要讲话精神。11月，主委全林平参加中共常德市委统战部举办的党外优秀年轻人才培训班的学习。12月，组织新党员参加农工党湖南省委新成员理论培训班。3次组织全体市县两级人大代表和政协委员参加农工党常德市委和津市政协举办的参政议政理论培训班，并赴常德武陵、桃源、安乡支部学习，农工党辰溪县委、沅陵县委也到津市交流；翻印农工党中央编撰的《参政议政成果汇编》，供人大代表与政协委员学习与参考；对4名党员发展对象进行教育培训，举办培训班。经严格考察，批准2名同志加入农工党。（杨建国）

【抗击新冠疫情】2020年，面对突如其来的新冠疫情，农工党津市市委为坚守一线投入战斗的广大医护人员和防疫工作者送去温暖，奉献爱心，共计捐款15600元、口罩5000个、84消毒液5桶、酒精2桶；疫情期间，共有69名党员奋战在医疗救治、卡口执勤、复工复产、社区排查、宣传报道一线。市委也积极履行参政职能，撰写《关于疫情防控的建议》《关于避免疫情出现反复的建议》《企业复工复产中亟待解决的问题》等社情民意被津市政协采纳。宣传抗疫典型的《病毒无情、农工有爱》《致敬最美逆行者》《众志成城、抗击新冠》《抗击疫情、我在路上》等相关报道被“新湖南”“融媒体”等省、市、县媒体采用。在抗疫取得阶段性胜利后，农工党员们积极购买湖北滞销农产品共计8000余元。（杨建国）

【活动开展】7月，农工党津市市委组织党员到毛里湖镇慰问连续1个月参加防汛工作的干部群众，为他们送去关心关怀和慰问品。8月组织全体党员参加庆祝中国农工民主党成立90周年党史、党章知识竞赛活动，获常德市委组织奖。党员杨玲、胡芬芳分获二、三等奖。10月重阳节在主委全林平的带领下走访慰问退休老党员，送去节日祝福，并发放慰问物资。组织老党员到桃源县宋教仁故居、翦伯赞故居参观学习，召开座谈会。（杨建国）

【社会服务】农工党津市市委配合统战部开展同心乡村建设活动，先后在药山镇青苗村、和平村、毛里湖镇李家铺养老院、新州镇街道开展医疗义诊活动，服务群众500余人次，免费发放药物3000余元、宣传资料2000份；在“中国环境与健康宣传周”和“国际科学与和平周”活动日，组织党员与市卫健局、市疾控中心等单位在市桥头广场开展“健康津市”大型宣传活动，免费提供医疗咨询，发放健康保健资料；开展“农工健康行，爱心行动进乡村”活动，为李家铺病残儿童、老人送温暖；与农工党常德市委开展“农工健康行·急救知识宣讲进园区”活动，在津市工业开发园区为企业进行急救知识培训，提升企业员工自救能力，培训员工300余人；开展“不忘合作初心，助力健康津市”活动，在襄阳街街道社区卫生服务中心、毛里湖李家铺卫生院捐赠价值5万元药品；开展精准扶贫，助力脱贫攻坚，为5名扶贫对象解释扶贫政策，提供资金支持，共计2万余元，指导就业服务，提供就业岗位2个；响应农工党中央的号召，帮扶贵州省毕节大方县，购买农副产品总价值6000余元。（杨建国）

工　　会

【概况】津市市总工会内设办公室、基层工作部、权益保障部、财务资产部、劳动和经济工作部、经审委、女工委；设二级事业单位津市市法律维权办公室（困难职工帮扶中心）。至2020年，实有行政编制人数5名，事业编制人数5名，另聘用工会专干3人，聘用在职人员39名担任社会化工会工作者。围绕省总、常德市总目标任务为抓手，结合市委、市政府中心工作，继续夯实工会组建，维护职工合法权益，构建和谐劳动关系，打造工会阵地建设，围绕工业立市，产业兴城战略，较好地完成各项工作任务，工会工作呈现出良好的发展态势。

结合产业工人队伍建设大调研活动，向市委、市政府提出产业工人队伍建设方面的意见建议，调研成果纳入津市政协大会专题协商发言议题。配合纺织招商小组完成招商引资任务。发起“津市人爱津市、津市人游津市”活动，号召各级工会组织为脱贫攻坚战助力。完善审计监督制度。2020年完成30家基层工会审计工作，要求各基层工会进行整改，指导基层工会管好用好工会经费。市总工会2020年度被常德市总评为目标管理红旗单位、资产增值先进单位、职工维权先进单位。

【工会活动】以“工人先锋号”创建活动为载体，以“五型”班组建设为主要内容，全市企事业单位以引导班组实施精细化管理和标准化建设为目标，开展“重点项目建设单位、班组、五一劳动奖章（状）”等推荐评选活动。活动得到企业与广大职工的响应。开展岗位练兵、劳动和技能竞赛活动。2020年8—10月围绕“工业立市、产业兴城”主题，开展“奋进新时代，开启新征程”主题技能比武活动。市本级举办检验检测等4项产业工人技能大赛，开展以“小发明、小改造、小革新、小设计、小建议”内容的五小竞赛，激励职工学技术、比技能的劳动创造热情。在全市98个重点项目建设中开展“七比七看”为内容的劳动竞赛，助力全市项目建设。积极参加常德市职业技能比武活动，津市中联车桥吴家剑钳工连续2届蝉联常德市一等奖第一名。发挥企业的主观能动性，动员企业广泛开展群众性岗位练兵技能比赛、技术交流、五小创造等活动，激发广大职工学技术、钻技能的热情。开展“湘阅读·工力量”职工读书主题活动、“书香三八”读书活动，参与活动的人数达3000余人。各单位及协会组织职工健步

2020年表彰津市市级劳动模范和先进工作者

2020年困难职工解困脱困工作推进会召开

走、工间操、羽毛球、气排球、篮球、乒乓球比赛等丰富多彩的系列文体活动。发起“津市人爱津市、津市人游津市”活动，全市有近100家机关企事业单位5000多名职工参加，带动市城乡居民乡村游消费300多万元。151家单位工会发放电子消费券924.98万元，涉及职工8674人。

【职工维权帮扶】牵头开展“双联”帮扶。1150多名党员干部深入25个社区、98家企业，走访慰问困难职工615人，送去慰问金及物资折款30多万元。积极开展精准帮扶。通过自身筹、上级争、部门要，全年共为各级困难职工帮扶345人次77.44万元。32户中央级困难职工实现脱困。用情开展专项帮扶。为抗疫一线的64家企事业单位近4000名职工，发放“新冠肺炎特别慰问专项资金”59万元。常态化职工服务，配合劳动部门开展春送岗位活动，实施一户一产业工人培养工程，协助做好再就业培训、创业带动就业等工作。带动各基层工会开展夏送清凉、金秋助学活动，为一线工人送关爱、送温暖。市总工会为20多家企业职工送去近12万元的清凉物质，为22个困难职工家庭的大学新生送去助学金4.4万元。174家单位9930名职工参与医疗互助。为500多名职工解决医疗互助金近100万元。开展集体协商攻坚活动，续签劳动合同5000多份。开展“尊法守法·携手筑梦”活动，成立不同产业、行业20多人的法律志愿者小分队，下乡镇、进企业、入社区进行各类法治宣传10余次。开展“携手抗疫·温暖前行”女职工“维权行动月”活动，推动将女职工专项集体合同工作纳入工会集体合同。

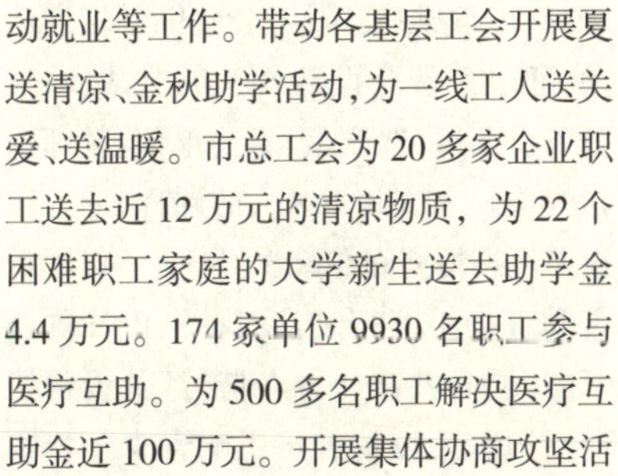

3月，津市市总工会慰问一线抗疫人员

推动农民工欠薪问题解决，农民工权益进一步实现。（任杰）

【劳模管理】高标准高质量做好劳模评选表彰工作，树导向促发展。严格按公开民主程序评选了12名津市市劳模和先进工作者，推荐李贤楔、杨美秀2名省劳模和先进者。“五一”前夕，市委、市政府召开了高规格的劳模表彰表彰大会。采取多渠道广泛宣讲劳模故事，传递了“突出工业立市、重视基层一线、崇尚创新创业”的舆论导向。开展“当好主人翁、建功新时代”主题建功立业活动，强素质促发展。开展以企业安全生产、职业病防治、道路交通运输业等为重点内容的安康杯竞赛活动，大力进行职工安全教育宣传。建立劳模发挥作用激励机制，创建4个市级劳模和工匠人才创新工作室、4个劳模乡村振兴示范基地。建立产业工人队伍建设激励机制，开展“百优员工”大型评选表彰，激发全市广大产业职工干事创新热情。建全产业工人培养成长机制。围绕产业发展实施人才引智工程，围绕企业需求开展技能教育培训、围绕队伍建设用心培养技能技术人才，进一步夯实全市产业工人队伍人才支撑。（任杰）

【基层工会建设】推进工会组建和会员发展。开展八大群体入会和百人以上企业建会专项行动。健全完善乡镇（街道）—村（社区）—企业“小三级”工会组织网络25家，实现28家百人以上企业建会动态清零，推动12家50人以下25人以上企业拓展建会。党工同建，深化党建带工建机制，把工建纳入“两新”组织党建目标范畴和考核体系。做实叫响“职工之家”品牌，分别选出1家国家级、2家省级和3家基层模范职工之家。规范机关事业单位工会组织建设，工会主席由单位班子成员兼任。在三洲驿街道在开展全省百佳乡镇（街道）、开发区（园区）工会示范点建设，获全省殊荣。培育镇（街道）—村（社区）—企业“小三级”工会建设典型2家。完善基层工会组织档案管理，健全会员档案，规范会员关系接转并完成实名制会员系统录入2.8万人。加强社会化工会工作者队伍建设，加大对基层经费投入和使用监管。健全以职代会为基本形式的企事业单位民主管理制度，加强职工代表培训，有序推进职工参与公司治理。（任杰）

【工人文化宫建设】项目基本情况：名称为津市市工人文化宫工程。主题为运动性主题：风格为主体建筑采用现代简约版风格。选址：洞庭大道东侧、封家台路北侧。规模：站地为33383平方米（50亩），主体建筑规划面积约1.5万平方米。功能：为多功能会议及演艺中心、市民健身中心、职工培训、文化展厅、图书阅览等以及地下配套附属设施设备。经济和社会效益：为职工群众和广大市民提供学习、演艺、培训、健身、文化、阅览、娱乐活动，展现澧水流域现代化中心城市风采。项目资金：为上级补助和政府投资，投资概算约8200万元。工人文化宫工作进展情况：2016年立项；2017年

8月20日，津市市总工会在朱务善红色纪念馆开展金秋助学活动

进行设计、招投标等事项；2018年5月因政策性因素政府债务风险管控及原红旗影剧院被鉴定为D级危房等原因项目暂停，2018年10月市委、市政府会议确定修改设计图纸，减少资金投入，扩大会议中心容积率，主体工程修改后的建筑面积为13212.14平方米，地上建筑面

积为 12254.04 平方米，地下建筑面积为 958.10 平方米，该工程原招标控制价为 6327.6 万元，中标价为 6232.6 万元。重新进行财政评审，审定的主体建筑工程价为 4704.5 万元，工期为 330 天；2019 年津市市委、市政府把工人文化宫的建设摆上议事日程，纳入全市“十三五”重点建设项目，市领导多次调度，工作有序推进。2019 年 11 月 13 日启动复工建设进行桩基础施工。2020 年 1 月 25 日完成 320 根桩基础建设。由于疫情的影响，中途有 3 个月没有进行施工，2020 年 5 月初全面启动主体建设工作，2021 年 1 月主体工程全面封顶。（任杰）

共青团

【概况】2020 年，共青团津市市委创造性地开展共青团工作，团结带领广大青少年与时俱进、奉献互助。团市委核定编制为 3 个行政编，班子配备一名专职书记，两名专职副书记，一名挂职副书记，一名兼职副书记。全市有基层团（工）委 19 个，团总支 6 个，团支部 292 个，团员 4104 名，其中新发展团员 300 名。全市 11 家“青年之家”，开展活动 107 场，2227 人参与。开展青少年关爱帮扶项目，对 57 名困难对象发放资助金 5 万余元。

【基层组织队伍建设】2020 年 4 月印发《关于规范全市共青团组织建设和明确共青团工作负责人的通知》（津团发〔2020〕2 号），进一步规范团组织书记选举换届程序。对全市镇街、学校团干部进行系统培训，举办全市团干部培训一期。深入挖掘在志愿服务、权益维护、疫情防控等事件中做出特殊贡献的集体和个人，“玉芳姐姐”工作室、襄阳街街道志愿者协会被评选为“常德市级五四青年奖章（集体）”，津市人民医院护士谢鑫被评选为“常德市级五四青年奖章（个人）”。加强“青年文明号”和“青年之家”争创指导，新洲镇新时代文明实践所、白衣镇青年之家分别获得“常德市级青年文明号”和“常德市示范性青年之家综合服务平台”荣誉。全市 38 名青年员工被授予津市市 2020 年度“青年岗位能手”荣誉称号。

【团员青年活动】抗疫期间，号召 155 名青年志愿者深入基层一线参与疫情防控志愿服务，联系上级团委、爱心人士等，捐赠一次性防护口罩 4000 个，消毒液 25 桶和价值 4000 元的其他生活物资。五四期间，开展“津市青年是好样的”的线上系列活动，在“津市 v 青年”微信公众平台展示“美食大赛　吃货攻略”5 期，展示 15 名青年的优秀厨艺。征集“随手拍”作品 30 余幅，展现津市青年良好的精神风貌。七夕之际，联合市高新区、市文明办和嘉山街道举办“团聚嘉园、缘来是你”七夕联谊主题活动，150 余名青年人才参与，现场投票选出 4 名心动男女，帮助青年扩大交友范围，拓宽沟通渠道。

七夕联谊活动

【加强团员青年思想引领】抓好青少年“青年大学习”线上教育，全年开展 34 期，覆盖青少年 2000 余人。组织 300 名入团积极分子开展线上团前教育，通过网上主题团课、知识测试，进一步提高学生德育素质。在一小开展“红领巾乐享新成就　好少年筑梦新时代”少先队入队仪式，增强少先队员的自豪感、使命感。团属新媒体平台“津市 v 青年”年度发布 252 条内容，积极传播正能量，阅读量达 35771 人次。组织参与“宪法宣传周”活动，辐射师生 500 余人，联合赠送宪法读本 400 余本，引导广大青少年学法尊法守法。

【维护团员青年发展权益】联合市人社局主办第四届“中国创翼”创新创业大赛决赛津市分赛，通过赛前培训指导、选手集中团建、现场评委提问、选手答辩进行综合打分，6 位选手获得大赛前三个等次共计 13 万元的项目创业基金，促进津市市本土新产品、新技术、新模式和新业态的萌芽和发展。开展“防溺水”、禁毒知识、“电老师”课堂和未成年人保护教育知识进校园行动，服务学生近千余人。携手中公教育开展青春战“疫”·一举成“公”线上公益助学培训活动，通过免费开设省公务员笔试、国家公务员面试、选调生、事业单位、教师资格等项目考试共 108 天的课程，助力津市考生疫情期间在家学习备考。以项目资助青少年，联合市民政局、市扶贫办开展“同舟共济　青春偕行”关爱帮扶受新冠肺炎疫情直接影响青少年特别行动，为 30 名困难群体资助 1.5 万元，捐赠口罩 2000 只。积极响应上级团委号召，以“一元捐”“芙蓉学子”“湘窑·我的大学梦”等希望工程项目资助学生 27 名，合计 4 万余元。

“六一”儿童节集体入队仪式

妇　联

【概况】2020年，津市妇女联合会围绕中心，服务大局，立足基层，服务妇女，圆满完成各项工作任务。全年全市共有9个镇（街道）妇联组织，76个村（社区）妇联组织，其中村妇联组织39个，社区妇联组织37个。市妇联完成女农民工培训188人，“两癌”免费筛查3110人，创建市级家长学校示范点2个，镇街家长学校示范点9个，开展女童保护进社区、进学校讲座17场，开展志愿服务100余次，举办基层妇联执委履职能力业务培训班1期，培训市妇联执委及各镇街、村社区优秀执委160人。（王方）

6月18日，常德市妇联到津市调研

【妇女事业发展】以“致敬最美巾帼奋斗者”为主题，对抗疫优秀女性个人和集体进行事迹展播。筹集资金，购买生活物资、防疫物资看望慰问一线医护人员家属、基层防疫工作者。举办女农民工技能培训，培训188人次。配合开展扶贫直播活动，线上销售价值10万余元津市特色农副产品。开展三八红旗手（集体）、巾帼建功标兵（集体）评选，表彰先进个人18人，先进集体10个。获常德市先进个人3人，先进集体2个。完成省级实事“两癌免费筛查”3110人。申报“两癌”救助对象17人，为7名对象申请“两癌”救助金7万元。（王方）

11月5—6日，津市妇联在市委党校举办基层妇联执委履职能力培训班

【家庭创建】成功推荐常德市、省级最美家庭8户。举办“小小画笔展家风”儿童绘画作品征集活动，征集疫情防控、绿色环保等六类家风主题作品52幅。出台《津市市家庭教育工作联席会议制度》，构建部门联动机制。创建市级家长学校示范点2个，镇街家长学校示范点9个。以“爱在家庭——守护花开”家庭教育项目为支撑，成立专兼家教指导队伍，招募家教志愿者讲师15名，编写培训课程，开展家教宣讲20余场。开办网上“家教云课堂”，录制家教短视频，利用网络新媒体传播科学家教知识。组建巾帼志愿者服务队10支，吸纳志愿者1500余人，定期开展各类志愿服务活动100余次。（王方）

8月7日，嘉山街道杉堰村家长学校“爱在家庭——守护花开”家庭教育公益讲座

【妇儿维权】全市各级婚调组织共受理案例440例，调和375例。在婚调委设立专业心理咨询室，完善心理咨询师参与婚调工作机制。定期开展家庭矛盾和留守儿童安全排查，上报问题线索17条，并全部化解。开展女童保护进社区、进学校讲座17场。接待处理妇女群众来电来访29人次。开展“知心姐姐”点亮童年微心愿活动，认领103名贫困儿童微心愿。开展“情暖家庭”走访慰问活动，发放慰问金31400元、助学金17900元。（王方）

【妇女组织建设】2020年，加强与“两新”组织妇联沟通与联系，鼓励她们结合实际开展关爱妇女儿童活动，拓展服务妇女儿童手臂。完善妇联干部、执委联系妇女群众制度，建立联系台账，定期开展调研走访，增强与妇女群众的黏合度。推荐优秀妇联干部、执委积极参与省、市妇干班培训，提升业务素质与能力。举办基层妇联执委履职能力业务培训班1期，培训市妇联执委及各镇街、村社区优秀执委160人。（王方）

科　协

【概况】2020年，津市市科协落实党建带群建责任，秉持“联络、协调、服务”职能，围绕“夯实基础、强化服务、打造特色、务求实效”，抓细抓实各项工作，团结社会各方力量，全方位主动作为，倾力将科协建设成“科技工作者之家”。2020年新建规模以上科技企业协会8家，基层科协组织实现城乡全覆盖。“科普中国”信息员注册人数超3000人，分享“科普中国”内容28万次。（宋昭）

【科普防疫】2020年为76个村(社区)发放抗疫宣传挂图3000余份,发布专题应急科普14期,以科学知识破除谣言、抵制流言传播。发挥心理协会作用,在全市城乡开展心理危机干预和援助服务,24名国家二级心理咨询师参加志愿服务。(宋昭)

【科普活动】2020年编印综合性科普内刊《兰津科苑》4期,其中第一期以"抗疫"为专题,汇集全市各企事业行政单位抗疫风采,在全市引起巨大反响。开展评选"科普示范基地""科普示范协会""科技示范户"和"农村科普带头人"活动,多个项目在常德科协获评并表彰。立足科普惠民,提高科普的针对性、实用性,精准聚焦群众生产生活密切关注的科技领域,大力开展"科普进社区""科普进乡村""科普进企业""科普进校园"等活动,让科普走进千家万户。利用"全国科普日""全国科技工作者日"开展大型科普知识展览活动2场,内容涵盖前沿科技、卫生防疫、食品医药、农业农村、公共安全、科学辟谣等六大板块,100多名科技志愿者现场服务市民,讲解和宣传政策,并向市民赠送各类科普书籍1500多册。举办第五届青少年科技创新大赛,共收到各类作品120余件,选送参加常德市十九届青少年创新大赛获初中组二等奖1个、科幻画一等奖1个、优秀科技辅导教师1名,并获得优秀组织单位奖。组织公众参加湖南省第四届科学素质网络大赛超1万人次,参与网络答题超15万人次。(宋昭)

【科普志愿者服务】2020年开展科技志愿服务活动,建立覆盖全领域的科技志愿服务体系,涵盖公职人员、基层干部、企事业单位科技工作者和农技专家等,全年"中国科技志愿"平台注册达超800人。全年共组织科技志愿服务活动10次,其中科普报告1次、科技培训1次、农技服务1次、医疗服务1次、青少年科技教育1次、其他5次,其中回应群众关注开展抗疫宣传和义诊服务3次,面向农村脱贫攻坚开展农技服务2次。参与活动的科技志愿者超过300人次,其中专家14人,接受服务群众达500人次。(宋昭)

工商联

【概况】2020年,市工商联在市委、市政府的正确领导下,在上级工商联和市委统战部的悉心指导及有关部门的大力支持下,以促进全市非公有制经济健康发展和非公有制经济人士健康成长为己任,紧紧围绕全市工作中心,在政治引领、服务企业、参政议政、招商引资、社会责任等方面发挥了积极的作用,为推动全市经济社会又好又快发展做出了应有的贡献。是年,荣获湖南省"五好"县级工商联称号,获评常德市工商联绩效考核优秀单位。至年底,共有镇(街)基层分会9家,编内机关工作人员6人。(万娇)

【政治引领】强化思想教育。组织基层分会迎春茶话会、理想信念主题教育活动,学习习近平总书记"7·20"企业家座谈会讲话和中共十九届四中、五中全会精神等重要内容;邀请非公有制经济人士前往汉寿县帅孟奇故居等红色教育基地参观学习,参加常德市宣传员培训班;印发《"厉行勤俭节约,反对铺张浪费"倡议书》及海报,帮助张贴到企业食堂醒目位置。

强化非公宣传。利用微信公众号,宣传习近平新时代中国特色社会主义思想、两会精神、上级优惠政策,为企业家搭建了解相关信息的平台,配合高新区开展新一期"新津市人"栏目的宣传工作,重点宣传民营企业管理层人士。主动收集优秀企业家事例,弘扬企业家勇担社会责任的精神。推荐津市市房地产协会获得常德市"四好"商会。(万娇)

【服务企业】2020年,市工商联继续助推地方经济发展。开展"万企大走访 同心促发展"调研活动,访问会员企业50余家次,联合有关部门解决帮助企业减免各类税费6834万元,44家企业完成融资8.52亿元,协助召开线上线下人才招聘会12场次,组织线上323人、线下835人对接,共有20余家企业与530余人签订用工协议。发放《复工复产政

4月9日,开展"万企大走访 同心促发展"活动

7月1日,开展"户帮户亲帮亲 互助脱贫奔小康"活动

策汇编》《促进民营经济健康发展重要精神及惠企政策》等资料1000余份。指导嘉山街道基层分会开展“粽叶飘香过端午、共建和美园企情”活动，园区16支队伍齐聚团湖社区广场开展包粽子比赛；组织企业家参与“服务‘六稳’‘六保’护航民企发展”检察院开放日活动，倾听民企声音，做好民营企业服务工作；协办“检企携手　共克时艰”、企业家座谈会、工资集体协商“三方四家”联席会暨“春季邀约行动”“创业创新大赛”津市分赛等活动。（万娇）

【参政议政】2020年，市工商联界别代表、委员们，围绕民本民生、地方发展建言献策，向常德市人大提交《关于进一步优化营商环境，支持民营企业发展壮大的建议》，向津市市人大、政协提交《关于推进我市产业高质量发展的建议》《关于加快我市电商产业发展的提案》等人大建议、政协提案11篇以上，有力地推动相关部门的工作开展。工商联会员罗鉴远、邓维平被评为优秀人大代表，肖峰、周尚玉被评为先进政协委员。（万娇）

【招商引资】2020年，市工商联与多部门联合引进湖南醇健制药科技有限公司甾体药物制剂项目，是津市首个生产药物制剂的项目。发挥“以商招商”优势，联合引进南北特食品“年产80万件蛋制品及年产30万件豆制品生产线技术扩建项目”，从项目初建、进行签约，到主体工程完工，每月进行跟踪服务。（万娇）

【社会服务】参与脱贫攻坚。2020年，市工商联充分发挥非公优势，开展了产业扶贫、就业扶贫、公益扶贫、消费扶贫和结对帮扶等活动，均取得了良好成效。倡议润农茶油、绿康食品、台龙食品等农业产业化企业，普遍采取“公司”+“合作社”+“基地农户”的模式，吸纳贫困户约2700人。湖南润农生态茶油有限公司董事长田海林创新油茶产业合作模式，被评为湖南省2020年“百名最美扶贫人物”。助力绿岛蓝湾生态农业发展有限公司、慧农柑橘加工厂等企业，为当地贫困户累计发放分红约35万元；协助相关部门开展重点面向贫困户的专场招聘会4场，润农茶油、鸿鹰生物、娄星纺织等50余家企业，对接周边村镇居民、贫困户3000人达成就业意向；开展“户帮户亲帮亲互助脱贫奔小康”活动，14家企业深入15个村，对55户贫困户进行帮扶，累计捐赠4万元左右的现金和生活物资；牵头组织“湘淮助学”“困境儿童帮扶”捐资助学活动，累计捐资8万余元；新合新公司成立“教育扶贫专项基金”（20万元/年），基层分会7个会员企业，向11户贫困户、7名困境儿童、5户低保家庭捐赠合计3500元的慰问金以及3800元物资。发出《关于主动参与消费扶贫、助力决胜脱贫攻坚的倡议书》，广大会员积极参与，累计购买贫困户家农产品3万余元。落实消费扶贫专柜安装事宜。市工商联作为毛里湖镇箭楼村精准扶贫工作的后盾单位，共结对贫困户2户，通过帮助贫困户入股葛果、柑橘、果蔬产业项目享受分红，落实一亩经济林项目等措施，帮助巩固脱贫成果。2020年，结对贫困户人均收入都超过2.5万元，已实现脱贫。每逢节日，帮扶干部还会为贫困户送去生活物资，一起打扫庭院卫生、择菜做饭，共迎佳节。

参与光彩事业。2020年，市工商联引导广大非公有制经济人士大力致富思源、情系社会、勇担责任。新冠肺炎疫情发生初期，131家企业、基层分会、行业商协会捐赠49.1万余元爱心款和价值122.5万元的防控物资。其中，由工商联代收代缴或直接捐赠至津市慈善总会共计29万元；在抗洪一线，涌现湖南省南北特食品有限公司、湖南嘉品嘉味科技有限公司等一大批企业和基层分会会员，为奋战在防汛一线的工作人员送去爱心物资。（万娇）

10月22日，携手市检察院开展“护航民企发展”检察开放日活动

文　联

【概况】2020年，津市文联机构改革后，核定编制4名，在岗4人，所属8个文艺协会，编印文学刊物《兰草》4期。津市文联以鼓励文艺精品创作，开展文学评选活动为工作重点，着力推动文艺精品创作生产，着力推动文联深化改革以增强组织向心力、吸引力和行业影响力，为工业立市、产业兴城发展战略提供强大精神动力，为建设澧水流域现代化中心城市做出积极贡献。（王珏）

【文艺活动】2020年，津市文联与市政法系统开展“书香政法”活动。5月12日，“文学照亮三湘”暨“书香政法　悦读人生”活动在市一中多媒体报告厅举行，邀请省作协主席王跃文讲授《文学的力量》，给广大文学爱好者传授分享文学创作经验和心得，活动取得很好的成效。

10月17日，津市文联开展“津市作家看津市”走进大关山村活动，中作协会员、《桃花源》杂志社主编谈雅丽，鼎城作家协会主席钟声，常德作家刘治

美，郝平，单文，朱志刚，陈学珍等嘉宾到津市采风创作交流。

2020年5月29日，津市文联组织召开市作协年会暨胡定军《父亲的土屋》文学作品鉴赏会，对“我的津市故事”庆祝新中国成立70周年征文作品获奖作者进行表彰奖励，对2019年全市文学作品突出奖和2019年全市文学作品成果奖获奖者进行通报表彰。

（王珏）

5月12日，“文学照亮三湘”活动

10月17日，津市作家看津市——走进关山活动

【文艺创作】2020年1月27日，湖南省文联发出开展抗疫主题文艺创作活动的通知后，津市文联组织好主题文艺创作活动，全市文艺工作者累计创作上千件文艺作品，主要包括书法、美术、摄影类等，为疫情防控发挥强信心、暖人心、聚民心的重要作用。共征集到书法、摄影、美术、诗歌散文等文艺抗疫作品500余件。韩绍德的行书作品获省委宣传部、省文联文艺抗疫赛事优秀奖。傅宇华、张业堂、覃事春等人的美术作品在常德市级新媒体展出，被“学习强国”湖南平台采用。

在2020年常德艺术节美术书法摄影作品展评选中，津市摄影家协会周献坤的作品《争分夺秒抓复产》获得摄影专业组一等奖、罗澧洋的作品《龙吸水奇观》获得非专业组一等奖，津市美术家协会刘国庆、关良明共同创作的壁画《德山有德》获美术专业组二等奖，张业堂的油画《老灶屋》、张辉平草书《醉翁亭记》、潘贵生篆书李大钊诗词《口占一绝》分别获美术、书法专业组三等奖，邓建波的作品《祖国在我心中》获摄影非专业组三等奖。

2020年，津市文联编辑出版4期《兰草》。《兰草》已经成为津市人的一张文化名片。津市基层创作实力强劲，文学队伍渐入佳境。津市文联在推动文学创作、提高文学审美、厚植文学素养、培养本土作家、涵养津市文脉等方面持续发挥作用。《兰草》由省作协王跃文主席题写刊名，得到社会各界的充分肯定和高度赞扬。建好用好“津市文联”微信公众号，大大提升政府网站“原创作品”栏目的质量和水平。

9月30日，常德艺术节美术书法摄影作品展开幕仪式

津市邓俊峰加入中国美协会员、刘君加入中国摄协会员，发展省级以上会员20多名、常德市级会员50多名。龚峰的《一九七五年的松毛虫》、余晓英的《被吃掉的脚印》、邓俊峰的《记忆系列》三篇文艺作品获第六届常德原创文艺奖。陈希的《毛里湖事》在《湖南文学》2020年第3期发表。（王珏）

【协会管理】津市文联按照市委关于深化文联改革要求，实施文艺家协会归并调整，抓好文艺家协会换届和规范会员管理、财务管理、档案资料管理等基础性工作，制定《津市市文联关于各文艺家协会换届改选工作方案》，组织开展市美协、音协、摄协等协会的换届改选工作。按照换届程序，津市文联党组在充分调研、个别谈话的基础上，经过集中酝酿、组织提名、选举投票等环节，把能干事、会干事、想干事的人选出来，打造一支敢于创新、富有激情、可以信赖的队伍。通过换届改选，优化队伍建设、展现作为、树立形象，着力营造各文艺家协会精诚团结、风清气正、务实进取的工作氛围，全力推动协会工作高质量发展。津市文联的协会管理工作经验得到常德市文联的肯定并在全市宣传推介。（王珏）

残　　联

【概况】2020年，全市持证残疾人共7073人，其中一、二级重度残疾人3526人。市残联把改善残疾人民生，促进残

6月18日，市残联开展残疾人职业技能培训

疾人事业全面发展作为工作的出发点和落脚点，着力解决残疾人最关心、最直接、最现实的问题，全力推动残疾人精准扶贫、脱贫和同步小康，推动残疾人工作再上新台阶。市残联扎实推进残疾人精准康复服务、群宣就业、扶贫解困、政务下沉、残疾人康复中心建设等工作，出台并完善一系列惠残政策，残疾人保障制度不断完善。（李勇）

【残疾人康复工作】2020年9月，市残联和市财政局联合出台《津市市残疾儿童康复经费结算办法》（津残发〔2020〕4号），明确救助对象、救助内容、救助标准、经费保障，确实保障残疾儿童康复救助资金。全年共有23名津市籍残疾儿童分别在常德市康复医院、博爱康复中心、常德市妇幼保健院、澧县妇幼保健院、常德市特校等机构进行康复训练，超额完成全年省为民办实事项目目标任务，投入救助资金16.57万元。争取中央投资800万元的残疾人康复中心项目开工建设；依托市康复医院为369名贫困精神残疾人提供免费服药服务，提供住院救助服务300人次，救助资金达38.77万元；免费发放轮椅、助行器、助听器、坐厕椅、拐杖等辅助器具共计530件；开展贫困残疾人"义肢助残"活动，免费为31名残疾人装配假肢、为6名残疾儿童适配矫形鞋，共计投入14.35万元；联合市中医院免费筛查1000余群众，为344名符合条件的患者进行免费白内障复明手术，共投入资金7.92万余元；输送7名残疾人到市康复医院进行成人康复，补助资金1.4万元；残疾人家庭医生签约服务3300人。全年康复服务率达87.03%，辅具适配率达93.82%，其中建档立卡贫困户的康复服务率达100%。超额完成省、常德市为民办实事项目任务。（李勇）

【残疾人教育就业】2020年，配合教育局为96名适龄残疾儿童义务教育入学就读，学龄残疾儿童的入学率巩固在92%。为71名残疾人高中、大学生及贫困残疾人家庭高中、大学生子女发放助学资金17.58万元。开展各用人单位按比例安排残疾人就业年审年检工作，对达不到安置就业比例的用人单位，依法征收残保金合计200.5万元，由税务局直接征收，并超额完成年初上级下达的任务，为津市助残扶残提供资金保障。投入10.9万元对34名残疾人开展创业扶持，帮助其自主创业增收。对50名残疾人进行实用技术培训，选送3名残疾人到常德市进行电子商务、手工编制、创业培训和盲人按摩培训学习，为30名残疾人进行食品加工技能培训，安排24名残疾人在津市市药山镇金虎蔬菜农民专业合作社工作；推荐6名残疾人去浙江杭州科祥磁性有限公司就业。9月初，选送1名残疾运动员苗子周涛去石门县象棋协会训练；选送两幅津市特教学生的书画作品上报常德残联参评；10月，组织9名残疾人参与"五个一"文化活动，带领他们游览绿岛蓝湾、参观津市港口、观看电影、书刊等。（李勇）

【残疾人维权、组联工作】投入30.1万元为贫困残疾人家庭进行无障碍家庭环境改造55户，为406名残疾人打卡发放机动轮椅车燃油补助资金10.56万元。全年共接待残疾人来信来访18人次，无越级上访现象发生。通过及时解决问题、政策公开透明、专人接访维稳、宣传法律法规等措施，确保全市残疾人群体的稳定，助推全市平安创建工作顺利开展。同时，市残联主动担当作为，联合鉴定医院评残医生对全市建档立卡贫困户和疑似残疾人对象开展上门评残工作。分批次在全市各村居开展集中评残工作，为2750名精神、智力、肢体残疾人提供集中免费评残服务，解决了残疾人评残难、评残贵的疑难问题。针对精神、智障残疾人或疑似精神、智障残疾人，主动邀请常德市康复医院、市康复医院制定具体措施，开展上门集中评残；针对长期瘫痪在床、行动不便重度或疑似重度残疾人，联合津市人民医院鉴定医生提供上门评残服务，有效解决这部分特殊人群评残难的问题；对个别需要到鉴定医院评残的对象由镇村工作人员、帮扶人员或驻村扶贫队员护送到鉴定医院进行评残。2020年，市残联换发第三代残疾人证6397本，新证换发超过90%。（李勇）

【残疾人扶贫工作】加强与民政、住建、教育、医保、养保等部门进行数据比对，对重度残疾人医保和养保代缴等情

5月17日，"助残日"免费发放辅助器具

1月12日，新建成投入使用的康复医院

况进行全面查漏补缺。根据湘人社发〔2017〕97号文件，对全市3349名重度残疾人全部纳入城乡居民基本医疗保险代缴范围,参保率达100%;对符合条件的1864人重度残疾人由政府全额代缴最低档次的养老保险。结合津市精准扶贫、精准康复工作要求,在做好新洲镇青山峪村精准扶贫工作的同时,与市残联扶贫村点村进行对接,落实本单位党员结对帮扶贫困残疾人的扶贫措施,对残疾人康复、教育、就业、社会保障、无障碍设施建设等方面开展帮残扶残活动,为9户贫困残疾人送上帮扶资金4500元。（李勇）

1月22日,春节残联慰问贫困残疾人

军事

人武部

【概况】2020年，津市武装工作聚焦强军备战，深化改革创新，依法规范抓建，各项工作有序推进，人武部全面建设水平稳步提高，市国防动员和后备力量建设展现新局面。人武部被常德军分区表彰为“正规化建设先进单位”“安全管理工作先进单位”，1人被军分区表彰为先进个人，1人被省军区表彰为优秀学员。（刘皓）

【国防后备力量建设】2020年，高质量完成国防动员潜力调查，组织召开兵役登记工作部署会，将任务细化到各镇街、市国动委有关成员单位，完成13类潜力数据摸底调查及系统录入工作，组织11次专武干部例会及业务培训，到15个科局和企业进行潜力摸排和编兵任务对接，依托“国防动员潜力信息系统”，3月、4月集中开展全市国防动员潜力数据调查，突出完成对辖区退伍军人、地方与军事专业对口人员、单个预编人员、普通民兵队伍和应急装备器材等潜力的采集更新，修订完善战争军事行动和非战争军事行动两大类国防动员行动计划。高起点抓好民兵整组工作，部党委针对潜力调查不全、力量编组不实、新质力量占比偏小、专业对口率偏低等问题专题研究。3月，要求对各镇街整组工作进行督导检查，5月，联合市政府督查室专项检查小组，逐个对9个镇（街）民兵整组工作和基干民兵集中点验进行检查验收，列出问题清单，下发检查通报，限时整改，完成年度编兵整组工作。高水平打造应急处突队伍，1月，按照上级要求，组织三级战备演练拉动，达到预期的演练效果；11月，结合省军区、军分区民兵调整改革联合检查验收，先后两次接受省军区、军分区组织点验拉动考核，进一步检验分队应急处突能力，重点加强基础科目、专业技能科目的训练。（刘皓）

【正规化建设】2020年，按照军委国防动员部正规“四个秩序”要求，市人武部统筹军地资源，采取自建与地方“交钥匙”相结合，建章立制与硬件配套相统一的方法，推进正规化建设。主要是人武部办公楼装修改造、作战室和值班室等视音频系统设置、营院监控系统组网、购置工作场所办公家具等。重点对办公楼制度标识牌进行统一规范，制作安装办公楼楼顶发光字等宣传标语橱窗，完成军事职业教育室规范设置，修订完善人武部正规化建设规章制度。同步抓好镇街武装部“星级达标建设”，协调政府专题研究，明确建设经费，推进各镇街武装阵地改造施工及软件配套建设，其中药山镇武装部荣获省军区星级达标建设“五星”级。

【兵员征集】2020年，按照“两征两退”的改革要求，组织召开全市兵役登记工作部署会，将征兵工作分解到各阶段工作中，开展兵役登记工作。通过层层督导、分工落实、广泛发动，到3月底全市适龄青年兵役登记率达到100%。二季度，结合三所高（职）中应届毕业生回校填报志愿时机，组织开展“征兵宣传进校园”活动，开设征兵咨询站，进行政策解读，发动应届毕业生参军报名。三季度，协调市委、政府办、宣传部、教育局等部门，召开碰头会，制定2020年征兵宣传工作计划，召开“两征两退”征兵工作部署会，组织签订廉洁征兵责任书，实行征兵体检封闭式管理，体检政考结果“一日一报”制度，从严抓实征兵检录流程，做到全流程公示透明，完成新兵征集任务，实现“零退兵、零违纪、零投诉”目标。其中，大学生征集比例达80%，大学毕业生征集比例达40%。8月，常德军分区司令员李兴刚到津市征兵体检站进行考察指导。（刘皓）

【军事训练】2020年，按照“急时应急、战时应战、平时服务”要求，修订完善战备行动方案，坚持实战先实训原则，市人武部机关训练按照基础训练、业务训练和课题训练分类组织，区分军事、政工、保障专业开展要素研究作业，现役文职年度军事训练考核100%达标。全年完成12期基干民兵训练任务，选送1名新任职专武部部长参加省军区任职资格培训、7名专武干部参加军分区集中轮训，1人被省军区表彰为优秀学员，1人被军分区评为先进个人。突出实案、实战检验,5月,人武部机关带防汛民兵骨干实兵实装赴桃源参加“沅水—2020”跨区机动防汛支援演练。面对突如其来的疫情、汛情,津市民兵投身战疫、抗洪、清淤和复工复产,经受实战锤炼。2月,常德军分区副司令员徐赞军到荣迪实业有限公司帮扶企业复工复产。3月,市人武部政委姜超帮助二等功臣解决创业贷款难问题,开展疫情捐款活动。5月,省军区许副政委带工作组到市人武部检查调研。6月,市人武部民兵队伍参加“澧水—2020”防汛演习。7月,市人武部组织全市民兵积极参加防汛抗洪,昼夜坚守涔水大堤。11月,省军区工作组到市人武部进行民兵整组交叉检查。（刘皓）

【国防教育】2020年,市人武部党委专题研究制定年度主题教育计划,建立上级领学与个人自学、专题辅导与交流辨析相结合的学习制度,利用民兵整组、战备训练、兵员征集等时间节点抓好教育,倡导和践行“读原著、学原著、悟原理”,组织开展讨论辨析活动。组建市、镇(街道)、村三级微宣讲平台,购买、编印和下发各类学习资料,制作悬挂横幅、展板、墙报、学习宣讲资料,送到全市优秀复转军人、专武干部和民兵家中。落实常德市国防教育“七个纳入”规定,按照“爱国与爱军相一致、室内与室外相结合、软件与硬件相配套”的建设思路完成津市七小“小而精、有特色”国防教育示范学校建设。市人武部部长张明到市委党校青干班进行两次国防教育宣讲,将收回的临街门面打造成“国防教育长廊”。“全民国防教育日”当天,组织宣讲小分队赴学校、村社区开展“五进”活动,向广大群众分发国防教育宣传手册,在桥头法治广场设置巡展墙,系统介绍当前国防建设取得的伟大成就。9月,市人武部部长张明到第七小学进行教师节走访慰问。（刘皓）

【参建参治】2020年,市人武部积极参建参治,持续开展“爱津市、建津市”、为“工业立市、产业兴城”做贡献活动,共投入17万元帮扶联点村脱贫,其中作为后盾单位的3户贫困户稳定脱贫。组织镇街党工委书记述职,开展党管武装绩效考评,各镇街、各部门“管武装、谋动员”意识进一步增强。

【安全管理】2020年,市人武部突出抓好新颁布的《军队安全管理条例》、军委国防动员部部队管理6个规范性文件的贯彻落实,突出安全文化建设,不断提高安全管理质效。着重抓好重点时期、重点部位、重点人员的教育管理,严格落实战备值班制度和执勤力量,管好涉密载体、武器弹药、智能手机、车辆、营院安全,引导大家形成人人抓安全、事事讲安全的浓厚氛围。围绕人、车、枪、弹、密、营院、涉军维稳和舆情应对进行重点分析,先后开展自查自纠12次,制定完善人武部保密、安全工作方案,对社团组织、枪弹管理、军车动用审批、涉密移动载体登统计等安全隐患进行专项清理排查,做到不留死角、不走过场,突出整治重点,确保单位安全稳定。（刘皓）

武警津市中队

【概况】中国人民武装警察部队常德支队执勤二大队津市中队(以下简称中队),主要负责津市市看守所外围武装警戒以及担负处置突发事件、抢险救援等临时性勤务。先后被湖南总队评为基层建设先进单位、军事训练先进单位、正规化执勤一级中队。

中队官兵紧紧扭住“听党指挥、能打胜仗、作风优良”的强军目标,紧随改革强军步伐,把党的先进理论积极投身于多样化军事任务实践,牢记使命、苦练本领、忠于职守、勤奋工作,圆满完成各项任务。

【政治教育】2020年,中队紧跟时代前沿、紧贴形势任务、紧扣思想脉搏开展思想政治教育,全年扎实开展“传承红色基因,担当强军重任”、争创“四铁先进单位,争当四有优秀个人”、“习近平新时代中国特色社会主义思想百堂微课”、“习近平强军思想百堂微课”等主题教育活动。坚持把学习贯彻中共十九大精神和习近平强军思想作为首要任务,进一步强化政治自觉,有力推动了党的创新理论在基层扎根。

【军事训练】2020年,武警中队大力开展实战化训练,狠抓备战打仗。一是稳步提升训练水平。以学习贯彻落实新大纲为突破口,主官主抓,骨干分工,广泛开展群众性比武练兵活动,牢固树立“训练有为、训练有位”鲜明导向。二是深入贯彻执行《新军事训练与考核大纲》和《武警部队军事训练“八落实”标准》,坚持按纲施训、科学组训,正规训练秩序,有效提高训练水平。

【执勤战备】聚焦执勤战备工作,紧盯中心任务,狠抓常态执勤,加强实战化训练,提高履职执勤能力,以打赢三场维稳战役为牵引,教育官兵牢固树立“危险就在身边,战斗随时打响”意识,修订完善战备方案,落实战备制度,协调地方政府和目标单位,完成“智慧磐石”建设工程,整改执勤隐患,圆满完成全年战备执勤工作。2020年7月12日,中队成功处置看守所厨房空调外机自燃事件;7月9日,中队圆满完成涔澹农场抗洪抢险救援任务;7月15日,中队圆满完成津市监狱罪犯转监任务;8月22日,中队成功处置一起醉酒女子攀爬监墙事件。

【严格管理】2020年,中队以贯彻习近平主席依法治军从严治军指示要求为根本,持续开展以“贯彻落实新条令、塑造军队好样子”为主题的“条令年”活动,利用抓部队作风、抓礼节礼貌、抓生活秩序、抓军容风纪等手段,稳步提升正规化、精细化管理水平,打牢建队基础。狠抓经常性基础性工作的落实质量,对大到库室设置、小到穿衣戴帽、细到物品摆放都进行具体规定、量化标准、细化要求,提升中队内涵式发展水平。

【后勤保障】2020年,中队始终以官兵是否满意为工作的出发点和落脚点,围绕服务大局、服务中心开展工作,不断提升后勤保障综合效益,狠抓后勤制度,搞好后勤经费物资管理,落实账目及财务公开,树牢“小而精”的理念。同时结合中队人员饮食习惯，精心调剂，每周定期收集伙食意见，不断改善伙食，更新口味，做到粗菜细做、细菜精做，力争官兵满意。严格静态枪弹管控，落实每日检查、每周擦拭保养、每月专题分析等制度，结合“装备安全大检查”活动，盘点装备器材，查找安全隐患，逐条逐项抓好问题整改，确保枪弹和装备器材不失管、不失控。

7月9日，中队完成涔澹农场抗洪抢险救援任务

【拥政爱民】2020年，中队继承和发扬部队的光荣传统，开展警民共建活动，做好拥政爱民工作。积极投身地方“三个文明”建设，开展“把驻地当故乡，视人民为父母”的拥政爱民活动，为驻地群众排忧解难、支援建设、抗洪抢险。多次配合市公安局做好演练工作。利用节假日参加“送温暖、献爱心”、义务献血、植树造林、看望慰问孤寡老人、为驻地打扫公共卫生等活动，加强与群众的血肉联系。通过扎实有效的拥政爱民工作，促进军政军民关系和谐，得到地方政府和人民群众主动到中队慰问，使官兵们深深感受到津市市乡亲父老的深情厚谊，筑牢战士们扎根部队建设、安心服役的思想，激发为第二故乡奉献青春的热血信心。 （邵光帅）

政法委及综治

【概况】2020年，津市市全年刑事案件、交通事故死亡人数、矛盾纠纷、信访总量均保持下降趋势，未发生一起恶性刑事治安案件，未发生一例群体性事件。荣获全省综治工作先进县市区、全省信访“三无”县市区等荣誉，民调位居常德第一、全省前列，连续17年保持全省“平安县市区”称号。9项政法业务工作7项排名常德第一。“无上访村（社区）”建设被评为常德市优秀区县市。

（杜君）

【疫情防控】2020年，面对新冠肺炎疫情，政法系统严守防控一线。大年初一市防控指挥部成立，政法系统迅速响应，全员进入抗“疫”状态，在全市部署8个路口检测点、10个路面劝导点，24小时值班值守，按照“依法科学”指导思想，创造性地实施过境车辆“一卡通”模式，设置诱导信息牌和交通信号控制系统有效管控内围，启动稽查布控系统对疫情中高风险地车辆追踪查询，做到逢车、逢人必检，检测期间累计检测到津人员10万余人次、车辆8万余台次，劝返重点疫区来津市车辆2502台、5981人，排查入境鄂牌和外来车辆2173台次，协助处置发热人员60余人，有效阻断疫情输入性传播。组织动员网格员、平安志愿者1468人参与疫情防控、秩序维护和治安巡防工作，全市疫情期间大局稳定。

精准排查研判。抽调专门力量，加入疫情防控指挥部摸排组，全面摸排涉疫涉稳问题；通过大数据整合“常德市智慧平安平台”“雪亮工程”“天网工程”及交警视频等平台数据，精准研判、分类施策，建立一人一档，及时将信息推送属地镇街和责任部门。

强化社会面管控。紧盯涉疫涉稳风险重点领域、重点场所、重点部门，做好看守所、拘留所疫情防控工作，第一时间成立领导小组，制定疫情防控工作方案，重点从封闭、检测、消毒、保障等方面抓监所管理，两所值班干警及在押人员无确诊、无疑似病例。依法查办涉疫案件、打击涉疫犯罪，抓获涉嫌销售贩卖假冒和不合格口罩嫌疑人3人，收缴假冒伪劣口罩41万余个，查扣涉案资金58万余元；抓获盗窃手机专营店的犯罪嫌疑人3人，抓获作案10余起砸车窗盗财物的2名犯罪嫌疑人。（向阳）

【信访稳定工作】2020年，建立健全维稳联席会议，完善信访联席会议13个工作组分管市级领导指挥调度机制，完善稳定风险评估、维稳考评机制，落实重点人员管控。明确领导包案，对全市19件涉稳涉访突出问题（解决类）和9件涉稳涉访突出问题（稳控类）向分管市级领导和责任单位进行“一对一”交办，压实领导包案化解责任。镇街摸排矛盾纠纷441件，化解矛盾纠纷373件。

抓好“特护期”安保维稳。完善全市重点人员档案。落实重点对象“五包一”的管控措施，特护期落实每日见面工作，维稳联席办、信访联席办不定期抽查包保稳控情况，调度处理各类涉稳事件202起。

信访“积案清零”。制定《津市市信访“积案清零”行动工作方案》，要求相关镇街、市直单位限期办理办结积案。全市各级调解组织共摸排化解矛盾纠纷3606件，其中村（社区）摸排化解1025件，司法所摸排化解591件，六大行业性、专业性调解组织摸排化解1990件。“秋季攻坚”专项行动交办31件，办结息访20件。5年以上的信访积案共化解10件，化解积案难案50余件，其中签订息访协议的50余件。领导主动接访，坚持市级领导干部每月1天、镇街领导干部每周1天值班接访，主动约访、下访群众，有效畅通信访诉讼渠道。市委书记傅勇在市信访局主动约访原泓宇纸业职工代表，倾听群众心声，解开群众心结。市人民政府副市长对分管工作相关信访问题集中会商、主动接访、积极化解，重点人员莫某俊信访问题、新洲镇孟姜女社区渔民问题等均得到有效化解。

加强稳定风险评估。2020年，对“津

市市津港新城棚户区新洲中学以东地块项目”“津市市渣土特许经营权改革事项”“津市超安 100MW‘渔光一体’光伏发电项目”“津市市果园垸综合治理项目”等 18 个重点项目开展社会稳定风险评估工作，对正在开展或即将开展的重大决策项目，坚决落实稳定风险评估工作。坚持问题导向，严格对照评估风险应对措施表和风险应对建议，及时规避各类社会稳定风险。　(沈浩然)

【扫黑除恶】2020 年，贯彻落实中央、省委和常德市委的决策部署，严格按照“一十百千万”和“六清”的具体要求，持续深化“打财断血”和“摧网毁伞”。打掉涉黑组织 1 个，涉恶犯罪集团 2 个，涉恶犯罪团伙 5 个，在侦涉黑专案 1 件，完成一审判决专案 6 件，破获涉黑涉恶案件 112 件，刑拘涉恶犯罪嫌疑人 169 人，逮捕 126 人，移送起诉 155 人，判决 74 人，涉案违法犯罪人员投案自首 32 人，收缴涉黑涉恶枪支 4 支，查扣涉黑涉恶资产 5512 万元。

2020 年，市委、市政府先后 6 次召开市委常委会、政府常务会议，专题研究部署当前扫黑除恶专项斗争重点工作，持续推动扫黑除恶专项斗争工作纵深开展。制定《2020 年全市扫黑除恶工作要点》。市委常委、政法委书记李景峰每月对扫黑除恶工作进行专题调度部署，累计专题调度 31 次；召开全市扫黑除恶工作调度会、中共津市市委政法委员会全体（扩大）会议，安排部署迎中央、省扫黑办特派督导任务。

突出重点整治，巩固工作成果。加快“线索清仓”，共收到上级交（转、督）办线索 62 条（中央督办 8 条、省督办 18 条、常德市交办 46 条），其中央督、省督、常德交办线索均已全部办结。加快“逃犯清零”。在全国扫黑除恶百日追逃行动会议召开后，迅速成立扫黑除恶百日追逃领导小组，对所有涉黑涉恶案件犯罪嫌疑人进行认真梳理，确定 4 名涉黑涉恶逃犯，调集精干警力，全面撒网追捕，提前完成“逃犯清零”目标任务。加快“案件清结”，推进涉黑涉恶案件办理，侦破首起涉黑社会性组织案件。完成一审判决涉恶专案 6 件，“7·18”专案被评为 2020 年度湖南省公安机关扫黑除恶专项斗争精品案件。加快“伞网清除”，在涉黑涉恶案件办理中，纪检监察机关查处公职人员和党员 20 人，其中立案查处“三类问题”13 人，具体为保护伞 7 人，涉黑涉恶腐败 5 人，推动扫黑除恶专项斗争工作不力 1 人。加快“黑财清底”，坚持打财断血和案件侦办同步进行，坚持抓捕涉案人员与清查涉案财产同步进行，共查扣、冻结涉案资产资产 5512 万元。加快“行业清源”，推动“6+1”专项行动，加大对“三贷三霸”违法犯罪活动的整治力度，重点组织整治地下“六合彩”和聚众赌博违法犯罪、涉众金融领域、涉校突出问题，开展娱乐场所“毒黄赌”问题专项整治，解决发生在群众身边的治安问题。开展“十大行业专项整治”行动，由市长牵头抓总，分管副市长联系调度，行业主管部门具体推进，启动十大行业专项整治，行业乱象得到进一步规范，行业监管得到有效加强。

强化整章建制，推动长效常治。强化协调联动，市扫黑办分别与全市 13 家行业部门单位联合印发重点行业领域专项整治工作方案，开展专项工作督导检查，确保专项斗争工作抓出实质成效。在不同办案阶段先后对 14 家行业部门单位发出“三书一函”28 份，其中司法建议书 4 份、检察建议书 10 份、监察建议书 3 份、公安提示函 11 份，共排查出各类问题隐患、监管盲区、监管漏洞 37 个，集中反映在治安管理、案件办理、线索摸排、行业监管、宣传发动、建章立制 6 个方面，所提示的问题均已进行整改回复。构建完善机制，结合“十大”重点行业领域专项整治行动，对“三书一函”反映问题较为集中的地区或行业领域开展专项整治，通过个性问题整改，坚持边治边建，及时建立行业监管制度。例如，在文化旅游、金融放贷、工程建设等行业领域中，行业主管部门分别研究制定出台黑名单、实名制管理机制，进一步健全市场准入、规范行业管理，堵塞工作漏洞。夯实基层基础，对全市 5 个镇（街道）、10 个村（社区）开展基层社会治理现代化试点，提升基层社会治理能力；对全市 617 名村（居）“两委”班子成员和党员开展涉黑涉恶专项排查行动，净化干部队伍，配齐配强基层“两委”班子；对发生了涉黑涉恶案件的地区实行挂牌整治验收，持续整顿软弱涣散基层党组织 4 个，严防黑恶势力渗透进入基层组织，夯实基层组织战斗堡垒。　(向阳)

【服务社会经济发展】持续优化营商环境。14 件破产案件中有 11 件破产资产处置完毕，通过招商引资，湖南雪丽造纸有限公司等 11 家破产企业重获新生，投入生产经营。强化对涉企案件执行，启动 2020 年津市市政法系统服务企业暨涉企案件集中执行活动，为中联重科融资租赁（中国）有限公司、湖南娄星纺织有限公司等 5 家企业集中兑现执行款 6000 余万元。

助企复工复产。指导企业有序复工，提出企业主导主责，下游配套、物资储备、物流通道、员工来源“四个精准”研判。制订《津市帮扶企业七条》，在常德市率先选派驻企联络员，组建专业服务组，推行“免费体检、相对隔离”等有效举措，带领职能部门践行“你复工、我服务”承诺，为企业解决防护物资、交通物流等实际问题，实现疫情防控与复工复产“两手抓、两不误”，企业复工复产率排常德前列。

打击涉野生动物违法犯罪。严厉打击破坏野生动物资源违法犯罪活动，从严从快审理涉野生动物违法犯罪案件 3 件 3 人，有效震慑破坏野生动物资源犯罪行为。召开新闻发布会专题通报近两年依法打击破坏野生动物资源犯罪的相关情况，发布 6 个典型案例，提升辖区人民群众对野生动物及生态环境的保护意识，推动野生动物保护源头治理。　(周上)

【平安津市建设】搭建平安建设组织体系。成立由市委常委、政法委书记李景峰任组长，公、检、法“三长”任副组长，42 家单位分管负责人为成员的津市市平安建设领导小组，建立平安建设工作的协调调度机制。全市镇街道、市直及垂直管理各单位明确平安建设分管负责人及联络员,城区的专职网格员、座席员50人,农村兼职网格员51人,驻村社辅警作为网格联络员纳入网格力量。针对“平安指数”发布情况和平安建设考核要求,定期召开会商会,每月相关责任单位报送考核数据,分析研判存在的主要问题,提出解决办法,及时汇总考核工作开展情况,推动工作开展。

夯实平安建设工作基础。规范网格化服务管理,搭建各级平安网格微信群431个,入群居民达85271人,做到“一户一人入群”,实现矛盾纠纷、民生诉求收集在网格、解决在网格;全面更新智慧平安平台基础数据信息,智慧平安平台共录入实有人口203960人,实有房屋66063处,实有单位1570个,矛盾纠纷排查1582条,基层信息化水平得到全面提升。开展巡防队管线、派出所控片、警务室守点、镇街、村社义务巡防队作为有效补充,开展治安巡逻,降低街面“两抢一盗”等多发性侵财案件发案率,“城市快警”每天在主要路口及人员集中区域开展“警灯闪烁”专项治安防控行动。2020年,全市可防性案件明显减少,特别是抓好精神障碍患者的摸排收治工作,做到不漏管、不失控,收治人数较2019年同比上升60%。推进基层平安创建,持续开展“平安镇(街道)、平安村(社区)、平安小区、平安家庭、平安校园、平安医院、平安市场、平安企业”等“八大平安创建”活动,丰富平安创建内涵,强化平安创建措施,细化平安创建责任,明确创建目标、创建主题及创建标准。

提升信息化建设水平,监控探头在线率均达90%以上,市城区以每个社区15个的标准,新建“雪亮街巷”监控探头345个。与市行政审批服务局联合下发《关于开展雪亮工程联网接入工作的通知》,推动部门单位院落监控探头联网接入常德市综治中心,全面提升平安建设信息化水平,教育、卫健系统1014余个监控探头全部联网接入常德市综治中心。推进社会治理现代化试点,探索津市社会治理现代化新模式,各镇街结合实际,形成一批基层社会治理现代化新体系。推进专项整治行动,开展农村突出治安问题专项整治行动,拘留12人;结合众创平安活动禁种铲毒主题,组织各镇街、村社平安志愿者开展毒品原植物排查,共铲除65株,提升群众识毒防毒意识;结合平安网格微信群管理,组织各镇街开展微信群群主法治教育培训会9场,培训300余人,提升广大微信群主网络安全意识,切实履行群组管理责任。(向阳)

【司法体制改革】推进政法领域改革。政法委试点建设跨部门大数据办案平台,构建“一个中心、两张网络、三大平台”,实现横向互联互通、业务流转和数据共享,2020年在办案平台流转案件270余次。市法院开展诉源治理及“两个一站式”(一站式多元解纷机制和一站式诉讼服务中心)试点工作,聘任特邀调解员2名,明确人民调解指导员16名,成立专门的速裁团队。检察院开展认罪认罚从宽制度、“一站式”取证工作、“少捕慎诉”工作、“案件比”指标等四项试点工作。探索创新调解模式,津市“和”家事工作室自运行以来,各职能部门始终秉承“多方协作、一室受理、家事和解”理念,倾听群众心声,化解群众矛盾,努力保障未成年人、妇女和老年人合法权益。2019年11月至2020年10月共调解489对,调和171对,有效创新家事纠纷的解决模式,树立家事审判调解工作的津市品牌。执法办案比武强基提能,开展津市市政法系统2020年执法办案比武活动,以政法各单位常用的重点法律条文、业务工作以及程序性要求为重点,最终评选出10名优胜者授予“津市市十佳办案能手”称号。通过树立标杆,以考促学,激发全市干警形成学业务、会办案、重质量的良好执法风貌。

【推进依法治市工作】全面迎接“七五”普法工作验收。印发《津市市“七五”(2016—2020)普法终期验收工作方案》,制定“七五”普法工作台账,同时将工作按月、按周、按日分配到人,撰写五年来的“七五”普法工作总结和以《桃红柳绿山青秀 法治春风润津城》为主题的“七五”普法宣传片脚本。召开市委全面依法治市委员会第二次会议,传达学习上级会议精神、听取2019年全面依法治市工作总结及2020年工作安排情况汇报、审议并原则通过了工作方案。创新普法宣传形式,开展防疫、“送法下乡”、“四大家”会前学法、全民国家安全教育日、农村法治宣传教育月、信访条例、“法治夜话”进乡村、进社区活动27场次。(朱曦琴)

【队伍建设】贯彻执行《中国共产党政法工作条例》(以下简称《条例》)。要求各镇党委、街道党工委,政法单位党委(党组)把认真学习贯彻《条例》作为理论学习的重要内容,组织开展多种形式的宣传解读,营造学习贯彻《条例》的浓厚氛围,通过以上率下、组织集中、结合实际,多层次、多形式、全覆盖的学习活动,深刻领会《条例》颁布实施的重大意义。根据《条例》要求,经9月29日第20次市委常委会研究决定,9个镇街政法委员全部配备到位,并于10月起发放每月1200元的政法津贴。11月19日,召开市委政法委员会2020年第一次全体(扩大)会议。各责任单位严格按照下发的《中共常德市委〈关于贯彻落实中国共产党政法工作条例〉切实做好新时代政法工作的实施意见》的具体要求,对政法重点工作安排抓细化、抓落实,确保政法工作规范运行。

严格内部管理。严格执行各项纪律制度,坚持日打卡周通报;严格落实党风廉政建设“两个责任”和谈心谈话制度,层层传导压力;通过观看警示教育片、学习党纪党规、开展巡察讲座,教育干部严守纪律规矩,不越底线。强化督查队伍,2020年特聘12名政法形象监督员。由常德及本市人大代表、政协委员、省优秀志愿者、基层干部、群众代表等组成,3月,政法形象监督员现场参观智慧交通指挥中心、检察院青年人才公寓、汪家桥派出所、金鱼岭司法所、嘉山街道综治中心等地,4月邀请纪委常委、监委委员开展了纪律作风暗访督查工作业务培训,提升政法形象监督员监督检查能力。坚持明察暗访，印发《纪律作风"每月一督查"工作方案》，由市委常委、政法委书记李景峰总督导，每季由班子成员牵头，每月由各办公室负责人牵头，对各政法单位及其工作人员履职尽责、为民服务、公正执法、纪律作风等方面进行暗访督查，对当前政法重点工作落实进行督促。督查情况在全系统进行通报，要求涉及单位督促整改、连带问责，切实解决政法队伍作风建设不扎实、压力传导不到位的问题。

注重政法队伍文化滋养。举办"书香政法·悦读人生"系列活动，开展了书目推荐、心得分享、十佳读书心得和书香家庭评选，还邀请省作协主席王跃文开展了名家大讲堂。进一步提升政法干部文学素养，激发了年轻干部的读书和创作热情。举办政法系统青年干部读书班，与组织部、宣传部联合举办政法系统青年干部读书班，通过入班考试，最终录取了22名30岁以下政法干部，每月单周周五在党校集中学习，时间为一年，提高政法青年干部业务素质能力。持续开展月学习制度，坚持每月学习，通过邀请专家、领导宣讲，办室负责人领学，个人自学等方式开展学习活动。打造"政法课堂""法官夜校""囊萤学堂""津警夜校""干部讲法""青年民警说"等具有政法特色的学习品牌。

树立政法队伍先进典型。在多级不同媒体同时开设"津市政法风采"专栏，对各政法单位在维护稳定、打击犯罪、服务群众等方面评先出的5项特色亮点工作和10名先进个人，在《常德日报》等纸媒、津市电视台及本市和本委官方微信进行立体式集中宣传推介。 （杜君）

公 安

【概况】2020年，市公安局突出打好疫情防控阻击战、防汛攻坚战、扫黑除恶专项斗争与"派出所建设三年行动"收官战，有力捍卫政治安全，维护社会安定，保障人民安宁。该局保持对违法犯罪的高压凌厉攻势，坚持以高质量破大要案、快速破民生小案、全力追赃挽损为打击破案目标，以抓好源头管控、部门联勤值守、发动群防群治为降低发案举措，实现对违法犯罪分子最有力的震慑。2020年，该局民调、警调成绩始终保持位居全省前茅、常德市第一，警务评议工作排名全省第十、常德市第一，

湖南省抗击新冠肺炎疫情先进集体

湖南省先进基层党组织

连续16年保持命案全破，为津市连续17年被评为全省平安县市奠定了坚实基础。2020年，该局党委被湖南省委、省政府授予"湖南省抗击新冠肺炎疫情先进集体"、被湖南省委授予"湖南省先进基层党组织"光荣称号；被津市市委、市政府评为"津市市委、市政府绩效评估先进单位"，被常德市公安局评为"全市公安机关绩效评估先进单位"；获评全省公安机关执法规范化示范单位、执法质量优秀单位、全省扫黑除恶专项斗争先进集体，全市公安机关"法治公安建设"先进单位、打击治理电信网络新型违法犯罪工作成绩突出单位、侦破命案工作成绩突出单位等。 （陈涛）

【打击违法犯罪】2020年，全市共接处有效警情2603起（同比下降23.7%），办理行政案件480起（同比下降5.4%），立刑事案件551起，同比增长12.9%（其中扫黑除恶专项斗争补立案112起），破案290起（同比上升44.3%），破案率为52.6%，现行破案率为78.96%（同比上升26.36%），刑事拘留212人，提请逮捕168人，审查起诉358人，判决152人，强制戒毒47人，行政拘留272人；命案、重大道路交通事故和火灾事故实现"零发生"。在打击电诈等新型违法犯罪中提升主动进攻与手段运用意识，彰显津市公安的网上作战与合成作战能力，连续打掉2个电信诈骗团伙，实现全链条打击，其中"3·6"专案捣毁了一个盘踞在广东、福建的"杀猪盘"类电信网络诈骗窝点，"4·16"专案更是公安部督办的重大目标案件；经侦大队破获的"3·

市委书记傅勇（左五）调研公安工作

3”专案是全省首起打掉“第四方支付”跑分平台的案件,在全省打击跨境赌博违法犯罪推进会上作典型经验介绍,彰显津市公安在打击新型网络犯罪上引领时尚的担当;在打击毒品违法犯罪中体现津市公安揭露隐性犯罪、治本清源的凌厉攻势,捣毁3个吸贩毒窝点,工作绩效位居常德前列。 (陈涛)

【扫黑除恶专项斗争】该局始终保持对扫黑除恶工作全警动员、全警参与、全心谋划、全心投入、全力保障、全力支持,建立局党委联点督导各派出所扫黑除恶专项斗争工作制度,全力以赴打好扫黑除恶专项斗争收官战。2018—2020年,全市共打掉涉黑犯罪组织1个,涉恶犯罪集团2个,涉恶犯罪团伙5个,完成终审判决涉黑涉恶专案7个,破获涉黑涉恶案件120件,判决100人,收缴涉黑涉恶资产6597万元,立案查处涉黑涉恶“保护伞”8人,处理涉黑涉恶腐败2人,党纪政务处理9人。其中,“7·18”专案鲁某某等人涉黑组织是津市建市以来打掉的第1个涉黑犯罪组织,该案共逮捕25人,起诉31人,判决31人,首犯鲁某某获刑25年,剥夺政治权利5年,没收个人全部财产;收缴枪支4支,扣押汽车及设备19台,查封房产30套,查封、扣押、冻结1588万元。该案被省公安厅评为“全省公安机关扫黑除恶专项斗争精品案件”。

(陈涛)

【社会治安管理】2020年,该局持续推进扫黑除恶专项斗争、打击整治“黄赌毒”、打击治理跨境赌博、打击长江流域非法捕捞等一系列专项行动,震慑违法犯罪。组建维稳工作专班,坚持“日研判、周会商、月通报”,实现涉稳案事件和苗头隐患100%研判预警,平稳度过全年26个重要警务节点,完成“两节”“两会”及疫情期间清明祭扫等一系列安保任务。2020年,该局斥资200余万元采购反恐突击车,让津市公安维稳处突的实力更强。全面推进农村、城区社会治安突出问题专项整治,重点时间节点、警务节点在城区主干道及主要卡口设置卡点开展清查行动。对全市275家重点场所、重点行业建立电子台账和纸质台账,常态化开展安全检查。整治重点项目、重点工程、重点企业周边环境,以实在举措服务企业发展。 (陈涛)

2020年,“坚持政治建警全面从严治警”教育整顿动员部署会

【基层基础建设】2020年,该局不断加强对基础建设、手段应用方面的保障倾斜,围绕实战需求与公安工作现代化目标,加快推进“天网工程”四期与“雪亮工程”二期建设,打好“派出所建设三年行动计划”的收官之战,高规格建成“津警教育训练基地”,高标准新建的汪家桥派出所、毛里湖派出所、药山派出所均已正式投入使用,白衣派出所正在建设中,新建业务技术用房现已进入试运行阶段。不断拓展社区警务工作模式,正在探索建设无人化、自助化、全天候的示范性智能社区警务室,拓展建设网上警务室;全面完成治安卡口建设任务,数据上传率为100%,8类重点场所安防合格率达80%以上,治安保卫重点单位安防设施达标率85%以上,学校、医院门口、外围人口密集区等高空高分辨率视频监控达100%,爆破作业单位分级预警率达到100%;组织开展重点人员、重点场所(部位、行业)、重点物品大排查,建立电子台账和纸质台账,全部完成重点人员一人一档管控任务;全面完成治安卡口建设任务,数据上传率100%,重点部位高空高分辨率视频监控达100%,重点行业、危爆企业分级预警率达到100%;新建人脸识别卡口131个,安装“WiFi审计系统”终端设备228台,建成350兆数字集群基站3个,配备手持终端机和车载台115部,建立城市视频信息共享机制,累计投入资金2200余万元新建“智慧教育”校园高清探头611个,新设置“智慧交通”智能抓拍监控47处,全市共建成高清视频监控点1400余个、电子卡口14套,基本实现主要道路、重要场所、重点部位全覆盖。 (陈涛)

【公安政务服务】2020年,全市户籍在册230017人,其中男性116875人、女性113142人,城镇人口126387人,乡村人口103630人,城市化率为54.95%;共办理居民身份证7454张,各类出国出境证件9364本,其中护照4175本、往来港澳通行证4719本、往来台湾通行证470本,居住证89张,边境证36张,金融机构营业场所、金库安全防范设施建设方案审批及工程验收4次,公章刻制业特种行业许可证核发1次,印章刻制备案证明57次,互联网上网服务营业场所经营单位新设立办理1次,网络安全合格证更换2次,上门办证52个。该局坚持深化公安政务服务改革,匠心打造“六个一”工程,即“一律进驻、一目了然、一窗受理、一章审批、

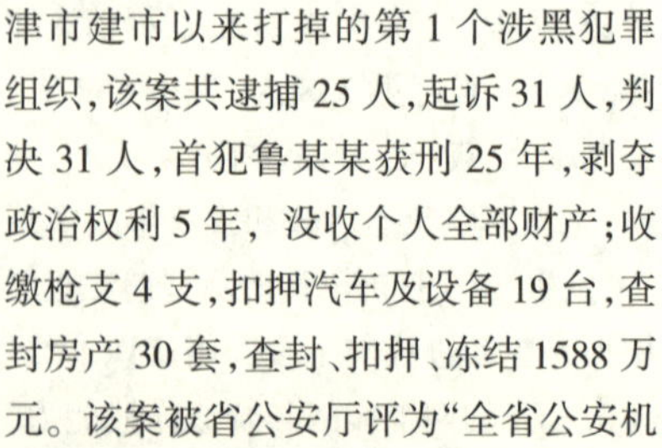

2020年年初,全市公安工作会议

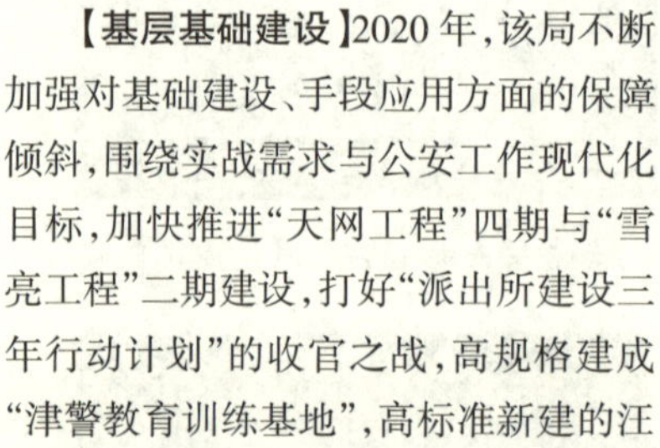

2020年11月,津警教育训练基地揭牌仪式

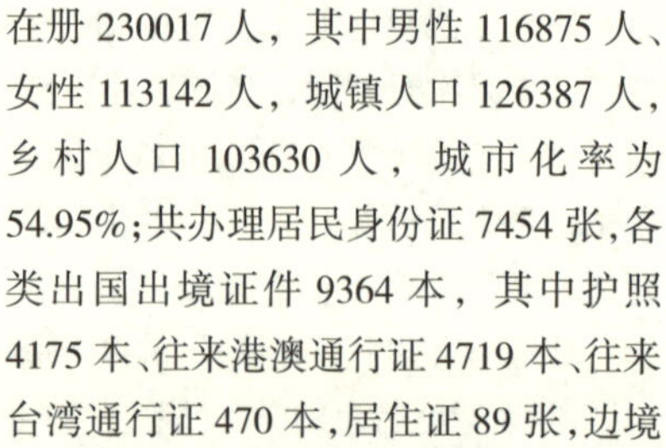

2020年公安局新业务技术用房

一站办结、一脸办证”，让群众切切实实“只跑一扇窗、办齐所有事”。同时，全新上线智慧“一脸通办”人像识别系统，群众在办理居民身份证补领、换领业务时，窗口依托人像比对、指纹比对系统，实现“无证明、无证件、无复印”方式办理。2020年6月，常德市公安机关政务服务管理暨“放管服”工作经验交流现场会在津市召开，市公安局政务服务大厅被常德市公安局评为“一类五星级政务服务窗口”，并作为窗口样板要求其他区县前来学习。　　（陈涛）

【执法规范化建设】2020年，该局按照执法场所最高标准，在新建汪家桥派出所全面建成投入使用全新的执法办案区域，确保规范公正文明执法要求落到实处；完善执法运行机制，以执法监管中心为平台，以“三统一”（统一审核、统一出口、统一入口）为内容，以“阳光警务系统”为监督，实现案件办理全流程网上进行、全过程网上可溯、全过程网上监督，执法质量和执法公信力不断提升，实现无罪判决案件、行政复议赔偿案件“零发生”；提升民警执法素养，邀请专业人士定期到“津警夜校”进行法律知识授课，组织各单位法制员、侦查员进行集中学习培训；提升执法效果，处理好打击与保护关系，对涉企案件，在不妨碍侦查的前提下，慎用查封、扣押、冻结措施，坚持办案与维稳并重、抓人与追赃同步，全年共为企业挽回经济损失近2000万元；加强监所管理，全力推进“铁桶工程”和“智慧磐石工程”建设，落实安全隐患排查整治常态化机制，实现被监管人员非正常死亡、行政监管场所安全事故、重大涉监舆情“三个零发生”。　　（陈涛）

【队伍建设】始终坚持党对公安工作的绝对领导、全面领导，坚持拔高站位，站在大局中谋划工作，坚持顺向思维，以“抓思想、带队伍、促工作”推动工作，坚持求是理念，“以警为本”来保障工作，在实践中创造独有的、契合基层公安实际的工作理念，“制度是最强的保障”的管理观让津警队伍日益规范，“用心工作就是在创新”的创新观最大程度激发出团队活力，“适合岗位的就是人才”的人才观让价值取向和用人导向得到回归，“规范是最好的形象”成为团队每一个人的共识。坚持“在奔跑中思考、思考中奔跑”，以“跳出津市看津市、跳出公安看公安”为指导实施“走出去、请进来”战略，创办“津警夜校”“新警训练营”“津警青年说”“青年民警公寓”等一系列亮点品牌工程。

坚持政治建警统领，推进政治建警系列工程，开展“坚持政治建警，全面从严治警”教育整顿活动，贯彻落实党委意识形态工作责任制，加强对意识形态工作的指导和引导，开展“大学习大宣讲大培训”活动；坚持“从严治警就是最大的从优待警”，构建纪委、督察、信访、人民群众合力监督大格局，督促民警规范执法、净化“三圈”；聚焦“四不”（政治站位不高、班子不团结、执法不公、工作不落脚）问题，扎实开展队伍作风建设集中教育整训活动，全年共发督查察通报24期，查找问题52个，整改问题52项；推行人才兴警战略，实现队伍能力素质大飞跃，将能办案、会破案视为一线民警能力水平的衡量标准，“津警夜校”全年共开课48期，参训人员1700余人次；落实暖警惠警举措，将“以警为本”理念落到实处，在政治上关怀民警，坚持在工作中发现人才、培育人才、关心人才、支持人才，营造出津市公安尊才、重才、惜才的良好氛围，在生活上关爱民警，通过争取党委、政府支持，在新建汪家桥派出所配套建设民警休息用房，在工作上关心民警，开展为期3个月的“全警大练兵”，以实战引领实练，以实训服务实战。　　（陈涛）

11月，津市公安局首届篮球赛

10月，津警线上读书分享会

公安交通管理

【概况】2020年，津市市公安局交通警察大队紧紧围绕市委、市政府交办的中心任务，履职尽责、大胆作为，全年共接处警2746起，受理交通事故2366起，查处各类交通违法行为64160起，办理车驾管业务15115人次；完成市委经济工作会、两会、上级领导到津市考察等各类交通警保卫30余次；承办市人大代表建议、政协委员提案 11 件,办复率、见面率、满意率均 100%,在人大、政协的现场票决中,办复成绩全市第一;联系帮扶毛里湖镇同乐堡村 11 户家庭脱贫,未发生死亡 3 人以上的较大道路交通事故,未发生因交管工作引发的群体性事件、行政诉讼、国家赔偿案件,未发生涉警舆论炒作事件。实现全市交通事故死亡人数同比下降 10.5%,道路畅通率与群众满意度双项提升,创造连续 20 年未发生较大以上道路交通事故的佳绩,为津市连续 17 年被评为全省平安县市奠定坚实基础。大队获评"湖南省文明标兵单位",女警护学岗获评"湖南省巾帼文明岗",津市市"绩效评估优秀单位""平安建设工作优秀单位""维护稳定工作先进单位""校车管理工作先进单位";交通问题顽瘴痼疾整治工作在常德排名第一,农村道路交通风险防控工作经验更是先后在省政府、省公安厅、常德市公安局组织召开的电视电话会上作典型经验发言。

(刘一力)

【政治建警】2020 年,大队贯彻落实"政治建警、改革强警、科技兴警、从严治警"新时代公安工作方针。坚持对标对表,开展"坚持政治建警,全面从严治警"教育整顿、"双清"("清廉交警示范中队""清廉交警示范窗口")创建活动,每月开展 1 次党组中心组扩大学习,高效推进支部"五化"(支部设置标准化、组织生活正常化、管理服务精细化、工作制度体系化、阵地建设规范化)建设;坚持强基强能,重建毛里湖中队营房,强化战斗堡垒,每半月开展 1 期交警网校,参与省公安厅、省交警总队、市公安局实战大练兵,提升队伍素质;坚持抓早抓小,以"四个铁一般"为标准,严格落实内外监督相结合,执法办案全程监管,日常管理经常督查,追责问责不留情面,全年辞退违反制度规定辅警 1 人。同时,在从优待警上不遗余力,2020 年大队辅警绩效再提 50%,并为辅警统一缴存住房公积金,最大限度凝聚警心。(刘一力)

【疫情防控】2020 年,面对年初突如其来的新冠疫情,启动一级勤务,全员上岗上路,牵头在全市组建 8 个路口检测点、10 个路面劝导点,24 小时轮班坚守岗位,劝回劝返相关车辆 2000 余台,协助处置发热人员 60 余人,守住疫情防控第一线。津市成为常德市唯一没有本土病例、确诊病例最少的区县。复工复产期间,大队主动作为,科学布警,开辟"专用通道""绿色通道",实现防疫保畅两不误。(刘一力)

2 月 17 日,战"疫"一线成立临时党支部

【交通问题顽瘴痼疾整治】2020 年,大队将交通问题顽瘴痼疾整治作为工作重点来强力推进,主动克服警力不足等客观不利因素,以"两个集中"对 7 大类 14 项顽瘴痼疾进行规模最大、力度最强、覆盖面最广的全面整治。集中整治重点问题,针对摩托车手续不全、农用车违法载人、酒驾等农村地区较为突出的违法行为,加班加点的逐村整治,将工作做细做实,全年累计开展集中整治行动 1137 次,查处各类交通违法行为 6 万多起,其中酒驾、醉驾 364 起,无证 550 起,超载、超员 580 起政拘留 45 起,刑案立案 30 起,其中危险驾驶 16 起,交通肇事 14 起,移送起诉 13 起,实现全市涉摩交通事故同比下降 35%;集中排查重点隐患,针对赶场赶集、传统节日等重点时段,城乡干道等重点路段,客运站、农贸市场等重点场所,加强规范管理力度,联合开展校车整治、拖拉机、马路市场等专项整治 137 次。此项工作排名常德第一,并获得常德市真抓实干奖励;市长黄旭峰在全省电视电话会上作典型发言,全市人民普遍对当前的道路交通环境表示高度满意。

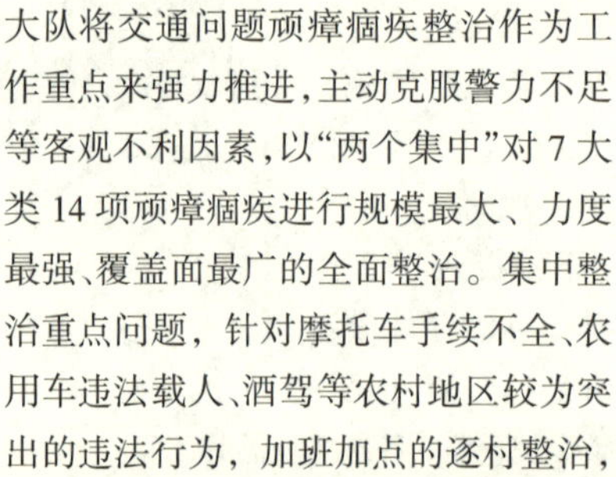

6 月 27 日,全警"大练兵"

(刘一力)

【交通事故"减量控大"】2020 年,大队以新时代县域警务工作为契机,持续开展公路治超、大气污染防治攻坚战。隐患查改到位,围绕道路交通安全风险防控重点,持续消除辖区道路隐患,每月分级分段实地摸排,实行销号管理,全年共完成隐患整改 246 处,整改完成率达 100%;重点管控到位,持续加强"两客一危一校"等重点车辆的管控,发现问题在市政府网站进行公示,督促及时开展交通违法清零;交通安全宣传到位,持续开展"七进"(进农村、进社区、进企业、进校园、进机关、进网络、进媒体)宣传教育活动与摩托车"戴帽工程",在全市共设置固定宣传牌 20 多处,悬挂宣传横幅、挂图 500 多条,发放宣传册 3 万多份,发布警示提示信息 10 多万条次,优秀工作经验先后被中央 2 套、中央 12 套、中央 13 套、《法制日报》、湖南卫视、湖南经视、《湖南日报》等各级主流媒体广泛报道。(刘一力)

5 月 17 日,"两站两员"深化交通安全宣传

【智能交通】2020 年,深化推进智能交通建设,在城区交通流量最大的路口——澧水大桥桥北处,常德市率先引进"5G"智能交通信号灯,即时根据路口车流量自动调节灯控系统,最大限度提高路口通行率。同时,实现"天网"工程、

雪亮工程、智慧城市“三网合一”，提升智能交通管理水平，实现警务效能最大化，确保全市全年未发生一起大面积、长时间的交通堵塞。（刘一力）

【交管改革】2020 年，对接落实上级“最多跑一次”要求，根据“放管服”改革要求优化车管所岗位结构，编制车管业务办事流程图，做到“受理、审核、发证”一次性办结，第一时间推出机动车检验标志“电子化”；车管所专门设置互联网窗口，安排专人指导操作，做到“一次办”“就近办”“网上办”。2020 年，大队共办理车驾管业务 15115 人次，未收到一起群众有效投诉；高满意度执行为民服务举措，推广实行服务下沉，进村入户电动车办理牌证，出台便民利民五项措施，创新实行轻微违法行为首违免罚，深入走访联系企业，持续开展送头盔、送法规、送清凉、送关怀、送温暖“五送”活动，极大地提升群众对公安交管工作的满意度。（刘一力）

7 月 27 日，交警免费为电动车办理牌证

【规范执法】狠抓从严规范公正文明执法，落实内、外监督双结合，每月定期召开执法质量讲评会，针对工作中发现的重点问题，重点分析，细化操作程序，将“执法记录仪”使用情况纳入大队法制工作考核，确保对执法过程的全程监督。同时，邀请市人大代表、政协委员、企业家、驾驶人代表、新闻媒体等协助加强对执勤执法的社会监督；提升执法服务水平。将违法处罚窗口搬迁至大队一楼，加强窗口工作人员培训，提高执法服务整体水平；推动执法质量、素养双增强，开展执法突出问题专项整治行动，对执法质量严格把关，全年无群众有效投诉，未发生因交管工作引发的行政诉讼和国家赔偿案件，未发生涉警的媒体舆论炒作事件。（刘一力）

检　察

【概况】2020 年，津市检察院在编在岗干警 35 人，其中员额检察官 10 人、司法辅助人员 15 人、司法行政人员 10 人。另有书记员 7 人。全年受理审查逮捕案件 128 件 170 人，受理审查起诉案件 191 件 322 人，各项工作稳中有进。被湖南省人民检察院评为“全省检察机关扫黑除恶专项斗争先进基层人民检察院”，3 名干警被评为扫黑除恶先进个人；业务考评位列常德市第一，被常德市人民检察院评为检察业务考评先进单位；被津市市委评为党风廉政建设先进单位、平安建设工作优秀单位；“玉芳姐姐工作室”入选全国文明实践志愿服务项目，被写入湖南省检察工作报告，荣获“常德青年五四奖章”，在接受最高人民检察院调研时获得高度肯定。（胡晓丽）

【扫黑除恶】2020 年，津市检察院严格落实中央政法委扫黑除恶“六清”工作要求，注重做好案件清结、伞网清除、黑财清底、行业清源工作。批准逮捕黑恶势力犯罪嫌疑人 7 人，提起公诉 47 人。办案过程中注重深挖黑恶势力“保护伞”，发现并移送“保护伞”线索 48 条，追加认定 2 名国家公职人员为黑恶势力“保护伞”。向法院发出及时执行涉黑涉恶财产检察建议 1 份，向行业主管部门发出源头预防、堵塞漏洞、强化监管检察建议 11 份。备受社会广泛关注的鲁某某等 37 人组织、领导、参加黑社会性质组织犯罪一案，该院组织精干力量成立专案组，在案情复杂、办案时间有限的双重压力下，提前介入 12 次，指导侦查机关取证，补充证据 14 卷，精准有力指控犯罪。该案提起公诉后，鲁某某被判处有期徒刑二十五年，并处没收个人全部财产，其他被告人分别被判处有期徒刑二十年至一年两个月不等刑罚。（胡晓丽）

2020 年“检企携手，共克时艰”启动仪式现场

【刑事检察】2020 年，津市检察院落实“捕诉一体”机制，同一案件审查逮捕、审查起诉由同一办案组或办案人员办理，强化对刑事案件的全程监督。批准逮捕各类刑事犯罪 105 件 133 人、不捕 23 件 37 人，依法提起公诉 161 件 272 人、不诉 30 件 50 人，监督立案 3 件、纠正漏捕 2 人、追诉漏犯 6 人、追诉漏罪 12 条、提出抗诉 2 件。针对在刑事诉讼过程中非法取证、适用法律不当、程序违法等问题，向侦查机关、审判机关发出纠正违法通知书 20 份。（胡晓丽）

2020 年“同舟共济、检护明天”检察开放日活动

【公益诉讼】2020 年，津市检察院履行检察公益诉讼职能，聚焦群众关心关注问题，当好公共利益“守护人”，共办理公益诉讼案件 68 件。聚焦生态环境保护，守护绿水青山。办理生态环境和资源保护领域行政公益诉讼案件 36 件、刑事附带民事公益诉讼案件 11 件，发出检察建议 36 份，全部收到整改回复。开展毛里湖生态环境专项检察监督，针对滥伐林木、破坏基本农田、大面积开垦土地导致水土流失和污染饮用水水源等问题，而相关行政机关没有完全履行法定职责，以行政公益诉讼立案

14件,发出诉前检察建议14份、社会治理类检察建议3份。相关行政机关已责令违法行为人补种滥伐株数5倍树木、恢复基本农田、采取水土保持措施。紧盯国有财产保护,防止国有财产流失。开展公共租赁住房清理整顿专项检察监督活动,以行政公益诉讼立案19件,发出检察建议19份,全部收到整改回复,共追缴租金5万余元,腾退公共租赁住房2套。常德市人大调研该院公益诉讼工作时予以肯定。 (胡晓丽)

2020年,检察官在三眼桥农贸市场进行食品安全专项检察监督

【刑事执行监督】2020年,津市检察院在全省创新开展剥夺政治权利执行检察活动,发现并纠正漏管2人、脱管2人,发出纠正违法通知书4份,检察建议1份。开展审前未羁押判处实刑未执行专项检察活动,发出纠正违法通知书6份,杜绝"纸面服刑"。加强社区矫正检察工作,开展社区矫正交付接收、监管教育、收监执行等各执法环节检察监督,发出纠正违法通知书11份。加强监管场所监督,监督纠正监管场所违法违规行为4起,发出纠正违法通知书6份、检察建议4份。严格监督看守所落实防疫制度、防疫措施,维护监管场所疫情期间安全稳定。 (胡晓丽)

【民事行政检察监督】2020年,津市检察院受理审判活动违法监督案件5件,发出检察建议5份;受理执行监督案件4件,发出检察建议4份;发送社会治理类检察建议11份。全部收到整改回复。办结支持起诉案件2件。办结生效裁判监督案件2件。开展打击虚假诉讼专项检察监督,在1起交通肇事案中,发现原告龚某某存在伪造证据嫌疑,经实地走访、调查取证,确定龚某某在交通事故发生后,为骗取赔偿金,伪造父亲仍在世证据,该院依法向法院发出再审检察建议,法院采纳该院建议,裁定再审后,核减赔偿金1.2万元。

(胡晓丽)

2020年,津市检察院在法治文化广场向过往群众发放宣传资料

【未成年人检察工作】2020年,津市检察院把好未成年人检察工作"主方向",传递检察温度。办案过程专业化。将"玉芳姐姐工作室"作为未成年人检察工作阵地,秉持"教育、感化、挽救"司法理念,在办案中传递司法温度。挂牌成立常德市首家未成年人"一站式"取证中心,在办理涉未成年人性侵案件中,一次性完成侦查取证及心理疏导,最大限度减少对未成年被害人的二次伤害。夯实"未检"团队基础,新建心理咨询室、亲职教育室、法治宣传室等功能性场所,并吸纳社会志愿者、配备心理咨询师,为进一步擦亮"玉芳姐姐工作室"这块全省领先、全国有名的未成年人检察工作室品牌夯实硬件、人员基础。对未成年犯罪嫌疑人、未成年被害人采取相应帮扶教育,帮助涉案未成年人重新回归社会。对未成年犯罪嫌疑人,科学把握其社会危险性、帮教可行性,依法适用附条件不起诉,以定期回访形式进行监督考察,并帮助联系就业技能培训,该院考察帮扶的2名未成年人,1人就业,1人考上大学,促进涉罪未成年人的良性回归。加强未成年被害人关爱救助,在办理被告人张某某强制猥亵案件时,张某某采用暴力手段对未成年被害人实施猥亵,严重危害被害人身心健康,该院为被害人进行心理疏导,帮助其走出心理阴影,顺利回归正常生活。构建学校、家庭、社区"三位一体"法治宣传模式,让法治陪伴未成年人成长全过程。坚持法治副校长制度,常态化开展送法进校园活动,每年受教学生近万人。疫情期间,为避免学生聚集,创新开展"未检云课堂",通过微信电子课件、广播等为学生开展法治教育,获得学生、老师、家长一致认可,并被《检察日报》报道。开设"家长课堂",从孩子日常教育入手,帮助家长做好孩子的第一任老师。送法进社区。选取居民较为集中的桥北社区作为试点,以未成年人零犯罪、零侵害为目标,创建"未成年人双零犯罪社区",联动公安、司法等部门,将法治宣传融入社区居民日常生活。试点工作开展以来,该社区未发现一起未成年人犯罪及被害案件。

(胡晓丽)

【队伍建设】2020年,津市检察院进一步加强检察队伍素能建设。加强思想政治建设。牢固树立"检察机关首先是政治机关"的思想,把政治建设摆在首位,定期组织党组理论学习中心组学习,认真学习习近平新时代中国特色社会主义思想,贯彻落实《中国共产党政法工作条例》,确保在思想上、行动上同以习近平同志为核心的党中央保持高度一致。接受常德市人民检察院党组第二巡察组政治巡察,提高政治站位,坚持以最统一的思想、最坦诚的态度和最优良的作风接受巡察,对巡察组发现和反馈的问题高度重视、诚恳接受,做到边巡边改、即知即改,努力把巡察工作成效落到实处。加强纪律作风建设。严

津市检察院志愿者进行汛后清淤

格落实党风廉政建设“两个责任”和谈心谈话制度，层层传导压力。多次召开党组会研究部署涉及党风廉政建设的重大问题，召开全院大会布置党风廉政建设工作、开展警示教育活动。定期开展作风纪律督查，发出书面《督查通报》8期，发现问题通报到人到事。坚决贯彻落实中办、国办、中央政法委、“两高三部”防止干预司法活动、插手具体案件处理“三个规定”，要求全院干警从讲政治的高度，认真做好违反规定情形的记录和报告工作，至年底已记录报告有关事项9件。加强队伍专业化建设。按照上级检察机关统一部署，完成内设机构改革，将原来10个内设机构精简为办公室、第一检察部、第二检察部、第三检察部和政治部5个部门，司法资源配置进一步优化，“四大检察”职能更加突出。注重检察干警业务能力培养，选派15人次赴最高人民检察院、湖南省人民检察院学习，开展“传学讲学”活动，进行执法办案业务比武，组织干警开展指导性案例学习，多维度提升干警业务素质，首次选派1名检察业务骨干到西藏山南市人民检察院帮助开展公益诉讼工作，因其工作成绩突出记三等功。推进以案件质量、效率和效果为基本内容的检察官业绩考评机制，将考评结果作为绩效考核、评优评先、职级晋升的重要依据，引导和激励检察官依法履职，倒逼干警自我加压，不断提升履职能力。（胡晓丽）

法　院

【概况】2020年，津市法院忠实履行宪法法律赋予的职责，各项工作有效推进。全院24名员额法官，全年共受理各类案件2949件，结案2849件，同比分别增长10.86%、11.41%，结案率96.6%。姜业涛被评为“全省法院工作成绩突出法官”，4名干警被授予“荣誉天平奖章”，30名干警受到市级以上荣誉表彰，4篇审判调研论文在国家级、省级学术研讨会获奖。（杨孟安、马建平）

【刑事审判】2020年，受理刑事案件187件，审结177件。推进扫黑除恶专项斗争，三年共受理18件涉黑恶案件，全部按期审结，取得三年扫黑除恶专项斗争的胜利。2020年，克服疫情防控提审难、开庭难的问题，审结10人以上涉黑恶大案要案4件，依法对鲁某某涉黑案4名主犯处刑二十年以上，鲁某某一审判处有期徒刑二十五年。推进“六清行动”（线索清仓、黑财清底、逃犯清零、案件清结、行业清源、伞网清除），以铁的手腕“摧伞毁网”“行业清源”，审结“保护伞”案件1件，向相关部门发出司法建议6条。严厉惩治侵犯公民生命健康、财产安全犯罪，审结故意杀人、故意伤害、“两抢一盗”等案件58件69人。配合监察体制改革，惩治腐败，审结职务犯罪案件2件，对常德市财政局原四级调研员毛某某受贿案依法判处其有期徒刑十一年。严厉打击毒品犯罪，审结涉毒案件41件。依法打击破坏环境资源犯罪，在疫情防控期间，从快从严审理涉野生动物违法犯罪案件3件3人；认真贯彻落实长江流域重点水域禁捕决策部署，审理非法捕捞水产品犯罪刑事附带民事公益诉讼案件3件4人，分别被判处拘役、管制，并判决赔偿损失，向社会公开赔礼道歉。（杨孟安、马建平）

【民商事审判】2020年，受理民商事案件1171件，审结1109件。妥善化解涉民生领域矛盾纠纷，审结涉及教育、医疗、住房、就业等涉民生案件289件。继续完善家事审判方式改革，依托“津市和”家事工作室，让人民调解员、心理疏导员等参与家事纠纷调解，化解家事纠纷25件，家事案件调解、撤诉率达60.65%。开展服务企业专项活动，院领导骨干结对、定期走访、联动协调、赠订法律报刊等，减轻企业疫情环境下的压力，支持企业复工复产。审理津市家居建材广场与承租户租赁合同纠纷系列案，因受疫情影响，双方矛盾突出，合议庭研究案情，考虑双方存在的实际困难，加强沟通协调，合力化解矛盾，当事人服判息诉。依法化解金融风险，审结民间借贷案件139件，审结金融借款案件98件。审结涉农案件75件。审结环境资源案件3件。妥善办理破产案件，法院受理的15件破产案件14件资产处置完毕并投入生产经营。（杨孟安、马建平）

【行政审判】2020年，受理行政非诉执行审查案件11件，结案11件。监督行政机关依法行政，加强案件合法性审查，维护行政相对人合法权益，在办理津市某局申请行政非诉执行审查一案中，查明该局未在法定期限内申请执行，依法裁定不准予执行。支持行政机关依法行政，助推法治政府建设，围绕市委市政府各项决策部署，主动为重大项目提供法律指导。（杨孟安、马建平）

【执行工作】2020年，巩固“基本解决执行难”成果，加快向“切实解决执行难”目标迈进，受理执行案件1580件，

4月23日，津市法院在2020年津市市政法系统服务企业暨涉企案件集中执行活动启动仪式上，为企业集中兑现执行款6000余万元

执结1552件。构建联动格局。依靠市委领导、人大及其常委会监督、政府、政协的支持,构建执行难综合治理工作大格局。加强与津市市不动产登记中心合作,建立快速信息共享及网络执行查控协作机制,铺设法院“不动产专线”,实现登记财产信息“一键查控”。强化执行惩戒。加大对失信被执行人的打击力度,司法拘留21人次,罚款103人次,移送公安机关刑事立案2人,发布失信被执行人名单136人,限制高消费312人次。开展专项行动。开展涉民生案件集中执行3次,执结案件51件;推进津市政法系统服务企业暨涉企案件集中执行活动,开展涉工程机械企业案件专项执行行动8次,为中联重科融资租赁有限公司等5家企业集中兑现执行款6000余万元。强化刑事案件财产刑执行,执结涉财产刑案件163件,到位金额1428.58万元,其中,执结涉黑恶犯罪财产刑案件73件,到位金额143.05万元。

(杨孟安、马建平)

【诉讼服务】2020年,执行立案登记制,做到一次性告知、首问负责,实现有案必立、有诉必理,案件当场立案率99.63%。加快诉讼服务中心提档升级,完善服务功能,为群众提供“一站式”诉讼服务。加快电子诉讼服务建设,运用网上法院、湖南移动微法院、跨域立案等平台,办理网上立案61件。发挥人民法庭诉讼服务前沿阵地作用,开展巡回审判活动28次,将诉讼服务送到田间地头。落实“谁执法谁普法”责任,深入开展“送法五进”活动,围绕扫黑除恶专项斗争、打击毒品犯罪、环境资源保护等热点问题,举行新闻发布会2次,发布典型案例35件,张贴布告5期4000余份。加大司法救助力度,为困难当事人减、缓、免交诉讼费33.68万元,发放司法救助金37.7万元。

(杨孟安、马建平)

5月26日,法院召开新闻发布会,专题通报打击破坏野生动物资源犯罪的相关情况

【诉源治理】2020年,坚持调解优先的原则,完善诉前调解、诉调对接机制,选派18名员额法官到各乡镇街道及专业行业人民调解委员会担任人民调解指导员,将专业行业人民调解委员会纳入法院调解平台,聘任2名调解员开展诉前调解工作,推动“一站式”多元解纷机制建设,努力把矛盾纠纷化解在一线,诉前调解案件90余件,如鲁某军诉鲁某新等共有纠纷一案,因拆迁补偿款分配发生矛盾,通过调解员调解,化解案件纠纷,修复亲情关系。坚持法治思维和法治方式处理涉诉信访问题,采取律师代理申诉、院领导接访、领导包案、司法救助等一系列措施,有效化解一批信访案件,无赴省进京信访案件,为津市创建全国信访“三无”县(市、区)贡献力量。

(杨孟安、马建平)

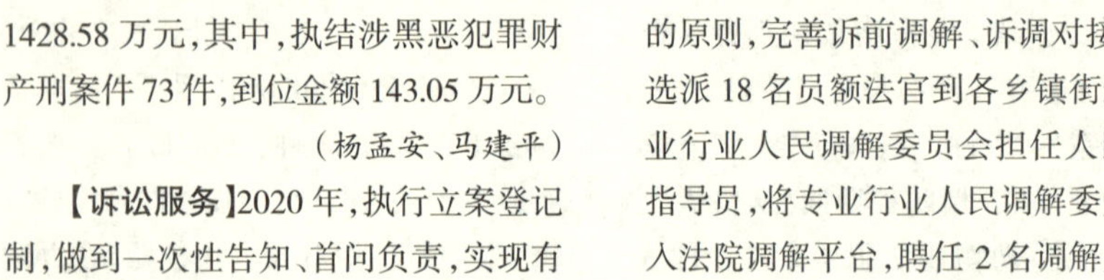

7月1日,法院庆祝中国共产党成立99周年大会,院领导集体朗诵《人民的法官》

【疫情防控】2020年,贯彻落实上级决策部署,把疫情防控工作作为重大政治任务和头等大事来抓,坚持疫情防控和审判执行工作“两不误”。成立疫情防控领导小组,制定疫情防控工作方案,严格管控机关院落和审判大楼人员进出,为参加诉讼人员检测体温、提供口罩、酒精消毒,确保安全。坚决服从市疫情防控指挥部统一指挥和调度,参与全市疫情防控工作,安排值班人员100余人次到路口、小区值班。依托网上法院、移动微法院平台开展线上服务,满足群众诉讼需求,办理案件199件。利用微信公众号、电子显示屏等平台,以图文形式向社会公众发布《关于疫情防控期间诉讼服务有关事项的告知》和疫情防控知识,营造科学预防有效应对疫情的浓厚氛围。

(杨孟安、马建平)

【司法改革】严格落实“让审理者裁判,由裁判者负责”的改革目标要求,进一步明确各层级类别司法人员的职责与权限,明晰员额法官、法官助理、书记员、辅助人员业绩考核评价标准和价值追求,调动办案积极性,鼓励多办案办铁案。强调院庭长带头办案,明确院庭长办案数量,要求院庭长带头办理重大、疑难、复杂案件,全年院庭长办结案件1842件,占员额法官办案数量的64.65%。认真开展第三次员额法官遴选工作,通过统一遴选考试,2人已入额,1人确定为候补对象。深化分调裁审改革,优化速裁团队建设,推进案件繁简分流、轻重分离、快慢分道,快速办理案件450件。健全专业法官会议与审判委员会案件讨论工作的衔接机制,召开审委会19次、专业法官会议32次,讨论案件78件,法院“四点聚焦+靶向对表”专业法官会议工作经验被省高院推介。强化审判团队建设,招录司法辅助人员8人,配齐配强审判团队。

(杨孟安、马建平)

【审判管理】2020年,开展“审判质量、效率和公信力巩固年”活动,运用信息化手段,加强审判流程管理,提升办案效率，平均办案周期较2019年同期缩短19.8天；调整充实质评员队伍，实行案件质量逐案评查，每月通报到法官到部门到具体指标排名，用制度保障办案质量效率提升，案件改判率、发回重审率均低于省高级法院设定的目标值。在常德和本市政法委组织的执法质量评查中，随机抽查的32件案件，全部达到优秀等次。　　（杨孟安、马建平）

【队伍建设】2020年，认真学习宣传习近平法治思想和党的十九届五中全会精神，贯彻落实《中国共产党政法工作条例》，认真开展“两个坚持”专题教育，坚持党对法院工作的绝对领导，严格执行重大事项请示报告制度，确保正确政治方向。围绕“四化”队伍建设目标，以“精业务、补短板”为重点，扎实推进“师徒制”帮带结对活动，加速提升法官助理参与办案能力；组织干警参加常德市中院民事审判研讨会，系统学习《中华人民共和国民法典》；组织书记员庭审比武活动，开展优秀合议庭、书记员及裁判文书评比活动，组织干警参加上级培训200余人次。强化对年轻干警的培养，选派6名年轻干警到省高院、常德中院、市委办跟班学习，提升综合能力。在市政法委组织的执法办案比武和“书香政法·悦读人生”活动中，2人被评为“十佳办案能手”，2人学习笔记被评为“十佳读书心得”，2个家庭获评“十佳书香家庭”。强化理论调研工作，4篇审判调研论文在国家级、省级学术研讨会获奖。落实从严管党治党要求，全面落实“一岗双责”，层层签订党风廉政建设责任状，严格考核，推动全院上下“两个责任”落实。贯彻落实中央八项规定精神和市委相关规定，深入开展落实“三个规定”、虚假诉讼、虚报冒领补助等专项整治活动。强化警示教育，以张坚案为反面教材，深入开展“以案释德、以案释纪、以案释法”警示教育活动，教育引导干警守住纪律底线红线。落实“两同时”谈话制度，对苗头性、倾向性的问题早提醒早干预，全年谈心谈话200余人次。设立机关纪委，加强纪律作风监督。主动接受派驻纪检组的监督，确保管党治党责任落实到位。

（杨孟安、马建平）

7月28日，全市法院上半年“审判质量、效率和公信力巩固年”活动总结暨推进会在津市法院召开

司法行政

【概况】2020年，津市市司法局贯彻落实中央、省委政法工作、常德市司法行政工作、津市市委经济工作、津市政法工作会议精神，围绕“工业立市、产业兴城”战略，为建设澧水流域现代化中心城市创造安全的政治环境、稳定的社会环境、公正的法治环境、优质的营商服务环境。有政法专项编制36人、事业编7人，内设办公室（政工室）、普法与依法治理股（中共津市市委全面依法治市委员会办公室）、人民参与促进法治股、规范性文件和合同审查管理股、行政执法协调监督股、行政复议应诉股，下辖社区矫正工作局、法律援助中心、公证处、人民政府依法行政指导服务中心4个二级机构和9个乡镇（街道办事处）司法所。2020年，共审查政府文件27件；调处矛盾纠纷3606起，共有人民调解员290人；在册社区矫正对象75人；受理法律援助案件120件；办理公证业务605件；开展“法治夜话”活动27场。　　（屈晓）

6月，市司法局开展2020年安全生产咨询日活动

【政府法制】2020年，津市市司法局共审查政府文件27件，其中行文并公布的规范性文件7件；共受理各类行政复议案件4件，已审结4件；共出庭应诉以市人民政府为被告的行政诉讼案件3件；对全市涉及营商环境、野生动物保护、保留的证明事项清单、民法典等涉及行政规范性文件进行清理，未出现与原则和规定不一致的文件；对市政府21份合同协议进行法律审查并出具法律审查意见；对全市行政执法主体资格进行全面审查和清理，并将清理结果在津市市政府网站向社会进行统一公示；联合市人大、市人民法院、市人民检察院等部门，对津市8个行政执法单位近两年来行政处罚和行政许可案件办理情况、全面推行行政执法“四项制度”（行政执法公示制度、执法全过程记录制度、重大执法决定法制审核制度、执法决定说明理由制度）落实情况以及部分单位综合行政执法体制改革推进情况进行检查；在津市市委党校举办2020年全市行政执法人员培训班，全市共计248人参加培训；津市市第十七届人大常委会第三十一次会议专题听取津市市司法局关于行政执法“四项制度”贯彻落实情况的报告。　　（屈晓）

【法治建设】津市市司法局认真落实市委常委会、政府常务会、政协常委会、人大常委会会前学法;组织全市领导干部参加无纸化普法考试,2020年度共计3737人参考,通过率为100%;组织开展"青少年法治宣传周""送法进企业""法律进社区""五月农村法治宣传月""国家安全法进校园""深入学习宪法""加强法治宣传教育,促进社会矛盾化解"以及"推进乡村振兴战略,普法学法活动"等一系列主题普法宣传活动27场;建成一个城区综合性法治文化广场和燕子窝社区、万寿宫社区、樟树村等24个村(社区)法治文化广场(长廊);制定并印发《关于津市市"七五"(2016—2020年)普法终期验收的工作方案》。

(屈晓)

【人民调解】2020年,全市各级调解组织共受理各类矛盾纠纷3606起,其中司法所和村(社区)人民调解委员会参与调解1616件,调解成功1616件,成功率100%,协议涉及金额2217.86万元。没有发生因民间纠纷调处不及时或调处不当而造成的非正常死亡、民转刑案件、群体性闹事和群体性上访;已建成9个镇(街道)人民调解委员会,76个村(社区)人民调解委员会,6个行业性专业性人民调解委员会(婚姻、医疗、环保、物业、劳动、交通)、4个市场人民调解委员会、3个警司联调室,1个律师调解工作室,1个驻法院调解工作室,1个边界联防联调委员会,共有人民调解员290人;印发《关于推广"三二一"矛盾纠纷调解模式的实施方案》《"三二一"矛盾纠纷调解记录本》《津市市人民调解案件"以奖代补"管理办法》;举办全市人民调解工作业务培训班,组织全市9个镇(街道)司法所所长和司法助理员、76个村(社区)调解主任、各行业专业调委会的专兼职调解员共计100余人参加培训;与市人民法院联合印发《关于聘请人民调解指导员的通知》,为各镇(街道)人民调解委员会各聘请2名法官作为人民调解指导员。对辖区范围内的重点人群、重点场所、重大疑难复杂矛盾纠纷、苗头、隐患进行排查。在此期间,成功排查化解48起重大疑难复杂纠纷。以防激化为重点,大力完善"三调联动"矛盾纠纷多元化解机制。加强、完善"访调对接",深化"公调对接",推动"人民调解+律师调解+X模式对接"。大力开展村规民约审核工作,利用众创平安活动日,向村(居)民做好村规民约(居民公约)的宣传和动员;并通过村(社区)"两委"、民政部门、司法所联合组织召开征求意见户主会、村(居)民代表大会、屋场会征求各村(居)民对村规民约(居民公约)的意见,梳理完善;全市39个村的村规民约,37个社区的居民公约均已重新修订并法制审核完毕,开始实施。

(屈晓)

【社区矫正】2020年,津市市社区矫正中心新接收社区矫正对象61人,解除社区矫正65人,累计接收社区矫正对象785人,累计解除社区矫正710人,当前在册社区矫正对象75人。共接收刑满释放人员92人,当前在册刑满释放人员366人。线上摸排共排查社区矫正对象75人次,全部未出津市。建立应急预警机制,津市市社区矫正对象无疫情感染及脱管漏管情况;通过社区矫正信息管理系统,实现社区矫正对象电子档案市、镇(街道)两级同步,实现社区矫正对象日常管理,实现社区矫正对象定位监控全覆盖,在全省社区矫正信息化工作考评中稳居前列;建成与省司法厅、常德市司法局互联互通的远程视频督察系统;联合津市市人民检察院对全市各司法所开展执法督查2次;开展集中学习培训、集中宣传月、全市知识竞赛、全市社区矫正法培训班等活动,在全市范围内迅速掀起学习宣传贯彻《中华人民共和国社区矫正法》热潮;对服刑人员及其未成年子女信息进行核查比对,连续多月在全省"三率"考核中均达到100%;开展春节走访慰问,向5个家庭特别困难的有未成年子女的刑释、服刑人员家庭发放慰问金;与津市市民政局对口衔接,为新回归的刑满释放人员落实临时救助政策,向26名家庭困难的刑释人员发

5月,津市市司法局开展《中华人民共和国社区矫正法》知识竞赛

2020年7月,津市市司法局防汛

放临时救助款；开展“情暖高墙”“关爱孩子”主题帮扶活动，对5个家庭困难的服刑人员家庭进行对口帮扶，为他们送去助学金和学习用品，并组织6名服刑人员家庭的家属和津市监狱进行远程探视活动。（屈晓）

9月，津市市司法局开展“警灯闪烁”行动

【公共法律服务】2020年，津市市法律援助中心共受理法律援助案件120件（其中民事48件、刑事72件），值班律师提供法律帮助48人次；开展政务下沉工作，申报系统已覆盖全市76个村社区，真正实现“家门口”的法律服务；开展“互联网+公共法律服务”暨如法网应用推广竞赛活动，着力打造“智慧法律服务”；动员司法公正常德行活动，开展“治理能力提升年”、“护企暖企”、案件质量评查等系列活动；规范参与涉法涉诉信访接待工作。法律服务人员参与涉法涉诉信访值班79人次，登记案件40件；开展案件质量评查工作，对公证处、法律援助中心、鉴定所、律师事务所、基层法律服务所40本卷宗进行评查。强化参与涉黑涉恶及重大敏感案件的监管指导。要求各律师事务所指派专人向本局负责报送律师办理涉黑涉恶及重大敏感、群体性案件。至年底，全市律师共办理涉黑涉恶案件21人次，全部均已备案。通过清理整顿达到严肃查处和有效预防“金钱鉴定、人情鉴定、虚假鉴定”等违法违规行为。挑选出11名政治过硬、业绩突出的律师组成企业复工复产公益法律服务团，解答企业复工等法律问题，为23家企业提供“点对点”法律服务；开展“法润三湘”惠民活动、学习宣传贯彻《保障农民工工资支付条例》活动。结合乡村治理建设，在各村（社区）开展“法润三湘”“农村法治宣传月”“法治夜话”等专项活动。（屈晓）

10月，津市市司法局开展综合业务技能比武

【法律服务】2020年，全市共有律师事务所3家，律师23名。其中：社会律师18名，公职律师4名，法律援助律师1名。基层法律服务所2家，法律服务工作者12名。九澧司法鉴定所1家，司法鉴定案件201件，其中：法医病理鉴定2件，法医临床鉴定199件。（屈晓）

【公证】2020年，津市市公证处2名公证员，共办理公证业务605件，其中：国内公证527件，涉外公证66件，涉港澳8件，涉台5件。其中：继承权公证232件、委托声明236件、遗嘱公证21件、其他公证事项116件。更好地了解百姓需求，组织开展形式多样的法律服务活动，通过“公证绿色通道”，主动为行动不便的老人提供上门公证服务。（屈晓）

津市监狱

【概况】2020年，津市监狱落实司法部、省厅局的工作部署，紧扣“五个一流”目标，统筹疫情防控和安全稳定两条战线，攻坚克难，度危求进，打好防疫阻击战、防汛阵地战、紧急避险转移保卫战、模式转型攻坚战、品质提升突围战。在疫情防控取得阶段性重要战果的同时，完成一系列重大任务，经受住重大考验，步入新的历史阶段。

【队伍建设】坚持实战鉴警，发扬“党的一切工作到支部”“一切行动听指挥”的优良传统，在防疫、防汛、紧急转移等急难险重任务面前，党委班子发挥“火车头”作用，各支部发挥战斗堡垒作用，带领全狱警察职工上一线，上大堤、上岗楼。坚持精神育警，唱响“我和我的涔澹”主旋律，微信公众号推出报道98期，在社会媒体刊发报道20篇，监狱广播播发稿件165篇；通过开展防疫志愿服务、党旗下的签名、“学习强国”挑战竞答、新提拔干部廉政“第一课”、庆祝首个“警察节”等活动，培根育魂，凝心聚力。

【三大战役】防疫阻击战取得阶段性胜利。提前布局，1月20日即在全省监狱系统内率先启动防疫工作；1月26日，全体警察职工停止休假，监管区就地封闭。先后出台《应对疫情调度令》13个、专项通知22个、应急预案8个、配套管理规定21个，发放《防疫宣传册》《告广大居民书》1500余份。实行“1+9”棋盘化管控格局，建立监狱大门及主干道卡点、监区外围隔离带、AB门“四道防线”。开展社区大排查7次，摸排1.5万人次，核酸检测6760多人次。领导干部率先垂范，监狱领导累计轮流封闭值勤275天，37名监区中层领导连续封闭值勤超100天，首批271名警察职工就地封闭执勤，175名警察连续封闭值勤78天，1174名党员持续靠前战斗，监狱被司法部评为抗疫“先进集体”，1人被

司法部授予嘉奖,1人被司法厅授予“三等功”,3人“火线入党”,“火线提拔”1名正科职领导、7名四级高级警长。防汛抗灾阵地战大获全胜。6—7月间津市监狱遭遇历史罕见洪水袭击,出现自2003年以来的最高水位、自1998年以来最长超警戒水位时段,狱党委先后出台6个《紧急调度令》。7月5日,监狱启动防汛Ⅱ级响应,全体狱领导带领警察职工在大堤上冒雨通宵值班,彻夜巡查处险。5个分指挥部建立临时党支部,成立“党员先锋队”,将党旗牢牢插在防洪第一线。警察职工24小时“携具地毯式”巡查;3位退休老干部主动参战,在大堤上现场“教学”;30名职工组成抢险队,持续装运、填埋沙袋、土袋;11台挖土机紧急出动328次,16台货车在大堤沿途以车代仓,储备砂卵石。先后出动抢险力量5186人次,处理险情159处,整修大堤路面25.5千米,开沥水沟300余条共5658米,坡面清基扫障41.6万平方米,整修查险道路25千米。3人被省司法厅记“三等功”。紧急避险安全保卫战速战速成。7月13日,在密切配合下,仅用5个半小时就完成罪犯安全转移任务,随后,持续紧绷安全弦,24小时轮流站岗69天,改造、生产线部门持续蹲守一线2个月,确保安全过渡。

2020年疫情期间,3人“火线入党”

【管理优化】2020年,树立“穿新鞋走新路”意识,结合分散向集中转型实际,着眼软硬实力匹配,优化管理体制机制。出台《监狱工作规则》《工作绩效考核办法》《月度重点工作办法》,系统规范和推进监狱工作。以依法执法、依法行政为指南,对标现代化文明监狱标准,编印《警察学习实操手册》《警察文明礼仪手册》,强化规矩意识,规范执法言行,优化执法语境,并将考核触角延伸至“8小时”内外。坚持以学促练,以训促干,全年开展自办培训14期1127人次、外送培训44期241人次、网络培训88人次。树立改造、生产等工作“样板”单位,召开现场会,以点带面促规范。制定《监管区与办公区管理规定》,强推车间8S、办公区6S管理。制定《劳务加工质量管理办法》,自检、互检、专检“三检配套”,追踪管理质量。完善内控制度体系,高质量完成原押犯单位、原砖厂固定资产及存货清查任务;组织自行采购项目250个,审查合同222份;启动“未巡先查”自查自纠工作,并完成整改。

坚持“以人民为中心”,做好民生实事:强化健康保障,为警察职工购买互助医疗保险,将体检工作放到大型专业机构。改善小区居住环境,实施柳叶湖综合治理工程;完成3处水管网增压、2.5千米居民区低压线路改造;维修家属楼6栋;维修居民下水道29处,新建化粪池2座。提升居民安全感,持续严格管控大门进出车辆,加强重点场所、部位的治安、火险、盗窃防控,大力倡导文明养犬。维修蔡家河广场塑胶跑道、铺设室内篮球场木地板。增强防汛安全保障,完成黄家硚联合泵站更新改造工程;有针对性地开展重点堤段加固、防汛道路整修等冬修水利工程;完成防汛摄像头及报警设备安装。践行绿水青山理念,强力推进污水、垃圾处理及禁牧等环保难题解决,拆除大堤上私搭乱建的养殖棚屋,并在一起相关行政诉讼中胜诉。疫情备勤期间,为备勤楼公寓添置洗衣机、热水器、空调、电视机等物品,真正实现“拎包入住”。疫情封闭期间,开展志愿者送菜、送药、送学等服务121次。美化办公环境,新建35亩“花海”,建设40亩“百果园”和道路,增加90盏太阳能路灯。建设高品质的“职工之家”,完善备勤楼健身房、图书室设施,并投入使用。开展送温暖、一线慰问、“金秋助学”、发放电子消费券等活动。为在岗工人配置工作服。完成职工定岗定编定员工作,确保人人有岗。打好脱贫攻坚决胜战,助力临澧县佘市镇殷家村40户93人脱贫摘帽。

2020年疫情防控期间,轮换警察进监前,在备勤楼大楼前合影

交通·邮政·通信

交通运输

【概况】津市市交通运输局根据职能职责调整,内设办公室(法制股、行政许可办公室)、政工人事股、财务股、运输与安全监督股、计划基建股(交通战备办公室)等股室。下辖1个正科级事业单位市公路建设养护中心,3个副科级事业单位——市交通建设质量安全监督管理站、市水运事务中心、市道路运输服务中心,1个股级事业单位——市交通运输局新洲超限检测站以及津市市交通建设投资有限公司、湖南龙运交通运输集团有限公司津市分公司、津市市欣运客运站有限责任公司(合资)3家企业。全系统共核定行政、事业编制155名,在岗126名,其中:局机关行政编制10名,机关后勤服务编制1名;所属二级事业单位全额拨款事业编制114名,差额拨款事业编制30名,其中交通质安站核定编制数12名,水上事务中心核定编制数18名,道路运输服务中心核定编制数43名,新洲超限检测站核定编制数23名,市公路建设养护中心核定编制数48名(全额拨款编制18名、差额拨款编制30名)。2020年12月2日成立津市市交通运输综合行政执法局。

2020年,津市市交通运输局被津市市委评为全市平安建设工作优秀单位、全市安全生产和消防工作考核评估合格单位;被常德市交通运输局评为全市交通运输系统交通问题顽瘴痼疾集中整治行动考核优秀单位、全市交通跨越大会战工作综合评估考核区县市组三等奖。

2020年,境内公路通车里程达到534.552千米。其中,高速公路12.048千米(东常高速),国道4.761千米(G353),省道5条,即S224、S516、S305、S517、S311,里程106.578千米,县道27.595千米,乡道167.98千米,村道213.896千米(2020年省交通运输厅核查津市市境内农村公路技术状况,分别删除乡道、村道轨迹失真路面0.62千米、0.568千米),专用公路1.694千米,公路密度每百平方千米达到96千米,形成完整通达的公路交通网络。境内有桥梁59座,其中大桥5座,分别是津市澧水二桥1900.24延米、津市澧水大桥752延米、涔水大桥607延米、哑河大桥626延米、八宝湖桥59延米。

2020年,公路货运量219.72万吨,公路货物周转量12906.6万吨千米,客运量273.54万人,旅客周转量9149.24万人千米,水运货运量322万吨。新建农村公路8.54千米,完成农村公路窄路加宽提质改造10千米,建设国有林场道路13千米,完成安保工程建设任务8.13千米。完成农村危桥2座,干线公路桥梁1座。农村危桥分别为新洲镇长岭桥、毛里湖镇双堰桥,干线公路桥梁为新洲镇新洲桥。实施长山桥改造工程。全面完成续建项目,澧水二桥建设项目建成通车。完成欣运车站提质改造、两套不停车检测系统建设。全速推进S516津市新洲至棠华集镇公路(原S238项目S2标段)项目前期。全面完成市域国省县道大修工程,全市围绕交通运输部五年一度国省干线公路养护状况"国评",实施G353换板中修工程、湘北公路5千米提质改造工程、新洲桥加固改造工程。全面完成国省干线公路养护:清灌缝8万米,修补坑槽500平方米,清挖水沟1万米,清理路肩98500米,标线修复11356平方米,标志牌修复42块,路肩杂草铲除90千米,湘北干线白蚁病害防治等。

7月,津市市交通运输局抽调180人成立应急抢险队随时备战,全力做好汛期防洪抢险工作拆除;因毛里湖防汛水位高涨,毛里湖排涝涵洞的跨桥部位狭窄,为拓宽排涝通道,津市市交通运输局采取两班倒形式开展S224引水渠公路桥拆除工作,10台挖机、20辆自卸车连轴工作,60米宽排涝通道全线贯通,缓解毛里湖防汛压力,确保安全度汛。

(赛莉、刘佩佩、孙红梅)

【道路运输市场】2020年,全市有客运汽车站2个,其中二级客运站1个、五级农村客运站1个。客运运输企业3家(常德欣运集团津市分公司、湖南龙运交通运输集团有限公司津市分公司、津市星胜公交有限责任公司）。全市共拥有各类参运车辆 610 台（含公交 72 台），其中营运性客运班车 104 台 /2066 座，营运性货车 420 台 /6246 吨，有客货运从业人员 1400 余人。全市营运班线 25 条，其中跨地州（市）班线 7 条、跨县班线 12 条、县内班线 5 条。2020 年，全市道路旅客运输达到 325 万人次，旅客周转量 8775 万人千米、货物运输 190 万吨，货物周转量 9880 万吨千米。

全市共有城市公共交通运输企业 4 家，其中经营城市公共交通运输企业 2 家（津市星胜公有限责任公司、湖南龙运交通交通运输集团有限公司津市分公司），经营出租车运输企业 2 家（津市市西湖养殖开发有限责任公司亨通的士分公司和津市市鸿运出租车有限公司），共有城市公共交通线路 6 条，拥有公交车辆 72 台，共计 1618 座。出租车 150 台，其中亨通出租车辆公司 80 台、鸿运出租车公司 70 台。星胜公交客运有限责任公司、亨通出租车公司和鸿运出租车公司均为民营企业。交通运输能力的快速发展满足津市旅客出行及货物配送要求，在春运、清明、“五一”、端午、中秋、国庆等重要时段节点，超前部署，靠前指挥，组织得力，全市道路运输形势整体平稳有序，无旅客滞留现象和较大以上安全事故发生。（贺欢）

【水运市场】航道。辖区全长约 43.5 千米（澧县道河口—保河堤林家滩），岸线 48 千米（澧水右岸 43.5 千米、左岸 4.5 千米），可用建港岸线 13.8 千米，三级航道，通航能力 1000 吨级。

港区。津市港共 4 个港区（城区港区、中心港区、新洲港区、保河堤港区），全市共 2 座码头，即窑坡渡千吨级码头、湘澧盐矿码头。2020 年，津市港克服疫情影响，港口货物吞吐量 323 万吨。

窑坡渡千吨级码头：泊位 2 个，占用岸线长度 200 米，大型吊车 3 台，各类配套设施 20 余台（套），堆存面积近 2 万平方米，码头最大起重能力 35 吨，设计年装卸能力约 100 万吨，目前千吨级码头全天候作业及增加民生作业区后，年装卸能力达 300 万吨。由津市港口公司经营，港区作业人员 67 名。

湘澧盐矿码头：泊位 2 个，占用岸线长度 380 米，码头吊车 1 台，散盐下货传输带 1 条，年综合装卸能力 60 万吨。为盐矿专用码头，码头作业人员 5 名。

企业及运力。辖区港口企业 1 家，即津市港口有限公司，公司管理人员 38 名。水运企业 6 家，即津市市民生运输有限责任公司，公司管理人员 8 名，所属船舶 40 艘，其中自有船舶 2 艘、光租船舶 38 艘；津市万彤物流有限公司，公司管理人员 6 名，所属船舶 38 艘，其中自有船舶 6 艘、光租船舶 32 艘；津市市一海船务有限责任公司，公司管理人员 9 名，所属船舶 44 艘，其中自有船舶 8 艘，光租船舶 36 艘；津市德顺航运有限公司（危货），公司管理人员 7 名，所属船舶 20 艘，其中自有船舶 13 艘、光租船舶 7 艘；津市久春航运有限责任公司，公司管理人员 8 名，所属船舶 14 艘，其中自有船舶 5 艘、光租船舶 9 艘；津市市宏达航运有限公司，公司管理人员 7 名，所属船舶 6 艘，其中自有船舶 2 艘、光租船舶 4 艘。津市 6 家水运企业除德顺航运纳入安全体系管理外（长江海事直管危货运输硬性要求），其余水运企业均为行业安全生产三级达标。津市在籍运输船舶 211 艘（含危货 12 艘），总功率约 63000 千瓦，运力约 17 万总吨。其中企业管理船舶 162 艘（企业自有 36 艘、光租 126 艘），600 总吨以下个体船舶 49 艘。新洲渡口是津市唯一的人行渡口，有客渡船 7 艘（其中标渡船 3 艘），210 个客位。（王浩）

【交通基础建设】S233 津市澧水二桥建设工程。该项目位于澧水大桥下游约 1.7 千米，是跨越澧水的一座特大型桥梁。北起新开路跨澧水，经阳由垸，接清远路上 S205。工程全长 6129 米，其中主桥长 1900 延米，连接线长 4229 米。采用公路Ⅰ级标准设计施工，主桥最大跨度为 2×140 米现浇连续箱梁，桥宽 21.5 米，连接线路基宽 21.5 米，设计速度为 80 千米 / 小时，结构设计安全等级为一级。津市澧水二桥作为省道公路桥梁列入省“十三五”干线公路建设规划，同时，该桥梁也是湖南省洞庭湖生态经济区规划中西洞庭湖环湖公路过澧水的特大型桥梁。该项目实施后，将加速津市城区建设，缓解津市澧水大桥的交通压力，拉动市城东区城乡接合部及城南阳由垸的综合开发，推动城乡统筹进程，增强防汛抢险疏导能力，促进澧水两岸物流运输。项目总投资约 3.7 亿元，承建单位为中铁建港航局集团有限公司，2015 年 10 月中旬签订施工合同，项目正式动工建设。2018 年 10 月 31 日主桥合龙，全线贯通。2020 年 9 月 27 日，项目顺利通过交工验收，9 月 29 日正式通车。

S238 津市新洲至棠华岳山公路建设工程。路线起于津市市新洲镇新洲桥南桥头处（原 X028，K0+000），往南经过荷花堰村、梁家坪村、白衣镇、石板滩、棠华，终于津市市棠华乡岳山村 S238（原 X028，K31+550），路线全长 30.13 千米。项目采用二级公路标准建设，设计速度 60 千米 / 小时，路基宽 10 米，路面宽 8.5 米，工程总投资约 2.4 亿元，2016 年启动前期工作，项目 S1 合同段于 2017 年动工，至 2019 年 12 月，该项目 S1 标段（棠华至药山）已交工验收。S2 标段（新洲至棠华）已完成前期工作，具备开工条件，至 2020 年 12 月底，项目征拆工作任务应拆 55 户，已签订房屋拆迁协议 45 户，拆迁 30 户，土地协议签订各镇已完成 85%。

农村公路建设。2020 年津市自然村通水泥路建设目标 8.54 千米，道路建设等级不低于四级公路技术标准，路基宽度不小于 4.5 米，路面宽度不小于 3.5 米。采用水泥混凝土路面，路面面层厚度不小于 18 厘米、强度等级不低于 C 25。采用 4.5 米路基宽度或 3.5 米路面宽度时，每 300 米左右设置一个错车道，至 2020 年 12 月已全面完成。提质改造农村公路 23 千米，其中国有林场道路 13 千米，已完成路基 5.5 千米，完成路面 3.5 千米；10 千米窄路加宽建设已完成。2020 年实施省下达的 8.13 千米农村公路隐患里程安保建设任务，主要建设内容包括：对存在隐患路段安装波形护栏、安装标志标牌,设置减速丘、道口标注、凸面镜等,至2020年12月已全面完成。2020年建设农村危桥2座,干线公路桥梁1座。农村危桥分别为新洲镇长岭桥,毛里湖镇双堰桥;干线公路桥梁为新洲镇新洲桥,至2020年12月已全部完成;实施长山桥改造工程,建设内容为拆除现有危桥,新建3×25米将配式预应力混凝土小箱梁桥,下部用桩柱式墩台、钻孔灌注桩基础,新建桥梁全长81米,桥梁布孔线与路线中心线呈正交90度,项目总投资为0.11亿元,至2020年12月,长山桥项目的钢便桥已通车,正在进行桩基础施工。大力推进"四好农村路"建设,积极进行摸底,争取2021年创建省"四好农村路"示范县。

开展津市港水运基础项目建设,津市港散货物流集散中心码头位于窑坡渡千吨级码头下游约2千米处的新洲港区澧水河段右岸,项目建设业主为津市市城市建设投资开发有限责任公司。该工程规划用地390亩,占用岸线400米,新建4个1000吨级散货泊位,设计年吞吐量为840万吨,并配备相应的装卸设备,同时配套建设相应的堆场、道路、生产及辅助建筑物、供电照明、控制通信、环保、给排水、消防工程。至2020年12月,津市港散货物流集散中心项目正在进行港口规划环评工作,下一步办理项目立项。

完成湘北干线部分路段大修项目。投入3000万元完成湘北干线5千米提质改造新洲段、毛里湖段大修整治。该项目为"白改黑"提质改造工程,将原有水泥混凝土路面提质改造为沥青混凝土路面,总长5千米。通过实施市域国省县道大修工程,进一步改善交通基础设施条件,提升公路通行水平。

城北区公交停保站及综合停车场项目是津市公交车停车与维修保养、公交首末发班、新能源汽车充电、社会小型车辆停放等功能的综合交通配套工程,该项目基地位于津市市澧水二桥高架桥北引桥下,利用现有桥洞26个,总面积13545平方米。项目建成后,将成为津市市重要的形象窗口、示范工程,也是津澧新城城市功能完善的新名片。至2020年12月,已完成地面清表、配套功能房基础开挖工作,正在进行土方回填等基础处理工作,预计2021年5月投入使用。

投入300万元完成津市市欣运汽车站提质改造工程。津市市欣运汽车站用地面积25160平方米(含商业配套用地),总建筑面积2926.08平方米,改造项目包括:站前停车坪建设,公交通道、进出站三处更换、道闸、升降式栏杆及智能化站场管理系统,重新优化长短途发班区域、设置新的金属隔离栏杆、加装隔离及警示标志,行包及货物安检进站专用通道改造,长途发班区、安检区车库原钢结构部件维修及更换彩钢瓦,修理车间屋面改造,拆除出站口原砖混值班室、改设钢构值班室,候车大厅北面门窗及候车室大厅门厅改造等。该工程于2020年5月开工建设,10月完工,项目的建成使用,有效加强车站安全管理,改善乘车环境,提升群众交通出行满意度。

投入244万元建成2套非现场执法称重系统。该项目在G353临津桥东、S516棠华街道下码头桥东两处设置非现场执法称重系统,均属于单边检测,每套均含公安交警抓拍系统和称重系统及配套设施,主要配置有动态称重子系统、智能车牌抓拍子系统、视频监控子系统、超限信息发布引导子系统,通过对货运车辆超限运输信息进行及时采集,事后进行追查处理,对超限运输车辆驾驶人违法行为进行取证。至2020年12月,临津桥不停车检测系统、棠华街道不停车检测系统已安装完成并交工,投入使用后助力治超模式由传统治超向科技治超转变,有效遏制货运车辆超限运输行为。

安慈高速公路津市段建设工程。安慈高速公路建设项目是湖南省规划的"六纵九横三环"高速公路网的重要组成部分,连接杭瑞高速、二广高速、常张高速,全长120.67千米,在津市境内约23千米,津市主要配合协调好工程建设,营造良好工作环境。至2020年12月,安慈高速津市段建设项目204户拆迁任务已全部完成。

启动《"十四五"综合交通发展规划》编制工作。津市市交通运输局把握"交通强国"战略部署,紧盯湖南省、常德市相关政策发展机遇,积极谋划项目,主动向上争取。明确"十四五"综合交通发展规划的重点任务为构建"52221"综合交通体系:新建或提质改造5条国省干线公路79.7千米。新建国道G353津市市涔水大桥至跃进湖大桥公路6.5千米,提质改造S224澧县张家滩至保河堤哑河段公路+S311哑河大桥至八宝湖公路43.6千米,提质改造S516津市新洲集镇至棠华集镇段公路11.5千米,提质改造S517津市工业园至临澧烽火公路7.5千米,提质改造S305渡口镇至药山村公路10.6千米(旅游干线公路);升级2条水运航道。津市中心港区至益阳茅草街航段升级工程、淞虎航线(湖南段)(淞澧连线)建设工程;打通2个津市全域旅游生态景观双环路网。南环串联起毛里湖、药山景区;北环串联起关山、嘉山、古大同景区;力争2条铁路过境。津市疏港铁路货运专线及呼南高铁过境津澧;构建1个澧水流域水运物资集散中心(津市港)。包含津市港二期(散货物流集散中心)及三期工程等。通过公、铁、水等多种运输方式的有效衔接及对各经济节点的支撑达到对内城乡一体化对外通畅通达。 (魏青云)

【交通行业管理】 强化水运市场监管。汲取"8·13"事故教训,全力推进水上交通安全专项整治三年行动,深入排查整改安全隐患,全年共下达隐患整改通知书15份,累计排查各类水运安全隐患167起,所有隐患均建立隐患问题清单并严格按照"一单四制"要求,全部整改到位;建立船舶船员动态预警机制。在督促企业加强船舶船员管理的同时,将208艘在籍运输船舶的船检证书、营运证书有效期及船舶配员名单进行详细摸底调查,建立台账清单,根据证书签发及有效期情况及时向相关企业、船舶进行预警提示,确保船舶证照齐全有效;推进企业安责险、船舶船员险购买工作。召开动员会、上门逐户宣传政策,推进辖区船舶由本市实力强、信誉高、理赔服务好的保险公司承保。截至2020年年底,企业安责险购保率100%,客渡船购保率达100%,货运船舶、船员购保率达80%以上;加大涉水从业人员培训力度,组织水运企业相关负责人参加上级安全教育培训,组织辖区涉水从业人员开展水上交通安全教育培训,推广常德市交通安全培训教育平台,截至2020年年底,全市6家水运企业和1家港口企业登录平台在线安全参训学员达554人;推行“船E行”APP安装使用。截至2020年年底,辖区在籍运输船舶安装使用率达100%;督促企业落实新冠肺炎疫情防控举措,及时通过企业、船员微信群向企业、码头、船员发送《港口及其一线人员新冠肺炎疫情防控工作指南(第四版)》,配合企业、港口码头完善疫情防控相关制度、值班值守人员配备、应急救援和疫情防控物资储备等相关工作;强力推进“三无”船舶清理整治,至2020年年底,津市全面完成辖区“三无”船舶清理整治62艘(含趸船附属浮趸、小船23艘),其中依法拆解53艘,整改提高完善证照2艘,7艘采砂工程船集中封存锚泊在窑坡渡指定水域;强力推进船舶和港口码头污染防治,完成辖区所有运输船舶油水分离器、生活污水处理器的安装使用和“三桶一筐”垃圾分类设施的配备,完成千吨级码头岸电、垃圾和污水处理等硬件设施建设。同时,积极对接盐田港集团津市港口公司,加快船舶垃圾收集转运处置基础设施建设,打造湖南省船舶和港口污染防治工作的标杆。督促企业、港口码头及从业人员完善船舶、港口码头环保设施,码头散货作业区均按要求增加雾炮喷淋、洒水等设施,散货堆放严格按要求覆盖,确保港口码头装卸、堆放作业过程中不发生扬尘、洒落。对船舶在航行中未开启油水分离器、污水处理器及污染物偷排、直排行为等依法实施处罚,对船员实施违法记分,并纳入失信联合惩戒对象名单管理。至2020年年底,市水运事务中心开展巡航120余次,检查船舶370余艘次,依法处罚船舶6艘,现场整改缺陷船舶37艘,检查船舶70余艘,对2艘涉嫌船舶配员不足行为进行立案查处(处罚2万元),对2起船舶船员证照过期行为进行滞留整改,10余艘存在缺陷的船舶现场督促整改到位。

开展“道路运输安全隐患清零专项治理行动”“扫黑除恶专项斗争”等专项行动,落实企业安全生产主体责任和行业监管责任,排查整改客运企业安全隐患32起,检查客运车辆1200余台次,警告教育违法违章车辆200余台次,处罚违法车辆85台;加强道路运输客运源头安全监管,督促客运站严格执行“三不进站,六不出站”管理制度、落实客运车辆智能监控平台管理制度等;开展道路运输领域“打非治违”专项整治行动,重点整治农村客运、班线客运、城市公交和网约车、旅游客运、包车客运营运秩序,依法查处黑的、黑摩等违法违规经营行为,出动稽查人员1660余人次、车辆309台次,查处违法违规车辆80台,整改“隐患”32起,停运车辆4台,净化道路运输市场发展环境,提升公共客运服务质量;开展交通运输行业“扫黑除恶”工作,对非法营运经营者及车辆名单、暴力抗法拒不接受处罚人员、多次上访恶意闹事等进行摸排,并在车站、公交站台及公交车辆大力宣传,张贴宣传标语310条,发放宣传单2200余份,悬挂横幅150余条;加大驾培市场监管力度,严把考试准入关、定期对驾培学校进行明察暗访、抽查教学情况6次,对教练车和教学场地进行安全检查28次;推进道路运输从业人员继续教育线上培训470人次、线下培训231人次,共计培训从业人员701人次;开展网上从业人员诚信考核1180人次;完成全市公交车安装防护栏和“一键式”防撞系统,提升行车驾驶安全性;津市欣运汽车站完成绿荫化停车场改造,沥青地面整修7500平方米,提升旅客出行服务水平及津市对外门户形象;筑牢道路运输领域新型冠状病毒感染肺炎疫情防控网,扎实做好全市道路交通运输企业的常态化疫情防控工作,疫情期间加强客运班线车船临时管控,临时关闭津市汽车站,所有客运班线车辆停运,津市汽车站设立专门窗口受理退票业务。做好复工复产交通保障,指导督促客运企业、公共交通企业、复工项目单位等持续落实落细工作举措,2路、6路、8路公交专线正常运营,保障园区企业职工上下班。

公路治超坚持超限站内24小时值守,共检测货运车车辆100398台。积极开展路面治超专项整治,共实施联合执法行动300余次,出动执法人员716人次,执法车辆358台次,依法查处超限超载车辆276台,合计扣分1545分,罚款215550元,卸载货物11097.41吨。全面推行公路治超非现场执法,新洲镇灵泉街道不停车检测系统共检测货运车辆38349台,立案94起,处罚94台,罚款22.9万元。2020年年底前新建成药山镇棠华街道和临津桥两套不停车检测系统。给重点监管的源头企业制作统一的公示牌、警示牌和提示牌达33块,督导2家源头企业安装了出厂称重系统和视频监控系统,巡查监管源头企业720人次,确保无一超限超载车辆出入厂区。强宣传。发放治超宣传资料3000余份,悬挂横幅标语50多条,在省、乡镇干线、高速出口设立宣传牌8块。

2020年,以安全生产“强执法、防事故”“交通问题顽瘴痼疾集中整治”“交通系统安全生产专项整治三年行动”等专项整治行动为主线,按照“排查、交办、督查、复查、问责”五步工作法,将企业自查自改、监管执法、问责、长效机制建设四项重点工作贯穿全年交通系统安全生产工作中。深刻汲取“10·28”重庆万州公交车坠江事件、“8·13”货轮倾覆事故教训,突出抓好企业主体责任和行业监管责任落实。至2020年年底,累计检查全市交通运输企业345家次,责令停产停业3家,暂扣、吊销许可证照235个,取缔关闭1家,约谈企业负责人5次,安全例检消除一般安全隐患34起。全面完成交通问题“顽瘴痼疾整治”

任务。整治全市公路安全隐患，排查出危险路段隐患174处(农村公路隐患点60处、国省干线隐患点114处)，制定隐患问题针对性整改方案，并按照整改时间节点要求督查责任单位整改到位；针对检查发现的企业重大安全隐患行为，实行曝光处理并上报省交通厅备案进行挂牌督办，督促企业落实治理措施，已按时间节点整改到位；开展打非治违、“两客一危”车辆整治工作，全市原有800千米以上的长途班线客车4台已全部整改；督促各客运企业组织驾驶人员进行春运、清明、“五一”、端午、汛期、中秋、国庆等重大时期消防安全知识及恶劣天气安全行车教育，开展安全隐患自查，道路客货运输严格贯彻落实《关于加强道路客运企业和车辆管理实施意见》，规范营运、非营运及“营转非”客车登记管理，800千米以上客运班线已全部取缔停运。严格落实“三不进站、六不出站”、实名制购票等制度，加强道路客运安全源头化管理，整治客车变相挂靠经营行为，推动道路客运企业全面实行公司化经营。开展营运驾驶员安全文明教育培训专项行动，组织所有营运驾驶员和车主分级、分层全部接受一次职业道德、安全文明驾驶、和应急处置能力等教育培训和考核。结合疫情防控和汛期安全管理，宣传安全生产检查和防灾抗灾应急演练等工作，共制作宣传展板6块，发放印有各类交通运输安全知识小学生作业本800余本，宣传资料1200余份,接受现场咨询1000余人次。

强化交通在建项目施工质量安全监管责任，至2020年年底，对津市境内脱贫攻坚27千米自然村通水泥路工程、28千米农村公路安防工程完成施工全过程监管。检测验收2020年危桥改造项目桥梁。完成车站改扩建、引水渠钢栈桥、长山湖钢栈桥项目监督检查和检测验收，协助完成澧水二桥项目交工验收。对在建工程项目公交停保站、林场公路、长山湖桥、桃花山桥等项目进行严格监督检查。全年共开展综合检查12次，专项检查2次，下达监督检查通知书1份，工程项目监督覆盖率达100%。

梳理依申请类行政审批事项，对13项依申请类保留事项流程按要求进行优化，审批时限为法定20个工作日的，承诺办结时限为7个工作日；审批流程需内部流转的，做到一窗口办结、一站式服务，做到服务群众“最多跑一次”；简化申报资料，做到能共享、可查阅、不重复收取。按要求清理53项交通部门公共服务事项，对保留的48项交通公共服务事项设定依据进行补充完善，5项不属于本单位的公共服务事项依法进行划转；参加省市法律法规培训5次，新进执法人员通过执法资格培训考试取得执法资格证；全系统在编人员除14人按规定申请免考外，111人在学法考法网上考试中全部通过，参考率与合格率均达100%。

（王浩、贺欢、万霞、田宗森、王芬、杨哨、鲁淑娣、刘佩佩、肖嘉威）

公路建设养护

【概况】2020年6月12日，市公路建设养护中心正式挂牌运行。市公路建设养护中心为市交通运输局所属正科级公益类事业单位。其主要职责是负责市域国省县道公路的建设、养护、管理，负责市域农村公路养护管理和养护以奖代补资金的发放。市公路建设养护中心核定人员编制48名，其中，全额拨款事业编制18名(到岗10人)，差额拨款事业编制30名(在岗23人)，合计在岗人员33人，退休人员21人。

2020年，市公路建设养护中心为迎接交通运输部五年一度的国省干线公路路况评定、落实省政府交通问题顽瘴痼疾整治，共投入公路项目建设资金4300万元。其中，市本级拨款2668万元，上级补助资金1632万元。公路建养事业迎来良好发展局面。

2020年，湘北公路提质改造大修工程

2020年，市公路建设养护中心被常德评为公路系统国省干线公路养护工作红旗单位、公路系统大中修工程建设工作优秀单位、安全生产工作红旗单位，并荣获常德市交通问题顽瘴痼疾整治工作二等奖。

【公路养护】2020年，共清理路肩140千米、清理水沟2万米；处治坑槽及裂缝7000余平方米；完成G353线涔水桥路段800平方米破碎板处治及增设400米钢护栏；排查处置安全隐患45处，排查并整治各类道路隐患和交通问题顽瘴痼疾158处；对湘北干线白蚁病害进行了防治；完成八座桥梁安全等级检测。（林霞）

【项目建设】2020年，完成干线公路新洲桥维修加固、中南桥拆除重建，完成农村公路长岭桥、双堰桥拆除重建；完成湘北公路5.054千米即新洲段2.5千米（S224线桩号K68+893—K70+393、K84+000—K85+000)、毛里湖段2.554千米(S224线桩号K87+823—K89+323、S311线桩号K9+477—K10+531)提质改造大修工程；完成白衣镇1.125千米(S516线桩号K20+034—K21+159)水泥砼路面破碎板处治。

（林霞）

2020年，S516线水泥砼路面破碎板处治

邮 政

【概况】2020年,“中国邮政集团公司湖南省津市市分公司”更名为“中国邮政集团有限公司湖南省津市市分公司”共有员工113人,其中A、B类合同用工62人,C类27人,承揽人员12人,另有外包人员12人。辖寄递业务部、市场经营部、综合办公室、安全质量稽查室、金融业务中心(与中邮保险局合署办公)、集邮与文化传媒中心、渠道平台中心。下设九澧支局、北大路支局、桥南支局、窑坡渡支局、保河堤支局、渡口支局、棠华支局、白衣支局、灵泉支局、人民路邮政代办所、李家铺邮政代办所、涔澹农场代办所、新洲代办所,其中属自有资产的有九澧支局、北大路支局、窑坡支局、保河堤支局、渡口支局、棠华支局、白衣支局,其他网点均采用房屋租赁的方式经营,但其设备资产属于自有。

2020年,经营收入4173.98万元。在2020年常德市邮政劳动竞赛中,津市分公司获“优秀协同奖”;分公司获“快包攻城竞赛二等奖”;分公司获“常德邮政五星闪耀劳动竞赛优秀处理中心”“2020年全市邮政最优服务实践单位”;津市城区投递部获“优秀投递部”;灵泉营业所获“财富管理客户价值提升优秀支行”;董林获“明星督训师”;揭拥军获“常德邮政五星闪耀劳动竞赛明星分拣员”及“2020年全市邮政明星服务质量员工”;梅文君、高丽、李丹等获全市“明星集邮营销员”;吴元获全市“党建先进工作者”及全市“2020年度优秀工会工作者”;李小云获2020年度全市“平安邮政”先进个人;刘梦颖获“2020年度全市邮政信息工作先进个人”,其视频类作品《谢谢你,中国邮政》获“全市邮政新闻宣传优秀作品”。(周志武)

【邮政储蓄】2020年,完成金融收入2547.88万元,完成计划的92.01%,较2019年全年多增63.4万元,年增幅为2.55%。其中储汇收入完成2220.15万元,完成计划的96.99%,年增幅为5.11%;短信收入完成101.3万元,完成计划的92.09%,年增幅为0.44%;保险收入完成226.42万元;全年新增总资产2.46亿元,其中余额新增1.09亿元,规模达到15.39亿元,理财新增2892万元,新单保费3626万元,其中长期期交占比25.49%,基金销售7174万元。

(周志武)

【寄递业务】2020年,包快总收入完成705.42万元,超产125.42万元,增幅49.82%,完成年进度121.62%,在常德市排名第三;其中快包收入完成648.51万元,增幅57.61%,完成年进度的184%,在市公司排名前三;特快完成45.57万元,同比增长16.59%;国际收入完成2.12万元,2019年同期1.29万元,同比增幅64.34%;物流收入完成6.28万元;其他收入完成2.97万元。全年业务量完成300万件,2019年同期业务115万件,同比增长160.89%。

(周志武)

【集邮与文化传媒业务】2020年,文创业务得到健康稳定的发展,完成全年收入387万元,完成年计划的100%,增幅8%。其中函件完成148.01万元,完成年计划的100%,报刊完成118.91万元、完成年计划的88%,集邮完成120.08万元、完成年计划的120%。“车优保”项目完成30单,形成收入61200元,率先完成目标。(周志武)

【报刊发行】2020年,完成总流转额439万元,形成收入100.97万元。完成《湖南日报》、《人民日报》、《常德日报》、《求是》杂志、《新湘评论》、《经济日报》、《光明日报》、《新华社每日电讯》、《中国日报》等主要党报党刊期发份数共计2683330份、其他报纸共计350万余份、其他期刊共计230万余份。(周志武)

电 信

【概况】中国电信津市分公司为客户提供高效化、差异化、智能化和规范化服务,践行“提速降费”的社会责任。津市分公司辖新洲分局、药山分局2个分局,建设路营业部、北大三路营业部、桥南营业部3个营业部,除自有中心营业厅外,在城乡街道上设有23个网点,服务网点均匀分布、遍布城乡。

中国电信津市分公司是集完整的固定网、移动网、基础网、数字专网和电视网为一体的通信运营企业,拥有覆盖地域城乡的网络体系,具备智慧服务和数据运营能力,是津市市最完备的基础网络运营商和综合智能信息服务运营商。主要经营品牌及业务有:移动、宽带、天翼高清电视等。公司围绕规模效益发展,2020年完成总收入4473万元,年度累计收入增幅为5.9%;移动规模65477户,同比增长12.12%;宽带规模30729户,同比增长10.14%。电信宽带进入千兆时代,基于互联网技术的手机支付“翼支付”正逐步发展成为本地互联网金融生态圈。(汤静)

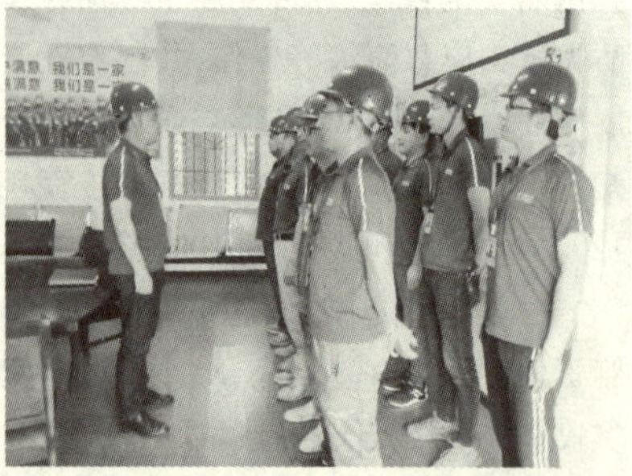

打造精品装维

【网络设施建设】2020年完成工程项目27个,工程投入资金330万元,配合市政府工程和交通道路工程施工,修建地下管道、移改光缆分纤箱、拆除电杆、迁改各类光电缆。致力数字乡村建设,以“新基建+”打造乡村振兴的数字化新引擎,建设投入200多万元,用于4G、光网全覆盖补盲;整合5G网络、平台、技术优势，主建“雪亮工程”，助力“平安乡村”建设，建成“平安乡村”智慧家庭入户 3000 户，接入“雪亮工程”平台与之形成互补，织密农村治安防控网，健全乡村无盲区安全视频监控系统。

中国电信津市分公司通过同步数字体系、波分等传输承载网进行网络优化、升级，实现全光网改造，能给普通家庭宽带提供 200M 上网速度。推进信令网关网络建设、维护网信安全工作，打造“值得信赖”电信品牌，以综合智能信息化应用为“工业立市、产业兴城”战略提供高质量服务支撑，以智慧城市为总揽搭建“一库两平台”“智慧城市”“智慧医疗”项目，实现 5G 的打底覆盖和场景应用。聚焦推进“互联网 + 政务服务”全方位服务经济与社会，助力党政协同办公、城市信息化建设和网上服务力度。为小微及初创企业提供扶持，为“互联网+”在各行业落地以及“大众创业、万众创新”提供坚实可靠的承载。通过网络优化，城市宽带光网占比 100%，农村宽带光网占比 100%，全面完成互联网化提升指标。农村全面启用密波分电路，提高网络稳定性，保证天翼高清的质量。截至 2020 年年底，共建设 4G 基站 128 个、5G 基站 18 个、主干光缆 20 万皮长千米。

【企业文化】中国电信津市分公司公司秉承“用户至上、用心服务”的服务理念和“追求企业价值与客户价值共同成长”的经营理念，以全新的多业务、多网络、多终端融合及价值链延伸，努力使信息化成果惠及社会各行业和广大人民群众。做好扶贫点村的通信基础设施建设和光网整村推进工作，开展电信业务促销信息扶贫活动，认真落实扶贫工作责任。

深入推进“强基础、铸品牌”，落实员工幸福工程，开展丰富多彩的员工活动。举办“凝聚奋进力量我运动我快乐工会户外活动”、团队风采展示、“迎中秋 庆国庆”趣味运动会比赛等，培养团队协作能力、发挥群策群力精神，企业团结和谐，员工奋发向上。被中国电信常德分公司评为先进基层党组织、业绩管理先进单位。

趣味运动会比赛

坚持企业与社会、环境及利益相关者和谐共生，履行社会责任，热心参与公益事业，自觉承担社会义务，经常性参加社区组织的志愿者服务，为津市平安创建出份力。广泛开展节能减排活动，落实共建共享政策，避免资源浪费和重复建设。获得守合同重信用单位、维护消费者合法权益先进单位等荣誉称号。

团队户外活动

联通通信

【概况】中国联通津市分公司下辖综合部、市场部、商企部、网运部 4 个部门，城区、乡镇设营销服务网点，坚持“用我百倍用心，换您百分满意”的服务理念，竭诚为用户服务。

中国联通津市分公司提供电话业务、互联网接入及应用、数据通信、视讯服务、国际及港澳台通信等多种类业务，能满足国际、国内客户的各种通信需求。2020 年，联通津市分公司完成主营业务收入 1870 万元，移网规模用户 30150 户，宽带用户 4816 户。

【网络基础建设】2020 年，津市网络新增和共享站点 24 个，新增合作商项目 16 个，配合津市政府城乡建设，城区、乡镇及津市长山桥、中南桥、保河堤岳阳路光缆改迁，网络优化 18 次，投资金额约 800 万元。

成立以联通津市分公司牵头，移动、电信、广电、铁塔公司为成员的通信建设工程质量监督分站，加快编制通信基础设施专项规划，积极推动城市资源开放共享，加强光纤到户建设工作全过程监督管理。迅速解决药山寺景区的手机网络覆盖问题，为促进津市通信网络建设和文化旅游发展做出贡献；积极参与市政府“雪亮工程”建设，解决新村社区烟霞居小区的基站辐射投诉问题，提高群众满意度；推进网络扶贫行动，提高新一代移动网络覆盖水平，进一步加大网络提速降费力度，减轻贫困人口宽带网络使用负担。同时解决了联通津市分公司定点扶贫对象白衣镇金坪村的网络覆盖问题，与金坪村村部联合开展信息化扶贫活动，为贫困户普及网络通信知识。

【创新与发展】积极参与市政府智慧城市建设，与政府相关部门就 5G+ 智慧城市方案进行交流和探讨，对 5G 网络建设、“一库两平台”、大数据、智慧交通、智慧警务、智慧政务、智慧社区，包括万寿苑小区智能改造、澧水一桥桥头红绿灯自适应改造、汪家桥派出所电子围栏及智能识别建设、高新区VR展厅建设、城市大脑建设等内容做出详细的规划,以智能化的应用提升资源利用效率,优化城市管理和服务,改善市民生活质量,推动智慧城市可持续发展。

"5·17"电信日营销活动

积极参与"部门服务企业"活动,对政府指定帮扶企业好润佳超市在通信方面提供多种解决方案。宣传推广市政府各项企业服务政策及活动,为企业困难员工冬送温暖、夏送清凉,加强企业员工之间的联系,与帮扶企业共同发展。

(叶芳)

移动通信

【概况】2020年,津市移动分公司秉承"正德厚生、臻于至善"的企业核心价值观,围绕"以党建为统领,创世界一流企业,做网络强国、数字中国、智慧社会主力军"总目标,践行"信息通信技术从助力经济发展的基础动力,向引领经济发展的核心引擎加速转变"要求,锐意进取,聚焦高质量发展要求;坚持以加快业务发展为中心,以强化管理为保障,以巩固网络优势为支撑,以强化客户服务为企业社会责任,持续保持良好的发展态势。连续多年被常德和津市市消委授予"消费者信得过"单位;连续多年被常德和津市市工商行政管理局授予"重合同、守信用"企业;近几年移动分公司荣获许多荣誉称号,有"常德双文明单位""中国移动集团模范职工小家""省级文明单位""常德市消费维权先进单位""津市绩效评估先进单位""治安联防先进单位"等。2020年客户规模达到10.34万户,新增5G用户2.78万户。

(马文锋)

【业务发展】2020年,津市移动分公司以业务发展为中心,实现移动业务量收大步发展,客户规模达到10.34万户,新增5G用户2.78万户,宽带用户2.7万户,上缴税收129万元。打造精品网络,提供一流网络服务能力。以5G建设为契机,累计投资完成1500余万元,完成6个5G机房的新建和改造,79个5G基站站点设计规划,开通5G基站14个,现有的4G网络实现网络无缝覆盖。营销网点均匀分布,每个乡镇有2个以上营业网点,每个行政村有服务站,新增一级渠道3个、二级渠道5个。对每个区域网点配有专职网格,由城区网格、桥南网格、乡镇网格组建的三网格主要是加强渠道网点的管理和支撑,及时和便捷地为广大客户提供有效服务。

(马文锋)

【优质服务】2020年,坚持"诚信"的服务理念,提高客户服务水平。以"满意服务"为主题,相继开展"诚信服务,满意100""垃圾短信治理""加强用户信息安全教育管理""规范内部外呼营销管理""不知情专项整治"等服务活动,在常德全市客户服务满意度考评中均获第一名成绩。秉承"正德厚生,臻于至上"的企业核心价值观,以全面提升信息通信保障能力、服务品质,为地方经济发展服务,构建和谐社会做贡献。参与精准扶贫点村建设、移动信息化村建设和"雪亮工程、智慧城市"建设,救灾保通信,抗疫献爱心,与社区、居委会携手参与"志愿者活动""综治维保活动",做好公益事业。

(马文锋)

住房与城乡建设

【概况】2020 年，津市市住房和城乡建设局（市人防办）严格按照职责范围，圆满完成建计划项目 17 个、水环境治理项目 3 个、海绵城市建设项目 7 个、危房改造 198 户、隐患房屋整改 718 户、建筑项目监管 56 个（新建 41 个、续建 15 个）以及全市市政设施和绿化维护管理等各项工作任务。被评为津市 2020 年度全市落实党风廉政建设主体市直先进单位、2020 年度平安建设优秀单位；常德市文明单位，常德市物业管理与老旧小区改造先进单位、建筑管理先进单位、城市建设管理先进单位、城市水务管理先进单位、人防稽查宣教与行业专项整治先进单位；湖南省 2020 年度供水燃气突出单位。

【项目建设】2020 年，完成城建计划项目 17 个。分别是二办城中村黑臭水体治理、澹水堤顶路灯安装、2020 年春节公园广场道路节日亮化、城市夜景亮化灯饰维修工程、果皮箱添置、市政设备添置、240 升垃圾绿桶添置、采购 3 立方米垃圾勾臂箱、采购 8 吨密封式垃圾转运车、小街小巷改造、2020 年城市花卉栽植摆放工程、2020 年城市零星地块绿化工程、澧水风光带花桶及空地花卉栽植、新建停车场、澹津公园黑臭水体治理、城东吉安驾校（旁）臭水塘治理、国家卫生城市周期复审工程临时施工。

完成津港大道改扩建工程：该项目总投资约 8000 万元，北起清远路，南经保堤路、丝绸路、窑坡大道、龙岗路后接津市港，向西（嘉山大道）顺接孟姜女大道，道路全长 2953.79 米，路宽 15 米（不含人行道及配套），双向 4 车道。项目建设主要为土石方、沥青面层、雨污水、挡墙、桥梁、管线、交通绿化、亮化工程等，2020 年 10 月建成通车。

完成澧水风光带建设工程综合竣工验收：该项目于 2020 年 5 月完成综合验收并全面开放。津市澧水风光带位于澧水河北岸，西起杨湖口，东到小渡口民生船厂，岸线总长 4.5 千米，总用地面积 35 万平方米。项目由津市市城市建设投资开发有限公司投资建设，中国水利水电八局有限公司中标承建，中标金额为 1.61 亿元。按照地方债务风险管控总要求，总投资 1.2 亿元。栽植樱花、二乔玉兰等观赏植物 35 种，建成雨水花园、下沉式绿地等绿化面积 12.75 万平方米；景石点缀，花桶添彩，确保四季有景、移步景异；铺设 8900 平方米堤顶塑胶慢跑道，堤下铺设石材步道 4 万平方米；按照“健康中国”全民健身的总要求，修建足球场 1 个、篮球场 1 个、羽毛球（网球）场地 1 个、乒乓球台 3 个、门球场 1 个，健身器材 40 套；完善风光带内基础设施配套，新建 150 个停车位、4 座公共厕所及管理用房，安装休闲座椅；新建 28 米高全木结构大观楼，修复 4 处仿古闸口，保留 3 处原码头及设备，传承、延续、记忆津市历史人文特色；严格遵循防洪评估要求，根据澧水历年防汛水位，多次修改调整设计方案；沿岸、沿河安装防护栏 1600 米，修复上下踏步 28 处；连通天网系统，设置视频监控、音响等，确保安全游览。澧水风光带已成为集游览、休闲、文化、娱乐、健身于一体的好场所。

10 月 8 日，津港大道沥青路面施工

5 月，建成后的澧水风光带

【供水供气】2020 年，全市共有自来水厂 2 家，分别是白龙潭水厂和谢家堰水厂，日供水量 7.5 万吨。谢家堰水厂总投资 5900 余万元，于 2020 年 12 月完成并运行,彻底解决“东线”农村5万余人的安全饮水问题。对城市供水管网进行更新改造,城市供水管网漏损率控制在10%以内。全市共有管道燃气公司1家,用户近3万户,燃气管道总里程约150千米(不含入户),瓶装燃气企业6家。启动总投资1.17亿元的市乡镇天然气建设项目,投资300万元完成城区燃气管网建设,提高城乡接合部通气率。

【水环境治理】完成城北区城乡接合部黑臭水体整治及生态修复工程和实施城北城乡接合部污水处理站及配套污水管网建设工程。投资700余万元,完成二办城中村黑臭水体、澹津公园黑臭水体、城东吉安驾校(旁)臭水塘3处黑臭水体整治,面积3万余平方米。配合乡镇完成9处农村黑臭水体治理,改造投入1556万元。落实河湖长责任制,每月至少巡查1次。投入8万元对澹水河进行水生植物及白色垃圾清理,4次组织志愿者开展沿河生活清理,澹水河湖洁净。

2020年,澹津公园黑臭水体治理后效果

2020年,吉安驾校旁黑臭水体整治后效果

【市政设施维护】2020年,市政处投入300多万元,完成全市28条主次干道及人行道、42千米排水管网、18万平米人行道、7200盏路灯的精细维护。沥青灌缝21174米,沥青砼路面裂缝处理16127米,路面填补3122平方米,人行道维护2625平方米,混凝土修补275立方;排水疏通22880米,子沟疏通2435米,泄水井疏通2169座,井盖更换68座,更换泄水板34块;更换灯具1185个,线路维护2213米,更换LED模块197套、空开281个、智控钟18台、铝芯线166米,新装马路弯灯29盏,敷设管道112米,路灯车出动415台班。

【绿化管护】2020年,园林处投入近300万元对全市约77万平方米公共绿地进行管护。全市乔木修剪2次、刷白1次、病虫害防治3次、乔木树穴板除杂12次、树穴板整理1次,麻石树池更换修复517块、100毫米×100毫米的广场砖修复2356块、乔木补栽50株;满灌修剪12次、病害防治8次、除杂12次;灌木修剪12次、病虫害防治8次;草坪修剪10次;乔灌木及满灌集中施肥2次;渠化岛花卉摆放5次,约15万盆、除杂8次、施肥4次;垂柳飘絮治理1次,大叶女贞控籽治理1次,各广场乔灌木白蚁防治2次。

【生活污水处理】2020年,全市生活污水处理厂1家(包括一、二期),日处理能力由2万吨提升到4万吨,生活污水处理厂实际日处理水量在3.6万吨—3.7万吨,出水水质达到一级A标准。投资1900余万元,启动日处理能力3000吨的城北城乡接合部污水处理站及配套污水管网建设工程,预计2021年投入使用。

【海绵城市建设】2020年,全市海绵城市建设投资近4000万元,完成汪家桥街道办事处城中村黑臭水体改造、吉安驾校旁水体治理、澹津公园黑臭水体治理、兰津广场、城北水环境治理一期、戚家广场、五办团湖公园等7个海绵项目。同时要求恒盛世家、新天地二期、津市市公安局业务技术用房附属配套工程(二期)EPC项目等落实海绵元素建设。

【村镇建设、脱贫攻坚】2020年,全市分两批纳入危房改造的6类对象198户,存在质量安全等问题需整改的对象718户,年底全面完成改造。系统各单位结对全市4个乡镇8个行政自然村64户贫困户,各包保人员年内开展5次以上走访帮扶活动,按照全市统一要求,年底全部完成脱贫工作。

【招投标】2020年全年共监管建设招投标工程17个,其中公开招标17个,招标项目中标金额28544.32万元。工程招标项目的公开招标率均达到100%。结合全年招投标专项整治的要求,起草《津市市住房和城乡建设局关于房屋建筑和市政基础设施工程建设项目招投标突出问题专项整治工作方案》,开展对照新办法查执行情况、对照文件清理查地方规定、对照清理时段查往年招标文件、对照工作要求开展标后稽查等一系列专项整治活动。启动电子招投标工作。

【建筑业管理】2020年共办理施工许可41份,涉及施工企业21家,新报建建筑面积31.4万平方米,总合同造价达到7.7亿元。全年竣工面积18万平方米,产值约4.5亿元。牵头完成工程建设审批改革工作,做到了线上审核“秒批”,住建部门工程建设审批资料压缩90%左右,从“厘米级”压缩到“毫米级”,实现工程建设线上审批,实现不见面、无纸化审批。

控制工程质量,完善监管体系,强化工程实体质量和行为监督。严把混凝土质量关。质安站每月对商品混凝土生产企业的砂、石、水泥等原材料进行抽样检测,对抽检不合格的材料责令退场。全年抽检细集料不合格1次,退场40吨。企业自行退场细集料2次约60吨。全面实施建设工程唯一性标识见证取样工作,混凝土试件统一采用二维码唯一性标识。全年对市商混企业共进行5次约谈、1次停业整改。严把钢筋隐蔽验收关。加强对钢筋隐蔽验收的监管,重点检查钢筋锚固长度、箍筋加密区、绑扎质量、节点核心区等。基础、地下室顶板、转换层、标准层首层、屋面结构的隐蔽验收项目监督组派人参加,其他标准层隐蔽验收采取抽查的形式。严把首层(步)达标验收关。深化质量常见问题治理，要求在建项目砌体、粉刷和脚手架工程必须实行首层(步)达标验收。

实施“四项机制”助推安全生产管理。开工约谈机制。月口令巡查机制。技术支撑管理机制。全年共3次聘请第三方检测机构对全市在建项目所有建筑起重机械设备进行监督检测，共检查设备208台次，消除各类隐患64项；安全回访机制。对发现的125项问题在规定时间内进行回访，督促安全整改到位125项，做到安全生产隐患全部销号。

全市建筑工地严格落实扬尘治理“8个100%”。工地现场围挡和外架防护100%全封闭，围挡保持整洁美观，外架安全网无破损；施工现场出入口及车行道路100%硬化；施工现场出入口100%设置车辆冲洗设施；易起扬尘作业面100%湿法施工；裸露黄土及易起尘物料100%覆盖；渣土实施100%密封运输；建筑垃圾100%规范管理，集中堆放、及时清运，严禁高空抛洒和焚烧；非道路移动工程机械尾气排放100%达标，严禁使用劣质油品，严禁冒烟作业。

消防工作取得新进展。2020年，共计受理消防设计审查21项，办结16项；受理消防验收15项，办结13项。9月开始，止式使用消防验收备案抽查系统，至年底，已网上办理2项。聘请第三方机构参与消防施工过程监管，全年开展2次集中检查、12次常规检查，覆盖全市所有在建项目，督促存在较大消防隐患的4个项目完成整改。不定期对在建工地的生活区、办公区、施工区进行检查，要求必须配备临时消防通道、消防水源及足够数量的消防器材和设施。

11月13日，全市2020年建筑工程施工现场消防培训和应急救援演练

安排专人参加上级组织的消防专业培训，邀请常德市住建局消防科提供技术指导和支持，以确保消防审查验收工作的顺利开展。全年在建筑工地开展2次消防知识培训和消防应急演练，进一步提高全市建筑业消防安全意识及突发火灾事故的应急能力。

2020年来，持续加大建设工程质量、安全、扬尘治理、文明施工等各方面的技术指导和监管力度，全市建筑行业形势持续向好，品质工程再创新高。津市六合城·望江府3号楼获评2020年上半年常德市建筑施工质量管理标准化示范观摩工地和2020年下半年常德市优质结构工程奖；津市六合城·望江府获评常德市2020年安全生产标准化示范观摩工地；津市六合城·凤凰台获评2020年下半年常德市质量管理标准化示范观摩工地和2020年安全生产标准化示范观摩工地；津市市人才公寓公租房项目荣获省级安全生产标准化示范观摩工地、成功创建津市首个“党建示范工地”并在全省建设系统广泛推介。

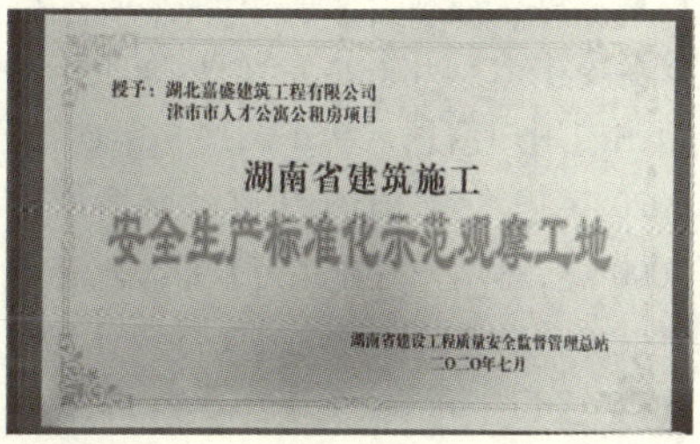

市人才公寓公租房项目荣获“湖南省建筑施工安全生产标准化示范观摩工地”

1月3日，市人才公寓公租房项目临时党支部组织开展“送健康到工地”体检活动

【人防管理】2020年共进行行政审批150989.37万平方米，易地建设6035.57平方米，收缴易地建设费3057896.85元。对2013年以来的项目进行清理清查，涉嫌违规减免人防易地建设费项目共计15个，其中政府投资项目11个，涉嫌违规减免资金516009.85元。社会投资项目4个，涉嫌违规减免资金1385796.65元。两项合计涉嫌违规减免资金1901806.5元。人防办通过调查、协调，针对相关项目开展整改，于2020年6月30日前将欠费追缴到位。

【城建档案】城建档案馆新增“津市市后湖公园西湖景观改造工程”“津市市九澧大道东段（凤凰路—洞庭大道）改建工程”等7项工程档案63卷入库，“津市市澧水风光带建设项目工程总承包(EPC)”“津市城南综合停车场建设用房及附属工程”等42项建设项目在线上传，历史档案完成800余卷。全年共有45人查阅67卷资料。

【疫情防控】严格按照防疫指挥部要求，落实单位系统职工人员摸排和疫情防控工作。配合市防疫指挥部，住建系统质安、市政、供水等多部门积极响应，三天三夜助力建成津市隔离医院。

制定《津市建设施工领域疫情防控期间复工工作方案》，坚决落实“五个必须到位”(复工方案必须制定到位，人员摸排必须到位，防疫措施必须到位，防疫物资必须到位，生活保障必须到位)。根据各地区实时风险分级来对工地进场人员科学把关，组织安排全市建筑工地300余人进行核酸检测，对2900余人逐一排查，排查通过后统一制发“津市市建筑工地疫情期间工作证”，所有人员凭证进入工地，降低施工现场人员

3月10日，市卫健局组织建筑工地重点人群进行核酸检测

管理难度。先后安排30余名防疫联络员驻守各复工项目,帮助项目复工复产和疫情防控。津市市建筑工地节后复工数量和复工人数稳居常德各区县前列,且未发生任何疫情感染情况,做到疫情防控和复工复产"两手抓、两手硬"。

供　　水

【概况】 常德津市北控水务有限公司是北控水务集团中部大区湘西北业务区下属项目公司,承担津市市城乡一体化供水服务,供水能力8.5万吨/日,服务人口近24万人。2020年,获得市优化经济发展环境综合测评第二名,获得"津市市文明企业"称号、获得津市产业工人技能比武、"五小"竞赛优秀成果奖及优秀组织单位称号、获得疫情防控通报表扬、获得"湖南省供水行业先进单位、先进集体"称号、获得大区"安全生产月"优秀运营团队奖。参与社会公益,筹集资金5万元,相继开展精准扶贫、慰问困难党员、特殊水费减免。工会结合实际情况,开展春节体育竞赛、妇女节健康讲座、儿童节快闪拍摄、建军节慰问退伍老兵、炎炎夏日送清凉等活动。参加第一届"住建杯"干部职工气排球比赛,获得组织奖。

【人力资源】 2020年,在职员工142人,其中中级职称12人、中级以上技师4人。李惠被中国国际科技促进会县镇水务分会任命为副秘书长,同时被评为集团优秀项目总经理;李燕萍获得市推新办"百优员工"通报表彰;胡旋、刘斌、刘健获得集团网络大学"学习达人"称号;毛新宇获得大区安全生产月优秀个人奖。全年技能培训15次,包含水质及工艺、工程造价、测漏维护、财务集采、信息化等。

【疫情防控】 2020年,配合市疫情防控指挥部宣传与劝导,提前完成新建隔离医院通水任务,开展"抵抗疫情献爱心"活动,累计捐款4500元。对欠费用户不停水、免除违约金、免除阶梯水价。支持企业复工复产,线上对接、上门服务。加强水质采集频次,确保疫情防控期间的安全供水。

【生产运营】 2020年,落实安全生产主体责任,加强安全生产组织领导,完善水厂、管网安全生产应急预案,定期安全检查、隐患排查,组织安全培训5批次、消防及安全演练4批次、全员年度职业健康体检。全年生产安全、品牌安全零事故。开展水表普查,完善供水范围内用户信息,纠正漏抄、错抄等。2020年售水量1355万吨,新增用户4000户,总用户达5.7万户,水表芯片挂装4.7万块,水表轮换210块,其中DN40及以上水表28块,乡镇38块趸售水表更换为远传超声波流量计。市政管网延伸4.2千米、管网改造0.5千米,老旧小区给水改造11处(新码头、明珠楼、万寿苑等),新增消火栓28台、新增阀门(DN500及以上)13台。开展专项检漏2次,共查处暗漏54处、明漏13处,出台《管网检漏管理办法》,管网维护累计1057次,其中DN100以上243次,管网末梢定期冲洗221次,产销差率降低10%,管网水压力合格率98%,抢修及时率100%。

津市澧水大桥漏损管网更换

停运PPP合同外的金鱼岭、沈家台2家水厂。谢家堰水厂改扩建竣工,供水量1万吨/日。严守供水安全红线和底线,编制水厂运行指导书、增加水厂化验人员、增加管网水质采样点、开展混凝实验指导生产投药、恢复水质在线仪表运行、整改滤池滤板、补充滤砂。水质检测日分析35930项次、全分析2164项次,管网水监测2642项次。出厂水综合合格率100%,管网水综合合格率99.9%。强化设备设施管理,完成谢家堰

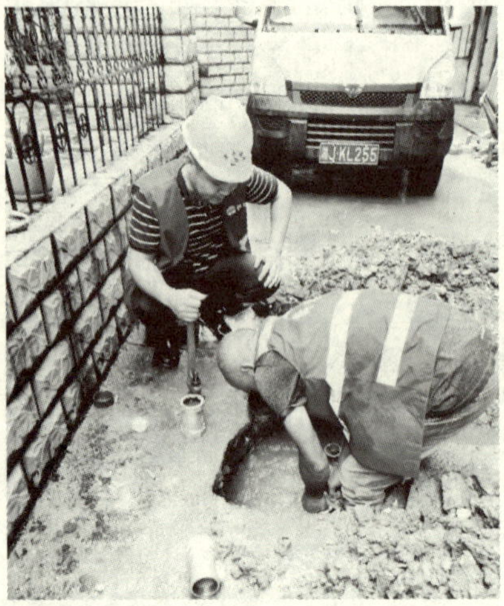

6月,保障一中高考考点安全供水

表14　　2020年津市市供水价格一览表

用水类型		基础水价(元/立方米)	污水代收(元/立方米)	小计(元/立方米)
城区	居民一阶梯(15立方米以内)	1.75	0.80	2.55
	居民二阶梯(16-25立方米)	2.63		3.43
	居民三阶梯(25立方米以上)	5.25		6.05
	特种用水	7.00		7.80
	非居用水	2.63		3.43
乡镇	居民生活	2.00	—	2.00
	居民非生活	2.40		2.40
	趸售	0.80		0.80

水厂次氯酸钠系统改造、厂站水泵机组3台套大修改造、自动化控制升级改造等项目,白龙潭、谢家堰2家厂设备完好率98%。

白龙潭水厂

谢家堰水厂

【星级创建】按照集团运管中心《运营过程管理评价标准》328项条款,科学建立生产管理、设备管理、客户服务管理、管网运维管理、工程管理、安全管理、综合管理质量管控体系。规范制度流程,编制内控制度150个、部门责权书15份、岗位说明书71类。组织全员培训、邀请专家辅导,召开誓师大会"开弓没有回头箭,誓要三星落我家"。通过集团运管中心星级验收测评,获得集团三星级供水运营企业称号,创造集团"从零到三"的历史性跨越。

住房保障服务

【概况】津市市住房保障服务中心为市住建局管理的公益一类正科级事业单位。至2020年年底,住保中心内设7个股室:办公室、人事股、财务股、法制股(房政稽查大队)、市场监管股、物业管理股、公租房管理股。代管市征收办(7人)1个副科级全额拨款事业单位,辖市房地产综合经营公司、市房地产交易所2个股级单位。

2020年,完成保障房建设610套,分配公租房226户,棚户区改造1677户,房地产市场交易18.58万平方米。保障性安居工程和棚户区改造两项工作获常德市先进单位。住房保障、物业管理和老旧小区改造获常德市先进单位。被评为常德市文明单位、2019年常德市社会治安综合治理(平安单位创建)良好单位;被津市市委、市政府评为2020年平安建设工作先进单位。（杜雅琴）

【疫情防控】2020年年初,面对突如其来的新冠疫情,根据津市市新冠肺炎疫情工作指挥部要求,市住房保障服务中心全体人员放弃休假,成立疫情防控工作小组,全力投入疫情防控工作第一线,把5个办事处划分成6个督导组,按照全员参与分片包保责任到人开展工作,奔赴全市各物业小区,与街道社区居民共同守好"最后一道防线"。组织全中心党员干部参加抗击疫情募捐工作,接收91名党员干部捐款13900元,为此次抗击疫情做出应有贡献。

（杜雅琴）

【住宅开发】2020年,全市住宅新建面积43.6882万平方米,其中,湖南六合置业有限责任公司津市分公司开发六合城13.6万平方米,湖南嘉晟置业有限责任公司开发嘉晟新天地二期3.14平方米。津市市中意房地产开发有限公司开发中意幸福里二期0.7万平方米。湖南鑫大置业有限公司开发国际名苑三期2.69万平方米。津市市丰华房地产开发有限公司开发丰华城1.33万平方米。津市市鸿鹰祥房地产开发有限公司开发鸿鹰星都6.68万平方米。津市市兴发棉业有限公司开发恒盛世家1.2万平方米。津市市新型房地产开发有限公司开发嘉和苑1.58万平方米。澧县瑞峰房地产开发有限责任公司开发湖畔华庭1.52万平方米。湖南丰鑫房地产开发有限公司开发兆源贤庄4.32万平方米。湖南君坤房地产开发有限公司开发金鼎大厦2.18万平方米。津市市君晖房地产开发有限公司开发金嘉桂花城2.83万平方米。（杜雅琴）

【房地产市场管理】2020年共发放21本商品房预售许可证,预售面积43.69万平方米、同比增长157%,共销售18.58万平方米商品房、同比增长67.39%,总销售额8.18亿元、同比增长69.35%。其中销售商业面积0.76万平方米、同比下降9.5%,住宅面积17.82万平方米、同比增长73.68%,住宅套数1455套、同比增长70.4%。住宅均价4230元/平方米、同比上涨5.3%,非住宅均价8507元/平方米、同比上涨14%。

疫情期间,加强对各开发企业售楼部疫情防控工作的指导和管理,确保疫情期间的安全稳定并帮助开发企业有序复工复产,为稳定经济下行形势下的房地产销售市场,联合多部门下发《关于应对新冠肺炎疫情支持行业企业发展的措施》,针对市政府出台的商品购买奖励政策,制定商品房购买奖励实施操作细则,以产权共有形式给予新建住宅商品房2万元/套,新建非住宅商品房5万元/套购房补贴,是常德市力度最大、额度最高、操作性最强的购房优惠政策。策划《湘西北最宜居县级城市》主题活动,制作《一眼津市,城市美好生活图鉴》宣传片,点击率达30万次。开展房地产市场调研。（杜雅琴）

【物业管理】2020年全市登记备案的物业服务企业共有25家,其中有服务项目的物业企业(含前期物业)22家,从业人员500多人,服务对象囊括商业住宅小区、保障性住房小区和商住综合体。全市共有物业管理小区55个,管理房屋近200万平方米,城区物业管理覆盖率达到45%,新建商品房的物业管理覆盖率达到90%,保障性住房的物业管理覆盖率达到100%。全市老旧小区主要由单位管理和业主自治两种方式,其中单位管理小区55个、业主自治小区26个。

打造智慧物业,建设智慧小区。搭建物业管理大数据库,通过后台数据管理和信息定位,对所有小区实现监管;搭建物业服务管理端,根据不同权限分角色分级管理,提升服务质量;搭建物业管理服务端,业主通过手机APP可以实现如网上缴费、在线投诉、在线保修、投票表决、信息发布等公共性服务。

强化责任担当,做好疫情防控。对物业小区开展各类防控措施。对物业小区进行封闭式管理,督促物业企业每天4小时一次对小区公共区域进行消毒,在小区出入口处设置测温点,加强对进出人员情况排查;全面关停物业小区内的茶馆、麻将房、棋牌室、餐馆、理发店及活动中心等公共场所;印制倡议书3500份,制作张贴横幅、标语、宣传画、告知书等113幅,张贴到全市物业小区的出入口、宣传栏、醒目处等位置,向市民宣传防疫知识。做好疫情防控物资保障。在防疫物资紧缺的情况下,为全市物业企业统一采购口罩、消毒水、红外线手持式测温仪等防控物资,做好一线员工的防护。

抓好复工复产。在督导各物业服务企业做好小区疫情防控工作的同时,指导各物业小区装修项目有序复工。装修企业进场复工需提前到小区物业管理处沟通装修项目复工和疫情防控事宜,确认复工进场时间,登记进场装修人员信息,填报装修备案表,提交装修承诺书,领取装修人员出入证,装修企业复工要科学合理安排工序,控制同一时段施工人员的数量。严格执行装修人员进出小区出示出入证,测量体温,佩戴口罩,做好个人防护和消毒等措施。以蓝天保卫战为契机,规范小区内室内装饰装修行为,督导小区内住宅在装修时闭门关窗,进行封闭式装修,避免装修扬尘造成大气污染。

开展消防整治。督促指导全市各物业企业落实安全生产工作职责,联合市住建局、消防救援大队组织召开消防车通道专项整治工作推进会及物业服务企业负责人消防安全培训会,并定期联合消防救援大队跟踪整治情况,通报治理成效,要求各物业企业在服务小区内用醒目黄漆标出"消防通道、禁止占用"字样,设置警示牌,确保"生命通道"绝对畅通。同时,要求各物业企业利用微信群、LED显示屏、美篇等各类宣传媒介高频次发布消防车通道相关提示和通告并印制宣传海报,张贴在醒目位置,督促物业企业做好高层住宅室内消火栓系统的管理维护,确保设施设备处于正常状态,对违法占用消防车通道的行为及时制止并上报,提高全市各物业企业从业人员和小区业主的安全防护意识及消防意识。(杜雅琴)

【老旧小区改造】2020年老旧小区改造项目共涉及3个办事处,39个小区4492户,3个项目被纳入105街区和万寿苑街区改造中。其中有18个小区项目纳入省重点民生实事项目,27个项目纳入常德市重点民生实事项目(含省重点民生实事项目)。津市民生实事项目为万寿苑老旧小区改造(即万寿苑街区改造)。2020年下达老旧小区中央补助资金2029万元,中央预算内资金(发改配套)共下达7037万元。其中中央补助资金(含2019年项目资金)共拨付1350.5686万元。

5G引领促智能。借助智慧城市建设,以城市大脑为中枢,着力建设"一库两平台"(集合片区人口数据、企业数据和社区公共设备数据,建立城市信息数据库,搭建政务服务和社会管理两大平台),打造全域感知、全域治理的智慧街区。

群众主体聚合力。坚持街区共治,突出建管并举,建立党建引领下居民自治管理模式,充分引导居民"做主人不当看客"。聘请"社区规划师",全程参与设计,分区域分层级召开座谈会。

市场参与保长效。引进碧桂园、愿景集团等一批高水平的品牌物管企业,导入社会资本,通过105仓库小区、万寿苑街区试点后,推广至全市,实现物业管理现代化、专业化、长效化。

(杜雅琴)

【住房保障】2020年,市住房保障服务中心在调研论证的基础上,出台《津市市公租房管理规约》《腾退未装修公租房(廉租房)装修补助实施办法》《公租房(含廉租房)腾退后重新安置管理办法》,为顺利开展公租房年审工作及智能化小区建设工作扫除障碍,结合实际情况对符合条件的变更承租人,规范后期管理。

有序进行棚改安置补贴的申请发放工作。完成棚改安置补贴审核并发放"津市市棚户区改造安置补贴凭证"49户。发放棚改安置购房补贴49户199万元,其中购买新房补贴26户130万元,购买二手房补贴23户69万元。办理11户棚改安置补贴资金退回手续,共收回补贴资金41万元。

运用"一事一议"机制,完成租赁补贴发放。2020年有17户特殊困难家庭因此享受到公租房租金减免,通过"一事一议"共解决各类棚改征收问题8起。发放租赁补贴共计1290户,发放租赁补贴资金300万元。实物配租方面襄窑路保障性住房90套已全部分配入住。

开展部门联合执法整治。2020年4月,市检察院、市委组织部牵头,住房保障服务中心配合,对全市城区公租房以及各乡镇、教育系统、卫生系统、工业园区自建自管的5000多户公租房入住对象(含人才引进的各单位新进工作人员和外来稳定就业人员)开展清理整顿专项活动,效果明显。经此次清理整改,极大地提升震慑力,收回公租房5套,追回公租房欠缴租金5.74万元。

启动公租房智能化建设。津市市率先启动公租房小区智能化建设,打造"人防+技防+物防"智慧模式,在民安三期公租房小区进行试点,然后全面铺开,试点小区硬件设备已经搭建,软件平台数据正在录入中。公租房小区租户录入身份信息后通过"人脸识别"门禁设备出入,通过小区与单元楼门禁的结合,人脸识别系统实现每个出入人员都有迹可循,在拒绝陌生人私自访问的同时,为小区配备访客登记系统,以确保访客的信息可以追溯,有效打击转租转让等违规行为。(杜雅琴)

【棚户区改造】2020年津市棚改计划任务数为7个项目1677户,其中货币化安置项目4个758户,改扩翻建项目3个919户,全部完成。争取上级专项补助2147万元;累计支付649万元,其中个人征收补偿款 0.616 万元，发放购房安置补贴 81 户 331 万元（其中二手房 37 户、商品房 44 户）。

落实历年征收扫尾。2020 年年初，针对各办事处当时扫尾的 9 个地块 63 户遗留户，分阶段开展攻坚征收扫尾工作，实行时间倒排，分片包干责任制，随时掌握动态情况，及时协调有关问题，突破“钉子”遗留户 29 户。

落实安置房办证。自 2010 年来，通过棚改征收、环保搬迁、地质灾害避让、廉租房共有产权等方式，已有 926 户居民置换到新建的保障房小区。新启动生产街农贸大市场、桑园廉租房 2 个小区的安置房办证工作。已累计移交不动产登记中心分户资料 702 件。

【公房管理】2020 年，全市存有国有直管公房 4.88 万平方米，收租户 1650 户；公租房 25 万平方米，收租户 4160 户。2020 年共完成国有直管公房日常维修 380 户（处）、公租房日常维修 370（处）。完成利民、益民、襄阳街等小区主下水道清理，完成新村 6 栋、襄阳街 1 号楼、工贸街、精品屋、品元宫主下水道清理改造，完成后湖屋面防水，完成新村 27 栋、30 栋、幸福家园落水管更换，完成新村老交易所违建拆除等。2020 年房地产综合经营公司将日常安全巡查内容进行调整，将日常巡查的任务安排到房管科和维修科；日常巡查每周至少 2 次，遇有恶劣天气、节假日或集中整治活动，公司将另外安排安排巡查；扩展巡查内容和范围，将贴有外墙砖的直管公房和公租房也纳入巡查范围。解决“五一饭店”外墙裂缝倾斜、人民路原日杂中心店外墙砖脱落、后湖违章装饰装修等问题。为落实《常德市住建系统安全生产集中整治工作方案》，公司结合实际，针对黑瓦屋中的房屋结构安全，砖混结构房屋中的槽形板、承重梁，公租房中的外墙砖等安全问题，以及公房中的消防安全问题，进行一次大规模的居住排除，同时对汤家湖公租房小区的消防安全进行专项整治，配齐小区的消防器材，疏通小区的消防通道，消除汤家湖小区的消防安全隐患。（杜雅琴）

【白蚁防治】2020 年共完成津港新城新洲中学以东地块、桑园坪国有直管公房、康复医院宿舍周边棚户区改造、书店小区、城交宿舍小区、特包厂小区等老旧小区改造、改扩翻建白蚁灭治项目 12 个，灭治面积近 16 万平方米，实现白蚁灭治收入 102 万元。对市嘉和苑居住小区建设项目、津市市药山镇棠华中心小学教师周转宿舍楼、津市市白衣中心小学新建教学楼工程等多处新建工程进行了免费预防施工，免费预防面积达 3.5 万平方米。全年共签订防治合同 15 份。在白蚁高发期认真接待群众咨询和蚁害报告，全年共接待群众上门和电话咨询服务共计 100 余人次，发放白蚁相关宣传单近 2000 份，针对白蚁危害轻重情况及时在人力和资金不足的情况下调配资源，对蚁害严重的私人住宅和廉租房区域进行蚁情勘察和灭治工作，先后完成对益民小区、荷花社区、中意幸福里、老卫生局、阳由十五组、接龙桥小区 4 号楼等白蚁受害户的白蚁灭治免费施工，灭治面积近 4500 平方米。（杜雅琴）

城市管理和综合执法

【概况】2020 年市城管执法局现有内设机构 8 个：办公室、政工股、行政审批服务办公室、财务装备股、法制监督考核股、综合执法大队、园林绿化管理办公室、城乡垃圾管理办公室。核定人员编制总数 87 名。二级机构 3 个：津市市澧水大桥管理所、津市市环境卫生管理处、园林绿化服务中心。

2020 年，市城管局落实支部“五化”制度，“学习强国” 学分排名全市靠前，党员参学率达 95%以上；组织全局干部认真学习习近平总书记在湖南考察调研重要讲话精神和中共十九届五中全会精神，对基层党建交叉检查 5 个反馈问题对标完成整改；全面落实行政审批工作要求，全年受理行政许可事项 138 件，审批办理各类许可 106 件，行政审批提速 35%以上；强化脱贫攻坚专项监督检查，及时解决贫困家庭的农业直补、住院费报销纰漏、疫情就业等问题，如期完成脱贫攻坚工作，实现包点户脱贫率 100%。根据市政府 2019 年 15 次常务会议精神，逐步完成渣土改革。5 月 28 日，津市渣土特许经营权在常德市公共资源交易中心成功拍卖，中标公司为津市市城投公司，拍卖成交价 2380 万元，8 月 12 日，第一批 30 台新型环保智能渣土运输车辆投入运营；8 月 17 日至 9 月 30 日，城管局联合公安、交警、交通局开展为期 45 天的集中整治行动，老式渣土车逐步退出历史舞台，津市城区渣土扬尘现象基本遏制；完成向上争资 1180 万元，其中垃圾填埋场提升改造奖补资金 220 万元、城乡餐厨垃圾收运及无害化处理体系奖补资金 960 万元，超过年初政府下达的 500 万元任务；通过多次联系沟通，引进湖南艾布鲁环保科技股份有限公司餐厨垃圾处理体系项目，该项目分为两期，总投资 1 亿元以上；完成人大建议 5 件、政协提案 9 件的办理回复工作，及时处置回复市民投诉事项 209 件，城市焦点、热点问题得到较好解决。2020 年通过国卫复审省级技术评估，在年底各类评先评优中被评为津市市平安建设优秀单位，欧阳超雄被评为津市脱贫攻坚优秀工作者，向晓玲、于德君、艾莼被评为常德市“优秀城市美容师”，沈燕荣获津市市“三八红旗手”称号，敖云红荣获津市市巾帼建功标兵称号，廖珂被评为湖南省城乡建设行业协会环卫行业“十佳宣传工作者”。（余晓英）

【市容市貌整治】2020 年，结合国卫周期复审，开展“大整治、大清理”专项行动 12 次，累计清理占道、流动摊点、乱拉乱挂等近千处，处罚 8 起，规范非机动车辆停靠 417 台次，拆除破损广告及门店招牌 29 处，督促 7 家临街商户更换伸缩雨阳棚，组织人员对大码头市场长期占据人行道违规搭建的 12 处遮阳棚予以安全拆除；提质城市品质，在城区人行道科学施划非机动车位 6430 个，撤除主干道垃圾绿桶 283 个，在次干道和敞开式小区布设新垃圾绿桶445个,增补桶盖294个,回收破桶603个,配置环卫新斗车、撮箕500余个,安排专人对全市基础设施进行定期维护,保障设备正常运转,得到国卫复审专家的一致好评。（余晓英）

4月26日,城管执法队员对大码头市场长期占据人行道违规搭建的12处遮阳棚予以安全取缔拆除

4月29日,城管执法队员依法拆除会仙路违规搭建棚阁

5月13日,城管局督促品元宫水果市场7家门店按照"统一大小、统一颜色"更换伸缩雨阳棚

【扬尘治理】按照津市大气污染防治工作要求,2020年,联合环保局对城区36家三灶头以上餐饮企业(含烧烤)进行油烟排放检测,对14家不达标的门店限期进行整改,继续落实一户一台账、一天一巡查机制,加强对夜市烧烤的日常管控,油烟污染问题持续改善;采取主动上门,预判为主,结合智能监管+路面巡查等方式,对渣土运输全方位管控,全年查处违规渣土车辆137台次,立案5起;根据风向、温度,结合实时指标,安排2台雾炮车在城区重要道路及重点区域精准作业,持续推行"以克论净"深度保洁模式和"快速保洁法",联合各街道每天按照网格化区域对道路残尘随机进行检测,及时上报检测数据,确保道路残尘检测全面达标,全年完成75次数据上报,检测道路750条(10条/天),完成迎检任务14次。全年空气指数在全市排名中始终靠前。（余晓英）

【清扫保洁】2020年,津市有223万平方米道路清扫保洁面积,其中约118万平方米主次干道、小街小巷纳入机械化清扫作业,清扫率达81%;2020年,配置13台洒水车、6台扫地王车、2台雾炮车、4台小型清洗车、1台新能源洗扫车,每天出动500余名环卫工人采取"一天两普扫、全天候保洁"、机械化清扫与人工清扫结合模式,对城区主次干道、小街小巷进行深度保洁;加大城区生活垃圾清理清运力度,与51家餐饮门店、企事业单位签订泔水收集协议,全年处理泔水1930吨,每天出动22台垃圾清转运车辆对城区14座垃圾中转站进行清理清运,累计收集生活垃圾吊运进场7540车次,共计33930吨,全市全年垃圾做到日产日清;与湖南瀚洋环保科技有限公司签订农村危废垃圾收集储存协议,4月14日,湖南瀚洋环保科技有限公司对津市4个乡镇收集存储的10余吨危废垃圾集中转运。（余晓英）

10月23日,扫地王冲洗孟姜女大道

12月28日,环卫工人擦洗孟姜女大道果皮箱

【绿化建设】2020年6月,澧水风光带管理职责移交城管局后,城管局在抓好风光带日常管护的同时,对城市绿化加大力量投入,全年启动绿化项目6个,分别是:津市双济小巷(双济路—二桥)行道树栽植工程、津市汤家湖路(襄窑路—孟姜女大道)绿化工程、津市孟姜女大道西侧(清远路—人民医院)绿化工程、津市澧水风光带花箱草花栽植

4月10日,园林处工作人员修剪九澧广场苗木

9月2日,修剪九澧大道乔木

9月5日,为工业园区公共绿地打药

及空地草花撒播工程、城市花卉栽植、摆放工程、津市兰津广场绿化工程；完成2020年春季义务植树活动，新增绿地1.2万平方米，全市绿地面积达到590.8万平方米；维护园林绿化面积77万平方米；累计对城区临街乔木、灌木、草坪等修剪防治、除杂、施肥95次，完成渠化岛花卉摆放约1.2万盆。城市绿地覆盖率39.93%。（余晓英）

【项目建设】2020年，按照城建采购计划，采购240升垃圾绿桶1000个、3立方米垃圾勾臂箱45个、果皮箱45个及8吨密封式垃圾转运车1台，总投入资金110.62万元。全市共有240升绿桶1450个、3立方米垃圾桶198个、果皮箱700个、6立方米垃圾桶27个、8吨转运车9台；5月15日，启动大型生活垃圾转运站建设，建设地点位于生活垃圾填埋场二期，占地面积6660平方米，建筑面积2980平方米；11月24日，启动餐厨垃圾无害化处理体系项目建设，建设地点位于生活垃圾填埋场二期用地，占地面积1998平方米，建筑面积526.31平方米；完成环卫停车场选址夯基等前期工作；按照"厕所革命"三年计划，启动城区公厕建设，全年完成关山大草原公厕建设，建设面积80平方米，完成新码头、公安局、好润佳三座公厕的升级改造。城市功能更加完善。

（余晓英）

【安全生产】2020年，严格落实安全生产巡查监管责任，建立安全管理台账，对破损、锈蚀、空架子等严重影响市容观瞻和存在安全隐患的户外广告、门店门招实施安全拆除，累计拆除破损广告及门店招牌45处，整改违规设置招牌16处，协调处理违规广告牌2处，组织人员对澧水大桥17处破损点及时修补维护，保障车辆、人员的安全通行；7月指导生活垃圾填埋场工作人员开展消防安全演练，进一步提升工作人员的安全防范意识和处置突发安全事件及自救能力。（余晓英）

【疫情防控】2020年，面对重大疫情，市城管局全系统闻令而动，全员上岗，积极应对，为"外防输入、内防扩散"贡献最大力量。疫情防控期间，累计规整、劝离出店经营、流动摊点243处，收集、处置废弃口罩498公斤，每天2次对全市公厕、环卫设施设备进行清理、除臭和消毒，累计为一线执法人员、环卫工人发放防控物质2.5万余件，为企业、村委送去防控物资3000余件，为助力复工复产，及时为企业处置20吨危险废物及大量过期食品；为保障民生，先后在城区科学施划4处便民疏导点，累计安置流动摊点200余个。

（余晓英）

【澧水风光带清淤】2020年，面对澧水风光带高洪浸泡，市城管局迅速启动防汛应急预案，全局总动员，人工机械齐上阵，全线多轮次清洗，及时清除淤泥浪渣，确保水退岸清；在后续清理工作中，城管局环卫处持续投入力量，经过4个多月奋战，10月31日，清淤持久战全面告捷。（余晓英）

【城管宣传】2020年，围绕疫情防控、渣土改革、国卫周期复审等重点工作狠抓宣传引导，较好地推动城市管理各项工作的有序开展。全年共发布电子屏公益广告宣传标语和短片35件，向市民发放宣传资料1300余份，及时向上报送动态信息160余篇，市城管局环卫处在湖南省城乡建设行业协会环卫通讯员积分排名中稳居第一。

（余晓英）

2020年，新建的大关山草原公厕

7月13日，城管执法人员清理澧水风光带朱务善广场被淹彩条布

7月15日，环卫工人清理澧水风光带主球场淤泥

工业和信息化

【概况】2020年，市工信局紧扣高质量发展要求，贯彻落实"工业立市、产业兴城"发展战略，面对新冠肺炎疫情对工业经济的冲击，采取多种有效措施，做到疫情防控与复工达产"两手抓、两获胜"，有针对性地出台《津市市应对新型冠状病毒感染的肺炎疫情支持中小微企业稳定发展的若干政策措施》，完成《津市市"十四五"工业发展规划》及主导产业"一图三库"编制，各项工作有力推进，全市工业经济和信息化工作登上新台阶。2020年津市市被评为全国优化营商环境十佳县（市、区）。津市高新区获评湖南省生物医药产业特色园区，津市工业经济发展保持常德第一方阵，荣获常德市推进新型工业化工作优秀单位、散乱污企业整治工作先进单位、沿江化工企业搬迁改造工作先进单位，获得相关奖励。市工信局在市政协组织的工作评议中，是唯一获得满意全票的单位。

2020年，新增规模工业企业14家，全市144家规模工业企业完成产值326.3亿元，同比增长6.43%。完成规模工业增加值63.7亿元，同比增长6.7%；工业企业实缴税金2.79亿元，同比增长43.3%，入库税金过百万元的企业达到31家；工业用电量28843.2万千瓦时，同比增长11.4%；其中，工业实缴税金增速居常德市各区县市第一名、工业用电量增速居常德市第二名。（喻遥、徐君君）

4月28日，市委、市政府举办二季度重点项目集中开工典礼

【产业发展】生物医药产业。2020年，生物医药产业17家规模企业完成规模工业产值51.45亿元，同比增长22.8%，实现税收11343万元，同比增长229.5%。新入规企业4家。欣龙非织造公司被认定为省疫情防控物资重点生产企业，熔喷布等产品供不应求，完成产值8.4亿元，入库税金6602万元，居全市之首。完成常德市生物医药产业大会津市分会场、首届津市市体外诊断试剂产业大会相关任务。随着科益新投产和醇健制药开工，津市甾体药物产业已

表15　2020年津市市新入规企业统计表

企业名称	入规时间
津市宁能热电有限公司	6月
湖南嵘鑫风管制造有限公司	6月
湖南新光大食品责任有限公司	6月
津市市拓达汽车零部件制造有限公司	6月
湖南台龙食品科技有限公司	6月
湖南海路生物科技有限公司	6月
湖南科益新生物医药有限公司	7月
湖南鑫嘉源化工颜料有限公司	8月
湖南引航生物科技有限公司	9月
津市市鸿明建材有限公司	9月
津市市中曦服饰有限公司	9月
津市市惠东森食品有限公司	10月
湖南津澧机电有限公司	自然入规
常德市久盈生物科技有限公司	自然入规

形成从中间体到原料药，再到制剂完整的产业链。加大技改力度，新合新投入1.1亿元新增废气处理系统净水滤气，各项排放指标实现完全达标。海路微生态产业园是全国首个取得受托生产许可的CDMO平台，全年入驻企业83家，取得二类医疗器械注册批文288件，增幅全国第一。本地投产的产品4个。

装备制造产业。2020年，45家装备制造规模企业完成产值103亿元，同比增长14.4%；入库税金6341万元，同比增长9.8%。装备制造产业以中联车桥为龙头，工程桥主要为中联重科配套，商用桥主要供应东风集团，聚集市内外40多家装备制造企业为中联配套。推进

7月12日，省中小企业服务中心组织全省专精特新小巨人标杆企业到津市开展访学活动

“双桥并进”战略，智慧车桥产业园项目完成旧厂房拆除，汽车桥项目与战略投资者多次对接。中联车桥2020年实现产值10亿元，同比增长11.9%；实缴税金3672万元，同比增长21.2%。

健康食品产业。2020年，食品产业园标准化厂房动工建设，选址位于互联网产业园内未建设区，整体规划7栋食品类标准化厂房，每栋3层，完善绿化、管网、配电、消防等基础设施配套，为食品企业发展引进搭建平台。米粉产业化发展迈开新步伐，葛果产业基础不断夯实，食品园区1.2万吨葛果深加工基地台龙食品公司开工投产。夏伯牛肉深加工等一批食品企业动工兴建，南北特、创奇、润农茶油等特色食品网上销售业绩显著，南北特电商销售1.2亿元。2020年，32家健康食品产业规模企业完成产值60亿元，实缴税金1248万元。

化工产业。湘澧盐化完成制盐系统节能增效技术改造和小包装盐提质升级，渔经生物被认定为省级“疫情防控物资生产企业”，消毒杀菌产品销量猛增，完成产值59398万元，同比增长231.5%。2020年，化工产业11家规模企业完成产值19.2亿元，同比增长22.7%，入库税金1634万元。

纺织服装产业。2020年，12家规模以上纺织服装企业实现产值34.5亿元，增长0.2%，入库税金1076万元。新建的津东云纺项目占地面积160亩，引进德国、瑞士、日本等国际顶尖技术和装备9.6万锭差别化纤维全自动智能纺纱项目开工建设，运用数字化e系统和智能制造技术，实现全天候、全流程生产品质、效率的在线监控，属于国际上当前最先进的智能化、数字化的无人值守“灯塔工厂”。纺织产业市场趋暖，订单充足。产值逐步增长，发展来势向好。

新材料及其他产业。2020年，27家规模以上企业实现产值58.3亿元，同比增长3.2%，入库税金1705万元，同比增长17.9%。经世新材料入选全省100个产品创新项目，津市持续在“5个100”中保留一席之地。

（张振兴、祁盛钰、汪宇、喻遥、于春艳、胡钊颖、陈林、彭佳、袁峰、汤湘忠）

【招商引资】2020年，全市新引进工业项目17个，完成工业固定资产投入42.2亿元，增长34.6%。投资10亿元的湖南醇健医药制剂公司成品制药，纺织产业链加快升级，引进和启动投资达5亿元的津东云纺9.6万锭智能纺织项目。肉类产品加工及冷链物流建设、电动汽车充电桩基础设施建设等12个优质亿元工业项目签约落地，部分项目开工在建。（张振兴、袁淑蕾）

【项目建设】2020年，全市新开工引航生物、夏盛酶技术、汇海农牧等12个亿元工业项目，提前完成年度目标，排名常德第一；科益新生物、经世新材料、嵘鑫风管高分子风管制造等12个亿元项目相继投产，完成年度目标157%。

（喻遥、潘峰）

【争资争项】2020年，经世新材料入选全省100个产品创新项目，欣龙非织造、阿斯达新材料、天泰天润3家企业获批湖南新材料企业，新合新获批小巨人企业。市工信局争取上级资金2238万元，完成年度目标任务的149%，排名常德第一，其中直接惠及企业的资金1818万元。（彭佳、曾娟）

【服务企业】致力打造全国一流、全省领先的营商环境，2020年津市市被评为全国优化营商环境十佳县（市、区）。坚持疫情防控与复工达产“两手抓、两必胜”，严格落实各级各部门惠企政策，出台“津市七条”，全年累计为企业发放各类补贴和降税减负6834.66万元。化解企业融资瓶颈，全年工业净投放10.67亿元，同比增长24.6%，总额达到14.45亿元，占全市贷款总额比重18.5%；与人社就业部门共同组织线上线下招聘会8场，为企业输送用工989人；常态化开展企业家培训，举办各类专题讲座5场，参训850人次；积极推行“津市人用津市造”，倡导慰问活动使用本地产品，并在常德万达广场举办食品展销会1场、津市电商带货活动1场。持续开展“新津市人”系列宣传，组织“送政策”“送清凉”“集中执行月”“检企联动”等活动以及开

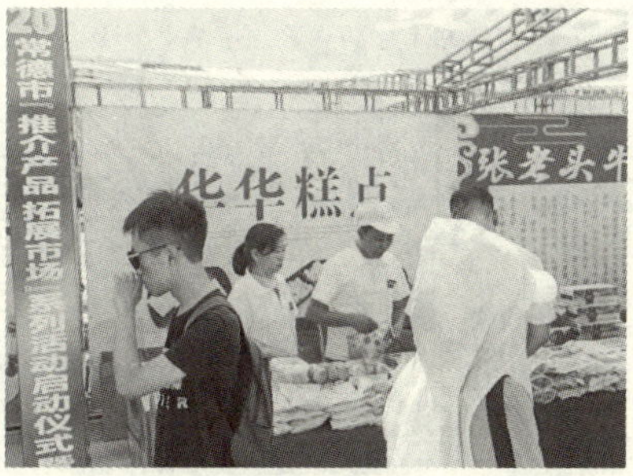

8月，组织食品企业参加常德市直播带货

展技能比武大赛、“百优员工”、平安企业评选,营造尊重企业家、弘扬工匠精神的浓厚氛围。（陈林、彭佳）

【信息化建设】积极推进新型信息化与新型工业化融合发展,中联重科投入5亿元打造智慧车桥“灯塔工厂”,津东云纺9.6万锭全自动智能纺纱项目同等产能一线工人数量仅需要原来的1/10,16家企业进入湖南省两化融合贯标公示名单,其中新中意、金湘猪鬃、润农茶油等10家企业已经获批工信部两化融合管理体系评定证书企业,贯标企业数量在常德市排名第一。大力推进通信设施基础建设,成功解决药山寺景区信号盲区,积极推进城区、高新区、医院、学校等重大公共场所5G网络设施改造。（杨博、易彪）

【其他重点工作】强化清欠工作,全年无新增欠款,基础工作得到上级肯定。强化散乱污企业整治,新关停4家企业,全面完成治理任务。强化沿江1千米化工企业整治,关停2家,剩余2家鼓励搬迁的企业已制定转产方案。强化电力执法,督促整改隐患28处,协助处理1起钓鱼触电致死事件。强化散墙管理,受理涉黏土砖举报2起,对3家砖厂和相关建材使用单位实行全程跟踪管理。坚决打赢蓝天保卫战,根据上级指令要求落实错峰生产,发挥装饰协会作用,加强住房装修常态化管理。开展通信行业扫黑除恶专项整治、交通顽障痼疾专项整治、安全生产三年行动活动,全年没有发生重大安全生产事故和群访事件。（谭荣、彭佳）

【产业工人职业技能比武暨百优员工评选】2020年10月,在全市范围内开展主题为“凝聚奋斗力量、弘扬工匠精神”的津市市产业工人技能大赛,50多家企业参加现代物流进出库作业、纺织细纱工、电焊工、检验检测工等4项技能大赛,在4个赛区同时展开,经过层层选拔的23家企业77名选手于10月29日参加决赛,历时2天,比赛结束。中联车桥公司叉车司机宁先元、坝道水泥公司电焊工汤志峰、嘉品嘉味公司化验员封春芳、娄星纺织公司细纱挡车工卜泽香分获各组冠军。市委、市政府对120名产业一线“百优员工”、24名“产业工人技能比武”(现代物流进出库作业、纺织细纱工、电焊工、检验检测工等实际操作比赛项目)和5名“五小”(小发明、小创造、小革新、小设计、小建议)竞赛获奖者颁奖,并对其中技能比武获奖者和“五小”竞赛获奖者授予“津市市五一劳动奖章”,对其中38名青年授予“津市市青年岗位能手”称号。营造崇尚技能、尊重人才、尊重劳动的社会氛围,激发企业职工爱岗敬业、勇于创新的积极性,形成产业工人学技术、比技能、强本领的热潮。（彭佳、黄梅芳）

【执法监管】2020年,全市新建建筑项目面积近45万平方米,加强新墙材推广应用,禁止实心黏土砖的使用、预拌砂浆现场搅拌和室内装饰装修工作,市散墙办结合日常例行监督检查,加大对生产企业和施工现场墙材使用以及室内装饰装修情况的执法检查力度,确保新型建筑材料的推广应用,成效明显。市城区新墙材使用率达95%以上,商品混凝土使用率达90%以上,预拌砂浆使用量近15万吨,室内装饰装修均能按大气污染防治相关要求进行施工。多次联合国网电力公司开展电力线路隐患排查处置,督促协调防外破隐患8处,协助处理2起电力伤亡事件。履行信息化及通信无线电管理职能,开展打击电信诈骗及整治“黑广播”专项行动。（谭荣、杨博）

4月8日,工信局组织拆除一处“黑广播”

【津市老年科技工作者协会工信分会成立】9月27日下午,津市老年科技工作者协会工信分会成立大会在工信局举行。市老年科技工作者协会会长周宇荣、市工信局党组书记、局长曾海涛等领导及工信分会全体会员等出席成立大会。市老科协工信分会筹备组副组长任觉非向大会作工信分会筹备工作报告;市老科协副会长兼秘书长鲁生荣宣读《关于成立市老科协工信分会的批复》;主持人于春艳宣读工信分会第一

10月29—30日,举办津市产业工人技能比武大赛

届理事会理事候选人建议名单及说明；会议以举手表决方式审议通过理事会理事人选，聂智良等5人当选为第一届理事会理事。在理事会第一次会议上，聂智良当选为第一届工信分会会长，任觉非、裴德池为副会长，裴德池兼任秘书长。宣读市老科协《创建助力企业技术创新服务工作方案》文件。市老科协工信分会会长聂智良表示，工信分会充分利用老科协组织网络和会员资源优势，实施“五个助力”行动，即助力企业建设科技创新实验室，推进新技术，新产品研发；助力企业建设产品展示库；助力企业生产经营管理规范化；助力企业引进技术、资金和人才；助力企业产品宣传和推广。工信局党组书记、局长曾海涛致贺词，市老科协协会会长周宇荣作总结讲话。（甘德军）

9月27日，津市老年科技工作者协会工信分会成立大会召开

表16　　2020年津市市新开工亿元工业项目统计表

单位：亿元

序号	投资方	企业名称	项目名称	主要建设内容	项目建设起止时间	总投资	累计完成投资	建设进度
1	北京市科益丰生物技术发展有限公司	湖南醇健制药科技有限公司	甾体激素制剂项目	占地约100亩，计划两年内全面建成。项目建成后将成为生产固体制剂、乳膏剂、水针剂、冻干粉剂、气雾剂、混悬剂、生物制剂等七大剂型，20多个品种的高端成品药工厂	2020.06—2021.12	10	0.8	基础工程建设已完成，正在进行厂房建设
2	湖南海路生物科技有限公司	湖南海路生物科技有限公司	湖南微生态健康产业园	一期在中小企业孵化园11栋，建设4500平方米医疗器械生产研发基地；二期在中小企业孵化园内新建1.5万平方米GMP厂房	2020.06—2021.06	5	2	正在进行试生产
3	湖南引航生物科技有限公司	湖南引航生物科技有限公司	酶化学及配套酶发酵项目	占地200亩，建设酶化学及配套的酶发酵项目。项目计划分两期实施，其中一期投资1.5亿元、二期投资1.5亿元	2020.02—2020.12	3	3	主体工程建设已完成，正在进行设备调试和试生产
4	湖南娄星纺织有限公司	湖南娄星纺织有限公司	9.6万锭差别化纤维全自动智能纺纱项目	占地面积160亩，引进德国、瑞士、日本等国际顶尖技术和装备建设9.6万锭差别化纤维全自动智能纺纱项目。运用数字化e系统和智能制造技术，实现全天候、全流程生产品质、效率的在线监控，属于国际上当前最先进的智能化、数字化的无人值守“黑灯工厂”	2020.09—2021.08	2.4	0.4	正在进行基础工程建设
5	湖南夏盛酶技术有限公司	湖南夏盛酶技术有限公司	年产5000吨生物酶建设项目	占地50亩，建设年产5000吨生物酶建设项目	2020.02—2021.12	1.5	0.2	正在进行基础工程建设

续表 16

序号	投资方	企业名称	项目名称	主要建设内容	项目建设起止时间	总投资	累计完成投资	建设进度
6	荆州市汇海饲料有限公司	常德市汇海饲料有限公司	生物饲料生产基地项目	占地51亩，新建年产23万吨环保型配合饲料生产线，建筑面积2.6万平方米，建设综合楼、研发大楼、主车间、机修车间、1#2#车间、泵房等设施，使用国内先进的生产工艺和欧洲安德里茨成套进口设备	2020.09—2021.02	1.2	0.2	正在进行基础工程建设
7	广东溢多利生物科技股份有限公司	湖南科益新生物医药有限公司	厂区配套生物制药废水处理工程	本项目产生的废水主要为制药废水、废气处理废水、初期雨水等。经车间预处理后的生产废水、废气处理废水以及经雨水收集池收集沉淀的初期雨水均进入厂区污水处理系统，采用预处理+IC厌氧反应+A/O工艺+二级好氧反应+深度处理的工艺，处理规模为1200立方米/天	2020.04—2021.12	1.1	0.5	正在进行基础工程建设
8	湖南盐业股份有限公司	湖南省湘澧盐化有限责任公司	12万吨/年绿色生态颗粒盐项目	新建卤水净化及蒸发车间一栋，单体2层框架结构；新建干燥脱水车间，单体4层框架结构；新购陶瓷膜过滤系统、四效蒸发罐、加热室、育晶室等设备，建设绿色生态颗粒盐中试生产线一条；新建2300平方米实验室，含高效液相色谱仪、离子色谱仪等	2020.05—2021.03	1	0.8	厂房基础建设已完工，正在进行设备调试和试生产
9	湖南湘惠塑业有限公司	湖南湘惠塑业有限公司	年产1.2万吨PP、PE板材及深加工项目	位于中联大道以西、创业路以南。新建年产1.2万吨PP、PE板材生产线、生产车间及仓库、辅助用房等土建构筑物、相应的安装工程及其他室外配套工程	2020.09—2021.09	1	0.3	正在进行基础工程建设
10	津市市嘉山实业有限公司	津市市嘉山实业有限公司	健康食品产业园	选址位于互联网产业园内未建设区，整体规划7栋食品类标准化厂房，每栋层数3层，完善绿化、管网、配电、消防等基础设施配套	2020.06—2021.08	1	0.3	正在进行基础工程建设
11	湖南创源生物科技有限公司	湖南创源生物科技有限公司	大米淀粉生物制取葡萄糖、麦芽糖系列产品生产项目	新建厂房一栋3500平方米，改建厂房9000平方米，新建4条生产线分别为：年产5万吨发酵糖及食品糖生产线1条、年产0.6万吨大米蛋白粉生产线1条、年产5万吨食品糖生产线1条、0.2万吨食品级蛋白粉生产线1条，购置设备162套等配套设施设备	2020.06—2021.06	1	0.6	正在进行设备安装
12	津市市荣迪实业有限公司	津市市荣迪实业有限公司	装备制造配套产业园项目	项目占地97亩，总建筑面积1.5万平方米，新建生产车间、办公楼、宿舍及配套设施。新上汽车底盘结构件、带式输送机、重型车配件生产线	2020.12—2021.12	1	0.3	正在进行基础工程建设

表 17　　2020 年津市市新投产亿元工业项目统计表

单位:亿元

序号	投资方	企业名称	项目名称	主要建设内容	投产时间	总投资	主要产品
1	湖南湘澧盐化有限公司	湖南湘澧盐化有限公司	湘澧盐化提质升级技术改造项目(二期项目)	新建食用盐仓储配送基地及食品加工用盐集中包装楼,总建筑面积 12477 平方米。改造原盐皮带输送系统为密闭输送方式,建设 50 千克 / 包大包装线 2 条、吨包线 1 条和 2 条自动化机械手码垛线。改造沸腾流化床,将产能从 35t/h 提高到 50t/h,改进分筛模式,同时满足食用大包装盐和小包装盐的生产需求	2020.03	1.2	食用盐
2	津市市鸿明建材有限公司	津市市鸿明建材有限公司	年产 80 万立方米预拌混凝土项目	建设年产 80 万立方米预拌混凝土项目,全部建成达产后,预计可形成年产值 1.5 亿元	2020.03	1.2	预拌混凝土
3	湖南盐业股份有限公司	湖南省湘澧盐化有限责任公司	制盐系统节能增效技术改造项目	拆除生产厂区内原芒硝厂蒸发和冷冻车间,新建淋水面积 2000 平方米,直径 56 米,高 70 米的双曲线冷却塔,配套新建一台处理能力 1 万平方米 / 小时大气式冷凝器	2020.05	1.2	食用盐
4	广州卿弈风管制造有限公司	湖南嵘鑫风管制造有限公司	高分子风管制造项目	占地 25 亩,建设办公楼、生产车间、生产辅房、车间辅房、仓库等,建成国内规模最大、产品最齐全的风管	2020.05	1.1	高分子风管
5	湖南海路生物科技有限公司	湖南海路生物科技有限公司	湖南微生态健康产业园	项目分两期建设,一期在中小企业孵化园 11 栋,建设 4500 平方米医疗器械生产研发基地;二期在中小企业孵化园内新建 1.5 万平方米 GMP 厂房	2020.12	5	医疗器械
6	广东溢多利生物科技股份有限公司	湖南科益新生物医药有限公司	年产 1200 吨甾体药物及中间体、药物制剂项目	用地面积 249 亩,建设科益新年产 1200 吨甾体药物及中间体项目。产品包括:甾体医药中间体的发酵、提取及合成,皮质激素、雌激素、粉针剂、颗粒针剂等	2020.1	5	医药中间体
7	湖南鑫嘉源化工颜料有限公司	湖南鑫嘉源化工颜料有限公司	年产 2 万吨铁系颜料项目	用地总面积约 50 亩,项目总投资约 1.5 亿元,建设主要内容有:年产 1.5 万吨氧化铁红,年产 0.5 万吨氧化铁黄。项目建成达成后,预计可形成年销售收入 1 亿元,上缴税收 700 多万元的效益规模	2020.1	1.5	体系颜料
8	江苏广域化学有限公司	湖南经世新材料有限责任公司	液晶材料、OLED 材料、新型电子材料及中间体生产基地项目	项目选址在津市高新区精细化工区。项目总投资 8 亿元,用地总面积约 300 亩。一期投资 3 亿元,二期投资 5 亿元。项目主要包括生产车间、仓库、研发分析室、机修动力、污水处理装置等。二期用地约 200 亩,两期项目全部建成达产后,预计可形成年销售收入 10 亿元	2020.1	8	液晶材料
9	宁波热电股份有限公司	常德津市宁能热电有限公司	热电联产项目	占地 120 亩,分两期建设。一期投资 5.5 亿元,二期投资 4.5 亿元,项目建成后,总装机规模将达到 4×130t/h 高温高压循环流化床锅炉 +3×15 兆瓦背压式汽轮发电机组	2020.1	10	热力产品
10	湖南盐业股份有限公司	湖南省湘澧盐化有限责任公司	12 万吨 / 年绿色生态颗粒盐项目	新建卤水净化及蒸发车间 1 栋,单体 2 层框架结构;新建干燥脱水车间,单体 4 层框架结构;新购陶瓷膜过滤系统、四效蒸发罐、加热室、育晶室等设备,建设绿色生态颗粒盐中试生产线 1 条;新建 2300 平方米实验室,含高效液相色谱仪、离子色谱仪、液相色谱质谱联用仪等	2020.12	1	颗粒盐
11	湖南引航生物科技有限公司	湖南引航生物科技有限公司	酶化学及配套酶发酵项目	占地 200 亩,建设酶化学及配套酶发酵项目,包括 630 吨饲料级维生素 D3、2.2 吨高含量维生素 D3、80 吨饲料级 25- 羟基维生素 D3、1 吨食品医药级 25- 羟基维生素 D3、500 吨 D- 乙酯、300 吨香精香料右旋龙脑、500 吨 L-2- 氨基丁酸及配套 1000 吨酶发酵	2020.12	3	酶制剂
12	湖南台龙食品科技有限公司	湖南台龙食品科技有限公司	年产 1.2 万吨蒟果深加工项目	用地面积 60 亩,总投资约 1 亿元,项目年产 1.2 万吨蒟果,主要产品为佐餐甜酸蒟果(袋装、罐头)、蒟果休闲食品两大类。新建生产车间、办公楼、食堂等,项目建成达产后,可形成年销售收入 1.2 亿元,上缴税收 600 多万元的效益规模	2020.12	1	蒟果制品

湖南中联重科车桥有限公司

【概况】2020年，湖南中联重科车桥有限公司（以下简称车桥公司）在中联重科总部的正确领导及大力支持下，面对新冠疫情对经济的严重冲击，公司全体员工主动应变，战疫情，化危为机，开拓进取，完成年度各项经营指标任务，实现公司持续稳健发展。全年公司生产车桥总成20.8万根，同比增长4.8%；完成工业总产值10亿元，同比增长11.2%；实现主营业务收入11.1亿元，同比增长14.5%。

【疫情防控】2020年年初，面对突如其来的新冠疫情，车桥公司迅速展开疫情防控全面工作，成立公司疫情防控领导小组及6个专项工作小组，制定详细的疫情防控方案，出台《关于做好"新型冠状病毒感染肺炎"疫情防控的通知》等10多项疫情防控文件，指导防控工作有序开展。公司通过疫情防控知识全员培训、员工每天上班进厂体温测量、口罩发放、办公及生产场所和员工食堂定时定次消毒等措施采取，最终取得无疫情事件发生的全面胜利。

防疫与复产复工两不误

全面复产复工

在抓好疫情防控工作同时，坚决响应国家复工复产号召，津市市委书记傅勇亲临车桥公司指导抗疫复工复产工作。公司在中联重科总部领导下于2月5日按时复工复产，通过组织开展"进取拼搏 智造未来"劳动竞赛活动等有力措施采取，夺回疫情影响的一个半月生产时间，确保生产进度目标的达成。

公司在抗疫物资紧张的情况下，想方设法组织5万只口罩捐献给疫情重灾区的主机客户东风公司，组织员工参加中联重科总部开展抗疫情募捐活动，共捐款58670元。

【战略调整】落实中联重科总部总体战略部署，车桥公司实施业务分立重组，将包括商用桥营销市场在内的商用桥业务转交控股子公司湖南邦乐车桥有限公司经营管理；全面启动总投资近5亿元的工程车桥智能制造项目，提升工程车桥生产制造能力。经与项目设计方多轮研讨，完成项目整体方案设计并已经中联总部两轮评审，待中联总部最终审批。同时，按进度计划完成项目建设用地上的旧厂房拆除，为项目正式开工建设奠定基础。

【科研成果】立足产品4.0标准，瞄准主机配套需求，加快推进产品研发，完成800吨全地面起重机车桥开发设计，研发500吨全地面起重机车桥和110—200吨经济型全地面起重机车桥并实现小批量生产；开发16—35吨中小吨位汽车起重机车桥新平台4个项目，汽车起重机车桥品种基本全覆盖主机配套需求；140—180马力拖拉机桥已进入预研。全年新产品开发完成率达100%。全地面汽车起重机车桥国产化项目获中联重科产品4.0"零部件创新奖"三等奖、"全地面起重机分时驱动桥"项目获得科技创新成果奖关键件之星铜奖，当年研发的新产品创收近3亿元。加大新技术研究和应用，加快技术新平台建设力度，掌握核心技术，先后开展减速器轻量化、高强度板焊接技术、桥壳方管扩孔整体成型技术的研究。有效提升公司竞争力，助推企业转型升级；完成湖南省汽车车桥工程技术研究中心平台建设。

2020年1月11日上午，经湖南省科学技术厅批准、依托湖南中联重科车桥公司正式组建的唯一省级车桥技术研究中心"湖南省汽车车桥工程技术研究中心"迎来"研究中心"技术委员会首次年度会议的召开。省科技厅领导、技术委员会委员、技术中心管理及技术骨干参加会议。"湖南省汽车车桥工程技术研究中心"技术委员会由国内知名高校教授，国家汽车检测中心研究员，汽车及机械技术领域的专家组成。

湖南省汽车车桥工程技术研究中心成立

新研发的车桥产品鉴定

【队伍建设】车桥公司共有员工1000多人，其中科研人员近100人。公司注重员工队伍建设，技术部员工张传业被津市工会授予"津市市劳模"荣誉称号。积极支持并组织员工参加政府组织的各类技术比武，磨炼员工技能，推进员工个人成长与公司发展共长共进。2020年，组织员工参加"津市市2020年产业工人技能大赛"，公司员工宁先财、肖锋、黄世新、杨建安分别获得物流进

员工技能比赛获奖

出库一、二、三等奖；公司员工梁先军、胥劲松分别获得焊工类二、三等奖；9月，组织员工代表津市市参赛队参加“2020年常德市职业技能竞赛”，成绩骄人。参赛员工吴家剑、黄湘礼、刘勇分获得钳工组一等奖、三等奖和优胜奖。

举办“我运动 我健康”活动

充分发挥工会工作优势，开展员工文体活动，培养和提高员工的凝聚力、集体荣誉感。组织开展了“员工气排球赛”、“我运动　我健康”员工趣味健康竞赛等员工文体活动活动，共有7支队伍参加25场气、排球比赛，有来自各基层分会15支代表队800多人次参加各项趣味竞赛活动，员工们在活动中充分展现积极向上、团结协作的良好精神风貌。

湖南省湘澧盐化有限责任公司

【概况】2020年，湖南省湘澧盐化有限责任公司战胜突如其来的新冠疫情和罕见的汛情，克服市场竞争加剧、生产技改交织作业等系列困难，五大技改项目相继建成投产，生态盐新品生产面市，差异化战略迈出关键步伐。“十三五”期间，投资总额超过3亿元，相当于再建一座盐矿，为“十四五”开局奠定坚实基础。2020年，在生产与技改对接停产14天、汛期封航影响调运、一炉一机运行170天的情况下，生产盐硝产品81.34万吨，完成预算的86.99%；销售盐硝产品82.08万吨，完成预算的87.8%；吨产品综合能耗108公斤标煤，与预算持平；吨散盐生产成本192.35元，比预算上升0.38%；实现营业收入3.04亿元，上缴税款892万元，全年基本实现盈亏平衡，在岗职工人均工资增加0.25万元，增长4.4%。公司被湖南省自然资源厅评为“湖南省绿色矿山”，被轻盐集团评为“抗疫先进单位”，被湖南省质量协会评为湖南省市场质量信用等级AAA级企业。　（樊欣）

【一届十三次职代会暨2019年表彰大会召开】2020年4月9日，湘澧盐化第一届十三次职代会暨2019年表彰大会隆重召开。党委副书记、工会主席刘春华主持召开职代会与总结表彰大会。全体与会代表听取党委书记、执行董事宋海在大会上作的题为《打好收官战、奋进新征程、凝心聚力创造高质量发展新业绩》的工作报告及《湘澧盐化2019年财务决算和2020年财务预算情况的报告》《湘澧盐化2020年经济责任制考核方案说明》《湘澧盐化第一届十二次职代会提案落实情况的报告》《一届十三次职代会提案征集、审查、立案情况的报告》《湘澧盐化2019年中层管理人员考核和民主测评情况的通报》。会议对公司双文明单位、目标管理先进单位以及标兵、优秀骨干进行表彰。　（樊欣）

【雪天盐业小包食用盐出口非洲市场】2020年8月7日，雪天盐业小包食用盐出口非洲市场首发仪式在小包装厂举行。公司党委书记、执行董事宋海，党委副书记、总经理黄勇，副总经理宋淑平及生产管理部、营销公司、包装储运部单位负责人参加仪式。

首发仪式标志着雪天盐业正式进入非洲市场，也为湘澧盐化小包盐出口拉开帷幕。2020年，湘澧盐化公司共向非洲市场销售小包食用盐产品6000多吨。　（樊欣）

【退休人员社会化管理移交工作完成】根据湖南省委省政府、省国资委、地方政府以及省轻盐集团印发的国有企业退休人员社会化管理相关文件精神，按照上级统一部署，湘澧盐化公司从2019年年底开始启动退休人员社会化管理移交工作。公司本次退休人员社会化管理移交涉及人数1429人，其中党员423名，移交任务繁重，是常德市涉及人数最多的省属企业。

为统筹推进该项工作，公司成立退休人员社会化管理工作领导小组，加强组织领导，并将退休人员移交工作中的档案清理整理移交、党组织关系移交、资产移交、统筹外费用处理等具体工作，分解到各相关部门，明确工作职责和目标任务。根据常德市国资委要求，公司人力资源部接到档案整理任务后，抽调人员，集中人力，利用3个月时间，对所有涉及移交人员档案进行全部重新清理、整理、建档、装盒。截至9月29日，1429份退休人员档案、529份其他档案已全部移交到常德市人社局档案管理中心等指定存放机构。　（樊欣）

8月7日，全国首家井矿盐0^+添加独立生产线竣工投产暨生态盐发布仪式召开(摄影：李涵)

【湘澧盐化与诺顿生物科技举行钙镁离子释放剂采购项目框架协议签约】 2020年9月22日，湘澧盐化党委书记、执行董事宋海与诺顿生物总经理曾绍军在湘澧盐化司务会议室举行钙镁离子释放剂采购项目框架协议签约仪式。诺顿生物是湘澧盐化绿色生态颗粒盐项目投产前签署的重要客户，前期主营业务以工业软水盐为主，双方将以本次合作为契机，发挥各自优势，诚信相待、互利共赢、共同成长，大力拓展医用软水盐业务，达成长期稳定合作关系。 （樊欣）

双曲线冷却塔(摄影:李涵)

【全国首条独立食盐生产线投产】 2020年11月26日下午，由雪天盐业主办的全国首条井矿盐零添加独立生产线竣工暨生态食用盐发布仪式在湘澧盐化隆重举行。湖南省市场监督管理局特殊食品安全监督管理处副处长周坤，津市市委副书记、市长黄旭峰，国际食品科学院院士、博士生导师饶平凡，湖南省轻工盐业集团党委副书记、总经理李志勇，党委委员、纪委书记刘东生，雪天盐业股份公司总经理徐宗云，副总经理王哈滨、陈全胜、财务总监李瑛，湘澧盐化党委书记、执行董事宋海等共同参与，为新生产线竣工揭幕。仪式同时在线直播，吸引近30万人观看。

雪天生态食用盐产品目前分为加碘生态盐、未加碘生态盐和海藻碘生态盐3个系列，其岩盐原料来自距今6700万年前的第三纪地质年代的岩盐矿段，深埋地底岩石之下，产地在湖南北部，其采卤用水选取自饮用水水源保护区——澧水水库。这种盐在生产过程中采用陶瓷膜过滤卤水，引进蒸发育晶制盐技术，无须添加絮凝剂、阻垢剂、抗结剂，自然结晶成0.5—0.8毫米粒度的晶体，氯化钠含量在99.6%以上，是最为干净纯洁的一种食盐。

生态食用盐生产线(摄影:李涵)

11月30日晚，雪天盐业董事长冯传良做客知名主持人马可的淘宝直播间，直播带货首秀。“双马”组合，同框为雪天“带盐”。自2018年A股上市以来，雪天盐业坚持领跑战略，依托创新驱动和品质领先，品牌营销始终走在行业前端。冠名“雪天盐”号高铁专列、雪天盐被评为中国烹饪协会比赛指定用盐、品牌形象广告登录CCTV-1和CCTV-7等央视频道牵手《妻子的浪漫旅行》《中餐厅》《婆婆妈妈》等头部综艺，召开云客户大会等一系列引领创新活动，积极助力雪天盐业在全国市场开疆拓土。 （樊欣）

生态食用盐生产基地(摄影:李涵)

食用盐包装配送中心(摄影:李涵)

科学技术

【概况】 2020年，全市围绕打造澧水流域创新研发中心，以全面推进“三名工程”等项目工作为抓手，促进科技创新及平台建设，科技创新对经济社会发展的支撑引领作用得到进一步凸显。津市是国家火炬津市生物酶制剂及应用特色产业基地，湖南省科技成果转移转化示范县，湖南省可持续发展实验区，湖南省知识产权强县。2020年度，津市市科学技术局被评为津市级“文明单位”。

年度经济指标实现跨越提升，2020年高新增加值38.9亿元，增速18.6%，占GDP比重21.4%；全年全社会研发投入8.89亿元，同比增长52.2%；全年财政科技支出8965万元，同比增长80.6%。并完成年度技术合同成交额2.6亿元，“三名工程”产学研协议签约数24个。拥有国家高新技术企业总数达到22家，科技型中小企业入库31家，省级研发平台9个，省级科技创新团队2个，省级科技企业孵化器1个，省级众创空间1个，省级院士工作站1家，省级星创天地1家。 （龚盼）

【产学研对接】 2020年继续实施“三名工程”，对接名院、名所、名校工作，开展“三引”(引资、引智、引技)联动，“三名工程”产学研协议已签约24个。围绕“三主一特”产业，结合重点院所库、重点人才库、重点项目库，开展院企对接活动40多次。6月，津市人民政府与深圳绿航星际太空科技研究院签署“载人航天技术转化战略合作”框架协议。6月，津市科技局带领湘澧盐化、新中意、嘉品嘉味、创奇食品、张老头食品5家企业相关负责人前往深圳市绿航星际太空科技研究院考察交流，考察，双方均表示希望继续沟通，加强合作。12月，科技局负责人前往江南大学考察学习，与学院院长刘龙、副院长李丁以及学院多位教授、博士等开展座谈会，双方就

学院与津市市校企合作情况展开深入交流。（龚盼）

【科技项目推进】2020 年鸿健生物与江南大学的“50 吨黄酮类化合物”项目已启动子优化和发酵优化策略，强化松柏醇的合成效率，为实现水飞蓟宾等高值黄酮类化合物的工业生产奠定基础；湖南如虹制药有限公司的“年产 1 吨舒更葡糖钠、5 吨雷贝拉唑钠及 300 吨药用尿素等生物医药产品”项目落户津市；湖南引航生物科技有限公司的“年产 5811 吨生物酶催化和酶发酵工程”项目已入选湖南省 100 个重大科技创新项目库；龙腾生物“科技助力经济 2020”项目——“甾体药物关键中间体

6 月 12 日，市政府代表团赴深圳绿航星际太空科技研究院签约

6 月 30 日，津市企业家代表前往深圳绿航星际太空科技研究院学习交流

12 月 6 日，市领导一行前往江南大学考察学习

表 18　2020 年津市市产学研合作情况表

单位：万元

序号	单位名称	项目名称	对接的高校、科研院所、企业名称	合同签署年份	产学研合作协议合同金额	履行合同实际到账额
1	湖南新合新生物医药有限公司	9—羟基雄甾—4—烯—3,17—二酮(9-OHAD)生物发酵新菌种与技术	华东理工大学	2019	2100	50
2			华东理工大学鲁华生物技术研究所	2019		
3		高端宠物兽药盐酸阿替美唑和盐酸右美托米合成技术及生产工艺	湖南大学	2019	89	40
4		成立联合实验室及共创国家级平台	浙江工业大学	2018	1000	
5	湖南鸿鹰生物科技有限公司	维生素 B12 发酵水平提升研究	江南大学	2018	100	50
6		酸性高温淀粉酶性能优化	江南大学	2018	100	100
7			江南大学	2019		
8			湖南科技大学	2019		
9	湖南鸿健生物科技有限公司	科研战略合作	江南大学	2020	1500	150
10	湖南嘉品嘉味生物科技有限公司	食品调料新产品研究与开发	中南林业科技大学食品科学与工程学院	2018		
11		骨提取物及淡水鱼滋味物分析及相关产品开发	北京工商大学	2019	54	18
12		湖南省嘉品嘉味生物科技有限公司—江南大学联合研究实验室	江南大学	2019	60	20

续表 18

序号	单位名称	项目名称	对接的高校、科研院所、企业名称	合同签署年份	产学研合作协议合同金额	履行合同实际到账额
13	湖南阿斯达新材料有限公司	不对称催化高效制备重要醛醇的关键技术研究	浙江大学	2019	500	183
14	湖南润农生态茶油有限公司	成果转化、中医药及药食同源联合研发、中药种植基地、健康产业投资等	湖南中医药大学	2018		17.43
15	津市市人民政府	共建常德生物医药与健康食品产业园—江南大学科技成果转移转化中心	江南大学	2019	90	60
16	津市市人民政府	载人航天技术转化战略合作	深圳市绿航星际太空科技研究院	2020		
17	湖南鸿峰兔业生态养殖有限公司	兔业相关生态养殖、健康管理、品种筛选、疾病防治、饲料营养、肉品加工、环境控制、栏舍建设等	湖南农业大学动物医学院	2017	0.3 万元 / 月	
18	湖南万木汇生物质燃料有限责任公司		湖南省林业科学院生物环境工程研究所	2017		
19	湖南康捷生物科技有限公司	新型食品用酶制剂的研究开发	华南理工大学食品科学与工程学院	2018	前 3 年按实销收入 30% 计提，第 4 年至以后，按实销收入 10%计提	
20	湖南万安达集团涔澹实业有限责任公司		武汉职业技术学院纺织服装工程学院	2019		
21	湖南吉人助工装配式建筑有限公司	EPS 轻钢建筑板材自动化生产线设计开发(1)	湖南大学机械与运载工程学院	2019		
22	湖南天泰天润新能源科技有限公司	高压实磷酸铁与磷酸铁锂生产工艺研究与产业化	湖南理工学院	2017		
23	湖南鑫铮科技有限公司		湖南工程学院电气信息学院	2019		
24	湖南中联重科车桥有限公司	等高齿设计软件开发技术	长沙理工大学	2020	30	9
25	湖南创奇食品有限公司	即食腌制藕护色关键技术研究	江南大学	2019	5	3
26	湖南娄星纺织有限公司	牛仔纱线智能制造	湖南工程学院	2020	100	
27	常德大北龙饲料有限公司	斑点叉尾鮰的配方结构优化及保健型功能料开发	湖南农业大学	2019	15	15
28		棘胸蛙商品饲料开发及养殖产业化技术推广		2019	15	15

δ—内酯绿色高效生产体系的创建与产业化”在科技部立项。9月3日，“湖南如虹制药高端原料药及制剂生产基地建设项目”签约仪式在津市市高新区管委会顺利举行。（龚盼）

9月，“湖南如虹制药高端原料药及制剂生产基地建设项目”签约

【科技成果转移转化】2020年引进中关村智造大街津市市科技成果转化服务平台等平台，并成立技术经理人协会，进一步完善科技成果转移转化机制。11月，举办“智汇洞庭·科创常德”科技成果转移转化系列活动之中国·津市首届体外诊断产业发展大会活动，促进体外诊断产业大数据发展合作项目、介入类医疗器械项目、医用消毒医疗器械项目等12个项目签约，加强交流，共谋发展。（龚盼）

【科技创新】2020年，津市市高新技术企业达22家，科技型中小企业入库31家，从事科研活动的技术人员达770人。中小企业创新创业园、孵化基地、科技综合服务团、医疗器械制造创新中心等陆续建成，吸引多项科技成果项目到津市孵化。组织引航生物、海路生物等企业参加创新创业大赛，海路生物获常

11月，“智汇洞庭·科创常德”科技成果转移转化系列活动之中国·津市首届体外诊断产业发展活动现场

德市创新创业大赛初创组二等奖；引航生物斩获湖南省创新创业大赛成长企业组二等奖。（龚盼）

【科技服务】建立健全科技特派员管理机制，农村科技特派员达40人。不断开展科技兴农工作，组织开展农业技术课程（柑橘病虫害、粮食生产），下户指导绿肥植播，葛果病虫害防治指导，农业技术专利研讨会，水果玉米适种技术，中药材种植技术指导服务，“村播带货”服务活动等。给广大种植户发放种植、养殖技术资料和科普宣传资料，并现场答疑解惑。为广大种植户、养殖户送上急需的科技服务，并现场给出了相应的技术指导，将科技服务送到了田间地头。（龚盼）

电　力

【概况】国网津市市供电公司担负着全市4个乡镇、5个街道办事处、76个村居委会的生产生活供电和全市范围内的电力基础建设，生产经营和办理客户的业扩报装、施工、接电及用电管理。内设综合管理部、党委党建部（党委宣传部、监察部）、配网管理部（物资供应分中心）、县供电服务指挥中心、客户服务中心、安全监察部（保卫部）、湘能津市分公司、金鱼岭供电所、保河堤供电所及湖南德力电力建设集团有限公司津市分公司。优质服务规范率居县级公司前列。未发生员工安全责任性事件和外人触电伤害事件，未发生员工违法违纪和违反作风建设相关规定的行为。

2020年，国网津市市供电公司坚持人民电业为人民的服务宗旨，围绕“四个一流”发展目标，取得系列成果，在抗疫保电中，涌现邹立平、邹善东、梁才琨、王帅、韩威、吴虔、陈世清等忠诚企业、奉献社会的典型先进事迹，湖南电视台、津市电视台、新湖南等媒体均进行宣传报道。在防汛保电工作中，市公司劳模刘伟被国网公司党组点名表扬。优秀党员贺卫忠荣获“常德市最美家庭”。同业对标全省A段，荣获“省公司标杆县公司”；荣获“省公司‘转抓强’先进集体”、省公司“抗疫保电先进单位”、省公司“迎峰度夏先进集体”、省公司“防汛保电先进集体”、市公司先进单位、市公司劳动竞赛供电网格服务专业组团体三等奖、市公司社会责任根植项目发布三等奖、工会财务规范化建设获市公司好评、市公司第二十八届老年人门球赛第三名、营商环境测评津市排名第一、“获得电力”营商环境考评获省人民政府好评、津市市“脱贫攻坚先进单位”。刘伟被授予“国网公司防汛保电先进个人”，贺卫忠被评为市公司“劳动模范”，杨帆被评为“省公司迎峰度夏先进个人”，杨莉、左天华被评为市公司“先进工作者”。

【人员管理】2020年，国网津市市供电公司有员工81人，其中各类技术人员中：高级职称3人、中级职称11人、初级职称39人；高级营销师12人；高级技师1人、技师3人、高级工29人、

1月25日（大年初一），国网津市市供电公司领导班子对津市人民医院用电设备开展抗疫保电巡查

供电公司加班加点火速送电津市“小汤山”医院（津市中医院）

中级工5人、初级工6人;大学本科56人、大专18人,大专及以上文化程度占员工总数91.36%;中专5、技校3人,占员工总数3.7%;高中2人,占员工总数2.47%;初中及以下2人,占员工总数2.47%。津市农电服务责任有限公司有员工89人,其中本科8人,大专40人,中专7人,高中23人,初中及以下11人。

【电网建设】2020年积极推进贫困村及农网升级改造攻坚战,全年农网改造总投资1787万元,新建和改造变压器62台/6600千伏安,新建10千伏线路6.631千米,改造10千伏线路19.51千米、低压线路43.319千米,新增台区17个,改造台区4个,多措并举解决19个低电压台区。110千伏白衣变电站即将开工建设。开展"百日攻坚"设备及通道整治,砍伐树障1万余棵。投资75.67万元,完成10千伏中医院集中隔离区配电变压器应急改造、10千伏保风线道林寺支线绝缘化改造、10千伏盐矿北#2台区应急改造、35千伏周棠线#006—#007杆对地距离不足治理4个大修技改任务,重点解决10千伏网络薄弱和低电压问题,重过载台区大幅减少;高标准完成2021年项目需求及编制,总投资计划2300多万元;加强网改施工全过程安全管理,实现全年网改施工零事故;较好完成属地协调工作。

2020年拥有500千伏变电站1座、220千伏变电站1座、110千伏变电站4座,直接运维管理35千伏变电站3座,35千伏线路6条,总长92.612千米,10千伏线路60条,总长789.13千米,其中公用线路51条,长772.5千米,专用线路9条,长16.6千米。配电变压器1113台(不含专变)。

【民生实事工作】2020年度国网津市市供电公司"民生实事工作"涉及12个行政村,分别是原渡口镇大关山村、双坪村、樟树村、箭楼村、麓山村、金和村、三新垸村、白衣庵社区、黄林堰村、长岭村、杨坝档村。工程总投资593.05万元,新建、改造10千伏线路5.396千米;新增配变新建台区1700千伏安/15台;新建、改造220—380伏线路28.649千米;新立电杆755根。

【供电服务】以电力大数据助力企业复工复产,津市复工复产率在常德率先实现100%;为受疫情影响的29家企业减免基本电费27万元,为6533户企业电价"95折"优惠679万元;常态化开展"三零"服务,服务小微企业接电"零上门零审批零投资"736家,免收、少收金额合计69.42万元;业扩流程进一步压减,压减高压4个环节下降50%,压减低压2个环节下降100%;进一步拓宽客户服务渠道,台区经理客户服务群达300余个;"95598"电话呼入量11695通,同比下降3.9%,服务投诉同比下降53.33%;"网上国网"申请办电完成率100%;科学有序供电工作受到湖南经视等媒体点赞;代表常德市"获得电力"营商环境测评得到省政府表扬。

2020年,津市用电客户101008户,其中工业用电户2160户,农业生产用电户2234户,排灌用电户47户,商业用电户2809户,居民生活用电户92075户,非居民生活用电户1683户,全年售电量57679万千瓦时,其中工业用电量34758万千瓦时,生活用电量14924万千瓦时,非生活用电量2460万千瓦时,商业用电量2993万千瓦时,农业用电量2544万千瓦时。

【经营管理】强化过程督导和结果导向,重点工作"周落实、月结账";业财协同规范报账管理,可控费用完成率100%;合理控制成本支出,非生产性费用压降13.86%;扎实开展资金使用"五性"评价,自查自纠问题77个,巡视巡察和资金安全检查受好评;常态化"六型"本部建设督导,下发文明办公通报6次,考核金额0.28万元;电网扶贫和消费扶贫相结合,"以购代捐、以买代帮"3.02万元,扶贫任务圆满完成;强化交通后勤管理,服务水平持续提升,疫情防控实现"双零";严格领导节假日带班及报告制度,强化舆情信访工作,公司保持和谐稳定;各类管理指标"周汇报、月管控、季分析",综合指标持续靠前。

【安全生产】生产秩序持续规范,从严管控周例会"七定",微信稽查日早会、作业信息发布成常态。全覆盖查作业现场、设备运维质量,施工现场自查违章15起,考核金额30810元,漏电保护器稽查考核金额2560元,安规普考处罚1700元。"五企联合"开展防外破整治,整治隐患600余处。大力开展"村村响"等多种防外破宣传,全年未发生责任性外人触电伤亡事故。防汛保电工作得到国网公司党组书面表扬,被授予"湖南省电力公司防汛保电先进集体",刘伟获"国网公司防汛保电先进个人",圆满完成高考等各类保电任务。2020年,津市公司获得省公司"安全生产先进单位",邹立平获得市公司"安全履职先进个人",彭卫国获得市公司"安全卫

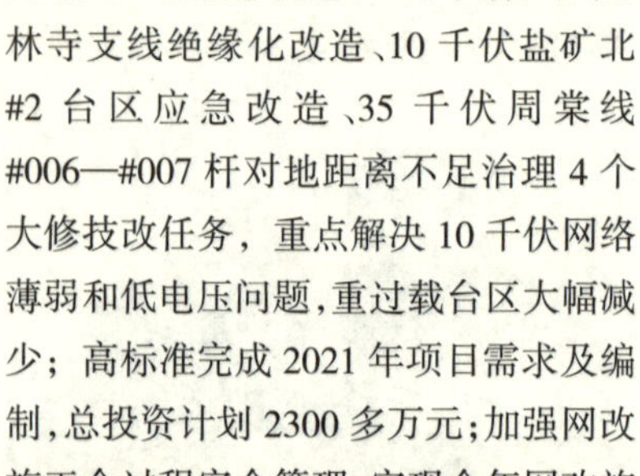

220千伏窑坡变电站

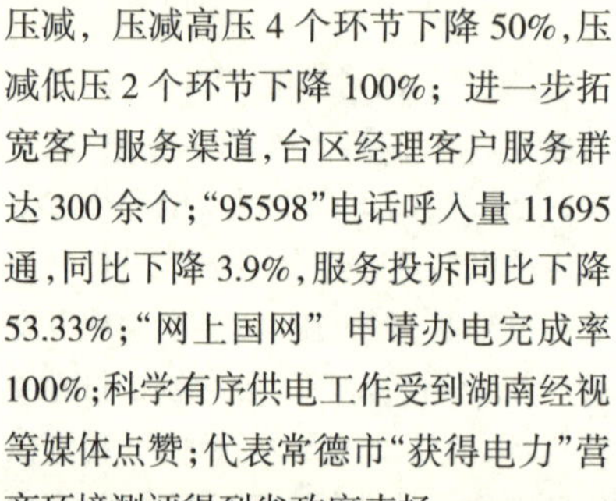

110千伏津市变电站全景

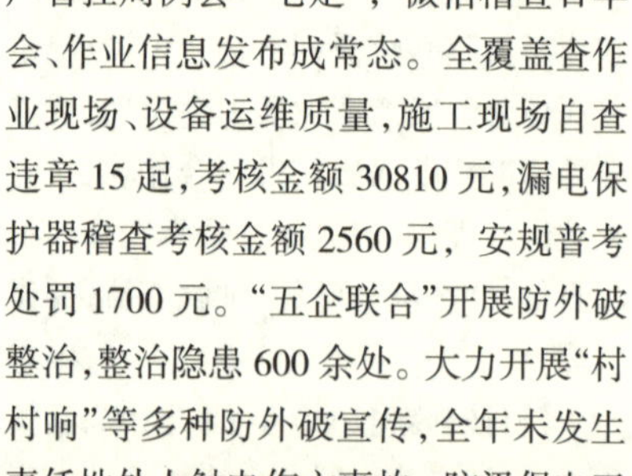

110千伏津市桑园变电站

士”,变电运维班获得市公司“安全工作优秀班组”，金鱼岭供电所获得市公司“安全工作优秀供电所”,邹善东、张进湘、刘安、易波、梁才琨、喻自斌、雷勇、鲁贵平8人获市公司安全先进个人。至2020年12月31日,公司累计人身安全15394天,设备安全7129天,实现连续11个安全年目标。

35千伏津市市棠华变电站

35千伏津市市保河堤变电站

【“十三五”成就】“十三五”期间,津市整体电网建设合计投资1.3658亿元,相比“十二五”增长41%;新增500千伏、110千伏、35千伏变电站各1座,变电站增容1座,是县境内拥有所有电压等级变电站的唯一县公司;五年改造行政村49个，整体户均容量由1.91千伏安提升到2.33千伏安;11个贫困村电网改造全覆盖，并在2019年提前实现电网脱贫;民生基础设施的完善和电网架构的增强,为津市“工业立市产业兴城”战略和乡村振兴发展奠定了坚强的发展基础。

“十三五”期间,全市电量增长累计43.34%,电费收入累计增长26.78%,台区线损下降累计41.58%;五年来优化环境测评从排名靠后,到全市第一;五年来两次获得“省公司安全生产先进单位”;同业对标从全省B段38,上升到A段15,成为全省标杆县公司。各项指标的全面优化,津市公司跨越发展的后劲越来越足、形势越来越好。

表19　　2020年津市市35—110千伏输电线路统计表

线路名称	电压等级(千伏)	长度(千米)	杆塔		导线 LGJ-m/m²	架空地线 GJ-
			铁塔(基)	水泥杆(基)		
安嘉线	110	39.6	16	129	150	25
窑津Ⅰ回	110	5.2	18	4	240	50
窑津Ⅱ回	110	5.5	19	4	240	25
窑桑Ⅰ回	110	12.21	38	18	240	70
窑桑Ⅱ回	110	5.59	25	—	240	70
津棠线	35	25.8	19	142	95	25
周棠线	35	18.516	—	90	70	35
保石线	35	2.9	4	24	70	35
保渡线	35	13.04	28	31	120	35
渡中线	35	9.3	28	9	95	25
合　计		137.66	195	451	1560	395

表20　　2020年津市市35—110千伏变电站统计表

变电站名称	电压等级(千伏)	容量		供电线路	出线	
		千伏安	台数		35千伏(条)	10千伏(条)
津市变电站	110	31500	2	津嘉线、窑津线Ⅰ、Ⅱ回	6	14
嘉山变电站	110	50000	1	安嘉线、津嘉线	0	5
桑园变电站	110	31500	1	窑桑线Ⅰ、Ⅱ回	1	10
中华变电站	110	50000	1	中生线、中车线	2	2
棠华变电站	35	6300	2	周棠线、津棠线		3
保河堤变电站	35	5000	2	保中线、津保线		4
渡口变电站	35	6300	1	渡中线、保渡线		2
合　计		118800	10		7	29

表21　　2014—2020年津市市用电客户统计表

单位:户

年度	总户数	其中					
		工业用电户	农业生产用电户	排灌用电户	商业用电户	居民生活用电户	非居民生活用电户
2014	89375	2468	1873	39	1950	81649	1396
2015	90929	2366	1924	39	2117	83068	1415
2016	93698	2293	1952	40	2196	85701	1516
2017	93935	2161	2015	40	2397	85814	1508
2018	97095	2130	2046	44	2506	88765	1608
2019	98927	2153	2134	46	2619	90338	1637
2020	101008	2160	2234	47	2809	92075	1683

表22　　2014—2020年津市市售电量统计表

单位:万千瓦时

年度	总售电量	其中				
		工业用电量	生活用电量	非生活用电量	商业用电量	农业用电量
2014	41864	27066	9154	1298	1722	2622
2015	36961	19768	10268	1622	1943	3328
2016	40238	20266	11954	1788	2629	3601
2017	43685	22537	12539	1937	2734	3938
2018	45766	21938	13825	2176	3046	3650
2019	52679	27004	14871	2387	3253	2330
2020	57679	34758	14924	2460	2993	2544

农业·水利

农业农村工作

【概况】2020年，津市农业农村工作以实施乡村振兴战略为总揽，坚持改革创新，改善人居环境，发展现代产业，建设美丽乡村，全市农村面貌大幅改善，农村经济稳步发展，民生福祉不断提升，社会大局和谐稳定。各项工作稳步推进，示范试点走出常德走向全国。农村人居环境整治三年行动、整县推进全域美丽乡村建设试点顺利通过省、常德市验收，成功获评2020年省政府农村人居环境整治真抓实干成效明显县市、湖南省美丽乡村建设整域推进先进县等荣誉。全国乡村治理示范体系建设试点顺利通过农业农村部中期评估，乡村治理“三折融合”模式作为全国两个区县代表之一，在全国乡村治理积分制推广视频会议上发言，并入选全国乡村治理典型案例。 （办公室）

【产业发展】稳定传统产业。全市完成粮食播种面积37.02万亩、夏收油菜面积22.3万亩，粮食总产量15.14万吨，其中，早稻播种面积10.16万亩、高档优质稻播种面积8.3万亩。发展特色产业。全市葛果种植面积稳定在2万亩以上，全市中草药种植面积1.01万亩（含湘莲），白衣镇新建葛果产业园1处；乡村旅游产业稳步发展，毛里湖镇青苗社区获评全国乡村旅游重点村，金鱼岭街道大关山村农旅项目基础设施建设基本完工。巩固农产品质量安全。建立牛肉米粉溯源公共服务平台和农产品质量安全监管平台，取得农产品质量检验检测中心“双认证”，新增“两品一标”认证4个，连续17年食品安全零事故。农产品加工业稳步推进。润农茶油、创奇食品、和平生物、娄星纺织、嘉品嘉味、嘉一食品6家企业成功申报省级农业产业化龙头企业，新增规模以上农产品加工企业2家，总数达到45家，全市农产品加工产值72.8亿元，销售收入73.5亿元，出口创汇560万美元，创利税1.1亿元。冷链物流建设加快推进。全年新建储藏冷库16座，总库容12435立方米。

【新技术推广】2020年主推10项农业技术：稻田综合种养技术、中稻－再生稻高效栽培技术、水稻种肥药一体机械化播种技术、水稻生产全程机械化技术、水稻病虫害绿色防控技术、油菜绿色高产高效技术示范推广、葛果高产栽培技术、化肥减量增效技术、温室催芽技术、香菇秋季袋料栽培技术。

【乡村振兴试点】扩面乡村振兴办点示范。将市领导联点、工作队派驻、后盾单位扶持机制覆盖到22个省级、常德市级和津市市级美丽乡村示范创建村居，全市28名市领导、58名后备干部、111家单位分别对口联点、派驻、扶持22个示范村居。

重点推进常德市“4+9”毛里湖镇乡村振兴示范片建设，片区新建农村生活

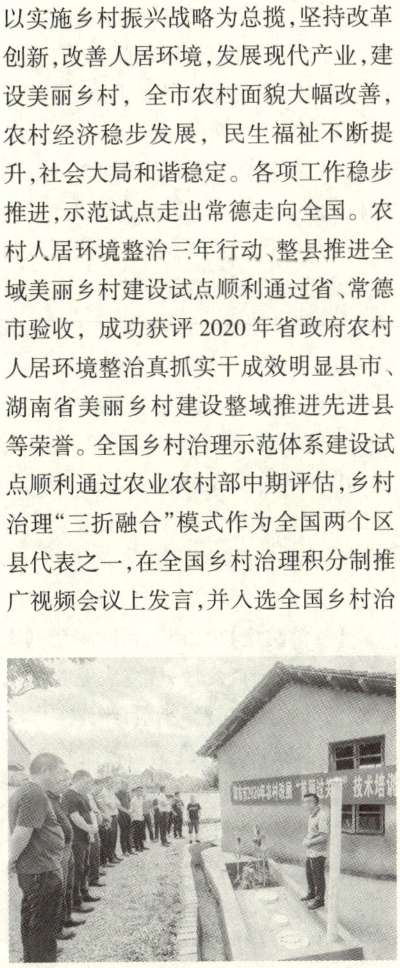

全市农村改厕“首厕过管制”技术培训会

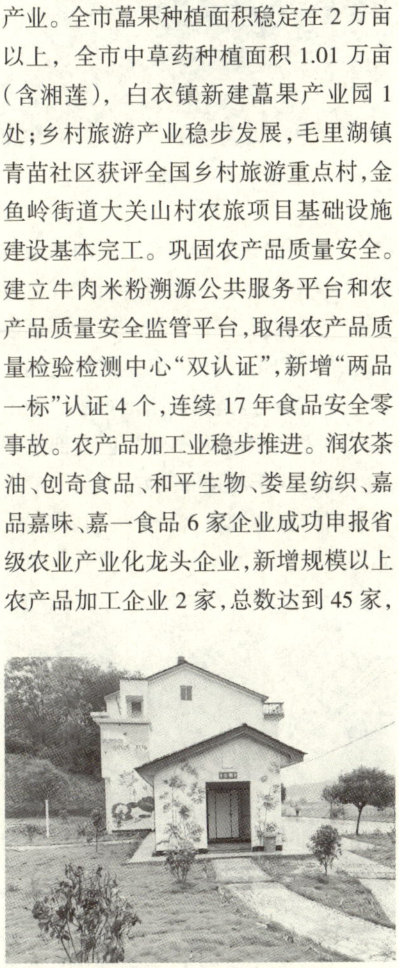

新建白衣镇张虎坪农村公厕

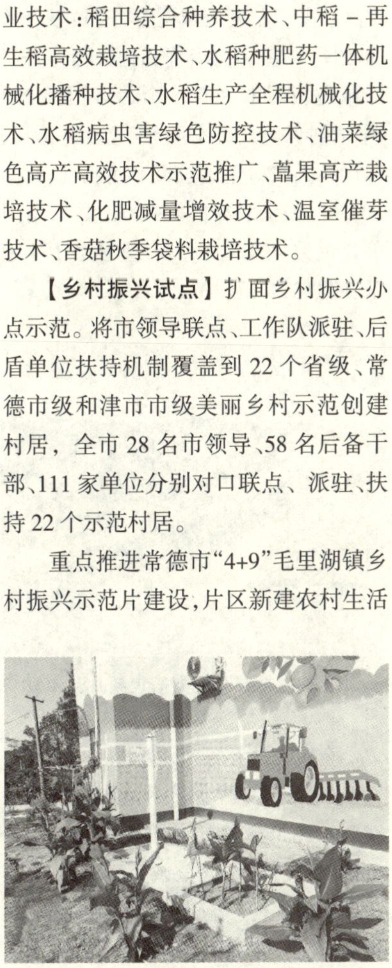

农村改厕四格化粪池

污水处理池6个,铺设污水管网8.5千米,黑化道路5千米,安装太阳能路灯151盏,新建“美丽屋场”7个、公厕2座等。（农村社会事业促进股）

【农村人居环境整治】 全域推进农村厕所革命。严格按照省“首厕过关制”工作流程,通过全面宣传发动、全面培训到位、严格厕具采购、严选施工队伍、规范施工流程、严格验收奖补等措施推进农村厕所革命,制定印发《津市市农村改厕责任追究办法》，确保工作责任落实到位。为严格确保改厕质量,组织专人对2019年改厕户逐户进行“回头看”,对2020年改厕户逐户验收,全年奖补资金955.6万元，完成改厕7800户、新建农村公厕8座,全市农村无害化卫生厕所覆盖率达90.5%。

全域开展村庄清洁行动。按照“三面五清”要求,常态化开展村庄清洁行动、全域保洁体系建设工作,垃圾分类“绿色存折”制度全域覆盖。有垃圾分类回收屋51座、垃圾桶和钩臂箱等公共区域垃圾容器800多个、转运车213辆、农村保洁人员424人。全年共清扫、转运各类农村生活垃圾、建筑堆物2.5万多吨,整治农村庭院3000余户,清理美化道路494千米，清理沟渠154千米、堰塘120口。

长江流域农业面源污染治理项目施工现场

全域推进美丽乡村创建。出台《津市市全域推进美丽乡村示范创建工作方案》《2020年津市市美丽屋场建设工作方案》等文件,围绕全域美丽建设20项行动推进试点工作。至年底,各项行动已全面完工，建成市级美丽屋场20个,毛里湖镇青苗社区成功创建省级美丽乡村示范村;药山镇新湖村、白衣镇红光村、毛里湖镇箭楼村成功创建常德市级美丽乡村。（农村社会事业促进股）

【高标准农田建设】 稳步推进2019年高标准农田建设项目。建设规模2.1万亩，总投资3423万元，于2020年9月全面完成建设任务。2020年高标准农田建设项目,建设规模2.16万亩,总投资3456万元,已全面动工,计划于2021年6月底前完工。创新开展工程质量保险试点工作。探索工程建设监理与工程质量金融保险相结合的试点模式,引入质量双保险机制。在不增加工程建设其他费用开支的同时,为津市高标准农田建设工程质量多加一道保障。

（农田建设管理股）

早稻集中育秧机插秧现场会

【乡村治理】 全国乡村治理体系建设试点稳步推进。“绿色存折”“红色存折”“爱心存折”——“三折”融合治理模式已取得初步成效,在各级媒体得到广泛推介;联户走访机制全面推进。全市51个村居900余名小组长已全部选举产生。各级干部按照当好“四员”(信息员、宣传员、协调员、督导员)的要求,全

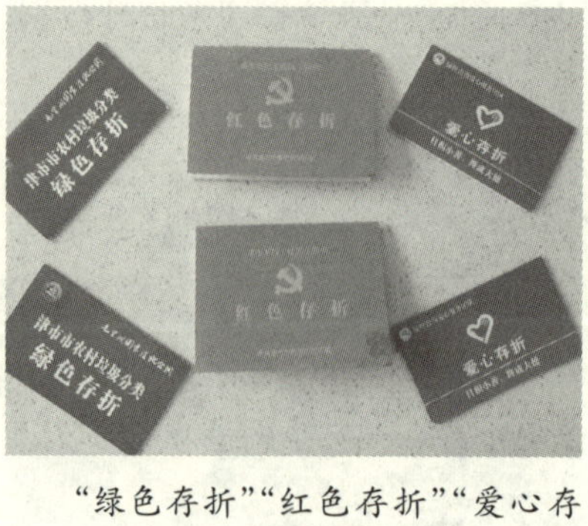

“绿色存折”“红色存折”“爱心存折”——“三折”融合治理模式已取得初步成效

面开展联户走访,紧密干群关系;建立健全了村规民约,通过户主会、群众代表会等方式，对村规民约进行完善修改,20个试点村居的村规民约已全部修改完善。

【农业执法】 发挥农资打假牵头作用。全面启动春季农资打假“春雷”行动，积极组织市畜牧水产事务中心、市农机事务中心等部门开展农资打假行动,对农资打假情况一周一收集,形成打假合力。加大执法力度,规范农资市场健康有序发展。加强对农药、种子、化肥等农资的管理,严厉查处经营假劣农资的违法行为，累计出动执法人员216人次，检查农资经营门店386家次,填写执法检查记录表186份,抽检农资样品85批次。发现违法违规线索32个，对10家农资经营门店开出责令整改通知书,取缔无证经营门店3家,立案查处违法案件8起,收缴违法经营的农药1.3吨,累计罚款28612元。优化审批服务,深化“一门式”服务机制。按照“一件事一次办”的政务服务要求,认真梳理行政审批事项,简化申报资料,优化审批程序,缩短办理时限,增加2项下沉到村(社区)事项。全市已核发农药经营许可证76个，包含1家限制使用农药经营许可证,按行政许可要求,在政务中心统一受理,邮寄或送证上门,严格执行“最多跑一次”服务机制。

【争资争项】 完成“三农”领域补短板和“十四五”规划项目申报入库,涉及项目60余个,总投资38亿余元,超额完成向上争资任务1.1亿元,申报固定资产投资项目9亿元,招商引资3.5亿元。

（计划规划股）

【疫情防控】 2020年,面对新型冠状病毒感染的肺炎疫情,成立农业农村领域疫情防控工作领导小组,组建工作专班，加强农村地区疫情防控工作的领导。制定《津市市农业农村系统新型冠状病毒感染的肺炎疫情防控工作方案》，为农村地区防疫工作提供指导和遵循。通过主题党日活动支持疫情防控工作,共上交“特殊党费”9200元。全面开展农村沼气池摸底工作。共排查农村

现有沼气池1534口，其中已经停用的1448口，正在使用的86口。另有在用的大型沼气工程5处，将加强农村沼气安全隐患的整改。

（办公室、科教组织人事股、农业资源利用与保护股）

农村经营服务

【概况】2020年，农村宅基地管理的职能职责正式从自源资源部门划转到农业农村部门，具体工作由市农村经营服务站负责。市农村经营服务主要开展宅基地管理、农村集体产权制度改革、农村承包地管理、培育新型经营主体、农民负担监管等工作，年底被常德市评为宅基地管理先进单位、农村承包地确权登记颁证工作先进单位、全市农村政策与改革工作先进单位，农村土地确权登记颁证工作被明确为受到全国通报表扬的先进地区。

【农村宅基地管理和改革】农村宅基地管理和改革职能划转到农业部门后，市农经站根据《湖南省农村住房建设管理办法》等文件精神，多次与自然资源、住建等部门进行对接，工作开展有力、有序。在广泛征求镇、街道及相关部门意见后，6月30日，市政府第10次常务会议进行专题研究，以市政府名义印发《津市市农村宅基地审批管理改革工作实施方案》，出台《津市市规范农村宅基地审批管理的指导意见》。以白衣镇为试点，通过召开现场会的方式，全市全面推开农村宅基地管理和改革工作。各镇、街道相继建立一个窗口对外受理、多部门内部联动运行的农村宅基地用地建房联审联办制度，全年审批宅基地180宗。建立月报告、台账管理、定期巡查等机制，全年接受常德市2次督导检查和1次调研，没有发现相关问题，该项工作得到常德市委副书记朱水平的充分肯定。

【农村集体产权制度改革】根据中共湖南省委农村工作领导小组办公室、湖南省农业农村厅《关于扎实推进农村集体产权制度改革工作的通知》的要求，年底前要全面完成农村集体资产年度清查，全面完成农村集体产权制度改革档案整理，逐步建立农村集体产权交易中心。农经站精心组织、全面部署，全面完成2018年、2019年农村集体资产年度清查，更新全国农村集体资产管理信息系统。完成61个农村集体经济组织挂牌，集体经济合作社逐步在发展村级集体经济方面发挥作用，消除集体经济组织“空壳村”。聘请专业力量，利用半年时间，全面完成市、镇街、村三级农村集体产权制度改革档案整理入馆工作，共归集综合类档案725件，发证类档案资料2701件，是常德市第一个完成产权制度改革档案整理的县市。10月，市农经站在多次与土流网、建设银行协商、洽谈的基础上，邀请四川德阳农交所相关专家到津市对接产权交易中心建设事宜，鉴于农经站力量薄弱，市政府主要领导要求由嘉山实业牵头建立农村集体产权交易中心，农经站做好配合，至年底嘉山实业正在有序开展相关工作。

【农村承包地管理】随着“锦绣千村”社会化服务平台的引进，在各个镇村广泛建立服务网点，50%以上的大户和“锦绣千村”建立了联系，社会化服务能力不断提升。农村土地流转逐步规范，对农村土地流转情况进行了全面摸底，对农村土地流转合同进行整改规范，全年发放农村土地流转经营权证10本，农村土地流转总面积达11.5万亩，流转率达45%。有效完成确权档案成果验收，全面整理完善土地确权登记颁证工作的档案资料，代表常德市接受省级质检验收，率先通过省级验收，被明确为“受到全国通报表扬的农村土地确权登记颁证工作典型地区”，被评为常德市农村承包地确权登记颁证工作先进单位。

【新型农业经营主体】2020年，对家庭农场、农民合作社等新型农业经营主体开展指导服务成常态，聘请专业财务顾问对近50家产业扶贫合作社进行财务指导和重点规范。根据常德市审计局关于合作社问题整改的意见，制定整改方案，配合农业农村部门完成账务规范等问题整改。对农民合作社“空壳社”进行清理整顿，联合市场监督管理部门共清理注销“空壳社”31家。加大示范创建力度，申报国家级合作社1家，创建省级示范合作社和百强联合社各1个，省级示范家庭农场5个，全省百佳家庭农场1个，创建常德市级示范合作社和家庭农场各5个。年底，从粮食适度规模经营补贴资金中争取新型经营主体扶持资金35万元，对15个示范引领作用明显的家庭农场和合作社进行了扶持。截至12月底，在市场监管部门登记注册的农民合作社达251家，家庭农场600家。

【农民权益维权和农民负担监管】根据省、常德市工作部署，不断强化政策宣传，全年发放《农民负担与补贴监

9月24日，常德市委副书记朱水平（前排右三）在白衣镇调研村民建房工作

督卡》3.5万份,减负惠农政策宣传不留死角。大力开展督导检查,在经常性开展春、秋两季农村中小学入学收费检查的基础上,重点对惠农补贴落实情况进行督导检查。8—9月,对耕地地力补贴、适度规模大户补贴、单、双季良种补贴等惠农补贴进行专项检查,对发现的相关问题线索进行了交办整改并向纪委监委报送。认真处置信访纠纷,学习领会土地调解仲裁等法律法规,深入镇村现场调处土地信访纠纷,全年化解土地信访纠纷51起,没有出现到常德赴省非法上访事件。涉农收费公示制、惠农补贴备案制、报刊订阅限额制等农民负担监管制度得到有效落实。在常德市组织的2次农民权益维护与农民负担监督检查工作中,没有发现相关问题,也没有涉及农民负担的信访举报,得到上级领导的充分肯定。

畜牧水产

【概况】2020年,津市市畜牧水产事务中心调整产业布局,转变生产方式,狠抓养殖产业发展、生猪生产、禁捕退捕等重点工作,推进种养业生态循环发展,延伸养殖产业发展链条,构建养殖废弃物综合利用的有效模式与途径,各项工作稳步推进。全市畜牧水产总产值31.72亿元,同比上升35.61%,占农业总产值的61.77%。出栏(笼)生猪42.91万头,同比增长30.1%;菜牛出栏0.45万头,同比增长18.4%;羊出栏2.44万只,同比下降3.17%;家禽255.25万羽,同比增长11.96%;肉兔5.9万只,同比下降87.9%。水产品起水29202吨,同比下降2.4%。 (唐峰、王成林)

【养殖业发展】2020年,有规模以上畜禽养殖场61家,其中年出栏10万头以上的大型生猪规模养殖场2家,分别是湖南旺森农牧有限公司,2020年年末存栏8.6万头,全年出栏生猪15万头;津市市佳和生态农业有限公司灵泉基地和棠华基地,2020年年末存栏14.1万头,全年出栏生猪25万头。有养殖水面141570亩,“稻田+”综合种养20205亩,稻渔养殖企业11家,名特优养殖企业(户)8家。市委、市政府成立生猪生产工作领导小组及生猪生产调度办公室,出台《津市市养殖业发展“十四五”规划》《关于促进生猪生产保障市场供应的政策措施》《2021年全市粮食和生猪生产任务指标》,生猪生产纳入市政府年终绩效考核。引进湖南省现代农业产业控股集团有限公司投资3.5亿元的生猪养殖项目(项目地址位于白衣镇红光村)、湖南省食品有限公司与深圳望家欢农产品集团联合投资10亿元的100万头生猪屠宰加工及5万吨冷链物流项目(项目地址位于工业园区)。 (唐峰、王成林)

【长江流域重点水域禁捕退捕】2020年,开展退捕渔民身份精准识别和7次“回头看”,调查摸底渔民876户1966人,239户435人捕捞渔民退捕转产,补贴专业渔民社会保障179人912.9万元。有就业意愿的314名渔民实现转产就业,其中灵活就业207人、企业吸纳5人、务农21人、自主创业22人、公益性岗位安置59人。回收渔船870艘,回收处置渔民网具4.1万公斤,处置涉渔“三无”船舶639艘,其中回收处置涉渔“三无”505艘,打击销毁11艘,标识登记农用、其他功能“三无”船舶123艘;禁捕专项执法检查188次,开展联合执法119次,出动执法舟艇242次,执法车辆330台(次),执法人员2811人次,收缴销毁地笼882个8471米、刺网114条1660米、栏网12处870米,收缴电鱼器具5套,查处违法案件9起,其中行政立案1起,刑事立案8起,采取刑事强制措施12人。7月1日,在澧水津市九码头,开展2020年度水生生物人工增殖放流青、草、鲢、鳙鱼苗1000万尾,其中青鱼鱼苗10万尾、草鱼鱼苗90万尾、鲢鱼鱼苗500万尾、鳙鱼鱼苗400万尾,投入放流资金32万元。 (王成林)

11月21日,联合公安开展禁捕专项执法

7月1日,开展人工增殖放流

【动物疫病防控】2020年,完成春秋两季防疫,强制免疫生猪42.91万头、菜牛0.45万头、家禽255.25万羽,免疫率达到100%。开展重大疫病的例行监测和流行性病学调查,全年采集畜禽血清样9850份、其中检测非洲猪瘟样品8400份,监测结果均为阴性。完成动物血防查病及化疗工作,共查病家畜1710头、化疗家畜3420头。执行“瘦肉精”同步检测,抽检29300头,结果全为阴性。全年出具动物检疫电子票证50530份。加强非洲猪瘟、禽流感等重大动物疫病防控,全年全市未发生非洲猪瘟等重大动物疫情。 (王飞云)

【养殖污染治理】2020年,实施天然水域禁投肥管理,97处92847.6亩湖

4月22日,开展春季动物防疫采样

泊、水库等天然水域水面列入禁投肥管理养殖水域，设立禁投肥警示标志牌138块，珍珠退养3550亩，规范渔业行为78处；进行标准化池塘改造，升级改造精养池塘3279.3亩；2018—2020年，累计改造精养池塘任务2.27万亩；2020年，根据《津市市2019年非生猪调出大县畜禽粪污资源化利用整县推进项目实施方案》，完成35家畜禽养殖场和1家有机肥厂的畜禽粪污资源化利用项目，畜禽粪污资源化利率率达91.66%，规模养殖场粪污设施配套率达100%。

（唐峰、王成林）

2月28日，指导养殖场开展养殖污染治理

【畜禽水产品质量安全监管】2020年，组织开展"瘦肉精"、兽用抗菌药、水产品禁用药物和有毒有害物质抽检、打击私屠滥宰、养殖业农资打假等专项整治活动，出动执法人员307人次，检查养殖规模主体63家次，检查生产企业38家次，检查投入品经营户39家次。对市机械化屠宰场和旺森农牧等规模场实行远程在线电子监控管理，宰点及规模场无害化处理均在视频的视角内，随时掌控场内发生的问题。（熊伟）

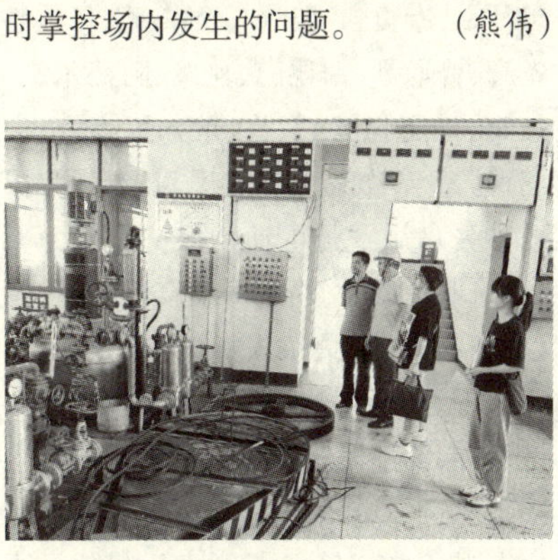

8月19日，开展兽药饲料生产经营店专项检查

林业

【概况】市林业局是市政府的工作部门，归口自然资源局管理，加挂"市绿化委员会办公室"牌子，内设办公室（人事股）、财务监督管理股、造林绿化股（市绿化委员会办公室）、森林资源管理股（行政审批服务办公室）、野生动植物和湿地保护股（自然保护地管理股），归口管理毛里湖国家湿地公园管理处1个正科级事业单位、嘉山风景名胜管理处、林权管理中心（加挂林业调查规划设计队、林业技术推广站、造林绿化设计室、森林资料评估事务所）、市国有林场（加挂嘉山国家森林公园管理处）3个副科级事业单位，局领导班子职数4名。

2020年，林业局争取上级项目支持，全年共引进项目24个，到位资金1800多万元。加大招商引资力度，林业局多次赴江苏、广州等地开展招商活动，与湖南世鑫农牧发展有限公司、湖南斯派克科技股份有限公司负责人进行沟通、对接和现场考察。全体党员干部深入到43户结对帮扶的贫困户家中走访慰问、摸底调查、协助制定帮扶举措，开展送生产资料、送政策、送信息的"三送"活动，先后为贫困户送去价值4.6万元生产资料。落实林业项目扶持，共补助贫困人口574人，预计全年补贴金额52余万元。（袁超军）

【资源现状】2020年12月，全市共有林地面积16.41万亩，湿地面积15.6万亩，森林覆盖率24.48%，森林总蓄积量64.66万立方米，全市生态公益林1.76万亩。（袁超军）

【造林绿化】2020年，津市市林业局以实施长江流域防护林工程造林、中央财政补贴造林、森林抚育等重点生态绿化工程为抓手，全市共完成营造林生产面积5.9万亩，其中人工造林0.9万亩、封山育林1.5万亩、森林抚育（含退化林修复）3.5万亩。完成新造油茶林0.2万亩，油茶低改林改造0.3万亩。完成绿色通道建设49千米，其中县乡道新绿化20千米、县乡道绿化提质29千米。资金投入3384.5万元，其中国家项目资金500万元。2020年，先后迎接国家、省、常德市林业局各类造林工作检查、抽查督导5次。其中，2月3日，常德市林业局造林科到津市开展冬季整地造林、森林防火工作督查；6月25—27日，常德市造林科到津市开展造林工作督查；8月11日，省林业局组织对津市天然林管理及2016年度退耕还林实施情况进行检查；10月22—23日，省林业厅对津市公路绿化、造林、森林抚育情况进行核查；12月21日，常德林业局对津市冬季造林、森林防火工作督查。

（陈金平、袁超军）

【义务植树】2020年，市林业局组织市民开展形式多样的义务植树活动，号召全体市民深入开展"三边"造林，荒山绿化，全市适龄公民共完成义务植树56.35万株，履责尽职率达到95.6%。

（袁超军）

【林政资源管理】林木采伐管理。2020年发放林木采伐许可证98本，采伐蓄积量1.3万立方米。

林地资源管理。2020年，主动为全市重点项目工程建设搞好占用林地服务，先后办理安慈高速、毛里湖植物园、白衣镇荣贵菌果等重点工程建设项目占用林地，全市共初审上报征占用林地11宗，占用林地面积17公顷，其中审批临时占用林地6宗，面积8.6公顷，省厅审批永久性占地项目6宗，面积8.4公顷。

公益林管理。2020年，始终坚持"三防"（防破坏、防错误、防腐败）原则。防破坏，防止破坏生态公益林及生态公益林地，各镇（街）从贫困户中选聘生态公益林护林员，落实待遇和管护职责范围，坚持实行定期监测和巡查；防错误，2020年，组织技术人员多次下到各镇（街）、村（社区）、组，群众指出公益林山头地块，督促村干部和镇（街）林业站将公益林到户花名册造准确，保证图、表、农户、实地一致；防腐败，坚持定期督查，保证所有公益林补贴资金准确下发

到林地所有的农户账户，杜绝雁过拔毛式腐败，全市共发放公益资金280726.75元。

打击破坏林地行为。依法保护林地资源。针对全市乱挖乱占林地的现象时有发生的情况，年初局党组召开专题会议，研究部署加强林地管理，森林公安局和林业综合执法大队联合组织开展联合执法，严厉打击破坏林地资源的专项行动，打击非法征占用林地行为。2020年，全年共查处非法征占用林地案件2件，处罚3人。

森林资源督查。津市市2018—2019年森林督查共有疑似问题图斑382个。2018—2020年，通过调查，大部分疑似问题图斑不属违法违规问题图斑。同时加大打击查处力度，认真进行整改销号，共查处整改违法违规占用林地的案件12起，涉及违法违规占用林地面积8.8992公顷，行政处罚12起(其中自然资源局处罚2起)，罚款42.5125万元，收回林地面积4.1089公顷，已补办手续和由自然资源局查处的林地面积4.7833公顷；查处整改违法违规采伐案件1起，面积0.5742公顷，蓄积20.7立方米。2018—2019年森林督查所有遗留问题均已整改销号到位。

实施“三山”保护。全方位开展津市白云山林区纳入“三山”保护范围的17290亩林地的保护宣传，开展“三山”保护专项行动，落实“五个禁止”[禁止擅自占用林地修建工程设施、建(构)筑物；禁止毁林开垦和毁林采石、采矿、采砂、取土以及其他毁林行为；禁止建造坟墓；禁止防火期在防火区和禁火区内燃放烟花爆竹、燃烧香烛、烧火土灰、炼山烧荒等野外用火行为；禁止擅自采伐林木(房前屋后个人所有的零星林木除外)]，保障市白云山保护区的资源安全。

(黄兆雄、袁超军)

【林业有害生物防治】2020年，市林业局牵头组织制定《林业有害生物防治预案》，修改完善《林业生物灾害应急预案》。加大森林病虫害监测力度，开展春秋季松材线虫病监测普查、马尾松毛虫防治、杨扇舟蛾防治、白蚁防治以及森林植物检疫等工作，全市重点实施森林病虫害防治面积1550余亩，遏制全市森林病虫害的大面积发生和蔓延。严格按照《松材线虫病防治技术方案》，对全市4镇3街道和1个国有林场范围内的57660亩松林小班逐一普查，普查率100%，对春季、秋季普查发现枯死松树进行取样检测，均为生长密度过大自然死亡，全市境内没有发生松材线虫病。开展调运检疫，对所有调运森林植物及电缆、光缆盘等松木材包装材料进行专项检疫，共检疫活立木6669株，扦插苗82株，板材118立方米，方材120立方米，原木3374立方米，原条151立方米，竹材210吨，检疫率100%。同时，开展产地检疫，对全市所有育杉木、国外松、樟树、柑橘等120亩苗圃进行全面检疫，检疫苗木达120万株。组织施放白僵菌高孢粉1吨，达到预期防治效果，保护全市森林资源。(赵志、袁超军)

3月15日，义务植树活动现场

【自然保护地监管】2020年组织开展澧水河口湿地保护区、嘉山国家森林公园、毛里湖国家湿地公园和嘉山风景名胜区自然保护地大检查，核实自然保护地边界、范围，全面排查自然保护地内破坏自然资源的违法违规情况。经全面排查，摸清自然保护地的详细情况，排查中未发现违法违规侵占自然保护地的土地活动。(赵志、袁超军)

【自然保护地整合优化】根据《自然资源部 国家林业和草原局关于做好自然保护区范围及功能分区优化调整前期有关工作的函》《湖南省林业局 湖南省自然资源厅关于做好自然保护区调整及自然保护地整合优化工作的通知》文件精神，组织开展澧水河口湿地保护区、嘉山国家森林公园毛里湖国家湿地公园等自然保护地整合优化工作，成立相应的组织机构和工作班子，制定工作方案，聘请湖南省农林勘察设计研究总院作为技术支撑，开展实地调查、走访座谈、资料收集、部门间的广泛对接等工作，编制完成自然保护地摸底调查报告、空缺分析报告、评估论证报告、整合优化调整预案报告、矢量数据落界等成果资料。(赵志、袁超军)

【野生动植物保护】津市市重点保护野生植物有国家一级保护野生植物(1种)银杏，国家二级保护野生植物(5种)樟树、花榈木、喜树、水杉(人工栽培)、闽楠(人工栽培)津市市国家重点保护野生动物有国家一级保护野生动物(共1种)黑鹳，国家二级保护野生动物(共18种)虎纹蛙、白琵鹭、鸳鸯、鹗、黑耳鸢、赤腹鹰、雀鹰、松雀鹰、日本松雀鹰、普通鵟、白尾鹞、燕隼、阿穆尔隼、红隼、褐翅鸦鹃、草鸮、东方角鸮、斑头鸺鹠。宣传教育。2020年，以“湿地保护日”“爱鸟周”“野生动物保护月”为平台，采取电视、网络及下发宣传标语、倡议书，在广场、集镇人群集中地段以科普挂图、展板、悬挂横幅标语等形式开展宣传，让市民逐步自觉形成爱护野生动植的良好习惯，树立良好的饮食观和生态观。2020年，全市共张贴横幅标语50多条，印发“倡议书”1.5万余份，举办图片展览2次。栖息地保护。按照上级主管部门及市野生动物保护的要求，结合津市的实际，重点在澧水河道湿地、毛里湖国家湿地公园、嘉山国家森林公园等鹭类等野生动物的重点栖息地林区，开展恢复和重建野生动物的栖息地、停留地。构建市、镇（街）、村（社区）上下整体联动的全市野生动物保护网络，成立专门野生动物保护队伍，做到重点季节对野生动物保护不留盲区、不留死角。进一步加大野生动物保护执法力度。先后联合森林公安局、市场监督管理局开展专项执法行动16次，办理案件8起。拆除“天网”235米，收缴并放生青蛙800余只、蛇41条、鸟类103只，收缴枪支（气枪）3支，查处违法经营户5户，移送起诉6人。野生动物禁食退养。按照《湖南省人民政府办公厅关于全面禁止野生动物交易、革除滥食野生动物陋习、切实保障人民群众生命健康安全的意见》（湘政电〔2020〕22号）文件精神，在省、常德市召开野生动物人工繁育主体退出补偿和动物处置专题会议后，市林业局迅速行动，制定《津市市禁食陆生野生动物人工繁育主体退出补偿及动物处置工作方案》，由林业局与财政局、畜牧水产事务中心、森林公安局抽调专人组成核查小组，摸清第一批14种退养的人工繁育野生动物存栏物种数量。全市第一批退养的共11户养殖户，退养物种主要豚鼠、竹鼠、眼镜蛇、豪猪、白骨顶，共补偿到位资金57.7435万元。第二批转型退养的养殖户1户，转型物种为蓝孔雀，数量为234只。制定《津市市禁食陆生野生动物后续工作方案》《津市市禁食野生动物养殖户转产（转业）转型“一户一策”目标责任清单》，明确帮扶责任单位、责任人和具体帮扶措施。

坚持专项行动与日常打击相结合，集中整治与综合治理相结合，大力开展“缉枪治暴”“昆仑2020”“候鸟保护”等专项执法行动。2020年来，全市共开展在专项整治行动16次，办理案件8起，其中行政案件3起，刑事案件5起。拆除“天网”235米，收缴并放生青蛙1100余只、蛇41条、鸟类103只，收缴枪支（气枪）3支，查处违法经营户5户，移送起诉6人。市林业局野生动物保护工作得到上级主管部门的充分肯定。

（赵志、王豹、袁超军）

【林权管理服务】2020年，津市市林权管理服务中心在做好疫情防控的工作基础上，组织参加政治、业务知识学习活动。严格按照《中华人民共和国森林法》、《湖南省森林资源流转办法》规定办理林地、林权交易、流转业务，实现“山定权、树定根、人定心”的局面。全年组织镇（街）林业站人员开展全国林业站网上学习平台进行网上学习，提高基层林业人员专业能力；接待政策、证件办理咨询230余人次，办理林权交易流转217.44亩，调处林地承包经营权纠纷2件；配合省局更新全省林业站信息管理系统完成林业站基本信息调查2次；完成新洲镇林业站2018年度林业站标准化建设项目并迎接省局验收；开展森林保险工作，将全市2.362万亩国家级、省级公益林纳入森林保险，保费总额3.7792万元；开展安全生产“大排查大管控大整治”“打非治违”“强执法防事故”等活动，获评津市市安全生产优秀单位；组织系统民兵参加市县两级训练、演练、防洪抢险103人次；完成民调、创建的宣传、引导工作，严厉打击18起破坏森林资源的违法行为，维护森林资源，消除恶劣影响和安全隐患，确保全市林业行业安全稳定。

（罗长清、袁超军）

【森林防火】2020年，津市森林防火工作根据全市改革工作要求灭火工作职责转隶到市应急管理局，防火工作以林业局为主，津市森林防火工作坚持“预防为主、积极消灭”的森林防火方针，遏制森林火险高发势头。先后多次组织召开专题会议，对森林防火工作进行安排部署，始终坚持“主要领导亲自抓、分管领导具体抓、班子成员分片包干抓、部门单位配合抓”工作机制。利用电视、网络、短信、标语等多种形式，加强对森林防火有关法律法规、安全用火和避险自救等知识的广泛宣传。全市共制作固定性防火宣传牌150多块、宣传标语200多条、宣传资料1.52万份，出动宣传车150多辆次，在春节、清明期间村村通广播进行大喇叭喊话宣传，达到路上见标语、电视见音像、手机见信息的效果。大力开展摆鲜花、点电子香烛等文明祭祀的宣传，广大群众的森林防火意识得到明显增强。抓住火源管控，全面落实管控责任，实行市领导联镇（街道）、镇（街道）干部包村（社区）、村（社区）干部分片包户、林业站工作人员和村（社区）护林员包山头、包坟头的森林防火工作责任制，有效降低人为火源引发山火的可能性。队伍建设。2020年11月底，市武装部组织市应急连多次开展准军事化训练和森林防火实战

省国有林场管理局局长欧阳叙回（右二）到津市督导检查自然保护地整合优化工作

演练;市林业局、森林公安局组织镇(街道)林业站长、防火专干开展消防设备使用和森林防火专业知识培训,提升扑救森林火灾的整体实力。设备更新。先后投入资金近30多万元新购置提灌机、风力灭火机、油锯、砍刀等森林防火设备,各镇(街道)也相应地补充更新部分防火设备,物资应急保障能力得到提高。教育惩处。市森林公安局坚持依法治林,严厉打击山火肇事者。通过采取行之有效的措施,实现森林火险次数下降和人员零伤亡目标,各项防火指标完全控制在省、常德市规定的范围之内,确保无重特大森林火灾发生。

(袁超军、王豹)

【国有林场(嘉山国家森林公园)建设】2020年,嘉山国家森林公园加强对古大同核心景区的道路、环卫设施、休闲设施进行改造和完善,进一步提升公园的接待功能,改善景区环境。投入资金30余万元,由省林勘院调查编制完成总面积2.78万亩的林场经营方案,为今后10年的林场经营打下良好基础。

开展空坪隙地和历年来损毁林地补植补造工作,2020年完成新造林85亩、损毁林地补植补造41亩。管护责任落实到具体人,每个班子成员负责一片区域;完成15千米防火隔离带的砍割,在林区主要路口新增固定防火警示牌及车辆禁行牌11块、更新宣传标语23块、更新防火宣传牌17块、发放防火宣传单1.5万份。加大在防火期的宣传力度,增强周边住户的防火安全意识。2020年没有发生一起森林火灾。10月,采取喷洒药剂、刷白等方法对森林公园内松树和白蚁危害区进行了防治行动,防止树木被侵害,有效地遏制了病虫害的繁殖及蔓延,切实有效地保护森林资源。

国有林场林区道路建设现场

公园投入1280多万元的11.6千米林区道路建设项目全面启动,工程建设将在2021年7月底全面完成。

(袁超军、丁桂林)

【绿色庭院建设】2020年,积极参与全市农村人居环境整治工作,按照常德市局要求开展绿色庭院示范村、绿色庭院示范户创建活动。全局所有技术员深入示范村开展技术指导,按照"一村一户一案"的思路,以"一环三片"为重点,完成5000个绿色庭院户建设任务,协助3个绿色庭院示范点村建设,栽植各类苗木8.3万多株。 (陈金平、袁超军)

毛里湖国家湿地公园管理

【概况】湖南毛里湖国家湿地公园位于湖南省北部、津市东南部,洞庭湖西北边缘、澧水下游。毛里湖由溪河沟汊汇聚而成,横跨津市毛里湖、白衣、药山3个乡镇,是湖南省最大的溪水湖,仅次于洞庭湖的第二大天然优质淡水湖,还是湖南省为数不多的未感染血吸虫的溪水湖泊,是进行亲水活动的良好去处;毛里湖国家湿地公园是常德市首家正式获牌的国家湿地公园,是津市市首家国家AAA级旅游景区。总面积6250公顷,常年蓄水1.38亿立方米。园内有湿地植物403种,湿地动物264种。公园交通便捷,"二广""常岳"和在建的"安慈"高速环湖而过,区位优势明显,为武汉、重庆、长沙三大旅游城市的几何中心,岳阳至张家界黄金旅游线路的重要节点,洞庭湖生态经济圈5大节点城市之一津澧新城的战略要地。 (曾琴)

【湿地保护】2020年来,湿地公园牵头组建一支队伍,建立两项机制,毛里湖湿地生态环境保护持续推进,成立毛里湖生态环境整治综合执法中队。由湿地公园管理处主任任队长,生态环境分局、水利局、农业农村局、林业局、自然资源局、交通运输局、森林公安局7个涉湖职能部门各派2名有执法证的成员,组建7个行政执法组。严格执行每月2次联合巡湖机制,实行察打一体。各行政执法组按照分工组织开展专项执法行动,在巡湖过程中,发现问题并及时处理问题,严厉打击惩处破坏毛里湖生态环境的各类违法违规行为。对执法过程中发现的问题及违规案件进行挂号登记处理。对查处情况进行跟踪检查,对拒不停止或拒不落实整改要求的重大违法案件实施挂牌督办,实施销号管理,防止久拖不决。2020年进行综合执法16次,下发整改任务单18份,叫停违建7起,拆除违建5起,查处违规养殖反弹3起。 (曾琴)

2020年市领导调研湿地保护工作

【争资引项】毛里湖法国开发署项目推进顺利。2020年7月13日,毛里湖国家湿地公园法国开发署项目技术援助包中的流域入侵物种调查与管理计划子项目与湖南自然之家生态发展有限公司签订合同;8月完成法开署项目首笔提款,毛里湖法开署项目实施成功跨出第一步。

开展"世界湿地日"活动宣传

10月19日完成第一包（技术援助包）技术评审，12月完成技术援助包的合同签订，合同签订后咨询公司将进场工作。争资工作成效明显，争取到2020年湿地保护与恢复中央补助资金50万元，争取到常德市委组织部人才培养经费50万元。（曾琴）

【启动国家AAAA级旅游景区创建及一期能力建设开园】2020年启动毛里湖湿地公园创建国家AAAA级旅游景区工作，湿地公园高度重视，积极筹备，多次与上级主管部门进行沟通协调，并提出创AAAA级旅游景区申请；对周边先进创建单位进行考察，学习创建工作经验；在着手创AAAA级旅游景区指导团队遴选前期准备工作（以招投标结果为准）；湿地公园管理处组织自学AAAA级景区评分标准，为明确自身创建现状，启动自评工作；初步拟定毛里湖国家湿地公园国家AAAA级旅游景区创建工作方案，待指导团队明确后，拿出正式创建方案，再上政府常务会。湿地公园一期能力建设的8个子项目（宣教中心主体建筑、游船码头、码头区2号楼、宣教中心外部环境、室外道路、入口景观工程、接待中心装修、旅游公厕）已经全部完工。健康养老产业园已经对外招租，中标单位（兰苑宾馆）已入驻，湿地公园一期能力建设区域具备初步的接待能力。（曾琴）

【脱贫攻坚工作有序推进】2020年贯彻落实精准扶贫工作要求，扎实做好脱贫攻坚工作。所有帮扶干部均按要求解联系的贫困户的生产生活情况。每月组织一次入户走访，宣传扶贫政策。针对性制定帮扶措施，扎实开展帮扶活动，及时记录工作日志和台账。上门慰问帮扶9次，累计筹措帮扶资金5.6万余元。为3名贫困户安装了“户户通”，丰富贫困户精神文化生活。为贫困户贺真春申请公益性岗位，每年4500元。为扶贫户李从秀的房屋进行危房改造，旱厕改水厕，落实低保政策及低保调标工作。为扶贫户申请低保（2户3人），每人每月320元。扶贫户雷志然家庭兜底保障调标每人每月380元。切实做到让贫困户尽可能多地享受国家政策、减轻贫困户生活压力、打开贫困户收入来源、树立贫困户生活信心。2020年消费扶贫金额合计1.9万余元。（曾琴）

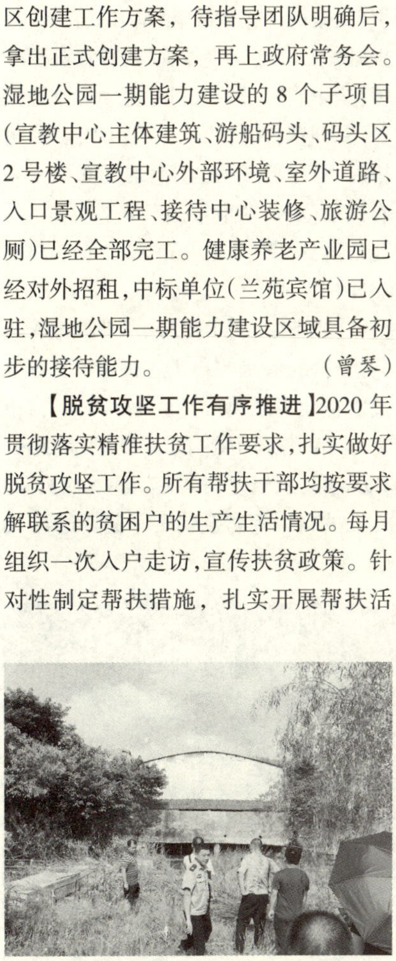

入户溪流排污问题清查

森林公安

【概况】津市市森林公安局原名津市市公安局林业派出所，成立于1995年8月。2009年5月，正式更名为津市市森林公安局，正科级单位，自2020年12月2日转隶后受津市市公安局领导，业务上接受津市市林业局指导。下设刑侦治安大队、综合办（法制办）2个股室。

【职能调整】业务上接受林业部门指导，继续承担森林防火工作，负责火场警戒、交通疏导、治安维护、火案侦破等，查处森林领域其他违法犯罪行为，协同林业部门开展防火宣传、火灾隐患排查、重点区域巡护、违规用火处罚等工作；掌握生态环境、生物安全等领域犯罪动态，拟定预防、打击对策；组织开展对生态环境、生物安全领域等犯罪案件的侦查工作。

【案件查处】为深入贯彻落实党中央、国务院关于生态文明建设的一系列战略部署，坚决打击和有效遏制各类涉林、涉生态安全违法犯罪行为。结合津市的实际情况，在全市范围内组织开展了“昆仑2020”“缉枪治爆”“打击长江流域非法捕捞”等破坏生态资源违法犯罪专项行动，进一步遏制涉林、涉生态安全违法犯罪的高发势头。截至11月底，共查处各类涉林、涉生态安全案件9起，其中：立刑事案件4起，破案4起，破案率100%；联合林业局执法大队办理林业行政案件5起，查处5起，查处率100%；成功调解林权纠纷3起。处理违法、犯罪人员11人次。各类专项行动的开展强有力打击涉林、涉生态安全、涉生态安全违法犯罪活动，完善生态环境资源保护管理机制，更好地建设美丽津市。2020年在森林公安全体民辅警的努力下，执法质量位居全省前茅，获得省森林公安局通报表彰。

农机事务

【概况】2020年，津市市农机事务中心统筹新冠疫情防控和强机富民职责，围绕乡村振兴战略，落实惠农政策，加强农机安全监管，推进新型农机示范推广，打好拖拉机安全顽瘴痼疾整治战役，促进全市农业生产农业机械化“全面、全程、高质、高效”的进程。成功创建津市市文明单位，全市农机安全生产事故连续10年保持“零”记录，市农机事务中心被评为2020年度湖南省、常德市农机安全工作先进单位，津市市交通问题顽瘴痼疾集中整治行动优秀单位，监理所所长被评为全省农机安全监理示范岗位标兵。（石承强）

【农机安全生产】2020年，市农机事务中心把日常监管和专项整治作为农机安全生产的“重头戏”，按照全省的统一部署，突出抓好拖拉机安全顽瘴痼疾

1月，交警、农机工作人员联合执法检查现场

专项集中整治工作，通过实施高位推进、入心宣传、精细摸排、强力整治“四大会战”，提前2个月完成变型拖拉机问题清单清零工作。分管副市长出任拖拉机顽瘴痼疾整治工作领导小组组长，市农业农村局、应急管理、公安交警、所在镇街参与，制定《全市拖拉机安全顽瘴痼疾专项整治行动方案》，各镇、街道成立相应机构，形成市、镇(街道)、村(社区)、农机手四级联动机制。先后召开专题会议5次，镇街农机安全员会议8次，农机合作社、农机驾驶人座谈会4次；出动流动宣传车30台次，发放宣传资料8000多份，张贴标语、横幅150余幅，开辟宣传专栏18处，在重点区域、重要路段设置固定宣传警示牌24块，举办农机安全法规知识培训班12期，培训农机驾驶人500余人次，发送农机安全警示短信2000余条，组织开展农机安全事故应急演练。实施“到户工作法”，开展拉网核查精细摸排，先后上门走访农机驾驶员500余人，对181台变型拖拉机进行人车合影、人车相符鉴定，排查安全隐患50余起，消除安全隐患50余起，劝导教育拖拉机驾驶员30余人次。实施全方位巡检，组织镇、街力量在重点路口巡检，对有问题车主履行告知之责；组织村、社区力量入户巡导，对有问题车主履行劝导之责；组织农机监理员在乡村道路、田间场院开展路面巡查，履行对问题车主的约谈之责。全市变型拖拉机181台，检审94台，报废注销87台，年检审率达100%。新注册登记机车231台，联合收割机85台；新办驾驶操作证48个，到期换证182个，驾驶员持证率达100%。对拖拉机安全顽瘴痼疾整治实行“零容忍”和顶格处罚，对逾期未检验、无证无牌、无交强险拖拉机一律依法扣留，违法行为全部消除后再放行；对非法改装改型车辆责令现场整改恢复原样；对超期服役车辆实施强制报废，现场拆解。2020年，全市共出动农业、农机、交警及镇街执法人员1000余人次，检查拖拉机500余台次，查处拖拉机违法违规行为170余起，依法扣留长期脱检、逾期未报废、非法改装等违法违规拖拉机62台，督促补检审拖拉机92台，报废拆解拖拉机58台。津市的变型拖拉机安全顽瘴痼疾专项整治工作经验被省农业农村厅选为典型，作为全省3个县(市)之一，在8月21日全省拖拉机顽瘴痼疾专项整治行动推进视频会议上作工作经验交流发言。 (石承强)

【农机购置补贴】2020年，应对新冠肺炎疫情对农机化工作的影响，采取点面结合的办法，优化农机购置补贴政策服务工作，将农机购置补贴办理下沉到镇街、村居，让购机农户少跑路，不出村就可办理农机购置补贴全部流程，促进新型农机的推广使用；利用省农机对重点、急需机具进行累加补贴的政策，推广重点、急需农机具，促进全市农机装备结构不断改善。全年打卡发放农机购置补贴859.86万元，受益农户(组织)179个，推广植保无人机30台，拖拉机96台，联合收割机84台，粮食烘干机15台。按照省“一村一碾米机”的配送要求，将53台碾米机如期送到全市行政村(社区)。 (石承强)

【农机报废补贴】2020年下半年，组织开展农机报废更新补贴，引导农户购置新型高效农机(具)，规范农机报废更新补贴管理，推行“互联网+实地监督”监管模式，对报废机(具)及主要零部件解体和破坏性处理全程录像留痕，拆解报废拖拉机、联合收割机等农机61台，落实发放报废更新补贴资金40.77万元。 (石承强)

【农机科技推广】2020年，开展农机新科技推广和培训活动，把粮食生产全程机械化作为重点技术推广，在全市建立2个200—500亩水稻全程机械化示范基地和1个3000亩水稻生产全程机械化高产创建示范片，全市共推广水稻抛秧机10台，全年共完成水稻机耕面积34.31万亩，机插秧面积12.23万亩、机收面积33.12万亩，水稻耕种收机械化水平80.93%，同比增长1.23%。同时，采取现场演示、集中培训、外出学习等形式，促进新型职业农民队伍建设，全年共举办早稻机抛、油菜机收、机种、秸秆粉碎综合利用、新进补贴农机具等现场演示会5次，新型职业农民培训班1期，农机驾驶员考试培训班2期。 (石承强)

【平安农机示范建设】2020年，进一步夯实农机安全管理基础，采取以点带面、突出重点的方式，组织开展平安农机示范镇(村)建设活动，通过创建组织引导、基础工作指导、活动开展督导，毛里湖镇成功创建为省级平安农机示范镇，全市省级平安农机示范镇实现全覆盖；新洲镇长岭村、毛里湖镇中南村、樟树村、灯塔村成功创建为常德市级平安农机示范村，全市常德市级平安农机示范村达到29个，占全市82个行政村的35.4%。 (石承强)

【服务中心】2020年，争取国家农机购置补贴、省果园田土宜机化改造等各类农机化发展项目资金965万元，占市委、市政府下达的年度目标任务120.6%。新冠疫情防控期间，购买0.8万元的口罩等防疫物资，免费送到18

4月，在药山镇举办秸秆粉碎综合利用演示

家农机合作社及农机经销商,助力春耕备耕疫情防控工作。认真搞好脱贫攻坚扶持工作,落实后盾单位扶贫资金3万元,为结对帮扶的5名贫困户送去春耕物资及节日慰问品5000多元。改善办公、服务工作环境,9月26日,农机事务中心办公及服务大厅整体搬迁至原七完小院内。（石承强）

【讲好农机故事】2020年,组织开展"讲好农机故事,促进事业发展"活动,传递新时代津市农机队伍的新活力、新成效、新风貌,激励农机人干事兴业,先后在国家、省及常德市等新闻媒体发表农机工作新闻报道105篇、123次,其中《津市,"服役"33年的拖拉机再也跑不了》新闻报道荣获2020年度中联杯湖南农机新闻优秀作品评选二等奖。

（石承强）

水　　利

【概况】2020年度,津市市水利局扎实做好水旱灾害防御,防汛期间共召开防汛会商会10次、防汛调度会27次,全市派出防汛工作指导组41批次,上党员干部0.12万人、防汛劳力0.6万人,出动民兵应急抢险队员200名参与防汛抢险救灾。做好试点县申报和建设,试点县建设总投资4.53亿元,其中中央资金2亿元、地方自筹9520万元、社会资金1亿元、金融资本5780万元,建设期限为2年,采取公开招标和以奖代补两种模式实施。做好河湖长制工作,全市各级河长71人、湖长96人,全年累计巡河巡湖5896人(次)。做好农村安全饮水巩固提质"民生实事",总投资399.4万元,解决巩固提升农村饮水安全人口1841户6852人。做好水利工程建设,共投入8578.64万元,突出抓好重点区域排涝能力建设、完成小型抗旱更新改造三年行动年度任务、推进中型灌区续建配套,完成西毛里湖灌区建设任务、建设湖南省澧水津市市阳由垸和新洲下垸段河道治理工程、建设湖南省北河津市市二期治理工程。做好"十四五"水利规划,加快构建以防洪安全、饮水安全、用水安全、河湖生态安全、水利行业能力建设提升为核心的现代水安全保障体系。做好争资争项工作,成功争取到水系连通及农村水系综合整治试点县建设、"四水治理"等项目中央投资1.95亿元,完成5000万元的招商引资任务。抓好安全生产,全年出动执法人员792次2895人,检查生产企业156家,立案4起,罚款8879元,责令停产停业10家,水利行业没有出现安全责任事故。助力脱贫攻坚,对口帮护毛里湖镇荣台社区和花桥村,实现帮护对象脱贫;稳步推进移民后扶,完成人口复核工作,打卡发放直补资金16.02万元,准确率达100%,并完成省2019年度移民政策实施监测评估和绩效评价工作。配合生态环保督察整改,按规定调度护市、阳由等外排机埠,配合环保部门力保窑坡澧水国控断面水质达标,配合工业园区做好嘉山电排的排涝整改。

（王峥嵘）

【水旱灾害防御】2020年,在津市市防汛抗旱指挥部的指挥下,津市市水利局将水旱灾害防御工作作为重点工作狠抓落实、常抓不懈。

津市市2020年全年降雨量为1790.4毫米,汛期中的降雨量为:4月为74.3毫米;5月为101.1毫米;6月为454.8毫米;7月为290.8毫米;8月为107.0毫米;9月为234.9毫米。汛期总降雨量为1262.9毫米,占整个降雨量的70.5%。7月7日,澧水津市站监测到汛期最高水位,高达42.97米,超警戒水位1.97米。

2月中旬,市水利局对全年水旱灾害准备工作进行重点安排,分别就工程建设进度、汛前安全大检查、险工险段处理、责任制编制、器材清理、预警设施维护、预案修订等工作进行部署。

3月初,开展备汛检查。全市77.7千米防汛大堤共巡查出大小险情30多处,其中重要险情10处。

4月14日,中共津市市市委、市人大、市政府、市政协、市武装部五大家主要领导一行先后到阳由垸澧阳电排、新洲上垸尹家窝堤段、北街闸和新洲砖厂堤段除险工程施工现场考察后召开全市防汛抗旱会商会,分析研判全年防汛抗旱形势,部署全市防汛抗旱各项重点工作。

6月12日下午,津市市召开防汛紧急调度会。根据当天澧县气象局预测预报,津市强降雨过程主要从当天下午开始,集中在晚上,累积雨量比较大,结论维持在100—150毫米,最大小时雨量在60—70毫米。未来一周需加强防范降水引发的山洪、地质灾害、中小流域洪水、城乡内涝等次生灾害以及雷雨大风的不利影响。

2020年7月,由于持续降水,毛里湖水位超警戒线1.01米,离历史最高水位仅差0.37米。7月10日晚,津市市防汛抗旱指挥部召开紧急会商会,决定破开224省道毛里湖段,拓宽行洪通道;7月11日起,224省道毛里湖段实施交通管制,开始施工;7月13日凌晨,60米

7月,民兵在临洪大堤下抢险

宽的行洪通道全线贯通，电排站4台机埠满负荷运行，排入澧水的湖水流量增大4倍，毛里湖危机即刻缓解。

7月13日，224省道破开后搭建临时通道

落实防汛责任。防汛期间共召开防汛会商会10次、防汛调度会27余次、编发督查通报3次、出动督查人员35组266人；市防指建立300人的防汛抢险机动队；每个镇、街道建立50人的防汛抢险应急队；建立1000人的防汛抢险预备队，城市部分500人，农村部分500人，确定所有人员名单、联系电话，出现紧急情况可以随时投入抢险。

防汛物资储备。全市储备防汛砂石2.33万立方米、编织袋43.9万条、化纤布24.6万平方米、铅丝4.2吨、救生衣1000件、照明灯具2400盏。紧急购置编织袋2万条、防水油布0.5万平方米、征调27辆卡车装载防汛卵石，实行以车代仓，所有物资集中在涔水津市段沿线大堤。向国家防汛物资储备中心申请编织袋10万条、土工布10万平方米，向省防指申请编织袋12万条、编织布10万平方米。

入汛以来，津市遭受6次强降雨过程，全市派出防汛工作指导组41批次，上党员干部0.12万人、防汛劳力0.6万人，出动民兵应急抢险队员200名参与防汛抢险救灾。津市市人武部带市民兵应急连基干民兵，值守超警戒水位运行的涔水大堤。在市委、市政府的统一指挥下，各分指强调度、备物资、查隐患、除险情，市级领导带头，干部巡防一线，科学应对超高水位、超长汛期，取得“不溃一堤、不伤一人、不垮一库”的全面胜利。

（王峥嵘）

【试点县申报和建设】2020年1月16日，水系连通及农村水系综合整治全国试点县建设项目答辩会在市水利局一楼视频会议室召开。津市市委副书记、市长黄旭峰接受省水利厅、省财政厅有关专家答辩，副市长徐兴勇、市财政局、水利局相关领导参加答辩。

2020年4月，水利部办公厅、财政部办公厅联合发布《关于公布2020—2021年水系连通及农村水系综合整治试点县名单的通知》，津市以全省综合评分第一的成绩成功入选。

试点县建设总投资4.53亿元，其中中央资金2亿元、地方自筹9520万元、社会资金1亿元、金融资本5780万元。建设内容分为水利行业和非水利行业两个方面，水利行业的建设内容为水系连通4条，河道清障63条，河道清淤疏浚64条，湖塘清淤41处，河湖岸坡整治岸线总长189.20千米，设置景观人文设施12处，建设水源涵养林及滨水缓冲带17.73公顷以及防污控污工程，水生态修复，智慧水利等。非水利项目建设任务为山河建设集团有限公司投资开发的毛里湖康养旅居项目等。建设期限为2年，采取公开招标和以奖代补两种模式实施。

（王峥嵘）

11月5日，津市市水系连通及农村水系综合整治试点县度家峪等溪沟EPC总承包工程顺利开标，标志着津市试点县建设进入全面实施阶段

【河长、湖长制】全市各级河长71人、湖长96人，全年累计巡河巡湖5896人（次）。为推进河湖“清四乱”常态化规范化，巩固前阶段河湖“清四乱”成果，防止问题反弹，河长制工作落实河道管理范围内建设项目和监管，并建立河湖警长体系，打击在“河长制”工作中阻挠施工、暴力抗法等污染水环境的违法犯罪行为；为创新河湖长制管护机制，共聘任156名专职人员负责河湖日常管护；为积极探索创新河道管护长效机制，津市市河长办参照江浙一带河湖长制工作先进经验，制定评选“美丽河湖”“幸福溪渠”激励机制，调动各地对水环境的保护，创新河湖管护机制，以奖代补激励津市各镇、街道把河湖环境管理

9月23日，津市市水系连通及农村水系综合整治试点县建设动员会在市水利局一楼视频会议室召开

10月13日，津市市水系连通及农村水系综合整治试点县建设开工仪式在毛里湖镇青苗河道施工现场召开

推向更深层面；为进一步加强河湖长制宣传及考核工作，2020年津市河湖长制工作宣传共发表宣传报道118篇，其中央级媒体12篇、省级媒体17篇、常德市级媒体34篇、本市媒体55篇。

2020年，河长制工作累计清运河道垃圾1.7万吨；完成河道综合整治94.6千米，新建生态护岸长度35千米、滨水空间修复1315亩；完成饮用水保护区划定和“千吨万人”水源地谢家堰取水口规范化建设；推进毛里湖“两拆两退”，还湖还湿1.5万亩；办理水土保持案件4件，罚款8879元，警告违法行为3起，调解水事纠纷2起。

以毛里湖为重点，开展专项整治行动。2020年西毛里湖各级湖长巡湖385人（次）（一季度受疫情影响镇、村巡河巡湖工作未全面开展），聘请28名河湖管护员，对沿湖周边进行保洁；启动实施西毛里湖生态环境保护项目，总投资6.3亿元，其中中央水污染治理专项资金2.5715亿元、配套资金3.7亿元；投入1100万元拆除湖体中全部网箱1.19万口和围栏1.7万米；投入1000万元拆除湖中围堤、湖汊拦坝9处；投入1059万元拆除关闭饮用水源保护区内蔀果加工企业17家；实施流域生活垃圾、餐饮垃圾、生活污水治理和畜禽养殖污染防治，投入2000多万元建设垃圾中转站7座、垃圾收集屋34个，新建农村集镇餐厨垃圾处理站4座，投入4500万元，在沿湖集镇建设污水处理站9座；投入2200万元建设小型污水处理设施7座，建设三（四）格净化池和化粪池1万多口，基本实现流域生活污水处理全覆盖；对限养区内54家规模养殖场（户）推广科学养殖技术，减少污染物排放；开展“洞庭清波”专项整治，对西毛里湖进行全面的摸排，制定整改清单，召开河湖长制“洞庭清波”专项工作调度会，完成整改2处养殖反弹现象。

（王峥嵘）

2020年建成毛里湖电排

【安全饮水】2018年，全市安全饮水覆盖率达到100%，自此，后续工作重点为饮水安全巩固提升工程建设。

2020年津市市农村饮水安全巩固提升工程项目总投资399.4万元，其中省级补助资金270万元。新洲镇总投资174.31万元，省级补助资金130万元；药山镇总投资79.07万元，省级补助资金40万元；白衣镇总投资16万元，省级补助资金10万元；毛里湖镇总投资130万元，省级补助资金88万元。工程建设数量1个，开工时间2020年6月15日，工程完工时间2020年9月20日。项目工程完成铺设引水主管4050米，铺设输水干支管50915米。解决巩固提升农村饮水安全人口1841户6852人，其中新洲镇435户1634人、药山镇833户3048人、白衣镇23户80人、毛里湖镇550户2090人。

（王峥嵘）

【水利建设】2020年，津市市水利局全面推进水利建设，突出抓好重点区域排涝能力建设、完成小型抗旱更新改造三年行动年度任务和推进中型灌区续建配套，完成西毛里湖灌区建设任务。

2020年是更新改造三年行动的最后一年，汪家桥、南湖汊泵站已投入运行，石龟山、新洲、邵家嘴等泵站进场施工。其中，西湖垸石龟山排区泵站更新改造工程总资金1835.65万元，津市市重点区排涝能力新洲泵站、邵家嘴泵站、汪家桥泵站更新改造工程资金为722.79万元，津市市洞庭湖重点地区排涝能力建设工程沅澧涝区澧阳排区配套工程资金为1659.31万元。

2020年扩建澧阳电排

投入3000.49万元实施湖南省澧水津市市阳由垸、新洲下垸段河道治理工程，投入1360.4万元建设湖南省北河津市市二期治理工程。（王峥嵘）

【“十四五”水利规划】“十四五”是推进水利现代化进程、提升水安全保障能力至关重要的五年，是努力建设经济强、百姓富、环境美、社会文明程度高的新津市的关键时期，也是全面深化水利改革、全面推进依法行政、推进水生态文明发展和水利现代化建设的重要时期。“十四五”期间，加快构建以防洪安全、饮水安全、用水安全、河湖生态安全、水利行业能力建设提升为核心的现代水安全保障体系。“十四五”水安全保障规划以项目为支撑，包含五大类、37小类、57个重点建设项目，项目投资额度83.7亿元。

保障防洪安全。提升水旱灾害防御

工程标准,加快重点垸(松澧垸津市护市垸、沅澧垸津市西湖垸)堤防加固一期工程实施步伐;实施澧水阳由垸、新洲下垸段河道治理工程;以涔水、澹水、道水、冲柳水、西毛里湖河等一批中小河流为脉络,继续实施中小河流巩固提升工程;根治病险水库和病险水闸,加快推进中小型泵站更新改造进程;实施城市防洪圈建设,将“一城两圈”防洪标准提高到50年一遇;继续开展抗灾薄弱环节项目建设,推进重点山洪沟治理,加强重点易涝区域沟渠等配套设施建设。

保障饮水安全。继续实施城乡供水巩固提质工程,加快推进城市备用水源地建设,使全市城乡居民饮上安全卫生水,自来水普及率100%。

保障用水安全。严格落实“三条红线”控制指标、水资源消耗总量和强度双控管理。开展全行业节水,健全节水体制机制,全面建成全域节水型社会。开展抗旱应急水源工程和引提调水工程,进一步保障用水供给率;加快灌区续建配套与节水改造及现代化建设步伐,灌溉水有效利用系数提高到0.57以上。

保障河湖生态安全。强化河湖长制,加强重要河湖湿地生态保护治理,科学推进水土流失综合治理,提升水生态系统质量和稳定性,重要河湖水域岸线监管率达到80%以上。加快津港新城和农村水系综合治理以及澧水洪道等一批重点水域岸线保护与生态修复进程,创建毛里湖国家级水利风景区和水生态文明示范县市,守护好一湖碧水,维护好河湖健康。

加强水利行业能力建设。完善水法规体系和水利规划体系,增强水利依法行政和综合执法能力;加强水利管理与改革,推进水资源管理制度,落实水资源管理“三条红线”、入河排污口监管和水源地保护;加强河道管理责任体系建设,推进河湖长制;提高水安全的应急管理能力、推进水资源信息化和河湖管理信息化建设,建设智慧水利、数字水利。

(王峥嵘)

【争资争项】2020年超额完成向上争资任务,津市市水利局通过积极衔接上级主管部门,成功争取到水系连通及农村水系综合整治试点县建设、四水治理等项目中央投资1.95亿元。抓好招商引资任务,完成5000万元的招商引资任务。

(王峥嵘)

2020年疏浚杨坝垱沟渠

2020年疏浚青苗排渠

商　　务

【概况】2020年，市商务局在编人员19人：行政编制10人，事业编制9人；在岗人员15人，借调人员2人，提前退职2人，临聘人员2人。全年招录公务员1人，调出2人（事业编），调出临聘人员1人。商务局内设机构6个：综合办公室、贸易服务股、政工股、市场建设股、外经外贸和投资管理股、市场秩序股（"12312"商务举报投诉中心）。

2020年社会消费品零售总额完成68.32亿元，同比增长-1.9%。完成进出口额12297万美元，同比增长16.5%；加工贸易完成19万美元；新增"破零倍增"企业共7家。引进内外资总额906202万元，同比增长14.4%；完成外商直接投资109万美元。

（黄昆、彭千悦）

【疫情防控】2020年累计出动近2500人次，全天候检查商场超市，调度清洗消杀，督导疫情防控工作，检查商场超市600多次，当场解决实际问题1000余个，商务领域未发生疫情。制定应急保供预案，保障市场开放，监测市场动态，稳住居民的"菜篮子""米袋子""油瓶子"。适应疫情新形势，引导企业商家发展无接触配送模式，无人菜摊、线上下单、线下配送到家（小区）等模式，取得较好效果。全市生活必需品市场供应充足、价格平稳，未出现哄抢现象。（颜小钧）

【商贸流通】2020年出台《津市市人民政府关于公布津市市激励消费措施十八条的公告》，在全市范围内开展促消费活动。三大超市分别在节假日期间开展各类促销活动，引入津市9家食品企业25个品种的产品进入商场专柜销售，助力企业渡过难关。组织万景家电超市开展"20周年店庆活动"，活动共销售电器500余台，销售额200万元。在商务局与市监局的共同推动下，成立津市市餐饮行业协会。

2020年，津市共有25家电子商务企业，其中，省级电子商务认定企业5家，分别为湖南省南北特电商科技有限公司、津市康舜天食品有限公司、津市市金湘猪鬃实业有限公司、津市市广民养殖有限公司、津市市湘村电子商务有限公司；省级电子商务示范企业1家：津市金湘猪鬃实业有限公司。园区拥有南北特豆干、中意糖果、壹乡源牛肉米粉、创奇鱼仔等20多种津市特色产品。2020年电商销售额3.21亿元，同比增长6.6%。其中湖南省南北特电商科技有

2020年3月，津市市商务局在津市港调研

2020年市商务局职工参加全市气排球比赛

限公司1—12月线上销售额8130万元,同比增长124%,南北特依托拼多多团购平台,旗舰店日均销售1万单以上,豆干类产品排名第1。电商扶贫方面:全年完成电商销售农产品零售额1.6亿元(目标值为0.95亿元),完成任务的168%;全年完成贫困村农产品电商交易额350万元,完成任务的122.3%。获评2020年全省电商扶贫专项行动优秀单位。9月8日,津市市餐饮行业协会正式成立,各餐饮单位团结一致、抱团发展,走出一条津市特色餐饮之路。12月21日,津市牛肉米粉协会被湖南省商务厅评为"先进商贸流通行业协会"。（孙国辉、李昊林）

【加油站点】2020年全市共25家加油站,其中中石化11家、中石油4家、中海油1家(新增)、民营9家。商务局2020年度共出动检查加油站712次,出动执法人员累计1372次,共整治安全生产隐患135处,均已完成整改,未出现重大安全生产隐患。2020年全市加油站销售汽、柴油共2.75万吨,销售金额1.93亿元。（颜小钧）

【外经外贸】2020年进出口总额为12297万美元,完成目标任务(12000万美元)的102%,较2019年同期增长16.5%,完成总额常德市排名第6。主要外贸出口企业有:湖南新合新生物医药有限公司,主要生产甾体激素药物,2020年全年进出口总额1772万美元;湖南鸿鹰生物科技有限公司,主要生产酶制剂,2020全年进出口额523万美元;津市金湘猪鬃实业有限公司,主要生产各类猪鬃制品,2020年进出口额848万美元。

市商务局在疫情期间走访调研外贸企业,对接长沙海关、省市红十字会,争取一批免税捐赠急缺医疗防护物资,为津市防疫工作及外贸企业复工复产提供保障;建立"一企一策"档案,解决外贸企业疫情期间困难;向上争取政策资金扶持及金融优惠,缓解企业资金周转难题,帮助企业渡过难关;指导医疗物资企业办理进出口资质、CE认证,申报辖区医疗物资企业加入中国医保商会白名单,提升津市医疗物资外贸进出口额。津市市商务局被湖南省商务厅评为2020年湖南省外贸工作先进单位。（李帅）

【牛肉米粉】2020年,津市市域内米粉店310家,市域外米粉店约4000家,年营业收入达到3.5亿元,从业人员达2万余人。牛肉米粉技术研发基本成熟,津市与江南大学合作,投入120万元开展鲜湿米粉保质保鲜技术研发。经过前期的试验和调试,实验室技术已经成熟,预包装米粉产品可达到6个月。品牌推广得到强化:4月,刘聋子粉馆作为常德市企业代表参加省委接待处举办的湖南美食擂台赛,并获最佳人气奖;6月,常德市产业办举办"常德品牌·中国品质"品牌展播活动,津市牛肉米粉宣传广告在每晚18时59分湖南卫视连续10天播放;米粉产业园建设有序推进:食品产业园选址市高新区,用地63亩,投资预算1.1亿元,总建筑面积44600平方米。其中米粉生产厂房1栋三层,单层约4600平方米,建筑面积13800平方米。（朱继跃）

【常德海关到津市调研】11月11日,常德海关叶国忠一行到津市港调研津市港申报海关监管场所工作并召开座谈。会上,津市市商务局、津市市交通运输局及津市港主要负责人对津市港的建设和规划及申报海关监管场所做详细汇报。叶国忠对津市港的建设给予高度肯定,并指出在港口规划设计中要按照申报海关监管场所进行超前布局,设计电子计算机管理系统,建设智慧港口。同时表示常德海关将对一切有利于地方开放型经济发展的建设进行有力支持。（李帅）

招商事务

【概况】津市招商引资工作精准谋划,克服疫情和经济形势下行压力,超进度完成全市招商引资目标任务。2020年,全市共引进亿元以上项目28个,其中5亿元以上项目6个,10亿元以上项目3个,三类500强项目2个,工业项目17个,全面完成常德市下达的20个重点项目年度目标任务总数的140%;新引进项目合同引资额共89.5亿元。（王藜静）

【高位推动招商】2020年,由联产市级领导任"链长",整合市领导和部门招商力量,建立了负责项目策划、招商引资、建设投产的全过程服务的"链长"招商机制。九个产业链责任市级领导充分发挥引领带动作用,主动出击,带队招商,强力推动招商引资工作扎实开展。2020年,市委书记傅勇、市长黄旭峰率领四大家领导及相关部门负责人先后前往北京、深圳、上海、杭州、珠海、长沙等地拜访盐田港集团、溢多利集团、中联重科、宁波热电等17家重要战略投资者,就加强深度合作、开展以商招商进行接洽。同时,围绕"三主一特"招商引进重点项目,做到重要客商亲自会见,重要考察团亲自接待,重要问题亲自协调,重大项目亲自洽谈。2020年,市

2020年,举办生物医药招商引资融资洽谈会

领导带队外出招商45批次，拜访企业60多家，招商中心接待到津市招商考察企业52批次。（王藜静）

【产业链招商】2020年，全市生物医药产业签约引进项目10个，其协议引资额达29亿元，为总引资额的1/3，生物医药产业链得到延伸和拓展，大米制糖项目可为生物酶制剂领域提供原材料，甾体激素制剂项目填补制剂空白，微生物产业化基地项目充实生物发酵行业力量，海路医疗器械产业园成为全省产品注册增速最快的医疗器械CDMO基地。装备制造产业链不断增强，中联产业园项目投资将增加投资6000万元达到5.7亿元，项目完工后将形成工程桥和商用桥“两桥”并进格局。为应对疫情下肉产品加工政策的变化，2020年，津市引进10万头生猪养殖项

表23　　2020年津市市签约项目统计表

单位：亿元

序号	项目名称	签约时间	投资方	投资额	项目选址
1	肉产品加工及冷链物流建设项目	1月8日	湖南省食品产业有限责任公司	5	津市市高新区
2	年产12000吨PP、PE板材及深加工项目	1月10日	湘惠橡胶（惠州）有限公司	1	津市市高新区
3	电动汽车充电基础设施建设项目	1月10日	国网（湖南）电动汽车服务有限公司	2	津市市
4	大米制糖项目	1月20日	湖南创源生物科技有限公司	1	津市市高新区
5	甾体激素制剂项目	3月18日	湖南醇健制药科技有限公司	10	津市市高新区
6	钢材物流仓储销售中心及废钢收购项目	3月27日	深圳市龙海现代集团有限公司	5	津市市高新区
7	津市中草药良种基地和有机农业示范基地项目	3月30日	云南天泉生物科技股份有限公司	2.3	津市市药山镇
8	微生物产业化基地项目	4月27日	湖南慕恩生物科技有限公司	1.2	津市高新区
9	肉制品加工项目	5月13日	湖南夏伯味道食品有限公司	1	津市高新区
10	年产30万头生猪养殖项目	8月4日	湖南省现代农业产业控股集团有限公司	3.5	津市市
11	津市市天然气建设项目	4月23日	贵州鼎城燃气有限公司	1.2	津市市
12	大关山高效设施农业种植示范园项目	4月10日	王顺利	1.7	津市市
13	生物医药、医疗器械营销平台项目	6月30日	深圳市长征生物科技有限公司	2	津市高新区
14	9.6万锭差别化纤维全自动智能纺纱项目	6月30日	湖南津东云纺纺织有限公司	5	津市高新区
15	湘雪冷链物流项目	8月6日	湖南湘食食品有限公司	5	津市高新区
16	湖南如虹制药高端原料药及制剂生产基地建设项目	9月3日	湖南如虹制药有限公司	5	津市高新区
17	年产12000吨合金粉末项目	9月24日	湖南天盛新材料科技有限公司	2	津市高新区
18	药山中药材全产业链建设项目	9月29日	湖南药山福民农业科技有限公司	1.2	津市市药山镇
19	生物制品医疗器械项目	10月26日	湖南弗睿斯医学科技有限公司	1.1	津市高新区
20	检测仪医疗器械项目	10月26日	湖南荣灿医疗科技有限公司	1.2	津市高新区
21	快速诊断试剂医疗器械项目	10月26日	湖南瑞莱柏生物科技有限公司	1.1	津市高新区
22	津市生物医药与健康食品产业投资基金项目	10月28日	广州越秀产业投资基金管理股份有限公司	10	津市市
23	临床检验仪器与试剂医疗器械项目	11月5日	湖南奥的特生物技术有限公司	1.2	津市高新区
24	肝肠疾病诊断试剂医疗器械项目	11月5日	常德和锐生物科技有限公司	1.2	津市高新区
25	田珍湖200MW渔光一体光伏项目	11月13日	中核山东能源有限公司	11.5	津市市毛里湖镇
26	新洲镇田园康养项目	11月10日	湖南省陈九堰乡村旅游有限公司	1.05	津市市新州镇
27	介入类医疗器械项目	11月18日	深圳麦普奇医疗科技有限公司	5	津市高新区
28	湘北（湖南）融合发展促进中心平台	10月22日	湖南国天电子科技有限公司	1.05	津市高新区
总计				89.5	

目，湘食肉产品加工项目和湘雪冷链物流项目，打通生猪养殖到猪肉产品加工到冷鲜肉仓储再到肉产品冷链物流销售全产业链。纺织产业链加快升级，引进和启动投资达5亿元的津东智能云纺项目。（王藜静）

【以商招商】2020年，坚持“拉圈建群”，实施“五大”对接。建立企业、院校、专家名录，新引进四川德阳农交所、北京联创文投、中商海纳、上海亿联体创业孵化器管理公司等优质资源，优质资源个数从40个扩大到80个，并明确责任单位、目标要求、方式方法，实行“一对一”重点跟踪对接，挖掘新的优质资源，以优质资源引进优质项目。依靠鸿鹰生物引进溢多利集团，借力溢多利集团引进广域化学、宁能热电；依托海路生物引进医疗器械营销平台。全年借助优质资源引进重大投资项目15个，占比达到50%以上。（王藜静）

11月18日，参加首届津市体外诊断产业发展大会的各企业代表进园区考察

11月18日，常德市人民政府副市长杨成英在首届体外诊断产业发展大会上讲话

【搭建平台招商】与海路生物合作搭建体外诊断产业承接平台，微生态健康产业园来势较好，2019年11月建园，成功引进注册企业83家，医疗器械快速审批638件，取得二类医疗器械注册证238件，一类医疗器械备案78件，全国增幅第一。拉开30亿元投资、2000件注册批文、100亿元产值、10亿元税收的产业框架。引进了上海亿联体、湖南数动科技，推介了回头客、新声药业、深圳雷研科技等项目。与北京中关村智造大街搭建的科技成果转移转化平台，推介了光之科技（北京）有限公司“智慧之热”项目、深圳华碳“碳纳米管”项目、中海纪元“智慧城市建设”项目。（王藜静）

【基金招商】2020年，津市推进产业基金招商，通过常德财鑫金控先后与湖南高创投、深圳达晨财智等基金公司合作，先后引荐苏州朗润医疗、杭州圣兆药物、北京宽厚医药、深圳瑞德林生物、广州雷德生物等生物医药企业10多家到津市高新区考察投资。多轮沟通洽谈，成功引进深圳慕恩生物科技有限公司投资1.2亿元的慕恩生物津市新建产业化基地项目，深圳麦普奇医疗科技有限公司投资5亿元的介入类医疗器械项目。通过基金公司邀请湖南惠泽医药、广州易锦生物、浙江佰辰、深圳思卓瑞等企业到津市考察生物医药生产基地项目，就项目投资额度、公司注册选址、约束条款等与企业进行深入沟通交流，达成项目合作意向。（王藜静）

【特色活动招商】4月，津市举办2020年生物医药招商引资融资洽谈活动，并全程网络直播。活动中津市邀请基金公司与有融资意向的企业进行“一对一”洽谈，邀请金融专家与有上市意向的企业进行网络授课，整个活动近万人在线观看，30多家企业到现场参加，现场与10多家企业达成了合作意向，成功搭建了“政府—平台—企业”三方桥梁。11月，举办2020年中国·津市首届体外诊断产业发展大会，大会邀请85家企业、330人参会，会议现场共签约项目12个，投资方分别来自上海、广州、武汉、湖南等地，总投资19.6亿元。此外，津市还分别参加省、常德市组织的湖南“长三角”经贸合作洽谈会、湖南口岸经贸博览会、中国（常德）生物医药健康产业发展大会等活动。招商活动的开展推介津市的产业发展和高新园区产业项目，吸引大批客商到津市考察投资。（王藜静）

烟　草

【概况】2020年，津市市烟草专卖局（分公司）内设机构有办公室、综合室、财务室、纪检监察室、专卖管理监督股、客户服务分部。在职在岗员工36人，离退休人员24人。

市烟草专卖局党组坚持落实党组中心组学习、“三会一课”制度，把学习强国、烟草网络学院等作为党员素质提升的“加油站”，全体党员每天利用学习强国平台学习知识达30学分以上，开展党建知识专题测试，及时检验学习效果，将理论学习作为党员月度积分制考核的重要内容，促进全体党员真学、真懂、真用。

津市烟草坚持“党建+业务+服务”模式，贯彻落实党建与业务工作同谋划、同部署、同检查、同考核。将党性锻炼与疫情防控、生产经营、脱贫攻坚等工作有机结合，疫情期间配合政府部门，由班子成员带队在荷花社区、紫金花园、老烟草小区等地开展为期1个月劝导排查，为留守儿童小学捐赠防疫物资及学习用

品、防汛期间为卷烟零售户转移重要物资并通报重要信息等，全年为帮扶点村、社区建设捐赠17万元，其中扶贫点村捐赠5.35万元，帮助2位贫困户获得公益性岗位(月收入约500元)，每户提供100元农药、化肥等生产资料，联系专业人士指导果木树苗的培管2次。

【卷烟营销】2020年，津市销售卷烟11079箱，同比增长3.58%，创历史新高；销售收入38670.14万元，同比增长11.82%，上缴税收414.89万元，缴纳地方各项费用共计40.3万元。

全市辖区建成诚信互助小组69个，覆盖率达100%；强化“社区＋服务”模式，引导小组与社区共建公益活动，疫情期间，2个小组自发开展物资捐赠活动，价值达1.8万元；每月加入当地社区开展“污染防治宣传”“民意调查宣传”等志愿服务，不断提升小组建设质量。

【专卖管理】2020年开展卷烟市场综合治理专项行动。联合市监、公安部门开展检查5次，出动执法人员74人次，车辆23台次，联合市场监管部门登记取缔无证户53户。全年共计查处各类涉烟案件85起，其中5万元以上大要案8起，查获各类涉案卷烟183.2万支(含协作分享)，其中真品卷烟143.94万支，假冒及走私卷烟39.26万支(含协作分享)。

贯彻落实国务院，国家局，省、市局“放管服”改革精神，开展“互联网＋政务服务”，将烟草专卖零售许可证7项业务全部上线至人民政府网站部门办事服务平台，申请材料、承诺办结时限、业务办理流程及环节责任人面向全社会公开，实现业务网上办理全贯通。上好卷烟经营“入门课”，对于新办证零售户开展新入网客户培训，关注零售户许可证使用情况，定期开展清理整治，严格按照上级要求对辖区中小学周边烟草专卖零售户进行全面清查。

供 销

【概况】2020年，市供销社编制11人，为正科级全额拨款事业单位。有在编人员9人，临聘2人，其中参管人员7人，新增内设机构“供销信息服务中心”，为市供销社管理的公益一类股级事业单位，全额拨款事业编制2名。机关下设办公室、经营管理股、基层指导股、信息中心。2020年市供销社将继续强化供销合作社综合改革，做实惠农综合服务体系和社有企业经营体系，探索三产融合创新发展，实现在乡村振兴战略中有所作为。 (邓兰君)

【综合改革】依托“智慧党建·三务合一”，整体推进村级服务网点建设。2020年已建成村居服务网点51个，社区服务网点25个，村级覆盖率达到100%，其中青苗、箭楼、杨坝垱等15家村级组织被评为3星级基层标杆社，药山镇被评为全国基层标杆社。村级供销社规范化、标准化提质建设试点工作正在进行，2020年筛选白衣庵、田家山2家村级供销社进行基层合作社提质改组，进行基层社投资入股试点。

新洲镇中心社有社员2310人，开展农资销售，农技培训等业务，2020年经营收入约2200万元；药山镇中心社开展土地托管、农机销售、粮食收储、植保飞防等业务，年销售和服务收入约5100万元。毛里湖镇中心社设在青苗社区，定期开展乡村旅游活动，接待游客达到7万人次，营业额突破600万元。白衣镇中心社主打朗州蜜柚、葡萄采摘园等特色产业，壮大集体经济，有效带动全社区群众发家致富，2020年居民人均收入超过8000元。 (邓兰君)

【招商引资】2020年继续服务招商引进企业高分子热风管项目——湖南嵘鑫风管制造有限公司。该项目落户高新区，用地25亩，总投资5000万元，预计年产值达1.5亿元，税收近200万元，解决就业50人左右。2020年申报省级综合改革示范县项目，引进项目资金203万元，充实惠农公司，建设食用菌恒温大棚、翻修改造为农服务大楼及105仓库，打造“智慧供销—为农服务中心”；对乡镇惠农综合服务中心及村级供销社提质改造，进一步发挥供销社“服务三农”职能。 (邓兰君)

【服务体系建设】以镇中心社为主，逐步实现农业生产服务从部分环节托管的“菜单式”过渡到全程托管的“保姆式”，提供深耕、播种、管护、防治、收割、烘干等优质服务。依靠基层服务网点，把种子、化肥、农药等农业生产资料，配送到村，服务到家，满足农民生产需求。深度开发现有农贸批发市场，对接加工企业和连锁超市，实现传统粮棉油蔬菜等大宗农产品的稳定销售。 (邓兰君)

【农村电商发展】依托电商平台，促进特色农产品、副业加工品的线上销售，鼓励和扶持基层社、合作社、生产大户在天猫、京东、供销e家、阿里巴巴等主流电商平台开设旗舰店，销售本地特色农副产品。2020年，面对突如其来的新冠疫情，为响应市委、市政府政策，激励消费，运营中心进一步升级发展，线上线下融合，帮助贫困户销售农副产品约4万元。 (邓兰君)

【食用菌产业发展】培育合作社建设示范点。已在新州镇、药山镇共建立5个示范点，种植规模100万棒，分别成立专业合作社，发展会员102人，5个示范基地分别采取架栽、地栽、靠栽3种种植模式，分别从河南、湖北、浙江聘请技术员，全程提供技术服务。多次与新州镇政府领导一道前往湖南农大食用菌研究所调研，前往湘潭、汨罗等地考察食用菌基地建设，2020年12月，建成10亩高标准恒温智能大棚3个，总投资91万元。 (邓兰君)

【土地托管服务】2020年，市供销合作社与多家水稻、农机农民专业合作社合作，在药山镇、新洲镇依托镇中心社成立土地托管服务中心2家，为农民量身定做农业生产订单服务模式，即生产全程托管的“保姆式”和部分生产环节托管的“菜单式”，提供产前、产中、产后的全程农业社会化服务。土地托管中心拥有较为完整的各类农业机械设备,大型烘干机2台、高速插秧机5台、联合收割机10台、大型拖拉机4台和植保无人机5架,以及其他各类农机具和农用运输车辆,并建有完善的农机农具库房和符合资质的维修车间。全市托管土地面积达3.5万余亩。(邓兰君)

市场服务

【**概况**】2020年,市场服务中心下设办公室、考核办、财务股、政工股以及和平所、三眼桥所、襄阳街所、生产街所等4个基层所,所辖有6个农贸市场(和平市场、三眼桥农贸市场、君之林农贸市场、绿荷池农贸市场、襄阳街农贸市场、生产街综合大市场)。农贸市场总面积3万平方米,经营门面650间,市场摊位1350个,共有农产品、日杂、生鲜、水产等各类经营户3500多户;另外对九澧建材城市场实行物业管理服务。2020年,市场服务中心强化市场管理和服务,改善市场经营环境,强力推进津市市场建设发展。

【**疫情防控**】2020年,开展新冠病毒疫情防控,织密"网格化"管理体系。带班领导、干部职工不定时巡查,督促经营者守法经营、严禁野生动物交易、严格进货查验和索证索票。加强管控,严禁囤积居奇、哄抬物价等扰乱正常市场秩序的行为,保障市民正常生活所需。突出"精细化"管理重点。实行市场"一日多清扫、一日一消毒"。加强垃圾分类管理,及时做好各类垃圾处理工作,设置废弃口罩垃圾桶,做到垃圾即产即清。市场环境清洁卫生,通风透气,井然有序。宣传"常规化"防疫知识。加强疫情防控知识的宣传和教育工作,在各市场电子显示屏上滚动播放疫情防控宣传标语、发放疫情防控宣传单及口头引导等方式宣传疫情防控政策知识,增强公众自我防护意识。在微信工作群、市场业主群内及时传达上级关于疫情防控工作的精神及部署,不信谣,不传谣,确保人心稳定、社会安定。

(张婷婷)

【**迎接国家卫生城市复检**】实行主要领导亲自抓,分管领导靠上抓,班子成员分工包市场制度;广大干部职工利用中午间隙及晚上散市后时间,对市场地面进行全面冲洗,对卫生死角、小广告、乱搭乱建等进行集中清理并全面整治各市场内占道经营、超摊位、超门面经营行为,确保消防通道畅通,配齐消防设施、确保市场安全,全面整治市场秩序,商品划行归市、标志醒目,设置公平秤,确保诚信经营;经营户以落实"门前三包"责任制为基础,主动拿起工具打扫店面、摊位周边的卫生,自己动手清洗柜台立面,营造干净、舒适、卫生的市场经营环境。在10月省级技术评估检查时,得到专家的一致好评。(张婷婷)

【**服务招商项目建设**】持续做好招商项目湖南经世新材料建设服务工作,中心积极与建设单位联系对接,完善项目跟踪服务机制,协调相关部门加快工程建设。每周至少一次到工地现场了解项目进度情况,想投资方之所想,急投资方之所急,及时协调解决建设中遇到的各种问题,促进了项目顺利实施,2020年10月底,该企业已顺利投产,2020年年产值预计可突破2000万元。(张婷婷)

【**新建护市农贸市场**】2020年,与规划部门联系沟通,多次到城东进行现场勘查,落实城东农贸市场规划选址工作,确定在自然资源局后面护市路北面地块建设护市农贸市场,由常德鹏投建筑工程有限公司于2020年7月开工建设,该项市场用地面积为3458.71平方米,建筑占地面积1853.31平方米,总建筑面积3706.62平方米,市场内经营性门面13间,摊位15个,总投资800万元。预计2021年上半年投入使用。

(张婷婷)

【**推进禁捕退捕**】利用各种有效载体,多途径、多形式向广大市场主体和市民群众宣传国家有关禁捕退捕政策,让他们深入知晓并主动参与到禁捕退捕行动中来,推动社会共治。中心累计悬挂宣传禁捕退捕横幅12条,张贴政府通知通告、禁渔宣传标语40条,与水产品经营者签订禁售责任状(承诺书)43份,各市场电子显示屏滚动播发禁渔宣传口号30余条次。对以"野生鱼""江鲜""河鱼"等作噱头的宣传行为,责令经营户撤除含有上述字样的门店招牌16块,督促和引导水产经营户落实进货查验及索证索票制度,确保来源可溯、质量可靠。让不售不买不食江河鱼鲜成为全社会共识,营造浓厚的宣传氛围。

(张婷婷)

【**加强市场规范管理**】2020年,在市场全面执行制度化、标准化管理。健全完善市场管理制度。各市场进一步健全完善《集贸市场管理制度》《集贸市场卫生标准》《集贸市场安全管理制度》及"门前三包责任制"等一系列规章制度,制定卫生、消防管理办法,市场清洁卫生和综合管理工作逐步实现制度化。树立市场服务理念。坚持佩证上岗,礼貌待人,以服务求生存,以服务谋发展,营造"重商、亲商、护商、安商"的良好氛围。及时调节各类矛盾纠纷。切实维护经营者和消费者的合法权益,着力解决经营业主反映强烈的问题。对于各类纠纷和投诉反映的问题均得到妥善处理,未出现一起经营户非正常上访事件,群众满意率达百分百。(邓刚)

金　融

中国人民银行津市支行

【概况】中国人民银行津市支行隶属中国人民银行武汉分行管辖，业务受中国人民银行常德市中心支行领导和指导，根据上级行授权维护本辖区金融稳定，承办相关业务。在职 28 人，内设办公室、货币信贷与统计股、国库会计股、货币金银股、人事股、保卫股。2020 年，津市支行一手抓防疫，一手抓复工；一手抓基础工作不动摇，一手抓创新争优不懈怠，完成全年各项工作任务。国库会计股获得湖南省人民银行会计核算业务知识竞赛团体三等奖，获得常德市人民银行会计核算业务知识竞赛、《中华人民共和国国家金库条例》颁布实施 35 周年主题知识竞赛两个团体一等奖；江波获得湖南省人民银行保卫业务基础知识网络竞赛优秀奖；史记、王祖逸分获常德市人民银行会计核算业务知识竞赛个人一等奖、三等奖；唐琴、王祖逸分获常德市人民银行《中华人民共和国国家金库条例》颁布实施 35 周年主题知识竞赛个人二等奖、三等奖；唐琴撰写《孩子，长大后追该追的星》获得长沙中支“抗击疫情 使命有我”女职工征文比赛三等奖；邱琳在常德中支人行系统“最美征信”专项劳动竞赛中获得“最美征信人”称号。　（王志敏）

【风险化解】2020 年加强津市农商行风险化解处置，确保其健康运行，支行围绕风险化解和改革发展两大目标，配合中支有关部门，做好风险监测和化解等工作。成立津市农商银行风险处置工作领导小组，对接落实农商行土地变现工作，2020 年 6 月津市政府专题调度完成变现土地款 2269.1 万元，土地置换 1.53 亿元已全部到位；开展津市农商银行不良贷款专项清收，加快涉诉案件的快审快结，全年回收 3180 笔，金额 5992 万元。加大财政性资金存放和行政事业单位基本账户开立对农商行的支持力度。截至 2020 年 12 月末，该行资本充足率达 14.49%（监管要求 10.5%以上）；拨备覆盖率 159.81%（监管要求 120%以上）；贷款不良率 2.67%（监管要求 5%以下），已脱离高风险行，2020 年 4 季度 MPA 评级为 5 级。　（王志敏）

【金融生态】2020 年，支行把金融生态建设工作纳入重要议事日程，金融生态建设做到组织领导、工作人员、办公

2 月 19 日，津市市政府副市长易榕（右二）率政府办、金融办、人民银行负责同志对全市银行金融机构复工营业情况开展督导检查

3 月 13 日，为支持中小微企业复工复产，津市市金融办、人民银行在津市高新区举办专场银企洽谈会，湘淮村镇银行与津市鸿鹰生物、金湘猪鬃、致远车桥、楚力机械、鑫嘉源、瑞晶钢化、万木汇、荣瑞电力、力源生物、云露食品等 10 家本地企业现场签约，授信 2730 万元

地点、工作方案、活动经费“五落实”;修订完善《津市市金融生态建设工作领导小组成员单位职责》《津市市金融生态建设工作考核办法》等7项制度,为优化全市金融生态环境提供制度保障;组织召开信用细胞创建工作推进会,分析金融生态形势,布置开展2020年金融生态建设信用细胞创建工作。按照新的行政区域,对乡镇和自然村进行清理,重新组织信用细胞建设工作,制定《2020年信用村创建统计表》《2020年信用社区创建统计表》,完成2500户信用农户信息采集;加强信用产品运用。信用记录被广泛运用在政府采购、工程项目招投标、干部提拔、评先评优以及企业法人选举人大代表或政协委员等事项中。全市守信激励机制正式启动,有效的执行失信惩戒机制。营建金融生态氛围,搭建宣传交流平台。9月,津市支行组织全市10家银行机构在灵泉乡开展金融知识普及集中宣传活动;组织开展防范和打击非法集资宣传活动10余次。为全市金融生态建设工作良性发展起到推进作用。 (王志敏)

【信贷窗口】2020年,协助市政府召开银行机构支持企业复工复产调度会,先后5次参加政银对接工作会,主动对接,精准施策,汇编银行信贷产品电子手册发放到各企业;继续深化银行行长接对企业服务活动,全年结对服务企业家数41家,结对服务贷款余额18.59亿元,贷款加权平均利率为4.99%。落实小微企业金融服务政策,加快工业企业信贷投放。深入银行、企业开展实地督导,摸清实情、找准症结,指导银行提高投放积极性和针对性。加强对已有待审项目的跟踪督导和协调,督促银行精减信贷流程,确保信贷资金及时投放。完成LPR贷款市场报价利率改革措施,增强利率市场匹配度,降低企业融资成本0.5个百分点。推动津市津鑫投资有限公司开展对企业贷款过桥业务,解决企业过桥资金难、资金贵的问题。津市市金融运行呈现触底反弹、强劲增长的发展态势。至12月末,银行机构各项存款余额157.00亿元,比年初增加19.53亿元,同比增长14.13%;各项贷款余额77.40亿元,比年初增长23.75亿元,同比增长44.29%(增速位居常德各区县市第一);存贷比达49.06%,创历史新高。至12月末,银行机构缴纳税收2436万元,同比增长42.3%;工业信贷累放10亿元,同比增长85%。津市市经济金融总体运行平稳,产业结构不断优化,区域经济发展协调,银行业运行稳健,金融业总体风险可控。 (王志敏)

【经理国库】5月,常德市中心支库提出在全辖“开展国库责任落实年”活动后,津市支行根据实际情况及时制定《国库岗位责任落实年实施方案》,成立领导小组,召开动员会,流程、制度及时修订并上墙张贴公示,由国库主管领学“指引”或上级文件,逐章逐节逐条分析,查找津市支库在工作中可能存在的漏洞。2020年是实行个人所得税改革的第二年,津市支行以落实制度促进个人所得税改革开展,为确保汇算清缴和手续费退库工作的顺利、及时完成,主动与津市市税务局开展对接工作,加强流程监督,明确责任,确保资金安全、退税资金及时到位。至12月末,办理两类退库8330笔,金额327万元。 (王志敏)

【货币发行】2020年抓好货币发行和人民币管理工作。坚持早预测、早调查,及时提出调拨申请,做好春节、端午等重要节假日期间现金供应。全年共办理发行基金出库业务200笔、26.92亿元;办理入库业务328笔、22.98亿元;办理发行基金调拨8笔、12.16亿元。

(王志敏)

【征信服务】2020年在津市农商行、长沙银行津市支行营业大厅设置个人信用报告自助查询机两台,极大方便市民个人的征信查询。支行共办理企业信用查询258次,个人信用报告查询152人次。全年发放机构信用代码40户,确保信用代码的合法有效运行。 (王志敏)

【支农支小】2020年继续扩大支农再贷款投放额度,壮大法人机构支农支小资金规模。全年支农再贷款资金达到4.6亿元,比2019年同期增加2.2亿元,创历史最高支农再贷款投放额度。

(王志敏)

【金融宣传】2020年组织金融系统开展“3·15”金融消费者权益日、6月“守住钱袋子”、9月“金融知识宣传月”活

6月9日,常德市中支副行长向际忠一行专程到津市,采取现场指导和座谈交流等方式对普惠金融和科创金融两项创新试点工作开展调研督导

6月15日,津市市打击和处置非法集资工作领导小组4家成员单位和10家金融机构在津市宝悦超市中央大道开展以“守住钱袋子·护好幸福家”为主题的防范非法集资集中宣传活动暨普及金融知识,守住“钱袋子”宣传活动

动，各金融机构通过网点柜台、咨询服务点等平台扩大金融宣传，开展进商户、企业、学校活动；在津市经济开发区开展“征信助力小微与民营企业融资发展”专题宣传，营造“用征信、助融资、促发展”的良好信用环境。（王志敏）

【特色与创新】2020年联合金融办出台《津市市应对新冠肺炎疫情支持中小微企业稳定发展的涉金融政策措施实施细则》，设立举报投诉电话，受理辖内疫情防控期间中小微企业对银行抽贷、断贷、压贷行为举报。疫情期间，辖内没有一家企业被抽贷、断贷、压贷。政策的落实为企业渡过“严冬”提供及时有效金融支撑。支行通过细致摸底，对4月底前到期的工业企业贷款做到全部展期或续贷，同时下调贷款利率，企业因此可享受利率降息500万元。疫情期间，共发放企业信用贷款12790万元，无还本续贷、借新还旧12350万元。津市支行先后为2家企业发放优惠利率贷款7000万元，贴息后年利率最低的仅1.25%；为16家企业办理展期、17家企业办理续贷，涉及金额2.32亿元；为津市湘淮村镇银行向上申报普惠小微企业信用贷款支持计划，金额733.48万元。金融资源的整合与精准供给，支持企业恢复生产后的迅速发展。金融服务的创新运用为企业在战疫中“复苏”提供及时有效的金融养分。根据防疫实际情况，津市支行第一时间落实春节期间支付清算系统的运行机制与运行方式，在不违反制度的前提下，特事特办，开辟资金绿色通道，简化拨付流程，做到快捷高效办理，及时上报防控资金拨付情况。疫情期间，支库累计办理拨款113笔，金额984万元，有力保障津市防疫资金及时到位，履行“国库服务社会民生”社会责任。（王志敏）

9月18日，津市支行组织全市10家银行机构在灵泉乡开展以“金融知识进乡村 助力乡村振兴”为主题的金融知识普及集中宣传活动，拉开了津市市金融系统“金融知识普及月、金融知识进万家、争做理性投资者、争做金融好网民”金融知识宣传活动的序幕

工商银行津市支行

【概况】2020年年末，中国工商银行股份有限公司津市支行在职员工38人，设有综合办公室、公司业务部、个人金融业务部3个部室，营业部、万寿路支行、湖桥支行3个营业网点，在澹津北路、湘澧盐矿、九澧大道设立自助银行、ATM机共13台，营业网点和自助银行分布津市市城区澧水南北两岸。

工商银行津市支行参加市委、市政府组织的各项工作，在创建国家卫生城市、民调、捐资助学、精准扶贫等重大工作中不遗余力全力支持，在资金支持的基础上，利用业余时间参与志愿者平安创建巡逻活动。配合政府的民生工作，参与棚户区改造的资金发放，与社会保障部门、社区发放社会保障卡，确保居民的社保、医保资金及时到位。配合政府工作，安置退伍军人，做好新冠疫情的防控工作，得到市委、市政府的肯定，提升工商银行的整体形象和社会知名度。（聂辉）

【业务经营】2020年12月，两项存款余额为186968万元，其中公司存款42928万元，个人储蓄存款138986万元，各项贷款余额为26668万元，其中公司贷款17409万元，个人贷款9259万元，上缴税收105万元，2020年发卡新增3358张，累计发放社保卡4万余张，代理销售基金800万元，代理保险1063万元，新增个人网上银行2590余户。

受国家宏观政策、地方经济及突发新冠疫情影响，工行津市支行各项存款较年初略有增长，幅度不大且存款不稳定，特别是个人储蓄存款，主要是年底企事业单位的工资和各项津贴的集中发放，但年初又会大量支取购买春节物资等，外出务工人员因新冠疫情不能回家，同时个人资金用于购买社会养老保险、购房、投资等，再加上互联网金融的发展对实体银行产生一定的冲击，居民投资渠道增多造成个人存款的不稳定性。工业园区企业效益一般，银行对部分不符合国家政策的公司贷款进行压缩，但对新型企业如湖南新合新生物医药有限公司、湖南欣龙非织造材料有限公司等公司进行贷款投入，支持地方经济发展。个人贷款主要是个人住房贷款，受房地产市场的影响，居民购房热情不高，且在外地购房（主要是大中城市）的居多；同时，因新冠疫情影响，个体商场、超市大多关门歇业，资金需求不旺，个人贷款减少。（聂辉）

【内部管理】2020年年初，根据省、市分行行长会议精神，支行班子及早作出部署，内控案防、安全保卫能力进一步得到增强，促进各项业务健康稳定的发展，已连续实现28年未发生案件和安全责任事故。开展员工异常行为排查、执行规章制度再检查、对检查出的问题进行再督查的“三再查”活动及对重点领域和风险事件专项治理工作，实现28年无各类案件和各种责任事故的发生。支行每月召开一次内控案防和员工思想动态分析会，加强操作风险管理,重点加强对营业网点库存现金、空白重要凭证、印章、密码、钥匙的交接管理,加强对ATM的管理和网点现场主管的履职管理。利用晨会、行务会、员工大会组织员工学习《员工行为守则》《员工行为禁止规定》以及国家法律法规,加强员工思想动态分析和行为排查,规范员工的行为,并形成例会制度。优化人员结构,将一批有活力、责任心强、敢于开拓进取的年轻人充实到中层骨干队伍中来,充分发挥年轻人的活力进取精神。加强客户经理队伍建设,对客户经理的岗位职责、工作职责、目标任务进行明确分工,强调客户经理工作纪律,坚守道德底线。中层骨干、客户经理以及员工在完成本职工作的同时,要加强联系,信息共享,寻找客户,挖掘客户,培养客户,为客户提供高效优质服务。(聂辉)

【企业文化】津市支行在推进业务发展的过程中,全面开展企业文化建设,为员工创造一个和谐的环境,让员工在工作之余身心得到放松。搞好职工之家和员工食堂的建设,在上级行的支持下,累计投入10多万元进行职工之家的建设改造,设立图书阅览室、乒乓球室、健身房、娱乐室、荣誉室等,使员工在业余时间有一个好去处。制定"婚丧病假探望制度""节假日走访慰问制度",并将这些制度贯彻落实,使员工感受到组织的温暖,2020年,支行班子成员共同走访生病、住院、家庭困难员工20余户。加强行领导与员工之间的沟通渠道,不定期与离退休、在职员工开展座谈会,就津市支行的发展和大家共同关心的问题进行沟通交流,对大家提出的问题能解决的及时解决,因有些问题支行不能解决的,逐级向上级行反映,化解员工与单位之间的矛盾。(聂辉)

【服务工作】为不断提升服务工作,更好地服务广大客户,津市支行不断强化服务工作。加强业务的培训,提高对服务的意识,选派业务能力强、服务态度好的员工充实到网点担任大堂经理,指导客户办理业务;坚持行长营业网点坐班制,督导大堂经理、柜员办理业务服务态度和效率,及时处理网点发生的各种突发事件,将各种事件消灭在萌芽中;做好ATM、自助设备的维护,提高ATM、自助设备的使用率,方便广大客户。(聂辉)

中国建设银行股份有限公司津市支行

【概况】2020年,中国建设股份有限公司津市支行在职员工20人。设有支行营业部本部和人民医院、中医院、津市蔡家河社区、宝悦共5个自助银行服务区,有15台自助设备。严格执行上级行工作部署,加快转型创新,全行在全面做好新冠疫情防控的基础上,众志成城攻难克坚,全年各项工作取得突出成绩。

在上半年疫情阻击战中,经过全行上下共同努力,严防死守,压实主体责任地,全面排查员工健康状况,落实营业办公场所防控措施,获得金融办表扬。

【服务客户】严抓优质服务创建,提升服务品质。2020年以来津市支行在省行服务质量检查评比中长期排名前100名之列,较以往年度比有了显著的进步。支行将优质服务作为重点工作来抓,每天安排专人进行检查卫生、服务、设备运行情况。要求大堂经理对大厅各项业务分流,确保客户能高效、快捷的办理完业务。支行营业部进行了岗位设置,明确岗位职责,实施了星级网点要求给客户提供优质高效、独到特色的服务,建立良好的顾客关系,提升该行对外形象。进行员工业务培训,提高员工的操作水平,缩短办理业务时间;强化员工服务意识,提高服务水平;树立服务就是解决问题的观念,贴心地为客户解决问题,让客户高兴而来、满意而去。津市支行的劳动者港湾已在群众百姓中获得非常好的口碑,成为津市支行一张靓丽的名片。

【内控合规】加强内控合规管理。开展实施行为管理年网格化管理,细化内控合规履职清单,全年实行自主积分6人次,奖励积分1人次。加强合规文化建设,持续推进员工警示教育、案例教育和合规培训。坚持党廉主题晨会,重点对党廉工作动态和纪检监察工作简报、各类典型案件、违反中央八项规定案例通报等学习。压实反洗钱工作职责,着力做好案件防控工作,做好与监管沟通,避免监管处罚风险。营业网点不折不扣地落实执行案防内控制度,如岗位轮换制度、员工行为排查制度、案防分析例会制度、积分管理制度、营业录像抽查制度等。

【团队建设】助力支行在做好疫情防控的前提下安全生产,关爱员工保证员工身体健康,支行党支部结合地方政府组织的迎国卫检查活动,积极行动起来,参与爱国卫生活动,全面开展支行办公大楼工作环境整治行动。聘请专业清洁公司对支行及各自助区所有的35台空调,进行清洗消毒。支行食堂9月完成全部装修改造,现在食堂实行科学配餐,营养均衡,使饭菜符合健康营养、可口卫生的要求,并合理安排每天餐饮种类,让员工们吃得舒心、吃得放心。在春节期间组织配合市分行行领导对支行部分困难退休老干进行走访慰问。在重阳节组织全部在津市老干部进行会餐。一系列活动开展让退休老干们切实感受到组织的温暖和关爱。在支行工会的组织下,8月组织全体员工前往桃源县西安漂流景区,开展"驱炎热,迎秋爽"户外漂流活动。全年多批次组织青年员工参加市行演讲、视频、技能比武,其中万萌和杨牧宁均取得较好的比武成绩,1名员工取得一级柜员。

【业务发展】截至12月31日,全口径存款时点余额20.45亿元,较年初时点新增3.57亿元。其中:个人存款时点余额12.47亿元,较年初新增2.11亿元。对公存款时点余额7.98亿元,较年初新增1.46亿元。截至12月31日贷款余额7.25亿元,比年初新增1.35亿元。其中:对公贷款较年初新增1.15亿元,个人贷款较年初新0.2亿元。全年实现利润总额3154万元。(贺腾)

中国银行津市支行

【概况】2020年年末，中国银行股份有限公司津市支行在职员工26人，下设综合管理部、营业部和车胤自助银行，共有20台自助设备。2020年，中国银行津市支行以"夯基础、练内功、抓客户、促发展"的工作思路，以效益为主线，坚持党建引领，强化队伍思想建设，壮大客户基础，严格安防内控，抢抓机遇，取得较好的经营业绩。至12月末，津市支行人民币各项存款时点余额为111684万元，较年初减少5583万元。各项贷款余额为30309万元，较年初增加4169万元。全行实现净收入2243万元，较2019年同期减少369万元。

【存贷款业务】至12月末，津市支行人民币各项存款时点余额为111684万元，较年初减少5583万元。其中对公存款余额26335万元，较年初减少11103万元；日均余额29861万元，日平减少27746万元；对私存款余额85350万元，较年初增加5521万元，超额完成市分行下达的年末收官任务，日均余额81872万元，日平比年初增加4141元。至12月末，各项贷款余额为30309万元，较年初增加4169万元。其中公司贷款余额为19996万元，较年初增加5154万元，累计投放14600万元，其中普惠投放1600万元。零售贷款余额为10313万元，较年初减少985万元。

至12月末，不良贷款余额为130.04万元，较市分行下达的管控目标低31.06万元。其中公司贷款不良余额为0；个贷不良余额为96.93万元，银行卡不良余额33.11万元。关注贷款额278.42万元。其中个贷关注额为221.47万元，银行卡关注额为56.95万元，高于市分行管控目标137.99万元。

至12月末，全行实现净收入2243万元，较2019年同期减少369万元。其中净利息收入1944万元，同比减少384万元；非利息净收入299万元，同比新增15万元。拨备前利润1509万元，税后净利润862万元。

夯基础，个人全量金融资产持续增长。津市支行在2020年撤销一个网点及新冠肺炎疫情对业务严重冲击的情况下，支行管理层带领广大员工采取超常规的工作措施，有针对性地开展客户的稳存工作。争取市政府的支持，分层级做好对私、财富客户等中高端客户维护，尽量减少客户流失。至12月31日，个人全量金融资产比年初增加8999万元，日均新增8004万元，完成市分行计划的106.75%，完成率居县支行排名第四。

授信扩规模，优结构。加大对实体经济授信支持力度，优化信贷业务结构，提升金融服务质量与水平。在疫情期间，津市支行加大对防疫相关企业信贷支持，确保资金第一时间用于疫情防控生产经营活动。至12月末，为当地工业企业投放贷款14600万元。投放企业分别为津市市荣迪实业有限公司，湖南鸿鹰生物科技有限公司，湖南新合新生物医药有限公司，湖南经世新材料有限责任公司，津市鸿科建材有限公司，湖南欣龙非织造材料有限公司。开立敞口银行承兑汇票2699万元，票据贴现220万元。

抓机遇，增规模。关注地方政府招商引资，加大对工业园管理部门的联系，第一时间掌握招商信息，精准营销，陆续营销湖南湘食食品有限公司等企业落户该行，加强该行与政府和企业的联系，也为后续银企、银政全面深入合作打下良好的基础，为支行带来长期的发展机会。

主动出击，做好中小企业服务。支行成立服务中小企业攻坚组，行长亲任组长，将支行人、财、物等资源倾斜。充分利用"税融贷""出口企业无抵押融资""政购通""接力通宝"等创新产品的市场推广，为优质客户提供无抵押贷款及无还本续贷，大力解决中小微企业融资难的问题。

【文明服务】重细节，强化服务意识，持续改进柜面、厅堂服务质量。支行坚持以客户满意为首要评判标准，通过以会代训及现场示范引导的方式，强化员工服务意识，并将服务列入员工年度绩效考核的重要评价项目，对于在服务中的突出表现给予及时鼓励表彰宣导，对于导致客户不满的失职员工进行处罚，2020年先后处罚1人，表彰及推广优秀服务事迹3人次，在全行形成了一个重服务、讲服务的良好氛围。

【内控安保】讲实效，安全保卫和内控工作常抓不懈，促进业务健康稳定发展。推动完成我行规章制度系列学习。规范员工操作行为，督促员工合规操作。2020年员工合规意识得到很大提高，全年省行视频监控抽查无问题。开展员工思想行为排查，组织全行员工学习及中国银行总行出台的《中国银行股份有限公司员工违规处理办法》《中国银行股份有限公司管理问责办法》《中国银行股份有限公司员工申诉管理办法》，对涉及业务内容的违规行为处理办法着重强调，组织学习防范民间借贷、非法融资情况发生。做好网点日常安全保卫工作的监督检查，强化员工安防意识教育，定期组织各类预案演练及消防培训演练。2020年，全行未发生一起违规违法及安全案件事故。

【企业文化】支行领导层一方面就工作生活经常和员工交心谈心，充分尊重他们在工作中的创造力，力所能及地解决他们生活中遇到的问题，积极加强与员工思想情感上的交流；另一方面创造条件切实解决一些员工们在工作与生活中遇到的困难与问题，用制度化和人性化并重的方法来管理队伍。支行在上级行的支持下，建起"职工小家"，组织全行员工开展健康户外运动，凡员工家庭红白喜事及病人住院支行领导都会亲历前往进行恭贺、慰问。支行一系列的人文关怀举措，让员工们感受到组织的关爱，大家庭的温暖，员工们的工作和生活压力得到有效释放，工作积极性得到提高。

中国农业银行股份有限公司津市市支行

【概况】2020年年末,中国农业银行股份有限公司津市市支行在职员工46人,内设综合管理部、个人金融部、公司业务部、网络金融部4个部门,下辖支行营业部、九澧大道分理处和新洲分理处3个人工网点,设有人民医院、银苑路和涔澹农场3个离行式自助网点,现金自助机具20台,遍布城乡的惠农通服务点116个,行政村覆盖率达100%。

【业务经营】截至2020年12月末,支行各项存款余额18.33亿元,较年初净增2.68亿元。其中个人存款余额14.2亿元,较年初净增1.54亿元,对公存款余额4.12亿元,较年初净增1.14亿元。各项存款净增份额占四大行净增份额的41.73%。

支行各项贷款余额6.47亿元,比年初净增2.18亿元,其中法人贷款余额4.27亿元,比年初增加1.68亿元,个人贷款余额2.2亿元,比年初增加0.5亿元。各项贷款净增份额占四大行净增份额的67.11%。全行实现营业收入3931万元,中间业务收入798万元,净利润1843万元。

支行全口径不良贷款余额120.91万元,不良贷款率0.19%。不良贷款余额及不良率实现双降。

【基础管理】2020年,支行坚持以党建为统领,以"四个对标、五个坚持、六大重点"工作思路为总揽,转观念,调结构,创新引领,激发动能,全行上下勠力同心、攻坚克难,一手抓疫情防控和业务经营,一手抓基础管理,坚持"两手抓、两不误",基础管理工作得到有效提升。支行党建、党风廉政建设、安全保卫、"双线管理"等考核均在系统内排名领先。全年未发生一起重大案件和责任性事故。2020年获常德市内保工作先进单位。

【企业文化】津市支行在积极推进业务发展的同时,始终贯彻以人为本的理念。2020年支行开展了周转房改造,将周转房重新装修,并配置齐全家具、家电,在周转房楼梯处安装防护门,让员工住得舒心同时更住得安心。加大困难员工帮扶力度,对在职及退休的困难员工,依据家庭实际情况,给予帮扶。对生病员工及时给予慰问。积极开展工会活动,组织开展了"三八"妇女节、"五四"青年节、"八一"建军节、"九九"重阳节等节日活动,让员工感受到组织的关怀与温暖。加强宣传教育,开展"传承新法精神 锤炼坚强党性"主题党日活动,弘扬正能量。

【社会责任】津市支行始终践行服务"三农"宗旨,履行大行担当。一是助力抗疫,2020年面对突如其来的新冠疫情,支行党委主动作为,积极对接定点医院和防疫物资企业,一季度累计为定点医院和防疫物资企业投放贷款过亿元,助力医院抗击疫情,为企业复工复产注入活力。二是服务"三农",2020年农户信息建档3356户,农户贷款余额1850万元,有效惠农卡发放1725张。完成所有惠农通服务点机具升级,为医保、社保代收代缴提供便利。三是脱贫攻坚,2020年支行精准扶贫贷款月均增量325万,相关贷款享受优惠利率。支行对包保的6户贫困户加大走访、帮扶力度,为其量身制订帮扶方案,确保贫困户不返贫,生活越来越好。(贺艳凡)

中国农业发展银行津市市支行

【概况】中国农业发展银行津市市支行坐落在津市市九澧大道1093号,是津市市唯一的一家政策性银行,业务范围涵盖粮棉油收购、储备、产业化龙头企业、农村基础设施建设及县域城镇建设等领域。2020年12月,支行有干部职工18人,其中党员11名,占比61%。机构设置有办公室、信贷业务部、会计结算部,共两部一室。占地总面积5800平方米,其中:办公楼建筑面积1000平方米,服务功能齐全,设施一流。该行先后荣获湖南省分行2017年度"十佳党支部",常德市市级园林单位;2018年总行、省市分行"先进基层党组织",省市两级行党建工作现场会在支行召开;2019年,被湖南省金融工委授予"五一劳动奖状",被湖南省分行党委授予"文明单位",被省分行工会评为"合格职工之家",支部书记洪军被评为常德金融系统优秀支行行长。

【业务经营】截至2020年12月末,累计发放各类贷款17.53亿元,各项贷款余额28.59亿元,较年初增加14.81亿元,创建行24年来历史新高;全行各项存款余额6.6亿元,比年初增加2.76亿元;存款日均余额6.28亿元,超任务2.45亿元;实现账面利润997万元;贷款本息按时收回,不良贷款持续保持零余额,各项考核指标名列前茅。

津市农村商业银行

【概况】湖南津市农村商业银行股份有限公司(以下简称该行)注册资本2亿元,为津市网点最多、服务范围最广的地方性金融机构,秉承"服务三农、服务社区、服务中小微企业"的办行宗旨。在津市4镇5街道共设1个营业部、9个支行、1个分理处;内设办公室、人力资源部、党群工作部、财务会计部、信贷管理部、金融市场部、信息科技部、风险管理部、安全保卫部、稽核审计部、纪检监察室、合规管理部12个职能部门,有在岗员工131人。

2020年年末,实现经营利润4230万元。荣获人民银行长沙中支组织的"存款保险竞赛"团体二等奖、荣获常德市银行业系统"反洗钱"竞赛团体三等奖、荣获常德市公安局授予全市内保工作先进单位。喜登2020年金融企业标准"领跑者"营业网点服务领域榜单。

【存贷主业】年末,各项存款余额311820万元、净增14229万元,各项贷款余额134549万元、净增32410万元,贷款客户个人新增2226户、净增563户。做优做大信贷主业,重点支持粮食、蔬果、蔬菜、生猪等农村种养殖产业，开展农担贷；支持农户、农村外出务工、返乡再创业群体，开展惠农贷、返乡务工创业贷；支持城乡居民、公职人员消费群体，开展"行长结对服务企业"帮扶，开展按揭贷、工薪消费贷、帮扶企业振兴贷等。年度内，累计投放各项贷款142631万元、净增32410万元，新增常德快贷及便民卡授信20117万元、楼盘按揭授信98500万元。做强存款业务。疫情防控期间，一线临柜人员坚守岗位、用心服务，获得老百姓好评；重视存量客户维护，建立存量维护、感恩回馈两个客户台账。

【普惠金融】2020年年初，津市市委组织部协调辖区乡镇、社区部署召开"党建共创、金融普惠"工作推进会，为30多名信贷客户经理颁发"金融村官"聘书；疫情防控期间，向津市市慈善总会捐款15万元，各支行向辖区政府、村委会捐赠防疫及生活物资，履行好社会责任。津市政府将"津市农商银行脱离风险区、开展金融服务，加强政银企对接，推进普惠金融等"写进年度政府工作报告，将市委、市政府、市组织部、市宣传部、市电视台等16个部门和单位的工资代发业务转移至该行代理发放，津市市委书记傅勇亲临支行柜台办理工资代发卡业务激活。完成津市市中医医院"智慧医院"建设，并与该院达成深度开展医院职工及医疗卫生金融业务对接服务的合作协议。截至年末，累计走访24593户，采集信息21283户，累计评级16848户，评级面已达80.02%，累计授信9136户，有用信余额户数3874户，用信余额30928.5万元。

【优化服务】积极开展助农取款服务点和助农终端服务点的布放，填补农村人口聚集区金融服务的空缺，共建设助农服务点14个，其中银行卡助农取款点6个、助农终端服务点8个。通过手机银行，网上银行，福祥E支付、云闪付、农信通等电子银行业务为客户提供一揽子的服务，增强客户体验。

（办公室）

邮政储蓄银行津市市支行

【概况】2020年年末，邮储银行津市市支行（以下简称支行）在职员工41人，退休人员8人；共有中共党员16人。机关内设行长室、综合管理部、综合业务部；设营业部、人民路支行、新洲支行3个自营网点，邮政代理网点9个。

【业务经营】2020年收入目标是2472万元，截至12月末收入完成2788万元，比上年同期增幅20.07%，完成计划的112.78%，进度超产12.77%，超绝对值316万元。人均创收为66.24万元，本年增加7.43万元，本年增幅12.64%。信贷资产规模62103万元，本年净增13231万元。其中：个人经营性贷款结余10966万元，年度净增489万元；消费贷款结余34702万元，年度净增8592万元；小企业贷款结余16435万元，本年净增4150万元。个人储蓄存款余额为59127万元，全年净增4457万元；公司存款余额为15317万元，全年增长2103万元；资产质量整体优质可控。

【服务工作】2020年，支行将网点转型和项目发展作为经营工作的重中之重，为此，支行根据县域经济的发展，整合内部机构，制定符合支行实际的业务营销方案，实施以项目产品带动业务发展的策略，各网点特色化执行，理财经理联合客户经理走访不间断，支行开展网点系统化转型、信用村营销、非房业务发展的举措。

2020年7月1日起，在消费贷房贷利率上浮和额度管控的情况下，加上津市本地房地产市场狭小，对一手房业务的发展带来一定的冲击，但支行不放弃不抛弃，积极联系本地待建开发商，了解开发商资质与拟开盘项目，深耕本地市场，开展一手房异地展业，与常德市中南房地产下面的春溪集与珑悦两个楼盘开展合作。2020年，合计受理中南房贷149笔7611.8万元，联动营销公司存款2.3亿元，信用卡152张。支行坚持速度为王，真诚服务的理念，通过与置业顾问开展政策交流会、节假日驻点营销等活动，赢得开发商与客户的一致好评。在稳房贷的同时，积极发展非房业务，对接之前各单位关键人，以老带新

9月18日，津市农商行员工在新州镇五泉社区开展金融标准为企利民宣传

10月28日，津市农商行参加人民银行长沙中支组织的存款保险竞赛荣获竞赛团体二等奖

的方式带动业务发展,上质上量,推动消费信贷的发展。

“三农”贷款方面,客户经理与理财经理组成3个小组,每周保证不低于2次的商圈走访,重点针对商贷存量客户、邮惠付商户、重点商户开展走访;同时积极与农担和劳动局对接,本年贴息贷款,在4家银行竞争的情况下,邮储银行占比达到80%。(晏艳)

华融湘江银行津市支行

【概况】华融湘江银行股份有限公司津市支行是第一家进驻津市市的股份制商业银行。该行充分发挥具备央企、地方政府双重资源的优势和“小、精、专、新、特”的经营特色,利用该行华融卡“免卡费、免年费、免手续费”服务零收费的优势,秉承“立足津市、服务津市、依托津市、支持津市”的宗旨,实现稳健、快速发展,开启建设特色股份制商业银行的新局面。

截至2020年12月31日,该行各项存款余额为16.36亿元,较年初增加4.65亿元。各项贷款余额为6.41亿元,较年初减少0.07亿元。津市支行自开业以来累计投放贷款18亿元,呈现良性发展势头。

2020年,津市支行有员工13人。支行先后荣获“湖南省银行金融服务竞赛百佳优秀团队”“常德市青年文明号”“常德市五四红旗团支部”“津市市平安建设先进单位”“华融湘江银行优质服务示范网点”等荣誉称号。

【银政、银企合作】2020年该行给予津市市城市建设投资开发有限责任公司发放4亿元授信用于津市市人民医院改扩建、津市市中医医院新址搬迁建设。

自新冠疫情发生以来,该行积极贯彻执行总分行有关金融行业支持疫情防控和企业复工复产有关要求,全面开展受疫情影响的存量授信业务排查,帮助受疫情影响企业稳生产、渡难关,保障企业复工复产。疫情期间,津市支行累计为3家小微企业办理延期归还贷款本金手续,以及为2户按揭贷款客户办理延期归还贷款本息手续。支行推广该行线上纯信用贷款“税联E贷”,累计向津市7家小微企业发放255万元纯信用贷款。支行运用疫情专项贷款品种,向湖南和平生物科技有限公司成功发放300万元“战疫芙蓉人才贷”信用贷款,切实帮助企业渡过难关。

津市湘淮村镇银行

【概况】湖南津市湘淮村镇银行股份有限公司(以下简称湘淮银行)是经中国银行业监督管理委员会批准,由全国28家标杆银行之一的浏阳农商银行作为主发起行,常德和津市市人民政府参股,征集部分省内企业法人及社会自然人共同发起,注册成立的区域性独立法人银行。湘淮银行总部位于津市津澧大道998号,机构下设财务部、综合管理部、合规风险部、市场拓展部营业部和新洲支行,有员工17人。

【业务发展】湘淮银行立足津澧,面向常德,以津市为中心向周边地区和“三农”“个体工商户”“城镇居民”“小微企业”等提供优质金融服务,先后推出农户小额信用贷、工薪消费贷、商户流量贷、企业流动循环贷等面向农户、社区居民、商户、企业的贴心、便捷产品,成效显著;为增加服务种类,健全金融工具,拓宽业务领域,加强银行、担保公司等其他金融机构的合作,增强发展后劲,与常德财鑫担保公司、常德圣禹基业融资担保公司开展担保贷款业务,与浏阳农商银行开展同业资金往来业务,与澧县农业产业协会建立战略合作关系。建立监督机制和激励约束机制,加强风险防范,增强竞争能力,优化操作流程和细化操作办法,坚持支农支小理念,全力做小做优,朝流程化、精细化、市场化管理目标稳步迈进。至2020年12月31日,各项存款余额达3.61亿元,各项贷款余额3.12亿元,贷款存量1018户,贷款收息率100%。

长沙银行股份有限公司津市支行

【概况】2020年,长沙银行股份有限公司津市支行为长沙银行一级支行,设有市场营销部、营业部;开设1个贵宾室、2个对公柜台、2个综合柜台,自助取款机3台;农村金融服务站签约站点19家,开业站点28家;支行在职员工13人。

加强员工管理,提高员工素养,始终坚持制度管人,流程管事的理念,坚持所有的业务发展都要在制度的监督下。

提高客户经理风险意识,确保贷款发放前的尽职调查。加强贷后管理工作,对每笔贷款确保实时跟进;加强客户经理业务知识的培训工作,提高客户经理专业能力。

加强运营条线人员合规经营、合规操作的意识,提高运营人员的业务水平,根据分行尖兵计划,一是做好支行定期和不定期对柜员的柜面服务进行现场及非现场检查;二是做好柜面业务办理流程梳理,提高业务办理速度;三是做好日常学习督导,确保学以致用;并将各项督导检查情况纳入柜员的考核中。

加强全员的安全保卫意识,每月支行至少组织一次以上的安全知识学习,提高全行员工的应急处理能力。

(李珊珊)

【业务发展】2020年,支行对公存款时点15208万元,较年初增长2451万元;储蓄存款时点数26691万元,较年初增长8204万元;对公存款时期21888万元,较年初减少63万元;储蓄存款时期数22922万元,较年初增长12810万元。

至2020年12月31日,贷款余额51744万元,其中表外贷款30577万元,其中对公贷款余额45265万元,零售贷款余额6479万元。对公贷款余额及零售贷款余额分别较年初减少5814万元、新增5347万元。

至2020年12月31日，民营企业贷款余额14688万元，较年初减少4326万元。

至2020年12月31日，零售客户数12717户，较年初新增3927户；中高端客户1105户，较年初新增272户；新增交叉销售客户6269户；信用卡发卡量1073张；呼啦收款码481户。

（李珊珊）

方正证券

【概况】2020年方正证券常德津市孟姜女大道证券营业部（以下简称该部）共有员工9人，经纪人9人，资金账户数42435户，全年股基权交易量361845.32万元。

【证券经纪业务】2020年全年交易金额361845.32万元，实现营业收入1452.07万元，指定和托管市值8.21亿元，客户交易结算资金5497.66万元。

【融资融券业务、IB业务、证券投资顾问业务】融资融券业务。该部于2011年10月经湖南证监局审核批复，取得融资融券资格。2020年年末信用资金账户数量694户，营业部所有客户已获批可使用授信额度41046万元，融资融券收入274.72万元。

IB业务。2020年全年累计成交量813271.98万元，全年累计净佣金收入35.75万元。

证券投资顾问业务。该部从2012年年末取得投顾资格以来，营业部现有证券投资顾问4名，2020年全年签约期日均资产2.38亿元，全年累计服产收入144.46万元。（周勋）

中国人民财产保险股份有限公司津市支公司

【概况】2020年，人保财险津市支公司瞄准日益变化的市场形势和日益增长的民生需求，坚持转方式、调结构、防风险、促发展主基调，调整业务结构，转变人员发展方式，坚持有效益的发展，全公司上下目标明确，扎实工作，从根本上提升公司的拓展能力、竞争实力和市场影响力，公司经营管理迈上一个新的台阶。2020年，公司下设综合科、农险团队、车险团队、银保商非团队、营销团队、续保团队、车商团队和理赔分部8个部门以及新洲与保河堤两个营销服务部。共有正式员工20人，代理人97人。全年保费收入5354万元，理赔案件5100余件，共支付赔款3311万元。

【业务发展】2020年人保财险津市支公司实收保费达到5354万元，实现利润207万元，市场份额稳定在50%以上。2020年车险收取保费3145万元，津市星胜公交、龙运公司、欣运集团、政府采购以及的士公司车辆基本在津市公司承保，另外还承保澧县金泰物流公司、常德邮政快递等域外业务；财产船货险收取保费257万元，其中船货险50万元、财产险207万元；责任意外险收入保费377万元，其中责任信用险202万元、意外健康险175万元。

2020年人保财险津市支公司农业保险稳步推进。公司努力将农业保险这项党和国家的惠民政策落到实处，积极探索推行农业保险基层服务体系建设，使中央政府到地方由过去单纯靠民政农业灾后救助过渡到事前的保险制度安排相结合的惠农政策逐渐变为现实，公司的经验和做法得到上级公司和地方政府的好评。贯彻落实各级政府和上级公司关于政策性农业保险的要求部署，全力服务社会主义新农村建设。2020年，全市农业保险签单承保种植业35.5万亩，其中水稻21万亩、油菜14.5万亩；养殖业签单承保育肥猪头数20万头，为全市种植（养殖）户提供了风险保障。公司积极发挥救灾补偿职能，将中央和省级财政惠农保险资金，用保险这只无形的手，共为全市1万多户受损农户支付了不同金额的保险赔款1045万元，为当地政府丰富菜篮子、米袋子工程发挥较好的保险保障作用。

【理赔服务】2020年，人保财险公司津市支公司积极发挥保险市场主渠道作用，勇担社会责任，对当地经济补偿的作用更加明显。全年公司签订保险合同2万多笔，承担风险金额30多亿元，全市多家企事业单位获得保险保障。公司全年处理各类保险赔案5100余件，其中机动车辆保险事故发生1577件，支付机动车辆保险赔款2127万元；处理非车险案件529件，支付商业非车险案件赔款139万元；处理政策性农业保险案件3000余件，支付案件赔款1045万元。例如：2020年9月11日，湖南省湘澧盐化有限责任公司的静电除尘器因操作人员操作失误导致静电除尘器爆炸，公司接到报案后第一时间赶到案件现场进行现场查勘，并与该企业相关负责人进行对接，核实经济损失。经过双方的确认，最终为其赔偿财产损失98万余元，为该企业最大程度地降低损失。

坚持优质服务，自觉维护公司形象。开展整顿经营作风坚持依法合规经营活动，整治违规违纪经营行为，贯彻落实保监会和湖南保监局关于行业治理整顿的有关规定，坚持诚信文明从业和依法合规经营，带头执行行业自律公约，自觉维护市场竞争秩序，努力提高行业公众形象；积极推广客户服务标准化系统，推行承保、理赔“绿色通道”，有效解决“理赔不难”的问题。近些年人保财险公司对理赔服务实行快赔机制，即1万元之内的赔案立等可取，8万元以内的赔案7天内赔付到位。这些优质服务举措化解受灾客户的困难，提升公司的社会形象，客户对公司的认可度日益提高。

（姜小巍）

中国人寿保险股份有限公司津市支公司

【概况】中国人寿保险股份有限公司津市支公司（以下简称津市支公司）全方位为企业事业单位、广大投保客户提供保险保障，及时理赔兑现，满期给付和生存领取。2020年津市支公司代理人人数增至381人，较2019年增长7.9%。2020年津市支公司共缴纳税收42.73万元。（谭松姗）

【业务发展】2020年津市支公司保费总收入为8637.06万元，较2019年增长-0.46%。寿险保费收入4521.66万元，与2019年增长-7.96%。健康险保费收入1622.5万元，较2019年增长300%。意外伤害险保费收入136.69万元，较2019年增长17.3%。分红险保费收入2356.21万元，较2019年增长-27.32%。（谭松姗）

【打造"诚信服务金牌团队"】2020年津市支公司以"诚信我为先"活动深入推进诚信建设，加强沟通、整合资源、抓紧落实，制定活动实施细则，把对销售人员的诚信教育作为公司的首要任务，努力打造诚信服务金牌团队。连续四年致力于保险的诚信合规教育，2020年的主题是"诚信我为先·心连心"，以诚信赢得客户、促进发展，营造诚信和谐的良好氛围；以诚信铸就团队文化内核。（谭松姗）

【员工培训】2020年津市支公司共有员工21人，为提升国寿的竞争力，公司把员工的素质教育放在首位，从硬件、软件两个方面着力打造一流的客户服务团队。加强岗位练兵，提升服务技能。多措并举，利用公司"95519"的短信平台，为客户提供卓有成效的服务外，还把国寿"6·16"客户节作为与广大客户的交流平台，通过该客户节的联欢活动，拉近公司与客户、公司与营销员、营销员和客户的沟通。（谭松姗）

【诚信服务】2020年津市支公司以"诚信我为先"活动深入推进诚信建设，加强沟通、整合资源、抓紧落实，制定活动实施细则，把对销售人员的诚信教育作为公司的首要任务，努力打造诚信服务金牌团队。连续4年致力于保险的诚信合规教育，2020年的主题是"诚信我为先·心连心"，以诚信赢得客户、促进发展，营造诚信和谐的良好氛围；以诚信铸就团队文化内核。

2020年，津市支公司以"诚信我为先"活动深入推进诚信建设，加强沟通、整合资源、抓紧落实，制定活动实施细则，把对销售人员的诚信教育作为公司的首要任务，努力打造诚信服务金牌团队。连续5年致力于保险的诚信合规教育，以诚信赢得客户、促进发展，营造诚信和谐的良好氛围；以诚信铸就团队文化内核。公司从销售人员"两个风险点"专题教育，搜集客户真实资料，组织进职场、进社区、进柜面等活动，分三个阶段认真开展此项活动。在推进公司职业道德诚信教育的制度化、日常化和规范化，以及提升公司品牌，树行业新风等方面都起到良好的促进作用。每年9月16日是中国人寿诚信合规日，津市支公司在领导的精心部署下，扎实有效地组织各项活动。同时进社区摆摊设点搞宣传，收到非常好的宣传效果。（谭松姗）

【反洗钱工作】2020年，津市支公司积极开展反洗钱宣传活动，提高社会公众对反洗钱工作重要性的认识，预防洗钱活动，遏制洗钱犯罪，鼓励举报涉嫌洗钱犯罪等信息。同时，在宣传活动中充分发挥各级反洗钱工作部门的作用，凝聚反洗钱力量，营造和保持全辖共同参与反洗钱，打击洗钱犯罪的良好氛围，防范金融风险，维护金融稳定。津市支公司反洗钱工作突出三个重点：重点普及反洗钱基本知识。向社会公众介绍洗钱犯罪的基本特征及手段等，介绍近年来典型洗钱案例，提高社会公众识别洗钱风险的能力。重点宣传反洗钱相关法律法规。包括《中华人民共和国反洗钱法》《金融机构反洗钱规定》《金融机构大额交易和可疑交易报告管理办法》等，提升社会公众的法律意识和洗钱风险防范意识。重点明确金融机构及公民的反洗钱义务。向社会公众宣传客户身份识别等反洗钱履职措施的必要性，引导公众理解、配合金融机构开展反洗钱工作。（谭松姗）

【"两个加强、两个遏制"回头看工作】2020年，根据总公司《关于印发〈关于开展"两个加强、两个遏制"回头看的工作方案〉的通知》、省公司《关于印发〈湖南省分公司关于开展"两个加强、两个遏制"回头看的工作方案〉的通知》及湖南保监局湘保监稽查的要求，遵照分公司党委、总经理室指示，津市支公司组织开展"两个加强、两个遏制"回头看工作。通过听取各部门汇报、访谈各渠道业务员、查阅资料等方式核验被检查各部门是否严格遵照外部监管机构和上级公司要求的步骤实施自查、整改和督导抽查等；检查各部门填写的工作底稿、抽样记录和样本，核验其是否对每个风险点都执行规范的检查动作，验证样本的抽取是否真实有效以及是否对样本进行认真查看，查验底稿是否留有相关人员的签字记录，确保自查过程有迹可循、自查结论有据可查；通过随机抽样、调阅凭证单据、现场查验等方式核验被检查单位的业务是否存在问题和风险。（谭松姗）

【保险理赔】2020年，津市支公司赔付支出1532.65万元，其中：死亡给付61.42万元，医疗给付121.99万元，满期给付531.5万元，年金给付239.91万元，赔款支出577.83万元。（谭松姗）

表24　2017—2020年中国人保津市支公司短期险保费收入及赔付统计表

单位：万元

项目	2017年	2018年	2019年	2020年
实收保费	431.54	466.63	522.11	592
赔款	254.69	398.82	273.78	283.54
赔付率	59.02%	64%	52.4%	52.1%

财政·税务

财　　政

【概况】2020年，津市市财政局内设办公室(行政审批服务办公室、税政法规股、财务室)、人事教育股、预算股、国库股、文行股、综合股(津补贴工作办公室)、经建生态股、农业农村股、社会保障股、企业股(津市市财源建设办公室)、金融债务股、会计股、绩效监督股13个股室，设财政事务中心、乡镇财政服务中心、国库集中支付核算中心、投资评审中心、国有资产经营管理中心、党政机关财务核算中心、政府采购办和财政分局8个二级机构，全局共有编制105名，其中行政编制17名、工勤编制1名、参照公务员管理编制53名、事业编制34名。镇街财政所共有39名行政编制。2020年，津市市完成一般公共预算收入81456万元，下降1.2%，占地区生产总值的4.5%。其中，地方收入53257万元，增长9.6%。　(严建国)

【财政收支】2020年，财政总收入完成81456万元，较2019年减收1017万元，下降1.23%，其中，税收收入完成65689万元，同比减收3641万元，下降5.25%，税收占比80.64%；非税收入完成15767万元，同比增收2624万元，增长19.97%。财政总收入分部门情况为：税务部门完成67799万元，同比减收3760万元，下降5.25%；财政部门完成13657万元，同比增收2743万元，增长25.13%。地方一般公共预算收入完成53257万元，同比增收4669万元，较上年增长9.61%，其中地方税收收入完成37490万元，较2019年增收2045万元，增长5.77%；非税收入完成15767万元，较2019年增收2624万元，增长19.97%，非税收入占地方一般公共预算收入的比重29.61%。上级补助收入完成167976万元，较2019年增加20231万元，增长13.69%，其中税收返还及一般性转移支付收入完成117696万元，专项转移支付收入完成50280万元，新增地方政府一般债券收入完成9300万元，另外加上稳定调节基金6742万元、调入资金44536万元、上年结余778万元，2020年一般公共预算收入合计282589万元，减去一般公共预算支出281811万元，年末累计结余778万元。

(汪琴、陈小兰)

【保障民生支出】2020年坚持发展为人民的理念，始终把改善民生、发展社会事业作为支出保障的重点，2020年民生相关支出21.53亿元，占一般公共预算支出比重76.4%。持续保障重点，安排脱贫攻坚资金3185万元，其中本级配套1174万元，实现逐年递增，藕果、

3月11日，市委、市人大、市政府、市政协领导调研财政工作

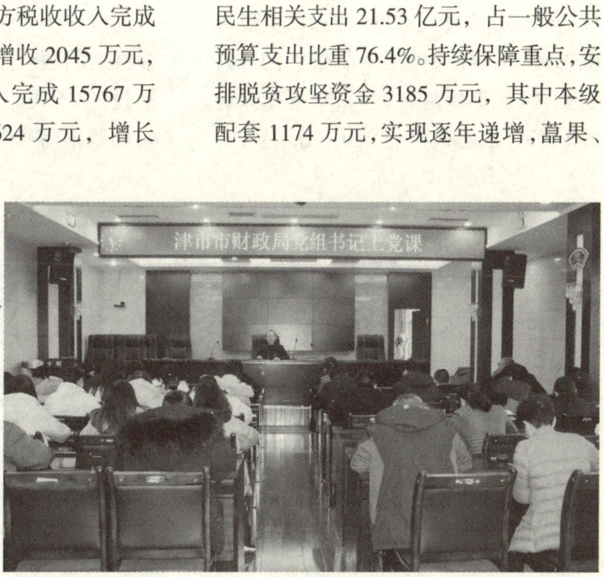

2020年党组书记上党课

食用菌等产业扶贫项目成效显著,预计每户收益后增收3000元;本级投入环保攻坚资金7516万元,安排472万元开展全域空气质量和水环境质量监测,环境质量不断向好;安排禁捕退捕资金2891万元,落实退捕渔民奖励金、养老保险金等政策;取消工资财政统一发放模式,年初将工资、津补贴、公用经费等部门预算全部下达到预算单位,严格按照用途和时限使用财政资金;提高村居运转保障经费标准,城乡村居保障标准分别提至38万元和30万元,超过省、常德市规定的村居运转保障标准;社会保障方面安排13.57亿元,认真落实城乡低保、残疾人补贴等民生政策提标;卫生方面,统筹安排债券和上级补助资金1.59亿元,支持人民医院、中医院、疾控中心等医疗机构体系建设;教育方面安排2.79亿元,完成学校公用经费提标,加强普惠幼儿园改造,投入1522万元加快火花幼儿园扩建、七小幼儿园改建、车胤中学校园改造等项目,投入328万元全面推进教育信息化建设和设备购置,教育条件显著变化;"三农"方面安排5.04亿元,统筹支持乡村振兴、人居环境整治、高标准农田等项目建设。

(单文杰)

【支持发展支出】2020年坚持稳中求进工作总基调,积极作为,精准发力,大力支持企业复工复产,力争将疫情造成的经济损失降到最低。积极落实税费优惠政策,减征、免征企业养老、工伤、失业、医保等保险费,全市减征社保费330多万元,惠及企业280多家,为207家企业减免工伤保险、失业保险176.7万元,为37家企业返还2019年失业保险费255万元。积极落实稳岗补贴政策,会同人社等相关部门简化审核流程,快速启动困难企业认定工作,加快发放稳岗补贴17.68万元,惠及企业20多家,主动为32家企业减免污水处理费25.39万元,为19家小微企业减免租金28.85万元,督导小微企业融资担保费率减半收取。为园区企业兑现入规、技改、研发、税增等奖补资金共660.38万元;帮助企业争取企业技术改造、中小企业发展专项、制造强省专项等上级奖补资金3283万元。为园区安排税收返还结账资金4403万元,安排专项债1.8亿元支持标准化厂房建设等。出台《津市市项目前期工作经费管理办法》,安排前期经费1477万元,建立100多个项目储备库,鼓励部门争资争项。

(马华明、丁青松)

【财政管理】2020年围绕财政管理职责和财经纪律要求,完善管理机制,提高财政管理效益。贯彻落实过"紧日子"要求,进一步压减非急需、非刚性支出,将节约的资金优先用于"三保"支出,公用经费和专项经费压减20%,压减资金2393万元。收回部门存量资金3641万元。完成乡镇污水处理维护运营等25个项目7.34亿元和2019年部门整体支出2.8亿元资金的评价,督促整改问题241个,落实整改措施205个,发现的问题全部整改到位。支付管理上通过"电子凭证+电子签章"身份识别、自动留痕等控制机制,再造、整合一个完整的管理链条,建立起电子验章、全程动态跟踪的业务管理模式,实现资金支付"环环相扣、互相牵制、有始有终",全年审核支付业务7.78万笔,支出36.1亿元。严格执行非税收入国库集中收缴制度,对重点单位、重点问题重点监控,确保收入及时、足额入库,严控单位结转结余资金规模,对2013—2017年待查收入开展全面清查,共清缴待查136万元并缴入国库,进一步盘活财政存量资金。出台《津市市镇街财政财务绩效考核办法》,对全市镇村财政财务管理、资金监管、"一卡通"发放,村账乡代理、基础建设和考核结果运用进行明确,基本做到制度健全、有章可循。(单文杰)

【风险防控】2020年,将防控风险作为首要政治任务,作为财政管理工作的重中之重来抓。统筹安排隐性债务化解资金3亿元,确保还本付息,保证资金不断链、风险不发生。通过有序化债、关经划分等措施,全年综合债务率不断下降,风险等级从二类预警降为风险提示。在市政府强力指导下,开展部分债务展期降息操作,缓解当期压力。加快城投公司、嘉山实业市场化转型,开展国资归集与平台注资工作,累计归集国有资产和注资平台公司170.68亿元,其中,注资城投公司115.38亿元,注资嘉山实业55.3亿元。注资后,城投公司资产规模为140.03亿元,嘉山实业资产规模为87.28亿元,并按考核要求,只保留城投一家平台,嘉山实业隐性债务实现划转剥离,夯实平台公司完全市场转型基础。2020年共争取专项债3.49亿元、

4月,助力企业复工复产

5月4日,赴毛里湖镇青苗社区开展主题党日活动

一般债0.93亿元、抗疫特别国债0.6亿元,合计5.02亿元。（易盟）

【疫情防控】为打赢新冠肺炎疫情防控阻击战，市财政局通过多渠道筹措,多角度调度,多方位保障,优化资金管理，共安排疫情防控资金近2359万元,为坚决打赢疫情防控阻击战提供有力保障。对接上级补助资金200多万元。本级财政通过安排预算调剂追加、预备资金、结转往年年度资金等多方面筹措,全力保障战疫“粮草”,为医疗救治、疫情防控人员补助、设备和防控物资购买等提供有力的后盾支持。对接人民银行、国库代理银行,协同配合,对上级疫情防控资金即到即办,相关业务股室全员在岗在位,开通资金拨付绿色通道,全力保障疫情防控经费需求。抽调财政精干力量加入全市疫情防控指挥部后勤保障组，积极拓宽物资采购渠道,克服重重困难,带回口罩、消毒液等大量防疫物资,为津市打赢疫情防控战役提供物资保障。完善疫情防控资金物资管理,多方联动,加强监管,严禁疫情防控资金用于购置与疫情防控无关的设备、器材、交通工具等,防控物资严格按照市疫情防控指挥部的安排发放使用,做到日清日结,确保疫情防控资金物资用到实处。（单文杰）

【政府采购】2020年共完成政府采购预算价6.16亿元，成交合同价5.74万元，节约资金0.42亿元，节约率为6.57%。开通政府采购电子卖场,至年底有133家单位开通平台账户,产生交易78笔,交易资金369.54万元。以“规范政府采购行为，提高资金使用效益”为宗旨，不断探索政府采购的新方法、新途径,采购规模、管理水平和服务质量逐步上升,政府采购活动零投诉。以网络为载体,通过多种方式对政府采购政策法规、采购流程及采购信息等内容宣传推广,增强各界对政府采购工作的理解和支持。2020年疫情期间,为避免人员聚集，先后2次采取网络线上培训，有效衔接推进政府采购工作,进一步提升采购人员业务工作水平。（刘向云）

6月，组织开展庆祝中国共产党成立99周年演讲比赛

【投资评审】2020年共完成评审项目410个,送审金额19.86亿元,审定金额17.18亿元，审减金额2.68亿元,审减率13.49%，其中预算项目247个,结算项目201个。充分发挥财政评审职能作用,将重点项目、民生项目、扶贫项目作为评审重点,统筹安排,严格把关,坚持“一项目一方案”,加强督促,强化管理,为全市政府投资项目提供优质高效服务。在评审机制上建立责权分明、层级有序、分工协作、务实高效的评审制度。充分发挥中介机构专业技术优势,根据项目特点,委托中介项目采用抽签方式分配评审任务,签订咨询合同规范评审行为，加强考核管理确保评审时效,强化评审管理,确保评审质量。

（邓玉兰）

税　务

【概况】国家税务总局津市市税务局设办公室、法制股、税政股、社会保险费和非税收入股、收入核算股、纳税服务股、征收管理股、税源管理股、税收风险管理股、财务管理股、人事教育股、机关党委(党建工作股)、纪检组、第一税务所(办税服务厅)、第二税务所、新洲税务所、信息中心等17个机构；在职143人,离退休干部77人。在职人员平均年龄45.5岁，男女比例为100：43,大学本科及以上学历108人(其中硕士学位以上5人),党员95人,税务师10人，注册会计师2人，法律职业资格1人;“80后”12人,“90后”27人,合计39人,占比27.27%。

2020年,国家税务总局津市市税务局以文明创建为抓手,聚焦税收主责主业，全年组织财政口径收入67799万元,同比减少3761万元,减幅5.3%。创建第六届全国文明单位,获常德市“五一劳动奖状”、常德市税务系统绩效管理先进单位、津市市绩效管理先进单位、津市市平安建设优秀单位等多项荣誉,干部职工获得县级以上荣誉表彰15项次。

【疫情防控】2020年，面对疫情,国家税务总局津市市税务局严格落实联防联控、群防群治及常态化疫情防控工作要求,保障单位家属区院落及办税场所平安稳定;在抗击疫情、支持复工复产等工作中,展现税务担当,传递税务温度。100多名税务志愿者加入街道社区联防联控志愿队,参与抗疫宣传摸排值守工作。刘连杰、周惠平夫妻抗疫事迹《“蓝白辉映”夫妻档 携手战“疫”伉俪兵》被市局微信公众号专题报道。按照“一户一策”要求,将全市纳税人划分为3个网格,组建5支税收政策服务小分队,梳理各类税费优惠政策,筛选出17920户次符合享受条件的纳税人,“量身定制”税收优惠政策大礼包,确保税收红利直达市场主体。2020年共计减税6692万元。发挥税收大数据优势,对增

表25　　国家税务总局津市市税务局2020年税费收入统计表

单位:万元

收　入	财政预算口径			
	2020年	2019年同期	同比增减	增减%
税收收入	65689	69330	–3641	–5.25%
规费收入	2110	2230	–120	–5.4%
收入合计	67799	71560	–3761	–5.3%

值税发票数据进行多维度分析，撰写《关于企业复工复产有关税收情况的报告》等多篇调研报告，得到市政府主要领导肯定性批示，并在《湖南税务通讯》刊发推介。（侯晓晶）

【税收征管】2020年，面对新冠肺炎疫情、经济下行、各项减税降费政策叠加的影响，国家税务总局津市市税务局坚守组织收入原则，严明工作纪律，主动作为，提升征管质效。强化企业所得税管理，2019年度企业所得税汇算清缴999户，入库税款1295.67万元，盈利面51.5%。企业所得税预缴入库9170万元，同比增长3240万元，增幅54.65%。完成2019年度综合所得个人所得税汇算清缴工作，累计办理退税8219人次276.27万元，补税209人次47.11万元。建成非住宅存量房数据库，采集5个片区230个小区7387套非住宅存量房数据，实现城区存量房交易税收管控的全覆盖。开展"乐享新生活 惠聚津市城"发票摇奖活动4次，兑现奖金26万元，累计3564人次参与，受理省局发票兑奖27户次。在日常协税护税工作的基础上，进一步发挥综合治税作用，重点加强169个续建、新建、拟建项目及其他建设项目的税收管控，全市投资项目共计入库各项税款2475万元，其中新设立27家公司，入库307万元。全年新增3家灵活用工平台，为新业态经济提供新的增长点。

【纳税服务】2020年，国家税务总局津市市税务局贯彻落实放管服改革要

2月6日，津市市委常委、常务副市长何朝辉(右二)到市税务局督导疫情防控工作

11月5日，常德市税务局党委书记、局长梁文辉调研津市税务工作

表26　　国家税务总局津市市税务局2020年税收收入完成统计表

单位：万元

税　种	2020年			
	累计完成	上年累计	增减额	增幅
税收收入	67779.4	71100.9	–3321.5	–4.70%
1.增值税	28587.4	28930.3	–342.9	–1.20%
2.消费税	5.6	11.8	–6.2	–52.70%
3.企业所得税	10710.6	16221.1	–5510.5	–34.00%
4.个人所得税	2781.7	4688.9	–1907.2	–40.70%
5.资源税	664.1	1054.3	–390.2	–37.00%
6.城市维护建设税	1854.1	2028.9	–174.8	–8.60%
7.房产税	2199.3	1707.6	491.6	28.80%
8.印花税	742.4	585.7	156.7	26.80%
9.城镇土地使用税	2001.2	2005.7	–4.5	–0.20%
10.土地增值税	2061.7	4245.1	–2183.4	–51.40%
11.车船税	639.5	571.3	68.2	11.90%
12.耕地占用税	1523.8	337.2	1186.6	351.90%
13.契税	12510	7048.6	5461.4	77.50%
14.环境保护税	138.6	189.8	–51.1	–26.90%
15.营业税	–2	13.9	–15.8	–114.30%
16.车辆购置税	1361.5	1460.7	–99.2	–6.80%

求，精简业务流程和表证单书，营造良好的税收营商环境。推广"非接触式"办税服务，引导纳税人、缴费人通过电子税务局、自助办税终端、手机APP等渠道进行"线上"办理，176个涉税缴费事项实现全程网上办，发票领用和发票代开网办率居全市前列。创新税收宣传方式，通过腾讯会议系统同步直播，参与录制《常德税务微课堂》视频，拍摄制作首部微视频——《税月流逝　初心不改》。税务干部抗疫事迹和防汛清淤事迹先后在中国税务报、各级税务微信公众号宣传报道。全年在各级报刊、红网、

4月23日，津市市税务局税收政策宣传小分队深入家宝公司宣传辅导税收优惠政策

新湖南等主流媒体上稿72篇次，展现津市税务的新服务、新举措、新形象。联合津市6家银行共建"银税互动平台"，创新打造企业融资"快车道"，共有55户有贷款需求的小微企业纳税人，通过"云税贷""小微贷"获得贷款授信额度5076万元。（侯晓晶）

【队伍建设】2020年，国家税务总局津市市税务局以创建全国文明单位为契机，全面推进"事合、人合、力合、心合""四合"建设，干部队伍在严管善待中迸发新活力。开展"最美税务人 岗位示范者""最美志愿者""最美家庭"评选表彰，鲁海军、邹毅家庭被评为常德市文明家庭。连续29年携手津市特教学校开展"爱心接力"，打造津市税务关爱社会公益的名片。落实扶贫攻坚任务，结对帮扶的2个村居41户建档立卡贫困户全部脱贫。参与抗洪抢险巡堤值守，税务志愿者防汛清淤事迹《别样"号子"别样"红"》先后被《中国税务报》及总局微信公众号报道。累计14人次获得"三师"（注册会计师、税务师、国家司法考试）等资格证书。吴跳、刘思雨、唐彬毓获评常德市税务系统岗位能手，其中，吴跳在全省业务大比武获得第二名，并荣获常德市"五一劳动奖章"。何兵、宋世允被评为全省税务系统优秀通讯员，汤文俊、王艨昵、徐帆、何兵荣获津市市"五一劳动奖章"，王艨昵、黄雪晴分别被评为津市市"三八红旗手"、巾帼建功标兵。柏智、荣林分别被评为津市市产业立市先进个人、优化经济发展环境先进个人。（侯晓晶）

住房公积金

【概况】津市住房公积金管理部是隶属常德市住房公积金管理中心的具有行政职能的财政全额拨款事业单位。

2020年，归集住房公积金21246.85万元，新增缴存人数877人，新增开户单位5家；提取住房公积金14253.99万元，为301户缴存职工发放住房公积金贷款9008.8万元。

公积金缴存扩面成效显著。津市管理部通过宣传发动、行政推动、政策带动、服务互动等举措，有力地推动公积金的缴存扩面工作。通过"进企业、进社区"对在缴单位进行宣传走访，动员各单位提高缴存基数和缴存比例；征信宣传"走进楼盘、走上大街、走进小区"，到人流密集的街道和车站为过往行人发放宣传单，征集疑问，解答问题。一系列宣传教育活动的开展不仅宣传了住房公积金惠民政策和服务举措，还提高了人们对建立住房公积金制度意义的认可度和爱护征信的意识，让职工的权益得到进一步保障。

【业务办理实行"一站式"服务】提取和贷款均实行跑一次一个窗口解决，"让群众少跑路，服务多跑路"的工作理念得到落实，"最多跑一次"让缴存职工切身感受到住房公积金热情、便捷、高效地服务水平。流程简化，服务提速，公积金提取实行随到随办，贷款从申请到发放时间不超过一个月。津市管理部以"服务缴存职工，造福千家万户"的服务理念，不断改善服务环境，提升服务水平，保持良好的精神面貌，以最佳的状态服务每一位缴存客户。

5月11日，津市市税务局扶贫工作队到毛里湖镇新湖村走访慰问结对帮扶贫困户

7月13日，津市市税务局志愿者到澧水沿江风光带开展汛后清淤

生态环境保护

【概况】2020年,县级生态环境保护主管部门完成垂直管理体制改革,津市市环境保护局由津市市人民政府组成部门转变为常德市生态环境局派驻津市的分支机构,更名为常德市生态环境局津市分局,其人财物管理权亦全部划归常德市。原津市市环境保护局下属事业单位之一的津市市环境监察大队更名为津市市生态环境保护综合行政执法局,机构级别由股级升为正科级;该局下属事业单位津市市环境保护监测站更名为常德市津市生态环境监测站,机构级别由股级升为副科级。常德市生态环境局津市分局内设办公室、科技监测财务股、污染防治股、自然生态保护股、行政审批办公室;津市市生态环境保护综合行政执法局内设综合股、法制股、执法中队。全系统共有在编工作人员40人。

津市市委、市政府坚决扛起生态环保责任,将之纳入重要议事日程。市委常委会议坚持每季度听取生态文明建设和生态环保工作情况汇报,就全面工作和重点问题作出部署和决定。市政府常务会议全年共研究8次生态环保议题。市生态环境保护委员会共召开4次全体会议和5次专题会议,部署全面工作和单项工作。市生环委办公室按照一月一调度、一季一督查、半年一考评、一年一考核的频率,对全市生态环保工作实行指挥调度、督促推进和评价考核。市政府制定下发《关于进一步加强集中式饮用水水源保护和供水安全保障的通知》《关于调整畜禽养殖禁养区的通知》《关于划定禁止使用高排放非道路移动机械使用区域的通告》《关于划定高污染燃料禁燃区的通告》等文件,规范生态环境领域有关事项的管理。市生环委制定下发《津市市污染防治攻坚战2020年"夏季攻势"工作方案》,安排本年度工作任务,其中"夏季攻势"由省、常德市考核任务19项,经过全市上下共同努力,年度任务均已全面完成。全力推进上级环保督察督查反馈问题的整改,对中央环保督察"回头看"及洞庭湖生态环境保护专项督察反馈问题10项,省、常德市下达津市长江经济带突出生态环境问题24项(其中省调度6项、常德市调度18项),均已完成整改并上报销号;对"洞庭清波"专项行动涉及津市重点督办问题1项、省级环保督察"回头看"交办信访件3件也办理完结。扎实推进生态文明建设。津市在2019年成功创建省级生态文明建设示范市基础上,再度发起冲刺,锁定创建国家级生态文明建设示范市的目标,制定年度工作推进方案,分解落实到各个责任单位。市创建办加强指挥调度、督促推进。各项工作都保持良好发展态势。有效开展环境监管执法。开展固废危废整治专项行动、"绿盾"专项行动、澧水干流禁捕行动等。推行固定污染源排污许可制度,对全市58家企业核发排污许可证,其中重点管理企业18家、简化管理企业40家,另外对247家企业实行了排污登记管理,建立起了持证排污、按证排污的"一证式"监管体系。采取"双随机"办法开展执法检查,共检查企业85家次。推行环境事项审批放管服改革,精简内容,再造流程,审批时间从过去4天缩短为1天。2020年办理建设项目环评审批事项20个,协助宁能热电、引航生物、科益新生物医药办理省、常德市环评审批。加大查处打击生态环境违法行为力度,全年立案查处违法案件8起,罚款33万元,移送公安案件5起。（吴海贝）

【蓝天保卫战】2020年,津市坚持问题导向和目标导向,聚力打好蓝天保卫战。市委、市政府主要负责同志坚持定期调度相关工作,召开大气污染防治对策研讨会4次,明确目标任务和责任单位。成立专家组,根据气象及区域特点进行科学分析,编发《空气质量分析日报》352期,为各部门精准控尘治霾提供依据。利用城区空气自动监测小微站、雷达走航等科技监测手段,结合第三方巡查,精准定位783个污染源,并交办到相关责任单位,确保问题不整改不放过、整改不到位不销号。将全市划分为核心管控区、重点管控区和一般管控区三个区域，实施“一区一策”和集中攻坚。取缔禁燃区内3家藕煤加工厂，强力推进294家经营性餐饮店和25家小作坊“煤改气”；全面取缔“黑烟车”；完成900台大型货车和柴油货车的排放检测；全市工地全面落实“7个100%”要求；采购使用高空雾炮车2台，并巡回作业；处罚违规上路渣土车396台次，持续降低道路扬尘；城区44家3灶头及以上餐饮门店全部安装油烟净化设施，32家夜市烧烤摊点全部入店操作；完成园区16家企业、城区10家汽修厂、7家广告公司、10家干洗店VOCs低排放技术改造和设施治理；强化巡查值守和秸秆集中粉碎还田奖补，大幅降低露天焚烧发生率;强化与澧县小渡口镇、澧澹街道大气污染联防联控，实现共治共享。（吴海贝）

【水环境污染整治】2020年，津市持续深入推进水污染治理和水环境整治：推进西毛里湖深度治理，完成沿湖退养鱼塘的全面转产；对沿湖集镇生活污水处理设施实施了二、三期扩改工程。建成运行工业园区水气土一体化监测平台；完成园区污水处理厂二期扩改工程。推进城市水环境综合整治提升工程，开工建设护市垸污水处理设施。完成长山湖等5处黑臭水体治理，津市公布的城市建成区10处黑臭水体已治理9处。完成省级农村生活污水处理试点项目，在全市4个建制镇8个村庄建设覆盖5224户的小微型污水处理设施。推动农户改厕3万口，全市农村散居地区生活污水处理率达到90%以上。

（吴海贝）

【园区重点环境问题整改】2020年，《长江经济带生态环境警示片》披露津市嘉山电排黑臭水体直排澧水问题后，市委、市政府把问题整改作为当前压倒性的工作来抓，采取“市级领导包保重点企业”“一企一策”等方式，对标对表、立行立改、真改实改，取得阶段性成效。重点实施六大工程：工业污水排口改道工程。将污水排口经河堤直接进入嘉山电排入河排口。面源污染治理工程。实施杉堰安置小区及周边居民区污水管网建设。雨污分流工程。对园区85家企业、孟姜女大道东侧新洲镇加油站沿线商铺及居民户、团湖小区、明道小区进行全面彻底雨污分流改造。官堰堰塘、杉堰小区水塘沟渠综合整治工程。嘉山电排综合整治工程。对电排口前置池进行彻底清淤、消毒，安装前池在线监测仪器，定期发布水质监测报告；建设嘉山电排前置池雨水收集池。污水处理厂改造升级工程。实施工业污水处理厂二期扩建工程；建设渗漏水临时收集池，将临时收集池内渗漏水转运至生活污水处理厂处理。（吴海贝）

【原香料厂土壤污染治理】津市原香料厂位于汪家桥街道澹津社区八组，占地面积1.5万平方米，距津市主城区2千米。该厂于1984—1985年生产油毛毡；1986—1997年改为香料厂，生产水杨醛、香豆素等香料。2013—2017年该厂区租用给江北涵管厂从事水泥管生产。2017年经场地调查，该厂区土壤受到严重酚类污染和多环芳烃污染，土壤污染物主要为五氯苯酚、苯并(a)蒽、苯并(B)荧蒽、苯并(a)芘、茚并(1,2,3-cd)芘、二苯并(a,h)蒽，土壤污染深度约为1—5米。该厂区土壤污染治理项目2018年3月动工，同年11月竣工。一期工程投资3000万元。2020年投资1500万元建设二期工程，于2020年3月开工，同年12月竣工。项目实施后，土壤样品中污染物含量均低于制定的修复目标值，使津市市原香料厂地块污染源得以消除，有效遏制了污染场地对周边农田、澹水河及地下水的污染风险，为周边居民的生产生活提供安全保障。经过修复后，该地块可作为商业用地开发使用，提高土地利用效率。（吴海贝）

【乡镇生活污水处理】津市市乡镇生活污水处理设施建设工程主要包括津市市环西毛里湖的毛里湖镇、药山镇、白衣镇、新洲镇的集镇及部分农村居民集中区的生活污水处理系统及配套管网工程，设计总规模4950吨/日，污水收集管网总长度60.7千米，主要采用“CASS+ECRA”的工艺。设计出水达到《城镇污水处理厂污染物排放标准》(GB 18918—2002)中的一级B标。各集镇和农村居民集中区污水处理设计规模分别为：保河堤集镇1号污水站400t/d、管网长5.76千米；保河堤集镇2号污水站900t/d、管网长8千米；李家铺集镇污水站400t/d、管网长7.24千米；渡口集镇污水站900t/d、管网长5.45千米；白衣集镇污水站800t/d、管网长12.77千米；石板滩集镇污水站300t/d、管网长5千米；棠华集镇污水站500t/d、管网长3.59千米；药山镇药山村集镇污水站150t/d、管网长2.2623千米；灵泉集镇污水站600t/d、管网长10.63千米。该工程于2015年动工，2016年完工，2017年试运行。2019—2020年实施扩建工程，并实行第三方对污水处理运维和所在镇对污水管网维护管理体制。

（吴海贝）

自然资源监管

【概况】2020年，津市市自然资源局发挥国土空间规划管控作用，为保护和合理开发利用全市自然资源提供科学指引。加强全市自然资源的保护和合理开发利用，建立健全源头保护和全过程修复治理相结合的工作机制，实现整体保护、系统修复、综合治理。创新激励约束并举的制度措施，推进全市自然资源节约集约利用。承接下放有关行政审批事项、强化监管力度，发挥市场对资源配置的决定性作用，更好发挥政府作用，强化自然资源管理规则、标准、制度的约束性作用，推进全市自然资源确权登记和评估的便民高效，更好地促进和保障全市经济社会发展。津市市自然资源局积极加强内部能力建设，完善组织机构岗位建设，在编干部职工98个(行政编10个、参管编5个、事业编83个)，实有在岗人数112人（在岗在编98人、转体改制人员14人)。空编20人(行政编空编1人、参管编空编2人、事业编空编17人)。内设机构17个:办公室、人教股、财务股、法规股、行政审批服务办公室、国土空间用途管制股、国土空间规划股、建设工程规划管理股、自然资源确权登记和调查监测股、自然资源开发利用和所有者权益股、矿产资源管理股、国土空间生态修复股、耕地保护监督股、征地拆迁管理股、测绘地理信息股、党风廉政建设办公室、工会。辖6个副科级二级事业单位:津市市自然资源局执法监察大队、津市市土地开发整理中心、津市市不动产登记中心、津市市自然资源局高新技术产业开发区分局、津市市国土资源储备中心、津市市自然资源事务中心。4个股级二级事业单位:津市市土地测绘大队、津市市自然资源局信息中心、津市市自然资源交易中心、津市市规划行政执法监察大队。5个镇街所:城区自然资源所、新洲镇自然资源所、毛里湖镇自然资源所、药山镇自然资源所、白衣镇自然资源所。财政体制实行经费与土地收入挂钩。

【土地储备与供应】2020年,津市市自然资源局用地报批,共上报农转征报批项目22个,总面积1601.7975亩,其中工业园区用地750.1605亩,其他用地833.9955亩,集体建设用地转用4个,面积17.6415亩。全市城区全年共出让土地块41宗,总面积80.64公顷,出让总价款225579万元,其中,商住、商服用地34宗,工业用地5宗,公共管理于公共服务用地2宗。全年启动城投公司、中联重科、嘉山水务、朝宏油泵、长燃燃气、加亿公司、国资经营公司等地块土地收储工作,共收储土地62宗,土地面积为1500余亩,6月后按市委、市政府要求,推出商住用地挂牌出让约1200亩(约80公顷),出库公益划拨用地300亩,减去收储成本后预计为政府土地收益约14亿元。

【保护耕地】2020年,津市市自然资源局落实强化各级领导耕地保护责任意识,从责任主体、职责、目标、考核、奖惩等方面来全面落实耕地保护任务。完成永久基本农田补划工作取得阶段性成果,为津市今后经济社会发展争取更大空间;对49个补充耕地项目核查,更新耕地占补平衡动态监测监管系统,实现耕地总量动态平衡;通过与各镇(街)签订自然资源管理工作责任目标书,落实最严格的耕地保护责任,确保津市永久基本农田25.14万亩和耕地保有量面积32.07万亩数量不减少、用途不改变、质量有提高。

【地质灾害防治】2020年,津市市自然资源局编制《津市市2020年度地质灾害防灾预案》,并修订《津市市突发性地质灾害应急预案》,落实汛期值班、险情巡查、灾情速报、应急调查等地质灾害防灾制度,明确全市重点防范的地质灾害隐患点,及各隐患点的防灾责任单位、责任人和监测人员;加强群测群防体系建设,建成40余人的地质灾害群测群防网络,添置应急调查设备,全面了解、收集灾情信息和地质灾害监测;并加大汛期巡查、督查力度,完善汛期24小时值班值守制度,多手段发布地质灾害预警信息、地质灾害明白卡、避险卡,提前做好应急预案和工作部署,确保人民群众生命财产安全。推进地灾治理项目,完成棠华乡三岔路地质灾害治理项目和白衣镇石板滩东街地质灾害治理项目主体工程建设,仅待竣工验收;果园老区地质灾害搬迁避让共363户,分3期进行,2020年12月,合计搬迁197户,剩余未搬迁避让项目按实际情况,因无法继续实施已向省厅申请改搬迁避让为工程治理。

【执法监察】2020年,核查武汉督察局下发津市2019年度四个季度卫片图斑共215个,均全部依法查处到位。自行判定并上报违法用地18个,总面积289.73亩,耕地面积189.43亩,其中,已整改到位10个,整改总面积278.83亩,耕地面积183.61亩,宗数整改率55.56%,面积整改率96.24%,耕地面积整改率96.93%。对津市3处"大棚房"另案处理类违法用地全部整改到位,整改总面积6.84亩,其中,拆除复垦面积1.76亩。完成津市市违建别墅摸排清理及查处整改工作,对摸排过程中发现的2宗村民建房违法用地立案查处,责令2户当事人办理建房手续。重新制定执法监察动态巡查工作制度,强化日常执法巡查力度,全年开展土地动态巡查共计237次,出动巡查人员382人次,发现制止违法行为28宗、下达停工通知

6月,副省长陈文浩(右二)到津市考察老果园地址灾害防治工作现场

6月,省厅领导考察津港新城

书 37 份；发现并立案查处土地和规划违法案件共 10 宗，收回闲置土地 1 宗，案件查处率 100%。全年共接到群众"12336"违法线索举报 9 次，受理省、常德市、市本级信访局交办件共 6 件，政策咨询解答 7 次，接待群众来访总人数 15 人次。所有信访件均在规定时间内向信访当事人做出回复，送达答复意见书，办结率、回复率达 100%，做到凡事有交代、件件有着落、事事有回音。

【不动产登记】2020 年，津市市自然资源局深入贯彻落实市委、市政府"放管服"改革，优化营商环境，加强窗口作风纪律、业务等方面的问题，坚持"强素质，优服务，严规矩，争一流"的工作理念，创新思路，依托省不动产登记网上"一窗办事"平台，津市市不动产登记常见业务及相关查询，实现"外网申请，内线审核""交一套资料一个窗口统一办理"，减流程缩时限，将受理—审核—登薄—发证 4 个环节缩减为将受理—审核—发证 3 个环节，抵押登记 5 天缩减 2 天，其他登记 5 天缩减为 4 天，做到线上线下"一窗受理，并行办理"，常见业务"网上办、掌上办、自助办"。全年共完成各类不动产登记 37756 宗，其中登记颁发不动产证书 32918 件，不动产证明 4838 件。协助法院查封不动产 77 件，法院查封 51 件。协助住房保障中心，城投公司，新建商品房补贴的 618 套不动产进行限制操作，遗失补证 56 户，完成不动产中心档案归档 5200 份，其中证书 2620 件，预告、预抵、抵押 2580 件。

【征地拆迁】2020 年，津市市征地拆迁工作严格按照征地拆迁法律法规以及相关文件规定，坚持依法依规征地拆迁，共完成全市集体土地征收 1214.35 亩，拆迁住宅类房屋 90 户，拆迁面积 18814.16 平方米，拆迁非住宅类房屋 23 户，拆迁面积 1955.8 平方米。完成安慈高速公路建设项目(津市段)、S238 津市新洲至棠华药山公路工程建设项目、津市市 2020 年第 1—12 批次建设用地(增减挂钩)、津市市石龟山大桥加油站建设项目(增减挂钩)等集体土地征收项目 17 个，征收土地总面积 1254.95 亩，拆迁房屋 135 户，拆迁总面积 28295.05 平方米，涉及集体土地征收费用 1.8 亿元。完成城市规划严控区三洲驿街道、襄阳街街道、金鱼岭街道共计 31 户提前安置资格审查工作，汪家桥街道 94 户正在审查中。

【调查监测与确权登记】2020 年，津市市自然资源局按照省、市的部署，稳步推进第三次国土调查统一时点更新工作和农村宅基地房地一体确权登记发证工作。津市市三调成果在全省率先通过国家级核查，并通过"互联网 +"举证，三调工作取得决定性胜利。共完成外业举证图斑 6243 个，其中国家下发监测图斑 2713 个，内业核实 903 个；省级下发不一致图斑 1206 个，内业核实 315 个；补充提取图斑 3253 个；新增耕地图斑 246 个；初始库需补充举证的图斑 43 个。在外业举证工作的同时组织技术人员进行内业上图。津市市自然资源局共完成农村宅基房地一体确权外业调查 35852 宗，占应完成任务的 100%；共有 59 个村整村完成外业调查，占村总数的 100%；内业数据建库完成 35852 宗，占应完成任务的 100%；权籍调查结果公示 35852 宗；切坡临坡建房调查 1820 宗；完成乱占耕地建房调查 1472 宗；完成宅基地登记发证及房地一体登记发证登薄 32984 宗，占应登记发证任务的 92%，完成上级下达的工作任务。

【空闲土地处理】2020 年，市委、市政府规范土地管理秩序，推进节约集约用地，加快推进新旧动能转换，有效消化闲置土地，腾出发展新空间，将园区作为土地节约集约利用的主战场，制定详细实施方案，坚持实施土地利用总体规划不扩区，倒逼园区提高现有土地投入产出比、企业转型升级，提高土地利用效率。将土地节约集约利用纳入各地年度考核任务，对各地节约集约用地进行考核和表彰，实现单位投资强度和产出双翻番的目标。加大园区空闲土地盘活力度，成功出让之前为空置土地的有：湖南科益新生物医药有限公司地块、湖南常德浪力食品饮料有限公司地块、常德市汇海饲料有限公司地块、常德市宁能热电有限公司地块、湖南嵘鑫风管制造有限公司地块、湖南经世新材料有限责任公司地块、湖南引航生物科技有限公司地块，7 家企业使用盘活空

7 月，干部职工清扫澧水风光带淤泥

12 月，职工趣味文体活动

置土地623亩。另外,通过招商引资,加大棚户区改造力度,津市推出西河街3宗地块共计177亩。

【国土政策法规宣传】2020年,增强群众土地法规意识,严厉打击土地非法交易、违法乱建乱搭行为,津市市自然资源局深入各乡镇街道对国土法等法规政策的宣传教育,扎实开展"4·22"世界地球日、"5·12" 地灾防治日、"6·25" 全国土地日、"8·29" 国家测绘日、"12·4"全国宪法日等主题宣传活动,全年共发放宣传资料4万份,悬挂宣传横幅55幅,每周利用局机关LED电子显示屏滚动播放与土地相关的法律法规和政策;强化宪法、土地管理法、行政处罚法、《不动产登记暂行条例》等行政法律法规学习宣传,使老百姓知法、懂法,自觉遵守土地管理法。

审 计

【概况】2020年,津市市审计局内设办公室、法制股、财金股、行审股、经责股、电子数据股、企业股(内审股)、投资股等8个股室,下设政府投资审计专业处1个二级事业机构;核定领导职数为1正3副,实配领导1正5副;核定行政编15名、工勤编1名、事业编13名,实有行政编干部13人、工勤人员1人、事业编人员8人,聘请临时人员4人,其中中共党员18人、民建党员1人。

2020年,审计局计划审计项目27个,实际完成63个,发现违纪违规资金405万元,编发《审计要情》6期,公开审计结果10篇,给部门单位提意见建议135条,被全部采纳,建立完善体制机制86项,促进工作规范。局机关获评"县级审计机关先进单位",1名干部被评为"湖南省审计机关先进个人",1篇业务论文分获省优秀论文二等奖,有1人获评"审计案件线索移送能手""审计要情撰写能手",有2个审计项目获评常德市审计局"优秀审计项目"。推荐1名干部专抓扶贫工作,全局结对帮扶25户,开展帮扶活动20余次,并帮助发展生产。巡视(察)方面,选派1名人员参与省委巡视工作,被评为"先进个人";选派1名人员参与市委巡察工作。帮助企业解决员工招聘等问题。

2020年,在全局开展争创"学习型机关"和争当"学习型干部"活动,组织干部集中业务学习6次,结成帮带对子5对,推荐参与大型审计锻炼6人次,鼓励干部参与职称考试,全力提升干部综合素质,业务能力明显加强。公开招聘3名年轻干部,充实审计队伍。(蒋孟霏)

【预算执行审计】2020年,实行财金股牵头,全局参与,以预算执行审计为"龙头",同步推进部门预算执行审计2个(市农业农村局和市交通局)、专项审计3个(就业专项资金、基建一体化收费、扶贫专项资金)、投资审计1个(鑫民廉租房1#—2#楼室内装饰装修工程项目),紧扣发展质量和效益,坚持问题导向,主动揭示突出问题20个,及时分析原因并提出建议4条。 (蒋孟霏)

【经济责任审计】2020年,全面关注政策执行、经济发展、财政管理、民生改善、廉政建设等方面,运用卫星探测、大数据分析等手段,探索启动对刘敏的领导干部自然资源资产审计。全年完成领导干部自然资源资产审计1个,经济责任审计项目6个,涉及领导干部10名,查出违纪违规资金616万元,其中:违规金额220万元、管理不规范金额396万元。增收节支110万元,提出审计建议25条,市委选拔任用干部提供依据。

(蒋孟霏)

【政府投资审计】2020年,摸清政府投资项目底子,建立政府投资项目台账。全年计划投资审计项目10个,实际完成投资审计项目54个,全年为政府审减资金1627万元,提出意见建议67条,确保政府的每分钱都用在刀刃上。开展了津市市水系连通及农村水系综合整治EPC总承包项目的跟踪审计。

(蒋孟霏)

应急管理

【概况】2020年12月30日,经津市市委批准,津市市应急管理局党组改设党委。内设股室9个,下设二级机构4个,分别是安全生产监察大队、宣教中心、综合应急救援中心、地震局。核定行政编制9个、参照公务员管理13个,事业编制19个(其中地震局参照公务员管理3个、事业编制3个)。

2020年,以防范和遏制较大及以上事故为重点,开展安全生产专项整治三年行动,强化责任落实,夯实基层基础,严格监督执法,加强综合治理,实现全市安全生产形势稳定,全市未发生较大及以上生产安全事故。

2020年,市应急管理局全年组织政治理论学习18次,主题党日活动12

9月28日,市委书记傅勇(前排右二)检查"两节"安全生产

次，累计谈心谈话200余次；结对帮扶贫困户27户，深入扶贫点村190余人次。严格内部管理，制定管理规定"十条"，规范完善党组会议、请示报告、财务支出等事项；开展以案促改活动，加强党风廉政建设。组织干部体检，开展文体兴趣小组活动；实施年轻干部能力提升计划，举行"一法一条例"考试、"好书分享"、业务培训等。

2020年，重点开展隐患排查治理和"强执法防事故"行动。全年各领域共排查隐患210个，整改率达95%以上；检查生产经营单位45492家次，立案调查3686起，经济处罚847.7万元。加强镇街应急能力建设，为全市9个镇街配置救援物资装备1300余件；为保障社会救援力量，向车胤救援队援助3.8米冲锋舟1艘、30匹马力汽油机1台、对讲机5部、强光手电筒5只和应急救援工作服39套；2020年举办规模较大的危险化学品应急救援综合演练，救援实战能力进一步提升，开展应急演练160余场次；以全国防灾减灾日等活动为抓手，开展宣传工作；建立98人灾害信息员队伍，确保灾情及时上报；落实上级森林防灭火有关精神，宣传护林防火知识，全面落实防火责任制，未发生有影响的森林火灾责任事故，确保森林资源和人民生命财产的安全，与市水利局对接，落实防汛抗旱协调督导责任。

2020年，谋划"十四五"应急体系发展规划。突出抓好安全责任、考核评价、执法管理、宣教培训等体系建设，创建省级安全生产示范县市，遏制一般事故，杜绝较大及以上事故发生。应急救援方面，重点加强体制机制、指挥平台、救援队伍、装备储备、预案管理等建设，争取湘西北应急体系建设项目，应急能力现代化水平显著提升。统筹推进灾害风险监测、信息共享和综合减灾体系建设，争创5个国家级和5个省级综合减灾示范社区，不断提高灾害风险管控能力。（贺茫）

【制度和机制建设】2020年，全市着力完善各项机制促进工作落实。实行联席会议制度。坚持市委常委、政府常务、安委会联席会议专题研讨和解决安全生产重大问题。组建能源、道路交通等10个专业委员会，理顺跨行业监管机制。实行会前学法制度。坚持市委理论中心组和政府常务会会前学法制度，将习近平关于安全生产重要论述和《地方党政领导干部安全生产责任制规定》等重要政策纳入市、镇街及成员单位专题学习内容。实行清单管理制度。出台《县市级党政领导安全生产责任提示卡》《镇街和成员单位领导干部安全生产责任须知卡》《市级党政领导安全生产责任清单》《有关单位安全生产工作职责清单》，压实领导干部管理责任和部门监管责任。创新编印《津市市安全监管指引》，厘清综合监管和行业监管职责，督促负有安全监管职责的部门履责。对重大隐患和问题实行工作交办和工作函告制，跟踪进展情况，实行闭环销号管理。实行层级检查制度。全市各级党政领导干部带队检查常态化，全年累计达到10万余人次。市安委办组织开展综合性督查4次，印发各类通报11期。（田小娟）

【应急基础建设】2020年，市物资储备库储备棉大衣80件、棉被231床，军用被40床、桌椅97张、帐篷74顶（含回收）、毛巾被240条、折叠床136张；全市4个镇配备洒水灭火多用途消防车，实现乡镇消防队伍全覆盖，初起控火能力明显提升；通过湖南省公务员招录和事业编招考工作，新招录人员4名；成立专项整治三年行动专班，抽调集中办公人员6名，充实精干力量；疫情防控期间，专门成立10人队伍开展企业复工复产服务，设置隔离点，安排专人24小时值班值守，严格防控措施，坚决防止外来疫情输入。（贺茫）

【安全生产监管】2020年，推进专项整治。市安委印发《津市市安全生产专项整治三年行动实施方案》，打造"1+2+8+4"模式，成立专项整治三年行动工作领导小组和工作专班，每年拨付安全生产三年行动工作经费100万元，交办282项工作任务清单，完成率92%。强力推进监管执法。全市共出动执法人员30214人次，检查生产经营单位11280家次，立案调查667起，经济处罚241.3909万元，责令停产停业41家，暂扣或者吊销许可证照264家，取

8月17日，召开市政府安全生产专题常务会议暨安全生产委员会全体（扩大）会议

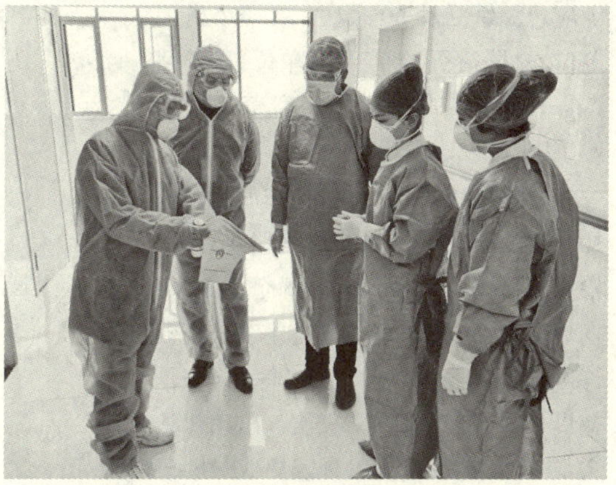

3月31日，对疫情防控隔离点（新中医院）开展安全指导

缔关闭9家。在常德市强执法防事故案卷评分中获得“优秀案卷”荣誉。推进打非治违。联合乡镇开展烟花爆竹行业“打非治违”联合行动6次,收缴烟花爆竹2000余箱(件),核发行政许可证45个;检查危险化学品生产经营单位34家,立案调查6起,行政处罚4万元。开展隐患查改。市安委办交办25处重大隐患和问题,已治理重大隐患18处;曝光典型安全隐患17个;对9家重大火灾隐患实施挂牌督办,已全部整改到位。营造安全浓厚氛围。全市各级各单位组织观看《生命重于泰山》安全警示片30多次,党(工)委、党组组织学习习近平总书记关于安全生产重要论述30多次;制作专项整治三年行动电子显示屏97块,喷绘48块,横幅61条,宣传栏53个,开展安全宣讲20次,开展森林防灭火、消防、危险化学品、防震减灾等应急演练活动50余次。在全市机关单位、村居站所、生产经营单位、重要路口以及法治广场等公共场所营造出浓厚氛围。(田小娟)

12月7日,“津市·2020”危险化学品事故综合应急演练现场

【风险化解】2020年,检查危化企业10家,立案调查5起,行政处罚4万元。检查辖区内三级重大危险源企业2家,发现隐患21处;完成危险化学品经营许可证现场安全条件审查3家;检查烟花爆竹零售经营店67家次,出动执法人员142人次,检查发现隐患32处,已全部责令整改。组织危险化学品生产、使用企业开展安全风险分级管控,利用全国危险化学品生产经营风险“一张图一张表”,实施风险精准管控;强力对接省、常德市重大危险源在线监测系统建设工作。制定4期“一情况两清单”,共计隐患13个,整改12个,剩余1处隐患已申请延期整改。市安委办针对“一法一条例”检查反馈23条执法检查问题清单,运用交办和督办两种形式,明确牵头市级领导、督促整改单位及整改。其中16个隐患问题以《工作交办函》形式交办,要求按照重大隐患一单四制制度闭环管理,7个隐患问题以《工作督办函》形式交办,要求每月将整改情况及时向市安委办回复,确保每个隐患问题不漏管。(毛先觉)

【安全投入】2020年,设立安全生产发展基金120万元,从工伤保险基金提取5万元用于工伤预防,安排消防工作经费349.5万元,疫情防控工作经费32万元,森林防火经费20万元;争取上级自然灾害救助资金200万元;下拨救助资金134万元,救助764户,2618人,损房补助20户。(俞德全)

【宣传教育】2020年,市应急局扎实推进习近平总书记关于安全生产和应急管理重要论述的宣贯教育活动。推动各级集中观看学习《生命重于泰山——学习习近平总书记关于安全生产重要论述》电视专题片;将学习贯彻习近平总书记关于安全生产重要论述作为干部教育培训重要内容;将宣传贯彻习近平总书记关于安全生产重要论述纳入党组宣传工作重点。通过严把新闻稿件质量关,切实提高新闻上稿率。2020年,累计省级上稿35篇,常德上稿70篇;防汛期间,在《湖南日报》上稿3篇,常德日报上稿1篇,累计收获阅读量30万;不断丰富活动载体,在全社会营造“我要安全”的浓厚氛围。在市政府网站、电视台分别开辟了安全生产专项整治三年行动专栏;组织开展了“5·12”防灾减灾日、“安全生产月”、“10·13”国际减灾日等专题活动;发动全市各镇街、安委会成员单位和重点企业参与全国网络知识竞赛。(陈斯)

消防救援

【概况】2020年,津市市消防救援大队取得常德市消防救援支队全员岗位大练兵先进队站、全市队列会操竞赛第三名的好成绩。2020年大队开展党委中

2020年,大队组织学习党的十九届五中全会精神

心组学习15次，专题座谈讨论15次，通过不断抓学习、促团结、转作风，有效提升政治意识、大局意识、核心意识、看齐意识和干事创业能力。2020年，大队累计参加社会服务、冲洗辖区公路街道、清扫垃圾等30余次，开展慰问敬老院3次，扶贫3户并完成脱贫任务，并定期开展志愿服务活动，主动向群众宣传消防安全知识，传授扑救初期火灾和火场逃生的技能，提高群众的消防安全意识和自防自救能力。

2020年共出警222次，火灾126次，抢险救援19次，社会救助77次，增援其他辖区10次。出动车辆269辆次，出动警力1572人次，抢救被困人员33人，抢救财产价值39.6万元。

11月，开展灭火救援演练

【队伍管理】大队始终严格管理、严格要求队伍，以"两严两准"为准绳规范大队的工作、生活、执勤、训练秩序，始终紧紧以习近平主席授旗训词为中心举旗定向，在确保队伍稳定中逐渐促进队伍向正规化、职业化、专业化方向转变。对特殊时段、重点人员、"车、酒、黄、赌、毒、网络借贷"加强管理教育与摸排，对于发现的问题和重点人员果断采取有效方法与手段进行教育与妥善处置，有效地防范和化解了队伍管理中的隐患，全年队伍未发生安全稳定问题。

2020年年初，面对新冠疫情，大队及时落实习近平总书记关于疫情防控的指示精神，党委召开专题会议研究部署大队疫情防控工作，切实把疫情防控作为最重要的大事来抓，以最严的制度、最高的标准，确保队伍内部不发生疫情，最大限度地降低疫情传播风险，全年大队未发生新冠病毒传播事件，确保队伍的高度稳定。

【灭火救援能力建设】一是狠抓执勤训练。大队始终坚持战斗力标准，树立冲得上、打得赢的思想，紧抓冬春训练、全员岗位大练兵、夏季训练工作，每月组织对全员练兵工作进行考核，开展装备实操训练，推动战斗力转型升级，为履行职责使命打基础、提战力。二是强化熟悉演练。深入辖区人员密集区、工业园区、消防安全重点单位、居民小区开展熟悉，对辖区石油化工场所、市政消火栓等开展普查；开展想定作业和随机拉动演练，提高队伍的快速反应与临机处置能力。全年熟悉演练单位72家，制作新式数字化灭火预案40份。

【火警处置及救援】2020年，大队指战员成功处置1月8日九澧大道1208号店面火灾、1月20日灵泉镇同兴村9组火灾、2月18日阳由社区河堤火灾、4月7日靓仔靓单元702火灾、4月29日毛里胡镇往安乡方向的石龟山大桥火灾；5月16日玛吉斯轮胎火灾、8月26日市委党校对面火灾、9月4日北控城乡水务有限公司火灾、9月15日襄阳街街道湖桥社区15栋1楼火灾扑救、10月4日古大同燕子窝社区5组火灾、12月22日车胤大道贝贝拉姆母婴用品店火灾。全年共出警222次，火灾126次，抢险救援19次，社会救助77次，增援其他辖区10次。出动车辆269辆次，出动警力1572人次，抢救被困人员33人，抢救财产价值39.6万元，无人员伤亡。大队指战员有警必出、闻警即动，不畏艰险、冲锋在前，圆满完成灭火救援任务，得到政府和社会各界的高度肯定。

【火灾防控工作】消防责任体系日臻完善。将消防工作责任状作为政府保留的三大责任状之一，多次提请市委、市政府召开常务会议听取消防工作汇报，对全市消防安全重点、难点问题提出相应的建议措施，市委、市政府主要领导多次对消防工作作出重要批示，多次带队检查消防工作，督导火灾隐患整改工作，解决一大批制约消防工作的瓶颈性问题。消防安全环境持续优化。大队认真研判辖区火灾形势，坚持问题导向，抢抓关键时间节点，提前谋划部署。以安委、消安委为平台，提请党委政府领导带队检查，突出消防问题交办督导等措施，全面摸清消防安全风险。以冬春火灾防控和"防风险保平安迎大庆"消防安全执法检查专项行动抓手，先后组织开展劳动密集型企业、社会福利和养老机构、易燃易爆场所、人员密集场所、高层建筑、医疗卫生、住宅小区等一系列消防安全专项治理工作。全年共立案重大火灾隐患32家，销案22家，推动全市民政养老服务机构消防安全全面升级，重大火灾隐患立、改、销工作成效显著，净化全市消防安全环境，确保全市火灾形势保持高度稳定。末梢防控能力不断增强。适应社会治理新要求，严格落实消防监督员"每日一查"制度，落实"双随机一公开"检查制度，强化执法、服务行为的事后监督。对接市住建

8月，走进市步行街开展消防安全知识宣传

局,召开消防车通道专项整治工作推进会和物业服务企业工作约谈会,明确消防车通道整治工作责任和要求,对物业管理人员进行消防知识培训,提升物业小区消防安全管理水平。发动各部门、各级网格力量、消防安全志愿者和公安派出所民警及驻村辅警加强对老旧小区、居民房、"九小"场所、"三合一"场所的消防检查巡查和入户宣传,及时消除各类火灾隐患,严防小火酿成大灾。

消防宣传教育成效斐然。结合"开学第一课"、"安全生产月"、"119" 消防宣传月以及重大节假日活动为契机,指导相关单位开展应急疏散演练,利用户外楼宇广告电视系统、小区布告栏建立消防宣传阵地。丰富消防宣传载体。印制消防宣传不干胶等宣传单 20 余种,定购消防卡通人偶钥匙扣、消防围裙、消防知识购物袋、消防知识连环画等 10 余种消防宣传小礼品。全年组织开展社会单位"四个能力"建设培训,重点岗位人员培训,各镇街、村居"两委"负责人培训以及消防控制室操作人员培训,全年共培训各类人员 1200 余人。开展消防站开放活动 14 次,组织安排发放资料 2 万多份,悬挂横幅标语 100 余条,通过宣传和培训,极大提升人民群众的消防安全意识。

【**后勤保障**】加强基础建设,提升队伍硬实力。年初大队按照《城市消防站建设标准》科学制定并上报 2020 年装备采购计划,配强各类灭火救援装备。针对现在全灾种、大应急的职能任务,大队购置一批用于扑救森林火灾的装备器材,消防装备结构和性能明显改善,队伍战斗力增强。大队积极推进营房设施建设,对营房漏水、卫生间、桌椅、宿舍空调、洗衣房洗衣机、部分办公电脑等进行维修更换,完成健身房升级改造、心理咨询室、心理放松室和心理宣泄室建设,进改善队员工作生活环境。2020 年,共有云梯消防车 1 辆、重型水罐消防车 1 辆、泡沫水罐消防车 1 辆、普通水罐消防车 1 辆、抢险救援消防车 1 辆。 (黄明远)

防震减灾

【**概况**】市委、市政府重视防震减灾工作。2020 年 4 月 30 日,津市市安全生产委员会第二次全会和市防震减灾工作会议联合召开,下发《关于明确防震减灾"三网一员"建设工作的通知》。

宏观观测实现数字化。年初,津市市地震局筹措资金,在一号、二号宏观观测点实施 24 小时全景彩色观测监控工程,通过近半年的运行,监控观测效果、回放效果清晰明了,实景一览无余。全景监控系统的建立对于加强地震宏观异常掌控、瞬间捕捉观测物体在临震前、中、后的变化反应、行为动态、异常情景及完整的运动轨道等有十分明显的作用,对提高群测群防、普及宣传地震科普知识也将起到积极的推动作用。

监测预报工作正常有序。监测预报工作继续坚持 24 小时值班值守,严格工作纪律,认真填写工作日志,登记上报监测数据,维护监测设备,确保工作状态良好。设备运行正常,数据运行稳定,未发现异常。

【**开展防灾减灾系列宣传活动**】在桥头法治广场,三洲驿街道办事处的工作人员通过张贴海报、设立展板、宣传资料发放、现场答疑等形式,向居民讲解了地震、地质灾害、气象、火灾、居家安全等公共安全知识要点,做到防患于未然,现场共发放宣传资料 1000 余份。在金鱼岭街道,正在进行地震、火灾逃生模拟演练,面对险情,街道迅速按照既定方案,要求居民做好撤离准备。在白衣镇,工作人员到湖南台龙科技有限公司,组织集中宣传、并为企业员工普及了防灾减灾知识,现场示范了防灾减灾救灾逃生技能。在沿河风光带,汪家桥街道在组织开展防灾减灾宣传活动,共发放宣传单 5000 多张,张贴宣传挂画 40 多张、宣传标语 20 多条、横幅 2 条。在毛里湖镇和嘉山街道,村、社区干部利用自辖区内村村响大喇叭,进行防灾减灾资料宣读。让村民都能获取到灾难来临时的生存技能。并通过"小海报"、宣传标语等形式,宣传防减灾知识。津市高度重视防灾减灾宣传工作,建立健全防灾减灾体制机制,扎实抓好任务落实。防震减灾知识进党校活动。为增强领导干部防震减灾意识,提高应对突发事件的处置能力,5 月 29 日,市地震局联合市委党校,邀请常德市地震局副局长、地震安全性评价工程师李爱顺为 2020 年第一期科级干部进修班 60 余名学员作"防震减灾科普知识"专题讲座。讲座结合国内外典型震例,通过大量的图片和数据,讲解了防震减灾概述、防震减灾法律法规体系、常德地区地质构造和应急自救互救等知识。课间设置互动环节,津市地震局为学员们发放应急实用的小物件,对正确回答问题的学员发放奖品。

【**开展中小学校万人防震减灾知识竞赛**】为增强全市中小学生的防震减灾意识,提高临震应急避险、自救互救能力,通过知识竞赛丰富学生的防震减灾知识。5 月 11 日,津市应急管理局、教育局和地震局联合组织了"5·12"防震减灾知识竞赛活动,全市所有学校都参加了此次竞赛活动,其中高中一、二年级,初中一、二年级,小学五、六年级近万名学生参加竞赛。竞赛设立组织奖 6 名,学生按竞赛成绩 3%的比例设立一、二、三等奖。

【**开展行政执法**】2020 年,严格实施工程项目报建预审的前置把关,依法办事,任何项目工程须到政务中心窗口办理相关手续,再到施工现场实地查看,实现事前、事中、事后的全程有效监管,确保每个项目能按设计要求、设防要求、质量要求、参数要求予以施工。津市高新技术产业开发区在地震局的督促指导下完成园区区域性地震安全性评价工作。经过湖南省地震局组织的专家评审,津市园区安评报告符合《区域性地震安全性评价工作大纲(试行)》要求,其结论和参数可作为园区一般建设工程抗震设防依据。

市场监督管理

【概况】津市市市场监督管理局下设1个副科级直属行政机构(价格监督检查局)、6个二级事业单位(综合执法局、检验检测所、信息中心、市消费者委员会、市个体劳动者私营企业指导中心、市知识产权保护中心)、4个基层监管所(三洲驿所、汪家桥所、新洲所、药山所)、21个内设机构，在编在岗117人。2020年,推进市场监管改革创新,配齐监管执法装备，执法人员持证上岗，维护市场经营秩序,全年未发生食品药品特种设备安全事故。全面推进教育、医疗和水、电、气的价格监管和涉企收费监管。推进规模企业知识产权“破零行动”。完善“双随机一公开”监督检查事项,把住产品商品质量关。严厉打击违法违规行为,规范市场主体诚信经营和公平竞争。全年开展从业人员《餐饮服务食品安全操作规范》培训10期、新修订药品管理法培训2期、安全生产“七进”活动1期(进企业、进学校、进机关、进社区、进农村、进家庭、进公共场所)、知识产权业务培训1期。组织120名党员干部参加抗击疫情募捐15100元。为扶贫点村中心村、三新垸村共拨付扶贫资金150818元，累计为贫困户送鸡苗2000余只。荣获湖南省食品安全委员会通报表扬，被评为2020年食品安全工作A级(先进)单位;荣获常德市消费者委员会通报表扬,被评为2020年度各区县(市)消委组织工作考核先进单位。

【登记注册】2020年,办理新设企业登记470户，比2019年增长15.3%;变更登记439户，比2019年增长13.8%;注销205户，比2019年增长4.8%。全市各类市场主体总量达到12866户,其中企业3198户，企业比2019年增长10.6%。2020年市场主体增量行动方案目标任务1400户,截至12月10日,净增长市场主体1474户。7月始,为全市所有新设立的市场主体免费提供公章刻制服务,189家企业免费领取公章。全程电子化办理业务269件,行政服务事项网上可办率100%,“最多跑一次”可办率100%，各类市场主体的登记在1个工作日内办结。优化注销办理流程，减少清算公告等待时间,将在报纸公告45天改为免费在国家企业信用信息公示系统(湖南)公告20天,并在原先只允许进行一次简易注销的前提下,允许申请人二次申请简易注销。

【综合行政执法】5月30日,津市市市场监管综合行政执法局挂牌成立。疫情期间牵头成立重点场所防控工作小组,筹措防护口罩160万只。查处2起销售假冒伪劣河南“飘安”牌口罩案件，罚没7万元。5次联合烟草局开展专项行动，清理查处无证无照经营卷烟35户,查获违法案件64起。查封不合格电梯10台。2020年度办结行政处罚案件229起,罚没270多万元。

【市场秩序监管】2020年，企业、个体、农民专业合作社年报率分别达到94.24%、83.60%、97.88%，排名常德第二，荣获“商事制度改革工作优秀单位”。完成“个转企”1362家。6月,津市市牛肉米粉协会获地理标志运用项目。办理18家企业动产抵押登记，累计担保债权数额8427万元，为企业融资5.75亿元。3月,安装“湖南省广告监测平台”检测设备，全年监测违法广告5条。开展交通顽瘴痼疾重点整治,对30家电动车辆、14家汽车销售经营主体一一建立台账，并处罚1起销售无3C电动三轮车案件。联合市商务局、市城管局、市烟草局、市农业农村局、市市场服务中心、市公安局,在全市范围内开展农贸市场、批发市场、小商品市场、专业市场领域涉黑涉恶和违法违规问题专项整治,未发现黑恶线索。推进蓝天保卫战,开展“禁煤区”燃煤“清零”行动,发放《关于市禁燃区燃煤禁烧告知书》650份,要求从2021年1月10日起禁燃区的餐饮经营户禁止使用藕煤或原煤,改用液化气或天然气,对于存煤数量较多的餐饮经营户可以宽限至2021年1月31日。设立城乡接合部禁煤宣传告示牌5块,关停城区藕煤加工厂3家,劝返津市周边偷运藕煤车辆15辆，完成小餐饮“煤改气”243家。

9月28日，常德市市场监督管理局驻湖南微生态健康产业园服务站在津市高新区正式揭牌成立

5月26日,津市市首届“‘食’在最美·‘品’在津城”颁奖仪式

【标准化管理】2020年督促17家企业进行标准自我声明公开,津市共有52家企业公示346项标准,涵盖1073种产品。湖南润农生态茶油有限公司成为津市首家获准使用定量包装商品生产企业计量保证能力合格标志("C"标志)的定量包装商品生产企业。检定计量器具2674台。

【产品质量安全】2020年检查烟花爆竹经营户35家,未发现销售不合格烟花爆竹情况。完成成品油抽检任务8批次、汽油和柴油各4批次,抽样检测结果全部合格。开展集贸市场野生动物交易监管,没收野生乌梢蛇4.5公斤,处罚10500元。5次联合市烟草局开展清理整顿专项行动,检查烟草经营户242户,下发整改通知书53份。

【特种设备安全】2020年,全市注册登记的特种设备有1985台,其中锅炉104台、压力容器1027台、电梯512台、起重机械239台、厂(场)内机动车辆103辆,另有气瓶35000只。全年开展监督检查1100余次,检查企业590余家(次),下达《特种设备安全监察指令书》64份,排除安全隐患20余处,查封不合格电梯10台,立案6起。

【食品安全】9月8日,成立餐饮协会。全年食品抽检388批次、食用农产品抽样557批次,不合格11批次,合格率98.8%。6月开始迎接国卫复审,全局人员分包到户,对市城区150平方米以下的767户小餐饮、75户食品摊贩、27家小作坊进行综合治理。并投入20万元,统一印制食品量化分级公示牌、台账、宣传单,投入10万元,购买食品"三小"从业人员工作衣帽、口罩1200套免费发放。完成"明厨亮灶"任务490家,逐步实现餐饮企业食品安全操作环节可视化、监管方式信息化的管理模式。对全市19家养老机构食品安全执法检查。开展"长江禁捕、打非断链"专项行动,对店招、牌匾和菜单含有"江鲜""长江鱼""野生鱼""河鱼"的宣传广告即时整改下架。发放告知书1800份,张贴"五禁止"宣传海报1500张,规范店铺招牌29块,下达整改通知书36份。7月,省市场监管局到津市开展民生领域食品安全大排查大整治百日行动工作检查,津市排名区县第一。对全市31家冻库冷冻冷藏食品进行监管,对食品、环境以及从业人员检测共计749批次,检测结果均呈阴性。宣传片《舌尖上的守护者》荣获2020年常德"食品安全守护者"主题短视频大赛一等奖。食品安全工作被湖南省食品安全委员会评为"2020年食品安全工作A级(先进)单位"。

【药品保健品化妆品安全】2020年开展执业药师"挂证"、特管药品、中药饮片等专项整治行动,共检查药店380余次、医疗机构40家次,发现经营包装标注标识药品适应证的非药品案1起、经营无合法票据药品案1起。共检查企业32家次,责令整改9家。完成药品不良反应监测207例,医疗器械不良事件上报53例。津市市场监管局被省药品监督管理局指定为县级唯一的医疗器械经营和使用环节监管工作联系点。9月28日,常德市市场监管局驻湖南微生态健康产业园服务站在津市高新区成立,入驻企业88家。派驻2名青年干部专职驻省药监局协助湖南微生态健康产业园企业的医疗器械产品注册。11月18日,2020中国·津市首届体外诊断产业发展大会在五环体育中心召开,湖南省药品监督管理局副局长彭旭明、常德市人民政府副市长杨成英、津市市委书记傅勇分别为活动致辞,市委副书记、市长黄旭峰主持活动。

【知识产权管理】制定《津市市知识产权奖励补助办法》,4月20日,在全市2020年度知识产权工作大会上,为湖南鸿鹰生物科技有限公司、湖南省新合新生物医药有限公司、湖南润农生态茶油有限公司3家获得常德市知识产权试点的企业颁发5万元资金奖励,对全市2019年度国内外发明专利落实奖励资金共42.1万元。7月18日,由津市市政府主导,高新开发区与市场监管局管理运营,在互联网产业园成立湖南省知识产权津市综合服务分中心。12月7日,湖南省知识产权综合服务(津市)分中心挂牌,湖南省市场监督管理局党组成员、湖南省知识产权局局长段志雄,常德市人民政府副市长杨成英为知识产权综合服务(津市)分中心揭牌。2020年发明专利申请量333件,同比增长265%,其中国际发明(PCT)专利申请3件;累计有效发明专利拥有量(授权)149件;全市133家规模企业(其中高新技术企业18家),拥有专利的企业由上年的45家增加到56家。全市每万人有效发明专利拥有量5.82件(全国15.2件,湖南省7.85件,常德3.47件)。有注册商标450件,国家地理标志证明商标有津市牛肉米粉、津市茶油2件(常德市共18件)。对接人民银行常德支行,率先在津市开展知识产权质押融资试点,首批500万元的知识产权质押借款发放到湖南省新合新生物医药有限公司。

12月7日,湖南省知识产权(津市)综合服务分中心举行揭牌仪式

【反不正当竞争】4月1日，市场监督管理局联合全市五部门印发《津市市开展妨碍统一市场和公平竞争的政策措施清理工作方案》，对涉及市场主体经济活动的51份规范性文件进行审查，其中废止6件、修订10件、继续保留35件。检查津市市恒源机动车驾驶员培训学校、有线电视网络公司、殡仪馆、刘家山公墓、长安机动车检测有限公司、学校等收费情况，共查处价格违法案件8件，其中包括殡仪馆和长安机动车检测有限公司不执行政府定价案。

【消费维权】5月26日，举办"食在最美·品在津城"消费者满意餐饮店评选活动颁奖仪式，评出21家获奖餐馆和3位美食短视频拍摄优秀个人，奖励消费券2万多元。牵头出台《津市市激励消费措施十八条(第一批)》《津市市激励消费措施(第二批)》。"12315"投诉举报中心全年受理举报投诉404件，办结率100%。办公室涂家榕撰写的征文《消费者应在消费维权工作中做好桥梁》在湖南省2020年"凝聚你我力量"消费维权年主题征文比赛中获得优秀奖。(陈钢)

概　　述

【概况】2020年，市教育局下设8个股室站，在编在岗42人。有中小学校31所，其中普通高中2所，职业教育集团1所（包括职业中专、技工学校、教师进修学校、省电大津市分校），初级中学7所，九年一贯制学校2所，特殊教育学校1所，完全小学11所，村级小学7所。全市中小学在校学生15859人、在编教师1505人。城乡幼儿园39所，其中公办园18所，民办园21所，在园幼儿4910人，幼儿园教师314人，保育员188人。全市共有离退休教师1440人。一年里，津市实施教育强市战略，夯实办学基础，优化教育结构、提升教育质量、促进教育公平、推进教育现代化建设，津市教育事业得到健康、快速发展。（谢辉）

【队伍建设】2020年，津市市教育系统继续深入开展“正师德、强师能”活动，树立师德典范，强化师德正能量；及时做好教师补充工作，全年引进教师81人。其中：人才引进公开招聘教师25人，安置公费定向师范生15人，招录特岗教师41人，改善教师队伍年龄结构和学科结构，提供有效的师资队伍支撑；开展骨干教师、学科带头人的评选，一中教师唐熙华获评正高级教师。2020年，按照规范班子职数、适度轮岗交流、择优提拔后备干部的原则，选好配强学校班子；继续加大后备干部的培养力度，形成结构合理的梯队后备人才队伍。（刘望华）

【学校建设】2020年，是津市市农村学校建设三年行动计划全面推开之年，也是津市市义务教育薄弱环节改善和能力提升工程和两类学校建设一期工程收官之年。全年共投入1300万元，完成保河堤小学、棠华小学教师周转房，李家铺小学、灵泉中学运动场等7所学校8个项目建设。以市城投公司为业主单位，教育局负责选址、规划设计并参与项目施工监管、协调等工作，推动市级重大项目落地。投入4103.8218万元完成新洲中学整体搬迁新建新洲镇中心学校工程；投入1456万元完成新洲镇中学整体搬迁工程初中并入市三中项目；投入1321.5万元完成双济实验学校改扩建工程。投入3451.8万元用于职教集团整体搬迁工程；启动市一小整体搬迁至职专老校区项目工程。市重大项目的落地进一步科学优化全市教育布局，巩固城区学校消除大班额工作成果，促进项目校教书育人环境提标提质。完成省级重点民生实事项目增加公办幼儿园学位，采取利用国有资产、集体资产举办的民办园转为公办园、对已有公办园扩容两个办法来盘活增加公办学位共478个；落实火花幼儿园扩容改造，投资450万元新建教辅楼；投入近200万元完成七小幼儿园改建、添置相应设备设施。加强校舍安全排查，及时消除影响师生人身安全的各类校园校舍安全隐患。全年共投入近500万元完成全市所有学校相应安全隐患整改。（文红卫）

【学前教育】开展各级各类示范园创建工作。2020年有津市市新洲镇灵泉幼儿园、津市市药山镇棠华幼儿园、津市市天才幼儿园3所幼儿园被评定为津市市级示范园；津市市嘉山幼儿园创建常德市级示范园；津市市襄阳街金宇幼儿园常德市级示范性幼儿园授牌。落实省重点民生实事项目“增加公办园学位”工作。按照津市市人民政府印发的《津市市增加公办幼儿园学位工作实施方案的通知》精神，利用国有资产、集体资产举办的津市市娃哈哈幼儿园、津市市天才幼儿园改制为自收自支公办园；停办白衣镇龙凤幼儿园、注销毛里湖镇七星幼儿园；恢复药山镇新湖幼儿园、津市七小附设班的招生，新增公办园学位478个，公办园在园幼儿占比50.98%。开展普惠性民办幼儿园重新认定工作。认定普惠性民办幼儿园16所，其中，津市市药山镇棠华金太阳幼儿园、津市市大风车幼儿园因乡镇生源减少，9月停止办园并已注销办园许可，津市2020年秋季实际有普惠性民办园14所，普惠性幼儿园覆盖率达到84.46%。开展教师培训与课题研究。10—11月，分两个阶段开展了“指南”

指引下“挖掘本土资源开展农村幼儿园区域活动”培训与展示活动，请到了湖南省教科院送教下乡志愿者团队的核心成员——湖南大学幼儿园园长张静、骨干教师高欢、黎婉为全市幼儿园教师进行专题培训，全市各幼儿园园长、骨干教师共300多人次参加本次活动并在新湖南、常德融媒及湖南教育报刊等媒体、报刊进行报道。10月中旬，省重点资助课题“挖掘本土资源开展农村幼儿园区域活动的实践与研究”顺利通过中期检查。（李冬祥）

【义务教育】教育局落实党中央号召，把守护师生生命安全和身体健康放在第一位，组织各校教职工打响疫情防控总体战、阻击战。开展“停课不停学”活动。组织18所中小学校、35所幼儿园、2万多名在校生和1300多名教职工实现教育系统史无前例的“停课不停教、停课不停学”线上教学活动。及时调整疫情防控常态化措施，秋季学期全面、正常、安全开学，教育教学秩序全面恢复。开展城区学校校内课后服务。回应广大家长迫切关注的民生事件，着力解决“放学早、接送难”矛盾，8月，津市市教育局出台《津市市城区小学校内课后服务工作的方案》，全市5所城区小学开展校内课后服务，4178名学生参加校内课后服务，占全市小学生人数48.49%。有目的、有计划、有步骤地以多种形式和途径推进心理健康教育工作。9月开展全市心理健康教育专兼职培训，共有20名心理教师参加培训，就如何编写校园心理剧展开研讨。11月，举办津市市第二届校园心理剧展演活动，邀请常德专家和各兄弟学校参加观摩。津市一中、津市德雅中学创建常德市第一批心理健康教育示范学校，津市一中还一并创下湖南省心理健康教育特色学校称号。开展体育赛事活动。着力校园足球活动的普及与提高。开展全国及省级青少年校园足球特色学校及试点县申报工作，2020年全市被评为全国校园足球特色学校2所。常德市中小学体育节上，津市一中女子足球队获得团体三等奖。开展儿童青少年近视防控工作。快速高效的推进津市市儿童青少年近视综合防控工作，市政府印发《津市市综合防控儿童青少年近视工作方案》，明确各部工作职责，将相关部门职责清单化，明确工作任务与完成时间纳入相关部门的管理综合考评。完成全市灯光照明可调节课桌椅等视觉健康环境基础调查工作。到2023年，力争实现全市儿童青少年总体近视率在2020基础上每年降低0.5个百分点以上。（李冬祥）

【普通高中】2020年，全市参加高三学业水平考试798人。平均分（九科）833.87分，全科及格人数792人，及格率99.62%。津市一中提前一年实现市教育领导小组《振兴发展津市一中三年行动计划》教育质量目标，整体办学水平再上新台阶。教师有49篇文章在各级各类省级以上的报纸杂志上发表。18篇文章获得地市级或省级评奖论文。26人次在市级以上的教学比武中获得各类奖项。学生中有114人次在地市级、省级、国家级比赛中获奖。津市三中坚持立德树人根本目标，扎实有效开展教育教学工作，学生参加青少年科技创新大赛获津市市一等奖2个，学校获优秀组织奖。（李冬祥）

【职业教育】2020年，继续加强职业教育发展力度，改善办学条件，提升办学水平，全年为津市高新区输送技能性操作人才55人，与常德职业技术学院、湖南新合新生物医药有限公司联合开办院校企“新合新”订单培养班。在2020年文明风采系列活动中，校男子篮球队获市三等奖，啦啦操获得市单项第一名、团体三等奖。学生征文演讲等五个项目分别获市一、二、三等奖。5月，学校高二公共课文化普测合格率达98.44%，优秀率、平均分均居常德市第2名。（李冬祥）

【特殊教育】2020年，津市市特殊教育学校共有在校学生131人，教职工49人。一年来，学校筹措50万元，完善消毒、防护设施设备；完善美丽校园建设，对党建宣传阵地、育人环境进行创建和补充。学校围绕《津市市特殊教育学校三年发展规划》，不断提高特殊教育办学水平，取得良好成绩。在常德市德育案例大赛中，余昭昭老师获常德市三等奖，2020年选送的学生朱炎妍代表常德市残联参加第三届全省残疾少年儿童艺术基本功比赛获一等奖。在津市第二十三届体育节篮球赛中，获小学男子组第五名。（李冬祥）

【民办教育】2020年，津市共有民办教育机构56所，其中民办幼儿园21所、民办培训机构35所。通过年度办学水平评估，依法依规对。津市市天才幼儿园、津市市大风车幼儿园、津市市娃哈哈幼儿园、津市市毛里湖镇七星幼儿园这4所民办学校（园）进行注销并予以媒体公示。完善民办学校管理机制，“民办学校分类登记”工作有序开展，实施优惠政策，开展民办学校年检年审工作，规范民办学校办学行为。（李冬祥）

9月9日，在津市一中明道楼召开津市市第36个教师节庆祝表彰大会

【贫困学生资助】2020年津市共有建档立卡等家庭经济困难学生2072人,其中建档立卡学生1286人、低保家庭学生386人、农村特困救助供养学生30人、家庭经济困难残疾学生370人。2020年共向全市各级各类60所学校开展资助工作,占全市学校总数的88%。

2020年全市共资助学生6943人次,发放资助资金480.7133万元。其中:学前教育资助家庭经济困难幼儿729人次,发放资助资金36.45万元。义务教育享受贫困家庭寄宿生生活补助学生2338人次,发放资助资金129.25万元;免除义务教育阶段942名建档立卡等家庭经济困难学生教辅资料费10.4404万元。普通高中学校学生享受国家助学金773人次,发放资助资金70.65万元;免除高中建档立卡等家庭经济困难学生学杂费189人次,发放资助资金17.16万元;免除高中阶段189名建档立卡等家庭经济困难学生教辅资料费6.2462万元;免除高中阶段125名建档立卡等家庭经济困难学生教科书费4.8067万元。中职学校享受免学费学生1511人次,发放资助资金190.96万元;中职学校学生享受助学金147人次,发放资助资金14.75万元。社会企业资助学生40人次,资助资金20万元。2020年为89名贫困大学生办理生源地助学贷款,发放贷款76.5万元。同时还为贫困大学新生发放赴校交通费3.5万元。

(文红卫)

【教育督导】教育督导室以《常德市人民政府教育督导室2020年督导工作要点》和《津市市教育局2020年工作要点》为指导,履行教育督导"监督、检查、评估、指导"的职能,施行学校发展性督导评估和全市教育工作年终综合评估。2020年,制定《津市市学前教育普及普惠督导评估总体规划(2020—2023)》《津市市学前教育普及普惠督导评估年度计划》和《津市市义务教育优质均衡发展督导评估规划(2020—2025年)》(津政教督〔2020〕10号),深化学前教育改革发展,实现学前教育跨越式发展,着力缩小义务教育阶段城乡间、校际间差距,全力推进津市义务教育优质均衡发展;组织开展学校新冠肺炎疫情防控工作专项督查、寒(暑)假师德师风建设活动专项督导、春(秋)两季开学暨学校安全风险防控专项督导、幼儿园办园行为督导评估,定期开展以"课堂教学督导"为主题的随访督导工作等;实施2020年津市市教育系统单位绩效考核工作和2020年津市市教育系统学校工作社会满意度测评工作;完成2020年常德市义务教育教师工资待遇落实情况自查、常德市2020年对区县市人民政府(管委会)履行教育职责考核、常德市2020年度省市重点民生实事项目评估验收工作、津市市2020年政府重点工作暨真抓实干项目建设。2020年,被评为常德市教育督导信息化工作先进单位。

(李冬祥)

【教学教研工作】抓好义务教育质量提升。教育局进行机构改革,教研、仪电、信息中心、语言文字、师训等职能进行整合于教研室,实施研训配一体化尝试。2020年组织义务教育阶段1—8年级考试3次,组织质量分析2次。九年级组织协作考试5次,进行质量分析5次。教研员包保九所初中学校,每周与包保学校对接,参与学校对九年级的管理,听九年级教师课,参与学校质量分析,提出改进意见。中考成绩比往年稳中有升。参加上级组织教研活动。2020年下半年,4个科次取得常德市一等奖。1个课题获常德市一等奖。全年累计参与教研活动31次,获奖人数30人次。建立县市级教师工作坊小学5个、初中7个、高中9个、学前2个,常德市名师工作坊1个。对2名正高级教师、7名学科带头人、23名骨干教师进行年度或届度考核。赵立华、程学琼留任常德市新一届学科带头人。组织骨干教师进行期中期末考试命题。指导青年教师的专业成长,全年团队磨课不下于30次。组织论文评选,选送到省教育学会论文60篇。新洲中学、职业中专、嘉山实验学校、三中、特校等6个省级课题顺利结题。德雅中学"部编版初中语文综合性学习教学实践研究"和教育信息技术研究课题"初中艺术课程在线教学模式探索"2个课题申报并获得开题论证。

(蔡勇)

【教学仪器】2020年,津市中小学校以常德市实验室规范化建设示范化学校创建为契机,对第三批接受创建验收的白衣中学、白衣中心小学、翊武中学、渡口中心小学、保河堤中学、保河堤中心小学等学校进行教育教学仪器配备清理,加强实验教学常规管理。2020年11月,津市白衣中学、白衣中心小学、翊武中学、渡口中心小学、保河堤中学、保河堤中心小学6所学校,接受常德市实验室建设示范化学校创建,翊武中学、渡口中心小学、白衣中心小学获得"优秀"等次,其他学校为"合格"等次。津市市派出6支队伍参加常德市机器人大赛,3支队伍获奖。津市一中获得教育部机器人大赛获励,进行线上巡展。30人获常德市优秀教育教学案例。微课大赛

10月30日,津市市中小学第二十三届体育节田径运动会开幕

23 人次获常德市奖励。（蔡勇）

【教育经费】2020 年教育经费投入 30120.9349 万元，其中国家财政性教育经费 27313.3820 万元，捐赠收入 120.9100 万元，事业收入 2261.1149 万元，其他教育经费 328.0385 万元。全市学校教师绩效工资由财政全额预算，教师绩效工资高于常德市各区县平均水平。将教师工资待遇、医疗保险、住房公积金等全部纳入财政预算，并做好教职工意外伤害保险、补充医疗保险、女职工特殊疾病保险投保工作。落实乡镇工作人员补贴和乡村教师人才津贴政策，在现行补贴政策的基础上，按“就高不就低”的原则实行乡镇教师工作补贴和乡村教师人才津贴，让农村教师和交流教师安心扎根农村教育工作。（文红卫）

津市市第一中学

【概况】津市市第一中学是一所湖南省级示范性普通高级中学。2020 年学校有教学班 32 个，在校学生 1500 余人，在编教职工 186 人，有特级教师 1 人，正高级教师 4 人。学校占地 151601 平方米，建筑面积 52219 平方米。学校办学基础设施较为完善，有综合教学楼、图书馆、体艺馆、学生公寓、学生食堂等主体建筑，有校园局域网及网络中心、多媒体设施、监控系统、智能广播系统、办公系统等现代教育技术设施。

【教学工作】学校实施以提高课堂效率，以优化教学过程为目标的“深化双主课堂”教学改革，教学过程包括自主预习、问题反馈、合作探究、训练巩固、拓展提升五个密切联系又相对独立的环节，旨在建立促进学生自主学习、独立思考、勇于创新的教育教学新模式。学校有“运用数字新媒体实施高中英语分层教学的研究”“高中地理野外实践研究”省级课题 2 个、常德市级课题 1 个、校级课题 5 个，参研人员有 100 多人。本学年教研活动开展积极踏实，有 47 篇论文在各类省级以上的报纸杂志上发表或获奖，有 10 人次在市级以上的教学比武中获奖，高二学生王坤、唐家渠、夏曦璐、夏曦璐、夏曦子、庞业佳等 6 人参加奥赛获国家级三等奖。高二学生聂易涛、宋凌宇参加湖南省机器人大赛，荣获第一名，并代表湖南省参加全国机器人大赛。2020 年高考，一本上线 201 人，一、二本上线 387 人，600 分以上 32 人，其中李明睿、李星剑、雷璐、马星芸四名同学进入全省前 1000 名；理科领军班 600 分以上学生 29 人，平均分 618 分，最后一名仍高出重本线 45 分。

【德育工作】2020 年，成立思想道德建设工作领导小组，统筹、协调和指导全校思想道德建设工作，每学期初召开一次专门例会，专题研究部署，制定工作计划；每半年召开一次工作形势分析会，集中研究解决遇到的问题；每年举办一次德育论坛和年终总结表彰会，宣扬典型，表彰先进，每月召开一次全体班主任会议，形成颇具特色的德育管理基本套路：检查评比制度（晨检、日评、周评、月总）、周一升旗仪式制度、文明班级评比制度，文明寝室评比制度，每周对检查情况进行评比和通报。根据重大节日、纪念日开展主题教育活动；定期开展心理讲座；组织向道德模范学习、演讲比赛、诗歌朗诵比赛等活动，开展“廉政文化进校园”征文、主题班会等活动；立足现有科技节、艺术节、社会实践基地、秋季运动会、紧急疏散演练和“五星”评选等平台，开展系列德育活动。

【疫情防控】学校成立以曹魏校长为组长的疫情防控领导小组，建立“学校—年级—班级”三级联防联控体系，明确学校督导室督导跟进、强化值班和日报制度。引导师生员工科学认识疫情传播规律，增强法律意识，如实提供个人行程轨迹、身体状况、疫情接触史和家庭情况；建立教职工假期行踪和健康监测机制，开展指导培训和应急演练。师生实行错时、隔座、错峰就餐。自 1 月 30 日起，先后组织线上教学工作会议、教师线上教学技能培训等。李梦霞老师的网上授课先后被《人民日报》、省、市等多家媒体宣传报道；唐熙华老师研究的电子作业簿，在全校推广。学校于 2 月 16 日组建以常务副校长谭启荣组长、22 名老师参加的义务辅导小组，每天通过电话沟通、视频连线、网络交流等形式，在“停课不停学”线上沟通慰问、上课答疑，及时给医护人员子女送达关怀。本次关爱特别行动，受到津市市委、市委宣传部高度肯定，湖南卫视 3 月 1 日《晚间新闻》也进行播报。（陈耘）

津市市第三中学

【概况】2020 年，津市市第三中学设有教学班级 18 个，在校学生 1000 余人，教职工 83 人，其中专任教师 82 人，后勤服务 1 人，专任教师中有高级教师 24 人，中级教师 33 人，初级教师 21 人，引进特岗教师 4 人。学校秉承“立志立德立身、求知求实求新”的校训，立足创特色三中的办学思路，致力精细化管理，取得显著的成效。2020 年，学校被评为国家青少年足球特色学校、常德市优秀科技教育学校。（兰泽贵）

【基础设施建设】2020 年，根据市委、市政府决策部署，学校共投入 1450 元进行美丽校园二期工程建设，落实新洲镇中学整体搬迁工程初中部并入津市三中项目。新建初中部教学楼 1 栋，建筑面积 1564.68 平方米，可容纳 12 个教学班；新建学生宿舍 1 栋，建筑面积 1146.08 平方米；新建综合楼 1 栋，建筑面积 3195.04 平方米。工程建设正在紧锣密鼓地进行中，预计 2021 年 9 月正式投入使用。2019 年投入 85 万元维修改造的 65 套教师周转房完工，正陆续安排学校教职工入住。（兰泽贵）

【队伍建设】2020 年，学校党支部组织党员群众深入学习贯彻中共十九大精神及十九届四中、五中全会精神，组织开展党员红色专项教育和“光影铸魂”教育，组织学习优秀党员张桂梅先进事迹。发挥党员示范引领作用，党员教师冲在疫情防控一线值班值守；配合当地政府、社区,做好志愿服务;疫情期间,带头开展网上教学,学校教师上网课达1000多节,保障学生的学习进度和质量。开展师德师风专题教育活动,加强班主任队伍建设,每月召开班主任例会,组织班主任理论学习,期末开展1次班主任工作经验交流,组织班级管理论文评选。开展师徒结对,召开青年教师座谈会,建立青年教师成长档案,组织青年教师教学比武。2020年11月,学校与湖南文理学院签订教学实习基地协议,为学校教育注入新的活力。参加教师"不忘初心传廉声"经典廉洁诗词美文品读获津市市一等奖;参加市第三届干部职工气排球赛获优秀组织奖。在第36个教师节表彰中,皮祖绪、王智群、包轮凡获常德市乡村红烛奖,万霞被评为常德市优秀支教教师,王颖被评为津市市优秀班主任,郭晓霞被评为津市市优秀青年教师,张波、马瀚获得津市市教学质量奖。在2020年年度考核中,李华、马建勇等21名教师受到津市市人民政府嘉奖,李华、彭先磊等2名教师记功。孙功清被评为津市市科技创新大赛优秀组织工作者,庹云被评为津市市科技创新大赛优秀辅导员。

(兰泽贵)

【教学教研】2020年学校强化课堂教学督导,继续开展教风学风整治,狠抓考练,端正考风;立足课堂,开展教学研讨,提高课堂教学质量。2020年学校普通高中学业水平考试成绩提升明显,一次性合格率达99.15%;高考成绩再上新台阶,本科上线率达25%。开展教学教研活动,形成浓厚的教研氛围。开展课堂研究教学研讨活动,组织优秀教研组评选,评选出语文组、英语组、政历地组3个优秀教研组。做好教师培训工作。参加教育部门新教材培训和高考复习研讨达50余人次。5月13—29日开展"车胤杯"青年教师教学比武,12月24日组织青年教师说课比赛。参加常德市教学比武,青年教师唐樱娴、刘紫新获一等奖,刘港获二等奖。参加常德市微课大赛,刘凡、周怀薏、郭晓霞等老师获得一等奖,李伟、向乐、唐樱娴等老师获得二、三等奖。语文教师孙功清的教学案例《"交际中的语言运用"教学与反思》、语文教师陈小波的教学案例《线上教学中文言文教学策略探微与反思》获省教育学会案例评优一等奖,美术教师朱文龙老师的论文《高中美术教学中融入情感教育的策略研究》、历史教师向乐的论文《史料的运用与初中历史教学》获省教育学会论文评审二等奖。俞小媛、颜颂嘉、王敏等老师的论文获省教育学会论文评审三等奖,万霞老师的《梦圆桑职》获省"支教路·'三区'情"征文三等奖。省级课题《湖南省农村普通高中教研组建设实践研究》结题,庹云老师的论文《农村中学综合实践与乡土课程资源开发》、匡辉龙老师的论文《有效开展教研组工作与活动初探》获省教育教学科学研究论文评选二等奖,庹云老师的论文《共享发展理念下的农村高中教研组建设》、孙功清老师的论文《教研组建设在农村中学教师教学能力提升中的作用研究》在《百科论坛》刊物上发表,王芳老师的论文《探究高中物理教学中学生创新能力的培养》在《科学咨询》刊物上发表。(兰泽贵)

【学生活动】注重活动育人,将"养成教育、诚信教育"等渗透到各主题月活动中。强化班级管理,开展特色班级、优秀班集体、文明寝室建设活动;学校经验文章《小班级做大文章,浸润着教育智慧》在2020年4月2日《中国教育报》上刊登。强化安全管理,落实安全措施和安全责任。抓实疫情防控,严格门卫管理,坚持晨午晚检;抓好校园重点部位消毒杀菌工作。开展平安校园创建系列活动,开展安全专题教育和安全演练,增强学生安全意识,提高学生自护能力。2020年5月,参加市防震减灾活动获得优秀组织奖。注重心理健康教育,2020年11月,参加市校园心理剧展演获得一等奖。组织开展学校体育节、艺术节活动,学生乒乓球赛、班级篮球赛及其他文体活动。2020年10月参加市中小学田径运动会,取得团体总分第二名。学校代表津市市参加常德市中小学生运动会,张能同学获得男子跳高第二名,胡翔获得男子铁饼第五名。参加青少年科技创新大赛,作品《毛里湖湿地公园的保护与开发》获省级三等奖,学校被津市市中小学科技创新大赛优秀组织单位,学生作品获市级一等奖3个、二等奖1个。(兰泽贵)

湖南广播电视大学津市分校

【概况】湖南广播电视大学津市分校是全省唯一一所县级市分校,由津市人民政府主办,教育教学业务受湖南广播电视大学领导和指导。

学校以国家开放大学开放教育专、本科学历教育为主,成人高等教育、奥鹏远程教育为辅。2020年学校开设有开

10月26日,津市广播电视大学承办2020年常德市"全民终身学习活动周"总开幕式暨津市市"全民终身学习活动周"启动仪式

放教育本科汉语言文学、法学、会计学、英语教育、行政管理(含农民大学生培养计划)5个专业;开放教育专科法律事务、会计、电子商务、机电一体化技术、计算机信息管理、小学教育、学前教育、行政管理、建筑工程技术、农业经济管理等10个专业。2020年有在籍本科生294人,专科生1527人。

学校拥有一支教学经验丰富，高素质的师资队伍,有授课教师40人,其中教职工24人,聘任授课教师16人;高级职称11人,中级职称25人;硕士研究生1人,本科学历39人。学校有校级干部4人，二层行政4人，均为本科及以上学历。专任教师中有15人获得专业相关工种技师或高级职业资格证书。　(周静)

【教育教学】2020年学校抓课程教学环节落实,制定《津市电大开放教育导师制实施细则》，要求专业责任教师和课程辅导教师上好第一次导学课和每学期最后一次复习课,对课程进行说明,对任课教师进行介绍,对教学大纲、实施细则进行解释,特别是试点课程和有实践教学要求的课程进行详细说明,提高学生对开放教育学习模式的认知和体会。

在面授辅导方面严格按照教学计划和教学大纲的要求组织教学,按照每门课程的计划总学时数的30%—40%(1—2天)安排集中面授辅导,期初就对各专业编制总课表,按要求安排和聘任教师，对全校面授辅导做出总的安排。学校一贯重视实践教学环节的教学和落实。各专业按照实施计划,制定出课程实践教学实施细则,开展灵活多样的实践教学组织形式。

严格落实网上教学。从新生入学开始学校就认真组织开放教育专、本科新生进行入学教育和上网技能培训,指导制定自主学习计划，建立学习小组,指导他们学会利用各级平台获取教学信息。加强网上辅导和答疑,引导学生网上学习。网上辅导答疑主要通过学生QQ群、微信群答疑。高度重视网上教学资源的使用和教学资源的整合与更新,建立教学资源的整合更新上传的监督和奖励机制,有效调动老师们在分校平台上整合资源与及时更新资源的积极性。利用国开平台、省校平台和农民大学生学习平台认真开展网上教学活动。2020年10月,省校发布2020秋季学期各分校学生总体网上行为数据统计,学校学生学习行为总数、学生人均在线行为次数、学生人均上线天数、学生有效行为比例等多项数据名列全省第一。

学校重视实践教学环节,成立实践教学指导委员会专门指导实践教学工作;各专业按照实施计划,制定出课程实践教学实施细则,开展灵活多样的实践教学组织形式;制定《津市电大开放教育试点专业实践环节教学规范》,包括“课程实践教学工作规范”“社会实践教学工作规范”“毕业论文(设计)教学工作规范”。在毕业论文(设计)的实践教学环节中,学校严格按照要求下达毕业论文撰写任务,毕业论文指导老师上论文辅导课，让学员明确论文写作要求、了解选题范围、论文撰写过程及时间安排，并对论文撰写进行具体指导。对学生参加社会实践提出明确要求,要求每个学生参加社会实践,写出实践报告或者课程设计报告。

学校严格执行毕业论文指导评审程序,学生定稿的毕业论文首先由指导老师下评语，初审教师提出评审意见,分校初审(本科或专科抽查)或终审并盖“毕业论文评审专章”,2020年上学期学校本科毕业36人，毕业论文省校终审合格率96%;专科毕业173人,毕业论文自主终审合格率100%，省校抽查合格率100%。

学校在津市市新洲法庭、津市市德园会计师事务所、津市职业中专学校分别设有法学专业、会计专业、汉语言专业3个实践教学基地。学校与实践教学基地保持良好的合作关系,每学期每个专业组织1—2次到校外实践教学基地实习实训，让学生理论与实践结合,在实践中掌握专业知识。

将毛里湖镇青苗社区申报为常德市农民大学生实践教学基地,为开展学生实习实训工作提供保障。　(周静)

津市市职业中专学校

【概况】津市职业中专学校是第一批国家级重点职业高级中学。学校占地100余亩,校园布局合理,环境优美,被誉为“花园式”学校。学校建有综合实训大楼、机加工中心、10多个专业实训室、现代化塑胶田径场等,设施设备达2000万元。

2020年，学校有在职教职工106人,其中专任教师99人,专业课教师40人，双师型教师21人，占专业课教师52.5 %。专任教师本科及以上学历87.8%,其中研究生学历2人,高级职称25人,中级职称49人,设有办公室、教务科、学生科、招生就业办、培训中心、后勤科、团委会等机构。　(周静)

职教学校

【教育教学】规范和加强教学管理，全面提高教育教学质量和办学效益，促进中等职业教育更好地为经济社会发展服务。坚持科学规范使用教材，结合学生实际，将教学内容设计成不同的训练项目，用项目和任务训练学生的能力，真正让学生在“做”中学、“学”中做，手脑并用，将直接经验与间接知识有效融合起来。促成学习过程与生产岗位的零距离对接，强化学生职业人的角色意识，提升职业素养。

以“学生学得好不好”为课程评价主要依据，落实教学常规，强化学生课程教学的主体地位，引导学生积极主动地投入教学过程。2020年高二年级在全省公共课文化普测中合格率达98.44%，优秀率、平均分均居常德市第2名。学生参加技能大赛，有田小洋、王雨倩、陈洪峻3名同学获湖南省三等奖，周锐、曹辰阳等6名同学获得常德市级三等奖。（周静）

【德育工作】围绕立德树人根本任务，进一步明晰德育工作主线，抓实思政课程与课程思政。在规范学生日常行为方面坚持抓细抓小，重点落实学生的早晚读、上课、就寝、就餐等规范管理，班级班风有明显好转。在落实班主任日常管理和班主任工作职责方面下真功夫。坚持全员育人，实行行政干部包班和行政24小时值班制度。

加强职场背景的学习与研究，把7S管理内容落实到学生的学习与生活之中，着力培养学生的职业素养和工匠精神，增强学生的职业意识，提升学生的文明素养。

以文明风采活动为载体，丰富学生校园生活。学校男子篮球队获得常德市篮球赛三等奖，啦啦操获得常德市首届啦啦操比赛自选花球单项第一名、团体三等奖。学生征文演讲、才艺展示、德育案例等5个项目分别获得常德市一、二、三等奖。

紧绷安全弦，防患于未然。特别是在新冠疫情防控方面，学校严格执行上级疫情防控要求，认真落实《中小学校新冠肺炎疫情防控技术方案》，职责明确，任务到人，打好疫情防控主动仗。学校高度重视道路交通安全、防溺水安全和心理健康等方面安全教育，立足安全稳定，全面恢复学校教育教学秩序，确保师生安全，校园平安。（周静）

9月18日，津市职业中专学校组织学生进行国防教育

【教师队伍建设】加大青年教师的引进力度，近两年共引进15名青年教师，教师结构进一步优化，教师活力逐步增强。通过师徒结对、以老带新，帮助青年教师迅速成长，促进教师共同进步。

继续实施教师培训、培养制度，驱动教师积极参加专业培训、企业实践和职业能力竞赛等各项活动。2020年有肖英、伍夜支、王娟3名教师被评定为常德市双师型教师，有廖明龙等20多名教师参加国培、省培。周静雯、李世敏、盛孝凤3名教师参加省级教师职业能力大赛获得团体二等奖。在常德市教学比武活动中，有田娇、周静、周静雯、洪阿敏等4名教师获一等奖。在第36个教师节表彰会上，许向军、袁志佳老师分获“常德市师德标兵”“常德市优秀青年教师”称号，罗新进、田娇、杜芳红、涂理松老师分别获得津市市“师德标兵”“优秀青年教师”及“优秀班主任”称号，涂理松、盛孝凤被评为津市市教育教学质量优秀教师。

学校重视教育科研，鼓励教师积极投身教育科研、发表论文、出版著作。2020年，由学校主持研究的“机电专业校企合作实习实训体制基地建设”“中等职业教育现代学徒制实践研究”2个省级课题顺利结题。伍菊香、涂理松等多名教师撰写的论文分别在《教育学文摘》等省、国家级刊物中发表。（周静）

【后勤工作】坚持后勤工作为教育教学和师生服务宗旨，着力提升服务质量与效能，巩固食堂专项整治工作成果，建立健全长效工作机制。提高膳食质量和服务水平，坚持按照17元/天的最低标准收取伙食费，加量(饭菜)不加价，每天中餐免费为学生提供水果。坚决加强收费管理，从2020年下学期起，停止收取学生实训材料费、饮水费。在改善办学条件，优化校园环境等方面持续发力，积极配合政府相关部门，完成学校搬迁前期工作。（周静）

2020年院校企合作订单培养班“新合新班”

【职业实训】积极探索“1+X”证书制度，实施学历证书和职业资格证书“双证书”制度。落实现代学徒制试点工作，推进校企一体化育人。2020年，学校主动对接本地产业，深度开展产教融合、校企合作、校校合作，在政府主导下，与

4月6日，开学模拟演练

5月12日，防灾减灾演练

常德职业技术学院、湖南新合新生物医药有限公司联合开办院校企“新合新”订单培养班，为学生成长成才提供更好的通道。

开展多种形式的社会职业培训。建立有利于全体劳动者接受职业教育和培训的灵活学习制度，服务全民学习、终身学习，推进学习型社会建设。2020年开展“两后生”培训、创业培训、企业新型学徒制培训、退役军人职业技能培训等社会职业培训达2000人次。（周静）

津市市教师进修学校

【概况】津市市教师进修学校始建于1978年9月，2002年11月合并到津市职教集团，成立师训科，负责教师进修学校各项工作，并与津市职业中专学校公用计算机房、多媒体教室等设施设备。

作为全市中小学校和幼儿园教师的继续教育培训机构，2020年学校有教职员工7人，其中高级职称2人、中级职称5人，本科学历7人。2020年全年共培训548人。（周静）

【培训工作】根据常德市教育局《关于做好第二轮常德市中小学教师普通话水平省级抽查工作的通知》（常教通〔2018〕89号）文件的要求，做好津市2020年度中小学教师普通话水平省级抽查工作，9月组织全市148名理科教师进行为期4天的培训，并按测试站的要求对每个学员还进行手机APP模拟测评，培训测试情况良好。

10月，组织来自全市的40名中小学教师及社会人员、179名中职学生开展普通话水平测试；组织理科教师普通话集中培训，接受普通话水平省级抽测，合格率达到100%；根据《关于做好2020年湖南省普通话普及情况抽样调查工作的通知》的文件要求，津市市被选为抽样调查县，35名一线优秀教师作为普通话普及情况调查员，完成4个乡镇（社区）、5所中小学及幼儿园，共计600多个家庭、40名教师及30名学生的语音样本采集及信息上传等工作。

开展“十三五”第五期全员远程继续教育培训，全市共有177人参训，培训合格率达到100%，优秀率达到60%；组织全市教师参加省工程办举行的2020年发展测评的网上申报，共有12名教师积极参与申报；按照常德市学分登记管理的要求，严格按规范程序，为全市200多名参加职称评定或教师资格认证的教师提供学分证明，完成2020年校本培训及县级培训登记工作，为中小学教师职称评定、教师资格认证等提供良好服务。（周静）

津市德雅中学

【概况】津市德雅中学占地面积152.6亩，建筑面积101632平方米，在校学生2002人，有40个教学班，148名教职工，专任教师145人，其中高级教师25人、中级教师74人、初级教师46人，2020年学校被评为湖南省教育科学研究工作协会2020年度先进会员单位，被确认为常德市首批心理健康教育特色学校，获得津市市“三八红旗集体”称号。党员周文被评为常德市优秀青年教师，党员张斌、田红标、培养对象王新被评为常德市优秀环保志愿者。团委书记田红标被评为常德市十佳少先大队辅导员。支部委员程学琼执教的党课《透过中国美术馆馆藏艺术作品看共产党员的初心和使命》被湖南省教育厅教工委评为二等奖。新闻《全国扶贫日：津市德雅中学党支部和三新垸群众见证幸福》被《人民日报》刊发。

【教育教学】夯实常规做细教学管理。每天教学巡查5—7次，日日通报周周统计月月公示。学校行政听课推行课堂效果当堂测试制，全年共推门听课77次，参加行政听课的教师280人次。开设德雅讲坛8次，教师开展网络直播1500多堂，执教公开课36节，微信推送教研组风采15次，录课12节，学科活动15次，承担津市市级教研活动4次。教师教学比武6堂课获奖，其中省级二等奖1堂、常德市级一等奖1堂。微课8堂获奖，其中常德市级一等奖2堂、二等奖6堂。上交各级论文69篇、课件4份、教案35篇，试卷30套，6个团队参加省级集体备课大赛，其中英语组获一等奖。学校获得中国气象学会《风云之战气象知识有奖竞答》科普活动全国第二名、常德市中学生建制班合唱比赛初中组一等奖。常德市教学成果评比中省级课题“多元智能视野下初中生英语课外活动维趣策略研究”获二等奖、市级课题“依托艺术课程提升初中生积极人格品质策略研究”获三等奖。省级课题“部编版初中语文教材综合性学习教学实践与研究”“初中艺术课程在线教学模式探索”开题。

【疫情防控】因新冠肺炎疫情，学校春季延迟至4月9日开学，在延迟开学阶段全体师生每天积极参与直播教学，教师执教网络直播课1520堂，每天通过网络开展线上辅导和作业批改。学校微信公众号疫情期间推送了22堂涉及各学科的德雅共青团云课堂，开学后每周利用直播平台启动云升旗，同时推送涉及国乐、武术、书法、绘画的共青团云舞台8次。开学前做好师生的各类疫情摸排工作，开学后落实了疫情防控常态化各项要求，学生进校佩戴口罩测温、晨午晚检、教室消毒通风等制度落到实处。

【学生工作】把学生安全教育放在第一位。每周分主题开展爱国主义教育、安全教育、禁毒教育、法治教育、环保教育、网络安全教育等常规教育工作，学校还举行了军训、演讲比赛、雅致教室评比、我们的节日、学生才艺大赛等一系列活动。参加并承办津市市第二届中小学心理剧展演，学校节目《味道》获得特等奖。

学生体育工作常抓不懈，除了常规三球比赛，成功举办班级拔河赛、跳绳比赛和第十届校运会，承办津市市第23届体育节田径运动会和足球赛并获得冠军。

【后勤保障】学校食堂和后勤安全零事故，迎接全国卫生城市中食品卫生安全复检。扶贫攻坚各项工作任务顺利完成。学校投入500多万元完成了设施设备建设：11人制标准人工草坪足球场，学校主校道道路黑化，添置学生餐桌椅350张，学生课桌椅700套，教师办公桌椅110套、建设英语人机对话室1个，全校网络升级改造、完成2个危改项目工程(教学楼吊顶)及校内路灯改造、田径场塑胶跑道重建及整修。

津市市车胤中学

【概况】2020年，津市市车胤中学校园占地面积45.8亩，有教学班12个，学生468人，在编在岗教职工62人，其中高级职称教师12人，中级职称教师38人，初级职称教师12人。研究生学历1人，本科学历52人，大专学历9人。常德市级骨干教师1人，津市市级骨干教师5人。配备有现代化的多媒体教室、电脑室、录播室、实验室、美术室、舞蹈室、心理咨询室、社团活动室、学生阅览室等功能室，校园布局协调，功能区划较合理。与津市一中正逐步实现深度融合，共享多功能报告厅、体艺馆、田径运动场、师生食堂等优质资源。2020年，学校被评为津市市教育教学质量优秀单位、津市市健康学校。

【校园规划】4月初，学校副校长郭祖安带领后勤科黄杰、游泳等人再次对学校校舍，用电设施设备及危化药品室进行了安全隐患大排查。排查结束后，黄杰向教育局主管部门作工作报告，得到上级部门的大力支持并及时为我校安排了项目维修资金。至年底工程项目已如期完成，为师生筑起了一道安全屏障。4月底，录播室建设完成。7月，林荫停车场开始建设，并在月底完工。8月，校内前坪广场黑化、篮球场升级改造完成。

【教师队伍建设】9月，在第36届教师节表彰会上，黄秋菊荣获津市市师德标兵，刘平珍荣获津市市优秀班主任，汤峥嵘荣获津市市优秀青年教师。12月初，肖俊、李哲等11名教师受津市市人民政府嘉奖。12月底，唐明珍、刘莉等14名教师在全国第十三届中学生数理化综合实践活动·基础知识展示中，贡献突出，被授予“优秀指导教师”荣誉称号。

【德育工作】3月5日，为积极响应上级教育部门“停课不停学”的要求，学校组织全体行政人员、班主任、党员教师及教师志愿者开展了“防控不出门，教材送上门——车胤中学2020年‘爱心送书’”活动，他们化身搬运工、快递员，用一张张笑脸、一声声问候、一句句叮咛，让雷锋精神焕发光彩，让这个不一样的春天多了一丝温暖、多了一抹关爱。5月下旬，美术组通过寓教于乐的美术课堂，组织学生欣赏美术作品，尝试用手中的白纸黑笔绘创意禅绕画。一幅幅生动的学生作品引导学生发现美，激励学生创造美。丁子宸同学说：“禅绕画的绘制轻松有趣，一支黑笔、一支铅笔、一张纸，就可以随时随地尽情创作。”邓怡飞同学有感而发：“通过自由创作，我感觉迎考的压力得到了舒缓，我能以一种更轻松的心态投入复习中去。”6月15日，开展“衷心祝福，圆梦中考”的心理健康活动。九年级全体师生用祝福签名和心愿指印构筑“中考祝福墙”，祝福九年级学子一定能在中考中取得优异成绩。“中考是人生中的一个历程，当孩子们经历过这些以后才能慢慢长大，就像一棵小树，当历经挫折后才能长成参天大树”九年级年级组长刘莉老师发表了感言。9月14日，学生科邀请彭柳霖老师组织七年级女生进行青春期健康知识专题讲座。彭柳霖运用翔实的数据资料、大量典型案例，针对女生生理知识、青春期的心理特点、怎样处理男女同学间的纯洁友谊等方面进行了详细、生动地讲解。使学生更全面、深入地了解了青春期健康知识，解答了她们在成长中的困惑，帮助她们更快地适应青春期带来的身体、心理上的变化，同时也增加了安全防患意识，懂得了如何保护自己，做一个自信、自尊、自爱、健康、快乐的人。10月23日，召开趣味运动会，此次运动会体现竞技与娱乐的结合，看重同学们的参与和合作，充分展示了学校师生良好的精神风貌，不仅锻炼了学生的身体素质，丰富学校文化生活，让学生在参与的过程中，充分享受到运动比赛中挥洒汗水后带来的无尽欢乐，同时也是对学校进行素质教育的一次考核。10月底，开展了以“守初心，燃青春”为主题的“微笑加油站”心理健康活动，将心理健康教育融入学生日常学习生活，同时为学生搭建一个助人自助、释放压力的平台，促进学生以积极乐观的心态面对今后的学习和生活。11月13日，学校师生赴汉寿县花果山研学基地，开启校外实践活动。郭祖安副校长说：“研学之旅是课堂学习的延伸，也是知识技能的拓展。让学生开阔眼界、增长见识、探究知识、训练技能，培养了爱国情怀、道德情操、团队精神和安全意识，促进了学生综合素质的全面发展。”

2020年教师节，车胤中学获奖教师合影

11月20日，津市市中小学第二届心理剧展演活动中，学校心理剧《舞弊之后》获得了大赛一等奖，赢得了参会领导、专家和师生的高度好评。12月4日，在第七个国家宪法日到来之际，津市市委政法委常务副书记黄大庆，市司法局党组书记、局长龚龙，校长申建，市司法局党组副书记、副局长杨启文，市人大监察和司法委副主任委员张薇，团市委党组成员、副书记谭橙，一同走进校园，组织开展津市市2020年“宪法宣传周”活动启动仪式。在寒冷的冬日，为500多名师生带来了一堂精心“烹饪”的“法治课”，也为全市人民送来了法治的“春风”。黄大庆书记在致辞中指出，“深入学习宣传习近平法治思想，大力弘扬宪法精神”是本次活动主题。我们要传递依宪治国、依宪执政的理念，认识到宪法作为“母法”的主体地位，并将宪法信仰植根于内心，从小养成尊法、学法、守法、用法的法治意识。司法局干部毕文钰更是给同学们带来了一堂生动的宪法知识课。课后，司法局为学校师生捐赠宪法读本，供大家阅读、学习。校长申建在会上进行了表态发言，首先代表学校全体师生向为此次活动付出辛勤劳动的领导及工作人员表达了谢意。同时代表学校郑重承诺：学校将利用此次活动为契机，积极营造浓厚的宪法教育氛围，进一步贯彻落实依法治校方略，切实加强学校普法工作，搞好学校法治宣传教育活动，进一步增强师生的宪法和法律意识，全面提高学校依法管理、依法办事、依法行政、依法治教、依法办学的水平。

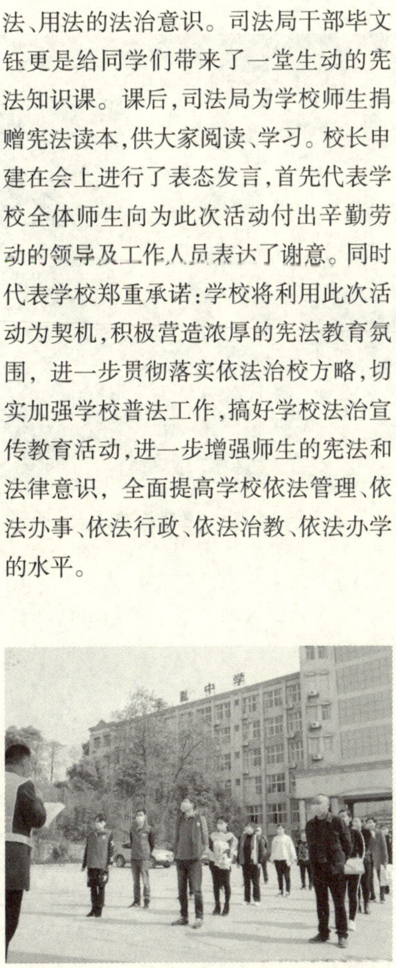

4月6日，举行返校复课疫情防控演练

【教学教研】2月底，应市教育局要求，进一步提高学生在家学习效果，教务科对本校“停课不停学”工作方案进行优化，对线上教育平台的搭建与选择、资源的开发与推送、学习的方式与反馈等教学组织环节进一步细化，同时密切关注各年级的教育教学落实情况，对存在的问题及时处理。4月，申建校长主持的国家级课题“精准教学中的课堂教学与学生自主学习的关联策略与方法研究”进入了结题阶段，与兄弟学校合作的课题《信息化教学研究》也进入了中期评审。4月28日，市教育局党委委员、主任督学关平带领教研室、教育股一行莅临学校开展初毕年级工作专题调研，就九年级基本情况、“停课不停学”期间所做的工作、中考目标及落实举措进行了深度调研，对学校未来发展给出了指导意见。市教育局对学校防疫工作、学籍管理、教师安排、课程设置等进行了详细的检查，对学校的教育教学管理工作给予了充分肯定，并对韩菊兰、帅娟丽、彭孟娟、刘莉、张改华、李春芳等老师的教学常规落实情况给予了高度肯定。9月，教务科组织教师参加全市初中毕业学科“复习课教案选优”和“命题竞赛”活动，经教研室组织专家评选，李春芳等16名教师获“教案选优”优秀奖，王群松等16名教师获“命题竞赛”优秀奖，对提升教学质量做出了贡献；在第36届教师节表彰会上，王志翔荣获津市市教育教学进步奖，戴婷婷、汤慧芳荣获津市市教育教学优秀奖。11月5日，学校九年级组举行了第一次模考表彰大会。会议由年级组长李舜老师主持，大会充分展示了九年级组全体师生同心同德的团体精神及自强不息、艰苦奋斗的昂扬锐气。11月11日，津市市教研室举办的2020—2021年九年级第一次协作考试道法质量分析研讨会在学校大会议室举行，分管教学工作的王忠明副局长和刘先军老师，以及来自全市9所中学的10名道法学科教师参与了此次研讨会。王忠明在会上强调思政课的重要性，并勉励各位思政课教师在教学中要重视对学生学科核心素养的培养，同时抓好课堂主阵地，促教学质量的提升。

【学科竞赛】4月，在抗击疫情征文比赛中，黄晓岑的作品《新型冠状病毒听后感》荣获津市一等奖。5月，中小学三独比赛中，1904班吕湘荣获独舞二等奖；1702班胡灵、1702班甘健铭均荣获独唱二等奖；1804班王希睿荣获独奏（钢琴）二等奖。6月，常德市中小学绘画比赛，杨喆的《中国加油》作品荣获市三等奖。

9月14日，组织七年级女生进行青春期健康知识讲座

12月，七、八、九年级有150名优秀学生参加全国第十三届中学生数理化综合实践活动·基础知识展示。其中宋宇欣等5名同学获得湖南地区七年级数学学科一等奖，胡思萌等6名同学获得湖南地区七年级数学学科二等奖，张昕洋等14名同学获得湖南地区七年级数学学科三等奖，杨喆等3名同学获得湖南地区八年级数学学科一等奖，赵紫洁等8名同学获得湖南地区八年级数学学科二等奖，李宜孜等9名同学获得湖南地区八年级数学学科三等奖，蔡书杰等3名同学获得湖南地区九年级数学学科一等奖，宋柯漫等7名同学获得湖南地区九年级数学学科二等奖，王奕

瑾等9名同学获得湖南地区九年级数学学科三等奖，杨喆等4名同学获得湖南地区八年级物理学科一等奖，黄晓岑等6名同学获得湖南地区八年级物理学科二等奖，李金蓉等12名同学获得湖南地区八年级物理学科三等奖，傅钟清等2名同学获得湖南地区九年级物理学科一等奖，赵圆弘等3名同学获得湖南地区九年级物理学科二等奖，刘宇航等10名同学获得湖南地区九年级物理学科三等奖，宋柯漫等4名同学获得湖南地区九年级化学系学科一等奖，张宇轩等11名同学获得湖南地区九年级化学系学科二等奖，刘珂玮等10名同学获得湖南地区九年级化学系学科三等奖。

【安全教育】4月6日，为进一步提高学校新冠肺炎疫情应急处置能力，确保开学后良好的教育教学秩序，学校疫情防控领导小组全体成员、九年级全体教师及学校保安参加了返校复课疫情防控演练。演练结束后，市教育局、市卫健局领导对此次演练活动进行观摩，在肯定学校防控工作的同时，也对部分细节提出改进建议。学校优化方案，确保应急处置规范有序，切实保障师生的健康安全。4月13日，七、八年级学生返校复学的日子，为科学有序地做好学生返校复课开学报名工作，减少安全隐患，学校党支部积极倡导，组织了党员同志先锋队为学子复学保驾护航。随着学子陆续到来，党员先锋队的同志各自有条不紊地开展工作，测量学生体温，消毒杀毒，帮助学生搬运箱子，全程陪同进入教室。积极落实学校安排的每一项工作，把疫情防控和关爱学生结合起来。4月15日，第5个全民国家安全教育日之际，学校开展形式多样的国家安全教育日主题教育活动，让国家安全观念入脑入心，全力打造平安校园。通过“全民国家安全教育日”活动的开展，增强学生的安全意识，加强学生有关安全的法律知识，提高学生的安全防范意识，有助于构建和谐安全的校园环境。5月11日，全体学生参加“防震减灾知识竞赛”，通过知识竞赛，学生们对防震减灾知识有了较全面的了解。

12月4日，宪法日师生共同宣誓

10月23日，趣味运动会在“微笑加油站”的班级展示中拉开序幕

11月20日，“呵护心灵，关爱成长”主题心理剧展演活动一等奖

卫生健康

【概况】津市市卫生健康局内设办公室、人事股(党建办)、财务股、行政审批服务办公室(法监股、爱国卫生股)、医政医管股(体制改革股)、中医药管理股、疾控妇幼股(血防股)、老龄健康股、人口监测与家庭发展股、规划发展与信息化股10个股室，下辖19个二级机构，其中二甲医院2个，妇幼保健院1个，疾病预防控制中心1个，卫生计生综合监督执法机构1个，血防站1个，农卫站1个，妇幼保健计划生育技术服务机构1个，镇卫生院7个，街道社区卫生服务中心4个。卫健系统有干部职工1132人，其中卫生专业技术人员666人(高级职称59人、中级职称256人、初级职称351人)，医疗机构床位数1376张。

2020年立足部门职责，统筹推进疫情防控和各项卫生健康工作，做到“两手抓、两不误、两促进”，确保各项工作有力有序推进。

疫情防控常抓不懈。面对疫情，市卫健局第一时间召开动员会安排部署，启动疫情防控应急预案，部署定点医疗机构，储备医用物资，培训医护人员，津市市输入性病例确诊2例，无二代传染病例和聚集性病例，为常德最少。5月8日转入常态化防控后，围绕外防输入，加大人员排查力度，落实冷链物流闭环管理；开展重点场所督导检查480次，发现并整改问题34处，立案查处2件；狠抓爱国卫生运动；组织开展应急演练；强化院感防控督导检查，发现问题及时整改；全面加强防控体系能力建设，津市日核酸检测能力达1012人份；做好重点人群新冠肺炎疫苗接种前期准备工作；全市集中储备满足30天满负荷运转要求的十大类重要卫生应急物资。

稳妥推进医改工作。两办出台医共体实施方案，启动区域检测中心和家庭医生智能辅助系统建设。对全市3家二级公立医院、12家基层医疗机构电子健康卡应用环境进行改造，全面优化就医服务流程。全市所有公立医疗机构取消医用耗材加成，全面执行药品带量采购。严格控制药占比、耗材占比、平均住院日、次均费用等核心指标，看病难、看病贵得到有效缓解。

加强重点专科建设。重点推进市人民医院介入中心、骨科、儿科，市中医医院针推科、眼科，市妇幼儿童保健科等重点专科建设三年行动，在组织管理、人才引进、保障机制上持续发力，开展介入手术500多台，填补学科空白；骨科辐射周边区县；儿科患者满意度创新高；针推科、眼科做大做强，极具中医诊疗特色。6个重点专科在就诊率、业务收入、手术台次等方面均大幅提升，以点带面效果显著。

强力推进创建工作。推进国卫复审工作。对标对表国卫复审标准，强力推进复审工作，已通过国卫复审省级技术评估。推进中医院二甲复审工作。围绕“质量、安全、服务、管理”等各项指标全面提升服务能力，津市市被国家卫健委评为国家慢性病综合防控示范区。

健康扶贫扎实推进。全市医疗机构已全面落实“先诊疗后付费，一站式结算”工作，贫困患者家庭医生签约率达100%，大病专项救治率达97.55%，四类慢病一年四次随访到位。11月底已通过省扶贫工作实地考核。

民生实事落实落地。省级民生实事孕产妇免费产前筛查目标人数800人，完成802人。农村及城镇低保适龄妇女“两癌”免费检查目标人数3000人，完成3110人。建制乡镇卫生院配备2名全科医生全覆盖已达标。每个行政村卫生室每年补助运行经费6000元于11月底已发放到位。常德市级民生实事乡镇卫生院、行政村卫生室标准化建设达标率均达到100%。

加强推进项目建设。7月中医院完成整体搬迁并投入使用；人民医院改扩建主体工程已建至15层。完成新洲中心卫生院住院楼改造，启动了药山镇棠华卫生院扩建项目，完成中医医院发热门诊和妇幼保健院建设立项、初步设计、土地规划等前期工作。

计生工作稳步推进。符合政策生育率为98.68%，继续保持适度生育水平。全面推进“一次登记、全程服务”工作。做好特殊家庭扶助关怀工作，深入推动联系人制度、就医绿色通道、家庭医生签约服务“三个全覆盖”，确保关怀工作落实到位。

编制“十四五”规划。重点从指导思想、基本原则、发展目标、主要任务4个方面进行编制。总共规划编制25个项目，重点落实疫情防控和救治体系建设、建立健全基层运行机制、提升基层服务能力。

招商争资全面推进。完成向上争资6232.02万元，完成率103.87%。成功招商创源生物科技有限公司大米制糖项目，12月20日试生产，一期项目投入1.1亿元。

规范执法队伍，文明执法。卫计综合监督执法局认真履行职责，部署落实日常监管，全年完成国家双随机抽检监督任务，监督覆盖率100%，全年接到投诉举报事件4起，已做出处理，全局在各项执法检查中，共查处违反卫生法律法规经营单位48家，警告27家，罚款额共计9.1万元。全年开展各类业务培训5起；先后向省卫计执法局网站、津市政府网、手机报、优化办投稿22次。利用市电视台宣传2次，省级报社刊登1次。

【新冠肺炎疫情防控】接到疫情警情后，全市卫健系统全体干部职工取消春节休假，同时号召村医参与进来，全力投入疫情防控阻击战。津市在1月25日和31日确诊2例新冠患者，在第一时间送至常德救治，均康复出院，同时无二代传染病例和聚集性病例，为常德各区县市最少。

进入常态化防控后，市疫情防控指挥部及时调整人员分工，由卫健局牵头，建立每周一次的疫情研判调度机制，坚持“六个落实”不放松，压实“四方”责任，形成责任清晰、转运顺畅、科学高效的联防联控机制。修订突发公共卫生事件应急处置预案，出台《津市市新冠疫情秋冬季防控应急预案》，建立《卫生应急培训演练制度》《卫生应急风险评估制度》《卫生应急队伍管理制度》《卫生应急信息报送制度》等多项突发公共卫生事件管理制度。按要求规范设立独立的卫生应急管理办公室，并配备2名人员编制，具体承担全市卫生应急、紧急医学救援等工作。组建医疗救援、传染病防控、心理干预、中毒处置四大类应急队伍，开展疾控能力提升大培训，完善县镇村传染病监测哨点布局，构建覆盖城乡的传染病监测网络。2020年11月，全市开展新冠疫情防控应急演练，应急培训1次，流调队伍培训3次，核酸采样人员培训2次。市财政据实保障专业队伍处置装备和运维经费5万元。建立卫生应急物资储备仓库和储备制度，市财政保障2020年51.26万元的卫生应急物资储备，纳入常年预算。市政府高度重视疫情防控工作，多次调研疾控体系和公共卫生体系建设。10月召开专题会议明确疾控体系建设相关事宜，并将公共卫生防治体系建设投入纳入财政预算。津市建立市人民医院、市中医医院、市妇幼保健院3个核酸检测实验室，混检单日最大10120人份。稳步推进中央投资项目建设。津市共有2020年及以前安排的卫生领域内中央投资项目4个，已全部开工，开工率100%。

【健康扶贫】健康扶贫精准达标。严格落实“先诊疗后付费”和“一站式”结算工作，建立健康扶贫精准台账，家庭医生签约率31.4%、重点人群签约率60.8%、县域内就诊率82.27%等健康扶贫各项考核指标全部达标。

【医药卫生体制改革】2020年由市长黄旭峰担任医改领导小组组长，明确分管副市长分管“三医联动”，强化对全市医疗、医药和医保资源的统一整合、统一指挥、统一调度。2020年，共召开2次会议研究推进医改工作，明确基层医疗机构性质，核定编制数，将医共体信息系统建设纳入智慧城市建设范畴。市政府将医改任务完成情况作为全面深化改革和政府目标管理绩效考核的重要内容。投入责任落实。市政府逐年增加基本建设、大型设备购置、重点学科建设、人才培养、离退休人员待遇、公共卫生支出等费用。药品带量采购和耗材取消零差率销售后，2020年市医保局按照常德统一要求综合性调整医疗服务价格1次。医改监测指标趋好。医疗服务收入占公立医院医疗收入的比例为34.25%，辖区内公立医院百元医疗收入的医疗支出为104.99元，辖区内公立医院百元医疗收入消耗的卫生材料18.49元，辖区内实现收支平衡的公立医院数占公立医院总数的比例达到75%，公立医院资产负债率54.98%，基本建设、设备购置长期负债占总资产的比例6.02%，辖区内公立医院平均住院9.29天，辖区内公立医院每门急诊人次平均收费水平较上年降低4.79%，出院患者平均医药费用较上年降低3.09%。健全分级诊疗制度。成立津市市医疗集团，落实医保基金总额付费。出台县级、乡级诊疗目录，推动县级公立医院优秀医师下沉基层医疗机构，开展门诊、病房查房、业务培训等工作。辖区内基层医疗卫生机构诊疗人次数占医疗卫生机构诊疗总人次数的比例达到67.86%。2020年，为全市89052名常住人口开展家庭医生签约服务，签约率达到34.02%；残疾人签约数3300人，签约率100%；奖扶对象742人，签约率100%，服务实现全覆盖。

【互联网+医疗健康】2020年，迅速推进电子健康卡环境改造。全市3家二级公立医院、12家基层医疗机构电子健康卡应用环境全部进行了改造，改造率100%。提升互联互通能力水平。2020年辖区内二级以上医院加强省全民健康信息平台数据的准确性、完整性、关联性，同时完成成熟度申报和自评工作。

【特色专科建设】2020年，明确市人民医院重点开展外周血管诊疗技术、关节镜及椎间孔镜手术、智能雾化治疗，市中医医院开展4个具有针灸特色的诊疗技术，能够独立完成白内障超声乳化技术，支持公立医院人才引进向重点专科进行倾斜，市人民医院借助市委500英才引进优惠政策，在市委对人才引进奖励的基础上，医院对具有规培证、执业证、资格证的硕士研究生、一本、二本院校临床医疗的毕业生分别给予12万元、8万元、5万元的人才引进奖励，对于副高以上职称的学科带头人给予20万元的人才引进奖励，2年来共选派17名中青年骨干到湘雅医院、省人民医院、省妇幼保健院等知名三甲医院进行专科培训学习。市中医医院引进8名年轻医师充实到眼科和针推科，市妇幼保健院先后派出2名医生赴常德市妇幼保健院和湘西州民族中医院学习儿童保健适宜技术，派出1名护士赴省妇幼保健院学习儿童保健护理。全市公立医院通过人才引进，上级医院培训学习，建立不同层次的人次梯队，构建良好的人才队伍结构。3家医院加大对重点专科建设的政策扶持力度，对重点专科的科研优先立项，设备优先购置，鼓励支持重点专科医护人员进修，2020年，市人民医院设立100万元的重点专科建设专项基金，用于重点专科外请教授到院手术示教、指导培训。投入近3000万元，先后引进配置飞利浦FD20C数字化大平板血管造影系统、西门子64排128层螺旋CT、关节镜等设备，满足重点专科发展的需要，改善患者的就医体验，提高诊疗技术。市中医医院先后投入280万元用于设备添置如针灸推拿科引进全新物理治疗床、电动起立床、辅助步行机、脑电波治疗仪、电动牵引床多台，眼科新增OTC检测设备、白内障超声乳化手术设备、手术显微镜、眼底彩色照相、角膜地形图等设备。着力提升服务能力，市人民医院介入中心开展心血管介入、神经及周围介入、脑血管造影、冠状动脉造影术等手术500多台，多项手术填补津市市介入发展学科的空白，与2019年同期相比，心内科门诊量、住院人次、业务收入大幅跃升，转诊率由8%下降至3%，业务收入平均增长约30%。骨科开展的微创小切口椎间盘髓核摘除术，吸引慈利、澧县、临澧的周边患者到院手术近100余人次，在湘雅医院骨科教授的指导下多项新技术填补津市市乃至九澧地区学科空白，其中部分诊疗技术处于湘西北地区领先水平。儿科新开展的穴位贴敷、小儿推拿、小儿针灸等绿色疗法，获得患者好评。市中医医院针推科形成以中医理论为指导，结合中医康复治疗方法(针灸、推拿、灸法、物理功能训练、言语训练，中药辅助)等为特色的中医康复临床科室，床位由原来的60张增加至100张；眼科突出中医药特色，发挥中医药的优势，床位由原来的30张增加至100张，基本能够在医联体医院专家指导下独立完成白内障超声乳化技术。目前公立医院重点专科在就诊率、业务收入、手术台次、患者满意度等方面均大幅提升，以点带面效果显著。

【中医药事业发展】2020年推进重点专科建设和中医药文化建设，中医综合服务区覆盖率100%，扎实开展基层中医药适宜技术推广，中医适宜技术培训580人次。开展中医药健康管理，至12月31日，全市65岁以上常住老年人口31768人，已接受中医药体质辨识及健康指导并完成电子档案登记人数为21265人，覆盖率为66.94%；0—3岁常住儿童数为3906人，已接受中医健康指导并完成电子档案登记人数为2777人，覆盖率为71.10%。

【精简行政审批】2020年，行政审批精简优化。卫健局行政审批办与法监股合并办公，工作人员3人。实行部门基本公共服务事项(一门式)全覆盖，制定发布了办事指南。按照“材料少之又少”的标准全面梳理政务下沉事项，7个政务下沉事项法定时限再压缩，其中6个下沉事项实现“秒批”，做到即办即走；12类行政许可事项，公共场所、医师执业注册、护士执业注册3个项目及时办结。

【项目建设】2020年，加快推进市人民医院改扩建，至年底完成主体工程，转入装修阶段，整个工程竣工后医院开放床位达1000余张，手术间达14个，届时医院总建筑面积达8万平方米；2020年7月，中医院整体搬迁并投入使用，医院新址总建筑面积为30783平方米，编制床位300张，实际开放床位500张；同时启动药山镇棠华卫生院扩建项目，完成中医院发热门诊和市妇幼保健院业务用房建设立项、初步设计、土地规划等前期工作。

【公共场所监督】2020年，继续推行公共场所卫生监督量化分级管理制度。落实卫生部对公共场所量化分级管理有关要求，开展卫生监督公示制度试点，加强抽检信息通报、公示和管理，加大对违法行为的查处力度；坚持依法许可，把公共场所卫生许可作为确保公共场所卫生安全的第一关，对公共场所单位的生产经营场所卫生条件等各环节严格审查，严把许可关；开展公共场所卫生监督执法及专项检查。全市范围公共场所经营单位共监督检查251户，全年经常性巡回监督2255次，监督覆盖率为100%，制作监督笔录251份，监督意见251份。

发热预检区

【学校卫生监督】2020年，全力配合复工复产复学要求，对全市范围内的25所学校、37家托幼机构进行了监督检查。全年来共制作监督文书150份，通过检查，督促学校增强主体责任和自律意识，强化管理，防控传染病疫情流行事故发生，切实保障广大师生的身体健康。

【生活饮用水监督】2020年，按照生活饮用水有关法律、法规、标准和规范的规定，对全市范围内10家供水单位生活饮用水卫生进行了日常监督检查，制作监督文书10份。在疫情和防汛期间，加大饮用水管理监管力度，有效地保障全市饮用水安全。

【医疗机构监督】2020年，结合全市工作实际，除日常监督外，组织开展打击非法行医、NPV疫苗、出生医学证明等专项行动。全年监督各级各类医疗机构197家，针对检查时发现的违法违规情况，共书写各类监督文书217份，下达监督意见书217份，监督覆盖率达到100%。

【职业病放射及传染病防治监督】2020年，遏制尘肺病高发势头，保护劳动者职业健康，全年共监督检查各类单位83家，制作监督文书166份，监督覆盖率达到100%。同时对全市15家放射诊疗单位进行监督检查，检查放射诊疗机构的放射诊疗许可证和放射工作人员证办理情况、放射诊疗建设项目职业病危害评价等情况，全年制作监督文书15份。

【消毒产品监督】2020年，在消毒产品经营单位的监督管理中，对全市城区18家商场、药店、孕婴店的42种产品进行了监督检查，另对瑞康餐具洁净厂年监督频次达5次。

【计划生育监督】督导14家医疗机构落实“两非”防治日常工作制定；查办计划生育2起案件；督办省征管平台立案社会抚养费征收案12起。

【国家基本公共卫生服务】2020年，按照《国家基本公共卫生服务规范》（第三版）及上级相关工作要求，落实全市国家基本公共卫生服务项目工作，坚持宣传与培训并举，管理与服务并重，完善服务体系，提高基本公共卫生服务的硬件水平、服务水平和管理水平。2020年津市的国家基本公共卫生服务项目任务目标均已完成。

居民健康档案和65岁以上老年人管理情况。全市常住人口261900人，本年度已建立居民健康档案份数234463份，居民建档率为89.5%，通过对居民健康档案的抽查，津市居民健康档案合格率达95%。65岁以上老年人常住人口数31768人，2020年已规范化建档管理22804人，老年人的健康管理率为71.8%。

高血压、糖尿病和严重精神障碍患者健康管理。各镇和街道社区卫生服务中心均建立了门诊首诊测血压制度，且门诊首诊测血压率均达到95%以上，并将门诊首诊测血压高的人群纳入高危人群进行登记和定期复查，提高病人的发现率。全市新增高血压患者2893人，全市辖区内按发病率25.2%计算共有高血压患者52799人，现累计发现并建立健康档案的高血压病人数为16324人，规范管理的高血压病人数为14631人，血压控制人数为12364人，高血压患者的健康管理率、规范管理率和血压控制率分别为30.9%、89.6%和75.7%；全市辖区按发病率10.4%计算，津市糖尿病患者数为21790人，本年度新增糖尿病患者850人，累计发现建立健康档案的糖尿病患者数为5516人，规范管理的糖尿病患者5068人，血糖控制人数为4877人，糖尿病患者的健康管理率、规范管理率和血糖控制率分别为25.3%、91.9%和88.4%。全年新增严重精神障碍患者80人，全市累计发现严重精神障碍患者1307人，累计规范化管理1278人，病情稳定1272人，服药治疗12379人，全市严重精神障碍患者发现率为5.0‰，规范化管理率为97.8%，管理的严重精神障碍患者病情稳定率为97.3%，服药治疗率为94.5%。各镇和街道社区对高血压、糖尿病和严重精神障碍患者的督导，随访、分类干预、健康指导和体检基本达到了公共卫生服务规范的要求。

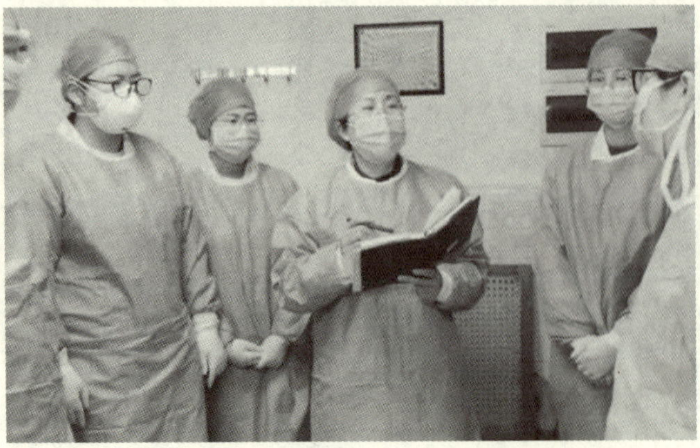
医务人员在实验室讨论病例

健康教育。全市2020年各项目单位印制的宣传资料种类不少于12种、影音资料不少于6种；设置的健康教育宣传栏更新及时，内容醒目可及；开展健康教育咨询与健康讲座；对公共卫生目标人群开展个体化健康教育，且资料整理规范、并涵盖一定比例的中医药内容；各医疗单位均按无烟医院标准开展工作。至12月31日，全市影音播放32564小时；宣传栏更新578次；开展公众咨询113次，接受咨询人数13599人次；开展健康讲座467次，参与讲座人数21104人次；合计发放宣传资料149117人份。

预防接种管理。到12月31日，全市各项目单位累计接种国家免疫规划疫苗29406剂次，全市应建证人数为1230人，已建证人数为1230人，建证率为100%，全市各预防接种单位均无接种差错事故发生。

孕产妇、0—6岁儿童健康管理。全市常住人口261900人，全年分娩产妇数1441人，活产数1456人，早孕建册1432人，早孕建册率为98.35%；产后访视1427人，产后访视率为98.01%。0—6岁儿童数为11398人，0—3岁儿童数4915人，0—6岁儿童管理人数10923人，管理率95.83%；0—3岁儿童管理人数4539人，管理率为92.35%；新生儿访视人数1427人，新生儿访视率为98.01%。

传染病及突发公共卫生事件管理。全市传染病疫情网络报告设备运转正常，均有疫情网络直报人员，各单位均制定较完善的传染病、突发公共卫生事件相关工作制度，成立传染病防制领导小组，实行24小时值班制度，传染病与突发公共卫生事件网络直报工作正常运转。各单位规范开展传染病相关登记工作，全年无传染病漏报、迟报、错报现象发生。全年共报告2起突发公共卫生事件，均已及时有效处置，未造成疫情蔓延扩散。

卫生监督协管服务。2020年卫计监督协管对全市基层医疗机构、公共场所卫生、学校卫生服务、生活饮用水卫生安全巡查、计划生育相关信息报告.公共场所非法行医等进行监督巡查。共日常巡查1556次。巡查发现事件或线索348次，报告348次。巡查覆盖率达到100%

结核病患者健康管理。2020年共发现肺结核患者189人，通知基层医疗机构已管理患者174人，肺结核管理率92.06%，2019年同期辖区内已完成治疗的肺结核患者197人，其中规则服药179人，患者规则服药率90.86%。按照要求基本开展65岁以上老年人和糖尿病患者的肺结核筛查工作。全市各基层医疗机构均开展了辖区内结核病防治知识的宣传和培训，基本能按照《肺结核患者健康管理服务规范》的要求开展病人的转诊、追踪和随访等管理工作。各个单位都对辖区的居民开展结核病防治健康教育，在“3·24”世界防治结核病日开展相关宣传，发放宣传资料。

【疾病预防】2020年坚持“预防为主，防治结合”的方针，落实各项综合防病措施，增强救灾防病突发疫情及中毒事件应急能力。2020年，全市市直医疗机构、乡镇卫生院（含社区医疗服务中心）、保河堤血防站、监狱防疫站均已实行法定传染病的网络直报。全市医疗单位通过“疾病监测信息系统”共报告法定甲乙类传染病7种372例（无甲类传染病报告，不含HIV9例），报告发病率142.25/10万，分病种依次为：肺结核（185例）、肝炎（108例）、梅毒（58例）、出血热（8例）、艾滋病（8例）、淋病（5例）、新型冠状病毒感染的肺炎（2例）。报告丙类传染病5种467例，报告发病率178.58/10万，病种依次为：流行性感冒（102例）、手足口病（342例）、其他感染性腹泻病（9例）、流行性腮腺炎（7例）和急性出血性结膜炎（7例）。传染病死亡病例2例（艾滋病2例）。1—10月传染病自动预警信息系统监测显示93条，预警的病种分别为：病原学阳性、病原学阴性、出血热、风疹、利福平耐药、流行性感冒、麻疹、手足口病、无病原学结果、新型冠状病毒肺炎。其中31条初步判定为疑似事件，含疑似麻疹预警4起，由免疫规划科调查处置，经采样均为阴性，遂排除疑似事件；手足口病预警1起，经调查采样处置疫情控制良好，未造成疫情扩散蔓延。新型冠状病毒肺炎预警30条，经疾病监测科调查、处置，其中确诊2例，故判定为暴发和流行。津市已经按照上级业务主管部门的要求，开展霍乱监测，根据数据统计显示5—10月完成了20份外环境样及40份水产品样检测任务、腹泻病人登记349人，检索88人，检索率达25.21%，均未发现霍乱弧菌。截至10月通过“疾病监测信息系统”共报告手足口病342例，占法定传染病报告病例总数的40.76%，发病率为130.78/10万，较2019年同期（183例）上升86.88%，报告病例以新州镇为主、其次为汪家桥街道、三洲驿街道；职业分布以散居儿童为主（259例），其次为幼托儿童（78例），病例主要集中在1—3岁儿童。2020年对全市生活饮用水监测、二次供水、一湖四水项目、直饮水委托检验进行采样工作，共采集水质样品76份（含平行样），对全市生活饮用水采集样品68份，出厂水样品8份；末梢水60份，生活饮用水水质样品合格率100.00%。目前津市全部实现城市农村自来水管网一体化供水，使得农村生活饮用水水质检测合格率比以前有大幅度提高。接受委托采样情况：对德雅中学、津市市第一中学、车胤中学、白衣中学的直饮水8份；对一湖四水进行非常规指标进行省级送检，常规指标进行检验，并对水源地的污染情况进行了现场调查。2020年1—9月津市共管理肺结核患者144例，其中涂阳80例，病原学阳性率55.56%，涂阴64例。高危人群耐药应筛查8例，实际筛查8例。2019年同期完成肺结核治疗186例，其中规则服药168例，规则服药率为90.32%。共接种免疫规划疫苗23485剂次，常规免疫报告接种率均保持在98%以上，超过了国家90%的接种指标。

【妇幼健康服务】2020年落实母婴安全的各项措施，制定危重孕产妇抢救报告制度，建立以市人民医院为孕产妇及新生儿抢救中心的急救网络，当年成功救治1名宫外孕破裂并失血性休克的危重孕妇。举办全市妊娠风险管理培训班，对高危孕产妇实行分级分类专案管理，全年孕产妇零死亡，5岁以下儿童零死亡，全市机构活产数779人，剖宫产活产数388人，全市助产医疗机构剖宫产率为49.94%。辖区剖宫产率为50.64%。深入开展出生缺陷综合防治工作，全市结婚登记人数766对，婚检人数698对，婚检率91.12%。落实叶酸投服，全年新增应服用人数1606人，新增服用人数1562人，新增叶酸服用依从人数1459人，增补叶酸调查人数1291人，知晓人数1253人，叶酸投服率达97.26%，叶酸依从率达93.41%，叶酸知晓率达97.06%。开展孕前优生健康检查，全市全年任务数1200对，完成1200对，目标人群覆盖率达100%，早孕随访率98.99%，妊娠结局随访率99.10%。做好产前筛查，全年全市共有产妇1465人，产前筛查1468人，产筛率为100.20%。地中海贫血初筛人数为1506人,免费血红蛋白电泳检测40人。辖区新生儿疾病筛查率为52.06%,机构新生儿疾病筛查率为98.84。辖区新生儿听力筛查率为51.66%,机构新生儿听力筛查率为98.07%。

孕产健康管理。孕产妇早孕建册率为95.19%。全年出生活产数1479人,系统管理人数1417人，系统管理率为95.81%。全年出生活数1479人,产后访视1441人,产后访视率为97.43%。住院分娩率100%。高危产妇1054人,住院分娩1054人,管理人数1054人,高危孕产妇住院分娩率100%、管理率为100%。孕产妇纸质档案与电子档案建档率达100%。

0—6岁儿童健康管理。全市全年出生活产1479人，新生儿访视人数1445人,访视率为97.70%。3岁以下儿童数5219人,系统管理人数4780人,管理率为91.58%。7岁以下儿童数11617人，健康管理人数11104人，管理率为95.58%。0—6个月母乳喂养率达83.04%。0—6岁儿童纸质档案建档率达100%。低出生体重儿出生率为3.65%。0—6岁眼保健和视力检查覆盖率90%。全市开展0—3岁儿童健康体检工作。

全市托幼机构共39家，在园儿童4967人，体检4930人，体检率为99.2%,2020年全市新入园儿童2214人,体检人数2196人,体检率为99.1%。全市幼师体检人数为649人。

艾滋病、梅毒及乙肝母婴传播工作。全年全市机构产妇艾滋病、梅毒及乙肝检测人数777人,检测率为100%。发现梅毒感染孕妇3人,均进行规范治疗。乙肝表面抗原阳性孕产妇20人,对所生20名新生儿均进行乙肝高效免疫球蛋白接种。

妇女病普查普治工作。全市20-64岁妇女人数48351人，全年实际普查17958人,普查率为37.14%。

健康教育工作。2020年津市健康教育工作因新冠肺炎疫情的影响,孕妇学校主要以“12320”网络形式开展,全市共开展网络直播课程6次，线上孕妇学校32次，参加人数达916人；全市举办3次大型健康教育公益活动，开展线下孕妇学校7次,参加人数达289人;微信公众号发表妇幼健康教育科普知识9篇。

计划生育技术服务工作。全市2020年计划生育技术指导咨询实际人数9890人,目标人群9890人,目标人群覆盖率100%，实行各项计划生育技术服务952人。

信息管理工作。各医疗保健机构都配备有专职信息员,并按质按量完成了各项信息工作。

【省级民生实事项目】农村适龄妇女和城镇低保适龄妇女“两癌”免费检查工作。津市全年任务数3000人,实际完成3110人，完成率103.67%。开展TCT初筛406人,其中阳性45人;HPV初筛2704人，其中HPV阳性677人。对初筛结果阳性者进行了免费的阴道镜和病理检查。检查出:CIN1级198人,CIN2—3级22人,宫颈癌2人。乳腺B超分级:3级121人、0级13人、4级1人,对检查异常的134人进行免费乳腺钼靶检查,未发现乳腺癌。

孕产妇中期免费产前筛查工作。津市孕产妇免费产前筛查目标人群800人,全年完成目标人群数802人,完成率为100.25%。

出生医学证明管理工作。2020年全市空白证申领1150张,出生活产数777人,出生证领证率148%,首次签发700张、换发10张、补发27张、机构外分娩发证2张,废证0张,废证率为0。

【老年健康服务】2020年，加大65岁及以上老年人健康管理工作力度,为全市65岁24610个老人建立健康档案,11870个老人进行家庭医生签约,提高老年人的生活质量。继续组织实施好老年人心理关爱项目。利用试点燕子窝社区辖区内的卫生服务中心资源,在做好公共服务的同时,对已完成主问卷调查的人群中抽取15%左右的老人完成附加问卷,了解疫情对老年人心理健康状况及生活的影响和需求。推进“银龄安康工作”,2019年因机构改革导致人员、职能变动,该项工作没能得到很好的衔接，依托卫生健康系统基层平台，支持承保单位面向城乡老人，在搞好2019年续保的基础上,继续加大宣传实施“银龄安康”工程的重要意义,扩大自愿参保的覆盖面,提高老年人及其家庭抵御风险能力、增进老年人福祉、促进社会和谐稳定,提升了社会影响力。

做好安宁疗护试点工作推进工作准备。对安宁疗护服务现状开展调查，掌握医护人员认知、患者及家属需求、社会舆论情况等;调查医疗机构开展安宁疗护服务的条件储备情况,医务人员对安宁疗护服务的技能情况、场地设施可挖掘潜力等,为确定本市安宁疗护试点提供科学依据。对医务人员和社会大众开展安宁疗护相关理念、知识、技能的宣传普及和教育。组织中医院护理部主任参加参加省卫健委举办的“安宁疗护实践及新进展研讨班”，为安宁疗护工作提供人才保障。

【医养结合】2020年医养结合工作从医政股移交老龄健康股后，对所有录入医养结合监测系统的机构进行调查摸底,分清服务模式,津市有医养结合机构4家,医院办养老机构2家,嵌入式2家。医养结合机构均已和医保签订医保协议，落实门诊和住院医疗报销。6月底,组织各医养结合机构填报人员进行网上培训，通过开展医养结合监测工作，分析和评医养结合工作的实施效果，为健全和医养结合政策措施、优化和改善服务模式、规范和评价服务行为、提高服务质量效率提供数据与支撑。

推进医疗卫生和养老服务融合发展。支持暖夕居家养老中心和馨兰老年病专科医院深度融合成为城区高档社区养老中心;推动襄阳街社区卫生服务中心闲置资产转型为“中心+养老”的医养新模式;支持毛里湖李家铺卫生院嵌入毛里湖医养中心成为农村医养结合试点。医养结合工作得到常德市卫健委认可,推荐襄阳街爱心幸福园参与全国“敬老文明号”评选。

【药品管理】2020年实施国家基本药物制度。根据省卫生健康委的相关文件精神，制定《关于推进基层医疗卫生机构实施国家基本药物制度工作的通知》《津市市基层医疗机构实施国家基本药物制度绩效考核方案》《津市市基层医疗卫生机构实施基本药物制度补偿资金使用方案》《津市市基层医疗机构补充议价采购50种常用药品目录》。从各方面对基层医疗机构进行严格要求，明确各基层医疗机构应坚持国家基本药物配备使用的主导地位，坚持将基本药物作为首选药物，优先配备使用并零差率销售，同时强化药品集中采购的监管，做好村卫生室基本药物代购及补充议价药品的采购，加强药事管理及处方点评，建立健全督导和考核制度。

实行药品网上采购。先后制定《公立医疗机构网上备案采购基本药物指南及流程》《湖南省药品分类采购系统操作流程》《津市市村卫生室实施国家基本药物制度的管理规定》，以镇卫生院为主体，对本单位及服务范围内的村卫生室，实行药品网上集中采购。2020年，全市4家街道社区卫生服务中心、7家镇卫生院和39个行政村卫生室，已全部纳入国家基本药物制度监管。加强药品配送管理，通过评议遴选6家药品配送企业。

严格基本药物日常监管。从药事管理、药品采购管理、药品使用管理、基药政策宣传及价格公示、村卫生室管理等五个方面着手，实行基本药物全程监管。一是加强业务培训。9月，组织开展药事管理和基本药物制度培训，重点学习《湖南省基层医疗卫生机构药事管理规定（试行）》、湖南省药品集中采购交易系统的采购操作、湖南省基本药物制度、2012年版《国家基本药物处方集》和《国家基本药物临床应用指南》的相关知识，并进行现场笔试。加强工作宣传。指导督促乡镇卫生院，通过药品价格上墙公示、电子显示屏滚动播放等方式，采取悬挂宣传横幅、张贴宣传标语、利用工作网站等形式，广泛宣传国家基本药物制度，主动接受社会监督，引导群众科学用药。加大监管力度。局基本药物工作领导小组对镇卫生院非基药采购比例、网外药品采购、网上采购率等项目，不定期开展现场督导，及时发现问题，强化整改落实。

严格基本药物考核评估。2020年12月，津市市卫生健康局、津市市财政局联合制定下发《津市市基层医疗卫生机构实施国家基本药物制度绩效考核方案》（津卫发〔2020〕18号），并根据方案对全市基层医疗机构进行专项考核，制定了相关考核细则，由镇卫生院对服务范围内的卫生室，进行基本药物采购配备、零差率销售、医疗服务、群众满意度等情况综合考评。

严格项目资金监管。局财务股、核算中心、局基药股进一步规范专项资金使用程序，严明工作纪律，确保专款专用。将平时督查与年度考核结合起来，对基本药物工作每半年开展一次督查，并向村级延伸检查，确保项目任务完成到位；将绩效考核与资金拨付使用挂钩，在严格实行专款专用的基础上，根据项目绩效考核结果实行奖优罚劣，有效激发基层医疗卫生机构实施基本药物制度的积极性。根据湘财预〔2019〕313号、湘财预〔2019〕314号和湘财预〔2020〕205号文件要求，津市2020年镇卫生院（社区卫生服务中心）基本药物项目经费财政补助179.7万元；村卫生室基本药物项目经费财政补助67.6万元。已全部按资金用途和考核结果，及时拨付到各单位。

严格基层药事管理。将药事管理与基本药物制度综合，列入市卫生健康局《2020年度卫生健康重点工作绩效评估方案》，各被考核单位以5分计量。根据《湖南省基层医疗卫生机构药事管理规定（试行）》，在2020年12月实施基本药物制度专项考核期间，对全市基层医疗机构，依据规定从组织机构、制度管理、设施设备、药品储存管理、药品使用等五方面开展了督查，强调了处方审核点评、开具中药资质、药品使用规范、药品效期警示及养护档案等方面的工作。

【人口计生】实施人口动态监测，完善信息核查机制。在全市开展出生人口动态监测工作，以现有人口统计和调查体系为基础，利用部门内全员、妇幼和计划免疫等信息系统间数据的比对和市乡村三级出生监测网络对数据的核查补充等方式，提高出生人口信息统计的及时性、准确性。与公安、民政、教育等部门建立完善人口数据管理和共享核查等运行机制，增强出生人口信息完整性，为准确评估生育变动态势提供数据支撑。至9月30日，全市人口出生1444人，较上年同期有所下降，人口出生率5.71%，政策内出生1425人，政策外19人，符合政策生育率为98.68%，出生婴儿性别比为117.47。提高全员人口信息质量，以“村直报”手机终端为依托，完善计生业务信息的准确、及时上报。截至9月30日，全市计生综合业务上报及时率为98.07%，其中妊娠信息上

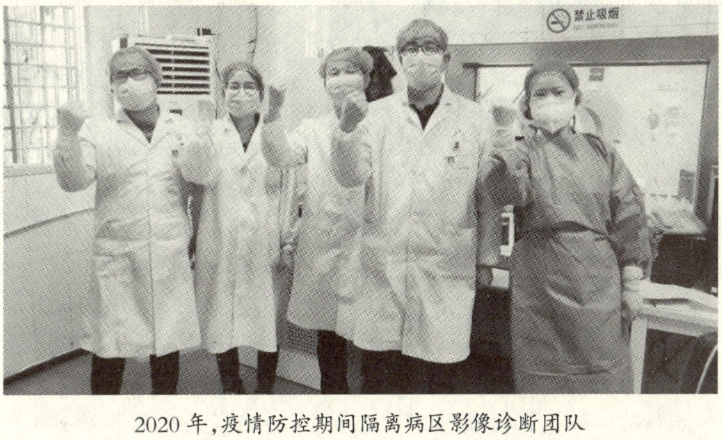

2020年，疫情防控期间隔离病区影像诊断团队

报及时率为97.09%,生养信息上报及时率为98.52%,避孕节育信息上报及时率为99.53%。

落实全面两孩政策,提升宣传服务质量。为全面落实好两孩政策,不断提高群众满意度,津市以宣传服务为抓手,通过加强培训,加大服务,不断简化办证程序等措施,科学引领育龄群众适时生育、优生优育,有力地推进政策顺利实施。加强培训。针对新时期人口计生工作和全面两孩政策开展分级重点培训,确保工作人员能够准确掌握生育政策,更好的服务育龄群众。加大服务。津市通过深入开展群众生育意愿调查活动,各镇、街开展入户调查,在调查摸底的基础上,开展政策解释和宣传工作,引导群众有计划地安排生育,避免生育高峰。利用国家免费孕前优生健康检查,设立咨询服务台,免费向群众发放叶酸营养素,根据高龄孕产妇的实际情况,加大随访服务力度,不断提升妇幼保障服务能力。简化程序。为确保符合政策条件的育龄夫妇都能及时、方便、快捷地办理生育手续,工作中注重便民高效,简化办证程序,全面落实政务下沉办结制,大大缩短了审批时间,最大化地提高办事效率,受到广大群众的一致好评。2019年10月1日至2020年9月30日,津市共办理一孩生育服务证登记507例、二孩生育服务证登记618例,再生育审批完结56例。

疫情防控期间,医护人员就地吃饭

落实奖励扶助政策,加大关怀关爱力度。严格按照各类奖励扶助、特别扶助确认条件,完成各类新增、退出对象和往年计生奖励扶助对象的资格审核工作。共确认农村奖扶对象5942人,计生特扶742人(独生子女伤残对象311人,独生子女死亡对象431人),计划生育手术并发症对象38人,城镇奖扶17596人。二是做好特殊家庭扶助关怀工作,深入推动联系人制度、就医绿色通道、家庭医生签约服务“三个全覆盖”,确保关怀工作落实到位。三是充分发挥各类社会组织、志愿者服务队、基层计生协会等积极作用,在端午、中秋、国庆、重阳等传统节日组织多种形式的联谊活动,丰富特殊家庭的精神生活,开展心理疏导,鼓励他们重新融入社会。

【计生协会】2020年,津市市计生协出台《津市市计生协2020年工作要点》,力争在宣传引导、生育关怀上求分量,在项目帮扶上求增量,在健康和优生优育指导、组织建设上求质量。

利用计生协“横向到边、纵向到底”的网络优势,号召津市计生协组织、计生协会员迅速进入疫情防控应急响应状态,开展防疫知识宣传、摸排、重点人员监控、健康监测、集中隔离点的指导等工作。疫情防控期间,计生协主动与人寿保险津市市分公司联系,为津市市奋战在防控一线的所有医务人员赠送“防疫险”。对接深圳万孚生物有限公司向津市捐赠医疗设备及试剂,价值80多万元。共向奋战在一线的12家基层医疗机构医务人员发放慰问金2.4万元。

开展“5·29”会员日活动。开展主题宣传活动。津市计生协广泛开展“相聚‘5·29’关爱特扶家庭”为主题的美丽乡村行活动、义诊活动、健康宣讲服务活动等,共同迎接中国计生协成立40周年及第22个会员活动日。开展先进典型评选表彰活动。津市计生协共评选出“生育关怀——健康幸福家庭”9个、其中3名分别向省、常德市计生协进行了推荐,评选出最美抗疫护士11名,对评选出的“健康幸福家庭”和“最美抗疫护士”每人发放慰问金800元,共计1.6万元。积极组织收看省计生协举办的“5·29”会员活动日的视频会议。

抓好生育关怀。开展春节走访慰问。走访慰问计生特扶家庭、困难家庭、留守儿童、基层计生工作者共291名,共发放慰问金19.74万元。开展“5·29”会员活动日慰问。5月28日,姚会长带领市计生协一班人深入镇村,走访计生特扶家庭、计生困难家庭20户,共送去慰问金2.2万元。关爱困境儿童。在“5·29”期间,津市市计生协会联合市爱心志愿者协会等单位呼吁社会爱心人士为40名事实孤儿“一对一”进行爱心捐赠,捐赠资金每人2000元(津市市计生协结对一名困境儿童),合计8万元;但因疫情原因,不能进行集中捐赠活动,津市市计生协联合志愿者分成小分队,以上门走访、到学校走访的形式为每位困境儿童送去2000元的慰问金及价值300元的爱心礼包(津市计生协为其中的33名计生家庭孩子提供爱心礼包,共计9900元)。开展“金秋助学”活动。2020年9月10日,常德计生协与津市计生协联手开展“金秋助学”活动,此次活动共资助22名大学新生,其中常德市计生协资助8人,每人3000元,津市计生协资助14人,每人200元,共计5.2万元,助力寒门学子圆大学梦。实施对计生特殊家庭的关怀。年初,省计生协出资11.64万元,为津市的776名计生特殊对象每人购买了150元的健康保险;2020年年末,全市共有72名计生特扶对象享受该补贴,累计发放补贴资金14.39万元,计划生育特殊家庭住院护理补助剩余额2.28万元。

项目帮扶提升新成效。扎实做好小额贴息贷款、计生“三结合”、关爱失独家庭的“暖心家园”等项目工作,通过项目扶持生产就业、生育关怀、心灵慰藉,提升计生家庭发展能力和抵御风险能力,提高计生特殊家庭的获得感和幸福感。2020年度争取计生家庭创业贷款贴息项目、“三结合”项目各1个,补助资金各5万元;申报常德市计生协“暖心家园”1个,补助资金5万元,现项目已挂牌运行(制作暖心志愿者马甲、为试点镇街计生特扶家庭建立档案,张贴爱心联系卡,志愿者和部分特扶家庭成员共同庆祝生日、开展活动等)。

健康服务和优生优育指导工作。2020年,津市计生协与妇幼保健院计生协联合,积极开展“两癌”筛查宣传及优生优育指导工作。“两癌”筛查完成3111人次,超额完成全年工作任务。2020年上半年因新冠肺炎的影响,在线下孕妇学校不能开展的情况下,均以“12320”网络孕妇学校的形式开展,共开展线上直播课程6次,人数达120人;开展线上孕妇学校23次,人数达530人;微信公众号发表妇幼健康教育科普知识6篇。开展免费义诊活动。为提高老年人对视力的重视,普及眼部保健常识,保障老年人的视力健康,市计生协联合中医院对全市老年人进行免费白内障筛查,本次活动共筛查出1200多人患有白内障,并对其中的100多名患者进行免费手术。

阵地建设和队伍建设。切实加强流动人口计生协示范点的建设。抓示范带动,在流动人口集中的“娄兴纺织”厂建立流动人口计生协示范点。加强村级“会员之家”示范点的建设。强化对村级“会员之家”示范点——襄阳街街道阳由社区的指导。

【人民医院】津市市人民医院是一所集医疗、科研、教学于一体的二级甲等综合性医院,前身为1911年芬兰国教会创办的“津兰医院”。2020年医院开放床位500余张,设病室17个,临床科室20个,医技科室11个,职能科室14个,拥有2个大型门诊部和1所社区卫生服务中心,津市市120紧急救援指挥中心、孕产妇急救中心设置在医院。在职职工603人,高级职称78人(其中正高职称6人),硕士研究生4人,中级职称178人,初级职称156人。人才队伍均衡充实,梯队建设合理,医院未来充满活力。在建的17层现代化外科大楼,建筑面积近5万平方米,投入使用后医院开放床位将达1000余张,有手术间14个,建筑面积将达近8万平方米。医疗设备齐全,拥有西门子64排128层螺旋CT、飞利浦1.5T高场磁共振仪、GE血管造影机、飞利浦四维彩超、神外显微镜、关节镜、腹腔镜、宫腔镜、胆道镜、膀胱输尿管镜、鼻窦内窥镜、眼底照相机、白内障超声仪及电子胃结肠镜、胶囊胃镜、支纤镜等高精尖设备200多台(件)。

医院先后获得“常德市新冠肺炎疫情防控医师团队先进集体”“常德市药品、医疗器械不良反应/事件监测工作先进单位”“平安医院”“精准扶贫先进后盾单位”“巾帼文明岗”等荣誉称号。李贤楔荣获“湖南省先进工作者”荣誉称号,肖伟荣获“湖南省抗击新冠肺炎疫情先进个人”荣誉称号及“湖南省医师奖”,陈梓露、严洋、张兵被评为“常德市新冠肺炎疫情防控先进个人”,张文丽、鲁琴、谢鑫等受到常德市、津市市表彰。她们的优秀事迹被《中国日报》《湖南日报》、湖南经视电视台等新闻媒体先后报道。

强化医疗质量管理。开展“优秀病历”评选、临床合理用药点评、严格落实医改考核指标、加强药品及高值耗材的管控。全年三、四类手术为991台次,同比上涨21.45%,住院抗菌药物使用率35.68%,同比下降6.35%,门诊抗菌药物使用率8.67%,同比下降19.27%。优质护理深入推进。开展“护理精细化项目展示大赛”“静疗季活动”“延伸护理活动”“‘5·12’优秀护士评选”“护理人员服务礼仪培训”等专项活动,不断提升优质护理内涵,保障护理质量与安全。神经外科《脑出血后遗症患者功能锻炼管理及二维码的应用》获得常德市最佳护理临床实践案例优胜奖。科研教学提档升级。成功申报知识产权专利项目20个;挂牌成立《湖南省医疗器械创新与临床研究基地》;参与浙江微生态重点实验室主任王欣教授团队《代谢综合征肠道微生物特征研究》科研项目的临床合作;在国家级医刊发表学术论文12篇;带教常德职业技术学院实习生45名。院感工作持续强化。积极参与新冠肺炎疫情防控现场处置及常态化防控工作,对重点科室、重点岗位开展院感督查10余次,发布督查通报10余期,全年无院感事件发生。突出重点专科建设。介入中心自4月中旬完成升级改造以来,共完成介入手术近587台次,其中心血管介入350台次,神经及周围介入150台次。各种腔道支架植入术、恶性肿瘤灌注栓塞术、经皮冠状动脉介入术(PCI)、心脏永久起搏器植入术等多项手术填补津市市介入学科发展的空白;儿科是医院一张靓丽的名片,其影响力辐射湖北石首、张家界、澧县、临澧、安乡等周边地区;骨科开展的微创小切口手术治疗关节周围骨折及椎间盘髓核摘除术,髋、肩关节置换和翻修置换手术疗效确切,吸引慈利、澧县、临澧的周边患者到院治疗。妇科、产科剔除疫情期间的影响,分娩人数和手术台次明显增加,妇科、产科的满意度、发展质量明显提高。

加快引进、增加后劲。全年累计招聘医疗医技本科生13名,护理人员15名。鼓励学习、培养骨干。2020年新增正高职称2人、副高职称5人、中级职称28人,外派上级医院进修学习15人次,参加各类技术培训和学术交流活动150人次。

医联体建设稳步推进。湘雅专家到院坐诊查房、手术指导、业务讲座近20余人次,湘雅眼科毛俊峰教授到院坐诊手术每月一次已形成常态;常德湘雅组织专家到院开展大型巡诊1次;开展远程会诊10余次。在湘雅医院骨科教授的指导下,开展股骨头坏死髓芯钻孔减压手术+打压植骨+异体腓骨植入等手术填补津市市乃至九澧地区学科空白。医共体建设有序开展。根据《津市市县域医共体建设实施方案》工作规划,参与医共体建设。赴山西等地考察学习的医共体建设3次,携手基层医疗机构组织开展大型义诊活动4次,组织院内专家下基层医疗机构学术讲座、查房、会诊6次,接受医共体基层医院进修学习8人次。

改扩建项目建设快速推进。一期基坑支护已竣工验收。二期外科大楼主体工程、感染病房已封顶,室内砌体工程进入5层施工,即将进入2次精装修阶段。基础设施设备不断更新完善。投入资金200多万元,完成了介入、血透、健康管理中心及产科病房的升级改造;投入1300万元购置数字减影血管造影X线机、麻醉机等医疗设备60台(件)。

科学抗疫成效显著。2020年1月25日,津市启动重大突发公共卫生事件一级响应,3天组建成了津市版的"小汤山"医院。投入抗疫资金近千万元,全院医务人员共克时艰,勇敢逆行,经2个多月的奋战,共接诊发热病例1609例,收治发热留观病例75例,确保2例确诊病例清零,取得确诊患者零死亡、零漏诊、医务人员零感染的抗疫效果。复工复产期间,为全市80余家企业近1000名返津员工复工体检。抗疫转入常态化防控阶段后,对入院病人及陪护进行"两个100%"的核酸检测,完成全市核酸检测1万余人次,为全市社会稳定做出积极的贡献。脱贫攻坚、健康扶贫全面落实。2020年,医院组织帮扶责任人共22人先后与庹家峪村、建国村共42户贫困对象见面走访近330余人次,发放各类慰问物品价值近5万余元;组织扶贫项目资金20余万元;组织消费扶贫资金15万余元;社会扶贫捐助平台捐款18000余元。严格落实健康扶贫政策,对建档立卡贫困户患者住院实行先诊疗后付费,设立专门服务窗口,推行"一站式、一单式"结算。2020年救治建档立卡贫困户1510人,减免相关费用26812元。

【中医医院】 医院老院位于于建设路59号,占地3500平方米,建筑面积6700平方米;医院新院位于洞庭大道以东、德雅中学以北,于2020年7月28日整体搬迁至新址,总用地面积3万平方米,编制床位300张,职工240人。2020年有省级名老中医1名,常德市级名老中医2名,正高级职称1名、副高级职称12名。2020年业务收入4265.38万元,门诊量88315人次,住院病人81150人次,药品收入占医疗收入33.82%,中医适宜技术收入占医疗收入的13.51%。

2020年4—5月,该院分别与市防盲办、市残联开展免费白内障手术,进行为期2个月的白内障筛查,对363名符合条件的患者实施了免费手术,其中建档立卡贫困户有20余人。在外联工作上,开展义诊8次并与100多家乡村诊所建立外联关系,收治病人567人。2020年10月,该院张兴才被评定为第二批湖南省基层名老中医专家;2020年12月该院顺利通过医院二甲等级和"十三五"省级中医重点专科针灸科的评审工作。

医疗保障

【概况】2020年津市市医疗保障局利用各种传媒、开展广场活动、印发宣传资料等多种形式宣传医保政策,努力扩大医保参保覆盖面。全年,城镇职工参保2.98万人,共征缴基金1亿元;城乡居民参保17.11万人,共筹集基金1.36亿元。严厉打击欺诈骗保等违法犯罪行为。推进医共体改革,推行医保基金支付方式改革,加强对药品、医疗服务价格和医疗服务行为的监管。进行职能调整和人员整合,实行一个窗口受理,一站式办结。压缩、简化兑付时限,经办权限下放各镇街办证窗口,为返乡人员提供预约、加班延时服务。认真落实健康扶贫,将建档立卡贫困人口、城乡特困供养人员、最低生活保障对象政策范围内的住院医疗费用及项目付费、无第三方责任的意外伤害、生育住院医疗费,全部纳入健康扶贫"一站式"结算。

2020年,医疗保障事务中心被常德市医疗保障局评为"医保经办服务工作先进单位"。

【基本医疗保险享受待遇】2020年津市职工医保门诊医疗待遇保障8.5万人次,享受待遇金额3660万元;住院医疗待遇保障0.7万人次,享受待遇金额5116万元。城乡居民医保门诊医疗待遇保障8.2万人次,享受待遇金额1935万元;住院医疗待遇保障3.6万人次,享受待遇金额13765万元。

【城乡居民医疗救助】2020年城乡居民医疗救助资金收入650万元,医疗救助资金支出630.13万元。其中"一站式"医疗救助4989人次,资金支出475.49万元;全市5000余名低保、特困对象参保资助救助91.96万元;大病医疗救助150余名患者支出62.68万元。当年结余医疗救助资金19.87万元。

【健康扶贫】2020年实有建档立卡贫困户5373人,参保率100%。住院一站式结算5833人次,住院总费用3617万元,基本医疗报销3065万元。享受大病保险500人次,享受扶贫特惠保158人次,享受医疗救助4989人次,享受定点医院减免52人次,享受财政兜底2344人次,综合补偿率达到85%。

津市建档立卡贫困人口、城乡特困供养人员、最低生活保障对象政策范围内的住院医疗费用,在一般居民的报销比例上各级医疗机构提高10%;大病医疗保险在一般居民的基础上起付线下降50%,报销比例提高5%,并全部纳入健康扶贫"一站式"结算。同时,将项目付费及无第三方责任的意外伤害、生育住院医疗费也纳入"一站式"结算范围。

【精准扶贫】2020年,医保局精准扶贫工作对象是药山镇民康村28户贫困户和新洲镇长岭岗村5户贫困户。根据对象户的实际情况,采取部分贫困户房屋进行维修、帮助销售农产品、节日期间走访慰问等形式,帮助他们解决部分实际问题,树立克服困难、脱贫致富的信心。全年从工作经费中挤出10多万元投入专项扶贫,较好地完成扶贫工作任务。

【基金监督】启用"人脸识别"远程监控系统,对医疗机构的服务行为进行实时监控;坚持以稽查为抓手,建立监管机制,完善监管制度。截至2020年年底,共编发稽查通报14期;建立医保违规黑名单制度,定期研究确定公布医保违规黑名单;向社会公布医疗保险基金监督举报投诉电话,鼓励社会监督。多措并举,严厉打击欺诈骗保等违法犯罪行为,确保基金安全。

【惠民措施】推进医共体改革,落实医疗、医保、医药"三医联动"的医改工作基本举措。2020年在医疗机构内全面推行支付方式改革。实行"总额付费、按病种付费、按床日付费、按人头付费、按项目付费"多元复合式等医保支付方式,按照"总额预付、结余留用、合理超支分担"的原则,努力提升医疗机构内部监管力度,降低医疗成本,减轻群众医疗负担。

引进医保智能审核系统,强化常德市内异地就医信息化管理,依托电子政务云平台,建立监管信息共享机制,提升综合监管能力。加快推进15项医保业务标准编码的落地应用,推动全市医保电子凭证"全覆盖"。按照常德市医疗保障局、常德市财政局关于《常德市基本医疗保险异地就医费用直接结算管理办法(试行)》文件要求,将异地安置人员、异地转诊人员、异地急诊人员纳入异地联网结算,让信息多跑路、老百姓少跑腿。

【调优政策】增加"两病"门诊待遇。从2020年1月开始,"两病"患者符合用药范围的降血压、降血糖药品费用,不设起付线,报销比例70%,高血压患者每人每年最高实际报销360元,糖尿病患者每人每年最高实际报销600元。

提高居民普通门诊待遇。2020年,城镇居民普通门诊待遇在2019年每人每年封顶线200元的基础上提高到350元。

提高特殊门诊待遇。津医保发〔2020〕2号文件规范41个特殊病种门诊纳入标准,提高部分病种门诊医疗待遇。全年特殊门诊申报审核通过共2600人。

【医疗服务价格调整】2020年,医保局转发常医保发〔2020〕3号文件和〔2020〕4号文件,规定自2020年1月1日零时起,全市所有公立医疗卫生机构取消医用耗材加成;2020年2月21日起调整全市所有公立医疗卫生机构医疗服务价格,此次调整共涉及医疗服务价格项目1279个,其中基层公立医疗卫生机构404个、二级公立医疗机构875个。

【药品、医用耗材和检验试剂集中采购】为贯彻执行2020年国家药品、医用耗材和检验试剂集采政策,组织全市公立医疗机构完成第三批和第四批国家药品集中采购报量工作,组织全市公立医疗机构完成五省联合采购和五市首批药品集中带量采购联动外省中选药品的报量工作;监测第一、第二批和抗菌药物采购和使用进度;对医用低值耗材和检验试剂实行两轮备案申报采购。

【服务企业】2020年,医保局服务企业对象是宏森钢构有限公司。每月局分管负责人带队到企业详细询问企业运转情况,帮助解决实际困难和问题,开展"送政策、送清凉"等主题活动,为企业送去降暑物资以及政策法规,得到企业负责人和员工的好评,圆满完成工作任务。

2020年,"打击欺诈骗保,维护基金安全"宣传月活动

文化·旅游·体育·融媒体

文化 旅游 广电 体育

【概况】津市市文旅广体局履行文化、旅游、广电、体育职能，局机关内设办公室、项目办、文物股、行政审批办公室、社文艺术股、旅游股、政工股、财务规划股 8 个股室，下设文化馆、博物馆、图书馆、文化市场综合执法大队、全民健身服务中心、青少年业余体校、全域旅游发展中心 7 个二级机构，直管 2 家转制企业红旗剧院有限公司、电影放映公司。编制 81 名，实有在岗人员 67 人，其中，局行政编制 8 名、事业和工勤编制 73 名，临时聘用人员 3 名。

2020 年，津市文旅融合、公共文化服务、创造文化活动品牌、创作文艺精品、加大文物保护力度、举办大型体育赛事等方面工作亮点纷呈，文化、旅游、体育、康养总产值达 29.16 亿元。其中，旅游产值 26.34 亿元，文化产值 2.82 亿元，产业在建项目 16 个。津市市获评“2020 年湖南省全域旅游示范区”。

津市文旅广体局先后被评为“宣传思想工作先进单位”“全面深化改革办公室优秀单位”“平安建设工作优秀单位”“安全生产和消防工作优秀单位”“常德市真抓实干先进单位”“现代公共文化服务体系建设三年行动计划达标单位”“常德市文明单位”。（辜筠）

【旅游工作】津市市拥有国家级、省级旅游资源 20 个，分别是：国家湿地公园 1 个——毛里湖国家湿地公园，国家级森林公园 1 个——嘉山国家森林公园，国家级乡村旅游重点村 1 个——青苗社区，国家 AAA 级旅游景区 3 个——毛里湖国家湿地公园景区、药山文化旅游景区、大关山旅游景区，国家级非物质文化遗产 1 个——嘉山孟姜女传说，国家级重点文物保护单位 2 个——虎爪山旧石器时期遗址、红二军团指挥部旧址，省级乡村旅游重点村 1 个——大关山村，省五星级乡村旅游点 4 个——半岛农庄、青苗社区、绿岛蓝湾和大关山村，“湖湘风情文化旅游小镇” 1 个——药山镇，省级风景名胜区 1 个——嘉山风景名胜区，省级重点文物保护单位 2 个——古大同寺、新洲古城，省级重点寺庙 1 个——药山寺，省级特色旅游名镇 1 个新洲镇。拥有自然、人文、生态景观 8 处：澧水沿江风光带、皇姑山公园、“关山烟树”、中武当道观、三湖公园、市博物馆、九码头美食街等。在建旅游项目有：药山文化旅游景区一期工程、毛里湖国家湿地公园一期能力建设、毛里湖植物园建设、两湖公园、国家森林公园、绿岛蓝湾生态旅游、毛里湖田园综合体。

2020 年以来，市政府高度重视津市旅游产业发展，编制《常德津市市全域旅游发展总体规划》，构建津市全域旅游服务核心、文旅产业联动发展带、津澧绿色走廊和福地风情游乐区、郊野农业休闲区、湿地康养度假区、药山文化体验区，“一核一带、一廊四区”的空间发展格局；通过出台《关于加快旅游产业发展的实施意见》《津市市促进消费十八条方案》《津市市旅游发展专项资金管理办法》《津市市旅游促销奖励办法》《津市市乡村振兴乡村旅游发展实施方案》等相关政策文件，全方位保障旅游产业的恢复和发展。

旅游品牌创建稳步推进，毛里湖镇青苗社区获批国家级乡村旅游重点村；津市市成功创建湖南省全域旅游示范区；大关山村获批湖南省乡村旅游重点村、获评国家 AAA 级旅游景区；新洲镇神九堰获评省五星级乡村旅游点。

旅游基础设施不断完善，在市汽车站增设津市市全域旅游集散中心，兼具集散、咨询、综合服务等功能，开通旅游

11 月 19 日，津市市大关山村入选第二批湖南省乡村旅游重点村

专线公交直达主要景区，在主要景区景点增设游客咨询服务点，方便游客，提高游客的体验感；在主要景区、风景游道等入口显著位置设置全域全景导览图、旅游交通标识，形成旅游标识引导体系；开展旅游厕所革命行动，共有旅游厕所45个，免费对外开放。在主要景区、街道、车站等游客集中场所，通信信号畅通，视频监控全覆盖等。

“旅游+农业”。绿野青苗、绿岛蓝湾、半岛农庄、大关山村被评为省五星级乡村旅游点、青苗社区被评为国家级乡村旅游重点村。乡村旅游形成旅游节庆活动、生态农业、乡村体验等休闲旅游业态。

“旅游+康养”。形成灵犀森林康养、嘉山国家森林公园森林康养、毛里湖国家湿地公园森林康养等一批具有休闲、度假、疗养的多功能康养旅游业态。

“旅游+特色小镇”。新洲镇被评为“醉美乡镇”、全国重点镇、省特色旅游名镇，药山镇入选省“文旅特色小镇”试点建设单位，打造灵犀茶油康养小镇，形成独具一格的旅游特色小镇。

“旅游+扶贫”。利用绿岛蓝湾五星级乡村旅游点的带动作用，形成现代农业特色观光产业园区，成功帮助76户159名贫困户脱贫。青苗社区以“旅游+节会+农业+精准扶贫”的模式，带动全村贫困对象51户159人全部脱贫，百姓人均旅游收入达2.1万元，其中从休闲农业和乡村旅游获得收入占全年人均收入的70%以上，形成津市典型的“旅游+企业+农户”旅游扶贫模式。（谢佩玲）

8月30日，津市市艺术节暨“欢乐津城·百团大赛”群众文艺会演

【文物保护】2020年，津市拥有国家级重点文物保护单位2处、省级重点文物保护单位5处，县级重点文物保护单位44处，不可移动文物点共108处。津市市博物馆馆藏文物2181套5171件，一级文物15套27件、二级文物20套24件、三级文物168套177件。

2020年，公布县级文物保护单位，分别是：朱务善故居、中共澧县县委会旧址、人民电影院，其中朱务善故居与第四批文物保护单位曹家巷一号合并为一处。对津市革命文物进行摸底，形成革命文物汇总表，组织人员编制革命文物保护利用工程三年行动计划书。

2020年，建成1个文化地标——津市市博物馆，博物馆主体工程安防、消防、环境整治工程已经竣工，这将是常德市各区县中最漂亮、设施设备最好的博物馆。

虎爪山遗址作为湖南省十大考古发现之一，是全国重点文物保护单位。2020年完成虎爪山遗址广场、滑坡治理以及展示用房主体工程，虎爪山遗址环境整治工程有序推进，虎爪山旧石器遗址考古发掘获得《湖南文物保护利用创新发展百佳案例》。

津市红二军团指挥部旧址于2019年10月被国务院公布为第八批全国重点文物保护单位，2020年被中央宣传部、财政部、文化和旅游部、国家文物局列入全国第二批革命历史文物保护利用长征片区。《津市苏维埃政府旧址展示利用方案》通过省局组织的第三方评审，工程预算控制数223.17万元，力争在中国共产党成立100周年时开馆。

古大同寺位于嘉山国家森林公园内，为省级文物保护单位，古大同寺保护修缮工程至年底已竣工验收。

朱务善故居（曹家巷一号民居）位于汪家桥街道人民路南侧曹家巷1号，是市区范围内仅存的一处具有一定历史艺术价值的清代民居，至年底朱务善故居保护修缮工程正在有序推进中。

万寿宫地处津市新洲古镇南街，而新洲镇是省级重点文物保护单位、省级历史文化名镇，万寿宫始建于清代中期，是新洲江西同乡在新洲设立的会馆，现已被津市人民政府公布为县级文物保护单位。至年底万寿宫保护修缮工程已竣工。

2020年12月21日，中国博物馆协会发布《关于第四批国家一、二、三级博物馆名单的公告》，核定津市市博物馆为国家三级博物馆。

2020年9月24日，文化惠民演出荆河戏《樊梨花斩子》演出

2020年5月11日下午，津市市博物馆在湖南湘澧盐化有限责任公司及盐矿社区组织开展“2020年国际博物馆日”宣传活动，文物精品图片展“走进企业、走进社区”，此次活动有3000余人参与。6月4日，市博物馆联合市文化馆在津市市法治广场开展“全名参与保护、资源你我共享”的宣传活动，此次活动有3700余人参与。（范两涵）

【文化活动】2020年，津市市9个镇街39个行政村建成文化广场113个，镇街文化站均按上级要求建设完成，6个镇街被评为一级文化中心，所有镇街文化站，均按“三室一厅一房一场”的要求建设完成，综合文化站比率达到88%。津市被常德市评为“现代公共文化服务体系建设三年行动计划”达标单位。2020年为39家农家书屋配送各类

图书7449册，年文献外借量100522册次，综合阅览室读者约1.5万人次，参加图书馆活动总人数268817人次。为破解农村广播系统老化、网络缺失的问题，投入资金200多万元，利用移动物联网技术，实施市、镇、村三级广播提升互通工程，实现广播三级互通、对点可控、全面覆盖。

2020年举办大中型文化活动5次。1月19日下午，在津市市柏枝林社区举办“非遗过大年，文化进万家”文化惠民活动，吸引200余人前来观看。9月9日，在津市市新洲镇、灵泉社区广场、新洲孟姜女广场，举办“湖南公共文化进村入户·戏曲进乡村”文化惠民演出，吸引300余人前来观看。9月24日，11月20日，分别在津市市白衣镇、毛里湖镇举办“湖南公共文化进村入户·戏曲进乡村”文化惠民演出，吸引200余人前来观看。8月30日，在津市市五环时代全民健身中心，举办津市市艺术节暨“欢乐津城·百团大赛”群众文艺演出，吸引1000余人前来观看。（唐乐）

【文艺创作】2020年，市文化馆创作音乐作品4个、舞蹈6个、曲艺4个。“湖南津市‘艺起’抗疫，我们一定会胜利”发表在学习强国平台。鼓书《团年饭》《大爱无疆》《防新冠》入选“湖南省艺抗疫情·云游湖南”主题征集活动。少儿美术书法作品参加湖南省“艺童抗疫书法美术作品”比赛，15人获奖。原创作品MV《津市派头》《我的祖国》获3.3万和4.2万网友点赞。举办2020年津市文化艺术节暨“欢乐津城·百团大赛”群众文艺会演，23个民间艺术团体、近30个节目参加演出，其中，10个优秀节目参加常德市百团大赛，荆河小戏《兰江渡》、鼓盆歌《板油岗》等一批作品分获一、二、三等奖。荆河小戏《红色情缘》申报省文化综合发展专项资金，《车胤囊萤照读的故事》申报国家级非物质文化遗产项目。（唐乐）

【体育赛事】2020年，全面贯彻落实《津市市全民健身行动计划(2016—2020)》纲要，建好县(市)、镇(街)、村(社区)三级全民健身网络和城区15分钟健身圈。完成社区健身中心4个、健身步道28千米、健身驿站2处、多功能健身房2个。新建社会足球场地设施6个：津市市高新区足球场(2700平方米7人制足球场)、城东足球场(2片7人制足球场共7100平方米)、新洲孟姜女足球场(7人制足球场2800平方米)、白衣足球场(5人制足球场1350平方米)、新洲灵泉足球场(7人制足球场2250平方米)、大关山足球场(5人制足球场1350平方米)。

创新引导示范类全民健身活动16场次，举办3V3篮球比赛、气排球比赛，指导自行车协会参加反邪教宣传教育活动，参加常德市青少年乒乓球锦标赛，获团体总分第三名、甲组女子单打冠军。

9月22日，津市市机关、企事业单位气排球赛在五环全民健身体育馆开赛

2020年5月15日，津市市机关、企事业单位工间操在五环全民健身体育馆进行培训，培训人员100人左右。6月6日，津市市第六届足球联赛在车胤文体公园足球场开打，参赛人员220人左右。8月1日，津市市8月8日全民健身日系列活动——庆“八一”建军节81千米接力赛在车胤文体公园进行，参赛人员70人左右。8月4日，津市市8月8日全民健身日系列活动——篮球赛在嘉山实验小学体育馆进行，参赛人员150人左右。9月22日，津市市机关、企事业单位气排球赛在五环全民健身体育馆进行比赛，参赛人员300人左右。10月24日，津市市第二届高新区杯干部职工羽毛球赛在五环全民健身体育馆进行比赛，参赛人员240人左右。11月25日，津市市2020“体彩杯”干部职工篮球赛在五环全民健身体育馆进行比赛，参赛人员200人左右。

12月8日，第二届“体彩杯”篮球比赛在全民健身中心举行

【体育彩票】2020年，津市全年销售体育彩票金额794万元，其中电脑彩票796万元，即开型彩票4万元。（周灵）

【文化监管】2020年，开展“清源”“护苗”“净网”“秋风”4次专项整治行动，清查各种教材教辅读物，严厉打击盗版印刷行为，查处违规出版物单位1家，收缴违禁出版刊物2744余册。检查文化生产经营单位935家，责令停业整顿1家，警告处罚网吧14家，没收非法卫星地面接收设施7套。截至2020年11月30日，累计出动执法人员2268人次，检查文化经营场所314个(间)次。（杨力）

【城市文化建设】2020年，为把历史文化融入城市的发展中去，营造更加多

元的都市氛围，在澧水九澧风光带规划建设改造过程当中，保留提升原有“兰江亭、望江楼、朱务善文体广场”等7处文化景点。津市后湖公园通过改造治理，植入大量的文化、旅游、体育元素，篆刻诗墙1110多平方米、打造人文景观7处，投放健身器材42套近240多件。组织动员社会力量，新建5家城市书屋、3家百姓健身房。（辜筠）

【文化宣传】2020年10月21日《人民日报》刊发的“津市，在家门口吃上‘旅游饭’”的文字配图，引起强烈反响。津市市文旅广体局在中央电视台、《每日电讯》、《中国文化报》、《湖南日报》等媒体先后刊发津市文化新闻稿件60多篇，这些稿件用全新视觉、全新角度，打造津市文化新形象。此外，组织编写的《城市基因》系列丛书即将问世。该丛书分5卷计7册约200万字，力争2021年上半年出版发行，为中国共产党成立100周年献礼。（辜筠）

6月4日，市博物馆联合市文化馆在津市法治广场开展文化和自然遗产日宣传活动

【疫情防控】2020年，面对突如其来的新冠疫情，津市文旅广体局按照市疫情防控指挥部的统一部署，迅速作出反应，对文旅广体场所按下暂停键，取消“迎新春美术作品展”“鼠年生肖文物图片展”“春节期间猜灯谜”等节庆活动。疫情防控期间，累积出动执法人员1268人次，检查文化经营场所214个（间）次，关停KTV、网吧、影剧院、旅行社、旅游景区、体育场、宾馆饭店等公共文化场所87家。紧急启动“村村响”广播工作，滚动播放市政府指令11条、疫情防控知识116条、公益防疫作品19个，累计播出时长300多个小时，覆盖79个村，及时准确地将党和政府的政令传达到乡村。（辜筠）

融媒体中心

【概况】津市市融媒体中心于2019年12月底挂牌成立，是津市市委直属的正科级公益类事业单位，归口津市市委宣传部管理，暂保留津市市广播电视台呼号。中心下设总编室、办公室、融媒体采编部、运营部、广播电台编播部、产业营销部、技术部、人事部、财务部、后勤部等10个内设机构，辖津市市实验台1个二级机构。定编68人，实际在编49人，聘用21人。2020年荣获津市市宣传思想工作先进单位、常德市电视对上新闻宣传工作红旗单位、“新湖南云”县级融媒体建设优秀合作单位。12月1日《湖南日报》刊发“‘融’出精彩”专题报道。

中心有电视新闻频道、津市人民广播电台（FM99.3）、“智慧津市”APP、政府网站以及津市融媒微信公众号、新湖南客户端、抖音津市融媒账号、新浪微博津市融媒账号等多个媒体。依托“新湖南”省级技术平台，建立相应的配套运行机制，再造生产流程，形成“一次采集、多种生成、全媒发布”的传播覆盖新格局。（马彬）

【媒体融合】2020年按照县级融媒体中心建设要求，重组架构，再造流程，融合项目相继完成。硬件部分包括融媒体指挥中心建设、演播室、播出机房等基础设施配套，购买采编设备、完成电视播出高清改造；软件部分包括“5G智慧电台”安装，与“新湖南”省级云平台完成数据对接和人员实操培训。12月通过省委宣传部验收。（马彬）

1月16日，举办“2020希望启航津市市首届少儿春晚”

【新闻发稿】津市融媒微信公众号全年12个月全部进入全国广电新媒体前百强，30周进入常德市广电新媒体前3。中央电视台上稿4条；湖南卫视上稿51条1020秒；湖南经视上稿23条；常德电视台上稿387条24204秒。“学习强国”APP发稿30多条。微信公众号在全国县级新媒体排名第52名，湖南第3名，常德第1名。

在2020年疫情防控中，所有媒体整体联动、深入融合、快速反应，及时传达市委、市政府工作举措，传递个人防护方法，在关键时刻稳定民心。其中，《疫情防控在行动》图文滚动直播累计点击量达

10月19日，省委宣传部常务副部长、省新闻出版局（省版权局）局长蒋祖烜（左三）到津市调研，对融媒体中心建设工作表示充分肯定

500 万 +;发送的推文《津市公布 9 项举措防控疫情》点击量达 200 万 +;抖音账号发布的《津市版"小汤山医院"3 天启用》点击量 39 万,所有宣传小视频点击率平均达 5 万 +;APP 日均点击量超过 1 万。

9 月 29 日,直播"澧水二桥通车"仪式

全年新闻宣传对标对表,开设《在习近平总书记重要讲话指引下》《在习近平新时代中国特色社会主义思想指引下——新时代新作为新篇章》《文明实践行动》《不误农时春耕备耕》《决战决胜脱贫攻坚》《集中整治交通顽瘴痼疾》《爱卫进行时》《还津市一片蓝天》《禁捕退捕进行时》《走向我们的小康生活》等主题专栏,为津市经济社会和精神文明建设与发展营造良好舆论氛围。把镜头聚焦基层,深入挖掘和大力宣传身边人物典型,树立学习标杆。《代表委员风采》、《政法风采》、党风廉政建设系列短视频突出展示津市干部队伍"忠诚、为民、公正、廉洁"的良好形象;《新津市人》《津城百姓》《劳模风采》《2020 年津市市优秀退役军人》讲述身边人的故事,传递社会正能量。(马彬)

【作品获奖】公益广告《他们》(主创人员:周明、叶林啸、周立明)荣获 2020 年度湖南广播电视广告信息优秀作品广告类一等奖第 1 名,经济栏目《圆梦津市 创享未来》(主创人员:周明、周立明、杨艳)荣获信息节目类三等奖。

在常德好新闻评选中,有 11 部作品分别获得一、二、三等奖。《特色产品上"云端" 卖了一单又一单》(主创人员:黄丽霞、覃许桐、向洋宏)、《老旧小区怎么改?群众说了算》(主创人员:黄丽霞、庞昭明、万欣、覃许桐)荣获广播类二等奖;《挂图作战 分类防控更精准》(主创人员:黄丽霞、万欣、王子成、刘华)荣获广播类三等奖。《53 个微信群温暖武汉返乡人》(主创人员:万欣、庞昭明、许衡)荣获电视类一等奖;《青苗社区:端起"生态碗" 吃上"旅游饭"》(主创人员:朱琳、郑靖涛、刘华)荣获电视类二等奖;《落实禁渔计划 680 名渔民退捕上岸》(主创人员:庞昭明、彭超、朱琳)、公益片《他们》(主创人员:贺勇涛、周明、叶林啸、周立明)、广告《茶园悠悠春茶香》(主创人员:周明、叶林啸、邹松青、宋天成)荣获电视类三等奖。《这名 90 后副镇长,名校毕业后都在津市忙些什么?》(主创人员:沙祯莉、朱莉、唐珍珍)荣获新媒体类二等奖;《人物故事:送子驰援武汉,鏖战疫情》(主创人员:严麦丹、庞昭明、沙祯莉)荣获新媒体类三等奖。2020 年 12 月 7 日《津市新闻》(主创人员:高格格)荣获播音主持类三等奖。(马彬)

2020 年,播报消费发票抽奖活动

【开展活动】先后举办 2020 年希望启航津市市首届少儿春晚、太极盛典、新洲年货节、白衣起鱼节等活动,营造春节喜庆、祥和的节日氛围;策划联办津市市 2020 年庆'七一'"我心永向党 奋进新时代"演讲比赛、湖南新合新危险化学品应急演练、澧水二桥通车仪式等公益大型活动;承办津市市消费发票抽奖活动,激发市民消费热情,提振消费信心,有效促进消费;利用主持人和普通话测试员专业优势,和高新区、财政局联合组织开展普通话培训,提高机关工作人员综合素养。(马彬)

6 月 30 日,播报津市市 2020 年庆"七一""我心永向党 奋进新时代"演讲比赛

12 月 4 日,播报"湖南新合新危险化学品应急演练"活动

图书借阅

【概况】津市市市图书馆设综合外借室报刊阅览室、少儿借阅室、电子阅览室、地方文献室等部门，功能设施齐全，环境清雅，区域划分明显。2020年，图书馆有工作人员10人，其中大学学历6人、大专学历3人、高中学历1人；高级职务1人，中级职务3人，助级职务4人，高级工2人（退役士官）。馆藏图书16万余册，电子图书7.5万册，报刊102种，地方文献1335册，主要是地方综合志书、地方综合年鉴、行业与部门志书、地方报刊、家谱等。津市图书馆有电子阅览室1间，有电子图书借阅机3台，并与9个图书分馆联网，实现图书馆的网络化管理、服务和咨询。

2020年，图书馆开展数字阅读推广活动11场；文献外借量100522册次，参加图书馆活动268817人次，举办讲座、培训活动41场次，展览活动1场次；新办卡120张。

2020年，津市市图书馆《寄小读者》在省文旅厅举办的“祖国在我心中——湖南省百城图书馆共荐共读”活动中获一等奖；在省图书馆学会组织的“寻找阅读达人——挑战21天阅读打卡活动优秀组织奖”。（刘倩颖）

志愿者给书籍上架

【充实馆内、馆外资源】2020年，财政拨款125.95万元。投入5万元经费对图书馆服务设施设备升级，投入8万元采购纸质书籍及数字资源，优化馆藏资源建设，并在全民阅读活动开展等方面给予经费倾斜。津市图书馆有图书分馆9家，馆藏图书16万余册，电子图书7.5万册，报刊102种，地方文献1681册。图书馆向门户网站、微信公众号、移动图书馆、知航网络图书馆等平台借力，让阅读资源更加丰富，用“大阅读”观念拓宽、盘活、贯通全社会阅读资源。

（刘倩颖）

《未来星剧场》第一季现场，小朋友表演节目

【开展全民阅读活动】提供线上资源服务，有序引导线上全民阅读。庚子岁首，疫情严控，全国集体按下暂停键。为保障读者便利使用图书馆资源，津市市图书馆通过微信公众号、手机移动图书馆等媒介提供形式多样、丰富多彩的数字资源服务，推出一系列线上活动，让读者“宅”在家畅享数字阅读。为满足读者居家学习的需要，津市市图书馆融合订购资源、共建共享资源为读者提供电子图书、期刊、音频、视频等多媒体资源，存储量达30TB，其中电子文献馆藏总量约4万册电子图书，近千种电子数字资源。截至12月底，图书馆共推出主题书单29期，线上名师讲堂40期。利用电子资源优势，开展丰富多彩线上活动。受疫情影响，线上活动悄然兴起。2月7日至15日，津市市图书馆通过线上猜灯谜游戏形式开展元宵节猜灯谜活动，让宅在家中的大小朋友体验我国传统节日习俗的乐趣，增长传统文化知识，以不一样的方式闹元宵。2月26日，图书馆发布“守望相助、共战疫情”主题作品征集令。3月4日至20日，津市市图书馆将精心挑选的“守望相助，共战‘疫情’”主题作品分3期在微信公众号上进行展示。3月16日至4月15日，津市市图书馆联合晨星创文举办“津市市图书馆网络诗词大赛”。为引导孩子们从小养成阅读的好习惯，激发家长对孩子阅读的关注，在“世界读书日”，津市市图书馆推出“4·23”知识挑战赛、“车胤读书节”——移动图书馆线上“听绘本、讲故事”征集活动。国庆期间，图书馆推出“庆国庆 迎中秋”知识竞赛活动，吸引近百名读者参与。打造品牌活动，丰富群众生活。8月11日，图书馆联合金话筒艺术传媒学校推出《未来星剧场》首档大型青少年表演竞赛真人秀节目，节目涵盖童话剧、情景剧、小品等类别，采用阅读＋表演的实践模式，为小读者带来全新的学习体验，实现阅读推广与阅读欣赏的完美融合。8月20日，津市市图书馆以数字展示屏为平台，举

志愿者向一宪小家长介绍图书馆

暑假期间，小学生正聚精会神参与答题

“庆元旦 迎新年——浸润书香之旅”亲子活动

办“欢乐暑假、快乐读书”课外知识竞赛活动。12月13日,由津市市图书馆和津市市艺启飞扬培训学校联合主办的“庆元旦 迎新年——浸润书香之旅”亲子活动,吸引60余组家庭参与。

(刘倩颖)

图书发行销售

【概况】湖南省新华书店有限责任公司津市市分公司地处津市市三洲驿街道后湖路7号,是集教材教辅、图书音像、文化用品于一体的大型国有文化企业。公司下设教材部、图书部和文化用品部。拥有一家中心门店,经营面积520平方米;2020年图书零售码洋114万;两所校园书店,面积合计190平方米;一间课本仓库面积800平方米。2020年津市市新华书店紧跟时代步伐,升级改造中心门店,将文化体验、阅读学习、休闲娱乐融为一体,提供多元化服务类型,是津市综合性公共文化传播中心。

(蒋晓艳)

【教材教辅发行】2020年教材教辅销售码洋777.76万元,同比增长10%。教材教辅发行实行区域负责制,明确分工、责任到人。全面推动线上平台运营,基本实现线下转到线上的营销模式,打通直达学生及家长的“最后一公里”。

(蒋晓艳)

【图书销售】2020年发行《习近平谈治国理政》第三卷、《读有所得2019》、《中国制度面对面》、《习近平关于力戒形式主义官僚主义重要论述选编》等政治理论读物共计1万多册,合计码洋90.25万元。承办“文学照亮三湘”公益演讲及签名售书活动,销售图书达9万元。

(蒋晓艳)

【文化用品销售】2020年,面对突如其来的新冠疫情,该公司强化服务意识、提高服务水平、优化服务质量,深耕文化用品市场。提供云购物服务和送货上门服务,让顾客足不出户即可享受轻松购物。及时调整和优化传统产品结构,充分考虑卖场商品的动销率,努力扩大文化用品销售市场。

(蒋晓艳)

【新兴业务】2020年A佳业务稳步推进,组织全市11719名学生参加大型模考、期中期末考试。组织全市950名高一、高二学生参加湖湘测评考试,实现全市中小学生考试全覆盖。

(蒋晓艳)

津市新华书店

新华书店阅读室一角

新洲镇

【概况】新洲镇是津市市的西南门户。2020年年末，全镇行政区域面积84.04平方千米，下设长岭村、黄林堰村、车胤村、青山峪村、麓山村、庹家峪村、毛家岗村7个村委会，五泉社区、孟姜女社区、嘉山社区、万寿宫社区4个居委会。耕地总面积约35.45平方千米，约49179亩。全镇居民总数为27544人，共10415户。地方一般公共预算收入达5061万元，大小各类企业87家。镇内有1家图书馆，11家农家书屋，幼儿园5所，小学3所，小学任教教师64人，学生1011名。15家医疗卫生机构，34名执业医师，有新洲和灵泉两家敬老院。

新洲镇交通区位优越，是湘鄂边际高速线路重要连接点，已建成的二广高速和正在建设的安慈高速纵贯全镇并设立互通。境内有省级嘉山风景名胜区，是孟姜女、车武子故里。

2020年，镇党委和镇政府把握乡村振兴战略总体要求，打造乡村治理示范乡镇和推进全域美丽乡村建设，统筹推进城乡建设、产业建设、民生建设、生态建设、文明建设和党的建设等重点工作，先后荣获湖南省卫生镇、湖南省文明镇、湖南省五星级乡村旅游点、常德市同心社区、常德市脱贫攻坚工作考核二类乡镇综合评价为好的乡镇、常德市平安建设工作考核评估优秀乡镇、常德市平安乡镇、常德市安全生产和消防工作考核评估优秀单位、无市级以上越级信访乡镇等称号。（洪政）

【换届工作】2020年11月—2021年1月，深入开展村（社区）“两委”换届工作，更换党组织书记5名，退出超龄一般干部14名，新进30岁左右、大专学历人才11名，换届工作圆满收官。（洪政）

【脱贫攻坚】2020年完成全面脱贫。完成小额贷款140万元；危房改造10户、新建15户、修缮282户，改水改厕全覆盖；帮助未参保贫困户参保，年末医保参保率100%；教育助学146人，技术培训200人次；完成基础设施建设项目45个470万元，争取产业发展项目372万元，年度分红37.52万元。3个贫困村和349户贫困户脱贫任务全面完成，11月通过省、常德市验收检查。

（洪政）

【疫情防控】2020年1月底至4月底，组织镇、村干部、党员、志愿者等300余人，全面开展疫情防控宣传和摸底，摸排返乡人员4000余人，管理登记612人，居家隔离606人，集中隔离6人，核酸检测612人，筹措酒精、消毒液1000余公斤和口罩3万余只，完成健康码注册申领工作29039人。制定完成15条常态化管控措施，防控体系逐步完善。

（洪政）

新洲桃花山桃花节开幕

人们参加桃花节

【民生保障】落实联组联户联心。采取“五个一批”(合并一批村民小组,选拔一批小组长,派遣一批联组包户干部,建立一批小组微信群,摸实一批居民基础信息)措施,将246个原村民小组(片)优化整合为157个。构建152名镇村干部下沉157个小组8844户的联组联户联心“三联”工作体系,形成组规民约157份。将秸秆禁烧、环境卫生、信访维稳、疫情防控等纳入个人考核,干部下户走访日趋经常,干群关系日益融洽;推进政务下沉。镇村干部主动下组入户为群众开展办事咨询、办事流程指导、上门集中办件、预约办件联系、委托授权办件、办件情况回访等综合服务,为特殊困难群体、外出务工群体开展全程代办服务,做到办事不出村组、不返乡。新配备人脸识别仪、高拍仪等设施设备11件套。2020年全镇办件1.9万余件次,其中,委托授权办件420件次,异地全程服务办件157件次;统筹社会事业。养老保险、合作医疗参保率达92%以上。开展业务技能培训4次131人;为返乡农民工、失地农民和退捕渔民安排招聘会5次270人,成功就业71人。进一步抓好低保、五保、“三无”等人员的生活保障工作,落实惠农资金补贴发放,提高功能性保障能力与水平;坚持安全稳定。全面开展安全生产执法检查,出动执法人员3507人次,经济处罚45人次,吊销许可证3家,现场执法检查300余次。排查道路隐患16起,车辆劝导170辆,车辆违章排查整治14起,道路交通信息录入4000余条。完善镇村两级12个视频监控平台270个高清探头的雪亮工程建设联网应用。优化23个网格网格化服务管理。化解矛盾纠纷380余起。（洪政）

嘉山

美丽的茶山岗

【重点项目建设】散货码头92户408亩及新棠公路11户70亩土地征拆已基本完成;新洲中学搬迁工作顺利推进;完成天子岗1.8千米道路提质升级改造和350户居民户改扩翻建设;完成湘北公路集镇段道路黑化;2.85千米胥家湖至肖家湖生态护坡工程稳步推进;临津路及茶山岗亮化工程项目实施路段约2500米,沿线居民住户400多户,沿路安装路灯120盏、配套绿化等基础设施建设,项目于2020年2月底前完成竣工验收;龙凤小区增绿补绿环境整治工程覆盖居住户100余户,于2020年2月底竣工验收;对万寿宫保护范围内的建筑整体进行修缮,排除建筑安全隐患,恢复建筑原貌。已于2020年9月底竣工验收。（洪政）

【特色产业建设】对2020年度香菇种植按菌棒0.5元/根给予补助。新增芦苇菇种植5亩;引进羊肚菌30亩,与湖南农大菌研所签订合作协议,做大做强食用菌产业。与园区食品生产企业达成协议,新增凤尾菜种植基地500亩。新发展湘莲、火龙果、无花果、黄桃、乌梅等特色产业基地500亩。与望家欢农产品集团达成初步协议,建设千万只肉兔生产基地;推进全域旅游,引进陈九堰乡村旅游公司,分两期投资1.02亿元,一期2000万元,完成甘家台采摘园建设,收购并重新装修神九山庄;二期康养项目建设正在征地。神九堰引进琴棋书画等民俗产业3家,神九山庄改建稳步推进,新洲“一日游”精品路线初步建成。神九堰顺利通过省五星级乡村旅游点验收。（洪政）

治理后的肖家湖

【美丽乡村建设】全面推进镇村环境建设。免费为群众发放优质果木苗12万余株,完成各农户房前屋后“亩院经济”建设;完成镇村主干道行道树栽种15千米。完成5个市级、10个村级示范屋场建设。改厕840户,旱厕清零99户。成功创建全国生态文化村、省卫生镇、省文明镇。投资2300万元完成1.3万亩高标准农田建设;全面推进生态环境治理。全面落实河长制、湖长制工作,加强水源地保护、河湖垃圾清理力度。严格按要求落实禁捕退捕工作,完成79户持证、60户其他渔民退捕工作,河湖禁捕退捕巡查工作日趋经常。探索秸秆粉碎还田、发电、制作菌棒等无害化处理新模式,严格落实秸秆禁烧24小时值班巡查机制。完善天然林保护制度,加快生态补绿工程建设,造林1000亩。（洪政）

修缮万寿宫

毛里湖镇

【概况】毛里湖镇位于津市市东南端，地处津市市、安乡县、鼎城区三县市结合部的“金三角”地带，北临澧水，西接毛里湖，与新洲镇、白衣镇、药山镇接壤，地形以平原和丘陵为主，省道205线、306线横贯全境。区域总面积118.6平方千米，2020年年末户籍人口42209人，辖青苗、荣台、大山、灯塔4个社区及花桥、田家山、中南、中心、七星、樟树、箭楼、双坪、万家、同乐堡、清泉11个行政村。2020年，根据津编发〔2020〕13号文件，毛里湖镇机关设置内设机构6个：党政办公室、党建办公室、经济发展办公室、平安建设和应急管理办公室、自然资源和生态环境办公室（城建办公室）及社会事务办公室（卫生健康办公室）；设置执法机构1个：综合行政执法队，为正股级单位；镇事业站所设置4个：政务服务中心（加挂行政审批服务办公室牌子）、农业综合服务中心（加挂水利管理站牌子）、社会事务综合服务中心（加挂安全生产监督管理站牌子）、退役军人服务站，均为股级公益一类事业单位。核定行政编28名，年末实有25名；核定事业编45名，年末实有29名。

2020年，面对新冠肺炎疫情和汛情的双重挑战，毛里湖镇党委政府扎实做好控疫情、抓发展、促脱贫、强生态、保稳定、惠民生、强党建等重点工作，全镇经济社会发展呈现良好态势。全年实现财政收入4275万元，财政支出4275万元，收支持平。毛里湖镇被评为全省“平安农机”示范乡镇、津市市维护稳定先进单位、津市市统战工作先进单位；青苗社区获评第二批全国乡村旅游重点村、常德市同心社区；箭楼村被评为常德市级美丽乡村建设示范村；花桥村获评常德市平安村（社区）。毛里湖镇党委书记袁超伦荣获湖南省2020年防汛救灾先进个人；武装部部长唐伟荣获常德市专武干部比武集训优胜个人；扶贫专干唐幸荣获常德市“最美扶贫人物”。

（李艳丽）

【疫情防控】1月25日，津市市新型冠状病毒感染的肺炎疫情防控指挥部决定，启动津市市重大突发公共卫生事件一级响应。毛里湖镇成立镇级疫情防控指挥部，统筹做好信息摸排、信息报送、宣传引导、市场管控、人员管控、交通管控、物资保障、社会稳控等工作。防控重点从“外防输入、内防扩散”切换到“外防输入、内防反弹”，始终落实各项疫情防控举措。镇村干部和群众志愿者组成联防联控队伍，核查外地返乡8962人，摸排涉中高风险地区887人，排查涉外人员171人，核酸检测217人，集中隔离管控95人。落实野生动物疫源疫病防控措施，依法取缔无证繁养户3家。严格管控学校、敬老院、农贸市场、餐馆、宾馆等重点场所，严防聚集性疫情发生。

（李艳丽）

【招商引项】2020年，完成财政收入4900万元，争资523万元，向上争资工作镇街排名第一。投资5亿元的省发改委立项项目——田珍湖100兆瓦渔光一体光伏项目，于年前动工建设；投资4.5亿元的杨家汊80兆瓦光伏发电项目，签订合作框架协议；投资10亿元的山河毛里湖康养旅居项目，达成初步合作意向。S516完成土地征用，房屋征拆基本完成；箭楼村、清泉村共计5100亩高标准农田建设于12月动工建设。投资3000万元的毛里湖植物园，完成专类园绿化栽植、道路硬化、综合楼建设；总投入3300万元的水系连通工程于9月底动工；投资3100万元的大溪水河生态拦截工程（三期）和小溪沟生态拦截工程（一期、二期）完成验收，修复效果显著。

（李艳丽）

【脱贫攻坚】毛里湖镇年末实有建档立卡贫困户589户1720人，年内实现剩余35户84人贫困人口全部脱贫。完成全镇1416户“七类人员”全面排查、复核，对2014年至2020年的176个扶贫项目资料全面整理，416户、582个脱贫质量“回头看”问题全部整改到位，顺利通过省、市考核。落实帮扶举措，健全利益联结机制，藠果、一亩经济林、大关山果蔬等106个产业项目年分红近70万元；输送36名贫困户至园区

1月29日，毛里湖镇党政负责人督导敬老院疫情防控工作

11月8日，毛里湖康养中心举行隆重开园仪式

务工，组织70名贫困户参加技能培训，增设公益性岗位83个；“四类对象、边缘户、重病户、重残户”危房改造48户，发放危房改造资金106.5万元。

（李艳丽）

【乡村振兴】2020年，毛里湖镇以点带面务实推进乡村振兴“4+9”示范片建设和美丽乡村建设“十加十”行动。箭楼村、田家山村红美人等优质杂柑种植面积3000亩，被央视推介；中心村无公害蔬菜年产1500吨，远销广州、深圳等地；青苗社区作为国家级重点旅游村庄及常德市中小学研学基地，系列节庆活动吸引游客近10万人次。投入800余万元，打造市级屋场5处、镇村屋场6处，美化庭院670户，建设公共绿地9处，绿化镇村主干道75千米。“绿色存折”全镇铺开，年回收垃圾80余吨，其中农药包装废弃物10.3吨。改造旱厕2540户，新建公厕2座，实现旱厕清零。实施农村生活污水处置工程，建设30平方米化粪池6座，配套污水管网8.5千米。落实辖区澧水水域退捕禁捕及后续常态化管控，率先完成渔船渔具回收拆解工作，签订渔民退捕协议92户，收缴渔船79艘、渔网8968公斤。12月底完成鸭公咀1200亩珍珠退养工作。选择青苗、花桥、樟树作为新时代文明实践试点单位，青苗社区“爱心存折”经验在津市市全面推广，并被湖南卫视等媒体宣传报道；樟树村103名党员带头制定家风家训，张贴上墙，用红色民风带动乡风文明；花桥村组织开展“推进乡村治理、共建秀美花桥”暨“五户一家评选”为主题的群众文化活动，表彰先进典型18户。

（刘奎）

【平安稳定】优化整合村民小组，选聘286名小组长，全方位建立联户走访机制，镇村干部累计走访10677次，收集民情民意1139件，其中1135件（包括积案）有效化解处置；以箭楼、樟树、青苗、花桥4个村为试点，修订张贴村规民约、家风家训，健全乡村治理体系。组织开展应急救援演练活动5场次；完成52家烟花爆竹经营店经营许可证换发，收缴烟花鞭炮6车；投入20余万元，完成荣台小学校车停车坪隐患整改；检查生产经营单位176家次，出动执法人员534人次，排查隐患60余项，整改率100%，严守安全稳定底线。践行“321”工作法，聘请2名代办员，引导群众合理反映诉求，共化解矛盾纠纷136件，较2019年同比减少70%。面对汛期辖区21千米堤段全线超警的严峻形势，干部群众坚守堤岸一线53天，打赢毛里湖防汛持久战。

（李艳丽）

【民生实事】始终坚持把改善民生放在首位，解决人民最关心、最直接、最现实的问题。年末，全镇共有城镇低保74人、农村低保679人，农村特困人员279人、城镇特困人员12人；享受重度残疾人护理补贴554人，困难残疾人生活补贴419人。建立“留守儿童之家”15个，配备儿童阅览室、游乐场，创办家长学校1个，不定期开展儿童教育系列讲座。自筹资金120万元，12月底完成李家铺集镇文化休闲广场建设，高标准办结镇一届人大六次会议1号议案。首次探索民生实事项目人大代表票决制，于5月19日镇一届人大八次会议上票选出5件民生实事项目，其中，李家铺老街下水道管网建设、李家铺卫生院场坪及道路提质、集镇保洁一体化服务已于农历年前完成，毛里湖镇农村综合服务平台建设和2.5千米主干道提质改造的配套工程完成立项、市场询价等前期工作。投资1300万元的毛里湖康养中心于11月正式开园，引进津市市德怡养老服务团队，负责日常运营与管理，开启养老服务模式的新篇章。

（李艳丽）

【基层党建】2020年，毛里湖镇落实整改上年度党建交办问题5个，召开党建专题工作会议20次。全年新发展党员12人，培训入党积极分子12人。制定党员干部学习计划，组织开展“光影铸魂”电影党课、庆祝中国共产党成立99周年、主题党日等活动30次，采取集中、分散形式为全镇1690名党员过政治生日。贯彻落实省委“1+5”文件和市委1号文精神，拓展基层干部晋升渠道，推荐提拔副科级干部7名，1名村干部和1名党建联络员考上省公务员，乡镇工作补贴提标15%，组织全体干部开展健康检查。完成清泉村后进村整顿工作；消除集体经济空壳村1个，年底15个村（社区）集体经济收入均达5万元及以上，其中青苗社区、中心村、樟树村集体经济收入达10万元以上；12月初完成大山社区综合服务平台改建项目；推进基本公共服务（一门式）全覆盖，“我的常德”APP下载注册达6000余人，累计办理服务事项20387次。镇纪

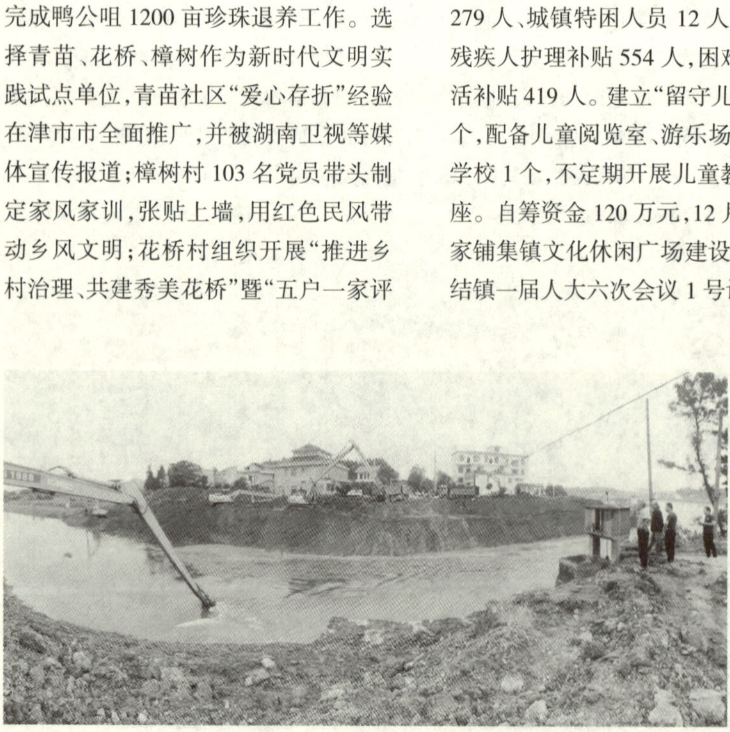

7月11日，启动引水渠桥拆除工程，拓宽排渍通道

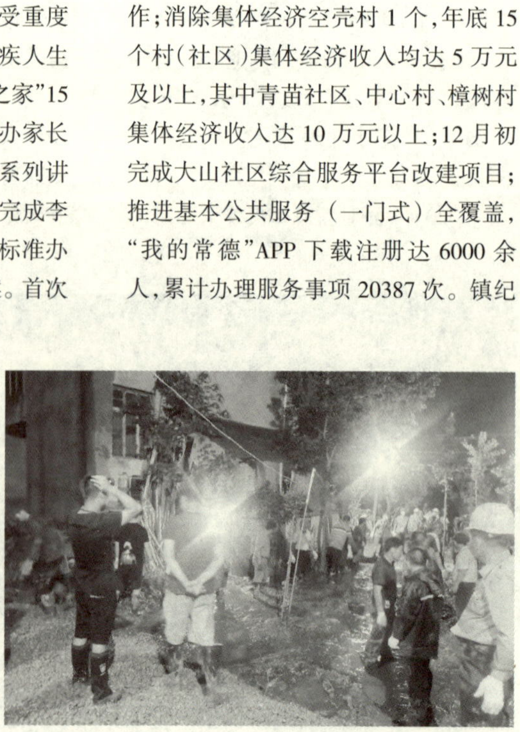

7月12日晚，全力排除七星下坝漫堤险情

委全年共处理问题线索16条，立案8起8人，给予纪律处分6人，其中党内严重警告2人，撤销党内职务1人，党内警告3人，免予处分批评教育1人。

（徐紫娟）

【毛里湖防汛持久战】2020年入汛后持续多降雨天气，6月29日11时，西毛里湖达警戒水位33.50米，津市市防汛抗旱指挥部发布4号调度令，镇防汛抗旱指挥所立即上足劳力开展毛里湖渍堤堤防巡查。市委、市政府主要领导高度重视，多次到一线调度；市委常委、统战部部长吴拥华，市人大常委会副主任雷志华，原市领导黄费武、朱忠诚全天候坐镇指挥，提供专业指导，确保防汛万无一失。7月4—20日，澧水水位先后多次超过警戒水位，全镇进入新洲下垸、西湖垸、七星下坝、毛里湖渍堤21千米堤段"四线作战"状态。7月5日，湖南省启动防汛应急响应至Ⅲ级；7月9日，常德市防汛抗旱指挥部将全市防汛Ⅲ级响应提升至Ⅱ级，防汛全面升级；7月11日，因毛里湖水位持续上涨，启动引水渠桥拆除工程，扩宽排渍通道；8月4日，全市防汛Ⅱ级响应降为Ⅳ级；8月28日，西毛里湖水位降至警戒水位。其间，千余名干部群众上堤巡查值守，共开导浸沟650余条，加固子堤1000米，排除漫堤险情2处、涵闸漏水险情2处、管涌险情1处、滑坡险情1处、散浸险情627处，筑牢防汛"铜墙铁壁"，全力保障群众生命财产安全。（李艳丽）

【第二届"农民丰收节"】10月25—26日，津市市毛里湖镇在青苗社区隆重举办第二届"农民丰收节"暨"全民终身学习活动周"启动仪式，以节庆活动为载体，创新推动"全民健身＋全民学习"融合发展，助力乡村振兴。

活动在传统庄重的祭祀仪式中拉开大幕。广场舞、太极拳、澧州大鼓、书法艺术、旗袍秀等特色表演，吸引大批群众驻足观赏；团体赛喜收稻谷、大米快运、拔河比赛及娱乐活动浑水摸鱼，将活动推向高潮，现场欢呼不断；赛后还备有丰收宴，吃农家饭、品桑葚酒，喜庆丰收，万人同乐。

10月26日上午，常德市政府党组成员、副市长提名人选周代惠出席常德市"全民终身学习活动周"总开幕式暨津市市"全民终身学习活动周"启动仪式并宣布活动正式启动，湖南广播电视大学副校长欧俊出席启动仪式。市教育局、全市各县（市区）教育局及社区大学、韬奋基金会相关负责人参加。

（李艳丽）

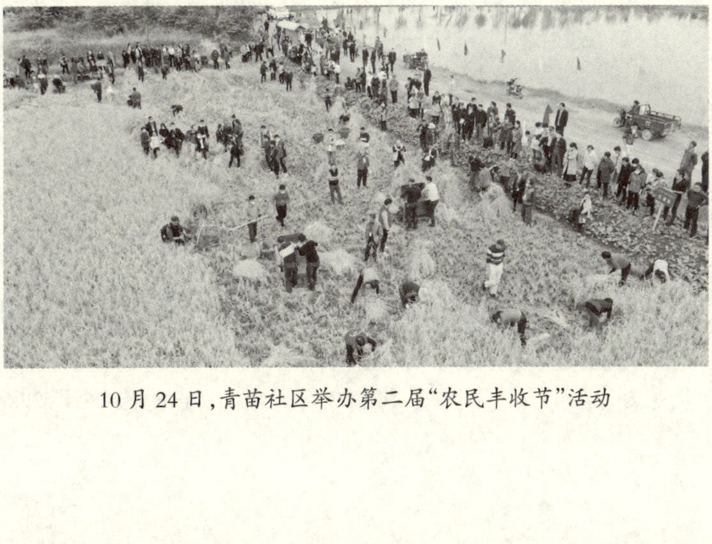

10月24日，青苗社区举办第二届"农民丰收节"活动

药山镇

【概况】药山镇位于津市市最南端，与临澧县和鼎城区接壤，距常德市38千米，距津市市45千米，镇内交通便利，S306线、S205线、S238线与县道029公路贯穿全境，常岳高速、二广高速比邻药山镇，是环洞庭湖公路沿线交通区位优势明显的交通重镇，为津市"南大门"。全镇总面积142.8平方千米，下辖13村（社区），总人口4.3万人。耕地面积5.98万亩，其中，水田4.4万亩。2020年共实现财政收入3268.3万元，同比增长8.2%，向上争资505万元。

2020年，药山镇立足镇情，紧扣乡村振兴主旋律，以建设宜居宜业宜游的现代药山为目标，推进疫情防控、人居环境整治、脱贫攻坚、生态环保、乡村治理等重点工作，全镇经济社会发展呈现积极向好态势。

【基层党建】坚持党建引领，深入开展"戴党徽、亮身份、比作为"活动，"大樟树下"、马家乡村文化馆、新湖蚕桑实践基地等活动形成品牌效应。召开"七一"表彰大会，表彰先进基层党组织2个，表彰优秀党务工作者和优秀共产党员等61人，营造比学赶超的良好氛围。持续推进干部队伍年轻化建设，选拔2位普通干部担任站所长，2名普通干部担任副站所长，中层骨干年龄结构保持在40岁以下。顺利完成13个村（居）"两委"换届，配齐配强村（居）"两委"班子，当前，"两委"成员大专及以上学历占比59%，35岁以下干部占比35%。全面完成市委第七轮巡察交办的22个问题整改任务。

【脱贫攻坚】对全镇六类对象（建档立卡贫困户、档外低保户、分散供养五保户、重病户、重残户以及边缘户）全覆盖摸底，前期共排查六类对象1269户，均建立问题台账，并完成APP录入工作。以问题整改为抓手，在前期"回头看"摸底274个问题的基础上，狠抓问题整改，巩固提升"三保障"质量。6月底，全镇问题数据已全面清零。持续加强葛果产业后期管护，加强一亩经济林管培，扎实推进蔬菜基地建设。产业收益分红覆盖全镇1634名贫困人口，亩园经济直接受益全镇14户边缘户，按照户均1000元的投入标准，全面增强贫困户的"造血"功能。聚焦监测帮扶，落实"四不摘"要求。对全镇14名边缘户以及13名脱贫不稳定户实施"一对一"重点帮扶，确保风险消失。对受灾户及大病户给予政策倾斜及临时救助，稳定收入。经全镇上下和驻村工作队、后盾单位的共同努力,于2020年12月实现36户99名贫困人口如期脱贫。

【生态环保】2020年以来,全镇牢固树立绿水青山就是金山银山的理念,推进污染防治工作,生态环境持续改善。坚持走“边保护边发展”的新路,严把项目“入口关”,加大生活污水处理力度,常态化监督污水处理站运行,年度建设污水管网3700余米,整治农村黑臭水体3处。坚持严管重罚,不定期开展禁捕巡查,累计拔除杂障5处,拆除地笼11个、长度810米,丝网9条,杆子5根,回笼1亩。有序推进上级交办的畜禽养殖污染问题整改。坚持“人防”与“技防”相结合,实现全天候管控。建成秸秆回收综合利用项目,日均可粉碎100吨秸秆。全面推行“周、旬、月”巡河与通报制度,对非法排污、河湖沿线倾倒垃圾等情况开展巡查,加大问题集中提醒和交办力度,形成“河湖共治”工作合力。

【乡村治理】调整优化村民小组设置,共推选小组长185名,深入开展村规民约大讨论,建立健全村级环卫协会、红白理事会等村级自治协会组织。强化法治宣传,组织法律宣传车进社区、进屋场,普及法律知识,牢固树立法治思维。坚持“三二一”矛盾纠纷化解模式,化解积案2起,处理信访案件53起,无一例进京上访案例,8个村(居)无常德市级以上信访,信访总量较2019年同期下降40%,民调成绩在常德市176个镇街中排名第四。推进殡葬改革,完成八宝湖公益性公墓建设。完成药山籍道德模范、文化名人、优秀企业家等157名乡贤典范名单收集,助力马家文化馆建设。坚持移风易俗,着力构建德治、法治、自治的乡村治理体系,八宝湖村成功创建常德市文明村。

【安全生产】开展安全生产风险隐患“大排查、大管控、大整治”、“强执法、防事故”等专项行动,以安全生产专项整治三年行动为抓手,排查发现安全隐患92处,整改完成91处,还有一处正在整改。开展道路交通顽瘴痼疾专项整治行动20次,重点针对辖区超限超载车辆、农用车违法载人开展劝导与打击,确保辖区道路交通形势稳定,人民群众出行安全。与交警中队联合开展8次校车专项“打非治违”,投入资金8万元,对隐患路段安装钢护栏650米,设立警示标志22块,为校车平安运行提供保障。安全生产宣传月、防灾减灾日共发放宣传资料1.2万余份,开展设立巡回展台3次。开展安全宣传教育“七进”活动,让安全生产知识进村入户到组,让群众深刻意识安全生产、安全生活的重要性。制定翔实的工作方案和应急预案,全镇共配备9名护林员、13支森林防火应急队。在重点节假日,安排2辆广播车在全镇范围内进行森林防火宣传工作,全镇范围内张贴禁火令24张,56条宣传标语,共更换新增73块警示牌,完成15967米防火隔离带检查验收工作。

中草药种植基地

大棚蔬菜基地

【防疫防汛】面对突如其来的新冠肺炎疫情,镇党委第一时间成立疫情防控指挥机构,全面落实“十条措施”,构筑起抗击疫情的坚固防线。积极引导广大群众科学防疫,全镇电子健康码注册率达100%。全面实施“大数据+排查”“党建+联防联控”等防控举措,加大摸排检测力度,实现闭环管理。加大日常督导、集中检查、随机暗访力度,对疫情防控工作落实不力的2名村干部进行免职处理。实现镇域新冠零疑似、零确诊。面对1998年以来最严峻的汛情,本人严格遵守24小时领导带班制,每日组织开展拉网式排查,及时收集和掌握防汛地段险情,共排除险情70余起,全面夯实防汛防线,未发生一起因汛情引起的安全事故。

【人居环境整治】建设绿色庭院户810户,公路植绿补绿32.8千米。坚持规划先行,完成8个村(居)的村庄规划编制,村庄规划率达100%。完成“空心房”整治226亩,大棚房整治2处。完成改厕2420口,新建农村公厕3个,不断加大生活污水处理力度,完成3处农村黑臭水体整治;以群众参与为基础,本着“花最少的钱打造最靓的屋场”的理念,投入180万元,完成天鹅村雷家塝、新湖村鲤儿嘴、西湖村庙咀上3个市级示范屋场建设。以新湖村蓝家山与和平村蔡家坪屋场为试点,探索定管护范围、定管护标准、定管护责任、定管护经费、定奖惩考核的“五定”长效管护模式,压深压实农户责任,实现示范屋场从“一时美”到“持久美”的转变。

【民生服务】2020年以来,坚持以人民为中心的发展思想,持之以恒保障和改善民生,一大批惠民举措落地实施,人民获得感不断增强。水利方面,投入资金800余万元,维修改造抗旱、排渍机埠33处。堰塘清淤40余口,全力推进水系连通综合整治项目,沟渠清淤8条,共计29.3千米。交通方面,对农村通村通组公路和客运班线公路改造、加宽,共投入资金200余万元,硬化公路6.5千米,维修改造1千米,安装护栏650米。全力落实惠民政策,全年发放补助资金共计537.6

万元,惠及2852人,其中,农村特困供养人员335人,打卡发放金额196.6万元。农村低保人员494人,打卡发放金额149.3万元。城镇低保人员36人,打卡发放金额13.7万元。城镇特困供养人员27人,打卡发放金额23.4万元。重度残疾人护理补贴459人,打卡发放金额36.3万元。残疾人困难生活补贴248人,打卡发放金额18.8万元。临时救助283人,发放金额27万元。城乡居民医保参保28347人,新增居民养老保险参保1187人。共举办7场就业扶贫现场招聘会,举办贫困劳动力技能班2期,推荐贫困劳动力就业32人,新增城镇就业147人,失业人员再就业40人,就业困难对象再就业50人,申报公益性岗位50人,申报交通补贴62人16900元,申报一次性求职创业补贴41人。新增农村劳动力转移就业人数136人,新增创业主体人数25人,带动城乡就业人数160人以上,并举办城乡居民养老保险政策宣传现场会1次,解答咨询人员600余名,发放宣传手册7000余份。完成"两癌"筛查816人,孕前遗传优生检测213对,孕后中期筛查125对,进一步保障妇女权益。

【产业发展】引进云南天泉生物科技有限公司,与镇合作社共同出资成立湖南药山福民农业科技有限公司,投入近500万元,不断完善中草药基地基础设施建设,建成优质中草药种苗基地100亩,全镇中草药种植面积达3000余亩。9月,与云南天泉生物科技有限公司成功签约津市市中草药良种基地和有机农业示范基地建设项目。全年大棚蔬菜种植2400亩,油菜种植6500亩,葛果种植1873亩,早稻集中育秧415亩,供8300亩早稻抛秧种植。鹰嘴桃、药山红桃等特色林果产业种植面积达500亩,以桑葚、葡萄、草莓等鲜果采摘为特色的农事体验游,渐成农民致富新业态。完善药山文化旅游景区道路硬化及旅游厕所等配套设施建设,年内完成大雄宝殿封顶。顺利举办药山镇第三届螃蟹美食节,吸引大批游客前来品尝观光,有效提升药山的知名度与美誉度。

(姚沙)

白衣镇

【概况】白衣镇位于津市市西南方,环毛里湖国家湿地公园,地势东北高西南地,省道238线贯穿全镇,是丘岗风光与湿地风情并存的生态宜居小镇。全镇共有7个村委会,2个街道居民委员会,总人口2.8万人,党员926人,总面积92平方千米,耕地面积4.22万亩,是全国有名的"葛果之乡"。2020年,白衣镇共有葛果种植面积1.2万亩、柑橘种植面积1.2万亩、油茶种植面积3000亩、茶叶种植面积3000亩、水蜜柚种植面积1500亩,年水产品产量达3000吨。白衣镇柏林村被评为常德市"文明村",红光村被评为常德市"美丽乡村",白衣镇政府被常德市评为人居环境整治"十佳乡镇"、农村村民建房工作先进单位、无上访村"社区"先进乡镇、平安建设工作优秀乡镇,白衣镇财政所被评为湖南省星级财政所,白衣庵社区被评为国家森林村、白衣镇葛果重新认定为国家地理标志,并被评为全国乡村特色产品。

【基层党建】2020年,履行党建主体责任。推动党员思想学习常态化,严格落实三会一课制度,依托"我的常德""学习强国"APP,量化考核指标,全镇党员学习强国参学率达80%,机关干部中积分2.5万分以上达90%。党建日常工作。推动全镇开展"红色存折"积分制度,积分实行"月纪实、季公示、半年推优、年度评议"模式,党支部定期晒积分、比党形,在支部党员间评选流动党旗,提振党员"比着干"的精气神。为全镇926名党员过"政治生日",村支"两委"敲锣打鼓送"共产党员户"标识牌、"年度优秀党员"证书上门,实现表彰一人、荣誉全家,党员活力显著增强。推进"滴水型"党支部建设。白衣镇围绕"滴水穿石,久久为功"精神,探索"滴水型"党支部建设,全面提升基层组织的凝聚力、引领力、行动力、战斗力。完成9个村居新一届"两委"班子、妇联、团委换届工作,选优配强村居"两委"力量。

【脱贫攻坚】2020年,落实扶贫政策。全镇设置公益性岗位56个,发放贫困学生各类补助128人次11.6万元,完成扶贫项目33个370万元,其中,基建扶贫项目25个162万元,产业扶贫项目8个208万元。扶贫产业受益增效。葛果、水蜜柚、葡萄等扶贫产业全面受益,年度分红60余万元,户均增收2000元。贫困人口全面脱贫"摘帽"。全镇建档立卡贫困户275户799人全面脱贫,贫困家庭人均最低年收入6000元以上,建立"一稳二促三保"的长效扶贫工作机制,培育出李进等一批最美自立脱贫户,白衣镇脱贫户辛继银被评为常德市自立自强示范户,白衣镇党委书记刘波被评为常德最美扶贫人物。白衣镇代表津市迎接并通过省、常德市脱贫攻坚工作检查验收,被推荐全国脱贫攻坚先进乡镇评选,被评为全省脱贫攻坚先进乡镇。

【产业发展】2020年,白衣镇整合地方特色资源优势,加快现代农业发展步伐,"葛果"两大产业为支柱,年度葛果种植面积达到1.2万余亩,建成1000亩标准化种植示范基地。全镇葛果种植面积达到1.2万亩。推进葛果机械化收种,研发出葛果机械化生产收耕机并投入试运行,可每亩节约劳动力成本500元以上。探索葛果休闲食品与药用保健品开发,延展产业链,提高产品附加值,为全面提升葛果产业效能与市场竞争力打下基础。白衣镇葛果被评为国家地理标志、国家地理商标、全国乡村特色产品。全力打造文化旅游产业。建成白衣庵溪生态旅游核心景点和茶场特色旅游区,投入资金1000多万元,建成游船码头、环湖行道、绿树花海等文旅设施配套建设。承办常德市起鱼"丰收节",举办采摘节等文旅项目活动,推动全镇文旅产业快速高质量发展。推进粮食生产工作。落实水稻种植面积2.3万多亩,推广测土配方施肥2.5万亩,调配优质良种4000多公斤,发放各类病虫情报5000余份,推进柑橘大果实蝇、草地贪叶蛾、非洲猪瘟的监测与防控,对全镇所辖范围内家禽、家畜进行春季和秋季防疫,防疫密度达到100%,全年未发生一起动物疫情安全事件。

【环境整治】2020年,开展人居环境整治工作。加强西毛里湖生态环境治理,投入建设资金5000多万元,完成金坪村、红光村、柏林村3个市级屋场点建设和9个镇级屋场点建设,新修村组公路21.5千米、疏通抗旱沟渠87千米、改厕1800口、整修堰塘68口。完成2个集镇提质改造。完成白衣庵社区和石板滩社区集镇道路黑化3.6千米,新建下水管道1.7千米,集镇面貌显著改善。推行西毛里湖生态环境保护项目。完成航道清淤整治7.3万平方米,行道树植绿补绿5千米,生态护岸护坡1000平方米,绿色造林1000亩,建成小微湿地3处、改造黑臭水体2处,生态环境得到有效保护。成功迎接省级人居环境综合治理检查验收,白衣镇被常德市评为2020年第四季度人居环境整治"十佳乡镇",白衣庵社区居民文学进被评为湖南省"最美民间河长",白衣庵社区支部书记被评为湖南省最美河湖卫士,制作的短片视频《柏林村》荣获全国美丽依据村庄短视频擂台赛优秀参与奖。

【乡村治理】2020年,激发乡贤情怀。对在外所有白衣籍各界知名人士收集整理,制作《白衣籍在外人员通讯录》,分村介绍家乡的发展和变化,激发白衣儿女的家乡情怀,涌现出许多捐资捐地建设美丽家园的感人事迹,全镇各村(社区)共收到各界献言献策800多条,捐款捐物251人次200多万元。推行层级治理。全镇共选举小组长236名,以屋场为点,设立屋场长—小组长—单元长三级治理模式,将屋场按区域就近划分单元格,设定界标,以村民公约为评判标准,每月开展一次"五比五看"评比活动,激发农户自主管理屋场的主人翁意识。镇政府对小组长日常事务工作纳入考核,评选出50名优秀小组长。对屋场长每季度开展一次最美屋场长评选活动,通过"三种力量"的有效发挥,实现群众的事群众共商共建共享。开展新时代文明实践工作。按照"三抓三活"实践思路,持续开展为村民传政策、传思想,公益课堂、微心愿与志愿者服务等社会服务工作,以文化人、成风化俗、搭建干部纽带和为民服务平台,取得良好的社会效果。文明实践在白衣落地生根,先后在"学习强国"、《湖南日报》等主流媒体典型推介,白衣镇被评为津市市文明单位,柏林村被评为常德市"文明村",红光村被评为常德市"美丽乡村"。

【安全生产】2020年,开展专项整治行动。白衣镇以安全生产三年行动为抓手,全面排查辖区内各类安全隐患,按照属地管理原则以及管行业管安全原则,将安全隐患整改通知单下发给分管班子成员和支部书记,并责令限期整改,不断压实安全生产责任,三年实现安全生产零事故。加强执法处罚力度。年度联合执法814次,出动执法人员2442人,累计检查企业601家,发现安全隐患186处,责令现场整改隐患63处,限期整改隐患123处,下达执法文书163份,罚款8000元,确保了全镇安全生产形势稳定。落实疫情防控工作。采取一岗双责工作方式,强化镇村党员干部疫情防控责任,盯死摸排红线、紧守防控底线、看住宣传主线、牢固基层防线,确保全镇疫情防控取得良好成效。

【平安建设】2020年,开展贴近群众、凝聚群众、服务群众行动,开展干部大走访、大包保,全年成功化解矛盾157起,实现中央、省级、市级三级无上访,2020年的民调工作排在全常德市第一,"无上访村"建设津市排名第一,连续3年评为常德市"无上访村"建设先进乡镇。加强社会治安管理。全面加强社会综合治理,深入推进平安白衣建设,干部主动入户开展各类矛盾收集排查,积极开展打非治违、众创平安、"扫黑除恶"专项行动,强化民调、禁毒等工作宣传,全镇的刑事、治安案件不断下降,营造良好的社会治安环境。工作经验在津市电视台、常德信访、《湖南日报》等主流媒体报道宣传,被津市市禁毒委员会评为禁毒先进单位。

【民生保障】2020年,落实惠民惠农政策。全年新纳入低保人员204人,退出15人,现有城乡低保人员414人,年度低保费用支出131.1万元。新纳入特困人员5人,死亡退出4人,至年底有城乡特困人员214人,年度特困人员费用支出128.7万元。临时救助共救助118人,临救费用支出11.125万元。缴纳医保1.76万人,医保缴费492.8万元,医保收缴率83.8%(空挂户、外出务工人员除外)。缴纳社保1.61万人,社保缴费161万元,社保购买率76.7%(除空挂户、外出务工人员外)。教育方面:全镇学校共计5所,其中幼儿园2所,入园人数280人;中小学3所,入学人数750人,入学率100%。卫生方面:白衣镇1个卫生院,下辖11个卫生室,每个卫生室都设专人专岗。农民收入全面提升,全年共完成向上争资300万元,招商引资6000万元,工农业生产总值8.15亿元,年末银行贷款超6000万元,本地银行存款超4.50亿元。完成人大民生实事项目。镇财政投入资金500多万元,完成石板滩街道路面黑化及下水道管网整修工程,争取项目资金1000多万元,完成毛里湖水域溪沟连通项目、泵站更新改造项目、洞庭湖生态整治五结合项目和政府机关足球场建设项目,城乡居民生活条件与环境得到明显改善。

三洲驿街道办事处

【概况】三洲驿街道办事处位于津市城区西北部,东起万寿路,与汪家桥街道办事处接壤;西至临津桥,与澧县澧澹乡毗邻;南濒澧水,与襄阳街街道办事处隔河相望;北抵津市监狱。2020年辖区总面积6.27平方千米,总人口3.3万人,辖三洲街、城隍庙、后湖、桥北、柏枝林、护市、蔡家河7个社区居委会。辖区内有企事业单位48家,下设基层党组织51个,党员1269名,其中社区党(总)支部7个,非公党组织11个,社会党组织1个,国企党(总)支部2

个。街道机关内设党政办公室、党建办公室、经济发展办公室、平安建设和应急管理办公室、自然资源和生态环境办公室（城建办公室）、社会事务办公室（卫生健康办公室）6个股室；民政和社会保障站（加挂社区工作站牌子）、综合文化站、城市管理服务站、安全生产监督管理站、小区物业指导站、退役军人服务站6个事业站所；1个综合行政执法队。办事处有工作人员总数41人，设置岗位34个，其中行政编18个、事业编16个，在编在岗28人。2020年，办事处先后被评为湖南省百佳街道工会、湖南省计划生育基层群众自治先进单位、全省示范离退休干部党支部、常德市文明单位、常德市平安街道创建示范单位等荣誉称号。（张娣）

【基层党建】2020年，三洲驿街道始终坚持以习近平新时代中国特色社会主义思想为指导，强化街道党工委主体责任，充分发挥基层党组织的战斗壁垒作用，推动全街道党建水平再上新台阶。扎实开展中心组学习。按照年初制定的学习计划，结合庆“七一”、主题党日等开展电影党课等形式多样的思想学习教育，机关26名党员“学习强国”APP年度积分均达到7000分以上。按照市委组织部要求，为1115名党员过好政治生日。开展党员“亮身份、树形象”活动，通过公开党员照片、姓名、联系方式、服务事项、服务承诺，激励党员主动作为。切实做好政务下沉服务。按照“六个一”的服务宗旨，积极推动基层公共服务（一门式）全覆盖。梳理清办事流程，为居民提供“一门式”办理、“一站式”服务。2020年共为居民办理件事项3.2万余件。严把关口做好党员发展工作。按照“控制总量、优化结构、提高质量、发挥作用”的总要求，始终坚持把政治标准放在首位做好发展党员工作。2020年街道共发展党员9名，培养吸收积极分子16名。疫情期间，党员冲锋陷阵，在168个居民小区内成立74个疫情防控临时党支部，313名党员积极主动参与到摸底排查、疫情防控知识宣传等工作中来。倡议辖区党组织和党员踊跃捐款支持疫情防控工作共收到93843.32元捐款，党员捐款率达100%。按时完成7个社区“两委”换届工作，选优配强社区“两委”班子。充分发挥基层组织的战斗堡垒作用，开展新时代文明实践志愿服务活动。选定柏枝林社区和后湖社区为新时代文明实践站，成功举办“五好家庭”“三星干部”“最美志愿者”等评选活动，助力辖区精神文明发展。（张娣）

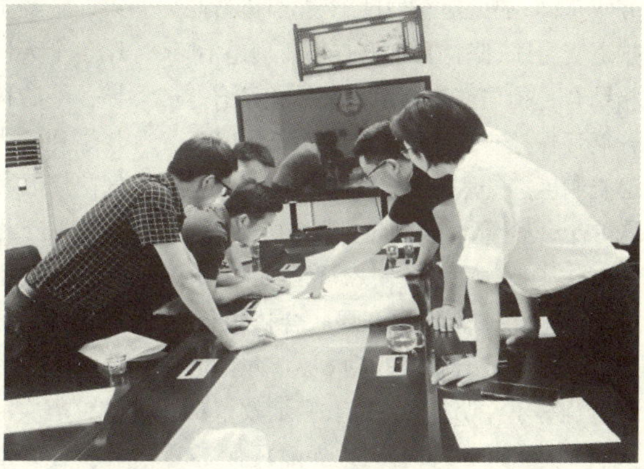

5月19日，浙江雅文旅集团到街道考察

【疫情防控】按照疫情防控摸排要求，开展地毯式摸排，细致录入相关人员的细动态信息，对风险地区返津人员实行一日三报。街居干部争分夺秒做实做细防控措施，累计摸排5万人次，第一时间排查出津市市首例确诊病例，及时采取相应措施，切断传染源。做好后勤服务保障工作，为500多户居民提供送菜、送药、送医等全方位生活服务，向周边群众做好政策措施解读，做好网络舆情引导工作，在特殊时期做好居民的服务员。组织辖区50多名志愿者开展宣传展牌骑行活动，在人流量大的十字路口、广场等区域宣传推广“健康码”，积极引导辖区居民普及“健康码”、用好“健康码”，累计超过3万名居民成功领取使用。（张娣）

疫情防控期间，街道党员开展防疫宣传

【招商引资】街道紧跟市委、市政府统一部署，大力优化经济发展环境，着力推动招商引资、产业发展、项目建设等各项经济工作高质量发展。街道作为港区物流组成员之一，多次对接上海雅澳、中国邮政集团，力争引进物流电商平台项目。内“四通一达”快递公司建立沟通协商机制，整合快递物流资源，全面启动城北商贸物流园策划工作。组织策划特色农副产品、食品在电商平台开通新销售渠道奠定基础。促成项目投产。启动“105”大街区建设项目，完成品元宫、猪鬃厂、朝宏油泵地块棚改拆迁，实现净地交付。无偿拆除违章建筑600余处，推进24个老旧小区进行改造，以及启动津市市城隍庙小区棚户区改造计划、105片区以及老有为片区进行大街区改造。认真做好足球场建设项目、洞庭湖生态环境项目以及老旧小区配套设施项目等21个发改项目的申报，做好项目策划、设计，主动和发改、住建、自然资源局搞好项目对接工作，完成1亿元项目投资和向上增资200万元。开展上门服务企业活动20余次，对接企业包括津市兰苑宾馆实业有限公司等19家。通过详细掌握企业发展现状，发展的目标规划等，有针对性地开展企业帮扶5次，带动辖区产业高质量发展。（张娣）

【生态环保】2020年，街道以防污减排为重点，监管执法与强化治理并重，促进辖区环境保护全面协调可持续发展。落实责任，实行网格管理。压实环保工作责任，制定方案制度，监督考核要求。依托网格化社会管理体系，在网格内定区域、定人员、定职责、定任务、定奖惩，密织一张横向到边、纵向到底的责任体系网，保障环保工作有序推进。夯实基础，加大巡查力度。建立环境保护巡查台账，坚持日常巡查与清理整治相结合，街居巡查与工作督导相结合，开展环保巡查工作，落实每天24小时巡查制度。在巡查中共发现各类污染问题8个，已全部整改到位。严格执法，确保工作实效。联合公安、城管、环保、市监等部门，在辖区内开展联合执法行动。共开展联合执法行动6次，劝阻垃圾焚烧等不文明行为23起，警示教育9人，行政处罚2人，有力地保障环保工作顺利开展。坚持以“五到位”标准，实行街、居联动，主要领导亲自挂帅出征、班子成员分段区域负责，全面落实工作责任制，层层签订《河长制工作目标责任书》，将护河治水工作纳入常态化管理，街道河长河道巡查每月不少于3次，社区河长每月不少于4次。结合环保督察，取缔垃圾堆放点1处，清“四乱”专项治理中，拆除1处岸线乱建棚，定期对澹水湖萍的打捞清理，实现河流岸绿、水清。（张娣）

【城市建设】2020年，街道制定详细可行的棚改征收方案，成立棚改攻坚分指挥部，指挥部下设综合协调、政策指导、腾空拆除、信访维稳、司法强拆五个工作小组，并将工作任务细化到组、到人。按时完成104户棚改征收任务。推进城市管理精细化，全面做好国卫迎复审工作。清理垃圾600车次700余吨，对全办2313个毒饵站进行修复，完善毒饵站警示标志。完成春季和秋季专业人员“除四害”施药工作，共计施药100余公斤。全天候巡查督导，严防秸秆垃圾焚烧现象。做好辖区门店及住户“煤改气”工作，辖区60余家用煤户彻底改为燃气用户。坚持“五到位”标准，落实河长制工作责任，取缔垃圾堆放点1处，拆除1处岸线乱建棚。因疫情带来的经济下滑，街道党工委响应国家的号召，激发辖区经济活力，在辖区内最繁华的商业街会仙桥路地段启动“地摊经济”模式，并做好地摊业主的信息摸底登记、标线的施划以及后期监督管理工作。（张娣）

7月13日，三洲驿街道对沿江风光带开始全面清淤行动

【民生保障】2020年，街道共办理重度残疾人护理补贴354人、困难残疾人补贴204人，高龄老人生活补贴99人、事实无人抚养儿童补贴15人、孤儿补贴4人、城市低保366人，特困58人，农村低保6人、农村五保1人、临时生活救助87人，发放金额82060元。推进市、街道、社区三级用工服务平台建设，发挥园区人力资源市场、街道、社区用工服务窗口作用，常年提供就业、用工服务信息。依托微信小程序“津市市用工信息平台”，进一步完善全市人力资源供需信息平台建设，改进企业招工用工服务方式。另一方面为更大范围满足企业用工需求，积极组织举办各类招聘会。2020年以来成功组织开展招聘会4场，组织98人参加失业人员技能培训，20人参与“就业＋直播”培训，通过培训增强他们就业及自主创业能力，成功推荐就业121人。退役军人服务全面铺开。深入关怀退役军人群体，为1105户退役军人悬挂光荣牌，为荣立三等功马雁送喜报，对103名有创业就业培训需求的退役军人进行帮扶。文化活动蓬勃发展。建立完善街道图书馆、文化馆、社区综合文化中心等设施，其中藏书1.2万余册、报纸杂志30多种。成功举办“小区论坛系列活动”“学雷锋志愿活动”“我们的节日”等活动10余次，丰富群众的业余文化生活。（张娣）

【安全维稳】2020年，坚持以建设平安街道为目标，积极创新社会治理模式，平安建设组织体系。压实工作责任。

4月30日，召开小区论坛倾听民声

严格落实“属地管理”与“谁主管”“谁负责”原则,坚持以综治与平安建设考评为抓手,层层压实信访维稳工作责任。每月组织派出所、司法所、社区召开治安形势分析会,研判多发案情特点,研究防范打击策略,安排部署工作。重点加强重点人员实行全面走访。积极主动解决楼盘重点、难点问题,2020年矛盾比较突出的有海晨国际、国际名苑、新天地二期、新天地三期与同心小区、城郊宿舍、幸福里二期与武装部宿舍、银苑世家及部分安置小区。街道通过开展矛盾纠纷集中排查,将本辖区内所有的积案进行分析梳理。针对一系列历史遗留和重复访问题,有效遏制越级上访现象的发生。全年来共排查矛盾纠纷168处,本级接访93批次129人次,市级接访117批次,各级交办网上信访件共计73件,其中市49件、常德7件、省8件、国局8件。强化“红管家”参与矛盾纠纷调解,加强警司联调,推进信访代办员制度,实现调处率调处成功率100%。深入安全监管“强执法防事故”行动,检查各类生产经营单位272家,排查出各类隐患50多条,责令现场整改40余处,发出责令限期整改指令书20份,行政处罚4910元。组建街社两级防汛抢险队伍,落实防汛24小时防汛值班制度,做好老车站横堤到小渡口总长4550米汛情传递和灾害情况的收集、核实、上报工作。 (张娣)

【亮点特色】“红色治理”创新社区服务模式。由街道党工委负责,在各社区建立“红色服务站”,成立“红管家”“老有为”“红色业委会”等7个工作室,广泛吸收老党员、老干部、老军人、老模范、老教师、社会志愿者、专技人员近1000人,积极参与社区事务,形成独具特色的城市基层“红色治理”新模式。“小区论坛”注入基层治理活力。打造“小区论坛”品牌,邀请人大政协委员、专家学者、职能部门参与其中,在敞开式小区召开10余场小区论坛,与群众面对面沟通交流,把“话筒”交给社区群众,实现民主协商,在政策宣传、基层群众自治、街区建设发展等方面起到积极作用。“居民公约”引领新时代文明实践。由各社区结合实际,制定新“居民公约”,充分发挥群众积极主动性,实现居民自治良性互动,由新乡贤牵头,组建志愿服务队,开展“微心愿”等志愿服务活动30余场,服务居民近1000人,相关工作经验先后被人民网、《湖南日报》、湖南信访、常德组工等媒体推介。

(张娣)

汪家桥街道办事处

【概况】津市市汪家桥街道办事处位于津市市区东部。西起澧水大桥东侧(万寿路),东至小渡口,与澧县小渡口镇毗邻,南濒澧水,北临阳由乡护市、城东村。2020年,辖新村、汪家桥、油榨坊、城东、澹津5个社区居委会,其中,城东、澹津社区为农村社区。辖区驻有行政事业单位31家,各类企业8家。辖区总人口30348人,其中城镇常住人口23559人,总面积10.75平方千米。辖区内有社区文化活动中心2处,图书馆1个,藏书3000册。幼儿园6所,第二小学双济校区和德雅中学学校。有社区医疗机构8个,门诊部(所)16个。学校体育场2个,文体公园体育场2个,公园1个,室外晨、晚健身场所11处。

2020年,已改造和正在改造26个小区。8月汪家桥街道办事处搬迁至人民路179号,4月完成汪家桥社区搬迁。共投入78万元用于环境卫生整治。推进“煤改气”,引导作坊改气19家,餐饮店改气112家。城镇新增就业1000余人,下岗失业再就业582人,就业困难对象再就业262人,发放城镇低保金76.17万元,对其他类别群体和重点对象发放各类救助补贴资金200万元。落实“党政同责、一岗双责”共排查各类安全隐患和存在的问题350处,处罚金额3480元。排查矛盾纠纷88起,调解88起,调解率100%,在各社区安装监控探头共75个。

2020年,街道被评为“2019年常德市级文明单位”、津市市“2019年度城建与管理工作先进单位”“2019年度信访工作先进单位”“2020年度维护稳定工作先进单位”“2020年度‘无上访社区’先进街道”。 (刘莉莉)

【疫情防控】2020年,街道贯彻落实市疫情防控指挥部工作的安排部署,迅速成立综合协调组、应急处置组、值班备勤组、宣传督察组、情况摸排组、卫生保障组、防控消毒组,研究设计《汪家桥街道疫情防控阻击战作战图》实行“挂图作战”精准防控疫情。作战图包括5个社区、15个网格、143个小区以及各类经营场所的具体方位,用四种不同的颜色将四类重点人员进行区分,做到重点对象的位置分布一目了然。对封闭式

4月28日,市委书记傅勇(右二)陪同常德市组织部一行到汪家桥社区体验政务下沉事项办理

小区、自治小区、单位管理小区、保障房小区合理设置小区防疫监测站和值班值守卡，做到全面布局、全面覆盖，按图开展重点管控和日常巡查。在各个封闭式小区及卡口建立党支部，进行全天候全覆盖防控，做到时时有人防。着重标注辖区农贸市场、宾馆、大型超市、企业及项目建设期工地等重点场所，按图指引开展重点管控和日常巡查。组织街居干部、各单位党员志愿者、无职党员共400余人深入辖区近1.3万户居民开展“拉网式”摸排3次，共发出口罩17850只、酒精105瓶、消毒液46瓶、温度计270支，助力疫情防控常态推进。年内未发生一起脱管漏管。（刘莉莉）

【基层党建】2020年，以“街道大工委”为核心，社区“兼职委员制”为支撑，网格党支部为基础，探索创新网格化党建“4334”工作模式。通过建立“四个共建”干群联系机制、“三方共推”多元服务机制、“三会联治”（居民事务议事委员会、监督委员会、调解委员会）民主监督机制和“四轮驱动”考核督导机制，切实推动社会治理体系向基层下移，实现政府治理、社会调节、居民自治的良性互动。提升政务服务水平。探索的政务下沉“六五工作法”（六种办理方式、五个一的办理流程）在实践中持续改进，为群众提供了越来越好的办事体验。汪家桥社区作为对外展示的“城市窗口”，已陆续向40多批前来学习取经的湖南省各市州、周边城市的“客人”介绍做法、分享经验。加强党员队伍管理。深入开展政治建设系列活动，颁发党员光荣牌、政治生日贺卡，增强广大党员的政治认同感和组织归属感。（刘莉莉）

【项目建设】2020年，辖区共46个老旧小区，已改造和正在改造26个，其中万寿苑精致街区改造项目列入全市十大重点民生实事之一，共投入3400万元，万寿苑小区于2021年春节前全面完工。首创的街区制改造“五共”（共定、共商、共造、共建、共治）模式在常德市老旧小区改造推进大会上推介分享。澧水二桥桥北周边棚改项目轧花厂宿舍改扩翻建二期工程，庭院建设及下水道改造、路面黑化、亮化和绿化工程已完成；汪家桥街道办事处全面建设已完成，于8月搬迁至人民路179号；汪家桥社区综合服务平台建设全面完成，于4月搬迁办公；城东社区服务平台建设，已完成主体结构建设，现正在进行内部装修设计方面工作。（刘莉莉）

2020年疫情防控期间，汪家桥街道成立临时党支部，党员志愿者在各小区卡点值守

5月23日，汪家桥街道在青苗村开展主题党日活动

【城市创建】2020年，做好国家卫生城市复审工作，在辖区开展“十乱”现象拉网式大整治，对各类占道经营乱搭乱建、乱堆乱摆、乱停乱靠、乱拉乱接、乱贴乱画等行为进行全面整治，拆除影响城市形象的违章建筑3处；街道共发放宣传资料1.4万余份，清扫街道近5.2万米，治理居民小区82个、3000多平方米，清运陈年生活垃圾2425车、建筑垃圾共1722车，动用挖土机、渣土车、运输车等各种车辆78台；全年办事处及社区共计投入资金78万元开展环境卫生综合整治工作，清理辖区各类垃圾、杂物添置环卫基础设施；开展病媒生物防制工作，共发出鼠药130余袋、杀蟑胶饵260余支、杀蟑饵剂110余袋、杀蝇饵剂80余袋、杀虫剂65余瓶。（刘莉莉）

【环保攻坚】2020年，构建“全员参与、全面覆盖、全天巡防”大气污染防治网络，多级干部联动、津澧两地干部联防，看紧看牢防控“责任田”。前期广泛宣传、中期说服教育、后期强制处罚严控秸秆焚烧和“三场”扬尘，引导形成惯性思维。2020年，对焚烧秸秆共约谈7人次、对不听劝继续焚烧秸秆行政拘留1人、封停砂石堆场1家。推进“煤改气”，引导作坊改气19家，餐饮店改气112家。（刘莉莉）

【民生保障】2020年，坚持“围绕中心、服务大局”“以人为本、为民解困、为民服务”的理念，拓展就业渠道，共组织200余人参加市举办劳动就业现场招聘会，城镇新增就业1000余人，下岗失业再就业582人，就业困难对象再就业262人。完成失业人员创业培训20人，家政培训50人。核查清理低保工作，全年新增低保15户20人，取消13户17人，共有低保330户433人，发放城镇低保金76.17万元。对其他类别群体和重点对象发放各类救助补贴资金200万元。开展人口数据清理、加强外出活动育龄妇女参保、开展健康体检服务。开展计生“生育关怀”活动，走访留守儿童及独生子女特困家庭救助对象，发放慰问金3000元；为辖区内计生特扶家

庭申报住院补贴7人，共计金额1.28万元。开展精心精准帮扶和各项政策落实，解决帮扶对象就学、就医、就业等一批实际问题。连续3年超额完成城镇新增就业、下岗失业再就业、就业困难对象再就业任务，最低生活保障、住房保障等应保尽保，做到不漏一户、不漏一人，实现全面脱贫。（刘莉莉）

2021年春节前，万寿苑小区改造全面完工

【安全生产】2020年，安监站落实“党政同责、一岗双责”坚持把隐患排除治理工作放在首位，坚持重拳出击严厉打击非法违法生产经营行为。共排查各类安全隐患和存在的问题350处，处罚金额3480元；与140家企业、单位负责人签订《安全生产目标责任书》；道路交通社会化平台录入信息共完成10429条，其中车辆驾驶人4997人，机动车辆5248台，建立劝导站5个，劝导员10人，非机动车辆69条，无牌车辆16条，安全宣传阵地31个，安全宣传教育40条，会议记录16条，安全隐患17条；积极开展疫情防控“重点场所”，安全生产月、“五进”、“减灾救灾”等宣传活动，发放宣传单3万多份，覆盖人群达2.3万人次。（刘莉莉）

【综治维稳】2020年，汪家桥街道平安办全面抓实“扫黑除恶、创平安、促满意、无上访社区建设、禁毒工作摘牌、矛盾纠纷化解、基础社会治安现代化”等工作。2020年，街道辖区刑案53起，刑拘23人，治安案件55起，行政拘留26人，吸毒打击处理案件8起，强制戒毒6人，社区矫正人员3人，2020年度共排查矛盾纠纷88起，调解88起，调解率100%。街道每个社区在小街小巷安装监控探头共75个，已全面安装到位开展运行。收集各类矛盾纠纷问题共13条，通过问题交办到相关社区解决问题10条，对暂时无法解决的3条问题进行政策性解释，年内未出现一起到常赴省进京非正常上访事件。（刘莉莉）

襄阳街街道办事处

【概况】襄阳街街道北以澧水为界，南经人同路与金鱼岭街道办事处毗邻，总面积11.5平方千米，常住人口23443人，下设襄阳街、汤家湖、古大同、盐矿、阳由、澧阳、荷花7个社区居委会。街道内设党政办公室、党建办公室、经济发展办公室、平安建设和应急管理办公室、自然资源和生态环境办公室、社会事务办公室6个股室。设置政务服务中心、社会事务综合服务中心、农业综合服务中心、退役军人服务站4个事业站所，设置综合行政执法队。在编在岗人员31人，其中行政编制人员14人，事业编制人员17人，35岁以下10人。2020年新录公务员1人，新招聘事业编2人，退役安置1人，调进1人，调出2人，提职6人。辖区内驻有行政、企事业单位59家，其中骨干民营企业10余家。

2020年，经受住新冠肺炎疫情大战大考，打赢防洪抢险保卫战，街道获常德市平安建设先进单位、平安街道双荣誉称号，被评为“常德市充分就业街道”先进单位。（青陵）

【抗击疫情】2020年，街道成立临时党支部12个，建立党群联防卡、党员值守卡、党员巡逻卡32个，全面开展小区进出管控、消毒灭菌等工作，排查中高风险地区来襄人员407人，街道无一确诊病例。700多名党员捐款7万余元，为30多户“三无”对象、留守老人、留守儿童和困难残疾人家庭送去价值2万多元的油、米、面条等生活物资和口罩、84消毒液等防护物资；为市中医院发热门诊医护人员、疫情值守劝阻点工作人员送去197件牛奶、水果、方便面、矿泉水等物资价值1万余元；为湖南山庆电机有限公司、津市市阳由液化气充装站、德顺航运3家复工企业送去蜜橘，口罩、84消毒水等爱心物资，全办上下众志成城，共同筑起抗击疫情的钢铁防线。（雷明金）

8月28日，津市市汪家桥街道办事处搬迁新址

1月，盐矿社区对辖区企业宣传防疫知识

【基层党建】街道党工委下设社区党(总)支部7个,非公党组织4个,社会党组织2个,党员999名。街道党工委书记带头研究部署党建工作12次,先后18次下到联系点调研,走访慰问党员68名、现役军人家属47名,街道离退休干部党支部获得全省离退休干部先进集体。完成社区居支“两委”换届选举工作,换届成员人数51人,其中新进18人。2020年,街道依托红色驿站(志愿者协会),以党员志愿服务为载体,创建新时代文明实践示范所(站),充分发挥党支部和党员在疫情防控、防洪抢险、征地拆迁、纠纷调解等急难险重事项中的战斗堡垒和先锋模范作用,“红色驿站”党建品牌更加彰显,登记在册党群志愿者400余人,开展关爱老人儿童、助残助学等活动30余次,发放慰问金和物资50多万元,获得省示范社会组织、示范性青年之家和常德市五四青年奖章集体等荣誉,接待省、市各单位参观达50余次。 (青陵)

10月,襄阳街街道深入津市一中学开展以“拥抱民法典、走进新时代”为主题法治进校园活动

【城乡建设】完成汤家湖社区老旧小区改造,盐矿小区、荷花小区268户改扩翻建等建设项目,汤家湖公租房220户搬迁任务全面完成。启动人民医院周边280户、盐矿南苑小区390户、机校400户老旧小区改造和韩家湖小区39户拆迁工作。投资168万元,硬化修补土里垭路和机埠路,启动投资132万元的盐矿便道硬化项目。结合环洞庭湖“五结合”综合整治项目开展清淤、除杂植草及周边坡面整治,汤家湖、清远观黑臭水体情况进一步改善。 (王京二)

【服务企业】2020年,开展部门服务企业活动,加强协调,帮助湖南鑫铮电子高新科技有限公司与湖南工程学院搭建产学研平台,企业研发成果获国家技术发明专利;为湖南汉晶瑞氨基酸有限公司、湖南天成生化科技有限公司解决贷款、企业用水、子女就读等问题,为园区企业招工80余人,营商环境进一步优化。 (卓伶俐)

【招商引资】2020年,街道经济平稳发展,主要经济指标圆满完成。坚持招商引资的“首位战略”,成功引进投资5000万元的湖南中源交通设备有限公司,完成向上争资任务209万元。 (卓伶俐)

【蔬菜、水产】辖区荷花、澧阳、阳由3个农村社区,以蔬菜种植、水产养殖为主。2020年有蔬菜面积4150亩,建成无公害蔬菜基地3000亩,其中蔬菜大棚2000亩,主要生产萝卜、白菜、苋菜、芹菜、莜麦菜、豆角、辣椒、黄瓜、西瓜等大宗蔬菜及瓜果,当年,生产各类蔬菜和瓜果4200余吨;辖区共有水产养殖水面3500亩,主要养殖鳙鱼、草鱼、青鱼、鲫鱼、黄骨鱼、鲈鱼、桂花鱼、南美白对虾等,2020年总产量达3500吨。所产蔬菜、水产品主要由津市市阳由垸蔬菜销售公司、常德宏福水产养殖专业合作社销往湘西北各大型超市和农贸市场,街道为湘西北重要的蔬菜、水产等农产品输出基地。 (雷明金)

荷花社区蔬菜大棚蔬菜长势喜人

【综治维稳】积极推进“雪亮工程”,完成“雪亮探头”建设,实现“雪亮村庄”“雪亮街巷”、校园、医院、居民小区等视频资源联网,截至12月30日,辖区接入视频监控探头,基本实现全覆盖。认真开展禁毒反邪工作,制作禁毒宣传栏8块,发放资料1000余份,签订禁种铲毒承诺书200余份,实地排查居民户1000余户;加强对社戒社康人员管理,期满解除1人,尿检180人次。“一站式”提供信访接待、司法调解、法律援助等法治服务,全年接待来访190余人次,排查矛盾纠纷250起,化解信访积案19件,办结“12345”市长热线101件,保证辖区社会大局和谐稳定,未发生一起到常赴省进京非访事件。 (王京二)

11月,市襄阳街街道老干党支部开展“以史为鉴 铭记初心”主题党日活动

【安全生产】紧盯安全生产、地质灾害、防洪抢险三项重点工作,扎实开展安全生产宣传教育、隐患排查及整治化解等工作。重点节假日前期组织重点隐患大排查、大整治,共排查整治道路及消防安全隐患40多起。开展“打非治违”和强执法防事故的专项整治行动,联合执法检查262次,出动执法人员810人次,检查生产企业204家,经济处罚7000元,责令停产停业1家,问责4人,排查安全隐患30起。开展清远观水库漫溢跨堤、老果园山体滑坡等安全应急演练和交通问题顽瘴痼疾集中整治行动。汛期严阵以待,全员上阵,紧盯险工险段,安全度汛。全年未发生一起安全生产责任事故。 (卓伶俐)

【生态环保】扎实落实禁捕退捕、大气污染防治、煤改气工作。强化河湖管护，开展“洞庭清波”和退捕禁捕专项整治行动，对清远观水库、阳由垸主排沟进行5次专项整治行动，共收缴地笼、丝网等渔具40余个，有效保护阳由垸的水生态环境。联合市监局开展禁煤专项行动，45家餐饮经营单位全部完成煤改气工作。以迎接国卫复审工作为契机，累计动用劳力2800人次、拖拉机880台次、挖机210台次，作业1150小时，清除房前屋后积存陈年垃圾、暴露垃圾、乱堆乱放的杂物和卫生死角垃圾共计1200余车，疏通下水道1080米，改厕12处，清理盆罐积水680处、沟渠3000米，更换陈旧破损垃圾收集容器480个，确保环境整洁美观。（李志华）

6月，澧阳社区60艘渔船集体“上岸”

【志愿服务】加大街道边缘贫困群体和弱势群体帮扶力度，在关爱失独老人、留守儿童、助残助学、志愿服务、精准扶贫等方面开展系列活动。2020年开展各类志愿服务活动30余次，化解矛盾纠纷100余起，慰问帮扶弱势群体2000余人，筹集慰问资金和物资达50余万元。街道志愿者工作站被评为全国“敬老文明号”单位、常德市“五四青年奖章集体”、津市市“巾帼建功先进集体”、常德市公益创投金奖等荣誉称号，相关工作被新华网、中国文明网、湖南文明网、《湖南日报》等多家媒体报道21次。（雷明金）

1月，开展“一封家书，寄情暖冬”慰问走访活动

5月，开展关爱特扶家庭 美丽乡村行活动

【民生保障】新增低保13户18人，取消19户20人，2020年有低保户159户219人。全年发放临时生活困难救助金68人11万余元。城乡居民医疗保险参保12941人。春节期间，组织资金、物资共12.5万元走访慰问困难家庭332户。通过职业介绍、社区安置、自主创业支持等形式，新增就业709人，其中失业人员再就业436人，就业困难人员就业200人，为园区招工86人。

（王京二）

【政务下沉】聚焦政务下沉过程中的热点、难点问题，探索创新工作举措，通过“三改四化”，即改变作风、改造平台、改进机制，流程简化、信息细化、操作标准化、服务最优化的方式，由党建联络员担任政务下沉全能办理员，并开展“最佳办理窗口”评选，实现下沉事项一沉到底，打通服务群众的“最后一公里”，实现居民办事只进“一扇门”。截至11月1日，69个下沉事项累计办件量达15661件。（青陵）

7月，在防汛期间对果园地质灾害点居民逐户做防灾害宣传工作

【计划生育】辖区共办理生育服务证141人，老年证900人，对辖区内35—64周岁的低保户及特困户实行“两癌”免费筛查。2020年度，新增农村奖扶2人，享受奖扶23人。特扶对象84名，其中新增9人，死亡1人。独生子女保健费发放97人。完成优生遗传任务90人，孕中期产筛任务66人。对计生特扶家庭免费购买医保及意外伤害险，对符合条件的12位特殊家庭重大疾病护理补贴按时补贴到位4.8万元。2020年出生统计准确率、符合政策生育率、奖励扶助确认准确率、流动人口管理到位率均达到100%。（李志华）

【打造“志愿者+”服务新常态、创新街道信访维稳新模式】直面制约区域发展的热点难题、阻碍社会和谐的焦点问题、影响群众利益的难点问题这三个难题，通过推行信访志愿组织“社会化”、加速信访志愿队伍“群众化”、促进信访志愿服务“专业化”，开创了信访促发展、信访促和谐和信访促民生的“新常态”。近三年来，通过信访志愿服务，先后平稳完成一中东门油泵312户房屋征拆、1170亩土地征收，推动了津港新城周边595户的棚改征收及多个小区的功能性项目改造建设，共排查化解各类民间纠纷478件，接待群众来访650人次，接待群众法律咨询336人次，预防群体性上访5起，排查整改各类信访隐患78个。共帮扶低保救助弱势群体687户，发放救助资金632万余元。解困受灾群众249户523人，所涉资金16万元。新增就业3300多人，其中解决困难就业700人次。（雷明金）

金鱼岭街道办事处

【概况】津市市金鱼岭街道办事处地处津市市城郊接合部,位于津市城区西南部,北与襄阳街街道相连,南与工业集中区、嘉山街道接壤,东与襄阳街街道相连,西临道河与澧县澧南相连,“二广高速”穿越大关山村。2020年辖燕子窝、文家湾、湖桥、丝绸4个社区居委会,大关山村1个行政村,总面积44平方千米,总人口2.2万人。有党员1117名、基层党组织39个。辖区内有汽配、生物、纺织3类产业共14家企业。

2020年,金鱼岭街道调度党建工作35次,整改落实3个上年度基层党建工作问题,完成全市村社区“两委”换届选举试点工作;招商引资对接项目2个;改厕155口,建设2个屋场,道路黑化、硬化800多万元,乡村治理成效显著;街道共开展联合执法活动131次,出动执法人员260人次,化解信访积案9件。

建档立卡贫困户11户29人,医保补贴29人。2020年为131名困难对象发放临时生活困难资金15.99万元,发放最低生活保障金共86.47元,发放特困人员供养资金40.8万元。组织动员23支队伍暨243人开展防疫宣传防控工作。

2020年,街道被评为“平安街道”“建设‘无上访村(社区)’良好街道”,湖桥社区被评为全国防灾减灾示范社区,大关山村获评“国家AAA级旅游景区”“湖南省乡村旅游重点村”“常德市休闲农业集聚产业发展示范村”。(刘彬)

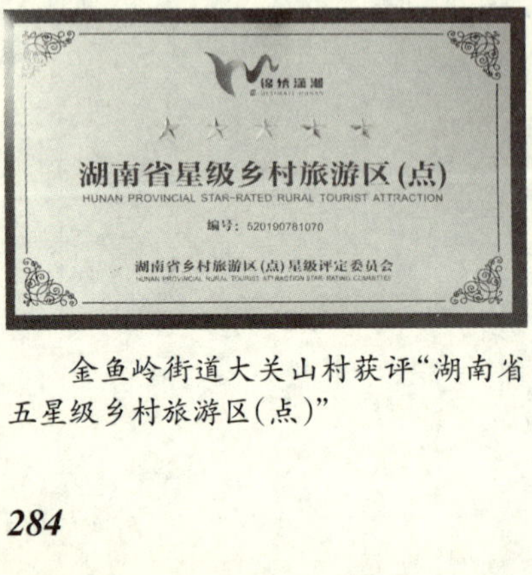

金鱼岭街道大关山村获评“湖南省五星级乡村旅游区(点)”

【基层党建】2020年,街道不断加强基层党员队伍建设,不断强化基层党组织政治功能,提升组织力。发挥党员先锋模范作用。39个基层党组织300多名党员奋战在疫情防控和防汛抢险一线,1115名党员累计捐款8.2万元。在疫情防控、脱贫攻坚、防汛值守、环境治理、社会维稳等方面都发挥党员的先锋模范作用。换届选举试点圆满完成。作为2020年全市村(社区)“两委”换届选举工作试点单位,街道严格依法依规,精细有序组织,在上级党组织和民政部门的指导下,圆满完成换届选举试点工作。新当选“两委”干部中,书记(主任)“一肩挑”比例达到100%,其中女性干部22人,35岁及以下干部16人,大专及以上学历21人,实现职数合理配置、结构总体优化、学历层次提升的预期目标。政务下沉成效显著。按照“六个一”的政务下沉要求,结合智慧党建示范基地建设,打造大关山村智慧党建示范点和政务下沉示范点。2020年4月,常德市智慧党建暨基层公共服务(一门式)全覆盖工作现场会在大关山成功召开,共迎接全省各市州参观学习团队46批次。(刘彬)

【招商引资】2020年,金鱼岭街道主动“走出去”,多次赴北京、上海、山东、长沙等地开展招商引资,引进关山小镇、高效设施农业种植示范园2个重点项目:包含建设接待服务中心、果宝乐园、御果园、道河草原、荷花晚风和智慧玻璃大棚等内容,项目总投资8000万元。(刘彬)

【乡村振兴】2020年,金鱼岭街道压实属地责任,推动工作下沉,开展农村人居环境整治,以厕所改造、黑臭水体整治、道路提质等方面为主抓手,集中力量重点清理房前屋后、河道沟渠及其他卫生死角,按照“户分类、村收集、镇转运、市处理”模式积极落实绿色存折制度。全年完成新建改厕155口,完成改厕硬化354口,完成赵家屋场和张家屋场2个屋场建设,新修入户公路1条280余米,硬化整修排水沟9条360余米,新修厕所2处,改造厕所10个,新修广场1个,改造休闲亭2个,清淤池塘1处,清理平整菜园5000多平方米,安装菜园护栏830余米,绿化铺草皮3000多平方米,栽种景观树木300余棵,总共惠及农户31余户120余人。2020年大关山村道路黑化、亮化工程投资800多万元,关山潭改造工程投资100多万元,停车场和2个公厕建设工程投资300多万元,以及正在规划设计的水系联通工程及古大同至关山岭的环山漫步路工程等,切实改善村庄环境。在推进乡村治理过程中,大关山村与新时代文明实践活动深度融合。2020年,共开展卫生整治志愿服务活动15次,通过志愿服务带动、村民共同参与,使村民的居住环境更加优美;大关山新时代文明实践站举办“和谐邻里”“助人为乐”等四类好家风评选活动,在全村逐步形成尊老爱幼、文明礼让、团结互助、遵纪守法的文明新风。2020年,大关山村获评“国家AAA级旅游景区”“湖南省乡村旅游重点村”“常德市休闲农业集聚产业发展示范村”。(刘彬)

【安全维稳】2020年,金鱼岭街道严格落实党政同责,坚决抓好安全生产、综治维稳工作,营造稳定、和谐、平安的社会环境。街道大力开展“强执法、防事故”专项整治活动。2020年,街道共开展联合执法活动131次,出动执法人员260人次,检查经营单位55家,取缔关闭3家烟花爆竹经营店,全年辖区未发生一起安全生产责任事故。加强信访积案化解力度,共化解信访积案9件,并签订息访承诺书。其中大关山村的积案化解“多元调解”经验在全常德推广分享。强化疫情防控保障。落实常态化疫情防控工作,做到防控意识不松懈、排查工作不放松。建立村(社区)重点人员排摸队伍,明确职责,压实责任,做到防控工作精准化、常态化。完成防汛抗洪任务,共采购防汛物资碎石200余立方米,编织袋2000多条,彩条布500余米,组织防汛人员2000多人次上堤开展值守巡逻查险任务,成功处置窑坡渡砸门渗水等多处险情。(刘彬)

【脱贫攻坚】2020年,金鱼岭街道共有建档立卡贫困户11户29人,已全部脱贫。教育助学2人(其中特困生助学1

人)，发放贫困人口特惠保29人，发放2020年医保补贴29人，为5名贫困户申请了公益性岗位。2020年4月，干部入户走访摸排115户七类对象，对重点排查脱贫攻坚责任落实、政策落实、工作落实情况，精准识别、精准帮扶、精准退出情况，以及义务教育、基本医疗、住房安全、饮水安全等突出问题进行排查，对于发现有贫困户、特殊群体16户存在住房功能性不全、医疗保障等方面的问题，街道及时整改，涉及16户、25个突出问题全部整改到位，整改率100%。通过整改，低收入群体收入有所提升、扶贫政策有效落地、攻坚合力有所增强，群众满意度极度攀升，如期打赢脱贫攻坚战。（刘彬）

【疫情防控】2020年，面对突如其来的新冠疫情，街道组织动员23支队伍暨243人开展防疫宣传防控工作；出动宣传车1台、小喇叭10个、摩托车“车载音箱”5个，广播次数达400余次；悬挂宣传标语200多条、宣传牌45个，印发宣传单12552份。通过电子显示屏、微信工作群、微信朋友圈等，大力宣传疫情防控知识，信息告知次数9642次。对特殊类、Ⅰ类人员严格实行“三包一”居家隔离。对办事处、村(社区)办公区域及3个农贸市场等进行全面消毒，共消毒141次，开展村社区环境卫生整治62次。在主要交通路口及居民小区共设有29个劝导点，66名街道、社区干部、党员志愿者参与其中，每天巡查值守，劝导居民少外出，严禁外来车辆、人员进入。做到严格落实上级指示精神，全力做好疫情防控工作。（刘彬）

【生态环保】2020年，街道加大生态环保宣传力度，推进秸秆回收综合利用，共发放环保宣传资料1万多份，环保标语牌15块，安排值守人员1400人次，组织人员回收秸秆260车。落实河长制，建立专门巡管队伍，实现常态巡查。完成全年森林防灭火工作任务，充分利用横幅、坎报、警示牌、微信、短信、广播等各种媒介大力开展森林防火宣传，组织森林防火检查12次，春节、清明等防火特伏期安排专人进行守山巡逻，切实保障辖区内群众的生命财产安全。（刘彬）

【民生保障】2020年，街道狠抓清理整顿，对辖区所有低保户进行一次全面的清理排查。有城市低保107户127人，农村低保59户73人，特困48人，困难残疾113人，重度残疾180人，享受高龄老人补贴77人，2020年共发放最低生活保障金86.47万元，发放特困人员供养资金40.8万元，为131名困难对象发放临时生活困难资金15.99万元；帮助5名新增大学生申请慈善助学金，共计2.5万元。城镇新增就业人数700人，完成804人；全年失业人员再就业人数530人，完成532人；就业困难对象再就业150人，完成296人；城镇登记失业率达4.5%。一批下岗失业人员找到新的就业门路，减少政府部门的压力，维护社会的稳定。（刘彬）

【计生服务】2020年，街道共出生74人，符合政策生育率为100%，办理一胎生育服务证19本、二胎生育服务证20本，流动人口婚育证明5本，办证准确率100%。出生统计求实率达到99%，全员人口主要数据准确率99%，流动人口信息反馈率达到100%，反馈及时率100%。2020年度完成17个新增农村奖励扶助对象和3个特扶对象及79个城镇奖扶对象的摸底、调查、上报工作，落实好特扶对家的双岗联系人及家庭医生签约等工作，街道享受农村奖扶对象共191人、特扶对象共65人、独生子女保健费的共43人。孕前优生工作：12月为止共完成检查对数68对，超额完成任务数，产筛工作达到上级考核要求。（刘彬）

嘉山街道办事处

【概况】嘉山街道办事处地处津市市城市南部，东临澧水，西接二广高速，南与新洲镇毗邻，北与金鱼岭街道接壤，总面积21平方千米。嘉山街道成立于2016年1月，下辖明道、团湖2个社区，杉堰、戚关2个村。戚关村占地面积3.28平方千米，664户，2346人；杉堰村占地面积3.92平方千米，638户，2956人；明道社区占地面积1.54平方千米，418户，1481人；团湖社区占地面积1.9平方千米，318户，1384人。嘉山街道水陆交通便利，水路经澧水下洞庭直达长江，千吨级航运码头建成运营，省道205线贯穿全境，二广高速在境内设有连接点。

嘉山街道内设党政办公室、党建办公室、经济发展办公室、平安建设和应急管理办公室、政务服务中心、自然资源和生态环境办公室(城建办公室)、社会事务综合服务中心（卫生健康办公室)、城管中队、民政和社会保障站、综合文化站、城市管理服务站、安全生产监督管理站、农业综合服务中心、退役军人服务站、武装部等站所，在编在岗人员31名（3人借调)，其中行政编制16名、事业编制人员15名(不含派驻机

长沙组织部、行政审批服务局到大关山村指导政务下沉工作

构、临聘人员)。

2020年,嘉山街道机关支部共召开12次支委会,4次党员大会、2次党课,组织党日活动12次;在确保平安拆迁、和谐拆迁的基础上,新增签订协议房屋3栋,签约拆除73户,完成招商引资项目1亿元,巩固"无上访村(社区)"创建成果,全年共摸排受理各类矛盾纠纷80余起;全年垃圾回收33401公斤,其中可回收垃圾20708公斤,不可回收垃圾12689公斤,有害垃圾4公斤,共计为村民兑换"绿色存折"积分返现物品金额5261元。建档立卡贫困户共有33户122人,已顺利完成脱贫,完成道路硬化工程4个,投入扶贫专项资金18万元;完成堰塘清淤工程1个,投入扶贫专项资金5万元;新增就业244人,失业人员再就业152人,就业困难对象再就业46人,农村劳动力转移就业50人,大学生引领计划6人,城镇登记失业率控制在4.5%以内,开展企业行政执法检查64次,责令限期整改指令书46份,处罚34次,经济处罚3370元,解决农村道路安全隐患17处,解决80余家房屋瓦片高空坠物的安全隐患;取缔烟花爆竹经营门店1家,查封退货4万余元;重点推进中设新厂综合服务商圈建设,餐厅、儿童托管中心、网吧、电影院已经正式开始营业,超市、药房、奶茶店、茶楼等业态均已进入洽谈阶段。

2020年,街道荣获津市市工商业联合会优秀基层分会、津市市就业创业工作先进单位、津市市退役军人事务工作先进单位、市级安全发展工作示范街道、无市级以上纪检监察越级信访举报街道等荣誉称号。　(覃子耀)

2月,嘉山街道组织疫情防控

【基层党建】2020年,嘉山街道建立"书记带头、班子成员联点"党建责任制,班子成员每人联点一个村居党组织,指导工作落实。坚持把政治学习作为首要任务,2020年机关支部共召开12次支委会对组织日常工作进行安排部署,组织4次党员大会、2次党课,组织党日活动12次,深入学习习近平新时代中国特色社会主义思想、习近平总书记系列讲话精神。开展重要节日期间对村老党员、贫困党员的慰问活动。在春节和"七一"期间,共走访慰问联系村(社区)困难党员12人。

在2020年的疫情防控工作中,号召党员参加疫情防控工作,共召集22人加入志愿者队伍;疫情防控期间街道全体党员268人共计捐款近3万元。全年共培养入党积极分子7名、发展预备党员5名。

6月,嘉山街道组织"我们的节日·端午"包粽子活动

2020年开展"粽叶飘香过端午、共建和美园企情"包粽子比赛;"七一"期间开展党员集中过"政治生日"、支部书记上党课等活动。特别邀请参加过抗美援朝的老党员杜慎泽为机关全体党员上一堂党课,并带领党员干部重温入党誓词;组织七夕"团聚嘉园,缘来是你"园区青年交友活动;开展"园企一家亲篮球赛、足球赛"等活动。　(覃子耀)

【招商引资】2020年引进大泽农生物发展项目,项目计划总投资1亿元,年产1.8万吨生物益生菌制品项目建设。一期总建筑面积28074平方米,配套相关设施设备,6—60立方米发酵罐4套及配套设备、每小时500千克蒸发量离心机喷雾干燥塔1套、2立方米混合包装机1台、离心机20台、空压机及制氮机2台、污水处理设备以及其他配套设备。二期总建筑面积28700平方米,主要新建发酵车间提取(1万平方米)、制剂车间(1万平方米)、污水处理以及消防(1400平方米)、办公研发大楼(2400平方米)、原料库2400平方米、成品库2500平方米。　(覃子耀)

【环境整治】2020年,嘉山街道以"绿色存折"机制为契机,全面铺开生态环境清理整治行动,辐射到房前屋后、田埂、堰塘等空旷区域。居民小组每周开展一次环境卫生清理和自查,村级每半月组织一次环境卫生清理整治,街道每月组织一次环境卫生督查整改行动,戚关村在2020年第1、4季度全市评比中获得"五佳"的好成绩。2020年全年垃圾回收33401公斤,其中可回收垃圾20708公斤、不可回收垃圾12689公斤、有害垃圾4公斤,共计为村民兑换"绿色存折"积分返现物品金额5261元,农村人居生态环境清理整治卓有成效。屋场建设方面,全年共完成改厕任务50个,对戚关村专桥路屋场、关桥小区屋场进行建设。内容包含道路修复、道路黑化、文化墙、乡村大舞台建设、篮球场、足球场改造及小型休闲广场建设等。　(覃子耀)

【综治维稳】2020年,嘉山街道突出抓好平安建设、治安防控、矛盾纠纷排查调处、扫黑除恶等重点工作。明确各班子成员、站所长、工作人员的工作任务和工作责任,做到定点、定人、定责,全年共摸排受理各类矛盾纠纷80余起,均得到有效化解。在全市推进"雪亮

8月,开展"团聚嘉园,缘来是你"园区青年交友活动

工程”建设的大背景下，提升园区治安探头覆盖率，基本实现园区全面可视，5月为公安机关侦破2起盗窃案件提供有力证据。（覃子耀）

3月12日，嘉山街道组织植树活动

【脱贫攻坚】2020年，嘉山街道建档立卡贫困户共有33户122人，其中未脱贫户5户17人已顺利完成脱贫。针对2014—2019年已退出贫困户28户105人持续做好“回头看”“回头帮”工作，确保生活质量、家庭收入稳定提高，“两不愁三保障”和安全用水工作持续提升。完成教育助学14人、其中雨露计划3人、特困生助学2人，发放贫困人口特惠保122人，发放2019年医保补贴122人，覆盖所有贫困人口。完成道路硬化工程4个，投入扶贫专项资金18万元；完成堰塘清淤工程1个，投入扶贫专项资金5万元。在产业扶贫方面，在原有五凤杨梅合作社、果木林种植的基础上，新增蔬果种植项目，项目占地200亩，投入扶贫专项资金30.5万元，通过采取年底分红的方式，增加贫困户收入。（覃子耀）

【安全生产】强化执法检查。加大行政执法力度，全方位多频次开展执法检查工作，是安全生产工作取得成效的重要保证。2020年，街道办事处在辖区范围开展“强执法、防事故”等多次专项执法行动，开展企业行政执法检查64余次，责令限期整改指令书46份，处罚34次，经济处罚3370元，基本做到辖区生产经营单位执法全覆盖。通过执法行动的开展，对辖区生产经营单位形成有效震慑，提升其安全生产意识。2020年解决农村道路安全隐患17处，解决80余家房屋瓦片高空坠物的安全隐患；取缔烟花爆竹经营门店1家，查封退货4万余元；对津市市挂牌督办的4处主干道标志标线缺失的重大安全隐患进行整改；在汛期解决戚关村村部后山滑坡、桃花岗路和金堂湾道路路肩冲毁等等隐患；2020年街道办事处就隐患整治投入资金50余万元，取得良好的整治实效。（覃子耀）

【社会保障】2020年，民政劳保站工作坚持“以民为本，为民解困”的工作宗旨，开展民政救助工作。2020年新增就业244人，已全部录入系统，失业人员再就业152人，就业困难对象再就业46人，农村劳动力转移就业50人，大学生引领计划6人，城镇登记失业率控制在4.5%以内。2020年10月带领各村（居）共100余名失业人员在市桥头广场参加大型招聘会，解决46人的就业工作；2020年失业证年检51本，新办失业证审核、申报3本；完成全年职业培训与技能鉴定任务数50人；除对退休人员基本走访外，还分别对70岁以上高龄和孤寡人员每三个月进行上门走访1次，及时了解他们的生活和身体情况，对他们提出的问题和要求进行及时讲解和解决；共完成辖区内企业退休职工生存认证883人；对辖区166名居民进行身份核实，并帮助他们申请失地农民资格购买社保；针对购买2021年城乡居民医疗保险上级下达征缴任务数8140人，2020年完成6990人，金额195.72万元，完成率为91%，已将全街道7487人进行系统录入，并在购买过程中将参保人员信息错误进行修改和上报医保中心。（覃子耀）

2020年，嘉山电影院建成

【三产服务】2020年，嘉山街道针对性做好园区三产服务业区域发展和招商规划，重点推进中设新厂综合服务商圈建设，餐厅、儿童托管中心、网吧、电影院已经正式开始营业，超市、药房、奶茶店、茶楼等业态均已进入洽谈阶段；依托胥家湖秀美景观资源，先期启动1.44千米的健身步道建设。同时，争取上级项目资金，在明道社区建成2个五人制足球场，启动配套篮球场和停车场建设。对居民小区提质改造，对明道、团湖社区广场完成微更新，对戚家小区临街面完善绿化景观打造，完成小区菜园整治项目，实现园区生活服务能配套、娱乐休闲有场所。（覃子耀）

【征地拆迁】2020年，在确保平安拆迁、和谐拆迁的基础上，新增签订协议房屋3栋，共签约拆除73户，迁坟323座。为确保园区项目建设的顺利实施，全面完成生物医药支路、1402地块两百余亩的征拆任务，签订二米厂周边及960亩储备土地的130户房屋补偿协议。（覃子耀）

津市高新技术产业开发区

【概况】津市高新区于2005年年底启动建设，2012年获批省级工业集中区，2015年获批省级生物医药新型工业化产业示范基地，2016年转型为省级高新技术产业开发区。同年获批国家火炬津市生物酶制剂及应用特色产业基地，2018年授牌为“常德市生物医药与健康食品产业园”。2020年获批“湖南省生物医药特色产业园”。规划面积18.96平方千米，建成面积近9平方千米，现有规上工业企业118家。2020年，园区规模工业产值292亿元、综合税收5亿元。（易松柏）

【党建工作】津市高新区企业党委累计成立两新党组织19个，其中联合党支部3个，党员122名，每家企业都派驻党建指导员，党组织覆盖率达100%。园区企业始终坚持党建与生产经营“双轮驱动”，通过设立党员示范岗、建立“党员攻坚组”，参与助学、脱贫攻坚、防汛抗旱、疫情防控等工作，形成关键时刻有党员、难题破解看党员的良好氛围，涌现出省级劳模、常德市级劳模等荣誉获得者，促进企业党建与企业发展相互融合，尤其以生物医药企业党组织为代表，通过党建引领实现经济快速发展，2020年仅生物医药产业工业总产值达51.45亿元、同比增长22.8%，实现税收1.13亿元、同比增长229.5%。

（涂明）

【项目建设】2020年，园区全面贯彻落实国家和省委、省政府工程建设项目审批制度改革部署，累计完成区域评估7项，分别为环境评价、压覆矿评估、地质灾害评估、节能评估、地震安全性评价、水土保持评估和整体性安全风险评价。狠抓项目建设，新建项目12个，食品产业园标准化厂房、医疗器械产业园标准化厂房、装备制造产业园标准化厂房如期开工建设，总建筑面积达23.3万平方米。嵘鑫风管、经世新材料、台龙食品等8个项目已投产运行，湘惠板材、大米制糖、夏伯食品项目施工如火如荼，预计2021年完成建设任务。（杨毅）

【招商引资】项目对接成效显著。超额完成招商任务。积极主动参与招商考察，对接意向企业近百个，通过开展招商活动和驻点招商，接待或对接客商130余次，主导促成创源生物、湘惠板材、醇健制药、长征生物、荣灿医疗、三湘和达公路港等多个项目签约，不论从签约项目还是从引资额上，都超额完成年度招商任务。落实税源培植工作。从招商方面落实市委、市政府税源培植工作，截至2020年12月底三大引税项目已正式运营，陆续开票纳税。长征生物医药、医疗器械销售平台项目已于12月开票（约110万元，待报税）；荣灿医疗器械销售平台项目于11月正式运营，截至12月底已上缴税收约46万元；三湘和达网络运输平台于2020年8月正式运营，至12月底已上缴税收100多万元。同时，通过协调对接，全年累计协助77家引税企业办理工商注册。

项目总量体量保持高速增长。签约项目20个，其中正式入园项目17个，同比增长54.55%（2019年入园项目11个），协议引资总额达51.71亿元，是2019年的4.14倍（2019年引资总额12.5亿元），达历年最高，其中新征地项目7个、盘活闲置低效资产项目2个、改扩建项目3个，而2019年同期63.6%的项目为租赁厂房的孵化项目。

项目质量实现大幅突破。有14个项目为重大亿元项目，其中5亿元以上项目6个（含10亿元以上项目1个），两项指标创历史新高。截至12月底，已有16个项目履约，履约率达94.1%。生物医药、装备制造、健康食品三大产业加速集聚，产业链进一步提升。

招商引资方式丰富多元。以商招商。发挥溢多利生物、娄星纺织等重点企业资源优势，通过以商招商引进投资10亿元的醇健制药甾体激素制剂项目、投资5亿元的津东云纺全自动智能纺纱项目。其中，醇健制药项目的入园，填补全市成品药领域的空白。产业链招商。持续以壮大生物医药产业发展为中心，不断延伸产业链，引进投资2亿元的长征生物、荣灿医疗两大生物医药、医疗器械营销平台、引进投资5亿元的如虹高端原料药及制剂生产基地；以湖南微生态健康产业园为中心，引进医疗器械企业入驻产业园，全年累计注册98家医疗器械产业企业，向湖南省药品监督管理局递交二类医疗器械注册快速审批785件，取得二类医疗器械注册证270件，取得一类医疗器械备案（常德）65件，医疗器械注册增幅排名全国第一。实行基金招商。以生物医药与健康食品产业基金为纽带，引进投资1.2亿元的慕恩生物微生物产业化基地项目，基金招商效应凸显。

闲置资产盘活方面。通过招商引资，引进投资商盘活闲置低效资产2处，盘活总面积约130亩，分别是创源生物盘活万木汇公司部分低效资产，建设大米制糖项目；醇健购买原百特机械破产资产，建设甾体激素制剂项目。两个项目投产后，预计可为全市增加产值28.6亿元、税收1.1亿元的经济效益。通过企业自主招商，盘活宏森钢构低效资产，新增生产线，现已正式投产运营。另有意向盘活项目1个（仁和盛意向购买中宝闲置资产），尚在对接洽谈中。

（洪梨花）

【惠企政策落实】保险减免方面，累计为园区企业减免2694.14万元，其中养老保险减免2124万元，工伤保险减免131.9万元，失业保险减免369.9万元。为31家企业返还上年度失业保险费68.34万元。税收减免方面，联合市税务局对园区工业企业税收优惠政策（房产税、城镇土地使用税、无偿捐赠减免、服务收入免征）摸底排查，累计为22家企业减免税收158.7万元。降成本方面。一是疫情期间对大工业用电67家企业2—3月电费实行95折，减免费用135万元；疫情防控期间2-3月基本电费22家企业可免除23.9万元。二是疫情期间，国有租赁有荣瑞电力、荣威服饰、灵猫科技、惠东森食品、玉津医疗、引航生物、好米针镜、合健生物、浩瀚食品、鑫铮科技、瑞晶钢化、溢多利常德分公司等15家企业，2—4月总共减免房租40.2万元。租赁民营企业厂房的5家企业租赁减免租金22.7万元。三是受疫情影响的90家园区企业2—3月减免城镇污水处理费24.2万元。（陈红）

【争资争项】争创园区品牌。获评2019年常德市高质量发展特色产业园；获评省工信厅制造强省园区高质量发展奖励项目；获评省发改委省级生物医药特色园区；获评省市监局津市高新区知识产权综合服务分中心项目；通过国家火炬常德津市生物酶制剂及应用特色产业基地复核；争创省级绿色园区，已上报自评价及三方评价资料，待专家评审。积极谋划争资项目。通过前期梳理和策划，积极申报发改口、工信口各类项目，累计申报争资项目22个，园区企业争取新动能培育专项资金、创新引领专项资金、“135”工程升级版奖补资金约1700万元。（陈红）

表 27

2020 年津市高新区签约入园项目统计表

序号	企业名称	协议项目名称	投资额(亿元)	签约时间
1	湖南创源生物科技有限公司	大米制糖项目	1	1月1日
2	湖南湘惠塑业有限公司	年产 1.2 万吨 PP、PE 板材及深加工项目	1	1月1日
3	湖南醇健制药科技有限公司	甾体激素制剂项目	10	3月18日
4	中联重科股份有限公司工程起重机分公司	中联重科工程车桥生产基地建设项目	5.1	3月31日
5	湖南慕恩生物科技有限公司	微生物产业化基地项目	1.2	4月28日
6	湖南夏伯食品发展有限公司	肉制品加工项目	1	5月13日
7	湖南省食品产业有限责任公司	肉类产品加工及冷链物流项目	5	6月5日
8	深圳市长征生物科技有限公司	生物医药、医疗器械营销平台	2	7月3日
9	湖南津东云纺纺织有限公司	9.6 万锭差别化纤维全自动智能纺纱项目	5	7月8日
10	湖南湘食食品有限公司	津市市湘雪冷链物流项目	5	8月6日
11	湖南荣灿医疗科技有限公司	医疗器械销售平台	0.5	8月2日
12	湖南如虹制药有限公司	高端原料药及制剂生产基地	5	9月3日
13	湖南天盛新材料科技有限公司	年产 1.2 万吨合金粉末项目	2	9月24日
14	湖南三湘和达现代物流有限公司	三湘和达公路港项目	0.21	10月12日
15	湖南省渔经生物技术有限公司	年产 5000 吨水环境改良剂和兽药制剂项目	1	10月22日
16	湖南省南北特食品有限公司	年产 80 万件蛋制品及年产 30 万件豆制品生产线项目	1.2	10月23日
17	湖南省中源航务工程有限责任公司	桥梁防撞设施、水上交通安全标志及设施等相关产品生产项目	0.5	11月20日

表 28

2020 年津市高新区部分新建产业项目统计表

序号	公司名称	项目名称	开工时间	投资额(亿元)	占地面积(亩)
1	湖南夏盛酶技术有限公司	年产 5000 吨食品级生物酶建设项目	2020.1	1.5	50
2	湖南引航生物科技有限公司	酶化学及配套的酶发酵项目	2020.2	3.8	200
4	湖南醇健制药科技有限公司	甾体药物制剂项目	2020.8	10	100
5	湖南创源生物科技有限公司	大米制糖项目	2020.8	1	40
6	湖南夏伯食品发展有限公司	津市市夏伯食品新工厂建设工程	2020.9	1	30
7	常德市汇海饲料有限公司	年产 23 万吨环保型配合饲料项目	2020.9	1.2	50
8	湖南湘惠塑业有限公司	PP、PE 塑料板材系列产品生产项目	2020.11	1	24.5
9	湖南津东云纺纺织有限公司	9.6 万锭差别化纤维全自动智能纺纱项目	2020.12	5	138

逝世人物

（为补以往志、鉴遗漏，特收录6篇逝世人物传）

【李如圭】李如圭（1479—1547），字国宝，明朝澧州澧阳人，教谕李通之孙。明宪宗成化十五年（1479），李如圭出生于澧州嘉山南三十里桃林东里樟树岗下（今津市李家铺乡土桥村），后为方便迎送宾客，迁居澧州城沧堰北（今澧县城关中学校址）。早年饱读诗书，弘治（戊午）十一年（1498），他满19岁时参加乡试考中举人（俗称孝廉），弘治十二年（1499）殿试考取进士。

李如圭先后任江西安福、建昌知县。他风华正茂，敢于去弊除奸，深得民众爱戴。明正德年间（1506—1521）朝廷命他巡视福建。福建濒临海滨，海盗蜂起，又有贪官污吏为害，人民深受其苦。李如圭发动群众检举，海盗闻风远遁，贪官污吏惊魂落魄。朝廷选贤任能，任命他为广西兵备道按察使。广西苗民、瑶民因不满朝廷的歧视，曾经多次暴动，一般官员视其为“獠瑶”。而李如圭却平等看待苗族、瑶族群众，并与苗族、瑶族首领义结金兰，实施安抚政策，苗族、瑶族民众安居乐业，社会秩序安定，真正化干戈为玉帛。李如圭因此被晋升为监察（佥都）御史，官至正七品，负责巡按州县，考察官吏。后积劳成疾，回家休养。嘉靖十年（1531）秋，陕西延绥地区因灾大饥，礼部尚书兼武英殿大学士夏言荐举巡抚陕西，他深入重灾的延绥地区进行安抚赈饥，并经过周密调查，向朝廷写了治理荒政的十多条奏折，尽皆采纳，使数十万饥民得以活命。

嘉靖十五年（1536）春，李如圭受命总理河道（明朝因事而设的官职），指挥疏浚江河航道，先后在河湖之间建闸数座，蓄排两便，江河畅通，方便粮运，活跃商旅，促进生产发展。不久，他又晋升为户部侍郎，总督仓场兼西苑农事。嘉靖十八年（1539），皇帝仁宗到显陵拜谒，见他同靖远伯王谨居守显陵有功，颁诏提拔李如圭为工部尚书，官至正二品。后改任户部尚书。

嘉靖二十一年（1542）8月，吏科给事中周怡参劾李如圭“受周府之赂，诏令回籍听勘”，这实际上是一大冤案：当时有个户部右侍郎王杲，借河南大饥往赈之机，指使“总兵官顾寰以军民困敝，请发两淮余盐银70万，户部尚书李如圭不可”，但这个王杲弄权巧夺，不仅捞了钱，而且挤倒李如圭，达到了自己“逾年，入为户部尚书”的目的。越两年，王尚书东窗事发，下狱并遭遣戍，落个“竟卒于雷州戍所”。《明史·七卿表》仍将李如圭记为“二十一年八月致仕”，可见受贿之说不能成立。

嘉靖二十七年（1548），李如圭卒于澧州，享年68岁。葬州西北白岩山，即今临澧县新安镇白岩寺村。

李如圭赋闲在家，除进谒藩府华阳王朱承爝（袭封第六代王）而外，常常观光孟姜祠、彭思王庙、武当行宫（即上观宫）和安乡谯楼等名胜古迹，撰写许多文采飞扬的诗文，诸如《记》《传》《五古》《七津》等，尽抒胸臆，阐发自己志趣。

李如圭一生给家乡人民留下的一大财富，就是通过严密考证延绥与澧州的孟姜女故事，倡议建贞节祠，并撰写《贞节祠记》，赋诗，完善和宣传孟姜女的形象和精神，让澧州孟姜女声名远播，享誉海内外，成为国内四大流传地之一。

据《直隶澧州志·贤媛》记载，李如圭夫人梁氏，梁铨女。她善良，有贤德。李如圭任工部和户部尚书时，皇后懿旨，召梁氏入宫，梁穿着布衣叩见皇后，皇后问她为什么穿得那么差？梁氏回答说：“澧州地脊民贫，俗尚俭约。”皇后听了感动，不仅赐梁氏钱物，封赠她为“梁氏夫人”，而且还免除澧州丝绢（税）三十年。

李如圭为官清廉，有口皆碑，晚年致仕归里，仍将一生不离的座右铭“宏济艰难”条幅，高悬在自己的书房。以他一生奉行的“表彰先哲，激扬后学，待乡亲彬彬有礼，御家人从不傲慢”的作风示范乡邻。先人家产，他也全部留给各兄弟，自己所置田产，仅供衣食之用。他历任虽久，止富图书和自著的一部《怀古集》。李如圭的儿子李辅阳，享受到皇帝给他的读书权利，性情廉静。李如圭的父亲在儿子当权时闭门谢客，不受时俗缠绕，人称有苏伯遗风。由此，李、梁夫妇深受州民爱戴和敬重，他被列入澧州乡贤祠的主要祭祀者之一。

【田耕之】田耕之（1904—1938），出生于湖南津市新洲的太和升商号，原名文采，别号建勋。黄埔军校第五期步科毕业。参加北伐战争。曾入庐山军官团及星子特训班受训。历任国民革命军第18军第98师294旅587团排长、连长；少校营附、营长。

民国26年8月，淞沪会战中，田耕之率全营在宝山罗店参战。

民国26年秋天，田耕之调入13师，任陆军13师37旅703团上校团长。日本纠集陆海空军进攻武汉，武汉保卫战打响，田耕之率703团奉命驻守湖北赵李桥左侧火车站高地，阻击敌人，连续三天，日军在飞机、战车的掩护下，向国军阵地发起多轮进攻，均被国军顽强打退，战斗异常惨烈，国军伤亡惨重，弹尽粮绝，面对日军的又一次攻势，田耕之身先士卒，跳出掩体，率部与日军白刃拼搏，不幸被敌机炸死，牺牲时，年仅30岁。当晚，703团战士组成敢死队，与敌展开殊死拼搏，才将田团长尸体抢回来。田耕之牺牲后，被国民政府军事委员会追晋陆军少将军衔。

田耕之是湖南在抗日战争中牺牲的第一位团长，遗体送回湖南。由于湖南有关方面的工作失误，田被误认为是湘西乾城人，在该地安葬并举行隆重的追悼会，修建忠烈祠。

【易瑾】易瑾（1911—1996），字汉法，号季瑜，祖籍大庸。民国元年生。其父易同善游宦湖北，母杨氏，共有兄弟姊妹五人，易瑾排行第三。民国4年春，易瑾启蒙，奉父命进入澧县县立小学读书。1921年进津兰中学初中部学习，在校读书用功，刻苦自励，毕业后转入高中部。津兰中学为教会学校，易瑾在校耳濡目染，笃信基督，于民国15年领洗为基督徒。民国16年易瑾中学毕业，考入武昌中华大学政治经济系深造，在校期间，目睹国势积弱，外患频仍，遂有投笔从戎之志。

翌年，考入第四集团军军官学校经理科，民国18年学校改组为中央陆军军官学校武汉分校，入该校第七期步兵科第2大队第6队学习。1930年毕业任国民政府警卫旅见习排长。1931年任国民政府警卫军第2师第3旅第5团第15连连长。民国21年1月，部队改编，任陆军第88师炮兵连连长，随部参加“一·一八”淞沪抗战。抗日战争爆发后，任陆军第88师第523团第1营营长，随部参加淞沪会战、南京保卫战。

民国26年8月，中日大战一触即发。13日早上9点，日军的舰炮就开始向闸北猛烈轰击。13日下午3时许，陆军262旅第523团1营在团长吴求剑率领下，沿宝山西路向八字桥方向搜索前进，与日本海军陆战队猝然遭遇，营长易瑾上前打响第一枪，击毙日本少尉，士兵们端着机枪向前冲锋，打死打伤日军20余人。正式展开昏天黑地的淞沪会战。

当天，262旅在闸北敌军2500人攻击下，守住中国军队阵地，占领八字桥、青云桥等要点，歼敌400余人。14日523团易瑾营与524团何沧浪营并肩战斗，自早迄晚，八字桥阵地7次易手，战况激烈，以白刃肉搏，最终仍夺回阵地，迫使日军在伤亡200余人后步步退却。

14日，易瑾又奉命率部攻击敌海军司令部，与何沧浪营交替掩杀，分三路迫近敌海军司令部，形成包围之势。17日，旅长谢晋元调易瑾营进攻日本坟山，以主力接近敌司令部。18日至22日，他们冒着敌人猛烈的舰上炮火和敌机日益激烈的轰炸，一次又一次向敌海军司令部大楼发起进攻，但由于缺乏重武器，无法摧毁敌军的坚固工事。在8月13日至22日的战斗中，262旅共伤亡1000人，以担任突击的524团何沧浪营、523团易瑾营伤亡最为严重。23日，日军两个师团在上海登陆，日军从守势转为攻势。

南京保卫战，易瑾营守卫在雨花台至光华门一带，由于参战有功，1938年易瑾晋升第523团团长，率部参加兰封战役。民国31年任军事委员会滇西干部训练团学员总队总队长。民国33年任陆军新编第28师副师长，兼陆军第71军司令部代理副参谋长，率部参加滇西反攻战。

抗战胜利后，易瑾先后任中央陆军军官学校新疆军官训练班、第3军官训练班少将副主任、第5军官训练班代主任等职。民国37年年底，易瑾任陆军第124军第60师师长，兼宜昌警备司令。

民国38年7月，60师在当阳战散，退到川东。11月易瑾离渝赴港，1950年7月获准赴台湾。1951年6月任台湾革命实践研究院少将教官，继入调圆山军官训练班第10期受训。1952年9月任国防部政治部第3组组长。1953年8月入台湾陆军指挥参谋学校将官班第2期受训。1954年6月任陆军第1军团政治部主任。1955年9月入台湾革命实践研究院联战班第6期受训。1957年任台湾陆军总司令部政治部主任。1958年2月，任国民革命军陆军特种作战部队中将司令（在蒋经国的直接领导），1964年任金门防卫司令部副司令官。1966年7月任中国台湾联勤总司令部副总司令，1971年任中国台湾财政部国有资产局局长，津市李家铺人、澎湖防卫司令部司令郭永接任联勤总司令部副总司令。

1980年赴美就医，1993年任旅洛杉矶抗日战史研究会顾问。1993年8月，易瑾回国探亲，在亲友的陪同下，从北向南，参观祖国的壮美河山。登长城时，他写道：“万里关山使得锦绣中华增添了多少诗情画意与如画风光，令人神清气爽，意气飞扬，而永志难忘。”离开大陆时，他深情地说：“希望两岸和平统一。”要“防止外人挑拨”，他深情地祝福祖国走向“民主、自由、繁荣、富强。”

1996年1月1日，易瑾在洛杉矶逝世。著有《军旅四十年》《汉法撰述集》《八年抗战之回忆》《寒带作战研究》《新疆今昔观》等。

【贺玉波】贺玉波（1906—1982），原名贺家春，笔名白露、兰城，20世纪30年代上海左翼文坛著名的文艺批评家、翻译家、作家，西班牙塞万提斯的小说《堂吉诃德》最早中译本的翻译者。

清光绪三十一年（1906），贺玉波出生于湖南津市一个商人家庭，虽然并非书香门第，但家境宽裕，住的房屋是自家的,还开了一家布店,每年除开吃缴,还落得一两千元。这让贺玉波在求学的路上没有遇到多少波折。他先后就读于长沙兑泽中学和岳云中学,中学毕业后,便迫切地需要到大城市和大学堂里去见世面、开眼界。初到北京,就读于私立法政大学,在课外喜欢研究英文以及新文学,为练习英语,他交了两个美国朋友,从他们学习发音和会话。为了研究新文学,他读过各种报纸的副刊以及文学杂志。一年后转入北京师范大学。他不但接触到新文学和新思想,而且很快将这些新观念付诸实践。民国16年1月,在北京师范大学求学期间,他加入中国共产党,任北京外城西区党部宣传委员和组织委员。7月,贺玉波从北京师范大学毕业,为留在北京开展地下工作,他放弃受聘至东北大学任教的机会,受领"在北伐军攻城时举行暴动"的革命任务。为此,他暗中监视宣武门大街和骡马市大街反动军警的岗哨及活动情况,做了周密的城防调查。一天晚上,他在北京文艺中学开会,面见了当时的中共北京市委书记、北大教授高仁山,领回一大捆标语,然后分给各区分部,当夜贴满街头巷尾。不久,国共第一次合作破裂。冬天,中共北京市委交通员被捕叛变,党在北京市的总机关被抄,高仁山被捕。贺玉波奉命紧急疏散隐蔽。他埋藏党员名单,坚守一段时间后,于民国17年1月取道天津趁夜色赴塘沽,搭乘轮船至上海,从此与党组织失去联系。

初到上海,贺玉波住在一位董姓的国民党左派家中,与钱壮飞巧遇,二人在客厅开地铺同眠,友好交往。民国17年,贺玉波从上海返回津市,一为在家乡创业谋生,二是试图与党组织取得联系,因此在津市创办《通俗日报》,自任报馆馆长,因刊载观点激进的文章受到当局胁迫,仅办几期即被迫关闭。他再次远走海,得朋友帮助,在一家纱厂找到工作。他边工作边创作,在报刊上发表文章。

民国17年进"上海开明书店"当校编。编译所可谓群贤毕至,夏丏尊,章雪村,丰子恺,顾均正,索非,章季衍,汪允安,杜仲甫、唐锡光,胡愈之,周建人,孙伏园,夏衍,贾祖璋,朱光潜等著名学者。正是从这里开始,贺玉波逐渐活跃于上海左翼文坛。贺玉波笔耕不辍,于1929年10月,贺玉波的第一部小说集《她的消息》正式出版,收录《同命鸟》《她的消息》《离婚后》《营长太太》《离京》《破产》《自沉》《选举》等作品。开明书店主编赵景深为之作序,称"尚无名气的贺玉波的创作,将来是未可限量的"。这部短篇小说集算得上一部自传体小说,贺玉波在上海文坛崭露头角,《营长太太》后来被改编成电影《多情的女伶》,在各地上演。这期间,他一直关注着红军消息。1928年,他获悉一名红军师长来上海治伤,曾动员开明书店的同事捐款,自己捐5块银圆。后来得知这位师长正是陈赓将军。大概也是因着心中这份红色情结,民国19年7月,他秘密返回津市,却因"共党"嫌疑被关押,释放后,曾在军队待七天,便再次逃走。

民国20年又一次返回上海后,他到上海光华书局任编辑主任。光华书局除图书之外,还经营着数量众多的各类期刊,其中当然不乏富于左翼色彩的各类杂志,有郭沫若主编的《洪水》、田汉主编的《南国》、郁达夫主编的《大众文艺》、艾思奇主编的《读书生活》、丁玲主编的《战地》、胡风主编的《七月》等。贺玉波开始频繁地为这些期刊写稿。民国20年1月,《读书月刊》请贺玉波担任"现代作家评判"的工作,认为比"现代作家"更有价值。贺玉波以此为平台,应用历史唯物主义和辩证唯物主义的方法,论述文学创作规律,介绍社会主义现实主义,陆续发表并出版《现代作家论》《巴金论》《郁达夫论》《沈从文的作品批判》《叶绍钧访问记》《茅盾论》《中国现代女作家》《文学常识》等著作,集中表现他的世界观与创作、文学与政治、文学与大众、创作与生活、内容与形式等方面的新进观点。成为30年代左翼文坛有名的文学评论家,仅评论文稿近三十万言。贺玉波的评论被认为活泼辛辣,充满激情洋溢的马克思主义精神,以及在此精神之下的标签化文艺批评流程。他并与彭家煌、瞿然等在上海组织中国文艺研究社,亲自撰写章程,以研究介绍世界文学、整理中国旧文学、创造新文学为宗旨,文学主张和创作实践均倾向于现实主义,他全力从事文艺理论的宣传,大声疾呼作家"到广大的社会里去,最好到那受尽压迫和剥削的下层社会里面去"。贺玉波还在上海组织中国普罗文艺社,从事无产阶级文艺理论的宣传。他提出文艺必须是"代表大多数民众的。它不是皇室或官府所专有的,不是少数资产阶级所专有的,不是知识阶级专有的,而是为社会之基本的下层阶级"。这一时期,贺玉波的作品涉猎范围很广,不仅翻译屠格涅夫、塞万提斯、霍桑等人的小说,也有小说、儿童文学等作品问世,甚至创作《日记文作法》这样的小品文。1931年贺玉波翻译的美国著名小说家霍桑的小说《龙齿》由上海北新书局出版发行。1932年,贺玉波著《现代中国作家论》由上海大光书局出版。《中国现代女作家》一书更是给他带来荣誉的巅峰。民国22年,贺玉波翻译的西班牙作家塞万提斯长篇小说《堂吉诃德》出版发行。民国22年4月,贺玉波著《小品作文法》,由上海广益书局出版发行。

到民国24年因书店出版的大量书籍被国民党查禁,经此打击,经济上山穷水尽,债台高筑,民国24年5月,光华书局被法院查封。贺玉波过起自由撰稿人的生活,他为《中国名人故事丛书》编写《杨椒山》《管仲传》。此时,贺玉波与夫人黄蕊珠曾以蕊珠、兰城的笔名,在《青年界》上发表科普小品,如《汽车顶上的幕帐》《透明的笛子》《电力摩托椅》《飞机式的雪橇》《双丝电灯泡》《法国军队的飞机探听机》等,文章很短,但图文并茂,亦受读者欢迎。民国26年,抗战爆发后,上海沦为"孤岛",报纸杂志纷纷停刊,书局生意萧条,昔日喧哗的文化市场沉寂下了,贺玉波陷入无米下炊的绝境。

民国28年,正处于抗日战争时期,逐渐退出文坛的贺玉波最终选择离开上海,回到家乡津市,不久,贺玉波辗转到益阳,在一所乡村中学任教。民国31年,在澧州学子及家长的要求和帮助下，贺玉波筹款办学。因益阳时局相对平稳，故选择离县城四十多华里的乡下，新市渡附近的岭口周家大院为校址，开办澧资中学，自任校长。办学之初，曾被当局借故封门一次，学生们欲与军警对抗但被校方劝阻，贺玉波被囚禁三天。其妻向新市渡一富商借十余担粮款，方办理好保释及办学手续。学校共办五年之久，直到益阳县城沦陷方停办。办学期间，为弥补教材的不足，贺玉波编写《英语语法图解》一书。此后，贺玉波先后在育才中学、湘山中学任教。新中国成立后，到益阳市三中任教。“文化大革命”时期，贺玉波因正在创作的小说《烘炉》被打为“牛鬼蛇神”，受尽折磨，经历8年牢狱之灾。《烘炉》是贺玉波在国庆十周年时给自己定下的一个任务。他结合自己从教经历，创作小说《烘炉》。“文化大革命”前，这部小说已完成近20万字的手稿，但被作为“反革命”证物收缴。

1982年贺玉波逝世，享年76岁。2017年4月，湖南文艺出版社出版贺玉波《现代文学评论集》（上、下）两册。

【彭继燕】彭继燕，男，民国6年（1917）出生于湖南省龙山县一个贫苦的农民家庭。民国23年（1932）4月参加中国工农红军红二方面军，民国31年（1940）3月加入中国共产党。历任红二方面军五师十五团战士、班长、三十旅区队长、二十三师六十九团副连长、连长、一三四师四〇一团副营长、指导员、营长。1950年后，历任广西玉林县公安局副局长、兴业县公安局局长、广西靖西县委副书记、广西区总工会陆川疗养院院长、广西玉林地区医院副书记、院长。他参加举世闻名的二万五千里长征和各时期的主要战役。荣获英雄勋章、战斗奖章各一枚，1978年2月离职安置到津市市休养，享受副厅级离休待遇。2008年8月2日9时46分在津市市人民医院因病医治无效，不幸逝世，享年92岁。

【邹衡】（1927—2005），著名考古学家、北京大学考古文博学院教授、中国殷商文化研究会副会长、中国考古学会常务理事。

邹衡先后在澹津高小、津兰中学毕业，民国36年考入北京大学法律系，1949年转入史学系，1952年毕业于北京大学史学系，毕业后考入考古专业攻读副博士研究生，1955年获得北京大学副博士学位。研究生毕业后分配到兰州大学，1956年调回北大历史系任助教、讲师、副教授、教授、考古系新石器时代——商周教研室主任，先后当选为考古学和先秦史学会理事、商文化学会副会长。1986年起为北京大学考古文博学院考古学专业博士生导师。担任中国考古学会常务理事、中国殷商文化研究会副会长等。

从事商周考古、新石器时代考古研究，对商周考古工作有开拓之功。他最早提出并论证河南二里头遗址1至4期均为夏文化，首次对殷墟进行文化分期，发现西周燕国与晋国的都城遗址，指导和参与过西周晋侯墓地等重要遗址的考古发掘。研究论文、著作或成果：《夏商周考古学论文集》，文物出版社，1980年；《论早期晋都》，《文物》，1994年1期；《论早商都城》，《中国商文化国际学术讲座会文集》，科学出版社，1995—1996年。另有《商周考古》《夏商周考古学论文集》《天马——曲村1980—1989》《文物与考古论文集》《晋、豫、鄂三省考古调查简报》《偃师商城即太甲桐宫说》《西亳与桐宫考辨》《论菏泽（曹州）地区的岳石文化》等，并参与由白寿彝主编《中国通史》的编写。

20世纪70年代末，北大考古系教授邹衡带领学生到山西做文物调查，试图找到晋国的始封地——唐。他一直相信班固的说法，所以便首先来到太原。邹衡是个非常认真的学者，他一件一件的把玩每一件出土文物，结果发现最早的也已是春秋时期的，这时他又听说山西考古队在发掘所谓的“叔虞墓”，便兴冲冲跑去看，却发现那不过是唐宋以后建的伪墓。这件事给邹衡的刺激很大，他想看来班固的说法确实有问题，于是他又来到顾炎武提及的汾河南面，但也一无所获。

邹衡回到北京后，又对史料进行一次盘查，终于决定把重点放在临汾一带。1979年，邹衡带着学生再次来到山西。这一天，一行人来到天马——曲村，邹衡立刻被眼前的景象吸引住，凭着多年的考古经验，他认定这里一定有重要遗址。于是他命令学生挖一条探沟。探沟里并没发现什么。这时临近过年，天气又太冷，他便同意学生回家过年，自己则留下继续寻找。

这时一件意想不到的事情发生。原来早有一伙盗墓贼在跟踪这支考古队。这帮强盗拥有枪支、炸药等先进武器，一等有机会便开始下手，他们用炸药炸开地表，找到了几座大墓。其中的一座距邹衡他们挖的探沟只有两米远。一场疯狂的掠夺开始了，大批文物被洗劫。面对这些穷凶极恶的强盗，邹衡也只有叹气。到公安部门到来时，现场已是一片狼藉。邹衡立刻进入现场进行抢救性挖掘，清理出大量文物。经整理，发现这里是晋国早中期八位晋侯及其夫人的墓葬。

他生前主张的河北中部和南部应该是先商文化的起源地，但一直没有确切的实物来印证。2010年5月在河北省鹿泉市的北胡庄村北发掘的现场发现先商时期的遗址，填补该市先商文化的实物空白，为史学界关于石家庄可能是先商文化发祥地的理论推断，提供重要实物依据。

邹衡因病医治无效，于2005年12月27日逝世，享年78岁。

先进人物

【李贤楔】男，1982年12月生，湖南邵阳新宁人，农工党党员，大学本科。现任医院儿科主任，主治医师。自2006年入职以来，一直从事儿科临床工作。2014年获津市市“五一劳动奖章”；2015年获“医院年度感动人物”；2017年获津市市“最美医生”；2018年评为常德市“先进工作者”。2020年评为湖南省先进工作者。扎根基层、甘于奉献。“三最”是他工作的座右铭，即最短的住院时间、最合理的医疗费用、最佳的医疗服务。他将电话和微信向病人开放,随时答疑解惑,解决问题,为病人服务不舍昼夜。理论与实践相结合,有两篇医学论文发表在国家级期刊上;撰写多篇儿童健康科普文章,走进学校社区,开展健康公益讲座达15次,推广健康知识不遗余力。面对危难,一马当先。在发生的多起大小不等的疫情,如手足口、腺病毒肺炎、流感危重症的等,面对这些公共卫生突发事件,他既是战斗员,也是组织者,不辞劳苦、夜以继日、奋战在救治病人的第一线。2020年,面对突如其来的新型冠状病毒肺炎疫情,在第一时间,他自愿加入诊治工作第一线,是津市新冠肺炎防治专家组成员。面对严重的疫情,他身先士卒,面对物质缺乏,主动捐款千元,危难之处显身手。带领团队,选择坚持。由于他在儿科领域的不懈努力,身边汇集了一群儿科事业的志同道合人,在澧水流域形成了知名度,事业蓬勃发展,力争2021年打造成为全市重点专科。

【杨美秀】女,汉族,1968年6月28日出生,初中文化,2005年1月进入湖南娄星纺织有限公司后纺车间工作,为后纺车间丙班班长。2020年被评为湖南省劳动模范。杨美秀勤学苦练,技术精湛,不仅仅是在自络方面,对普络、摇纱、倍捻、蒸纱等各工序操作熟练,做到精益求精。在杨美秀的带领帮教下,所在班组成为操作技术过硬的团队。同时因虚心学习、请教,解决实际问题,对运转班中一般的设备故障、纱疵异常波动都能及时分析维修处理,被轮班职工称为"半个设备维修师傅"。杨美秀善于管理,成效突出。牢记公司"优质高产,节能降耗"的理念,紧绷质量这根弦,每月定期召开质量分析会,配合车间上好各类理论及实物质量培训课,彻底落实三级质量检查,为保证产品质量打下坚实基础。在环境改善方面向车间提出合理化建议,定期梳理车间上、下风道,定时合理利用回风,尽量给员工一个好的工作环境,在工作中对员工手把手帮教,疑难问题不厌其烦地讲解,生活中把员工当成亲人、家人来对待,想她们所想、急她们所需,在招收稳员方面,她所带班组,成绩最为突出。她爱岗敬业,乐于奉献。自2005年入厂至今,除丈夫车祸离世请过假外,从未请过假,尤其2015年、2016年除公司放假外,从未休息过一天,年出勤天数均达到349天。她在默默无闻的奉献中实现着自己人生价值,用"撸起袖子加油干"的精神努力践行了公司核心价值。曾先后荣获市"优秀管理能手""最美轮班长""管理骏马奖"等个人荣誉称号,所带班组连续3年荣获公司"优秀班组"称号,2018年先后荣获常德市"常德工匠"、常德市劳动模范称号。

【程秋】男,1981年9月出生,共产党员,技师,中联重科车桥公司准备车间铣工班工作。21年以来工作在生产第一线。工作以来多次受到工厂表彰和嘉奖。2008年和2018年2次荣获中联总部的优秀员工。2006年以来荣获了全国五一劳动奖章,湖南省劳动模范,全国技能大赛优秀选手,湖南省技术能手,湖南省技术比武第一名和第六名,常德市技术能手,常德市技术比武第一名和三等奖等荣誉。2014年被常德市授予第一届常德市高技能型"名师名家"荣誉称号。2018年2月被认定为2017年度常德市技能大师工作室领衔人。2018年5月被评为常德市十大优秀青年和津市市十大杰出青年荣誉称号。2019年荣获湖南省政府特殊津贴专家。

他在工作中主要负责公司设备维修、设备大修、工装夹具、模具,小批量制造及产品改型补充加工的铣加工工作,工作内容急、难、散、杂,在面对各种形状、复杂、精度要求高的工件时大胆改进工艺和加工方法来提高产品质量和生产效率。在工作中能独立完成各种形状比较复杂精度要求较高的零件。比如高精度要求的六面体、V型块、燕尾槽等。在近几年的生产工作中敢干敢想。根据不同的零件提出了一些不同的加工方法。在加工工程桥AODP左右转向节臂时,通过他对加工方法的改变成功地将AODP左右转向节臂的班产量从7件提高到了15件。班产量提高了100%,满足了车间生产需要。因为工作需要经常加班加点应急加工任务,比如80G206S、61G180、61G300系列的半壳弯型模的改制。还有宽体HQT20-2500、80-741-008、80-732-103等的镗夹具,铣夹具的和钻夹具的改制。据不完全统计,近几年来,他先后独立完成小改小革及革新项目10多项,累计为公司创造经济效益20多万元。

凭着忘我的工作精神,程秋年年超额完成任务,产品合格率始终保持在99%以上,2020年共完成工时1.2万小时,累计加班达400多小时,为车间员工树立了学习的榜样,在青年人中起到了积极的带头作用。面对成绩和荣誉,程秋没有丝毫的自满情绪,继续在平凡的岗位上无私奉献着。

【向四清】男,汉族,1965年6月出生,湖南安乡人,无党派,初中文化,2005年进入湖南鸿鹰生物公司,现任湖南鸿鹰祥生物工程有限公司发酵车间发酵班班长。2014年评为湖南省劳动模范。

注重学习、善于在学习中提高和积累业务素养。把学习新知识作为日常工作和生活的一部分,着力搜集购买微生物学、发酵工程、酶制剂工业等数十本专业书籍,弄清弄懂弄透酶制剂生产菌种、发酵、消毒的有关原理知识与操作技能,并在生产实践摸索、运用。在较短的时间内,成长为公司不可多得的技术骨干和"土"专家。

立足本职,爱岗敬业,善于在技术创新上动脑筋。2010年担任发酵班班长以后,他们班负责的发酵罐发酵平均水平每年都以8%—10%的速度递增。仅控制发酵染菌倒罐一项,几年来就为公司增效500万元以上。为主实施的"发酵罐传动系统搅拌叶的改造""移种管道与分配站管道的改造"项目,至今在节能降耗、降低染菌率、提高发酵水平方面仍发挥重要作用,年节能降耗至少在110万元以上。

团结同志,关爱弱势群体,有良好的修养和道德情操。对于有困难的班组员工,他有"三必":员工有病他必到,员工有困难他必帮,员工思想有波动他必谈。关爱弱势群体，有良好的道德情操：他租住的汪家桥社区三元宫小区出租屋的左邻右舍，称他为“雷锋式的好邻居”，是左邻右舍孤寡老人的贴心人。

【屈俊】男，汉族，1986年4月出生，毕业于四川大学药学专业，中共党员，现任湖南新合新生物医药有限公司合成事业部副总监。曾荣获湖南省科学技术进步奖二等奖，常德市科学技术进步奖三等奖。2019年5月由津市市工会，常德市工会推荐，获湖南省“五一劳动奖章”。

屈俊在加入公司初期，主要从事氢化可的松新路线研发，为公司申请研发专利两项：1. 参与公司一系列产品如氢化可的松，6-甲基泼尼松龙，醋酸可的松等的研发工作，部分产品成功申请专利，获得奖励，并成功实现商业化生产；2.参与的《醋酸可的松或其类似物的制备方法》成功申请专利保护。伴随着公司的不断壮大和生产需求，屈俊顺应公司要求，进入由研发技术员向车间主任的角色转换，2018年中，2个月内同时接手公司3大新项目生产工作，面对各种困难，在团队的一致努力下，成功提前完成了公司任务。并将原收率18%提升至35%，2月实现创收6000万元。

2020年度，屈俊主要负责的公司19-去甲主线产品的生产优化，仅19-去甲线条，完成优化项目有5项：1.废水总氮去除方案；2.DHN项目酸解优化（收率提高10%）；3.催化加氢钯碳回收工艺；4. 含磷废水处理方案；5.车间废气收集处理方案。该些项目均已运用于日常生产中，2020年，屈俊带领的H1车间全年累计节约项目成本1000余万元，硕果累累。

【朱德文】男，汉族，1966年7月出生，湖南津市人，中共党员，1984年入伍，8级伤残退役军人，任津市市十二届政协委员，津市襄阳街街道志愿者协会会长、协会党支部书记。2014年荣获“全国孝亲敬老之星”称号，2015年荣获“全国首届优秀敬老志愿者”称号，2018年荣获“湖南省优秀志愿者”称号，2019年荣获“湖南省模范退役军人”称号。他创办的襄阳街街道志愿者协会荣获湖南省示范社会组织、湖南省示范性青年之家、常德市五四青年奖章等殊荣。

入伍期间，朱德文是一名英勇善战的军人，1985年至1989年三次上前线参加对越边境自卫还击战，荣立二等功1次、三等功1次。1989年因伤退伍后，他始终不改共产党员的底色和革命军人的本色，历经企业就业、企业破产、下岗失业、自谋职业、街道再就业多重变故，始终践行初心使命，创造出“一群‘红马甲’温暖‘一座城’”的社区党建新业绩。朱德文率先组建津市第一家街道志愿者协会，并按照把支部建到协会的构想，循着“支部+协会”“支部+社团”的路径，建成津市首个志愿者协会党支部，并通过面向群众建立“红色驿站”，将街区198名党员和438名志愿者汇聚到“红色驿站”的旗帜之下，将党员志愿服务的边界覆盖到所有社区群众，形成排忧、解难、帮困“十分钟服务圈”。先后组建敬老孝老、老龄科普、爱心扶贫、物业自治、书画怡情、文体健身、法律服务、调解维稳、心理咨询、科普宣传等10个志愿者分会，按照“党建+社建”的模式，在有条件的社区建立分会、设立党小组，基本实现志愿者组织对街道70%社区、60%小区的覆盖。建立安全、治安、调解、防汛、抗疫、敬老、助学、帮困等党建志愿服务专业小组86个，建立互帮互助网格49个，设立预警连线37个、预构解难处突机制18个，在源头化解防汛隐患45个、抗疫难点112个，惠民治本办实事91个。全街道10个党建志愿者分会已发展群众会员1560人，累积存入信访服务时间3.1万多个小时，共为民做好事1870多件。

【姜业涛】男，1986年出生，中共党员，津市市人民法院审判委员会专职委员、刑事审判庭庭长。2009年，他通过公招进入津市市人民法院，先后担任办公室副主任、保河堤法庭庭长、审判委员会专职委员兼刑事审判庭庭长等职务，长期坚守办案一线，立三等功1次，受嘉奖3次。2019年，被津市市委政法委评为“津市十佳政法干警”，被最高人民法院评为“全国法院办案标兵”。2020年，被湖南省高级人民法院评为全省法院2018—2019年工作业绩突出的法官。

自2014年到派出法庭工作后，姜业涛深切感受到到基层法官，特别是法庭的法官不仅仅是要做好一名简单的裁判者，更要当好基层矛盾的调解员和群众的办事员，将服务基层、服务一线、便于群众的理念贯彻在工作中。2015年6月，通过内部选拔，他成为市法院首批试点司法责任制改革的主审法官之一，“由审理者裁判，由裁判者负责”及“终身负责制”的改革理念，及习近平总书记“让人民群众在每一个司法案件中都感受到公平正义”的总体要求，带来的除职业荣誉感和使命感外，更多的是沉甸甸的责任和精神压力，在同年担任保河堤法庭庭长后，他坚决落实司法为民、服务基层的理念，降低群众的诉讼门槛，让普通群众打得起官司，全力打造“三无三不法庭”，即“无障碍立案、无缝隙对接、无距离服务，不人为设卡、不无故拖延、不冷酷无情”。面对迫切的改革大局，在津市法院院党组的领导部署下，他迅速带领保和堤法庭审判团队进入工作状态，以“1+2+2”的审判团队为运行模式，明确主审法官、法官助理、书记员和司法警察的岗位职责，人人有责，个个尽职，实现从立案、送达、审理、裁判到执行全部流程的无缝衔接。为了解决送达难的问题，他制作了辖区村居干部通讯录，法官助理和书记员人手一份，通过村居干部的协助，送达效果明显提升。在他的带领下，原保河堤法庭审判团队年均审执结案件超280件，办案数量位居全院前列。2020年6月，因岗位调整，在担任审判委员会专职委员并兼任刑事审判庭庭长后，他坚决落实司法责任制改革要求，重新学习刑事审判工作流程，此时也正是“扫黑除恶”的攻坚时期，津市法院受理了该市首起涉黑案件，该案涉及被告人30余人，涉案卷宗200余册，他与专案组成员一起，经过3个月的连续奋战，将案件及时清结。无论是在基层法庭还是在刑事审判庭，他总是带头办案，个人办案数量位居全院前列。

津市市人民政府
关于划定毛里湖国家湿地公园
禁渔区、禁渔期的通告

为进一步保护毛里湖国家湿地公园湿地生态环境，加强饮用水水源保护，保障饮用水安全，维护人民群众身体健康，根据《湖南省湿地保护条例》《湖南省饮用水水源保护条例》《湖南省渔业条例》的有关规定，结合我市实际情况，决定在毛里湖国家湿地公园划定禁渔区和禁渔期，现通告如下：

一、常年禁渔区

（一）禁渔范围：一级饮用水水源保护区，即毛里湖镇箭楼村 21 组取水口半径 300 米（点 X：N 29° 26′ 24.24″ ，E 111° 55′ 20.30″ ；点 Y：N 29° 26′ 26.36″ ，E 111° 55′ 24.85″ ；点 Z：N 29° 26′ 26.15″ ，E 111° 55′ 48.49″ ）。

（二）禁渔时间：全年。

（三）禁渔目的：饮用水水源地水质安全保护。

（四）禁止方式：禁止从事网箱、拦网、围网、投肥、投饵、捕捞等养殖生产活动。

二、季节性禁渔区

（一）禁渔范围：毛里湖国家湿地公园除一级饮用水水源的所有水域（包括毛里湖和西毛里湖）。

（二）禁渔时间：每年 1 月 1 日至 6 月 15 日；9 月 1 日至 10 月 31 日。

（三）禁渔目的：饮用水水源地保护，定居性鱼类繁殖保护。

（四）禁止方式：禁止从事网箱、拦网、围网、投肥、投饵、捕捞等养殖生产活动。

三、区域性岛屿禁渔

（一）禁渔范围：白衣镇建国村王家咀、毛里湖镇花桥村唐家咀、植物园前岛屿、药山镇天鹅村东面岛屿，4 个岛屿岸线向湖面外延 100 米构成的水域。

（二）禁渔时间：每年 12 月 1 日至次年 5 月 31 日。

（三）禁渔目的：候鸟越冬栖息地保护。

（四）禁止方式：禁止从事网箱、拦网、围网、投肥、投饵、捕捞等养殖生产活动。

四、法律责任

（一）违反禁渔区、禁渔期规定的，按照《中华人民共和国渔业法》《中华人民共和国渔业法实施细则》《湖南省饮用水水源保护条例》等相关法律法规予以处罚。

（二）违反禁渔区、禁渔期规定情节特别严重，或拒绝、阻碍执法人员依法执行公务的，对举报人、制止违法行为人进行打击报复的，由相关部门依照有关法律、法规予以处罚；构成犯罪的，依法追究刑事责任。

本通告自发布之日起施行。

津市市人民政府
津市市工程建设项目审批制度深化改革实施方案

为全面深化我市"放管服"改革,优化营商环境,根据《湖南省人民政府办公厅关于印发〈工程建设项目审批制度深化改革实施方案〉的通知》(湘政办发〔2019〕24 号)和《常德市人民政府办公室关于印发〈常德市工程建设项目审批制度深化改革实施方案〉的通知》(常政办发〔2019〕14 号)等文件精神,结合我市实际,制定本实施方案。

一、总体要求

(一)指导思想。以习近平新时代中国特色社会主义思想为指导,以推进政府治理体系和治理能力现代化为目标,以落实"放管服"改革和优化营商环境各项政策要求为抓手,通过统一审批流程、统一信息数据平台、统一审批管理体系、统一监管方式,实现工程建设项目审批"四统一",构建科学、便捷、高效的工程建设项目审批和管理体系。

(二)改革内容。改革主抓房屋建筑和城市基础设施等工程,不包括特殊工程和交通、水利、能源等领域的重大工程。改革覆盖立项用地规划许可、工程建设许可、施工许可、竣工验收四个审批阶段。其中,立项用地规划许可阶段主要包括项目审批核准、用地预审与选址意见书核发、用地规划许可证核发等;工程建设许可阶段主要包括设计方案审查、建设工程规划许可证核发等;施工许可阶段主要包括设计审核确认、施工许可证核发等;竣工验收阶段主要包括规划、土地、消防、人防、档案等验收及竣工验收备案等。其他行政许可、涉及安全的强制性评估、中介服务、市政公用服务以及备案等事项纳入相关阶段办理或与相关阶段并行推进。改进行政审批、技术审查、中介服务、市政公共服务等事项。

(三)主要目标。除重大工程建设项目外,实现交通、水利工程建设项目审批时限压减至 120 个工作日以内;能源工程建设项目、政府投资建设的房屋建筑和城市基础设施工程项目审批时限压减至 80 个工作日以内;社会投资建设的房屋建筑和城市基础设施工程项目审批时间压减至 60 个工作日内,工业投资建设的房屋建筑项目审批时间压减至 50 个工作日内;带方案出让用地的社会投资项目及小型一般工业投资建设的房屋建筑项目审批时间压减至 40 个工作日内;市政公用基础设施服务与工程建设项目审批并联实施,报装接入审批时间压减至 5 个工作日内。

二、统一审批流程

(四)精简审批环节

1.全面梳理审批事项。梳理现有审批事项的法律依据、报审要求和前置条件,坚决取消不合法、不合理、不必要的审批事项。对保留的审批事项,要减少审批前置条件,简化申请材料。严格执行《湖南省工程建设项目审批工作指南》,统一审批事项名称、申请材料、审批时限。

2.合并审批事项。对由同一部门实施的管理内容相近或者属于同一办理阶段的多个审批事项,整合为一个审批事项。制定并实施审批事项合并办理的具体规定,明确审批主体、办事流程和完成时限等。

3.转变管理方式。对于能够用征求相关部门意见方式替代的审批事项,调整为政府内部协作事项。各牵头部门应确定调整的内部协作事项,明确管理方式和相关要求等。认真组织完善各类审批、备案、评估事项的办事指南,一次性告知项目审批条件和申请材料。

4.调整审批时序。节能评估与审查、水土保持方案审批、洪水影响评价审批、取水许可、涉及占用大中型农业灌溉水源、灌排工程设施审批、文物保护和考古许可、环境影响评价审批、可能产生放射性职业病危害的医疗机构建设项目预评价报告审核可根据建设单位申请,在立项审批后、工程开工前完成即可;涉及国家安全事项的建设项目审批可根据建设单位申请,在立项审批后,施工许可阶段事项办理前完成即可。将供电、供水、排水、通信、燃气等市政公用基础设施报装提前到工程开工前办理,在工程施工阶段完成相关设施建设,竣工验收后直接办理接入事宜。社会投资项目初步设计审批调整为规划设计方案审批环节的内部协作事项。

(五)规范审批事项。按照合法、精简、效能的原则,制定完善全市工程建设项目各阶段审批事项清单,明确各项审批事项的适用范围和前置条件,并实行动态管理。审批事项清单原则上与上级政府保持一致,超出上级政府审批事项清单范围的,要报上级机关备案,并说明理由。

(六)合理划分审批阶段。工程建设项目审批每个阶段实行"一家牵头、并联审批、限时办结",立项用地规划许可阶段由市发改局牵头组织,工程建设许可阶段由市自然资源局牵头组织,施工许可、竣工验收阶段由市住建局牵头组织,相关部门协同配合。各牵头部门应制定并实施所牵头阶段并联审批的具体措施。

(七)分类制定审批流程。工程建设项目类型分为政府投资建设项目(城市基础设施—线性工程类)、政府投资建设项目(房屋建筑及城市基础设施非线性工程类)、社会投资建设项目(以出让方式取得土地的房屋建筑和城市基础设施工程类、工业投资项目除外)、工业投资和中小型社会投资建设项目(以出让方式取得土地的房屋建筑类)、实行区域评估的带方案出让土地的社会投资房屋建筑项目、其他类房屋建筑和城市基础设施工程项目六大类。其中,其他类房屋建筑和城市基础设施工程项目涵盖房屋建筑和城市基础设施工程项目可能需要办理的所有行政审批和技术审查事项,根据项目实际情况,由有关部门依法办理。按照省标准模式完善审批工作指南,细化每类项目审批流程,调整和优化每一流程的审批时限。市交通运输局、市水利局分别负责制定我市交通、水利工程项目审批制度改革方案,并公布相应审批指南。

(八)实行联合审图和联合验收。由市住建局牵头,制定政府购买服务开展施工图联合审查实施办法,通过政府购买服务的方式委托经认定的同一施工图审查机构对施工图设计文件以及其中的消防设计、防空地下室设计、抗震设防专项设计、雷电防护装置设计审核等事项进行统一审查,按照“多图联审”事项清单,实行“多审变一审”。

由市住建局牵头,制定联合验收实施办法,深化联合验收,按照“多验合一”事项清单,牵头组织开展联合验收,建设单位一次申请全部行政验收事项,各部门的专业验收事项完成后出具专业验收意见,由市住建局统一核发竣工联合验收意见书。

(九)推行区域评估。由市发改局牵头,制定并实施区域评估细则,在市高新区和其他有条件的区域推行由政府统一组织对压覆重要矿产资源评估、环境影响评价、节能评价、地质灾害危险性评估、地震安全性评价、水资源论证、水土保持方案、取水许可、洪水影响评价、航道通航条件影响评价、重大工程气候可行性论证、建设项目安全预评价事项实行区域评估。实行区域评估的,政府相关部门应在土地出让或划拨前,告知建设单位相关建设要求。

(十)推行告知承诺制。对通过事中事后监管能够纠正不符合审批条件的行为且不会产生严重后果的审批事项,由发改、自然资源、住建等部门制定项目审批告知承诺制具体措施,明确告知承诺制的定义、实施范围、工作方式、各方职责及加强事中事后监管的措施。对实行告知承诺制的事项,申请人按照审批部门告知的具体要求作出书面承诺并提交资料的,审批部门直接作出审批决定或出具初步审批意见作为下一阶段审批的依据。推行基于告知承诺制的“先建后验”管理模式,鼓励各部门特别是市高新区结合实际制定相应实施办法。

三、统一信息数据平台

(十一)建立完善工程建设项目审批管理系统。全市工程建设项目审批事项通过湖南省工程建设项目审批管理系统办理,自建的相关信息系统要做好与省系统的对接工作,实现审批管理系统“横向到边、纵向到底”。有机衔接全省“多规合一”业务协同平台,实现“多规协同”“可研协同”、统一受理、并联审批、实时流转、进度可查、跟踪督办、信息共享、统计分析、监督管理等功能。按照全省统一要求完善项目统一代码管理,以项目立项阶段赋予的统一代码贯穿各审批阶段。实现全流程采用网上无纸化办理,推行行政审批电子证照,推行城建档案全面数字化。统筹协调供电、供水、排水、通信、燃气等市政公用设施的接入服务,纳入工程建设项目审批平台进行统一管理。

四、统一审批管理体系

(十二)“一张蓝图”统筹项目实施。由市自然资源局牵头,以国土空间规划为蓝图,统筹对接国民经济和社会发展规划、生态环境保护规划等涉及空间的各类规划,基本形成“多规合一”的“一张蓝图”,整合空间管控数据,明确生态保护红线、永久基本农田、城镇开发边界等控制线。完成差异图斑分析,制定消除规划矛盾和差异的工作计划,将涉及空间的各类规划建成“合一”的空间数据库。

(十三)“一个窗口”提供综合服务。所有涉及建设项目的审批事项均应列入审批流程,由市行政审批服务局牵头组织、设立工程建设项目审批综合服务窗口,并进驻政务大厅。完善线上线下“一个窗口”提供综合服务的具体措施和运行规则,充分发挥服务企业群众、监督协调审批的作用。建立完善“前台统一受理、后台并联审核”机制,制定完善各项工作制度,综合服务窗口统一收件、出件,实现“一个窗口”服务和管理。为申请人提供工程建设项目审批咨询、指导、协调和代办等服务,帮助申请人了解审批要求,提高申报通过率。

(十四)“一张表单”整合申报材料。按照《湖南省工程建设项目审批工作指南》要求,制定与省统一的各审批阶段的审批指南和申报表单,实现“一份办事指南、一张申请表单、一套申报材料、完成多项审批”的运作模式。工程建设项目审批综合服务窗口应建立对申请表单和申报材料清单的填报服务机制,主动告知申请人填报要求,不同审批阶段的审批部门依托全省工程建设项目审批系统共享申报材料,不得要求申请人重复提交。

(十五)“一套机制”规范审批运行。建立健全工程建设项目审批配套管理制度,建立相应的沟通协调机制,确保审批各阶段、各环节无缝衔接。由市行政审批服务局牵头,依托全省统一的工程建设项目审批平台,建立健全督办督查考核制度,实时跟踪审批办理情况,对工程建设项目审批全流程实施督查。对发现的问题要坚决整改,对敷衍塞责、整改不力的要严肃问责。

五、统一监管方式

(十六)加强事中事后监管。从重前置审批向重事中事后监管转变,按照“谁主管谁负责”的原则,全面推行“双随机、一公开”监管制度。对于实行告知承诺制的审批事项,审批部门应当在规定时间内对承诺人履行承诺的情况进行检查,承诺人未履行承诺的,审批部门要依法撤销行政审批决定并追究承诺人的相应责任。

(十七)加强信用体系建设。建立并实施红黑名单制度,明确应当列入红黑名单的情形,实行信用分级分类管理。依托工程建设项目审批管理系统,建立工程建设项目审批信用信息平台,全面公开企业和从业人员违法违规、不履行承诺的失信行为。对存在承诺不履行、弄虚作假等不良行为且情节严重的,列入黑名单。

（十八）规范中介和市政公用服务。制定并实施中介服务和市政公用服务管理制度，实行服务承诺制，明确服务标准、办事流程和办理时限，规范服务收费。供水、供电、燃气、排水、通信等市政公用服务全面入驻政务服务大厅，实施统一规范管理，为建设单位提供“一站式”服务。

六、加强组织实施

（十九）加强组织领导。成立津市市工程建设项目审批制度改革工作领导小组，由市委副书记、市长黄旭峰任组长，市政府副市长陈顺勇任副组长，高新区管委会、市政府办、市委编办、市发改局、市司法局、市财政局、市人社局、市自然资源局、市住建局、市行政审批服务局、市水利局、市文旅广体局、市应急管理局、市城管局、市林业局、市交通运输局、常德市生态环境局津市分局、市地震局等单位主要负责人为成员。领导小组下设办公室，办公地点设在市住建局，黄毅明兼任办公室主任，承担领导小组日常工作，及时协调解决改革中的重要问题。

（二十）明确改革时限。2月底前，各牵头部门组织成员单位对照《湖南省工程建设项目审批工作指南》，进一步清理审批事项，优化审批流程，市行政审批服务局牵头设立工程建设项目审批综合服务窗口，完成网上入驻前的各项准备工作。3月1日，全市工程建设项目审批事项正式通过湖南省工程建设项目审批管理系统办理。

（二十一）强化督促落实。领导小组办公室及时掌握部门改革进展情况，并根据需要提请领导小组进行调度。市政府督查室将工程建设项目审批制度改革推进落实情况纳入年度督查工作重点，市行政审批服务局建立相应的考核评价机制和办法，加大督查考核力度，确保全市工程建设项目审批改革工作按时完成目标任务。

（二十二）做好宣传引导。加强舆论引导，做好公众咨询，广泛征集公众意见和建议等，增进社会公众对工程建设项目审批制度改革工作的了解和支持，为顺利推进改革营造良好舆论环境。

附件

津市市工程建设项目审批制度深化改革工作任务分解表

序号	主要任务	具体要求及措施	责任部门	
			牵头部门	落实部门
1	全面梳理审批事项	梳理现有审批事项的法律依据、报审要求和前置条件，坚决取消不合法、不合理、不必要的审批事项。对保留的审批事项，要减少审批前置条件，简化申请材料。严格执行《湖南省工程建设项目审批工作指南》，统一审批事项名称、申请材料、审批时限	领导小组办公室	领导小组各成员单位
2	合并审批事项	对由同一部门实施的管理内容相近或者属于同一办理阶段的多个审批事项，整合为一个审批事项。制定并实施审批事项合并办理的具体规定，明确审批主体、办事流程和完成时限等	领导小组各成员单位	
3	转变管理方式	对于能够用征求相关部门意见方式替代的审批事项，调整为政府内部协作事项。各牵头部门应确定调整的内部协作事项，明确管理方式和相关要求等。认真组织完善各类审批、备案、评估事项的办事指南，一次性告知项目审批条件和申请材料	领导小组办公室	领导小组各成员单位
4	调整审批时序	节能评估与审查、水土保持方案审批、洪水影响评价审批、取水许可、涉及占用大中型农业灌溉水源、灌排工程设施审批、文物保护和考古许可、环境影响评价审批、可能产生放射性职业病危害的医疗机构建设项目预评价报告审核可根据建设单位申请，在立项审批后、工程开工前完成即可；涉及国家安全事项的建设项目审批可根据建设单位申请，在立项审批后，施工许可阶段事项办理前完成即可。将供电、供水、排水、通信、燃气等市政公用基础设施报装提前到工程开工前办理，在工程施工阶段完成相关设施建设，竣工验收后直接办理接入事宜。社会投资项目初步设计审批调整为规划设计方案审批环节的内部协作事项	领导小组办公室	领导小组各成员单位，相关市政公用管理部门
5	规范审批事项	按照合法、精简、效能的原则，制定完善全市工程建设项目各阶段审批事项清单，明确各项审批事项的适用范围和前置条件，并实行动态管理。超出上级政府审批事项清单范围的，要报上级机关备案，并说明理由	领导小组办公室	领导小组各成员单位

续表

序号	主要任务	具体要求及措施	责任部门	
			牵头部门	落实部门
6	合理划分审批阶段	工程建设项目审批每个阶段实行“一家牵头、并联审批、限时办结”，立项用地规划许可阶段由市发改局牵头组织，工程建设许可阶段由市自然资源局牵头组织，施工许可、竣工验收阶段由市住建局牵头组织，相关部门协同配合。各牵头部门应制定并实施所牵头阶段并联审批的具体措施	市发改局、市自然资源局、市住建局	领导小组各成员单位
7	分类制定审批流程	按照省标准模式完善审批工作指南，细化每类项目审批流程，调整和优化每一流程的审批时限。市交通运输局、市水利局分别负责制定我市交通、水利工程项目审批制度改革方案，并公布相应审批指南	领导小组办公室、市交通运输局、市水利局	领导小组各成员单位
8	实行联合审图和联合验收	由市住建局牵头，制定政府购买服务开展施工图联合审查实施办法，通过政府购买服务的方式委托经认定的同一施工图审查机构对施工图设计文件以及其中的消防设计、防空地下室设计、抗震设防专项设计、雷电防护装置设计审核等事项进行统一审查，按照“多图联审”事项清单，实行“多审变一审”。由市住建局牵头，制定联合验收实施办法，深化联合验收，按照“多验合一”事项清单，牵头组织开展联合验收，建设单位一次申请全部行政验收事项，各部门的专业验收事项完成后出具专业验收意见，由市住建局统一核发竣工联合验收意见书	市住建局	领导小组各成员单位
9	推行区域评估	由市发改局牵头，制定并实施区域评估细则，在市高新区和其他有条件的区域推行由政府统一组织对压覆重要矿产资源评估、环境影响评价、节能评价、地质灾害危险性评估、地震安全性评价、水资源论证、水土保持方案、取水许可、洪水影响评价、航道通航条件影响评价、重大工程气候可行性论证、建设项目安全预评价事项实行区域评估。实行区域评估的，政府相关部门应在土地出让或划拨前，告知建设单位相关建设要求	市发改局	领导小组各成员单位
10	推行告知承诺制	对通过事中事后监管能够纠正不符合审批条件的行为且不会产生严重后果的审批事项，由发改、自然资源、住建等部门制定项目审批告知承诺制具体措施，明确告知承诺制的定义、实施范围、工作方式、各方职责及加强事中事后监管的措施。对实行告知承诺制的事项，申请人按照审批部门告知的具体要求作出书面承诺并提交资料的，审批部门直接作出审批决定或出具初步审批意见作为下一阶段审批的依据。推行基于告知承诺制的“先建后验”管理模式，鼓励各部门特别是市高新区结合实际制定相应实施办法	市发改局、市自然资源局、市住建局	领导小组各成员单位
11	建立完善工程建设项目审批管理系统	全市工程建设项目审批事项通过省工程建设项目审批管理系统（湖南省智慧住建云）办理，自建的相关信息系统要做好与省系统的对接工作，实现审批管理系统“横向到边、纵向到底”。有机衔接全省“多规合一”业务协同平台，实现“多规协同”“可研协同”、统一受理、并联审批、实时流转、进度可查、跟踪督办、信息共享、统计分析、监督管理等功能。按照全省统一要求完善项目统一代码管理，以项目立项阶段赋予的统一代码贯穿各审批阶段。实现全流程采用网上无纸化办理，推行行政审批电子证照，推行城建档案全面数字化。统筹协调供电、供水、排水、通信、燃气等市政公用设施的接入服务，纳入工程建设项目审批平台进行统一管理	市行政审批服务局	领导小组各成员单位
12	“一张蓝图”统筹项目实施	由市自然资源局牵头，以国土空间规划为蓝图，统筹对接国民经济和社会发展规划、生态环境保护规划等涉及空间的各类规划，基本形成“多规合一”的“一张蓝图”，整合空间管控数据，明确生态保护红线、永久基本农田、城镇开发边界等控制线。完成差异图斑分析，制定消除规划矛盾和差异的工作计划，将涉及空间的各类规划建成“合一”的空间数据库	市自然资源局	领导小组各成员单位

续表

序号	主要任务	具体要求及措施	责任部门	
			牵头部门	落实部门
13	“一个窗口”提供综合服务	所有涉及建设项目的审批事项均应列入审批流程，由市行政审批服务局牵头组织、设立工程建设项目审批综合服务窗口，并进驻政务大厅。完善线上线下“一个窗口”提供综合服务的具体措施和运行规则，充分发挥服务企业群众、监督协调审批的作用。建立完善“前台统一受理、后台并联审核”机制，制定完善各项工作制度，综合服务窗口统一收件、出件，实现“一个窗口”服务和管理。为申请人提供工程建设项目审批咨询、指导、协调和代办等服务，帮助申请人了解审批要求，提高申报通过率	市行政审批服务局	领导小组各成员单位
14	“一张表单”整合申报材料	按照《湖南省工程建设项目审批工作指南》要求，制定与省统一的各审批阶段的审批指南和申报表单，实现“一份办事指南、一张申请表单、一套申报材料、完成多项审批”的运作模式。工程建设项目审批综合服务窗口应建立对申请表单和申报材料清单的填报服务机制，主动告知申请人填报要求，不同审批阶段的审批部门依托全省工程建设项目审批系统共享申报材料，不得要求申请人重复提交	市发改局、市自然资源局、市住建局	领导小组各成员单位
15	“一套机制”规范审批运行	建立健全工程建设项目审批配套管理制度，建立相应的沟通协调机制，确保审批各阶段、各环节无缝衔接。由市行政审批服务局牵头，依托全省统一的工程建设项目审批平台，建立健全督办督查考核制度，实时跟踪审批办理情况，对工程建设项目审批全流程实施督查。对发现的问题要坚决整改，对敷衍塞责、整改不力的要严肃问责	市行政审批服务局	领导小组各成员单位
16	加强事中事后监管	从重前置审批向重事中事后监管转变，按照“谁主管谁负责”的原则，全面推行“双随机、一公开”监管制度。对于实行告知承诺制的审批事项，审批部门应当在规定时间内对承诺人履行承诺的情况进行检查，承诺人未履行承诺的，审批部门要依法撤销行政审批决定并追究承诺人的相应责任	领导小组各成员单位	
17	加强信用体系建设	建立并实施红黑名单制度，明确应当列入红黑名单的情形，实行信用分级分类管理。依托工程建设项目审批管理系统，建立工程建设项目审批信用信息平台，全面公开企业和从业人员违法违规，不履行承诺的失信行为。对存在承诺不履行、弄虚作假等不良行为且情节严重的，列入黑名单	市发改局、市住建局	领导小组各成员单位
18	规范中介和市政公用服务	制定并实施中介服务和市政公用服务管理制度，实行服务承诺制，明确服务标准、办事流程和办理时限，规范服务收费。供水、供电、燃气、排水、通信等市政公用服务全面入驻政务服务大厅，实施统一规范管理，为建设单位提供“一站式”服务	领导小组各成员单位	
19	加强组织领导	成立市工程建设项目审批制度改革工作领导小组，及时协调解决改革中的重要问题	领导小组办公室	领导小组各成员单位
20	明确改革时限	2月底前，各牵头部门组织成员单位对照《湖南省工程建设项目审批工作指南》，进一步清理审批事项，优化审批流程，市行政审批服务局牵头设立工程建设项目审批综合服务窗口，完成网上入驻前的各项准备工作。3月日，全市工程建设项目审批事项正式通过湖南省工程建设项目审批管理系统办理	领导小组办公室、市发改局、市自然资源局、市住建局、市行政审批服务局	领导小组各成员单位
21	强化督促落实	领导小组办公室及时掌握部门改革进展情况，并根据需要提请领导小组进行调度。市政府督查室将工程建设项目审批制度改革推进落实情况纳入年度督查工作重点，市行政审批服务局建立相应的考核评价机制和办法，加大督查考核力度，确保全市工程建设项目审批改革工作按时完成目标任务	领导小组办公室、市政府督查室、市行政审批服务局	领导小组各成员单位
22	做好宣传引导	加强舆论引导，做好公众咨询，广泛征集公众意见和建议等，增进社会公众对工程建设项目审批制度改革工作的了解和支持，为顺利推进改革营造良好的舆论环境	市行政审批服务局	领导小组各成员单位

津市市人民政府
关于调整畜禽养殖禁养区的通告

各镇人民政府、街道办事处，高新区管委会，市直及驻津有关单位：

为贯彻落实国务院办公厅《关于稳定生猪生产促进转型升级的意见》(国办发〔2019〕44号)，生态环境部办公厅、农业农村部办公厅联合下发《关于进一步规范畜禽养殖禁养区划定和管理，促进生猪生产发展的通知》(环办土壤〔2019〕55号)以及生态环境部办公厅、农业农村部办公厅联合下发《关于印发〈畜禽养殖禁养区划定技术指南〉的通知》(环办水体〔2016〕99号)文件精神，结合我市实际，对全市畜禽养殖禁养区进行调整，现通告如下：

一、禁养区调整范围

(一)饮用水水源保护区

1.西毛里湖饮用水水源地：一级、二级保护区的水域和陆域。

2.白龙潭水厂(大洼水厂)、谢家堰水厂(西毛里湖水厂)：一级、二级保护区的水域和陆域。

3.古堰水库、龙泉堰水库、东冲水库、烂泥湾水库、庹家峪水库、朱亮桥水库：一级保护区的水域和陆域、二级保护区的陆域。

(二)风景名胜区

嘉山省级风景名胜区。

(三)城镇居民集中区

1.三洲驿街道、汪家桥街道、襄阳街街道、金鱼岭街道(大关山村除外)、嘉山街道及高新区(戚关村除外)的全部辖区范围。

2.新洲镇、毛里湖镇、药山镇、白衣镇的集镇建成区范围内。

二、管理要求

(一)居民集中区、饮用水水源一级保护区、风景名胜区核心区禁止建设各类畜禽养殖场，饮用水水源二级保护区、风景名胜区核心区以外的其他区域禁止建设有污染物排放的养殖场。

(二)畜禽养殖场的规模标准按照《湖南省畜禽规模养殖场污染防治规定》的第三条执行。

(三)国家、省、市对禁养区有新规定的，按照新的规定执行。

三、本通告自发布之日起施行，《津市市人民政府关于划定畜禽养殖禁养区、限养区、适养区的通告》(津政发〔2017〕1号)以及《津市市人民政府关于划定畜禽养殖禁养区、限养区、适养区的补充通告》(津政发〔2019〕15号)中涉及禁养区划定及管理要求的内容同时失效，涉及限养区、适养区划定及管理要求的内容不变。由市人民政府授权常德市生态环境局津市分局、市畜牧水产事务中心根据部门职责对具体内容予以解释。

津市市人民政府

2020年3月21日

津市市人民政府
关于划定高污染燃料禁燃区的通告

为有效防治大气污染，改善环境空气质量，保障人民群众身体健康，根据《中华人民共和国大气污染防治法》《湖南省大气污染防治条例》《关于发布〈高污染燃料目录〉的通知》（国环规大气〔2017〕2号）《常德市人民政府关于印发〈常德市污染防治攻坚战三年行动计划（2018—2020年）〉的通知》（常政发〔2018〕15号）的相关规定，结合我市实际，市人民政府决定划定我市高污染燃料禁燃区（以下简称禁燃区）。现通告如下：

一、禁燃区范围：三洲驿街道、汪家桥街道、襄阳街街道、金鱼岭街道、嘉山街道(戚关村、杉堰村除外)、津市监狱。

二、在禁燃区内，禁止燃用的燃料组合按照《高污染燃料目录》中Ⅲ类（严格）执行。下列为禁止燃用的燃料组合：

（一）煤炭及其制品；

（二）石油焦、油页岩、原油、重油、渣油、煤焦油；

（三）非专用锅炉或未配置高效除尘设施的专用锅炉燃用的生物质成型燃料。

三、自本通告发布之日起，在禁燃区内，禁止销售、燃用高污染燃料；禁止新建、扩建任何燃用高污染燃料的锅炉、炉窑、工业及经营用炉灶等燃烧设施(除经过批准的火力发电、集中供热、自备电厂锅炉除外)。

四、禁燃区内现有燃用燃煤锅炉、炉窑、工业及经营用炉灶等燃烧设施，应当在2020年3月31日前自行拆除或者改造，改用天然气、液化石，油气、电或其他清洁能源。

五、市人民政府负责本通告的组织实施。市发改局、市工信局、市自然资源局、市住建局、常德市生态环境局津市分局、市市场监督管理局、市城管局等部门根据各自职责，加大清洁能源的应用推广力度，加快燃气、集中供热等相关基础设施的规划和建设，积极鼓励、引导辖区内单位和个人自觉淘汰高污染燃料燃烧设施，共同做好禁燃区管理工作，保障城市大气环境质量的持续改善。

六、违反本通告规定，在禁燃区内销售高污染燃料的，由市市场监督管理局依法查处；在禁燃区内新建、扩建燃用高污染燃料的设施，或者未按照规定停止燃用高污染燃料，在城市集中供热管网覆盖地区新建、扩建分散燃煤供热锅炉，未按规定拆除已建成的不能达标排放的燃煤供热锅炉的，由常德市生态环境局津市分局依法查处，并在新闻媒体曝光，接受群众监督。

七、本通告自发布之日起施行。

津市市人民政府

2020年3月30日

津市市人民政府
关于划定禁止使用高排放非道路移动机械区域的通告

为进一步改善我市环境空气质量,减少非道路移动机械污染物排放,根据《中华人民共和国大气污染防治法》《国务院关于印发〈打赢蓝天保卫战三年行动计划〉的通知》(国发〔2018〕22号)、《常德市人民政府关于印发〈常德市污染防治攻坚战三年行动计划(2018—2020年)〉的通知》(常政发〔2018〕15号)等精神,经市人民政府研究决定划定禁止使用高排放非道路移动机械区域。现将有关事项通告如下:

一、本通告所指"非道路移动机械"是装配柴油发动机的工程机械和材料装卸机械,包括但不限于以下机械类型:装载机、推土机、挖掘机、打桩机、铲车、压路机、沥青摊铺机、叉车、旋挖机、混凝土输送泵、空气压缩机、发电机组、水泵等。本通告所指"高排放非道路移动机械"是达不到《非道路移动机械用柴油机排气污染物排放限值及测量方法(中国第三、四阶段)》(GB 20891—2014)中规定的第三阶段排放标准的,或排放可见烟的非道路移动机械。

二、下列区域范围内禁止使用高排放非道路移动机械:三洲驿街道、汪家桥街道、襄阳街街道、金鱼岭街道、嘉山街道、津市监狱辖区。因应急抢险工程使用的高排放非道路移动机械不受上述使用区域限制。

三、不符合低排区排放标准的非道路移动机械通过按规定加装、更换污染控制装置,经具备资质的检测机构检测,其尾气排放符合低排区排放标准的,可以在上述区域内使用。

四、为加快新能源非道路移动机械的推广使用,在划定的禁止使用高排放非道路移动机械区域内,鼓励优先使用新能源或清洁能源非道路移动机械。

五、常德市生态环境局津市分局要定期组织实施非道路移动机械的排气检测有关工作,对非道路移动机械实施编码登记管理,并向社会公布。

六、在禁止使用高排放非道路移动机械区域使用高排放非道路移动机械的,由常德市生态环境局津市分局依法处理。市交通运输局、市住建局、市农业农村局、市林业局、市水利局等主管部门按照各自职责对非道路移动机械大气污染物排放实施监督管理。

七、本通告自发布之日起施行。

津市市人民政府
2020年3月30日

津市市人民政府
关于公布津市市激励消费措施十八条(第一批)的公告

第一条 市政府设立消费专项扶持基金,本激励措施所涉及相关消费奖励资金均从基金列支。

第二条 鼓励各行业成立行业协会,由行业协会指导推动行业发展。

第三条 搭建津市本土电商运营平台,鼓励本土电商企业入驻、投入运营。

第四条 鼓励机关、企事业单位与餐饮店(公司、私营业主)联点合作解决职工就餐问题。

第五条 全市范围内的住宿、餐饮个体及企业,所缴税收超出上年度税收基数的,按照超出部分地方留存的50%标准给予纳税户奖励。

第六条 市委组织部、市委宣传部、市总工会、市文旅广体局结合主题党日、文明创建、工会活动等中心工作,联合各行业协会组织全市开展"津市人爱津市·津市人游津市"活动。

第七条 出台《津市市旅游促销奖励办法》。旅行社组织外地游客(津市以外)来津旅游,全年累计接待量达到1000人次、3000人次、5000人次,且在市内住宿一晚的分别给予旅行社每人次5元、8元、10元奖励,没有在市内住宿的分别给予旅行社每人次3元、5元、8元奖励。

第八条 鼓励全市开展"津市人爱津市·津市人用津市产品"活动。紧扣产品产销节点,鼓励企业量身定做津市特色食品礼包,在商场超市设立津市特产专柜。大力组织本地农副产品线上销售和超市、农贸市场的供应,鼓励广大群众及职工会员采购本地产品。

第九条 针对在津市消费的发票(购买不动产除外),票面金额在100元(含)以上的,每月开展一次发票摇奖活动,活动奖金总额按上年度相关服务业形成税收地方留存部分的一定比例予以奖励。

第十条 政府采购限额标准以下的单位自行采购部分,同等条件下可优先选定本地供应商;限额以上部分的采购经网上竞标后,采购人与中标供应商可以自行协商是否出具本地税票。

第十一条 本地建筑企业将域外税收缴在本地、外地建筑项目本地年纳税额50万元以上的,按税收地方留存的30%标准给予纳税户奖励。建筑公司的总部、市场、人员均在外地的本地建筑商,在津市设立新公司或独立核算分公司依法纳税的,享受同等奖励政策。

第十二条 出台购房补贴政策,以国资共有产权形式,对在津购买新建住宅商品房、新建非住宅商品房(40平方米以上或价值40万元以上)的购房者分别给予2万元/套、5万元/套的购房补贴。

第十三条 引导和鼓励开发商推出精装房。合同约定开发企业推出一定比例的精装房,并按照精装房税收地方留存部分50%的标准奖励给开发商。

第十四条 继续实施棚改安置补贴政策。安置对象可享受新建商品房5万元/套(产权共有)、二手房3万元/套(产权共有)政策。(此条款与第十二条不得同时适用。)

第十五条 对外地(含津市乡镇)在津购房者给予津市城市户籍同等待遇,在义务教育阶段,以不动产产权证为认定方式,提供学位,不再额外收取借读费。

第十六条 鼓励本市外的室内装饰企业来津注册公司,从事设计、施工等建设活动,鼓励同等条件下优先采用本地产品或本地经营户销售的产品。

第十七条 鼓励镇街成立专业建筑队伍,引导群众装修、建房由本地专业队伍承建,新增税收的地方留存部分100%返还镇街。

第十八条 对新增从业者开设办证绿色通道,通过减环节、减材料、减时限,推进从业者从速入市。对符合条件的创业者,提供15万元/人的两年免息创业担保贷款。

本激励政策自2020年4月23日开始执行,暂施行至2020年12月31日。相关具体政策解释权归属津市市人民政府办公室。

津市市人民政府

2020年5月25日

津市市人民政府
关于公布津市市激励消费措施(第二批)的公告

第一条 鼓励全市行政事业单位干部职工在市内医院进行体检。

第二条 鼓励返乡农民工、大中专院校毕业生、退役士兵等下乡创新创业,兴办农业公司、专业合作社、家庭农场、社会化服务组织等新型农业经营主体,实际投资达到100万元以上的,一次性给予5万元扶持资金奖励。

第三条 给予津市企业税收、创新、创业奖励时,对获奖企业及员工可奖励同等价值的住宅房。

本激励政策自发布之日起执行,暂施行至2020年12月31日。相关具体政策解释权归属津市市人民政府办公室。

(此件主动公开)

津市市人民政府

2020年7月20日

津市市人民政府
关于澧水水域津市段实行全面禁捕和规范垂钓活动的
通　　告

为认真贯彻党中央、国务院关于加强生态文明建设的决策部署,保护水生生物资源,维护水域生态平衡。根据《中华人民共和国渔业法》《湖南省渔业条例》农业农村部《关于加强规范长江流域垂钓管理工作的通知》(长渔发〔2020〕12号)《湖南省人民政府关于湖南省长江流域重点水域禁捕的通告》(湘政函〔2020〕8号)《常德市人民政府关于常德市重点水域禁捕的通告》(常政发〔2020〕7号)等规定,市人民政府决定澧水津市段水域实行全面禁捕,规范垂钓活动管理。现将有关事项通告如下:

一、禁捕水域和期限

1.禁捕范围及期限:我市辖区内澧水水域(关山潭至石龟山大桥)实行十年禁捕,结束时间以省政府相关规定为准。

2.禁捕内容:严禁电鱼、毒鱼、炸鱼;禁止所有生产性捕捞。

二、垂钓管理

1.我市辖区内澧水水域禁捕期内,实行"一人一杆,一线一钩"垂钓。

2.禁止多线多钩、长线多钩、单线多钩的钓具钓法;禁止使用船艇、排筏等水上漂浮物进行垂钓;禁止使用含有毒有害物质的钓饵、窝料和添加剂及鱼虾类活体水生生物饵料。禁止使用各类探鱼设备和视频装置;禁止休闲垂钓渔获物买卖交易,有交易行为的视同非法捕捞。

三、专项(特许)捕捞

禁捕期内,因特定资源利用或科研调查、苗种繁育等需要捕捞的,依法由省级以上渔业行政主管部门审批,实行专项管理。

四、禁捕执法监管

1.各镇人民政府、街道办事处按照河长职责,落实属地管理责任,做到守土有责、守土负责、守土尽责。建立违法行为报告制度,发现问题及时上报,并配合执法部门违法行为进行调查处理工作。

2.任何单位和个人违反禁捕规定的,依照《中华人民共和国渔业法》《中华人民共和国野生动物保护法》《中华人民共和国刑法》等规定进行依法查处。

3.对拒绝、阻碍执法人员依法执行公务或以暴力威胁、伤害执法人员的,依法从严处理;构成犯罪的,依法追究刑事责任。

五、本通告自发布之日起施行。

津市市人民政府

2020年9月1日